NEUKIRCHENER

D0877548

Rolf Rendtorff

Theologie des Alten Testaments

Ein kanonischer Entwurf

Band 1: Kanonische Grundlegung

Neukirchener

© 1999
Neukirchener Verlag
Verlagsgesellschaft des Erziehungsvereins mbH,
Neukirchen-Vluyn
Alle Rechte vorbehalten
Umschlaggestaltung: Hartmut Namislow
Satz und Druckvorlage: OLD-Satz digital, Neckarsteinach
Gesamtherstellung: WB-Druck GmbH & Co. Buchproduktions KG
Printed in Germany
ISBN 3-7887-1661-4

Die Deutsche Bibliothek – CIP-Einheitsaufnahme

Rendtorff, Rolf:
Theologie des Alten Testaments: ein kanonischer Entwurf /
Rolf Rendtorff. – Neukirchen-Vluyn: Neukirchener
  Bd. 1: Kanonische Grundlegung – 1999
  ISBN 3-7887-1661-4

Inhalt

Vorläufiges Inhaltsverzeichnis von Band II

B   **Thematische Entfaltung**

Einleitung: Zur Methode

B.I   **Die Welt als Gottes Schöpfung**

B.II   **Bund und Erwählung**

B.III   **Die Väter Israels**

B.IV   **Das verheißene und anvertraute Land**

B.V   **Der alte und der neue Exodus**

B.VI   **Das Zentrum des Lebens Israels: die Tora**

B.VII   **Der Ort des Lebens vor Gott: der Kult**

B.VIII   **Mose**

B.IX   **Das Königtum Davids**

B.X   **Der Zion**

B.XI   **Wie von Gott reden?**

B.XII   **Israel im Widerstreit**

B.XIII   **Die Propheten**

B.XIV   **Israel im Gebet**

B.XV   **Israels Weisheit**

B.XVI   **Israel, die Völker und die Götter**

B.XVII   **Wie sieht Israel seine Geschichte?**

B.XVIII   **Was erwartet Israel von der Zukunft?**

C   **Zur Hermeneutik einer Theologie des Alten Testaments**

A
Einleitung
Das Alte Testament als Kanon

1. Der kanonische Ansatz

Das Alte Testament ist ein theologisches Buch. Darum bedarf eine
Darstellung der »Theologie des Alten Testaments« keiner besonderen Rechtfertigung. Einer Begründung bedarf jedoch der theologische Ansatz, von dem aus eine solche Theologie entworfen wird. In
der neueren Theologiegeschichte zeichnen sich dafür verschiedene
Modelle ab. Die Darstellung kann *systematisch* angelegt sein. Dabei können sich die Stichworte, denen die Anordnung folgt, an einer
bestimmten dogmatischen Tradition orientieren oder vom jeweiligen Verfasser selbst gewählt worden sein. Andere Darstellungen legen *historische* Konzepte zugrunde, wobei sie sich entweder am historischen Ablauf der Geschichte Israels oder stärker an der
Entwicklung der theologischen Vorstellungen und Begriffe innerhalb des Alten Testaments orientieren. Hier sind die Abgrenzungen
zwischen »Theologie des Alten Testaments« und »Religionsgeschichte Israels« fließend.
Gerhard von Rad hat einen Entwurf vorgelegt (1962/1965), der andere Wege geht. Er folgt der *kanonischen* Anlage der biblischen
Schriften und widmet den beiden ersten Teilen des hebräischen Kanons, der Tora (dem Pentateuch) und den Propheten, jeweils einen
selbständigen Teil der Gesamtdarstellung. Das hier vorgelegte Buch
folgt diesem Ansatz, führt ihn aber noch einen Schritt weiter, indem nicht nur die kanonische Anlage der Hebräischen Bibel zugrunde gelegt wird, sondern auch die Texte selbst in ihrer vorliegenden »kanonischen« Gestalt zum Ausgangspunkt der Darstellung
gemacht werden. Diese Auslegung der Texte geschieht im Kontext
der historisch-kritischen Bibelwissenschaft. Sie geht aber einen
Schritt über die weithin herrschenden methodischen Ansätze hinaus, indem sie dem Überlieferungsweg, der zur Entstehung der jetzigen Textgestalt geführt hat, bis zu seinem Ende folgt und dieser
Endgestalt die vorrangige Aufmerksamkeit widmet. Dabei werden
diachrone Aspekte keineswegs ignoriert; sie werden aber im wesentlichen unter dem Gesichtspunkt betrachtet, welchen Beitrag
sie zum Verständnis der Texte in ihrer jetzt vorliegenden Endgestalt
zu leisten vermögen.
Das vorrangige Interesse an der Letztgestalt der Texte hat nicht zuletzt seinen Grund darin, daß die Texte in dieser Gestalt zur Grund-

lage des Glaubens, der Lehre und des Lebens der beiden biblischen Glaubensgemeinschaften, der jüdischen und der christlichen, geworden und dies bis zum Beginn der Neuzeit auch geblieben sind. Das Aufkommen der modernen historisch-kritischen Bibelwissenschaft bedeutet hierin einen Traditionsbruch. Dies muß aber nicht das letzte Wort sein. Vielmehr muß die Bibelwissenschaft, unbeschadet der sonstigen Aufgaben, die sie sich im Laufe der Zeit gestellt hat, wieder einen Weg zum Ernstnehmen und zum Verständnis des jetzigen Bibeltextes finden. Mit dieser Aufgabenstellung ist die hier vorgelegte Theologie in einem weiteren Sinne »kanonisch«, indem sie die Bibel als die grundlegende Urkunde der jüdischen und der christlichen Glaubensgemeinschaft ernst nimmt. Entsprechend dieser Aufgabenstellung ist der erste Hauptteil den biblischen Texten selbst gewidmet. Die Darstellung folgt dabei konsequent der kanonischen Ordnung der biblischen Bücher, und zwar in der Reihenfolge des hebräischen Kanons. Dabei versucht sie die theologischen Intentionen der Texte dadurch zur Sprache zu bringen, daß sie den Texten selbst Schritt für Schritt nachgeht. »Es wäre aber für unser Verständnis verhängnisvoll, wenn wir die Zeugniswelt Israels von vornherein nach theologischen Zusammenhängen ordnen wollten, die zwar uns geläufig sind, die aber mit den Zusammenhängen, von denen sich Israel sein theologisches Denken ordnen ließ, gar nichts zu tun haben. Die legitimste Form theologischen Redens vom Alten Testament ist deshalb immer noch die Nacherzählung« (vRad 1962, 134).

Eine solche »Nacherzählung« wird im ersten Band versucht. Ein Ausleger, der in der historisch-kritischen Bibelwissenschaft geschult ist, sieht sich bei diesem Versuch nicht unerheblichen Schwierigkeiten gegenüber. Ein wesentlicher Ansatzpunkt für die moderne historisch-kritische Auslegung war es ja, daß die Texte oft uneinheitlich wirken oder erkennbar uneinheitlich sind, so daß sie zu einer diachronen Analyse und zur Herausarbeitung früherer Stadien ihrer Entstehungsgeschichte geradezu herauszufordern scheinen. Indem sich die neuzeitliche Bibelwissenschaft dieser Aufgabe widmete, verlor sie jedoch weitgehend die jetzige Textgestalt aus dem Blick. Vor allem gerieten die Autoren des jetzt vorliegenden Textes in die Rolle von »Redaktoren«, Bearbeitern, Ergänzern usw., die gegenüber den »ursprünglichen« Autoren geringer eingeschätzt wurden und geringere Beachtung verdienten – unbeschadet der Tatsache, daß die »Autoren« in vielen Fällen unbekannt oder nicht zu ermitteln sind oder daß, wie z.B. bei den Prophetenbüchern, die Urheber der »ursprünglichen« Worte in aller Regel nicht mit den Autoren der geschriebenen Texte gleichgesetzt werden können.

Der hier vorgelegte Versuch der Nacherzählung ist sich dieser Schwierigkeiten voll bewußt. Er sieht aber seine primäre Aufgabe darin, die Intentionen derjenigen zur Geltung kommen zu lassen, die den Texten ihre jetzige Gestalt gegeben haben. Es geht darum, die Texte »wiederzugewinnen«, die vielfach durch die kritische Analyse in ihrer Jetztgestalt verlorengegangen sind. Dabei wird es nicht selten nötig sein, auf diachrone Probleme hinzuweisen oder auch näher auf sie einzugehen, um die komplexe Gestalt des jetzigen Textes verständlich zu machen. Eine »Rekonstruktion« von Vorstufen des jetzigen Textes liegt jedoch grundsätzlich außerhalb der Intention dieser Darstellung.

Es wäre aber ein völliges Mißverständnis dieses Ansatzes, wollte man darin den Versuch einer Glättung von Widersprüchen oder einer Harmonisierung der biblischen Texte sehen. Das leitende Interesse ist allerdings nicht die Aufdeckung von Spannungen oder Widersprüchen in den Texten, sondern vielmehr die Frage, wie die Verfasser der uns vorliegenden Texte diese in ihrer Jetztgestalt verstanden haben und von ihren Lesern verstanden wissen wollten. Wir können in aller Regel davon ausgehen, daß Spannungen im Text, die dem heutigen Exegeten erkennbar sind, den Verfassern der letzten Textgestalt ebenfalls bewußt waren. Deshalb sollten wir nicht versuchen, die Spannungen durch kritische Zergliederung der Texte in widerspruchsfreie »ursprüngliche« Textelemente zu beseitigen und so die Texte für uns zu glätten, sondern sollten uns bemühen, die spannungsvollen Beziehungen innerhalb der Texte zu interpretieren. Erst damit käme die historisch-kritische Exegese zu ihrem eigentlichen Ziel: die Texte zu verstehen.

Die hier nur sehr knapp skizzierten methodischen Fragen werden im letzten Teil des zweiten Bandes im Kontext der neueren wissenschaftlichen Diskussion detaillierter behandelt (vgl. vorläufig 1991a). Dort wird auch auf das Verhältnis von jüdischem und christlichem Verständnis des Alten Testaments sowie auf die Frage einer »Biblischen Theologie«, die Altes und Neues Testament umfaßt, eingegangen. C.I Hermeneutische Grundfragen

Der zweite Band baut auf der Grundlage des ersten Bandes auf. Er behandelt »Themen«, die in verschiedenen Büchern des Alten Testaments begegnen und nun über die Grenzen der einzelnen Bücher hinweg in ihren Zusammenhängen betrachtet werden. Die Auswahl der Themen ergibt sich unmittelbar aus den im ersten Band behandelten alttestamentlichen Texten. Ihre Anordnung folgt soweit wie möglich ihrem Auftreten bei der »Nacherzählung« der biblischen Bücher, beginnend mit dem Thema »Schöpfung« (Gen 1), gefolgt vom Thema »Bund« (Gen 9) usw. Dabei ergibt sich dann die Notwendigkeit einer gewissen Systematisierung der Darstellung, insbesondere um komplexere Themzusammenhänge zur Darstellung zu bringen. Solche Systematisierungen sind naturgemäß von unserem eigenen Zugang zu den Themen mitbestimmt und lassen sich nicht in allen Fällen aus den alttestamentlichen Sachverhalten heraus begründen. Insofern kommt die Darstellung im zweiten Teil in eine gewisse Nähe zu systematisch orientierten Entwürfen der Theologie des Alten Testaments. Zugleich ergeben B.I Schöpfung B.II Bund

3

sich dabei vielfach auch historische Fragen, so daß hier wiederum Gemeinsamkeiten mit historisch angelegten Darstellungen entstehen. Auch im zweiten Band wird erneut die spannungsreiche Vielfalt der alttestamentlichen Texte sichtbar werden.

2. Die Struktur des alttestamentlichen Kanons

Die Rede vom Kanon des Alten Testaments enthält zunächst ein terminologisches Problem. Der Begriff »Altes Testament« entstammt der christlichen Sprache und setzt die Beziehung zum »Neuen Testament« voraus. So verstanden ist das Alte Testament einer von zwei Teilen der christlichen »Bibel«. Die Hebräische Bibel war aber bereits davor die jüdische Heilige Schrift. In der jüdischen Tradition wird sie oft als »die Bücher« (hass^{e}parîm) oder »die Heiligen Bücher« (siprê haqqodeš) bezeichnet, auch als »die Heiligen Schriften« (kitbê haqqodeš), ferner als »Lesung« (miqrā') oder mit dem Akronym ך'ןַתּ (TaNaKh), das aus den Anfangsbuchstaben der drei Teile des hebräischen Kanons tôrāh, n^{e}bî'îm (Propheten) und k^{e}tûbîm (Schriften) gebildet ist.

Aber nicht nur die Bezeichnungen dieser Sammlungen sind unterschiedlich, sondern auch ihr Umfang und die Anordnung der darin enthaltenen Schriften. Der Kanon der Hebräischen Bibel gliedert sich in drei Teile: Tora, das sind die ersten fünf Bücher, die oft mit dem griechischen Ausdruck »Pentateuch« bezeichnet und seit Luther die fünf »Bücher Mose« genannt werden; Propheten, worin die Bücher von Josua bis Könige als »Frühere Propheten« (n^{e}bî'îm rî'šônîm) und die eigentlichen Prophetenbücher als »Spätere Propheten« (n^{e}bî'îm 'ah^{a}rônîm) enthalten sind; Schriften, worunter alle Bücher zusammengefaßt sind, die nicht einer der beiden ersten Gruppen angehören.

Die christliche Tradition hat eine im hellenistischen Judentum entstandene Sammlung griechischer Übersetzungen der kanonischen Bücher sowie einiger weiterer, meist nur in griechischer Sprache überlieferter Schriften übernommen, die jedoch im jüdischen Bereich niemals kanonische Geltung erlangt hat. Sie bildet zusammen mit dem Neuen Testament die christliche griechische Bibel der »Septuaginta«. In dieser Sammlung weicht die Anordnung der Bücher nicht unerheblich von derjenigen der Hebräischen Bibel ab. So sind Schriften »historischen« Inhalts aus dem dritten Kanonteil unter die »Geschichtsbücher« eingereiht worden: Rut (wegen der chronologischen Angabe in Rut 1,1) hinter das Richterbuch, die Chronikbücher, gefolgt von Esra/Nehemia, hinter die Königsbücher, dann nach den beiden nichtkanonischen Büchern Tobit und Judit das Buch Ester, schließlich die beiden nichtkanonischen Makkabäerbücher. Darauf folgen zunächst die meisten Bücher des dritten Kanonteils als »Bücher der Weisheit«, vermehrt um die nichtkanonischen Bücher Weisheit Salomos und Jesus Sirach. Die Prophetenbücher bilden den letzten Teil des Kanons, vermehrt um die Klage-

E 139

E 174
E 199
E 258

4

lieder, die dem Buch Jeremia folgen wie auch das nichtkanonische Buch Baruch mit dem Brief Jeremias, und das Buch Daniel, das nach Ezechiel eingeordnet worden ist. So zeigt sich hier im ganzen wie im einzelnen ein anderes Kanonkonzept als in der Hebräischen Bibel (vgl. Zenger 1995a).

Die deutschen Übersetzungen folgen im Gesamtaufbau der griechischen Tradition, wie sie auch schon der lateinischen Übersetzung der »Vulgata« zugrunde lag, die lange Zeit als verbindlich galt. Luther hat jedoch die nicht im hebräischen Kanon enthaltenen Schriften herausgenommen und als »Apokryphen« dem Alten Testament beigefügt. Seiner Übersetzung des Alten Testaments hat er den hebräischen Text zugrunde gelegt.

Die Darstellung dieses Buches folgt dem Kanon der Hebräischen Bibel. Dessen Gliederung in die drei Hauptbestandteile: Tora, Propheten und Schriften ist unbestritten, seit der Kanon feste Gestalt gewonnen hat. Diese zeichnet sich bereits im 2.Jh. v.Chr. ab, wenn im Prolog zum Buch Jesus Sirach als Quelle der Darstellung genannt werden: das »Gesetz« (νόμος), die Propheten und die übrigen Schriften. Die Anordnung der einzelnen Bücher unterliegt in der Tora und den »Früheren Propheten« keinen Schwankungen. Bei den »Späteren Propheten« steht in einigen Handschriften Jeremia an erster Stelle, was auch in einer Talmudstelle begründet wird (Baba bathra 14b); die jetzige Reihenfolge mit Jesaja an der Spitze hat sich jedoch durchgesetzt und findet sich in allen Ausgaben der Hebräischen Bibel seit Beginn des Buchdrucks. Die Reihenfolge der Bücher im dritten Kanonteil war länger umstritten. In manchen Handschriften steht das Buch Rut an erster Stelle (so auch Baba bathra 14b), in anderen die Chronikbücher; auch hier hat sich dann bis zum Beginn des Buchdrucks die Stellung der Chronik am Schluß des Kanons durchgesetzt. Schwankungen gibt es jedoch noch immer in der Reihenfolge der Bücher Hiob und Sprüche.

Die Reihenfolge der drei Kanonteile entspricht ihrer theologischen Bedeutung. Die Tora, der Pentateuch, bildet die Grundlage für das Leben und Denken Israels: für sein Verständnis Gottes und der Welt, für sein Selbstverständnis und für die Regeln des Gottesdienstes und des Zusammenlebens der Menschen. Die übrigen Teile des Kanons sind auf die Tora bezogen. Am Abschluß der Tora heißt es: »Niemals wieder ist in Israel ein Prophet wie Mose aufgestanden, den der HERR von Angesicht zu Angesicht kannte« (Deut 34,10). → 80 Die Tora schließt mit dem Blick auf die Prophetie, aber alle folgenden Propheten bleiben dem *einen* Propheten nachgeordnet, durch den Gott seine Tora gegeben hat. Der Abschluß des Prophetenkanons reflektiert die gleiche Beziehung in umgekehrter Richtung: »Gedenkt der Tora meines Knechtes Mose« (Mal 3,22). Die ganze → 290 Prophetie ist im Blick auf die Tora zu verstehen, und dies gerade auch dann, wenn sich der Blick auf die Endzeit, auf das Wiederkommen des Propheten Elija richtet (V.23f).

Schließlich ist auch der dritte Kanonteil auf die Tora rückbezogen. »Wohl dem..., der seine Freude hat an der Tora des HERRN« heißt es

→ 296

im ersten Psalm (1,1f). Auch die Psalmen, die »Antwort Israels« auf Gottes Handeln und Reden, sind nicht ohne die Tora zu verstehen, und das Studium der vielfältigen Botschaft der Psalmen wird dem Studium der Tora an die Seite gestellt. Dabei geht die Tora auch eine Verbindung mit der Weisheit ein (z.B. Ps 37,30f), was schließlich in den nicht enden wollenden, weisheitlich geprägten Lobpreis der

→ 297

Tora mündet (Ps 119).

Auch abgesehen von solchen expliziten Bezügen unter dem Stichwort Tora zeigen sich in allen Kanonteilen vielfältige Rückbezüge auf den ersten: auf dort Berichtetes und Gebotenes, auf die Schöpfung und die Anfangsgeschichte der Menschheit, auf die Geschichte Gottes mit den Vätern Israels, auf die Offenbarung Gottes am Sinai und die Gabe der Gebote. Ja, man kann sagen, daß die meisten anderen Bücher des Kanons der Hebräischen Bibel nicht voll verständlich wären ohne die Kenntnis des Pentateuch, auf den sie sich vielfältig direkt oder indirekt beziehen.

3. Drei Weisen, von Gott und mit Gott zu reden

Die Betrachtung der drei Kanonteile läßt noch weitere spezifische Unterschiede und Beziehungen zwischen ihnen sichtbar werden. Ein hervorstechendes Merkmal ist die Weise, in der von Gott oder mit Gott geredet wird. In einer ersten Annäherung kann man sagen: Im ersten Kanonteil *handelt* Gott, im zweiten Kanonteil *spricht* Gott, im dritten Kanonteil *sprechen die Menschen* zu Gott und von Gott.

Dies bedarf der näheren Ausführung und Differenzierung. Der erste Kanonteil ist geprägt vom Handeln Gottes. Gott ist als unmittelbar Handelnder ständig gegenwärtig. Auch wenn Gott spricht, ist dies in erster Linie ein Handeln: in der Schöpfung, in der Setzung des Bundes mit der Menschheit und allem Geschaffenen, in der Erwählung Abrahams, in der Gabe der Tora am Sinai und schließlich in der Führung Israels bis an die Grenze des verheißenen Landes. In dieser Unmittelbarkeit handelt und spricht Gott in den späteren Kanonteilen nur noch in ganz besonderen Ausnahmesituationen. Mit diesem Handeln Gottes werden zugleich die Grundlagen für alles Folgende gelegt. Nach dem Abschluß des ersten Kanonteils geschieht nichts grundsätzlich Neues mehr. Alles was jetzt geschieht muß im Licht dessen gesehen und demgegenüber verantwortet werden, was im ersten Kanonteil, in der Tora, grundgelegt worden ist.

Im zweiten Kanonteil steht das gesprochene Wort Gottes beherrschend im Mittelpunkt. Dies gilt vor allem für die Bücher der »Späteren Propheten«. Die in ihnen versammelten Texte enthalten fast ausschließlich Gottesrede, oft mit der für die Ankündigung und Einleitung der prophetischen Rede charakteristischen Wendung

»So spricht der HERR«. Die prophetische Gottesrede ist Anrede an

Israel. Sie konfrontiert Israel mit dem Willen Gottes, d.h. letztlich mit dem, was im ersten Kanonteil niedergelegt ist. Dabei reagiert die prophetische Rede auf das Verhalten und Tun Israels in seiner Geschichte und Gegenwart.

Hier zeigt sich die Funktion der Zweiteilung des Prophetenkanons. Die Geschichte, in die hinein die »Späteren Propheten« sprechen, ist dem Leser zuvor in den Büchern der »Früheren Propheten« vor Augen geführt worden. Auch in diesen Büchern begegnen schon Propheten, die ihre Worte mit der Wendung »So spricht der HERR« einleiten (1Sam 10,18; 15,2; 2Sam 7,5.8 u.ö.). Aber dort begleiten → 97.103 sie nur die ausgedehnten Erzählungen über die Geschichte, in der nun die Menschen selber handeln, und markieren diese durch deutlich gesetzte kritische Akzente. Daran knüpfen die Propheten des zweiten Teils des Prophetenkanons an und führen den Leser noch einmal zurück in bestimmte Phasen und an bestimmte Punk- → 145 te dieser Geschichte. So wird das prophetische Wort zum Kommentar der Geschichte Israels in der Zeit der Könige.

Die Behandlung des dritten Kanonteils hat Gerhard von Rad überschrieben: »Israel vor Jahwe (Die Antwort Israels)« (1962, 366). Damit sind zwei wesentliche Elemente charakterisiert, die in dieser Sammlung von Schriften in Erscheinung treten. Zum einen ist in vielen Psalmen und in den Klageliedern Israel selbst das redende Subjekt, sei es in der Form des gemeinsamen »Wir«, sei es im »Ich« des einzelnen betenden und klagenden Israeliten. Zum andern findet sich hier viel häufiger als in anderen Kanonteilen die Anrede an Gott im liturgischen oder individuellen Gebet, in Anbetung, Lob und Dank oder in der Klage. Und diese Anrede ist immer Antwort auf Verkündigtes und Erfahrenes; zugleich enthält sie die Erwartung, Hoffnung und Bitte um heilvolle Zuwendung Gottes. Aber auch in den übrigen Schriften des dritten Kanonteils, vor allem in den weisheitlich geprägten, werden Überzeugungen, Erfahrungen und Einsichten aus dem »täglichen Leben« Israels wiedergegeben oder auch, wie bei Kohelet, kritisch reflektiert und hinterfragt. Auch das Buch Hiob gehört in diesen Zusammenhang, denn hier werden die weisheitlichen Traditionen kontrovers diskutiert, und dies in einem geradezu extremen Sinne »vor Gott«.

Die drei Teile des Kanons stehen in ständiger Wechselbeziehung zueinander. Es gibt kaum ein Thema, das nicht in mehreren oder allen Kanonteilen auf die eine oder andere Weise in Erscheinung träte. Dabei kommen die Themen oft von ganz verschiedenen Seiten und unter verschiedenartigen Voraussetzungen in Blick, und ihre unterschiedlichen Aspekte beleuchten und ergänzen sich gegenseitig. So erhält die Vielfalt der Stimmen innerhalb der Hebräischen Bibel durch die Gliederung des Kanons ihre ganz spezifische Struktur.

4. Einige Hinweise

1. Zur Terminologie

Der Begriff »Altes Testament« ist heute umstritten und zudem mißverständlich. Es gibt jedoch bislang keine allgemein anerkannte Alternative. Zudem wird der Begriff in der »alttestamentlichen« Wissenschaft nach wie vor von Vertretern aller beteiligten Religionen und Konfessionen unterschiedslos verwendet. So kann man ihn weiterhin anwenden, wenn man sich der damit verbundenen Probleme bewußt ist. Da in diesem Buch der hebräische Kanon zugrunde gelegt wird, wie er in der interreligiösen und interkonfessionellen wissenschaftlichen Auslegung allgemein in Gebrauch ist, benutze ich im folgenden in der Regel den Begriff »Hebräische Bibel«. Im adjektivischen Gebrauch muß es allerdings bei »alttestamentlich« bleiben. Schwieriger ist die Frage der Verwendung des Gottesnamens. Der alttestamentliche Gottesname ist nur mit seinen Konsonanten *jhwh* überliefert, dem »Tetragramm«. Der Name wurde und wird in der jüdischen Tradition nicht ausgesprochen. Seit dem ausgehenden Mittelalter war bei Christen die auf einer falschen Lesung des hebräischen Textes beruhende Aussprache *Jehova* in Gebrauch, bis im 19.Jahrhundert auf Grund antiker griechischer Transkriptionen die vermutliche Aussprache *jahweh* rekonstruiert wurde. Sie wird seither von vielen christlichen Wissenschaftlern geschrieben und gesprochen. Im internationalen Bereich hat sich jedoch weithin die Schreibung ohne Vokale durchgesetzt, oft mit Großbuchstaben: YHWH oder JHWH. In Übersetzungen wurde seit der Antike das Tetragramm mit κύριος oder *dominus* wiedergegeben, entsprechend auch in europäischen Sprachen »Herr«, »Lord« usw.

Ich bezeichne im folgenden den Gott der Hebräischen Bibel in aller Regel als »Gott«. In bestimmten Zusammenhängen, z.B. bei der Auseinandersetzung mit anderen Göttern, schreibe ich »Jhwh«. Bei wörtlichen Zitaten aus dem hebräischen Text benutze ich die Form »HERR« außer in Zusammensetzungen wie »Jhwh Zebaot«. Gelegentlich erscheint in Zitaten aus der Literatur die Schreibung »Jahwe«.

2. Zur Literatur

Literaturangaben in diesem Buch nennen zum einen Autoren, auf die ich mich direkt oder indirekt berufe und die ich deshalb namhaft machen will. Zum andern nennen sie Literatur, in der eine im Text genannte Position näher begründet oder entfaltet wird. Beides geht oft Hand in Hand. Die Literaturangaben werden nur mit Verfassernamen und Jahreszahl zitiert, wie sie im Literaturverzeichnis aufgeführt sind. Meine eigenen Arbeiten zitiere ich nur mit der Jahreszahl.

3. Zu den Marginalien

Wie schon in meiner »Einführung« (1983) habe ich am Rand eine Reihe von Verweisen notiert. Dabei handelt es sich in der Mehrzahl

um Verweise innerhalb des ersten Bandes, die auf Beziehungen innerhalb einer biblischen Schrift, vor allem aber auch zwischen verschiedenen Schriften hinweisen. Sie sind mit → und nachfolgender →
Seitenzahl gekennzeichnet. Eine weitere Gruppe von Verweisen
bezieht sich auf meine »Einführung«, wo bestimmte Fragen ausführlicher behandelt werden. Sie sind mit »E« und nachfolgender E
Seitenzahl angegeben. Schließlich finden sich Hinweise auf die Behandlung eines bestimmten Themas im zweiten Band. Dabei ist jeweils das entsprechende Kapitel mit »B« und nachfolgender römi- B
scher Ziffer und einem Stichwort angegeben; »C« bezieht sich auf C
das hermeneutische Schlußkapitel. (Vgl. das vorläufige Inhaltsver-
zeichnis des zweiten Bandes auf S.X.)

A.I
Der Pentateuch

Vorüberlegungen

→ 82

Die ersten fünf Bücher der Hebräischen Bibel heißen in der jüdischen Überlieferung »Tora«. Darin kommt zum Ausdruck, daß sie die Grundlage und den Kern der jüdischen Glaubenstradition bilden, denn Tora ist zugleich der umfassende Ausdruck für diese ganze Tradition. In der christlichen Überlieferung werden diese fünf Bücher meistens als »Pentateuch« bezeichnet. Luther gab ihnen den Namen »Die Fünf Bücher Mose« entsprechend der nachbiblischen Tradition, daß Mose der Verfasser dieses ganzen Traditionskomplexes gewesen sei.

E 166

Der Pentateuch vereinigt in sich vielfältige Überlieferungen, die sich in Alter und Herkunft z.T. deutlich voneinander unterscheiden. In der neuzeitlichen alttestamentlichen Wissenschaft hat weithin das Interesse an den einzelnen Traditionen, ihrer Herkunft und ihrem Alter dominiert und auch ein gutes Stück weit die Darstellungen der Theologie des Alten Testaments bestimmt. Hier soll nun versucht werden, den Pentateuch in seiner jetzt vorliegenden Endgestalt zur Grundlage einer theologischen Auslegung zu machen. Das bedeutet keineswegs, daß die Ergebnisse der bisherigen Pentateuchforschung ignoriert würden. Sie werden vielmehr darin ein Stück weitergeführt, daß das Endergebnis des langen Traditionsprozesses, dem die jetzige Gestalt des Pentateuch ihre Entstehung verdankt, ins Auge gefaßt und zum eigentlichen Gegenstand der Betrachtung gemacht wird. Dabei wird der Text also nicht in hypothetisch erschlossene frühere Bestandteile zerlegt, die dann je für sich ausgelegt und theologisch interpretiert würden. Vielmehr wird der Text in seinem jetzigen Zusammenhang gelesen, und die Spannungen und gegebenenfalls auch Gegensätze, die durch die Zusammenfügung unterschiedlicher Überlieferungselemente entstanden sind, werden jeweils als solche in Blick gefaßt und interpretiert.

Im Pentateuch lassen sich deutlich verschiedene Überlieferungsschichten erkennen, die sich vor allem durch ihre Sprache und ihre theologischen Schwerpunkte voneinander unterscheiden. Am deutlichsten hebt sich eine Schicht heraus, die man als »priesterlich« kennzeichnen kann und die vor allem in den ersten vier Büchern des Pentateuch in Erscheinung tritt. Sie ist durch ihre charakteristischen sprachlichen Ausdrucksformen recht klar erkennbar, so daß in ihrer Abgrenzung wenig Meinungsverschiedenheiten bestehen. Fraglich ist allerdings, ob diese Schicht jemals für sich existiert hat, wie es in der Forschung weithin angenommen wurde und noch wird. Nach dieser Auffassung sei der Pentateuch aus verschiedenen »Quellen« zusammengefügt worden, die ursprünglich unabhängig voneinander existiert hätten; dabei wird die priesterliche »Quelle« als »Priesterschrift« bezeichnet. Es liegt aber m.E. näher anzunehmen, daß die umfangreichen priesterlichen

Materialien erst in der Verbindung mit anderen, »nicht-priesterlichen« Stoffen ihre Gestalt gefunden haben und deshalb im ganzen eher als »Kompositionsschicht« zu verstehen sind (vgl. 1977, 130ff; Blum 1990a, 219ff). Dabei bleibt jedoch die seit Julius Wellhausen weithin akzeptierte Auffassung bestehen, daß die priesterliche Schicht aufs ganze gesehen die jüngsten Elemente der Pentateuchtradition enthält und in die Zeit des Babylonischen Exils (597-538) oder bald danach zu datieren ist.

Wesentlich weniger deutlich sind die Konturen der übrigen, »nicht-priesterlichen« Stoffe. Bis vor einigen Jahrzehnten herrschte fast ungebrochen die Auffassung, daß mit einer oder mehreren älteren »Quellen« zu rechnen sei, die als »Jahwist« und »Elohist« bezeichnet wurden. Ihre Existenz als selbständige, zusammenhängende literarische Größen ist aber seither fraglich geworden, und über ihre zeitliche Ansetzung gehen die Meinungen weit auseinander (vgl. Blenkinsopp 1992). Auf Grund der neueren Debatte gehe → 13 ich im folgenden von der Auffassung aus, daß die vielerlei »vor-priesterlichen« Materialien im Pentateuch nicht die Form selbständiger »Quellen« o.ä. gehabt haben, sondern daß sie ebenfalls erst in einer »Komposition« zusammengefaßt und gestaltet worden sind. Diese »vor-priesterliche« Komposition weist enge sprachliche und theologische Beziehungen zum Deuteronomium auf und kann deshalb als »deuteronomistisch« bezeichnet werden (vgl. Blum 1990a, 7ff). Die »priesterliche« Komposition baut darauf auf.

Schließlich bildet das Deuteronomium eine Größe für sich. Es ist in seiner → 68 vorliegenden Gestalt nicht aus einem Guß, sondern läßt verschiedene Überlieferungsstadien erkennen. Es ist aber zweifellos in die abschließende Komposition des Pentateuch mit einbezogen und hat diese wesentlich mitgeprägt. Insbesondere der Charakter des Pentateuch als Tora ist vom Deuteronomium entscheidend mitbestimmt (vgl. Crüsemann 1992).

Zur Begründung der folgenden Darstellung verweise ich vor allem auf die forschungsgeschichtliche Darstellung von Blenkinsopp (1992) sowie auf die Untersuchungen von Blum (1990a) und Crüsemann (1992).

I.1
Das Buch Genesis

1.1
Die Urgeschichte

1.1.1
Am Anfang schuf Gott

»Am Anfang schuf Gott Himmel und Erde.« Mit diesem Satz beginnt das erste Kapitel des Buches Genesis. Sein erstes hebräisches E 140 Wort $b^e r\bar{e}\,{}^{\flat}\check{s}\hat{\imath}t$ »am Anfang« hat dem Buch in der jüdischen Überlieferung seinen Namen gegeben. Dieser Satz bildet zugleich den Anfang des Pentateuch, den Anfang des Alten Testaments im ganzen und damit den Anfang der Bibel, der jüdischen wie der christlichen. Darum steht dieser Satz auch am Anfang einer »Theologie des Alten Testaments«, die das Alte Testament (die Hebräische Bibel) als

C

B.I Schöpfung

→ 178

→ 71
→ 156

→ 307

→ 17

12

ein theologisches Buch versteht und es in seinem gegebenen Zusammenhang liest.
Dieser Satz spricht vom Beginn der Geschichte Gottes mit der Welt, mit der Menschheit und mit Israel. Es ist ein absoluter Anfang; davor gibt es keine Geschichte. Die Formulierung $b^e r\bar{e}$'$\check{s}\hat{i}t$ »am Anfang« kommt in dieser Bedeutung in der Hebräischen Bibel nur an dieser Stelle vor. Das Subjekt dieses Satzes ist Gott. Sein Handeln setzt die Geschichte in Gang. Das Verbum $b\bar{a}r\bar{a}$' »schaffen« zeigt ebenfalls eine sprachliche Besonderheit: Es ist eines der ganz wenigen Verben im biblischen Hebräisch, das nur mit Gott als Subjekt verwendet wird. So drückt es die Souveränität des Handelns Gottes aus. Das Wortpaar »Himmel und Erde« hat eine doppelte Funktion: Zum einen weist es voraus auf die unmittelbar folgende Entfaltung des göttlichen Schöpfungshandelns, das Himmel und Erde umgreift; in dieser Bedeutung wird es am Abschluß des sechsten und letzten Schöpfungstages zusammenfassend wiederholt (Gen 2,1). Zum andern wird dieses Wortpaar in der Hebräischen Bibel häufig als umfassender Ausdruck für die »Welt« als ganze und zugleich als Bereich der Wirksamkeit Gottes gebraucht (Dtn 3,24; 4,39; 1Kön 8,23; Jes 1,2; 49,13; 66,1; Jer 23,24; Ps 96,11; 113,6; 1Chr 29,11). Gott hat *alles* geschaffen. Das wird im folgenden entfaltet.
Die Absolutheit des Anfangs scheint durch V.2 in Frage gestellt. Die Erde war schon vorhanden. Aber sie war noch *tohû wābohû* Chaos, »wüst und leer«, »Irrsal und Wirrsal« (Buber), noch nicht »zum Wohnen« geeignet (Jes 45,18). Dahinter steht eine mythologische Tradition, nach der der Schöpfergott die Welt im Kampf dem Chaos abringen mußte. Aber hier, im ersten Kapitel der Bibel, muß Gott nicht kämpfen. Er spricht (V.3). Er spricht, und es geschieht: Das Licht wird. Damit ist die Voraussetzung geschaffen für das Unterscheiden, das zugleich ein Scheiden ist (*hibdîl*). Gott scheidet das neu geschaffene Licht von der chaotischen Finsternis und macht diese zum Gegenstand der Schöpfung, indem er sie in die neu entstehende Ordnung einfügt: Das Licht heißt jetzt »Tag« und die Finsternis »Nacht« (V.5). Auch das Gewölbe (*rāqî*^{a}'), das Gott jetzt »Himmel« nennt, dient der Scheidung, indem es die chaotischen Wasser trennt in den Himmelsozean oben und das übrige Wasser unten (V.6-8); dies muß dem »Trockenen« Raum geben, das jetzt den Namen »Erde« erhält, während das Wasser »Meere« heißt (V.9f). So sind Himmel und Erde geschaffen, und zugleich sind die Chaoselemente der Finsternis und des Wassers in die Schöpfung einbezogen.
Die Welt wird schrittweise in Schöpfungs- und Tagewerken weiter aufgebaut (vgl. Steck 1975). Als letztes schafft Gott den Menschen, genauer: die Menschen, Mann und Frau, »zu seinem Bilde« (V.26f). Er segnet sie mit Fruchtbarkeit und überträgt ihnen die Verantwortung für die Verwaltung der Welt in seinem Auftrag (V.28). Gott sieht, daß dies alles »sehr gut« ist (V.31). Am siebten Tag ruht er aus

von seinem Schöpfungswerk und segnet und »heiligt« diesen Tag (2,1-3).

Dieses erste Kapitel der Bibel stellt einen eindrucksvollen, in sich geschlossenen Entwurf der Erschaffung der Welt und der Menschen dar. Zugleich bildet es den Anfang der biblischen »Urgeschichte« (Gen 1-11) und steht mit den übrigen Texten dieses Abschnitts in vielfältigen Wechselbeziehungen. Im unmittelbaren Anschluß an den ersten Schöpfungsbericht folgt ein zweiter, der über die Schöpfung hinausgreift und vom Schicksal des ersten Menschenpaares berichtet (2,4-3,24). Er betrachtet die Schöpfung aus einer anderen Perspektive. Während in Gen 1 ein weitgespannter, systematischer Entwurf der Weltschöpfung entfaltet wird, geht es in 2,4ff um die Menschen und ihren unmittelbaren Lebensbereich. So bildet dieser zweite Text im jetzigen Zusammenhang gleichsam eine detaillierende Konkretion der Rolle und des Schicksals des ersten Menschenpaares.

Seit den Anfängen der historisch-kritischen Arbeit am Alten Testament herrscht weitgehend Einigkeit in der Annahme, daß diese beiden Schöpfungsberichte nicht vom gleichen Autor verfaßt worden sind. Dabei gilt der zweite mit guten Gründen als der ältere. Während man früher die Selbständigkeit der beiden Texte (und entsprechender Texte im übrigen Pentateuch) betont hat, ist in neueren Arbeiten das Interesse stärker auf ihre Verbindung miteinander gerichtet. Ihre Zusammenfügung wird nicht einer bloßen »Redaktion« zugeschrieben, sondern wird eher im Rahmen einer »Komposition« verstanden, die in einer sehr bewußten und differenzierten Arbeit Texte unterschiedlichen Alters und unterschiedlicher Herkunft miteinander verknüpft und zueinander in Beziehung gesetzt hat. Die Verbindung zwischen den beiden Schöpfungsberichten geschieht durch die als Überschrift zum zweiten Bericht zu verstehende Einleitungsformel in 2,4a (Cross 1973, 302; Blum 1990a, 291; ähnlich Blenkinsopp 1992, 60).

→ 10

Die Erschaffung der Menschen wird im zweiten Kapitel als ein unmittelbares Handeln Gottes dargestellt: erst die Erschaffung des Mannes, den Gott aus Lehm formt und ihm den »Lebensodem« einhaucht (2,7f), dann die der Frau, die er aus der vom Mann genommenen »Rippe« (? das Wort ṣēlāʿ hat sonst nirgends diese Bedeutung, vgl. ThWAT 6, 1059ff) bildet (bānāh, wörtlich: »baut«). Im Unterschied zu 1,27b, wo das Wort 'ādām wie ein Plural behandelt und durch die Adjektive »männlich« und »weiblich« differenziert wird, wird in 2,22-24 ausdrücklich und betont das gleichberechtigte Gegenüber von 'iššāh »Frau« und 'īš »Mann« eingeführt (vgl. Trible 1993, 120ff). Eine weitere Differenzierung und Präzisierung gegenüber Gen 1 besteht in der Formulierung des Auftrags an den Mann, den ihm als Lebensraum zugewiesenen Garten »zu bebauen und zu bewahren« (V.15). Dabei ist allerdings im Unterschied zu dem Herrschaftsauftrag in 1,28 der engere Lebensraum von Kap.2 im Blick.

B.I.4 Was ist der Mensch

Dieser zweite (ältere) Schöpfungsbericht ist aber hier nicht zu Ende. Er findet seine Fortsetzung in einer Erzählung (Kap.3), in der nun nicht mehr Gott der Handelnde ist, sondern in der seine Geschöpfe anfangen, selbständig zu handeln. Damit beginnt gleichsam die Geschichte der Menschheit, und sie beginnt mit dem »Sündenfall«. Diese Erzählung, die zu den alttestamentlichen Texten mit der größten Wirkungsgeschichte gehört, steht im Alten Testament selbst ganz isoliert. »Weder ein Prophet noch ein Psalm noch ein Erzähler nimmt irgendeinen erkennbaren Bezug auf die Geschichte vom Sündenfall« (vRad 1972, 74). Aber ihre Bedeutung im Rahmen der Urgeschichte ist eindeutig: Mit ihr endet das erste Kapitel der Menschheitsgeschichte, in dem die Menschen in der unmittelbaren und unvermittelten Nähe zu Gott lebten. Es endet, weil die Menschen sein wollten »wie Gott«, was hier (unbeschadet der Vielschichtigkeit dieser Aussage) in der Konsequenz bedeutet: für ihre Entscheidungen selbst verantwortlich zu sein. Und das dürfen und müssen sie nun außerhalb des Gartens Eden, den die nachbiblische Tradition das »Paradies« genannt hat.

Der Gebrauch, den die Menschen von ihrer Freiheit zu eigener Verantwortung machen, ist katastrophal: Die erste Tat, von der berichtet wird, ist ein Mord, ja ein Brudermord (Kap.4). Hier zeigt sich, wozu die Menschen fähig sind. Aber es zeigt sich auch ganz unmißverständlich, daß Gott dies nicht zulassen will: Kain wird aus der Gemeinschaft der Menschen ausgestoßen. Gott gibt den Menschen die Freiheit zur Entscheidung über ihr Tun. Aber er setzt schon hier die ersten grundlegenden Begrenzungen, innerhalb derer es sich vollziehen muß, und er wird dies später präzisieren und entfalten → 17 (vgl. Gen 9,6; Ex 20,13).

Mit diesem ersten Mißbrauch der Freiheit setzt sich die im »Sündenfall« begonnene Linie fort und führt (über die ungehemmte Rachsucht Lamechs [Gen 4,23f] und die mythische Traditionen widerspiegelnden »Engelehen« [6,1-4]) schließlich dahin, daß es Gott »reut«, daß er die Menschen geschaffen hat (6,6). Hier zeigt sich eine tiefreichende Spannung in den ersten Kapiteln der Bibel. Gott hat die Welt »sehr gut« geschaffen. Aber die Menschen, die ein zentraler Bestandteil seiner Schöpfung sind, sind nicht »gut«. Es ist deshalb gewiß kein Zufall, daß im ersten Schöpfungsbericht das Werk der Erschaffung der Menschen (1,26-28) nicht, wie das der vorhergehenden Schöpfungswerke, mit dem Urteil »gut« abgeschlossen, sondern nur unter das Gesamturteil mit einbezogen wird (1,31). Vor den Menschen lag die Möglichkeit, gut und böse zu erkennen; und durch ihr Tun brachten sie es schließlich so weit, daß Gott erkennen mußte, daß »alles Dichten und Trachten ihres Herzens nur böse war« (6,5). Der Autor des ersten Schöpfungsberichts hatte dies schon im Blick und wollte vielleicht bewußt einen Gegensatz zu dieser Aussage vermeiden (Cassuto 1961, 59f, 302).

Die Texte versuchen nicht, diese Spannung zwischen der »guten«
Schöpfung Gottes und den »bösen« Gedanken des menschlichen
Herzens zu erklären. Ihre Verfasser schreiben aber im vollen Bewußtsein dessen, daß sie die Welt nur aus der Sicht derer betrachten
können, die »nach der Sintflut« leben, d.h. außerhalb jenes Bereichs
des störungsfreien Zusammenlebens der Geschöpfe mit ihrem
Schöpfer, den sie als den anfänglichen Urzustand beschreiben. Sie
wissen aus eigener Erfahrung, daß die Menschen nicht »gut«, sondern zu Sünden aller Art fähig und oft genug bereit sind. Und sie
wissen aus der Überlieferung, daß die elementare Spannung zwischen dem ursprünglichen »guten« Entwurf der göttlichen Schöpfung und dem, was die Menschen daraus gemacht haben, beinahe
das Ende dieser Schöpfung bedeutet hätte.

An diesem Punkt sind die beiden Textschichten, die in der Komposition der Urgeschichte zusammengefügt sind, eng miteinander verflochten. Zweimal heißt es: »Jhwh/Gott sah«. Er sah den Zustand
der Menschen, das böse »Dichten und Trachten« ihrer Herzen (6,5);
und er sah den Zustand der ganzen Erde, was in einem wörtlichen
Echo auf das »Sehen« Gottes am Schluß der Schöpfungsgeschichte
seinen Ausdruck findet (1991b, 124): »Da sah Gott alles an, was er
gemacht hatte, und siehe, es war sehr gut« (1,31); und jetzt: »Da sah → 12
Gott die Erde an, und siehe, sie war verdorben« (6,12). Sie war voll
»Gewalttat« (*ḥāmās* V.11), denn »alles Fleisch« (d.h. Menschen und
Tiere) hatte »seinen Weg verdorben« (V.12).
Da »reute« es Gott (6,6). Der elementare Widerspruch zwischen B.XI Wie von
Gottes guter Schöpfung und ihrer Pervertierung durch die Men- Gott reden?
schen (und auch die Tiere) findet seinen Ausdruck in einer äußersten theologischen »Grenzaussage« (Jeremias 1975/97, 25). Gott
reagiert wie ein Mensch (vgl. 1Sam 15,29b): Es »tut seinem Herzen
weh« (Gen 6,6b); unter Seelenqualen beschließt er, sein Werk zu
vernichten.

1.1.2
Noah fand Gnade
Doch plötzlich stockt die Erzählung, die schon auf die Vernichtung
der Schöpfung hinläuft: »Aber Noah fand Gnade in den Augen des
HERRN« (6,8). Ein einziger Mensch wird von dem allgemeinen Urteil über die Bosheit der Menschen ausgenommen. Schon in 5,29
wurde sein Name als »Tröster« gedeutet, und in 6,9 heißt es, daß
er »gerecht und vollkommen« (*ṣaddîq tāmîm*) war. Auch die spätere
Tradition nennt Noah als exemplarischen Gerechten, zusammen
mit Daniel und Hiob (Ez 14,14.20); aber es wird nirgends gesagt, → 225
worin seine Gerechtigkeit bestand. Doch er ist dazu ausersehen,
daß mit ihm ein neues Kapitel der Menschheitsgeschichte beginnen soll: »Dies ist die Geschichte der Nachkommen Noahs« (6,9).
Gott weiht ihn in seinen Vernichtungsbeschluß ein (V.13) und
kündigt ihm zugleich an, daß er mit ihm und allen Menschen und

Tieren, die mit ihm in die Arche gehen sollen, einen »Bund«
schließen wird, sie am Leben zu erhalten (V.18). Noah selbst und
die Leser dieser Geschichte wissen dies, wenn nun die große Ver-

→ 179 nichtungsflut, die »Wasser Noahs« (Jes 54,9) über die Erde kommen. Sie wissen, daß die Geschichte der Schöpfung Gottes noch
nicht ganz zu Ende ist.

Als Noah die Sintflut in der Arche überlebt hat und das erste Opfer
darbringt (8,20), spricht Gott erneut zu sich selbst »in seinem Herzen«. Er wiederholt die Aussage über das »böse Trachten« des
menschlichen Herzens, aber er zieht daraus jetzt die gegenteilige
Konsequenz: »Ich werde nicht mehr die Erde für verflucht erklären
um des Menschen willen ... ich werde nicht noch einmal alles Le-
bende vernichten, wie ich getan habe«. Die Menschen haben sich
nicht geändert, aber Gott hat gleichsam seine Reue überwunden,
und zwar ein für allemal: »Solange die Erde steht, soll nicht aufhören Saat und Ernte, Frost und Hitze, Sommer und Winter, Tag und
Nacht« (V.21f). Der zukünftige Bestand der Welt wird nicht mehr
vom Verhalten der Menschen abhängig sein. Gott läßt die Welt bestehen und erträgt die Menschen, wie sie sind.

Diese Zusage Gottes wird noch einmal feierlich bestätigt. (Hier ist
wiederum die priesterliche Textschicht [Gen 9] eng mit der älteren
[8,21f] verknüpft und bildet dabei den übergreifenden kompositorischen Rahmen [1991b].) Gott errichtet einen »Bund« (berît mit den
Menschen und mit allen Lebewesen, die die Arche verlassen haben,
also mit allen künftigen Bewohnern der Erde (9,8-17). Inhalt des
Bundes ist es, daß es keine Vernichtung durch eine Sintflut (mabbûl)
mehr geben wird, sondern daß diese Welt mit all ihren Bewohnern
nunmehr bleibenden Bestand haben soll. Das bedeutet aber, daß die
jetzt auf dieser Erde lebenden Menschen Nachkommen Noahs sind.
Gewiß bleiben die Menschen benê ʾādām, Kinder Adams (Ps 115,16
u.ö.). Aber die Linie von Adam her ist gebrochen, und die bei der
Schöpfung an die Menschen gegebenen Zusagen gelten nun der noachidischen Menschheit in vermittelter und teilweise veränderter
Weise (vgl. Greenberg 1970).

So werden zentrale Aussagen aus dem ersten Schöpfungsbericht
wieder aufgenommen (9,1-7). Doch im Unterschied zu Gen 1
spricht Gen 9 nun von der Realität der Welt nach der Flut, in der die
Leser des Textes selber leben. Zunächst wiederholt Gott den

→ 12 Fruchtbarkeitssegen vom sechsten Schöpfungstag (9,1, vgl. 1,28).
Aber dann folgt ein scharfer Kontrast: Statt des bisherigen friedlichen Zusammenlebens aller Lebewesen werden jetzt »Furcht und
Schrecken« herrschen, weil Gott alle Tiere in die Hände der Menschen gegeben hat (9,2). Der unmittelbare Anschluß dieses Satzes
an den Fruchtbarkeitssegen von V.1 läßt diese neue Beschreibung
des Verhältnisses von Menschen und Tieren geradezu als Ausübung
der vom Schöpfer verordneten Herrschaft der Menschen über die

Schöpfung erscheinen. Dies wird in V.3 präzisiert, indem die Tiere

(mit wörtlichem Bezug auf 1,29) den Menschen zur Nahrung zugewiesen werden (mit der ausdrücklichen Einschränkung des Blutge-
nusses, V.4). Aber es bleibt deutlich, daß diese Veränderung der
ursprünglichen Schöpfungsordnung zugleich das Ende des »para-
diesischen« Friedens bedeutet. Der Mensch ist nun zugleich »Bild
Gottes und Schrecken der Tiere« (Ebach 1986). Auch hier gibt der
Text keine Deutung; aber er stellt fest, daß diese Veränderung in der
Welt nach der Flut dem Willen Gottes entspricht.

Auch der Mensch selbst ist gefährdet, und deshalb muß das Verhältnis der Menschen untereinander in dieser veränderten Welt geregelt
werden. Und weil die erste Tat eines Menschen in der Freiheit der
eigenen Verantwortung ein Brudermord war (Gen 4), ist auch das er- → 14
ste Gebot, das Gott den Menschen gibt, das Verbot des Tötens eines
anderen Menschen, des »Blutvergießens« (9,6). Die Begründung ist
einfach und elementar: weil der Schöpfer den Menschen »zum Bilde → 12
Gottes« geschaffen hat. Das Töten eines Menschen bedeutet Be-
schädigung, ja Zerstörung des Bildes Gottes. Darum heißt es:
»Wenn jemand einen Menschen vernichtet, dem rechnet es die
Schrift an, als habe er eine ganze Welt vernichtet« (Sanhedrin IV,5).
Der Bestand dieser veränderten Welt nach der Flut wird bestätigt
durch den Bund, den Gott mit den Menschen und mit allen Ge- B.II Bund
schöpfen errichtet (9,8ff). Dafür setzt Gott ein »Zeichen«: seinen
Bogen in den Wolken (9,12ff, vgl. Zenger 1983). Gott bindet sich
selbst durch dieses Zeichen: Er wird den Bogen ansehen (rā'āh) und
dabei des von ihm errichteten »ewigen« Bundes (berît 'ôlām) »gedenken« (V.15f, vgl. auch schon 8,1). Aber auch die Menschen können
den Bogen sehen, wenn er »erscheint«, d.h. sichtbar wird (nir'āh
V.14). Sie wissen dann, daß sie sich auf die im Bund gegebene Zusage Gottes verlassen können und daß die Welt, in der sie leben, Bestand haben wird.

Damit beginnt eine neue Etappe der Geschichte Gottes mit der
Welt und mit den Menschen. Sie wird auf doppelte Weise weitergeführt. Die Völkerwelt breitet sich aus und differenziert sich. Dies
bahnt sich schon bei den Söhnen Noahs an, welche die drei großen
Gruppen der Völkerwelt repräsentieren (9,18f) und setzt sich dann
in der »Völkertafel« (Kap.10) fort. Hier wird die Menschheit als ganze in ihrer schöpfungsmäßigen Einheit in Blick gefaßt (vRad 1962,
175). Zugleich wird aber schon eine gegenläufige Bewegung erkennbar. In der Urgeschichte hieß es ganz allgemein: »Damals fing man
an, den Namen des HERRN anzurufen« (Gen 4,26b), ohne daß der
Kreis der Jhwhverehrer innerhalb der damals existierenden
Menschheit näher bestimmt oder eingeschränkt würde. Doch in
den Fluch- und Segenssprüchen über die Söhne Noahs (Gen 9,25-27)
lautet es dann: »Gesegnet sei Jhwh, der Gott Sems« (V. 26). Die besondere Beziehung zu Jhwh gilt jetzt nur für einen bestimmten Teil
der Menschheit. Von Israel ist dabei noch nicht die Rede. Aber es ist
in dem Namen Sem schon mitenthalten, denn Sem ist »der Vater al-

ler Söhne Ebers«, d.h. der »Hebräer« (10,21, vgl. Crüsemann 1981).
Von hier an läuft dann die sich verengende Linie der Genealogien
(11,10ff) auf Abraham zu.
Aber noch einmal wird der Erzählungsablauf unterbrochen, ja geradezu konterkariert durch die Erzählung vom Turmbau in Babel
(11,1-9). Die Menschheit will ihre Vielfalt und ihre Verbreitung über
die ganze Erde (10,32) nicht anerkennen. Im jetzigen Erzählungszusammenhang heißt das zugleich: Die Menschen wollen dem Schöp-
→ 12   fungsbefehl Gottes »Erfüllt die Erde!« (Gen 1,28) nicht folgen. Sie
wollen eine Einheit bewahren, die schon nicht mehr gegeben ist. Die
Macht dieser Einheit wollen sie demonstrieren durch einen Turm,
dessen Spitze »bis an den Himmel« reicht. Dabei klingt eine Rivali-
tät mit der himmlischen Götterwelt an, wie etwa auch in einer Bau-
inschrift des berühmten Stufenturms in Babylon, der wohl der biblischen Erzählung als Vorbild diente: »seine Spitze mit dem Himmel
wetteifern zu lassen« (TUAT II, 491ff, Z.I,36f). Dies wird jedoch in
Gen 11 nicht expliziert, sondern es wird ein anderer Akzent gesetzt:
Die Menschen wollen sich selbst »einen Namen machen« (V.4).
Aber Gottes Plan geht schon dahin, daß er Abraham »einen großen
→ 19   Namen machen« will (12,2). So »zerstreut« er die Völker wieder (pûṣ
11,8), wie es ja schon mit der Gliederung der Menschheit durch die
Nachkommen Noahs begonnen hatte (9,19 gleiches Verbum). Die
gemeinsame »eine Rede« (śāpāh 11,1) muß wieder der Vielfalt der
Sprachen (leśonôt 10,5.20.31) weichen« (11,9). Viele Ausleger verstehen dies als Bestrafung der aufbegehrenden Menschheit, und in der
Tat ist die Erzählung ambivalent. Aber letztlich dominiert der Gedanke der Wiederherstellung der schöpfungsmäßig gewollten Vielfalt der Menschen. (Vgl. Jacob 1934, 301ff; Uehlinger 1990.) Damit
ist die gemeinsame Geschichte der noachidischen Menschheit zu
ihrem Ende gekommen. Die Völkerwelt in ihrer unübersehbaren
Vielfalt tritt nicht mehr als ganze in den Blick, und mit der Geschichte Abrahams beginnt eine neue Etappe der Geschichte Gottes
mit den Menschen. Aber die Zukunft der »Familien der Erde« wird
→ 20   auch jetzt in Gottes Plänen mitbedacht (12,3).
Die biblische Urgeschichte zeigt ihren Lesern beides: die Größe und
Schönheit der Schöpfung und ihre Entstellung und Gefährdung
durch den Menschen. Sie versichert ihnen aber auch, daß Gott seine
Schöpfung trotz der Sündhaftigkeit der Menschen erhalten und bewahren will. An diesem Punkt stehen die Leser, damals wie heute.
Es gibt keinen unverstellten Blick auf die Schöpfung mehr (vgl. Jeremias 1990).
Auch das großartige erste Kapitel der Bibel kann und soll nicht ohne
seine Fortsetzung gelesen werden, die von Sünde, Flut und schließlich vom Bund Gottes mit allen lebendigen Wesen handelt. Nur diese gnädige Zusage Gottes ermöglicht es auch den heutigen Lesern,
immer wieder den Blick auf die Schöpfung zu lenken und sie trotz al-
18   lem in ihrer Größe und Schönheit zu bewundern.

Im größeren Kontext des Pentateuch ergeben sich noch weitere Ausblicke von der Urgeschichte her. So wird am Abschluß der Schöpfung der siebte Tag von Gott gesegnet und geheiligt (Gen 2,3), → 13 und in der Rede vom »Ruhen« Gottes (šābat) klingt der Name des Sabbat (šabbāt) schon an; aber er wird noch nicht genannt. Nachdem die Israeliten den Sabbat dann erstmals in der Wüste als eine göttliche Setzung erfahren haben, ohne ihn selbst schon zu kennen (Ex → 46 16), wird die Feier des Sabbat schließlich im Zusammenhang mit der Herstellung des Sinaiheiligtums als kultische Regel eingesetzt (Ex 31,12-17). Daran sollen die Israeliten erkennen: »Ich bin der → 61.71 HERR, der euch heiligt« (V.13).

Am Schluß des sechsten Schöpfungstages hieß es: »Da sah Gott alles an, was er gemacht hatte, und siehe, es war sehr gut« (Gen 1,31); → 12 in scharfem Kontrast dazu dann vor Beginn der Sintflut: »Da sah Gott die Erde an, und siehe, sie war verdorben« (6,12). Dies klingt → 15 dann noch einmal am Ende des Berichts über den Bau des Sinaiheiligtums an: »Da sah Mose die ganze Arbeit an, und siehe, sie hatten es gemacht, wie der HERR befohlen hatte« (Ex 39,43a; vgl. auch Gen → 61 2,1f mit Ex 39,32a; 40,33b, dazu Zenger 1983, 170ff; Blum 1990, 306f).

Die Parallelität zwischen Gen 1,31 und Ex 39,43 ist ebenso deutlich wie der Unterschied. In beiden Fällen folgt auf das abschließende »Sehen« der Segen (Gen 2,3a; Ex 39,43b); aber das Urteil »sehr gut« steht nur dem Schöpfer zu, Mose kann nur die vollständige Übereinstimmung des erbauten Heiligtums mit dem göttlichen Plan konstatieren. Doch dazwischen steht die Flut als göttliche Reaktion auf die menschliche Sünde. Die große Bedeutung des Sinaiheiligtums in seiner Beziehung auf die Schöpfung wird erst von daher verständlich.

1.2
Die Vätergeschichte

B.III Die Väter

1.2.1
Der HERR sprach zu Abraham

»Da sprach der HERR zu Abram« (Gen 12,1). Mit dieser Anrede an den »Erzvater« Abraham (zur Namensänderung s. 17,5) beginnt → 25 nach dem allgemeinen der besondere Teil der biblischen Geschichte: die Geschichte Israels. Abraham wird von Gott aus der Gesamtheit der Völker ausgesondert zu einem neuen Anfang. Alttestamentliche Texte drücken dies auf verschiedene Weise aus: Gott »nimmt« Abraham »heraus« (Gen 24,7; Jos 24,3), er »beruft« ihn (Jes 51,2), er »erkennt« ihn (Gen 18,19), und mit dem geprägten theologischen Begriff: er »erwählt« ihn (bāḥar Neh 9,7). Dabei wird B.II.4 Erwähin dem zuletzt zitierten Gebet in Neh 9 die Erwählung Abrahams lung als die zweite grundlegende Tat Gottes nach der Schöpfung (V.6) be- → 370 trachtet.

19

Die Berufung Abrahams bedeutet einen radikalen Neuanfang. Er wird als einzelner aus der ganzen übrigen Völkerwelt ausgesondert. Dies wird noch dadurch besonders hervorgehoben, daß Gott ihm die Herauslösung aus allen bisherigen Lebenszusammenhängen befiehlt: Land, Verwandtschaft und Vaterhaus. Dem steht der Neuanfang mit der dreifachen göttlichen Zusage gegenüber: Land, reiche Nachkommenschaft und Segen (V.1b.2). Damit sind die entscheidenden Stichworte für die erste Phase der Geschichte Israels gegeben, die jetzt in der erzählenden Form der Familiengeschichte beginnt.

Zugleich bringt diese erste Gottesrede an Abraham zum Ausdruck, daß seine Aussonderung aus den übrigen Völkern keineswegs bedeutet, daß die jetzt beginnende Geschichte seines Volkes ohne Bezug zu derjenigen anderer Völker sein könnte. Das Land, das Gott Abraham »zeigen« will (12,1), wird als das »Land Kanaan« identifiziert (V.5), und eine beigefügte Notiz stellt fest: »damals waren die Kanaanäer im Lande« (V.6b).

B.XVI Israel und die Völker

So beginnt die Geschichte Israels in einem Land, in dem noch die Angehörigen eines anderen Volkes wohnen, dessen Namen das Land trägt. Dieser Name wird auch im folgenden noch beibehalten (Gen 13,12; 50,5; Ex 6,4; Jos 14,1 u.ö.). Weiter heißt es in der Gottesrede, daß Abraham und seine Nachkommen von anderen Völkern »segnendes« und »fluchendes« Handeln zu erwarten haben. In einem metrisch formulierten Gotteswort, das wohl aus einer älteren Tradition stammt (vgl. Gen 27,29; Num 24,9), wird dieser Erwartung die Zusage gegenübergestellt, daß Gott darauf schützend und bewahrend reagieren wird (V.3a). Und diejenigen Völker, die Israel »segnen« werden, sollen auch ihrerseits am Segen Abrahams Anteil haben (V.3b).

→ 67

In dieser jetzt beginnenden Geschichte stehen die Leser dieser Texte als Glieder des Volkes, das Abraham als seinen Ahnherrn betrachtet. Diese Geschichte ist wesentlich geprägt durch das Problem der Existenz Israels in seinem Land. Israel versteht sich nicht als autochthon, sondern betrachtet das Land, in das hinein Abraham aufgebrochen ist und in dem Israel nun lebt, als von Gott gegeben.

Dies impliziert vor allem zwei grundlegende Aspekte: Zum einen bedeuten der Besitz des Landes und das Leben in ihm von Anfang an bestimmte Beziehungen zu anderen Völkern, friedliche und feindliche. Die Geschichte Israels ist darum stets die Geschichte von »Israel unter den Völkern«, nahen und fernen, im Guten und im Bösen. Zum andern kann Gott die Gabe des Landes auf Grund des Verhaltens Israels jederzeit zurücknehmen. Deshalb ist das Wohnen Israels in diesem Lande nie ungefährdet. Dieser zweite Gesichtspunkt gewinnt im Laufe der jetzt erzählten Geschichte immer mehr an Bedeutung.

1.2.2
Das Land werde ich euch geben

Als erstes durchzieht Abraham das Land, um es symbolisch in Besitz zu nehmen (Gen 12,6-9), insbesondere durch den Bau von Altären in Sichem und Bet-El. So ist die Gottesbeziehung das erste, was Abrahams Verhältnis zum Land konstituiert. Gott erscheint ihm und gibt ihm die Verheißung: »Deinen Nachkommen werde ich dieses Land geben« (V.7). Diese Verheißung zieht sich wie ein roter Faden durch die ganze Vätergeschichte. Sie ergeht an alle drei Erzväter, wobei Varianten in der Formulierung die schrittweise Entstehung der jetzigen Gesamtkomposition erkennen lassen (13, 15.17; 15,7.18; 17,8; 26,3f; 28,13; 35,12, vgl. 24,7; 28,4; 48,4; dazu 1977, 42ff).

Das Land ist den Vätern verheißen, und sie leben darin; aber es ist nicht ihr Eigentum. In einer Gottesrede in Gen 15,13-16 wird vorausgesagt, daß die Israeliten erst nach einer Zeit des Aufenthalts als *gēr*, als nichtseßhafter Schutzbürger, und der Unterdrückung »in einem Lande, das nicht das ihre ist«, in das ihnen verheißene Land zurückkehren werden, womit auf den Aufenthalt in Ägypten und den Exodus von dort vorausgewiesen wird. In einer anderen (priesterlichen) Tradition wird das Land mehrfach als *'ereṣ mᵉgûrîm* bezeichnet (17,8; 28,4 u.ö.), meist als »Land der Fremdlingschaft« übersetzt, d.h. als Land, in dem Abraham und seine Nachkommen im Status des *gēr*, leben.

Gleichwohl hat das Land für das Ganze der Vätergeschichten eine zentrale Bedeutung. Abraham erhält den göttlichen Befehl, aus Mesopotamien in das Land Kanaan zu ziehen (12,1). Später bekommt Jakob nach längerer Abwesenheit auf Grund seiner Flucht vor seinem Bruder Esau (die in der priesterlichen Version in 27,46-28,5 von seinem Vater Isaak gutgeheißen wird) den Befehl zur Rückkehr in der gleichen Richtung (31,13). Isaak wird verwehrt, während einer Hungersnot nach Ägypten zu ziehen (26,2f), während es später in der Gottesrede an Jakob heißt: »Fürchte dich nicht, nach Ägypten zu ziehen« (46,3f). Diese Texte sind in der literarischen Komposition ausdrücklich aufeinander bezogen und zeigen, daß Gott den Vätern das Land als Lebensraum zugewiesen hat und daß sie es deshalb nicht ohne seinen Willen verlassen sollen (vgl. Blum 1984, 300). In diesen Zusammenhang gehört auch die Anweisung Abrahams an den Knecht, der eine Braut für Isaak aus Mesopotamien holen soll, auf keinen Fall Isaak selbst dorthin zu bringen (24,6).

Nur der Zug Abrahams nach Ägypten zur Zeit einer Hungersnot (12,10-20) fällt aus diesem Rahmen. Im Gesamtzusammenhang ist deutlich, daß es sich dabei um eine eigenmächtige »Digression« Abrahams handelt, die noch dazu zur Gefährdung der Ahnmutter Israels führt und die von Gott selbst durch sein Eingreifen rückgängig gemacht wird. Dies wird erzählerisch dadurch verdeutlicht, daß Abraham Station für Station dorthin zurückgeführt wird, wo er zu-

B.IV Das Land

B.V Exodus

→ 29

letzt sein Zelt und den Altar hatte, an dem er nun erneut Gott anbeten kann (13,1-4).

Dem aufmerksamen Leser wird später anläßlich der Hungersnot, die Isaak erlebt und bei der ausdrücklich auf diejenige zur Zeit Abrahams zurückverwiesen wird (26,1), bewußt gemacht, daß Abraham nicht nach Ägypten hätte ausweichen müssen, sondern daß Gott ihn beim Verbleiben im Lande am Leben erhalten hätte, wie er es mit Isaak getan hat (26,12).

Das Kapitel Gen 14 läßt sich unserem Verständnis der Vätergeschichten nur schwer einfügen. Mit ihrer kriegerischen Szenerie bietet die Erzählung ein ganz anderes Bild als die übrigen Vätergeschichten, und zudem sind die berichteten Ereignisse für uns historisch kaum nachvollziehbar. Immerhin paßt Abrahams großzügiger Verzicht auf Beute (V.22-24) gut zu seinem unmittelbar davor berichteten Verhalten gegenüber Lot, dem er die Wahl des Landanteils überließ (13,8ff). Auch die Wohnsitze Lots (Sodom) und Abrahams (Hain Mamres) entsprechen denen von Kap.13. Und schließlich fügt sich der Anfang von Kap.15 mit der göttlichen Zusage reichen »Lohnes« gut an den Verzicht Abrahams am Ende von Kap.14 an (vgl. Blum 1984, 462ff Anm.). So scheint die Erzählung trotz ihrer Andersartigkeit doch bewußt auf den jetzigen Zusammenhang bezogen.

Auch die Szene der Begegnung Abrahams mit Melchisedek, dem König von *šālēm*, dem Priester des *'ēl 'eljôn* (14,18-20) steht isoliert innerhalb der Abrahamgeschichten, hat aber verschiedenartige Bezüge zu anderen Texten in der Hebräischen Bibel, so über den Namen Melchisedek (vgl. Ps 110,4), über die Bezeichnung Jerusalems als *šālēm* (Ps 76,3) sowie über die Gottesbezeichnung *'eljôn* (Dtn 32,8; Ps 46,5; 47,3 u.ö.). Damit bildet dieser Abschnitt ein interessantes und wichtiges Traditionselement.

B.XI Wie von Gott reden?

So ist die Vätergeschichte der Anfang der Geschichte Israels in dem ihm von Gott verheißenen Land. Viele Texte spielen auf Sachverhalte an, die den späteren Lesern bekannt oder vertraut waren, z.B. bestimmte Örtlichkeiten wie der »Hain Mamre« (Gen 18) oder die »Salzsäule« am Toten Meer (19,26), Kultstätten wie die in Bet-El (28,10ff) oder Sichem (33,20), Gebräuche wie ein bestimmtes Speisetabu (32,33) u.a.m. Die Väter sind im Bewußtsein der Späteren unlösbar mit dem Land verbunden, und umgekehrt sind das Land und das Leben in ihm mit der Erinnerung an die Väter verknüpft. Aber dennoch hat es ihnen nicht gehört. Nur eine Grabstätte, die Höhle Machpela, kann Abraham in aller Form erwerben (Kap.23), so daß seine Frau Sara (23,19) und er selbst (25,9f) im Tod nicht mehr »Fremdlinge« sind. (Nach 49,31 sind auch Isaak und Rebekka sowie Jakobs Frau Lea dort begraben worden.)

→ 27

Aber dann enden die Vätererzählungen damit, daß Jakob und seine Söhne, d.h. die ganze Familie »Israel« (vgl. 32,29; 35,10), das Land verlassen (46,1ff). Sie tun dies mit ausdrücklicher göttlicher Zustimmung, die mit der Zusage verbunden ist, daß Gott sie in Ägypten zum großen Volk machen und schließlich wieder in das verheißene Land zurückführen wird (V.3f). Jakob selbst schlägt noch

→ 29

einmal die Brücke von Ägypten, wo die Israeliten zu unterdrückten und versklavten Fremdlingen wurden (vgl. Ex 22,20; 23,9 u.ö.), zurück zum verheißenen und schon angeldhaft in Besitz genommenen Land, indem er seine Beisetzung in der Höhle Machpela verfügt (49,29f; 50,12f). Schließlich ruft Josef am Abschluß der Vätergeschichte die göttlichen Zusagen der Rückführung und des endlichen Landbesitzes an Abraham, Isaak und Jakob in Erinnerung (50,24). Damit bleibt die Geschichte der Nachkommen Abrahams auch in der folgenden Zeit der Knechtschaft in Ägypten offen für die von Gott verheißene Zukunft.

1.2.3
Ihr sollt ein großes Volk werden
Als zweites Leitthema der Vätergeschichte hieß es in Gen 12,2: »Ich will dich zum großen Volk machen.« Das Problem, das in dieser Ankündigung liegt, ist dem Leser auf Grund der Bemerkung in 11,30 bewußt, daß Sara (hier noch Sarai, vgl. 17,15) unfruchtbar war. Diese Problematik wird in der ersten Episode nach der Ankunft im Lande noch dramatisch verschärft, indem Abraham bei seinem Ausweichen nach Ägypten Sara als seine Schwester ausgibt und damit in Kauf nimmt, daß sie im Harem des Pharao verschwindet (12,10-20); nur durch das unmittelbare göttliche Eingreifen (V.17) wird sie daraus befreit. Die Erzählung bleibt eigenartig unkommentiert, obwohl die Leser wissen, daß hier die Existenz des ganzen Volkes Israel auf dem Spiel stand.

→ 21

Im folgenden zeigt sich dann das Problem der Nachkommenschaft Abrahams von den verschiedensten Seiten. Zum einen wird sie ihm und seinen Söhnen immer wieder von Gott zugesagt, oft in Bildern, die alles Maß zu sprengen scheinen: Sie soll so zahlreich sein wie die Sterne (15,5; 26,4) oder wie der Staub der Erde (13,16; 28,14, vgl. 32,13; 22,17), oder doch ein großes Volk (12,2; 18,18; 46,3) oder gar eine Menge von Völkern (17,4-6; 35,11). Zum andern stehen der Verwirklichung immer wieder Hindernisse im Wege, woraus die Erzählungen einen Teil ihrer Dramatik beziehen. Bei der Gefährdung Saras durch die Aufnahme in den Harem des Pharao (12,10-20) wird zwar nicht ausdrücklich erwähnt, daß damit die kurz zuvor gegebene Verheißung hinfällig zu werden drohte, aber den Lesern ist dies bewußt. Im folgenden ist dann die Kinderlosigkeit Saras eines der dominierenden erzählerischen Elemente der Abrahamgeschichte. Sie begründet nicht nur den Konflikt zwischen den beiden Frauen Sara und Hagar (16; 21,8-21), sondern bildet auch das Leitmotiv des göttlichen Besuchs im Hain von Mamre (18), bei dem noch einmal, wie schon mehrfach zuvor (15,4; 17,19), ausdrücklich die Geburt eines Sohnes von Sara selbst verheißen wird (18,10.14). Dieser Sohn wird Isaak sein, dessen Name *jiṣḥāq* immer wieder in Saras »Lachen« (*ṣāḥaq* V.12.13.15a.b, vgl. 21,6) anklingt. Mit ihm setzt sich dann die Reihe der »Väter« als Verheißungsträger fort.

Durch die späte Geburt Isaaks kommt noch ein zweiter Aspekt in Blick: die Verwandtschaft Isaaks mit Ismael, dem Sohn Abrahams und Hagars (16,15). Hier spiegeln sich Verwandtschaftsbeziehungen wider, die veranschaulichen, was schon in 12,3.5f zum Ausdruck kam: daß Israel nicht allein lebt, sondern in Beziehung zu anderen Völkern steht, von denen manche als enge Verwandte betrachtet werden. Von den Ismaeliten hat die Überlieferung nur weniges bewahrt (vgl. 25,12-18). Deutlicher ist die Beziehung in der nächsten Generation, in der sich zunächst das Problem der Kinderlosigkeit wiederholt (25,21), dann aber Zwillinge geboren werden (V.24-26): Jakob und Esau, d.h. Israel (32,29; 35,10) und Edom (25,30; 36). Das spannungsreiche Verhältnis der beiden Brüder, wie es sich im »Jakob-Esau-Sagenkranz« (Gunkel 1910, 291f) in Gen 25,21ff; 27; 32f niedergeschlagen hat, spiegelt zugleich die Beziehungen Israels zu seinem südöstlichen Nachbarn, mit dem es durch eine vielfältige, zeitweise feindliche Geschichte verbunden war. Viele Texte geben davon Zeugnis, wie tief zu bestimmten Zeiten diese Feindschaft die beiden Völker entzweit hat (vgl. Num 20,14-21; 2Sam 8,13f; 1Kön 11,14-22; 2Kön 8,20-22; 14,7; Jes 34; Jer 49,7-22; Ez 25,12-14; Am 1,11f; Obadja; Klgl 4,21f). Schließlich ist auch die Verwandtschaft mit den östlichen Nachbarn Moab und Ammon über die Seitenlinie Lots, des Neffen und Weggefährten Abrahams, erzählerisch festgehalten worden (Gen 19,30-38).

1.2.4
Deutungen

Liest man die Geschichten der Genesis im Zusammenhang, so zeigt sich, daß in manchen von ihnen das Handeln der Menschen im Vordergrund steht, ohne daß Gott selbst redend oder handelnd in Erscheinung tritt. Theologische Aussagen sind hier oft eher implizit enthalten und erschließen sich vielfach nur aus den größeren Zusammenhängen. Andere Texte sind hingegen ganz vom Reden und Handeln Gottes bestimmt, und die theologischen Aussagen stehen bei ihnen im Mittelpunkt. Diese Texte gehören verschiedenen Stadien der Entstehungsgeschichte des jetzigen Gesamtzusammenhanges an und setzen unterschiedliche Akzente; aber sie haben alle ihre Bedeutung im jetzigen Kontext und für diesen.

a) Abraham

Das Kapitel Gen 15 wird mit einer Gottesrede eröffnet, und Abraham ist der reagierende Gesprächspartner. Nach seiner zweifelnden Frage »HERR, was willst du mir geben?« (V.2) heißt es nach Gottes erneuter Zusage: »da glaubte er« (*he'emin* V.6). Dieser Satz steht in eigenartigem Kontrast zu seinem engeren und weiteren Kontext. Innerhalb des Kapitels folgt in V.8 noch einmal eine zweifelnde Frage Abrahams, und in Kap.16 beginnt dann sein verzweifelter Versuch, die Erfüllung der Sohnesverheißung auf eigene Weise zu erzwingen.

Aber dieser Vers weist schon darüber hinaus auf die sich schließlich erfüllende Verheißung des Sohnes der Sara (21,1ff), auf die schwere Versuchung, die Abraham zu bestehen hatte und bestand (22), und → 26 schließlich auf den angeldhaften Besitz eines Stückchens Land (23). Dem Leser wird schon hier gesagt, daß schließlich der Glaube Abrahams, sein Vertrauen in die Zuverlässigkeit der Verheißungen und in die Führung Gottes, sein Bild als Ganzes bestimmen wird. Auch die spätere Überlieferung weiß, daß Gott das Herz Abrahams »verläßlich« fand (ne'ᵉmān Neh 9,8, von der gleichen Wurzel wie he'ᵉmin in Gen 15,6).

Der Vers Gen 15,6 hat noch eine Fortsetzung: »und das rechnete er ihm als Gerechtigkeit an.« Die sprachliche Struktur des Verses läßt das Subjekt dieser zweiten Vershälfte offen. Nach der traditionellen Auslegung rechnete Gott dem Abraham seinen Glauben als Gerechtigkeit an. Doch findet sich schon in der mittelalterlichen jüdischen Auslegung die Auffassung, daß es Abraham ist, der Gottes Zusage als Ausdruck von Gottes Gerechtigkeit erkennt und anerkennt (vgl. Gaston 1980; Mosis 1989; auch Oeming 1983). Dies findet eine Stütze in Neh 9, wo es, wie ein Responsorium auf den Satz, daß Gott das Herz Abrahams »verläßlich« fand, heißt: »denn du (Gott), bist gerecht« (ṣaddîq V.8). Gottes Gerechtigkeit ist hier die → 370 Treue zu seiner Verheißung. Abraham glaubte an diese Treue Gottes und bestätigte sie gleichsam durch seine »Anrechnung«.

Schließlich erscheint in Kap.15 wieder das Wort bᵉrît »Bund«, das der Leser schon in Kap.9 als einen zentralen theologischen Begriff kennengelernt hat. Dort hatte Gott in seinem Bund mit der Menschheit und der ganzen Schöpfung den Bestand der Welt ver- → 17 bindlich zugesagt; jetzt sagt er Abraham und seinen Nachkommen (15,7) im Bundesschluß den Besitz des Landes zu: »Deinen Nachkommen gebe ich dieses Land« (V.18). Wie in Kap.9 ist dieser Bundesschluß eine reine Zusage Gottes, die an keine Bedingung auf der menschlichen Seite geknüpft ist (vgl. Kutsch 6f). Aber Gott bindet sich selbst wie durch einen Eid (Lohfink 1967) an Abraham und seine Nachkommen.

Auch Kap.17 enthält fast ausschließlich Gottesrede. Das Kapitel wird mit einer feierlichen Anrede an Abraham eröffnet, der weithin schweigendes Gegenüber bleibt. Zu Beginn stellt Gott sich mit der Formel »Ich bin 'ēl šaddaj« vor, die ein Charakteristikum der »prie- → 10 sterlichen« Sprache ist. Das Wort bᵉrît wird erneut aufgegriffen und umfaßt hier auch die Zusage einer großen Nachkommenschaft, (17,2.4-6). Dies wird ausgeweitet durch die umfassende Zusage Jhwhs, »dein und deiner Nachkommen Gott zu sein« (V.7). In einem wesentlichen Punkt geht Gen 17 aber über die bisherigen Bundesaussagen hinaus. Auf die Zusagen Gottes, die durch zweimaliges, betont vorangestelltes »ich« markiert werden (V.1bβ.4), folgt jetzt ein zweiter Teil, eingeleitet mit betontem »du« (V.9aβ): »Bewahre den Bund!«. Hier hat der »Bund« zwei Seiten: die göttliche Zusage und die menschliche Antwort. Die Beschneidung als »Zeichen des Bundes« (V.11) ist integrierender Bestandteil des Bundes, und ihre Einhaltung wird zur unbedingten Pflicht gemacht. Aber die Existenz des Bundes, d.h. die Gültigkeit der von Gott gegebenen Zusagen, wird auch durch ihre Nichteinhaltung nicht in Frage gestellt; die Folgen treffen nur den einzelnen Übertreter (V.14, vgl. Crüsemann 1992, 342f).

Einen Text ganz eigener Art bildet der Abschnitt Gen 18,16-33. Abraham redet mit Gott. Nirgends sonst in der Hebräischen Bibel steht, nach der Vertreibung des ersten Menschenpaares aus dem Garten Eden, ein Mensch so unmittelbar Gott gegenüber. Jhwh hat zuvor als Gast bei Abraham gegessen (18,1ff), wenn auch noch in dem partiellen Incognito als einer von drei Männern. Nach dem Aufbrechen begleitet Abraham die drei; zwei gehen weiter in Richtung Sodom, »aber Jhwh blieb noch vor Abraham stehen« (V.22). So hieß der Text ursprünglich; aber den »Schreibern« (nach der Tradition den »Männern der Großen Synagoge«, vgl. Abot I,1), erschien es anstößig, daß die $š^ek\hat{\imath}n\bar{a}h$ (die »Einwohnung« Gottes auf der Erde) vor Abraham gestanden habe, weil »stehen vor« auch »dienen« heißen kann (1Kön 17,1 u.ö.). Darum änderten sie den Text: »aber Abraham blieb noch vor Jhwh stehen«; die Änderung wurde als ein $tiqq\hat{u}n\ sop^er\hat{\imath}m$, eine »Änderung der Schriftgelehrten«, festgehalten (vgl. Biblia Hebraica).

Zunächst spricht Gott bei sich selbst, daß er Abraham zu einem großen und starken Volk machen will und daß er ihm deshalb nicht vorenthalten kann, was er zu tun gedenkt. So wird Abraham zum ersten »Mitwisser Gottes« (Jacob 1934, 447). Und dann beginnt Abraham mit Gott ein Gespräch über die Frage, ob Gott bei der bevorstehenden Vernichtung Sodoms »den Gerechten mit dem Gottlosen vertilgen« will (V.23). Der Vernichtungsbeschluß als solcher steht nicht zur Diskussion; es ist hier also nicht von einer Fürbitte Abrahams für Sodom die Rede. Es wird auch nicht die Möglichkeit der Unterscheidung zwischen dem »Gerechten« ($ṣadd\hat{\imath}q$ und dem »Gottlosen« ($r\bar{a}š\bar{a}^\varsigma$) zum Problem gemacht. Hier geht es vielmehr um eine doppelte Frage: ob Gott, »der Richter der ganzen Erde«, Gerechtigkeit walten läßt (V.25), und ob das Vorhandensein einer Minderheit von Gerechten das Schicksal einer mehrheitlich gottlosen Gemeinschaft wenden kann. Das Gespräch verläuft in einer dramatischen Bewegung von fünfzig Gerechten hinunter bis auf zehn und endet dort. Die (unausgesprochene) Botschaft ist: Zehn Gerechte hätten die Stadt retten können, aber sie haben sich nicht gefunden. Also hat Gott gerecht gehandelt. Dahinter steht die Frage, ob das Schicksal Jerusalems im Jahre 586 hätte abgewendet werden können, wenn es mehr Gerechte in der Stadt gegeben hätte (vgl. Jes 1,9; Blenkinsopp 1983b, 51f).

In Gen 22 treten uns theologische Aussagen wie in einer Verfremdung entgegen innerhalb einer Erzählung, die alles andere als eindeutig ist. Gott »versucht« Abraham (V.1). Hier scheint sich Gott selbst zu verhüllen, denn nur hier in der Vätergeschichte wird er mit dem impersonalen *hā'ᵉlohîm* »der Gott« (oder »die Gottheit«) bezeichnet (V.1.9). Und auch im weiteren Verlauf der Erzählung erscheint Gott nur in der Gestalt seines Boten (oder »Engels« *mal'ak jhwh* V.11.15). Worin liegt die »Versuchung« Abrahams? Gewiß nicht einfach in einer harten Gehorsamsprobe. Im jetzigen Kontext enthält die Erzählung die Paradoxie, daß Gott selbst alles zunichte zu machen droht, was er Abraham zugesagt, woran dieser trotz aller Zweifel geglaubt und was Gott schließlich auch erfüllt hat. Wenn Abraham jetzt seinen einzigen legitimen Sohn opfern muß, dann war alles umsonst. Ist nicht gerade dies die Versuchung: zu gehorchen, wo Gott sich selbst so grundlegend zu widerlegen scheint? Abraham tut, was Gott ihm gesagt hat. Er gehorcht – weil er glaubt (aber das Wort erscheint hier nicht). Er glaubt, könnten wir jetzt mit Gen 15,6 (und Neh 9,8) sagen, daß Gott gerecht ist. Und als die Prüfung bestanden ist und Gott dem Abraham seinen Sohn zurückgegeben hat, wiederholt er durch seinen Boten die Verheißungen, die schon von Anfang an die Vätergeschichte begleiten und bestimmen (V.15-18).

Diese Deutungstexte beleuchten die Gestalt Abrahams von ganz verschiedenen Seiten. Er ist der Glaubende, der Gottes »Gerechtigkeit«, seine Treue zu seinen Verheißungen, beim Wort nimmt (Gen 15,6). Er ist der erste, der die besondere Zuwendung des göttlichen »Bundes« zu Israel erfährt, die in der Landverheißung (15,18-20), in der Verheißung von großer Nachkommenschaft und Segen sowie der ständigen Zuwendung Gottes (17,2-8) ihren Ausdruck findet und auf die er mit der Beschneidung aller männlichen Mitglieder seiner Familie antworten soll (V.9-14). Er geht durch eine schwere Versuchung und Glaubensprobe hindurch und besteht sie (Kap.22). Und schließlich gibt er in einem theologischen Disput mit Gott eine Antwort auf die Frage, ob Gott gerecht gehandelt hat, als er Jerusalem zerstören ließ (18,16-33). Der »Richter der ganzen Erde« hat beide Male gerecht gehandelt, an Sodom wie an Jerusalem.

→ 25

b) Jakob

Die Gottesbegegnungen Jakobs sind durchweg eher verhüllt. Es kommt niemals zu einem unmittelbaren Gegenüber zwischen Gott und Jakob wie bei Abraham. Aber die Stellung der Gottesbegegnungen im jetzigen Zusammenhang ist sehr markant:

Die Jakobsgeschichte ... ist innerlich getragen wie eine Brücke von zwei Pfeilern, von der Bethelgeschichte (1.Mose 28) einerseits und der Pnuelgeschichte (1.Mose 32,22ff.) andererseits. Und zwar ist die Paradoxie des göttlichen Handelns in jedem der beiden Fälle sehr scharf: da, wo Jakob den schwersten Bankrott erlebt hat, da wo alles vertan, der Segen zum Fluch geworden scheint, da legt ihm Gott die Verheißung bei. Und da, wo ihn die Erzählung im Wohlstand zeigt, wo er nur noch die Auseinandersetzung mit Esau bestehen zu müssen glaubt, da fällt ihn Gott an wie ein nächtliches Gespenst. Und auch hier geht es wieder um den Segen! (V.26). (vRad, 1972, 22).

In Bet-El begegnet ihm Gott im Traum (Gen 28,10-22). Aus dem geöffneten Himmel heraus gibt er sich ihm zu erkennen wie einst schon Abraham: »Ich bin der Herr« (V.13, vgl. 15,7). Auf seinen Fluchtweg gibt Gott ihm die Verheißungen mit (V.13f), die er zuvor schon Abraham (13,15f u.ö.) und Isaak (26,3f) gegeben hat: daß er ihnen das Land geben und sie zu einem großen Volk machen will. Mit der betonten Zusage »Ich bin mit dir« (V.15) schließt die Gottesrede die Bewahrung und Rückführung mit ein und verknüpft dadurch die Verheißungen mit der persönlichen Geschichte Jakobs. Auch die Rückkehr Jakobs wird durch eine unmittelbare Anrede Gottes ausgelöst, in der es wiederum heißt: »Ich werde mit dir sein« (31,3). Dann kommt es aber zu einer Gottesbegegnung ganz anderer Art. Vor der Wiederbegegnung mit Esau muß Jakob in der Nacht am Jabbok einen Kampf bestehen (32,23ff) – nicht mit Esau, wie er erwartet hat, sondern mit einem »Mann«, der seine Identität nicht preisgibt (V.30). Aber nachdem er den Kampf glücklich überlebt hat, erkennt Jakob, wer da in der Verhüllung mit ihm gekämpft hat: »Ich habe Gott von Angesicht zu Angesicht gesehen« (V.31, vgl. Terrien 1978, 85ff). Dieser Gott segnet ihn jetzt vor der Wiederbegegnung mit Esau und hat dadurch »den erschlichenen Segen Isaaks legitimiert« (Elliger 1951). Der Leser weiß seit dem Anfang der Geschichte der beiden Brüder, daß Gott dem Jüngeren den Vorrang zugedacht hatte (25,23). Aber nun, nachdem Jakob durch diese letzte Gefährdung hindurchgegangen ist, wird es ihm trotz seiner betrügerischen Handlung (Kap.27) ausdrücklich betätigt.

B.III Väter

Und noch etwas geschieht in dieser Begegnung: Gott gibt Jakob einen neuen Namen: Israel. Es ist das erste Mal, daß dieser Name in der Bibel erscheint, in einer geheimnisvollen Weise gedeutet: »denn du hast mit Gott und mit Menschen gekämpft und hast gewonnen« (32,29). Hat Jakob gewonnen? Er hat überlebt, und er hinkt (V.32). Aber Gott hat ihn gesegnet (V.30), und die Zukunft liegt vor ihm, nicht nur seine eigene, sondern die Zukunft »Israels«. So widmet

B.XI Wie von Gott reden?

Jakob bald darauf einen Altar dem »Gott Israels« (33,20); auch diese Bezeichnung Gottes findet sich hier zum ersten Mal. Bald beginnt auch der Erzähler, Jakob mit dem Namen »Israel« zu benennen, so z.B. am Beginn der Josefgeschichte (37,3). Und als Israel/Jakob aufbricht nach Ägypten, spricht Gott noch einmal im nächtlichen Gesicht zu ihm und wiederholt seine Zusage: »Ich werde mit dir hinabziehen ...« (46,1-4).

c) Josef

Die Josefgeschichte (Gen 37-50) kann man auf ganz verschiedene Weise lesen. Im jetzigen Zusammenhang bildet sie die unentbehrliche Brücke zwischen den Vätergeschichten, die im Lande Kanaan spielen, und der Fortsetzung der Geschichte des Volkes Israel in Ägypten. Aber sie ist auch sehr deutlich als eigenständige literarische Größe zu erkennen, die an Umfang alles übrige in der Genesis übertrifft. So betrachtet zeigt sie sehr ausgeprägte Züge einer weisheitlichen Lehrerzählung. Josef ist geradezu die Verkörperung des weisheitlichen Ideals eines »jungen Mannes...von bester Bildung und Zucht, von Gläubigkeit und Weltgewandtheit« (vRad 1953, 122 = 274f).

Josefs Handeln ist ganz von seinen religiösen Überzeugungen bestimmt (vgl. Meinhold 1975/76, 320). Der Frau des Potifar, die ihn zu verführen versucht, hält er entgegen: »Wie könnte ich ein so großes Übel tun und gegen Gott sündigen?« (39,9). Seine Fähigkeit zur Traumdeutung führt er jeweils mit Nachdruck auf Gott zurück (40,8; 41,16). Aber auch der Erzähler weiß immer wieder zu sagen, daß »der HERR mit Josef war« und sein Tun segnete (39,2.3.21.23); so ist das Ganze auch eine Führungsgeschichte.

Schließlich bekommt die Josefgeschichte ihre theologische Deutung durch wenige knappe Bemerkungen Josefs. Als er sich seinen Brüdern zu erkennen gibt, erklärt er ihnen: »Gott hat mich vor euch hergesandt« (45,4-8). Und dann abschließend: »Ihr gedachtet es böse mit mir zu machen, aber Gott gedachte es gut zu machen« (50,20). So erscheint im Rückblick nicht nur die Lebensgeschichte Josefs als von Gott gelenkt, sondern auch die Geschichte seiner ganzen Familie, die durch die von ihm vorbereitete Möglichkeit, nach Ägypten zu ziehen, in der Zeit der Hungersnot am Leben erhalten wurde.

1.2.5
Israel zieht nach Ägypten
»Israel in Ägypten«, das heißt zunächst: Jakob in Ägypten. Seit seiner Umbenennung (s.o. zu Gen 32,29) wird Jakob in den Erzählungen der Genesis häufig »Israel« genannt, und in den letzten Kapiteln der Genesis dominiert dieser Name. So heißt es denn auch am Beginn der letzten Etappe seines Lebensweges, daß Israel aufbricht (Gen 46,1) und sich schließlich in Ägypten niederläßt (47,27). → 28

In den Schlußkapiteln der Genesis vollzieht sich dann fast unmerklich ein Wechsel der Betrachtungsebene. In 46,8ff, auf dem Weg nach Ägypten, werden die »Söhne Israels« noch ganz als Individuen dargestellt, und die auswandernde Familie wird als »Jakob und seine Söhne« bezeichnet (V.8); insgesamt sind es siebzig Personen, die zu dieser Familie gehören (V.27). Dann wird berichtet, daß Israel seine beiden Enkel Manasse und Efraim, die Söhne Josefs, segnet (Gen 48) und dabei den Jüngeren, Efraim, dem Älteren vorzieht – ganz wie er selbst (Jakob) es schon von seiner Geburt an erfahren hatte. Dabei klingt aber schon die Vorrangstellung des Stammes Efraim gegenüber dem Stamm Manasse mit an. Später versammelt Jakob seine Söhne (Gen 49) und spricht zu ihnen im »Jakobssegen« als ihr

Vater Jakob/Israel (beide Namen stehen in V.2 im Parallelismus membrorum). Dabei redet er sie nun nicht mehr nur als Individuen an, sondern zugleich auch als Stämme. Der Abschlußvers 28 enthält beide Aspekte: »Diese alle sind die zwölf Stämme Israels« – hier werden die Söhne Jakobs zum ersten Mal als »Stämme« bezeichnet (vgl. auch V.16); aber die Fortsetzung kehrt zum Aspekt der Familie zurück: »und dies ist es, was ihr Vater zu ihnen sprach.« Jakob/Israel ist jetzt zum Vater der Stämme der $b^e n\hat{e}\ ji\acute{s}r\bar{a}'\bar{e}l$, der »Söhne Israels« geworden. Der Inhalt seiner letzten Rede an seine Söhne ist Segen: »Er segnete sie, einen jeden mit seinem Segen« (V.28b). So kommt diese erste Etappe der Geschichte Israels, die mit der Segenszusage an den einen, Abraham, begann (12,2), mit dem Segen an alle zwölf Stämme zu ihrem Abschluß.

→ 19

Die Söhne Jakobs/Israels leben jetzt in Ägypten. Aber in den letzten Kapiteln der Genesis wird die Verbindung zum Land der Verheißung, in dem die Väter durch Generationen gelebt haben, sehr nachdrücklich betont und aufrechterhalten. Jakob/Israel verfügt vor seinem Tod seine Beisetzung in der Grabstätte der Väter (47,29f), in der Höhle Machpela (49,29f), die Abraham zur Beisetzung Saras erworben hatte (Gen 23); er greift damit auf, daß Gott gesagt hat: »... und ich will dich wieder heraufführen« (46,4). Josef und seine Brüder vollziehen diesen letzten Willen mit großem Aufgebot, ja sogar unter Beteiligung offizieller ägyptischer Repräsentanten (50,7-13; in V.10f scheint eine andere Tradition über den Ort des Grabes Jakobs hineinzuspielen). Auch Josef bittet seine »Brüder«, die »Söhne Israels«, nach seinem Tod seine Gebeine in das Land der Väter zurückzuführen. Er verbindet dies mit der Erinnerung an die göttliche Zusage: »Gott wird sich euch zuwenden und wird euch aus diesem Land hinaufführen in das Land, das er Abraham, Isaak und Jakob zugeschworen hat« (50,24f). Der Aufenthalt in Ägypten wird also nicht von Dauer sein, und er kann vor allem die den Vätern gegebene Landverheißung nicht unwirksam machen. Dies ruft die Aussage von Gen 15 in Erinnerung, wo in der Gottesrede in V.13-16 schon einmal von einem Aufenthalt im fremden Land und der späteren Rückkehr von dort die Rede ist. Dort wird aber der negative Aspekt des Lebens »in einem Land, das nicht das ihre ist« und der Unterdrückung durch die dortigen Bewohner in den Vordergrund gerückt und dadurch der Aufenthalt in Ägypten als zwangsweise Exilsituation dargestellt. Dieser Aspekt klingt in Gen 50,24f nur ganz verhalten an in der Zusage, daß Gott sich der Israeliten zuwenden, sich ihrer »annehmen« wird.

→ 21

→ 34

So endet die Geschichte von den drei »Erzvätern« und ihren Familien hier mit dem Ausblick auf die Rückkehr aus Ägypten in das den Vätern verheißene Land. Damit ist zugleich der Übergang zum Buch Exodus hergestellt.

I.2
Die Bücher Exodus bis Numeri

2.1
Der Exodus

2.1.1
Sie füllten das Land

»Dies sind die Namen der Söhne Israels, die nach Ägypten kamen.«
So beginnt das Buch Exodus, das von diesem Einleitungssatz seine E 140.148
hebräische Bezeichnung *šᵉmôt* »Namen« erhalten hat. Ex 1,1-5a
stellen eine stark verkürzte (und in der Reihenfolge der Namen → 29
leicht veränderte) Wiederaufnahme der Liste von Gen 46,8-27 dar,
in der die Namen der Familienangehörigen Jakob/Israels aufgeführt
sind, die mit ihm nach Ägypten gezogen waren. Auch die abschlie-
ßende Zahl von siebzig Personen (V.27) wird wiederholt (Ex 1,5a),
und dabei werden die »Söhne Israels« noch einmal ausdrücklich als
»Nachkommen Jakobs« bezeichnet.
Aber dann vollzieht sich der Schritt von der Familie zum »Volk«.
Nach dem Tod der ersten Generation (Ex 1,6) vermehren sich die
»Söhne Israels« so stark, daß das ganze Land von ihnen erfüllt wird
(V.7). Von der Vermehrung war auch schon in Gen 47,27 kurz die
Rede, unmittelbar nach der Notiz über das Sichniederlassen Jakob/
Israels in Ägypten. Nun wird dies ausführlicher gesagt und weist
schon auf die kommenden Konflikte mit den Ägyptern hin. Die For-
mulierung »sie waren fruchtbar ... und vermehrten sich« (V.7) enthält deutliche Anklänge nicht nur an die Verheißung zahlreicher
Nachkommenschaft an die Erzväter (Gen 17,6; 28,3; 35,11), son- → 25.28
dern auch an die Aufforderung zu Fruchtbarkeit und Mehrung an
das erste Menschenpaar (Gen 1,28) und dann an die noachidische → 12
Menschheit nach der Sintflut (9,1, hier in V.7 auch das Wort »wim- → 16
meln« wie in Ex 1,7). Für die Geschichte des Volkes Israel ist es jetzt
wie ein schöpferischer Neuanfang (Fishbane 1979, 65). Dabei hat
sich der Akzent eigenartig verschoben: In Gen 1,28; 9,1.7 sollen die
Menschen »die Erde« (*hā'āreṣ*) füllen; in Ex 1,7 bedeutet das gleiche
Wort, daß »das Land« von ihnen erfüllt wird, in dem sie jetzt leben.
So vollzieht sich an Israel »exemplarisch, prototypisch oder gar
stellvertretend ..., was der Menschheit zugesprochen ist« (Schmidt
1980, 30).
Aber hier enthält es den Keim zum Konflikt. Denn in dem Land, das
von ihnen angefüllt wird, sind die Israeliten nur »Fremdlinge« (so
im Rückblick Ex 22,20 u.ö., vgl. 2,22 und auch schon Gen 15,13). → 21
Und sie sind nicht nur zahlreich, sondern auch »stark« (V.7) – ein
Wort, das hier zu den früheren Mehrungsworten hinzutritt. Und gerade dieses Stichwort löst den Konflikt aus (V.9). Der Konflikt beginnt nach einem Generationswechsel, der hier geradezu als Epo-

31

chenwechsel erscheint: Die erste Generation stirbt (V.6), und
danach kommt »ein neuer König, der von Josef nichts wußte« (V.8).
Das bedeutet, daß er die ganze Vorgeschichte nicht mehr kannte –
oder nicht kennen wollte: wie Josef an den Pharaonenhof kam, wie

→ 29

der Pharao erkannte, daß »der Geist Gottes in ihm war« (Gen
41,38), welche Verdienste Josef sich um Ägypten erworben hatte
und daß deshalb seine Familie nach Ägypten kommen konnte.
Ganz im Gegensatz zum freundlichen Verhalten des früheren Pharao (Gen 47,1-12) betrachtet der neue die Israeliten als Bedrohung:
Sie sind zu stark, und sie könnten sich im Konfliktfall auf die Seite der Feinde schlagen (V.9f). Und er sieht in ihnen nicht mehr die
Familie Josefs bzw. Jakobs, sondern »das Volk der Israeliten« (Ex
1,9).

Zum ersten Mal werden hier die »Söhne Israels«, die Israeliten, als
»Volk« (ʿam) bezeichnet. Darin wird ein grundlegender Wechsel in
der Perspektive der Darstellung sichtbar. Bisher war von den »Söh-

B.III Väter

nen Israels« als von einer Großfamilie die Rede, und die handelnden
Individuen waren stets deutlich erkennbar; jetzt erscheint Israel als
Volk, als eine kollektive Größe, die als Ganze handelt und leidet.
Dabei gewinnt man den Eindruck, daß nicht nur der Pharao, sondern auch der Erzähler, ja die Israeliten selbst von Josef nichts mehr
wußten. Sein Name taucht erst in Ex 13,19 wieder auf, wo berichtet
wird, daß Mose die Gebeine Josefs beim Auszug aus Ägypten mit-
nimmt. Aber jetzt am Anfang des Buches Exodus ist auch Mose
noch nicht in Sicht. Das Volk der Israeliten hat keinen Repräsentanten, der für es spricht. Es ist stumm der Unterdrückung ausgesetzt.
Und auch Gott schweigt.

In diesem Wechsel drückt sich ein Unterschied im erzählerischen Überlie-
ferungsstoff aus. Die Vätergeschichte ist als Geschichte von Individuen kon-
zipiert, als Familiengeschichte, die Ägypten- und Exodusüberlieferung jedoch als Volksgeschichte. Jede dieser beiden Erzählungtraditionen hat ihre
eigene Vorgeschichte, und beide sind in der Forschung vielfältig untersucht
und analysiert worden (vgl. Westermann 1975, W.H. Schmidt 1983, H.
Schmid 1986). Im jetzigen Zusammenhang verknüpfen die Erzählungen von
(Josef und) Jakob/Israel in Ägypten diese beiden Traditionen miteinander zu
der einen großen Geschichte Israels unter der Führung Gottes.

Dreimal erhebt der Pharao seine Stimme, um die weitere Vermehrung der Israeliten zu verhindern. Erst befiehlt er ihren Einsatz zur
Sklavenarbeit (V.9-14). Dabei tauchen die gleichen Begriffe auf wie

→ 21

in Gen 15,13: »unterdrücken« (ʿinnāh) und »versklaven« (heʿebîd).
Aber die Israeliten vermehren sich weiter, so daß die Ägypter »ein
Grauen erfaßt«. Sie müssen erkennen, daß hier stärkere Kräfte am
Werk sind. Der nächste Befehl des Pharao an die Hebammen, alle
neugeborenen Knaben schon bei der Geburt zu töten, wird von die-
sen unterlaufen (V.15-21). Ihre Begründung ist einfach: Sie fürchten

Gott (V.17.21). Aber ihr Handeln ist klug, so daß sie den König des

Landes der Weisheit überlisten. Und das Volk der Israeliten vermehrt sich weiter und wird noch stärker (V.20b). Daraufhin befiehlt der Pharao den blanken Mord: Alle neugeborenen hebräischen Knaben sollen in den Nil geworfen werden (V.22) – eine brutale Verzweiflungstat, die zeigt, daß der Pharao den Kampf schon verloren hat. Aber es bleibt dem Leser überlassen zu verstehen, daß dahinter das verborgene Handeln des Gottes Israels steht.

→ 40

2.1.2
Sie nannte ihn Mose

Über das Ergebnis des königlichen Befehls wird nichts mehr mitgeteilt. Im jetzigen Kontext erscheint er nur als Einleitung zu dem, was jetzt folgt (2,1-10). Ein israelitischer Knabe wird geboren und B.VIII Mose auf erfindungsreiche Weise der Verfolgung entzogen, ausgesetzt in einem Schilfkästchen im Nil. Das Kind wird nicht in den Nil geworfen, um es zu töten, sondern es wird dem Nil anvertraut, um es zu retten. Dem Leser ist sofort bewußt, daß es sich hier nicht um ein beliebiges Kind handelt. Das Motiv von der gefährdeten Geburt des Helden und seiner Rettung ist auch aus anderen antiken Religionen bekannt (vgl. die Geburtslegende des Königs Sargon von Akkad, AOT 234f; RTAT 123f). Aber zunächst enthält die Erzählung keinerlei Hinweis auf das künftige Geschick dieses Kindes (im Unterschied etwa zu den Erzählungen von der Geburt Samuels in 1Sam 1f oder Simsons in Ri 13). Zudem verläuft sie zunächst in einer ganz anderen Richtung: Das Kind kommt an den ägyptischen → 94 Hof, wodurch seine Verbindung mit dem Volk, aus dem er stammt, scheinbar abgebrochen wird. Im größeren Kontext liegt darin wiederum ein ganz besonderer Akzent, indem die Geburt des künftigen Führers und Retters Israels in eine enge Beziehung mit dem ägyptischen Hof gebracht wird, dessen Haupt diese Geburt gerade verhindern wollte. Wieder, wie schon in der Erzählung von den Hebammen (1,15-21), sind es Frauen – die Mutter und die Schwester des Neugeborenen und die ägyptische Prinzessin –, die die lebensrettenden Handlungen vollziehen (vgl. Exum 1983). Und wie Josef die Israeliten nach Ägypten bringen konnte durch seinen Aufstieg am Pharaonenhof, so kann Mose durch die Tat eines Mitglieds des Hofes, der Tochter des Pharao, überleben und dadurch in die ihm bestimmte Rolle hineinwachsen. Diese eigenartige Rettungsgeschichte bringt ihm einen ägyptischen Namen ein, genauer: einen Kurznamen, dem das theophore Element fehlt, das in Namen wie »Thutmose« u.ä. begegnet, die bedeuten: »der Gott X hat ihn gezeugt.« »So war er ein ›Sohn‹ ganz einfach. Fragte sich eben nur, wessen« (Thomas Mann, Das Gesetz). Die Erzählung wendet gleichsam spielerisch dieses Motiv des fremden Namens in sein Gegenteil, indem sie der ägyptischen Prinzessin eine hebräische Etymologie in den Mund legt: »Ich habe ihn aus dem Wasser gezogen« (mit Anklang an hebräisches *māšāh* »herausziehen«, V.10b).

Die Erzählung überspringt die Jahre und läßt Mose ganz unvermittelt »hinausgehen zu seinen Brüdern« (2,11-14). Es wird nicht gesagt, woher Mose eigentlich weiß, wer er wirklich ist. Die Leser wissen es zwar, aber die Erzählung läßt es in der Schwebe. Mose handelt nicht wie ein israelitischer Fronarbeiter, sondern wie ein privilegierter Ägypter. Durch sein Eingreifen gegen die Ägypter und seinen Versuch, einen Streit zwischen zwei »Hebräern« zu schlichten, erscheint er den Israeliten wie einer, der sich ein Amt anmaßt: »Wer hat dich zum Aufseher und Richter über uns gemacht?« (V.14) Der Fragende weiß nicht, daß es auf diese rhetorische Frage später eine konkrete Antwort geben wird: Gott hat es getan (vgl. Ex 18,13ff). Aber das bleibt jetzt noch verborgen, und Mose muß fliehen, weil der Pharao ihn töten lassen will (V.15a).

2.1.3
Führe mein Volk aus Ägypten
Diese Flucht scheint schon das Ende der kurzen Episode der Rückkehr Moses zu seinen »Brüdern« zu bedeuten (V.15b-22). Er flieht in die Wüste, in das »Land Midian«, wo er für einen Ägypter gehalten wird – oder sich gar selbst als einen solchen ausgibt (V.19). An einem Brunnen findet eine Begegnungsszene statt, die sehr knapp, aber mit den schon aus Gen 24,11ff und 29,1ff bekannten Elementen erzählt wird und zu einer Heirat führt. Dabei schöpft der aus dem Wasser Gezogene selbst Wasser (V.19b), und der künftige Retter Israels »rettet« (hôšîᵃᶜ V.17, vgl. Alter 1981, 51-58) – aber diese Anklänge bleiben noch unausdrücklich. Denn jetzt beschließt Mose, bei dem »Mann« (V.21), der auch als »Priester von Midian« bezeichnet wird (V.16), zu bleiben. Die Namensgebung seines ersten Sohnes Gerschom (V.22) besiegelt gleichsam seine Existenz als
→ 21
»Fremder« (gēr) in einem fremden Land (und läßt dabei Gen 15,13 wieder anklingen).
Aber dann bahnt sich eine Wende an. Der kurze Abschnitt 2,23-25 enthält zwei wichtige Aussagen. Zum einen: Der »neue König« (1,8), derselbe Pharao, der Mose nach dem Leben trachtete (2,15), ist gestorben. Damit wäre der Weg für Moses Rückkehr nach Ägypten frei (vgl. 4,19). Aber viel wichtiger ist die zweite Aussage: Gott »hört«, wie die Israeliten unter ihrer Fronarbeit stöhnen und »schreien« (zāᶜaq), er »sieht« und »erkennt« Israels Not, und darum
B.II Bund
»gedenkt« er seines Bundes, den er mit Abraham, Isaak und Jakob geschlossen hat. Jetzt, in der Not Israels, muß und wird sich Gottes Bundeszusage bewähren. Damit wird sich auch die Zusage erfüllen, daß Gott sich seines Volkes »annehmen« wird, an die Josef vor sei-
→ 30
nem Tod erinnert hatte (Gen 50,24).
Das Werkzeug, das Gott für die Rettung Israels ausersehen hat, ist Mose. Aber Mose selbst weiß noch nichts davon. Er scheint von der Geschichte seines Volkes und damit von der Geschichte Gottes mit
34
seinem Volk so weit entfernt zu sein wie nur möglich: Halb Israelit,

halb Ägypter, und jetzt ein Flüchtling, der sich bei einem Midianiter als Viehhirte verdingt hat. Nun zieht er noch ein Stück weiter »hinter die Wüste« (Ex 3,1ff) und kommt dabei – unabsichtlich und ohne sich dessen bewußt zu sein – an den »Gottesberg«. Es ist seine erste Begegnung mit diesem Ort, an den er später mit ganz Israel zurückkehren wird zu der bedeutsamsten Gottesbegegnung in der Hebräischen Bibel und in der Geschichte dieses Volkes überhaupt (Ex → 48 19ff).

Der Berg wird hier mit dem Namen »Horeb« bezeichnet, während er in Ex 19ff »Sinai« heißt. Beide Namen begegnen in der Hebräischen Bibel häufiger (Sinai etwa doppelt so oft wie Horeb), wobei das Deuteronomium (mit Ausnahme von 33,2 in einem poetischen Kontext) nur Horeb verwendet (1,2.6.19 u.ö.). Die Forschung ist darüber uneinig, ob mit diesen beiden Namen ursprünglich zwei verschiedene Berge gemeint waren, und auch darüber, ob die Bezeichnung »Gottesberg« in Ex 3f und 1Kön 19,8ff ursprüng- → 128 lich noch einen anderen Berg bezeichnete. Möglicherweise hat das Deuteronomium aus theologischen Gründen den Namen Sinai vermieden und statt dessen den Namen Horeb als Chiffre für »Wüste« eingeführt (Perlitt 1977). Es ist aber unbestritten, daß im jetzigen Zusammenhang der biblischen Texte beide Namen denselben Berg bezeichnen (vgl. ABD 6,47-49).

Hier wird Mose nun vom Erzähler plötzlich in eine Reihe mit den großen Einzelgestalten der Vorgeschichte Israels gerückt: Gott »erscheint« ihm (V.2), wie er es mit den Erzvätern getan hat (Gen 12,7; → 21.25 17,1; 18,1; 26,2.24; 35,9). Zunächst erscheint er in der Verhüllung, repräsentiert durch seinen Boten (oder »Engel«, *mal'āk*), wie auch B.XI Wie von seinerzeit gegenüber Abraham (Gen 22,11.15). Der Bote ist verbor- Gott reden? gen in der geheimnisvollen Flamme, die den Dornbusch brennen läßt, aber nicht verzehrt. Doch als Mose sich nähert, ruft Gott ihn mit seinem Namen an, wie er Abraham (Gen 22,1.11) und Jakob → 26 (46,2) angerufen hat, und Mose antwortet wie diese: »Hier bin ich!« Und nun zieht Gott ihn ganz in die Vätergeschichte hinein, indem er sich ihm vorstellt: »Ich bin der Gott deines Vaters, der Gott Abrahams, der Gott Isaaks und der Gott Jakobs« (V.6); und Mose verhüllt sein Haupt, weil er fürchtet, die Gottheit (*hā'ᵉlohîm*, vgl. 1994, 16) zu erblicken (und das könnte tödlich sein, vgl. Ex 33,20; Ri 6,22f u.ö.).
Doch dann weitet sich die Szene zu einer großen Gottesrede und zu einem Dialog Moses mit Gott. Dadurch wird Mose gleichsam auf eine Stufe mit Abraham gestellt, denn keiner sonst hat vor ihm in solcher Intensität mit Gott Zwiesprache gehalten (Gen 15; 17; → 24 18,16-33), und keiner wird es nach ihm mehr tun. Aber schon der Beginn des Gesprächs macht auch den grundlegenden Unterschied deutlich. Was Gott mit Mose spricht, betrifft nicht diesen selbst, sondern das Volk, »mein Volk«, wie Gott es gleich zu Beginn seiner Rede nennt (3,7). Die Gottesrede nimmt auf, was schon am Wendepunkt in 2,23-25 gesagt worden war: Gott hat »gesehen« und »das

Schreien gehört« und »erkannt«, was die Israeliten leiden, und hat beschlossen, sie herauszuführen (vgl. Ska 1989, 119f). Und Mose soll dies tun: »Geh ... und führe mein Volk, die Söhne Israels, aus Ägypten« (V.10).
Aber nun zeigt sich sofort die zweifache Problematik dieses Auftrags. Zum einen: »Ich sende dich zum Pharao« (V.10), und Moses prompte Antwort: »Wer bin ich, daß ich zum Pharao gehen könnte?« (V.11) Und zum andern: »... und daß ich die Israeliten aus Ägypten führen könnte – Wenn sie mir nun nicht glauben?« (4,1) Der Auftrag geht in zwei Richtungen: zum Pharao und zu den Israeliten; und in beiden Richtungen ist er mit Problemen belastet. Aber Gottes erste und grundlegende Antwort lautet: »Ich werde mit dir sein« (3,12). Wieder klingen die Vätergeschichten an, in denen es immer wieder heißt: »Ich bin mit dir.« Besonders ausgeprägt ist dies in der

→ 27 Jakobgeschichte, wo diese Zusage Gottes an allen wichtigen Stationen seines Weges steht: bei der Flucht vor Esau (Gen 28,15), bei der Anweisung zur Rückkehr (31,3) und auf dem Weg nach Ägypten

→ 21 (46,4). Umgekehrt erfährt Isaak diese Zusage, weil er auf Gottes Geheiß *nicht* nach Ägypten ziehen soll (26,3). Und auch die Mitbewohner im Lande sehen und sagen es zu Abraham und Isaak: »Gott ist mit dir« (21,22; 26,28).
Gottes Antwort hat noch einen zweiten Teil. »Dies soll für dich das Zeichen sein, daß ich dich gesandt habe: Wenn du das Volk aus Ägypten herausführst, werdet ihr Gott ($h\bar{a}^{\ae}loh\hat{\imath}m$) auf diesem Berge dienen.« Nachdem Mose vorher durch das »Erscheinen« Gottes in die Nähe der Erzväter gerückt worden war, wird er nun in den Kontext der prophetischen Tradition hineingestellt. »Senden« ($\check{s}\bar{a}lah$) ist

→ 160 dafür ein ganz charakteristisches Wort, etwa Jes 6,8: »Wen soll ich senden, wer will unser Bote sein?« Und Jesajas Antwort: »Hier bin ich, sende mich!« (Vgl. auch Jer 1,7 u.ö.) Das Zeichen soll der Legitimation Moses dienen, aber es wird erst im Nachhinein erkennbar sein. Auch dies entspricht der Tradition über die Frage der Legitima-

→ 76.131.201 tion eines Propheten, daß sie erst im Rückblick erkennbar ist (Dtn 18,21f; 1Kön 22,28; Jer 28,8f). Und für die Leser wird das Mose zugesagte Zeichen seine Funktion erfüllen, wenn Mose am Sinai an-

→ 48 kommt und »zu Gott« (*'el-hā^{\ae}lohîm*) hinaufsteigt (Ex 19,3).

2.1.4
Jhwh ist mein Name

a) Exodus 3,13-15
Für Mose stellt sich die Frage seiner Legitimation und Autorität nach zwei Seiten, gegenüber dem Pharao und gegenüber den Israeliten. Zunächst rückt die zweite Frage in den Vordergrund. Die Israeliten werden fragen: Wie heißt denn dieser »Gott der Väter«, der dich gesandt hat? Aber was bedeutet diese Frage hier? Ist es nur eine

Einkleidung für Moses eigene Frage? Weiß er eigentlich, wer mit ihm redet? Nach dem Erzählungsablauf kann er es kaum wissen. Seine israelitische Mutter hat ihn nur als Amme betreut, und danach ist er am ägyptischen Hof aufgewachsen. Jetzt weiß er nur, daß eine Gottheit (s.o. zu V.6) mit ihm redet, und der Erzähler läßt ihn auch noch weiterhin »die Gottheit« (hā'ᵉlohîm) anreden (V.11.13). Diese Gottheit hat sich ihm als »Gott deines Vaters« bzw. durch die Namenreihe als Gott der Väter vorgestellt. Aber Mose muß jetzt B.III Väter den Namen wissen, wenn er im Auftrag dieses Gottes auftreten und handeln will.

Gottes Antwort ergeht in drei Schritten, und erst im dritten ist es eine wirkliche Antwort: »Jhwh, der Gott eurer Väter ... das ist mein Name« (V.15). Dem geht aber eine andere Antwort Gottes voraus (V.14): 'ehjeh 'ᵃšer 'ehjeh »Ich werde sein, der ich sein werde«, oder »Ich werde dasein als der ich dasein werde« (Buber). Dies ist kein Name; es ist aber auch keine Aussage darüber, wer oder wie Gott ist, wie es die Septuaginta verstanden hat: ἐγώ εἰμι ὁ ὤν »Ich bin der Seiende«. Vielmehr wird hier wieder aufgenommen, was Gott vorher zu Mose gesagt hat: »Ich werde mit dir sein« ('ehjeh 'immāk → 36 V.12). Und so soll er es auch an die Israeliten weitergeben: Der euch zusagt: »Ich werde sein«, d.h. ich werde mit euch sein, der hat mich gesandt. Hier erscheint das 'ehjeh fast wie ein Name, und so klingt es auch bei Hosea nach: »Ihr seid nicht mein Volk, und ich bin nicht euer 'ehjeh« (1,9).

Doch dann wird der Name jhwh genannt, und er wird mit dem »Gott der Väter« gleichgesetzt (V.15). Kennen die Israeliten, zu denen Mose gesandt wird, diesen Namen? Wenn sie nichts mehr von Josef wußten, dann hatten sie vielleicht auch ihre religiösen Traditionen vergessen. Auch zuvor wird nur selten die ausdrückliche Nennung dieses Namens gegenüber den Vätern erwähnt. Dem göttlichen »Ich« in den Anreden an die Väter folgt meistens die Selbstbezeichnung Gottes als »Gott der Väter« (Gen 26,24; 28,13; 46,3) oder als 'ēl šaddaj (17,1; 35,11, dazu s.u. zu Ex 6). Nur zweimal nennt → 25 38 Gott sich gegenüber den Vätern selbst Jhwh (15,7; 28,13). So bleibt die Frage in der Schwebe, ob nach Meinung des Erzählers Mose mit der Nennung des Namens bei den Israeliten an Bekanntes anknüpfen konnte.

Um so bedeutsamer ist es, daß der Name Jhwh nun hier mit großem Nachdruck und mit einer gewissen Feierlichkeit eingeführt wird: »Das ist mein Name für alle Zeit (Luther: ewiglich)«. Denn hier beginnt nicht nur die eigentliche Geschichte Israels als Volk, sondern von jetzt an ist die Zugehörigkeit zu diesem Gott ein grundlegendes B.II Erwählung Element der Identität Israels. So ist es ganz folgerichtig, daß Mose bei seinem ersten Auftreten gegenüber dem Pharao mit den Worten beginnt: »So spricht Jhwh, der Gott Israels« (Ex 5,2).

Aber der Name Jhwh hat seine Bedeutung nicht nur zur Abgrenzung Israels nach außen, sondern vor allem auch zum »Gedenken« im Innern, »von Geschlecht zu Geschlecht«. Hier klingt die Sprache der

Psalmen an (Ps 30,5; 97,12; 102,13; 135,13 u.ö.). Des Namens und der Taten Gottes zu gedenken, das ist es, was Israel in seinen Gottesdiensten und Gebeten tun wird, wenn es aus der ägyptischen Sklaverei befreit sein wird. So ist Israel durch die Gleichsetzung des feierlich genannten Namens Jhwh mit dem Gott der Väter gleichsam in das Gottesverhältnis der Erzväter wieder eingesetzt, aber nun in einer ganz neuen Weise als Volk. Als Mose dann, ausgestattet mit der Fähigkeit zu Beglaubigungswundern (4,1-9) und in Begleitung Aarons, der sein »Mund« sein soll (4,15f) zu den Israeliten kommt und ihnen alles berichtet, heißt es: »Das Volk glaubte« (4,31).

b) Exodus 6,2-8
Überraschenderweise ist in Ex 6,2-8 noch einmal von einer Einführung des Namens Jhwh die Rede. Nach dem ersten, erfolglosen Auftreten Moses vor dem Pharao (Kap.5) spricht Gott erneut zu ihm. In dieser Gottesrede wird aufgenommen und weitergeführt, was schon in der Ankündigung der Wende in 2,23-25 anklang: Gott »gedenkt« des Bundes, den er mit den Vätern geschlossen hat, und sagt den Israeliten die Herausführung aus der Fronknechtschaft in Ägypten zu.

→ 34

Die in V.2b beginnende Gottesrede ist nach einem strengen Schema aufgebaut, das von der Formel »Ich bin Jhwh« ($^{a}n\hat{i}\ jhwh$) beherrscht wird (V.2bβ.6aα.8bβ, auch 7b). Dieser Satz ist der Schlüssel für die ganze Gottesrede: Bisher ist Gott den Vätern unter dem Namen $\dot{e}l$ šaddaj erschienen (Gen 17,1; 35,11, vgl. 28,3; 48,3), jetzt tut er ihnen seinen Namen jhwh kund. Diese Kundgabe geschieht in der mehrfach wiederkehrenden strengen, fast liturgischen Wendung »Ich bin Jhwh«. Sie erscheint hier zum ersten Mal und begegnet dann auch in anderen Büchern der Hebräischen Bibel immer wieder.

→ 25

B.XI Wie von Gott treden?

Zugleich wird eine andere Traditionslinie aufgenommen, die den Bund (b^erît) Gottes mit den Vätern in den Mittelpunkt rückt (V.4). In deutlichem Anschluß an Gen 17 wird als Inhalt des Bundes die Verheißung des »Landes der Fremdlingschaft« ('ereṣ m^egûrîm, 17,8) in Erinnerung gerufen. Aber diese Verheißung bekommt jetzt eine ganz neue Bedeutung, denn sie wird in einem anderen, fernen Land gesprochen und zu Menschen, die in der Sklaverei leben. Darum wird nun zu der Bundeszusage hinzugefügt, daß Gott das Stöhnen der Israeliten unter der Last der Fronarbeit gehört hat und sie aus der ägyptischen Sklaverei herausführen wird (V.5f). Dabei heißt es, daß Gott »seines Bundes gedenkt«. Dies erinnert an den Bundesschluß Gottes

→ 17

mit Noah (Gen 9,15f), und schon in der Sintflutgeschichte bedeutete das »Gedenken« Gottes die Wende (Gen 8,1).
Noch ein weiteres Element aus Gen 17 wird aufgenommen. Dort ist der Bundesschluß eingeleitet durch Jhwhs Zusage, »dir Gott zu sein und deinen Nachkommen nach dir« (V.7). Hier heißt es jetzt: »Ich will euch mir zum Volk nehmen und will euer Gott sein« (Ex 6,7).

B.II Bundesformel

38

Darin findet die wechselseitige Zugehörigkeit Jhwhs zu Israel und

Israels zu Jhwh ihren vollen Ausdruck (vgl. 1995, 20ff). Sie ist hier einerseits eng mit der feierlichen Mitteilung des Jhwh-Namens verbunden, andererseits mit der bevorstehenden Herausführung aus Ägypten. Die letztere wird noch einmal wiederholt (vgl. V.6) und dabei betont mit der »Erkenntnisaussage« (Zimmerli 1954) eingeführt: »Ihr werdet erkennen, daß ich Jhwh bin, euer Gott ...« (V.7b). Die Herausführung aus der ägyptischen Sklaverei und die Hineinführung in das den Vätern zugeschworene Land sollen bei den Israeliten diese Erkenntnis wirken und bekräftigen.

Der Abschnitt Ex 6,2-8 gehört der priesterlichen Textschicht an, was in der → 10 sprachlichen Struktur und vor allem in der Gottesbezeichnung *'ēl šaddaj* deutlich erkennbar ist (vgl. Gen 17,1; 35,11). Der Abschnitt steht in einer gewissen Spannung zu Ex 3,14f, wo der Name *jhwh* bereits eingeführt worden → 37 ist. Die Stellung dieses Textes nach dem Scheitern der ersten Verhandlung Moses mit dem Pharao ist jedoch durchaus plausibel. Zudem wird auch durch die ausdrückliche Nennung der Väter (V.2) eine Verbindung zu der ersten Namensoffenbarung in Ex 3 hergestellt, in der Jhwh sich als der »Gott der Väter« zu erkennen gab. Hier wie an anderen Stellen sind priesterliche Textstücke nicht »glatt«, aber offenbar bewußt an ihrer jetzigen Stelle in den Text eingefügt und haben dabei kompositorische Funktion für den größeren Kontext (vgl. Ska 1982; 1989; mit anderem Akzent Blum 1990a, 232ff).

So haben die Kapitel Ex 3 und 6 in mehrfacher Hinsicht eine grundlegende Funktion. Sie führen Mose ein, der von jetzt an die beherrschende Gestalt bis zum Ende des Pentateuch sein wird. Sie verbin- → 85 den mit der Person des Mose die ausdrückliche Kundgabe des Jhwh-Namens an Israel. Und sie kündigen die bevorstehende Befreiung Israels aus der Knechtschaft an, ebenfalls in unmittelbarer Verbindung mit Mose. Mit ihm tritt die Geschichte Israels als Volk in ihr erstes entscheidendes Stadium ein.

2.1.5
Da glaubte das Volk

Mose erweist sich zunächst aber keineswegs als willfähriger Partner Gottes. Er erhebt Einwände. Zuerst: »Wenn sie mir nun nicht glauben ...« (4,1). Darauf stattet Gott ihn mit Fähigkeiten aus, wie sie auch die ägyptischen Magier besitzen (V.2-9, vgl. 7,11f). Aber Mose ist noch nicht zufrieden: »Ich kann nicht reden« (V.10). Dies rückt ihn wieder in die prophetische Tradition, vor allem in die Nähe Jeremias (Jer 1,6); auch bei Jesaja und Ezechiel spielt das Reden- → 189 können eine gewichtige Rolle (Jes 6,5-7; Ez 2f). Gottes (schon etwas → 159.218 unwirsche, V.11) Antwort klingt wie die an Jeremia: »Geh jetzt! Ich werde mit deinem Munde sein (wieder das *'ehjeh* von 3,12.14!) und dich lehren, was du reden sollst« (V.12). Aber Mose sagt nein. Er tut dies in einer sprachlichen Form, die dem göttlichen *'ehjeh* *ªšer 'ehjeh* (3,14) ähnlich ist: »Sende, wen du senden willst« (genauer: »Sende [deine Botschaft] durch den, den du senden willst«, vgl. Vriezen

1950, 502). Aber die Antwort ist eindeutig, und sie findet sich so bei keinem Propheten.

Gottes Reaktion ist überraschend. Er ist zornig, aber er geht trotzdem auf Moses Weigerung ein und sendet einen anderen – doch nicht an Moses Stelle, sondern als seinen »Mund«: seinen Bruder Aaron. Und Gott wiederholt, daß er mit dem Mund Moses sein will, aber nun auch mit Aarons Mund (V.14-16). Mit der Begegnung Moses und Aarons (V.27f) sind die wichtigsten Voraussetzungen für alles Folgende geschaffen. Denn bis zu Aarons Tod (Num 20,22-29) wirken die beiden Brüder zusammen – auf die unterschiedlichste Weise, in unterschiedlichen Funktionen und keineswegs immer friedlich, aber so, daß sie gemeinsam die Pläne Gottes mit Israel erfüllen.

→ 67

Die kurze Episode Ex 4,24-26 gehört zu den schwierigsten Texten des Alten Testaments. Vom Kontext her legt sich eine Erklärung nahe, nach der die Ehe Moses mit einer nichtisraelitischen Frau das eigentliche Problem bildet; denn darum war auch der Sohn nicht beschnitten, und so gehörte die ganze Familie nicht voll zu Israel. Deshalb versucht Jhwh Mose in dem Augenblick zu töten, als er aus dem Bereich Midians zurückkehrt. Daraufhin nimmt Zippora »eine komplexe symbolische Handlung« vor, indem sie mit dem Blut der Vorhaut des Sohnes gleichsam die Hochzeit mit Mose noch einmal vollzieht und dies durch die deklaratorische Formel »Ein Blutbräutigam bist du mir« unterstreicht. Damit ist die fehlende Familienbeziehung hergestellt und die Gefahr beseitigt. (Vgl. Blum 1990c.)

Mose und Aaron kommen schließlich zu den Israeliten zurück, berichten ihnen alles und weisen sich durch ihre Wunder aus (4,29-31). »Da glaubte das Volk.« Dieser Satz beendet den Abschnitt, der mit der Ankündigung der Wende in 2,23-25 begann. In einer langen, komplexen Geschichte sind nun die Voraussetzungen für Israels Befreiung aus der ägyptischen Sklaverei geschaffen. Auch Moses zweifelnde Frage »Wenn sie mir nun nicht glauben?« (4,1, vgl. V.5.8.9) ist beantwortet – wenn auch keineswegs ein für allemal (vgl. 6,9).

→ 34

→ 43

2.1.6
Ich kenne Jhwh nicht

Das erste Auftreten Moses und Aarons vor dem Pharao (5,2-5) bildet einen scharfen Kontrast zum Vorhergehenden. Mose tritt mit der (prophetischen) Botenformel »So spricht Jhwh, der Gott Israels« vor den Pharao und überbringt ihm die Aufforderung Jhwhs: »Entlasse mein Volk, damit sie mir in der Wüste ein Fest feiern!« Die Antwort des Pharao ist schroff. Er lehnt nicht nur Moses Forderung ab, sondern fügt den provokatorischen Satz hinzu: »Wer ist Jhwh? ... Ich kenne Jhwh nicht.« Der Gegensatz zur vorhergehenden Selbstoffenbarung Jhwhs, seiner Ankündigung der Herausführung Israels aus Ägypten und dem Glauben des Volkes ist denkbar scharf. Zugleich zeigt sich der Pharao dadurch als entschiedener Gegenspieler Jhwhs

E 123

– in einer Schärfe der Konfrontation, die im Alten Testament ihresgleichen sucht.

Damit ist das eigentliche Thema der folgenden dramatischen Kapitel formuliert. Es geht nicht nur um die Freigabe Israels; vielmehr sind die sich ständig steigernden »Plagen«, die im folgenden über die Ägypter kommen, eine Antwort auf die hochmütige Herausforderung Jhwhs durch den Pharao. In 7,1-7 ist gleichsam als Präludium zu den Plagenerzählungen formuliert, daß die »Plagen« vor allem als »Zeichen und Wunder« verstanden werden sollen (V.3b). Als → 43 Ziel des Handelns Jhwhs heißt es: »Die Ägypter werden erkennen, daß ich Jhwh bin, wenn ich meine Hand über Ägypten ausstrecke und die Israeliten aus ihrer Mitte herausführe« (V.5). Deshalb versuchen Mose und Aaron zunächst noch, den Pharao mit einem Beglaubigungszeichen zu überzeugen (7,8-13), und unmittelbar vor der ersten »Plage« erklärt Mose gegenüber dem Pharao, wiederum eingeleitet durch die Botenformel: »Daran sollst du erkennen, daß ich Jhwh bin« (7,17). Die Aufforderung zum Erkennen und Anerkennen der Macht Jhwhs zieht sich wie ein roter Faden durch die Plagenerzählungen (8,6.18; 9,14.29). Darin zeigt sich, daß diese Erkenntnis das Hauptziel der »Plagen« ist. Auch Israel selbst soll erkennen, »daß ich Jhwh bin, euer Gott, der euch aus dem Frondienst in Ägypten herausführt …« (6,6); und später sollen sie diese Erkenntnis an die nächsten Generationen weitergeben (10,1f). (vgl. zum ganzen Kegler 1990.)

B.XI Wie von Gott reden?

Aber das Herz des Pharao bleibt »verstockt«. Diese Aussage, die in den Plagenerzählungen wie ein Kehrreim immer wiederkehrt (vom Präludium 7,3 bis zu letzten Plage 11,10), ist das Gegenspiel zu den »Zeichen und Wundern«, die Jhwh durch Mose und Aaron tut und durch die Jhwh »erkannt« werden soll – Gegenspiel im wahrsten Sinne des Wortes, denn Pharao erscheint als der exemplarische Gegenspieler Jhwhs. Nach seinem schroffen »Ich kenne Jhwh nicht« (5,2) weigert er sich weiterhin, ihn zu »erkennen«. Dabei wechselt das Subjekt der Verstockung: teils heißt es, daß Pharao selbst sein Herz verstockt (8,11.28; 9,34), teils daß sich sein Herz »verhärtet« (7.13.14.22; 8,15; 9,7.35), dann aber auch, daß Jhwh das Herz des Pharao verhärtet (vorausschauend 4,21; 7,3, dann von der sechsten »Plage« an: 9,12; 10,1.20.27; 11,10; 14,4.8.17).

Der Pharao ist Gegenspieler im mehrfachen Sinn. Er unterdrückt Israel, das Volk, dem Jhwh seinen Beistand zugesagt hat. Er weigert sich in einer sehr grundsätzlichen Weise, Jhwh zu »erkennen«: er will ihn überhaupt nicht kennen, er nimmt ihn nicht zur Kenntnis. Und darum will er auch Jhwhs Macht nicht anerkennen und hält sich selbst für den Stärkeren. Er macht sich zum Gegengott. In den Plagenerzählungen selbst wird dieser Gedanke nicht ausgeführt; aber in der abschließenden Interpretation der Ereignisse heißt es dann: »Über alle Götter Ägyptens halte ich Gericht: Ich bin Jhwh« (Ex 12,12, vgl. Num 33,4). Pharao repräsentiert die gegengöttliche

Macht. Sie tritt in der Gestalt des mächtigen Königs in Erscheinung, aber in ihm treten zugleich die »Götter Ägyptens« dem einen Gott gegenüber. Sie stehen stellvertretend für die »Götter der Völker«, die

→ 44

vor Jhwh »Nichtse« sind (Ps 96,5). Der Hymnus Ex 15,1-17 beschreibt diese Auseinandersetzung als einen urgeschichtlichen Kampf, in dem sich Jhwh als allen Göttern überlegen erweist (V.11).

2.1.7
Dieser Tag sei euch ein Gedenktag
Unmittelbar bevor die letzte, entscheidende Etappe dieser Auseinandersetzung erreicht ist, stockt die Erzählung. Nach den dramatischen Schilderungen der Auseinandersetzungen mit dem Pharao und der Ereignisse der ersten neun »Plagen« werden nun in großer Breite die Bestimmungen für das Passafest und das mit diesem eng verbundene Fest der »Ungesäuerten Brote«, das Massotfest, mitgeteilt (Ex 12f). Die hier zusammengestellten Traditionen über diese beiden Feste hatten zunächst offenbar keinen unmittelbaren Zusammenhang mit den dramatischen Erzählungen des jetzigen Kontextes. Sie sind jetzt aber ganz eng mit den Ereignissen der letzten »Plage«, der Tötung der ägyptischen Erstgeburt, und dem darauf folgenden Auszug der Israeliten verbunden.

In 5,1.3; 7,16; 8,23f (vgl. schon 3,18) ist davon die Rede, daß die Israeliten Jhwh »in der Wüste« ein Opferfest feiern wollen. Es ist umstritten, ob dem eine eigenständige Tradition zugrunde liegt oder ob diese Behauptung etwa nur als Vorwand dient, um das Land verlassen zu können. Viele Ausleger beziehen diese Aussage auf das Passa, wenn auch nirgends eine ausdrückliche Verbindung hergestellt wird. Andere denken an das Fest am Sinai oder an das Opfermahl mit Jitro, dem Priester von Midian. Die Frage muß offenbleiben

→ 48

(vgl. dazu W.H. Schmidt 1988, 251ff).

→ 139.364

Es ist ein komplexer Zusammenhang, der hier entsteht. Dieser Tag soll für Israel ein »Gedenktag« sein, an dem es in allen künftigen Generationen ein Fest für Jhwh feiern soll (12,14); denn »an eben diesem Tag führte der HERR die Israeliten aus Ägypten« (V.51). Es ist der Tag der Befreiung aus der Fronknechtschaft. Es ist aber auch die Nacht, in der Jhwh durch Ägypten ging und alle Erstgeborenen tötete, während die Israeliten durch das an die Hauseingänge gestrichene Blut des Passalamms bewahrt wurden (V.12f, vgl. V.27; 13,14f). Diese letzte schreckliche Steigerung der ägyptischen Plagen wird von den Israeliten als sichtbarer Ausdruck der »starken Hand« erfahren, mit der Gott sie aus Ägypten herausgeführt hat (13,9.16). Die große Bedeutung dieses Ereignisses und seiner ständigen Erinnerung in allen folgenden Generationen Israels wird gleich zu Beginn dadurch markiert, daß das israelitische Jahr mit diesem Doppelfest eröffnet werden soll (12,2, vgl. auch Lev 23,5ff; Num 28,16ff;

B.VII Kult

Dtn 16,1ff).

Noch in jener Nacht brechen die Israeliten auf (Ex 12,29ff), und zunächst scheint der Auszug erfolgreich zu verlaufen (13,17-22). Aber dann beginnt erneut eine Phase von höchster Dramatik. Der Pharao gibt sich noch nicht geschlagen. Er macht sein Einlenken (12,31f, vgl. schon 8,4.21ff; 9,27f; 10,16f.24) noch einmal wieder rückgängig und verfolgt die bereits ausgezogenen Israeliten (Ex 14). Und nun kommt es zu der entscheidenden Darstellung der Macht Jhwhs: Er spaltet das Meer, läßt Israel hindurchziehen und danach den Pharao und seine Streitmacht darin versinken. Als die Israeliten diese »große Hand« Gottes sehen, glauben sie (14,31) – wie schon zuvor, als → 40 Mose ihnen von Gottes Befreiungsplänen berichtet hatte (4,31). So ist zu seinem Ziel gekommen, was Gott mit der Beauftragung Moses begonnen hat.

Die Erzählung vom Auszug Israels aus Ägypten hat also zwei Höhepunkte: die letzte »Plage« der Tötung der ägyptischen Erstgeburt, verbunden mit dem Passa, und den Durchzug der Israeliten durch das Schilfmeer, verbunden mit der Vernichtung der ägyptischen Streitmacht. Beide Ereignisse können einzeln oder auch gemeinsam (z.B. Ps 136,10-15) als die »Zeichen und Wunder« (Dtn 6,22 u.ö.) in Erinnerung gebracht werden, die Gott getan hat, um sein Volk aus der Knechtschaft zu befreien. Diese Tat Gottes, die Herausführung Israels aus Ägypten – aus der Sicht Israels: der Auszug aus Ägypten, der Exodus –, ist für alle Zukunft das bestimmende Ereignis in Israels Geschichte. Gott führt sich selbst am Beginn des Dekalogs mit den Worten ein: »Ich bin der HERR, dein Gott, der ich dich aus dem Land Ägypten, aus dem Sklavenhaus, herausgeführt habe« (Ex 20,2; Dtn 5,6); bei Hosea heißt es knapper: »Ich bin der HERR, dein Gott, vom Land Ägypten her« (Hos 12,10; 13,4). Israel kann seinerseits Gott anreden als den, der sein Volk aus Ägypten herausgeführt hat, und kann daraus die Hoffnung auf künftiges helfendes, rettendes und vergebendes Handeln ableiten (Ex 32,11; Lev 26,45 u.ö.). Zugleich beendet der Exodus die erste Etappe der Geschichte Israels, nachdem aus der Familie Jakobs das Volk geworden war. Die Texte, die unmittelbar von den Exodusereignissen handeln, erwähnen die davor liegende Etappe, die Geschichte der Familien Abrahams, Isaaks und Jakobs, nicht. Diese Texte haben offenbar ihre eigene literarische Vorgeschichte, die mit der Vätergeschichte zunächst erzählerisch nicht verbunden war. Für den Leser des Pentateuch in seinem jetzigen Zusammenhang besteht aber kein Zweifel daran, daß sich mit dem Exodus die göttlichen Verheißungen an die Väter zu erfüllen beginnen. Gott hatte ja schon Abraham vorausgesagt, daß seine Nachkommen erst nach einer längeren Zeit der Unterdrückung im fremden Land in das ihm verheißene Land zurückkehren würden (Gen 15,13-16). Später ist Jakob mit ausdrücklicher göttlicher Zustimmung nach Ägypten gezogen und hat dabei die Zusage erhalten, daß Gott ihn dort zu einem großen Volk machen und wieder zurückbringen werde (46,3f). Schließlich hat Jo-

B.V Exodus

→ 49

→ 253

→ 57.64.72

→ 21

→ 30
sef diese Zusage in Erinnerung gerufen und seine Brüder schwören lassen, seine Leiche bei ihrer Rückkehr in das Land der Väter mitzunehmen (50,24f). Diesen Schwur löst Mose nun ein (Ex 13,19), und die nächste Generation wird dies durch die Beisetzung Josefs vollenden (Jos 24,32).

→ 43
Im unmittelbaren Kontext der Exoduserzählung nimmt das »hymnische Bekenntnis« (Strauß 1985) Ex 15,1-19 den »Glauben« der Israeliten aus 14,31 auf und führt ihn weiter durch die Wanderungen Israels (V.14-16) bis zum Zion (V.17). Auch andere bekenntnisartige oder hymnische Texte führen von der Herausführung aus Ägypten zielstrebig in das Land, das den Vätern verheißen wurde und in dem Israel zur Zeit der Abfassung der Texte wohnt (oder aus dem es während des Exils vertrieben worden ist) (Dtn 6,21-23; 26,5-9; Ps 136,10-22 u.a.). So ist der Exodus nicht nur Auszug, sondern zugleich der Beginn einer neuen Etappe in der Geschichte Israels.

2.2
Israel auf dem Weg: Die erste Etappe

2.2.1
Durch einen Propheten führte der HERR Israel aus Ägypten

Wohin führt der Weg Israels nach dem Auszug aus Ägypten? Der Leser hat den großen Zusammenhang der Pentateucherzählung vor Augen: Das Volk Israel ist aus der Familie der Erzväter hervorgegangen und steht unter der Verheißung, daß Gott ihm das Land zugesagt hat, in dem die Väter Abraham, Isaak und Jakob schon gelebt haben. Für Mose erscheint die Antwort auf diese Frage zunächst nicht ganz so eindeutig. In der ersten Gottesrede, die ihm bei seiner Berufung

→ 35
zuteil geworden ist, hat Gott gesagt, daß er die Israeliten aus Ägypten herausführen will »in ein gutes und weites Land, in ein Land, das von Milch und Honig überfließt, an die Stätte der Kanaanäer, der Hetiter, der Amoriter, der Perisiter, der Hiwiter und der Jebusiter« (3,8). Das Land wird hier als ein noch unbekanntes eingeführt, das zudem die Wohnstätte fremder Völker ist. (Dabei klingt aber die Landver-

→ 25
heißung in der Bundeszusage in Gen 15,19ff an.) In der zweiten Got-

→ 38
tesrede in Ex 6,2-8 ist der Rückbezug auf die Väter und die an diese ergangene Verheißung dann jedoch eindeutig (V.4.8). Und im Kontext der Bestimmungen über das Massotfest werden beide Aussagen miteinander verbunden: »Wenn dich der HERR in das Land der Kanaanäer ... bringen wird, von dem er deinen Vätern geschworen hat, es

→ 42
dir zu geben, ein Land, das von Milch und Honig überfließt, ...« (13,5, vgl. V.11). Mose weiß also, daß das verheißene Land als das Fernziel der Wanderung vor ihnen liegt. Der Leser bekommt noch einen weiteren Hinweis, indem in 13,17f von einem »Umweg« im Vergleich zu dem »näheren« Weg (in das »Philisterland« und damit in die Küstenebene des Landes der Väter) die Rede ist. Ob die Israeliten selbst

wissen, wohin sie ausziehen, wird jedoch nicht gesagt.

Es gibt noch einen anderen Hinweis auf das Ziel dieses Weges. In Ex 3,12 hat Gott Mose am Fuß des »Gottesberges« ein »Zeichen« angekündigt: »Wenn du das Volk aus Ägypten herausführst, werdet ihr Gott auf diesem Berge dienen«. »Dieser Berg«, an dem Gott zuerst die Rettung Israels aus der ägyptischen Knechtschaft angekündigt → 36 hat (vgl. Crüsemann 1992, 50ff), ist darum für Mose nach der Befreiung Israels das erste Ziel. Die Erzählung strebt unausgesprochen, aber zielstrebig darauf hin (Ex 19,1). Der weitere Verlauf der Erzäh- → 48 lung zeigt dann, daß der Aufenthalt am »Gottesberg«, d.h. am Sinai, nur ein zeitlich begrenzter sein sollte (Num 10,11f). Danach beginnt → 64 eine neue Etappe des Aufenthalts in der Wüste, der sich schließlich auf vierzig Jahre erstreckt, bis endlich das endgültige Ziel des Weges, das den Vätern verheißene Land, erreicht sein wird.

So steht die jetzt folgende Etappe der Geschichte Israels unter ganz verschiedenartigen Aspekten. Die Wanderung hat ein doppeltes Ziel: den Sinai und das verheißene Land. Dabei erscheint der Aufenthalt am Sinai einerseits nur als Zwischenstation, andererseits werden dort in großer Ausführlichkeit die grundlegenden Strukturen des israelitischen Rechts und des Kultes festgelegt und entfaltet, so daß dieser Etappe zentrale Bedeutung zukommt. Die Berich- → 48 te über die Zeit vor und nach dem Aufenthalt am Sinai sind wiederum höchst komplex. Einerseits ist es eine Zeit der göttlichen Führung in den verschiedensten Gestalten und Formen. Andererseits wird aber immer wieder vom Aufbegehren der Israeliten, ja geradezu von Rebellion berichtet, die sich gegen Mose, letzten Endes aber gegen Gott richtet. Beide Aspekte sind vielfältig miteinander verflochten und ziehen sich durch die ganze Folge von Erzählungen vom Aufbruch aus Ägypten bis an die Grenze des verheißenen Landes.

Gott leitet Israel vom Augenblick des Aufbruchs an. In Ex 13,21f heißt es, daß Gott in Gestalt einer Wolkensäule bei Tag und einer Feuersäule bei Nacht vor dem Volk herzieht (Ex 13,21f). Die Wolken- und Feuersäule bedeutet aber nicht nur Führung, sondern auch Schutz. In der Bedrohung durch die ägyptischen Verfolger am Schilfmeer tritt die Säule an das Ende des Zuges und damit zwischen die Israeliten und die Ägypter; dadurch hindert sie diese am Angreifen und bringt sie schließlich in panische Verwirrung, so daß Israel gerettet wird (14,19-25). Am Sinai verbindet sich die Wolke dann mit → 43 dem neu errichteten Heiligtum. Wenn sie über dem Heiligtum liegt, bleiben die Israeliten an ihrem Ort; erhebt sie sich, so brechen sie auf (Ex 40,36-38; Num 9,15-23). Später, nach dem ersten geschei- → 65 terten Versuch des Eindringens in Kanaan, hält Mose in seiner Fürsprache für das Volk Gott diese Weise seiner Führung als besonders bedeutsam entgegen und bewirkt dadurch sein Einlenken (Num 14,13f).

Eine andere Erscheinungsform der göttlichen Führung ist der »Bote« oder »Engel« (mal'āk) Gottes. Am Schilfmeer tritt er gemeinsam mit

→ 43

→ 52

→ 58

der Wolkensäule in Erscheinung zur Rettung Israels vor den Ägyptern (Ex 14,19). Nach der Verkündung der Gebote am Sinai verheißt Gott das Mitgehen des *mal'āk* auf dem Weg in das verheißene Land, vor allem um Israel vor der Verehrung der fremden Götter zu bewahren (23,20-24). Auch nach der dramatischen Auseinandersetzung um das »Goldene Kalb« sagt Gott Mose zu, daß sein *mal'āk* dennoch auf dem weiteren Weg Israels mitziehen wird (32,34; 33,2). In 33,14f wird schließlich die mitziehende Präsenz Gottes als sein »Angesicht« (*pānîm*) bezeichnet. All diese Erscheinungsformen der göttlichen Gegenwart und Führung, hinter denen gewiß unterschiedliche Überlieferungen stehen, sind Ausdruck dafür, daß Gott sein Volk zu dem von ihm selbst geplanten Ziel führen will, trotz aller Widerstände von außen und von seiten Israels selbst.

Von solchen Widerständen berichten die Erzählungen über den langen Weg in der Wüste überreichlich. Dabei stehen die Probleme im Vordergrund, die durch die Situation in der Wüste bedingt sind, allen voran Mangel an Wasser und Hunger. Das Interesse der Erzählungen ist aber nicht auf diese Probleme selbst gerichtet, sondern auf die Reaktionen darauf. Die Israeliten sehen vor allem den Unterschied zwischen ihrer jetzigen Situation in der Wüste und ihrer früheren Situation in Ägypten, und der Vergleich zwischen beiden scheint ihnen eindeutig zugunsten der »Fleischtöpfe« Ägyptens (Ex 16,3) auszufallen. Die Freiheit von der Fronknechtschaft, unter der sie so sehr gelitten hatten, erscheint ihnen als geringeres Gut verglichen mit dem Hunger und dem Durst, die sie jetzt erleiden müssen. Sie beginnen deshalb zu »murren« (Ex 15,24 u.ö.).

Dieses Thema beherrscht weitgehend die Berichte über Israels Weg durch die Wüste. Seine breite Ausgestaltung hat gewiß verschiedene Gründe. Zum einen sind in vielen »Murrgeschichten« ätiologische Elemente enthalten. Einige von ihnen bieten Erklärungen von Ortsnamen und sind wohl zunächst als lokal gebundene Sagen überliefert worden: Mara (»Bitterwasser«, Ex 15,22-26), Massa und Meriba (»Versuchung« und »Streit« 17,1-7 und Num 20,1-13), Tabera (»Feuerbrand«, Num 11,1-3), Kibrot-Taawa (»Giergräber«, Num 11,4-35); andere erklären Phänomene der Wüste wie das Manna (Ex 16) und die Wachtelschwärme (Ex 16,13; Num 11,31ff); wieder andere berichten von Bedrohungen durch Feinde (Ex 18,8-16) oder Schlangen (Num 21,4-9). Aber wichtiger als die Herkunft und die vermutliche ursprüngliche Bedeutung der einzelnen Erzählungen ist die Frage, welche Bedeutung diesen Texten in ihrem jetzigen Zusammenhang zukommt. Sie handeln alle von Konflikten, vornehmlich solchen zwischen dem »Volk« und Mose. Aber Mose ist ja Beauftragter Gottes, und in den Erzählungen wird oft ausgesprochen, daß sich die Klagen und Beschwerden des Volkes letzten Endes gegen Gott selbst richten (Ex 16,8; Num 11,1 u.ö.).

So steht Mose zwischen dem Volk und Gott. Dem Volk gegenüber vertritt er die Stimme Gottes, erklärend, mahnend, oft mit Strenge

und sogar Zorn. Aber dann sieht er sich immer wieder in der Situation, gegenüber Gott fürbittend für das Volk eintreten zu müssen. Dadurch erhält das Bild Moses eine neue Dimension. War er zu- B.VIII Mose
nächst ein von Gott Beauftragter, der im Namen Gottes und für sein Volk dem feindlichen König gegenübertrat, so steht er nun im Namen Gottes auch dem eigenen Volk gegenüber – und mehr als einmal auch im Namen und zugunsten seines Volkes Gott gegenüber. Es ist ein sehr komplexes Mosebild, das uns in diesen Texten entgegentritt. Schon in den ersten Anfängen zeigen sich Züge, die Mose in eine Reihe mit den Erzvätern der Genesis stellen, vor allem die Unmittelbarkeit des Gesprächs mit Gott. Doch schon dabei ist → 35
deutlich, daß Mose anders als die Erzväter nicht nur für sich selbst spricht, sondern von Anfang an als Mittler zwischen Gott und dem »Volk« eingesetzt wird – einer Größe, die es in den Vätererzählungen noch nicht gibt. Dieser Zug erhält dadurch einen neuen Aspekt, daß Gott Mose mit einem bestimmten Auftrag »sendet« (Ex 3,12- → 36
15), so wie er später Propheten sendet (Jes 6,8; Jer 1,7 u.ö.). Auch das → 160.189
Element der Weigerung gehört in diesen Zusammenhang, und dann vor allem die Verwendung der Botenformel »So spricht der HERR« (Ex 5,1 u.ö.), mit der Propheten häufig die Botschaft Gottes überbringen (1Sam 2,27; 10,18; Am 1,3 u.ö.).
Aber Mose ist mehr und anderes als ein Prophet. Es sind vor allem B.XIII Prophe-
zwei Momente, die ihn gegenüber den übrigen Propheten, die uns ten
in der Hebräischen Bibel begegnen, zu einer singulären Gestalt machen. Zum einen wird bei Mose von einer Unmittelbarkeit des Verkehrs mit Gott berichtet, wie wir sie bei keinem anderen Propheten finden. Dies kommt in der Darstellung der Texte vielfach zum Ausdruck, und im Konflikt mit Aaron und Mirjam, die diese herausgehobene Stellung Moses in Frage stellen wollen (Num 12,1ff), hebt die feierliche Gottesrede (V.6-8) ausdrücklich hervor, daß Gott nur mit Mose »von Mund zu Mund« redet (V.8, vgl. Ex 33,11: »von Angesicht zu Angesicht, wie einer mit seinem Freunde redet«). Der auf Mose liegende Geist (*rûaḥ*) Gottes ist so mächtig, daß schon ein Anteil davon, verteilt auf siebzig Älteste, diese in prophetische Verzückung geraten läßt (*hitnabbēʾ* Num 11,25). Zum andern ist Mose ein Repräsentant und Führer des Volkes, der mit keiner anderen Gestalt der biblischen Geschichte Israels vergleichbar ist. Er ist der Vorläufer aller kommenden Führer Israels: Josuas, der »Richter«, Samuels und der Könige. Aber er ist auch mehr als sie alle. Seine Aufgabe ist um vieles größer als die ihre, ja sie ist überhaupt unvergleichbar. Mose ist der erste, der dieses Volk führen und leiten muß, und er muß es erst dorthin bringen, wo die Geschichte dieses Volkes in einer mit der anderer Völker vergleichbaren Weise beginnt. Auch dieser Aspekt kommt in dem Wort in Num 12,6-8 zum Ausdruck: »Nicht so mein Knecht (*ʿabdî*) Mose. Er ist mit meinem ganzen Hause betraut« (V.7). Hier wird Moses Stellung gegenüber Gott verglichen mit der »Stellung des obersten Sklaven, der zugleich der

Vertraute seines Herrn und dem das ganze ›Hauswesen‹ seines Herrn anvertraut ist« (Noth 1966, 85). Dieses Verständnis der Gestalt Moses findet auch beim Propheten Hosea seinen Ausdruck: »Durch einen Propheten führte der HERR Israel aus Ägypten, und

→ 253

durch einen Propheten wurde es behütet« (Hos 12,14).

2.3
Israel am Sinai

2.3.1
Ich habe euch zu mir gebracht

»Am dritten Neumondstag nach dem Auszug der Israeliten aus Ägypten, an eben diesem Tag kamen sie in die Wüste Sinai« (Ex 19,1). Die Chronologie des Buches Exodus markiert hier den Beginn der zweiten großen Etappe nach dem Aufbruch aus Ägypten

→ 42

(12,2f.40f.51, vgl. 16,1). Diese Etappe umfaßt einen der größten zusammenhängenden Textkomplexe in der Hebräischen Bibel (Ex

→ 64

19,1-Num 10,10); das nächste Datum in Num 10,11 bezeichnet dann den Aufbruch vom Sinai und damit den Beginn der dritten und letzten Etappe bis zur Ankunft im verheißenen Land.

Israel hat jetzt das eine der beiden Ziele erreicht, die Gott Mose bei der Ankündigung des Auszugs genannt hat: den Gottesberg, an dem Gott Mose zuerst erschienen war und ihm Israels Befreiung ange-

→ 36

kündigt hatte (vgl. Ex 3,12). Wenn dies auch noch nicht die letzte, endgültige Station des Weges ist, der mit dem Auszug aus Ägypten begonnen hat, so ist es doch viel mehr als eine bloße Zwischenstation. Hier empfängt Israel die Weisungen, nach denen es sein Leben gestalten soll: das Leben vor und mit Gott und das Leben untereinander.

Wieder ist Mose die entscheidende Gestalt. Während das Volk im Angesicht des Berges Sinai in der Wüste lagert (19,2), steigt Mose allein auf den Berg zu Gott ($h\bar{a}$-$^{æ}loh\hat{i}m$ V.3, wie in Ex 3,6.12, vgl. 1991d). Von dort ruft Gott ihn an ($wajjiqr\bar{a}$' wie 3,4) und gibt ihm in der ersten Gottesrede, die Mose an Israel weitergeben soll (19,4-6), gleichsam einen Kommentar zu dem entscheidenden Wendepunkt, an dem Israel jetzt steht. Er weist zurück auf die Herausführung aus Ägypten und Gottes machtvolle und beschützende Führung auf dem Wege wie »auf Adlersflügeln«. Dann heißt es: »Ich habe euch zu mir gebracht.« Hier wird besonders deutlich, daß der Aufenthalt Israels am Sinai nicht nur eine Zwischenstation ist, sondern daß Israel hier zum ersten Mal »bei Gott« ist. Hier kommt auch, unbeschadet der komplexen Vorgeschichte, die Forderung Israels gegenüber dem Pharao, daß Israel seinem Gott in der Wüste dienen wolle

→ 42

(4,23; 7,16.26; 8,16 u.ö., vgl. 3,12), zu ihrem Ziel.

V.5 markiert mit dem einleitenden »Und jetzt« (w^{e}'$att\bar{a}h$) die neue Situation. Israel soll auf die Stimme Gottes hören, d.h. auf die Wei-

48

sungen, die er sogleich verkünden wird, und soll den darin formulierten Bund (b⁰rît) seinerseits bewahren. Damit wird ein ganz besonderes, einmaliges Verhältnis Israels gegenüber Gott konstituiert werden, indem Israel zu Gottes »Eigentum« wird »vor allen Völkern«. Hier wird die Erwählung Abrahams, die ganz am Anfang der Vorgeschichte Israels steht (Gen 12,1-3), auf das Volk Israel ausgedehnt, das aus der Nachkommenschaft Abrahams herausgewachsen ist. Das »Bewahren« des Bundes (šāmar), das schon Abraham in der Form der Beschneidung zur Pflicht gemacht wurde (Gen 17,9), wird nun auf die Weisungen bezogen, deren Kundgabe unmittelbar bevorsteht. Auf diese Weise wird das Volk Israel, das in der ägyptischen Sklaverei seiner Geschichte mit Gott fast entfremdet zu sein schien, ganz in die Nachfolge seines Erzvaters Abraham hineingestellt. → 19 → 25 B.III Väter

Auf die Aussage über die künftige Sonderstellung Israels folgt noch ein Nachsatz, in dem Gott gleichsam seine Legitimation zu dieser Auswahl Israels aus allen Völkern begründet: »denn mir gehört die ganze Erde« (V.5b). Gott ist der Schöpfer der Welt und damit zugleich der Schöpfer aller Völker. Er hat die freie Entscheidung darüber, welches Volk er zu sich in ein besonderes Verhältnis berufen will. Damit erhält die Geschichte Israels ihren Ort in der Geschichte Gottes mit der Welt, die mit der Schöpfung beginnt. Diese Sonderstellung war ja schon in der Berufung Abrahams vorgezeichnet und wird jetzt in aller Form auf das Volk Israel ausgeweitet. Die Folge dieser Sonderstellung Israels wird sein, daß es zu einem »Volk von Priestern« und einem »heiligen Volk« werden wird (s. dazu unten zu Ex 24). B.II Erwählung → 53

Diese erste Gottesrede am Sinai leitet eine sehr umfangreiche und außerordentlich komplexe Sammlung von Texten ein. In ihr sind Rechts- und Kulttraditionen ganz verschiedener Herkunft und unterschiedlichen Alters gesammelt. Die grundlegende Gemeinsamkeit all dieser Weisungen liegt jetzt darin, daß sie von Gott zu dem Zeitpunkt gegeben werden, als Israel aus der Knechtschaft in die Freiheit eingetreten ist, sich aber noch nicht in dem ihm von Gott zugewiesenen Land eingerichtet hat. Das befreite Israel ist hier am Sinai allein mit Gott und empfängt von ihm die Weisungen für sein ganzes künftiges Leben.

So beginnt Gott erneut zu reden, jetzt aus einer gewaltigen Theophanie auf dem Berg Sinai heraus (19,16ff) und direkt zum versammelten Volk Israel. Er teilt ihm eine erste, knappe und prägnante Sammlung göttlicher Gebote und Verbote mit: den Dekalog (Ex 20,2-17). Die Eingangsworte erinnern an die frühere »Selbstvorstellung« Gottes gegenüber Mose. Damals hieß es: »Ihr werdet erkennen, daß ich der HERR bin, euer Gott, der euch aus dem Frondienst Ägyptens befreit« (6,7b). Nun, nachdem dies geschehen ist, beginnt die Gottesrede: »Ich bin der HERR, dein Gott, der dich aus dem Land Ägypten, aus dem Sklavenhaus, herausgeführt hat« (20,2). Die ganze weitere Geschichte Gottes mit Israel steht unter dem Vorzeichen → 39 der geschehenen Befreiung. Der Gott, der Israel in die Freiheit geführt hat, beginnt nun, die Beziehungen zwischen sich und seinem Volk näher zu bestimmen.

Die erste und wichtigste Weisung wächst unmittelbar aus der Erinnerung an die göttliche Befreiungstat heraus: »Du sollst keine anderen Götter haben neben mir« (V.3). Die Befreiung Israels schließt die ausschließliche Beziehung zu dem befreienden Gott in sich ein. Jede Beziehung zu anderen Göttern wäre unmittelbar gegen diesen einen gerichtet, dem Israel seine Freiheit und damit seine eigentli-

B.XVI Götter

che Existenz verdankt. Sie geschähe ihm »ins Angesicht« (*'al pānaj*), wie Buber wörtlich und zugespitzt übersetzt (Luther: »neben«). Dazu gehört auch die Anfertigung von Bildern, die der Anbetung dienen könnten, sei es Bilder der Gottheit selbst, sei es solche anderer Lebewesen (V.4.5a). Das Bilderverbot unterscheidet Israel tiefgreifend von allen übrigen Religionen seiner altorientalischen Umwelt. Es entspricht der grundlegenden Intention dieses Verbots, daß es hier unmittelbar auf die Forderung der ausschließlichen Verehrung des einen Gottes folgt, der Israel durch sein geschichtliches Handeln befreit hat.

Die Unbedingtheit dieser grundlegenden Forderungen des Jhwh-Glaubens wird noch dadurch unterstrichen, daß Jhwh von sich

→ 70

selbst sagt, er sei ein »eifersüchtiger Gott« (*'ēl qannā'* V.5b.6). Das bedeutet hier, daß er selbst darüber wachen will, daß die Ausschließlichkeit der Beziehungen Israels zu ihm nicht verletzt wird. Darum hat diese Selbstaussage Gottes eine doppelte Blickrichtung: strafend gegen seine »Hasser«, d.h. gegen diejenigen, die sich dadurch als seine Feinde erweisen, daß sie seinen Geboten nicht folgen – aber vielfältig wohltuend gegenüber denen, die die Gebote erfüllen.

2.3.2
Der HERR sprach zu Mose: Sage zu den Israeliten
Nach der Verkündung der ersten zehn Gebote Gottes entsteht plötzlich eine dramatische Zäsur. Das Volk wird von Furcht ergriffen vor den gewaltigen Begleiterscheinungen der Gottesrede und bittet Mose, daß nur er mit ihnen reden solle. »Gott soll nicht mit uns reden, damit wir nicht sterben« (Ex 20,18f). So empfangen die Israeliten von jetzt an alle am Sinai gegebenen Weisungen durch die Vermittlung Moses. Dies hat eine doppelte Konsequenz. Zum einen wird der Dekalog sehr deutlich von allen anderen Geboten und Gesetzen abgehoben. Nur ihn hat Gott unmittelbar vor den Ohren Israels gesprochen. Zum andern wächst dadurch Mose eine weitere Rolle zu, größer noch als die bisherigen. Seine Aufgabe als Mittler zwischen Gott und Volk wird gewaltig ausgeweitet, indem er allein von Gott die Fülle der nun folgenden Weisungen erfährt und sie an

B.VI Tora

das Volk (oder die Priester) weitergibt. So kann später nicht nur von der »Tora Jhwhs« oder der »Tora Gottes«, sondern auch von der

»Tora Moses« die Rede sein (Jos 23,6 u.ö.). Mose wird selbst zum → 91 Gesetzgeber.
Die Gebote und Gesetze, die Mose an die Israeliten weiterzugeben hat, sind von höchst unterschiedlicher Art und Herkunft. Deutlich zeichnen sich verschiedene selbständige Sammlungen von Texten ab, die wohl zunächst voneinander unabhängig waren, bevor sie im jetzigen Kontext als Bestandteile der von Mose übermittelten göttlichen Tora miteinander verbunden wurden. Dazwischen finden sich erzählende Abschnitte, die teilweise die gesetzlichen Zusammenhänge umschließen, sie teilweise aber auch unterbrechen. So bildet Ex 24 mit Kap.19 zusammen eine erzählerische Einheit, die → 53 von dem feierlichen Bundesschluß am Sinai handelt und außer dem Dekalog (20,2-17) eine weitere Sammlung von Geboten umschließt, die allgemein als »Bundesbuch« bezeichnet wird (20,22-23,33). Kap.32-34 hingegen unterbrechen mit ihrem Bericht über die Herstellung des »Goldenen Kalbes«, die eine dramatische Infragestellung des soeben geschlossenen Bundes bedeutet, den in Kap.25 beginnenden Komplex priesterlich-kultischer Bestimmungen. Zugleich stehen sie aber mit Kap.19-24 in einem spannungsreichen Wechselverhältnis. So zeigt auch der komplexe literarische Befund, daß Mose in die Rolle des alles zusammenfassenden Gesetzesmittlers erst hineingewachsen ist.

Das »Bundesbuch« (Ex 20,22-23,33), dessen Name in der neueren Exegese im Anschluß an 24,7 geprägt worden ist, wird im allgemeinen als die älteste Teilsammlung der Sinaigesetzgebung betrachtet. Es ist offenbar aus verschiedenen Textgruppen sehr planvoll komponiert worden (vgl. Crüsemann 1992, 132-234). Den größten Umfang nehmen dann die mit Ex 25 beginnenden priesterlich-kultischen Texte ein, die vor allem vom Bau des Heiligtums am Sinai und von der Einrichtung des Kultes handeln; sie erstrecken sich bis zum Aufbruch vom Sinai in Num 10,10. Innerhalb dieses Komplexes werden die Kapitel Lev 17-26 häufig als eigenständige Sammlung betrachtet, die → 63 als »Heiligkeitsgesetz« bezeichnet wird; jedoch sind diese Kapitel so vielfältig mit den übrigen priesterlichen Texten verflochten, daß sie eher im Zusammenhang mit diesen zu verstehen sind.

Die erste umfangreiche Gebotsmitteilung, die Mose dem Volk weiterzugeben hat (Ex 20,22-23,33), beginnt mit der gleichen Wendung wie die erste Gottesrede am Sinai: »Ihr habt gesehen« (20,22, vgl. 19,4). Dort bezog sie sich auf die große Tat Gottes in Ägypten (mit Rückbezug auf das »Sehen« in 14,13.30f), hier knüpft sie jetzt an die → 43 vorhergegangene Verkündung des Dekalogs an: »Ihr habt gesehen, daß ich vom Himmel her mit euch geredet habe« (vgl. Dtn 4,36). Die Israeliten haben die Stimme Gottes mit ihren gewaltigen Begleiterscheinungen »gesehen« (20,18) und sind deshalb in Furcht geraten. Darum wird nun das Folgende durch Mose vermittelt an sie weitergegeben. Es ist die Fortsetzung dessen, was Gott selbst in unmittelbarer Rede an Israel verkündet hat. So steht denn auch an er-

ster Stelle wieder das Gebot, keine Götterbilder herzustellen
(20,23), wie es schon im Dekalog als Ausführung des Gebots der alleinigen Verehrung und Anbetung Jhwhs ausgesprochen war (20,4f).
Diese Gebotssammlung blickt auf eine Zeit voraus, in der Israel in
dem Lande lebt, das Gott ihm zu geben versprochen hat. Unmittelbar an das Verbot der Götterbilder schließt sich eine Anweisung
über den Altarbau an (20,24ff): »An jedem Ort, an dem ich meinen
Namen kundmache ('azkîr), will ich zu dir kommen und dich seg-

nen.« (Hier klingt das »Gedenken« [zēker] des Namens aus Ex 3,15
an.) Die von Gott selbst durch seine Gegenwart bestimmten und le-
gitimierten Heiligtümer werden im Schlußabschnitt dieser Gebotssammlung den Heiligtümern der jetzigen Bewohner des verheißenen Landes gegenübergestellt. Gott wird Israel durch seinen
»Boten« (mal'āk) in das Land führen (23,20ff), das hier als ganzes als
»Ort« (māqôm) bezeichnet wird (vgl. 20,24), und die Israeliten sollen
dann auf seine Stimme hören (wie schon am Sinai auf die Stimme

Gottes, 19,5) und nicht die Götter der anderen Völker anbeten, sondern vielmehr deren Steinmale zerstören (23, 24). Vor allem sollen
sie mit diesen Völkern und ihren Göttern keinen Bund (berît) schließen (V.32).
Diese grundlegenden Gebote der Alleinverehrung Jhwhs umrah-
men nun ganz andersgeartete Rechtsbestimmungen. Vor allem
zwei Gruppen von Texten heben sich deutlich heraus. Zum einen
sind es Bestimmungen, die zur angemessenen Rechtsfindung dienen sollen und sich an diejenigen wenden, die Recht zu sprechen
haben (vor allem 21,1-22,16). Diese Bestimmungen werden in Ex

21,1 zusammenfassend als »Rechtssätze« (mišpāṭîm) bezeichnet. In
ihnen werden zahlreiche Rechtsfälle behandelt, die jeweils mit
»wenn« eingeführt werden, in denen es vor allem um Verletzungen
der körperlichen Integrität und um Eigentumsdelikte geht. Dabei
werden nicht »Strafen« festgelegt, sondern es werden Regeln für einen Ausgleich zwischen Täter und Opfer aufgestellt, wobei zum einen die Grenzen der Haftung, zum andern Grundregeln für die Wiedergutmachung oder Entschädigung festgesetzt werden. In 23,1-8
werden Regeln für das Gerichtsverfahren hinzugefügt. Diejenigen,
die im Auftrag der Allgemeinheit Recht zu sprechen haben, werden
hier ermahnt, sich nicht durch Gerüchte (V.1), die Meinung der
Mehrheit (V.2) oder gar durch Bestechung (V.8) davon abbringen zu
lassen, Recht und Unrecht klar zu unterscheiden. Dabei soll vor allem das Recht des Armen nicht gebeugt werden (V.6); aber auch das
Gegenteil (V.3) wäre gegen die Forderung Gottes, der von sich selbst
sagt: »Denn ich spreche den Schuldigen nicht gerecht« (V.7b).
Eine andere Gruppe von Texten hat es vor allem mit denen zu tun,
die besonderer Zuwendung und Beachtung bedürfen: den Fremden,
d.h. denen, die nicht Vollbürger und darum nicht im Besitz der vollen Rechte sind (22,20; 23,9), den Armen (22,24-26), den Witwen

und Waisen (22,21). Ja, sogar das unter seiner Last leidende oder verirrte Tier, das dem Feind oder Gegner gehört (23,4f), bedarf der Zuwendung und Hilfe. Hier wird die Grenze des »Rechts« überschritten und es werden Mitleid und Erbarmen zur Pflicht gemacht. All das wird hier als Gottesrede an Mose und durch ihn an die Israeliten weitergegeben. Der Dekalog und das »Bundesbuch« sind die ersten zentralen Stücke dessen, was zusammenfassend »Tora« genannt werden kann (s.u. zu Dtn 4). → 69

2.3.3
Der Bund, den der HERR mit euch schließt

Die Verkündung dieses ersten Abschnitts der Tora ist erzählerisch umrahmt von der Einleitung zur ganzen Sinaierzählung in Ex 19 und dem Bericht vom Bundesschluß als dem ersten Höhepunkt der Begegnung Israels mit Gott am Sinai in Kap. 24. In der Gottesrede in 19,4-6 wird schon auf den Bund vorausgewiesen: Israel soll den → 49 Bund bewahren (V.5). Nachdem nun dieser Bund durch die Gebotsmitteilungen des Dekalogs und des »Bundesbuches« inhaltlich gefüllt und konkretisiert worden ist, folgt seine Bestätigung in einer feierlichen Bundesschlußzeremonie (24,3-8).

Der Bundesschluß wird mit Israel als der Gesamtheit der zwölf → 30 Stämme vollzogen, was in der Aufrichtung von zwölf Masseben (24,4) seinen Ausdruck findet. Dann wird in einer überraschenden Weise aufgenommen, was in 19,6 angekündigt war: Israel soll als ganzes ein »Volk von Priestern« und ein »heiliges Volk« sein. »Priester« sind hiernach also nicht einzelne oder eine bestimmte Gruppe, die durch eine besondere »Heiligkeit« vom übrigen Volk unterschieden und getrennt sind, sondern das Volk als ganzes. Dies findet seinen sinnfälligen Ausdruck darin, daß es »die jungen Männern der Israeliten« sind, welche die Opfer darbringen, die den zentralen Bestandteil der Bundesschlußzeremonie bilden (24,5, vgl. Blum 1990a, 51f). Weil das ganze Volk ein Volk von Priestern ist, können schon die Jungen priesterliche Funktionen übernehmen und damit das Volk als ganzes repräsentieren.

Das Wort *berît* »Bund« spielt hier eine zentrale Rolle. Mose hat zu- B.II Bund vor »alle Worte des HERRN« dem Volk vorgetragen (V.3) und sie dann aufgeschrieben. Jetzt liest er sie erneut aus dem »Buch des Bundes« (*sēper habberît*, V.7) vor. Das Volk antwortet beidemal mit den gleichen Worten wie schon bei der Ankunft am Sinai: »Alle Worte, die der HERR spricht/gesprochen hat, wollen wir tun« (19,8; 24,3.7; in 24,7 ist noch verstärkend »und wollen wir hören« hinzugefügt). Durch diese Wiederaufnahme ist deutlich markiert, daß die in Ex 19 begonnene Begegnung Israels mit Gott hier zu ihrem Ziel gekommen ist. Der Bund ist in aller Form bestätigt. Die Bundesschlußzeremonie wird zum Abschluß gebracht, indem Mose die Hälfte des Blutes der Opfertiere als »Blut des Bundes« (*dam-habberît* 24,8) auf das Volk sprengt. (Ein solcher Ritus findet sich sonst nirgends im Alten Testament; man kann ihn vielleicht in einer gewissen Analogie zur Priesterweihe [Ex 29,20f; Lev 8,22f] verstehen, weil auch dort Blut von Opfertieren an Menschen appliziert wird [vgl. Ruprecht 1980, 165ff].)

Nachdem die »Jungen« durch die Übertragung einer kultischen Aufgabe ausgezeichnet worden sind, werden die »Ältesten« einer ganz besonderen Gottesbegegnung gewürdigt (24,9-11). Auf Gottes Weisung (V.1) besteigt Mose mit 70 Ältesten den Berg, »und sie sahen den Gott Israels«. Den »Ältesten«, die hier ebenso das ganze Volk repräsentieren wie zuvor die »Jungen«, widerfährt eine ganz ungewöhnliche Auszeichnung. Gott zu »sehen« ist den Menschen verwehrt, wie später Gott selbst zu Mose sagt: »Kein Mensch kann

mich sehen und am Leben bleiben« (33,20). So ist diese Szene auf dem Berg etwas ganz Besonderes und Einmaliges (s.u. zu V.11). Gleichwohl ist das »Sehen« Gottes näher bestimmt und dadurch zugleich eingeschränkt. Sie sehen »unter seinen Füßen etwas wie ein Gebilde aus Saphir-Ziegel und wie der Himmel selbst an Klarheit« (V.10). Was sie sehen, ist also doch nicht Gott »selbst«, sondern nur der Fußschemel des thronenden Gottes, des Königs (wobei man an das »Königreich von Priestern« in 19,6 denken kann). Ähn-

lich »sieht« auch Jesaja Gott, den »König Jhwh Zebaot« (Jes 6,5), aber nur der Saum des göttlichen Gewandes wird näher beschrieben (V.1); und in der großen Vision Ezechiels verliert sich oberhalb der Saphir-Steine alles im Feuerglanz, dessen Aussehen der Prophet nur

noch mit dem vielfarbigen Regenbogen vergleichen kann (Ez 1,26ff). So sehen hier die Ältesten Gott »von unten«, und ihr Sehen (rā'āh) wird näher qualifiziert als »schauen« (ḥāzāh) – ein ganz spezifischer

Ausdruck für die prophetische »Schau« Gottes. Vielleicht ist es auch noch eine Einschränkung oder Verhüllung, daß es nicht heißt, sie hätten »Jhwh« gesehen, sondern »den Gott Israels« (V.10) und

»die Gottheit« (hāᵃlohîm). Auch bei Jesaja heißt es nicht, er habe »Jhwh« gesehen, sondern den »HERRN« (ᵃdonāj) (Jes 6,1, vgl. Cassuto 1967, 314).

Am Schluß wird noch einmal das Besondere und Ungewöhnliche dieser Begegnung auf dem Berg hervorgehoben: »Gegen die ›Vornehmen‹ (das Wort begegnet nur hier) der Israeliten erhob er (sc. Gott) seine Hand nicht« (V.11). Sie durften weiterleben, obwohl sie Gott »geschaut« hatten; ja, »sie aßen und tranken«. Damit soll wohl zunächst ausgedrückt werden, daß sie diese gefährliche Begegnung wohlbehalten überlebt hatten. Es ist auch an ein festliches, gemeinsames Mahl zu denken, vergleichbar mit dem gemeinsamen

Essen nach einem Schlachtopfer (vgl. Gen 31,54; Ex 18,12; Dtn 12,7.18 u.ö.). Aber der oft gebrauchte Begriff »Bundesmahl« ist gewiß unangemessen; er würde voraussetzen, daß die beiden Bundes»partner«, Gott und Israel, gemeinsam essen und trinken – ein Gedanke, der dem Alten Testament ganz fernliegt.

Mit dieser Szene auf dem Berg ist nun der erzählerische Bogen, der mit der ersten Gottesbegegnung Moses am Gottesberg begann, zu seinem Ziel gekommen: Israel hat Gott »auf diesem Berg« verehrt, wie es Mose als Beglaubigungszeichen für seine Berufung von Gott zugesagt worden war (Ex 3,12). Damit ist die erste große Etappe des → 36 Weges Israels nach der Befreiung aus der ägyptischen Sklaverei zu ihrem Abschluß gekommen. Israel ist als von Gott in besonderer Weise ausgewähltes Volk, als »priesterliches« und »heiliges« Volk Gott begegnet. Gott hat durch Mose in aller Feierlichkeit einen Bund mit dem Volk geschlossen, und schließlich hat das Volk selbst durch seine Repräsentanten Gott »geschaut«. Eine höhere und intensivere Stufe der Gottesbegegnung ist nicht mehr vorstellbar. Hier wird eine ideale Beziehung zwischen Israel und Gott dargestellt. Dabei ist ein wesentliches Element, daß Israel seinerseits den Bund »bewahrt«, wie es in 19,5 als Voraussetzung für dieses ideale Gottesverhältnis Israels ausgesprochen wurde. Israel selbst hat mehrfach bestätigt, daß es alle Worte Gottes tun will, die in diesem Bund gegeben und im »Buch des Bundes« aufgeschrieben sind (19,8; 24,3.7). So ist dies gleichsam die Momentaufnahme eines Idealzustands, in dem Israel, das »heilige« Volk, uneingeschränkt im Bund mit Gott steht und damit seiner unmittelbaren Nähe teilhaftig wird. Der Fortgang der Erzählung zeigt aber, daß dieser Zustand nicht von Bestand ist.

2.3.4
Noch einmal: Hiermit schließe ich einen Bund

Die Erzählung verläuft jetzt auf zwei verschiedenen Ebenen, auch in räumlicher Hinsicht. Mose wird von Gott erneut auf den Berg gerufen und steigt zusammen mit seinem Diener Josua hinauf (Ex 24,12ff). Dort bleibt er vierzig Tage und vierzig Nächte und empfängt von Gott die Anweisungen für den Bau eines Heiligtums und dessen kultischer Einrichtungen (Kap.25-31). Währenddessen kommt es unten im Lager der Israeliten zu einer Auflehnung gegen den Weg, den Mose das Volk führt, die alle bisherigen Widerstände B XII Israel im Widerstreit und Konflikte in den Schatten stellt. Das Volk zerstört den eben geschlossenen Bund in einer dramatischen Radikalität, indem es sich einen eigenen Gott macht (32,1-6). Die dadurch entstehende grundlegende Krise und ihre Überwindung beherrschen die Kapitel 32-34. Danach setzt sich der andere Erzählungsstrang fort mit dem Bericht über die Ausführung der Anweisungen, die Mose auf dem Berg erhalten hat (Kap.35-40 und deren Fortsetzung im Buch Leviticus). → 60 Auf den ersten Blick scheinen diese beiden Erzählungsebenen kaum Beziehung zueinander zu haben. Sie haben auch unterschiedliche Vorgeschichten. (Die auf die Einrichtung des Kultes bezogenen Texte Kap.25-31 und 35-40 gehören der priesterlichen Kompositions- → 10 schicht an.) Im erzählerischen Gesamtduktus und auch in manchen Einzelheiten sind sie aber deutlich miteinander verbunden und aufeinander bezogen (vgl. Utzschneider 1988). Die Einrichtung des Heiligtums bedeutet die Schaffung eines Ortes, an dem Gott bei seinem Volk »wohnen« und damit gegenwärtig sein will (25,8), auch nach der einmaligen und unwiederholbaren Gottesbegegnung Israels in seinen Repräsentanten (24,9-11). Aber die Rebellion gegen Mose unterläuft die Vorbereitungen dazu. Das Volk will nicht auf Mose warten. In ihren Worten ballt sich noch einmal der ganze Unmut gegen »diesen Mann Mose« zusammen, wie er schon in den »Murrgeschichten« zum Ausdruck kam: »Wir wissen ja gar nicht, was mit ihm geschehen ist« (32,1). Aber deutlicher als je zuvor sagen sie jetzt selbst, daß sich ihr Protest nicht nur gegen Mose richtet, sondern auch gegen den Gott, in dessen Auftrag und Namen er handelt. Sie wollen ihre eigenen Götter haben, die »vor ihnen herziehen« sollen. So veranlassen sie den – erstaunlich willfährigen (doch s.u.) – Aaron, ihnen ein Götterbild zu machen, und er macht ihnen ein »Kalb«, einen Jungstier, also ein Tierbild – genau das, was am Anfang des Dekalogs in aller Ausdrücklichkeit verboten worden ist (20,3-5).

Hiermit scheint alles zerstört zu sein, was Israel bisher am Sinai erfahren hat. Israel war in einen einmaligen Stand der Gottesnähe eingesetzt worden, in dem seine »Heiligkeit« und das Bewahren des Bundes unlösbar miteinander verbunden waren (Ex 19,5f), und der Bund war feierlich besiegelt und von Israel bestätigt worden (24,3-8). Nun hat Israel dieses Bewahren aufgekündigt und sich seinen eigenen Gott gemacht: »Das sind deine Götter, Israel, die dich aus Ägypten geführt haben« (V.4b). Die eigenartige Pluralformulierung (das geläufige Wort *᾿lohîm* für Gott ist ein grammatischer Plural, aber hier, wie schon in V.1, steht auch das Verbum im Plural!) läßt die Erzählung von den zwei Stierbildern Jerobeams anklingen (1Kön 12,28). Vor allem kommt darin aber der Verstoß gegen das grundlegende erste Gebot »Du sollst keine anderen Götter haben mir gegenüber« (Ex 20,3) betont zum Ausdruck. Die Gegenposition gegen den *einen* Gott Jhwh könnte nicht schärfer sein. Zudem ahmen das Opfern und das Essen und Trinken (V.6) die großen Szenen des Bundesschlusses und des Mahles auf dem Berg Sinai (24,5.11) in einer blasphemischen Orgie nach. (In der Gottesrede [V.8] heißt es sogar, sie hätten sich vor dem Stierbild anbetend niedergeworfen.)

Die Erzählung enthält aber ein Moment der Ambivalenz: das Verhalten Aarons. Er war von Mose für die Zeit seiner Abwesenheit zum Stellvertreter eingesetzt (Ex 24,14). Nun versammelt sich das Volk gegen ihn (V.1, vgl. Num 16,3), und er gibt dessen Wünschen nach. Aber offenbar versteht er das, was mit der Herstellung des »Goldenen Kalbes« geschieht, anders als das Volk; denn er kündigt ein Fest »für Jhwh« an (V.5). Er sieht in dem Stierbild also keinen Antipoden zu Jhwh. Es gibt auch keinen Hinweis darauf, daß er das Stierbild mit Jhwh gleichgesetzt habe. Vielmehr beläßt ihn die Erzählung in einer merkwürdig unbestimmten, kompromißlerischen Haltung, die durch seine spätere Verteidigung gegenüber Mose eher noch verstärkt wird (vgl. Childs 1974, 364ff).

So ist Aaron zwar in die Affäre mit dem »Goldenen Kalb« involviert, aber doch nicht so kompromittiert, daß er die ihm zugedachte Rolle im Kult nicht übernehmen könnte. Denn auf der anderen Erzählebene hat Mose inzwischen die Weisung bekommen, Aaron und seine Söhne in das Priesteramt am zu errichtenden Heiligtum einzusetzen (Ex 28f). Und es zeigt sich später, wie viel für Israel an diesem Amt hängt (vgl. besonders Lev 16). Im Erzählungsfortgang → 62 tritt Aaron nun aber zunächst ganz in den Hintergrund.

Im Vordergrund und im Mittelpunkt steht wieder Mose, diesmal in B.VIII Mose der äußersten dramatischen Zuspitzung seiner Mittlerstellung zwischen Gott und Volk. Denn Gott will Israel vernichten (Ex 32,10). Zum zweiten Mal in der Geschichte der Menschheit äußert Gott einen so radikalen Vernichtungsplan: das erste Mal gegenüber der ganzen Schöpfung, die sein eigenes, großes Werk war (Gen 6,5ff), → 15 jetzt gegenüber dem Volk Israel, das er selbst sein »Eigentum vor allen Völkern« genannt (Ex 19,5) und auf dessen Befreiung und Füh- → 49 rung er all sein Bemühen verwendet hat. Dabei gerät Mose in eine ähnliche Stellung wie seinerzeit Noah, der allein vor Gott »Gnade gefunden« hatte (Gen 6,8); denn als Gegenpol zu seinem Beschluß, Israel zu vernichten, sagt Gott zu Mose: »Dich will ich zu einem großen Volk machen« (Ex 32,10b). Er will mit Mose noch einmal dort beginnen, wo er mit Abraham angefangen hat (Gen 12,2). Aber → 19 Mose kann sich, anders als Noah, diesem Plan Gottes entgegenstellen, indem er an eben diesem Punkt ansetzt und Gott bei seinem eigenen Wort nimmt, das er Abraham, Isaak und Jakob/Israel in feierlichem Schwur gegeben hat: daß er ihre Nachkommen zahlreich machen werde wie die Sterne am Himmel und daß er diesen Nachkommen das ihnen zugesagte Land für alle Zeiten geben werde (Ex 32,13). Mose bewährt sich damit erneut als Fürbitter für sein Volk (vgl. Aurelius 1988), diesmal in einer für Israel existenzbedrohenden Situation. Nur dank seiner Fürbitte kann Israel weiterleben. Zugleich demonstriert Mose aber höchst dramatisch die Situation, die Israel durch seine Abgötterei herbeigeführt hat. Er zerschmettert die beiden Gesetzestafeln, die Gott ihm auf dem Berg übergeben hatte (V.19). Der Bund ist zerbrochen. Nun ist nichts mehr wie B.II Bund vordem. Auch wenn die folgenden Kapitel zeigen, daß die Geschichte Gottes mit Israel weitergeht, so bleibt sie doch immer die Geschichte *nach* der Sünde mit dem »Goldenen Kalb«, durch die Israel den ersten, »originalen« Bund vom Sinai zerstört hat. Auch dies erinnert wieder an die Urgeschichte, die deutlich macht, daß alles nur aus der Perspektive nach der Sintflut betrachtet werden kann. So auch hier: Von diesem Augenblick an lebt Israel *nach* dem Bundesbruch (vgl. 1991b).

Aber kann Israel weiterleben? Und wie wird Gott sich künftig zu Israel verhalten? Um diese Fragen kreisen die komplexen Texte in Ex 32-34. Nach der ersten Fürbitte Moses heißt es: »Da ließ sich der HERR das Unheil gereuen, das er seinem Volk zu tun angekündigt hatte« (32,14). Dieser Satz nimmt gleichsam das Ergebnis der folgenden Auseinandersetzungen vorweg. Denn erst muß Mose noch in einem dramatischen Ringen mit Gott um dessen weiteren Weg mit Israel kämpfen. Dabei erklärt er, daß er Israels Schicksal teilen will, wenn Gott seine Bitte abschlägt (so ist V.32b zu verstehen, vgl. Janowski 1982, 144f). Doch Gott läßt sich erbitten und erteilt Mose erneut den Auftrag, Israel auf dem von Gott gewiesenen Weg weiterzuführen (V.34).

Doch nun entsteht ein neues Problem: Gott will nicht selbst mitziehen (33,3), sondern nur seinen »Engel« (mal'āk) mitschicken (32,34; 33,2). Der mal'āk erscheint sonst stets als Repräsentant

→ 52

Jhwhs (z.B. Ex 23,20f); aber hier enthält diese Ankündigung Gottes eine Distanzierung: der mal'āk ist nicht Jhwh selbst. Doch schließlich ringt Mose Gott das Zugeständnis ab, daß er selbst mitziehen will (33,16f). Gottes Begründung lautet: »Du hast Gnade vor mir gefunden, und ich kenne dich bei Namen.« So hängt alles an der Person Moses – wie seinerzeit an der Person Noahs; denn nur von diesen zwei Menschen heißt es im Alten Testament, daß sie »in den Augen Gottes Gnade gefunden« haben (Gen 6,8; Ex 33,17).

Als letzte Steigerung findet diese Sonderstellung Moses ihren Ausdruck in einer Theophanie. Mose begehrt – allzu kühn, wie manche

B.XI Wie von Gott reden?

Ausleger meinen – Gottes kābôd zu sehen, seine »Herrlichkeit« (33,18). Aber Gott gewährt ihm nur, ihn von hinten zu sehen, und er schützt ihn mit seiner eigenen Hand vor der Gefahr, zu sehen, was er nicht sehen soll (V.22f). Wieder eine Parallele zu Noah, hinter dem Gott mit eigener Hand die Arche verschloß (Gen 7,16)! Und dann zieht Gott vorüber und ruft seinen Namen aus: »Jhwh, Jhwh, barmherziger und gnädiger Gott, langmütig und voll Gnade und Treue, der Tausenden Gnade bewahrt, der Schuld, Vergehen und Sünde vergibt, der aber nicht völlig ungestraft läßt, sondern die Schuld der Väter an den Kindern und Kindeskindern heimsucht bis ins dritte und vierte Glied« (Ex 34,6f). Hier klingen Worte des De-

→ 50

kalogs an (Ex 20,5f); aber die Fülle der Eigenschaften Gottes wird viel breiter entfaltet, und am Anfang stehen seine Gnade, Barmherzigkeit, Langmut und Treue. Dies ist es, was Mose zwar nicht sieht, aber hört und was ihn nun auf dem weiteren Weg begleiten soll.

Aber noch immer ist der Bund zerbrochen. Doch jetzt folgt der entscheidende Schritt zu seiner Wiederherstellung. Mose bittet Gott, die ihm selbst gewährte Gnade auf das Volk Israel auszuweiten (34,9). Er weiß, daß es ein halsstarriges Volk ist; Gott selbst hat es gesagt, und er hat seinen damaligen Beschluß zur Vernichtung dieses Volkes damit begründet (32,9f, vgl. 33,3.5). Daran hat sich nichts geändert. Aber Mose bittet Gott, dem Volk diese Schuld und Sünde zu vergeben und es wieder zu seinem Eigentum anzunehmen, und er schließt sich dabei selbst mit ein (»unsere Schuld und Sünde«). Und Gott antwortet: »Hiermit schließe ich einen Bund« (34,10). Er gewährt diesen Bund dem halsstarrigen, sündigen Volk.

Grundlage dafür ist ausschließlich die göttliche Vergebung. Hier ist die Parallele zum Noahbund noch einmal ganz deutlich: Das »Dichten und Trachten des menschlichen Herzens« bleibt böse (Gen 8,21), so wie auch Israel ein »halsstarriges« Volk bleibt. Aber → 16 Gottes vergebende Gnade überwindet diese Schranke und schließt erneut den Bund mit seinem Volk. Und wie die Einhaltung des ersten Bundes nicht vom Verhalten der Menschen abhängig ist, so auch die des Bundes vom Sinai; denn Gott hat ihn wiederhergestellt, obwohl er Israels Sündhaftigkeit kennt.

Dieser Text hat eine ganz zentrale Bedeutung. Durch die ganze Hebräische Bibel hindurch ist es immer wieder eine entscheidende Frage, wie Gott sich zu Israel verhält, wenn es seine Gebote übertritt, von seinen Wegen abweicht, den Bund »bricht« (oder wie sonst die Formulierungen lauten). Gott straft Israel auf vielerlei Weise, oft scheint er es zu verlassen – aber letzten Endes gibt er es nicht auf: er bricht seinen Bund nicht. Die Begründung dafür steht an dieser Stelle, an der der Bund Gottes mit Israel zuerst geschlossen, dann von Israel gebrochen und schließlich von Gott wiederhergestellt worden ist im vollen Bewußtsein dessen, daß Israel selbst nie in der Lage sein wird, den Bund aus eigener Kraft zu halten. Aber Gott hält ihn; er ist *šomēr habberît*, der treue Gott, der seinen Bund bewahrt (Dtn 7,9; 1Kön 8,23 u.ö.) → 73.111

Gott schließt den Bund mit Mose und mit Israel (V.27), und zwar »auf Grund dieser Worte«, die Gott zuvor gesprochen hat (V.11-26) und die Mose nun aufschreiben soll. In ihnen wird vieles wieder aufgenommen, was schon in früheren Gesetzesmitteilungen gesagt worden war. Dabei geht es vor allem um die Alleinverehrung Jhwhs und um die Feste und kultischen Begehungen, die damit verbunden sind. Wie schon beim ersten Mal (24,8b) werden die Worte, auf → 53 Grund derer Gott den Bund schließt, aufgeschrieben. Im jetzigen Erzählkontext werden davon die »Zehn Worte« unterschieden, die Gott selbst (so nach V.1) auf die Tafeln schreibt, die Mose anstelle der ersten, von ihm angesichts des »Goldenen Kalbes« zerbrochenen Tafeln, hergestellt hat (34,1.4.28). Wiederum hat Mose vierzig Tage und vierzig Nächte auf dem Sinai verbracht (vgl. 24,18), und → 55 als er herabsteigt, glänzt sein Gesicht, so daß er den Glanz vor den Augen der davon beunruhigten Israeliten verbergen muß (34,29-35). Dieser Zug betont erneut die besondere Stellung Moses, die ihn von allen übrigen Menschen unterscheidet und abgrenzt.

Der ganze Komplex Ex 32-34 ist offenbar aus verschiedenartigen Elementen zusammengefügt, die zwar in ihrem jetzigen Kontext im Zusammenhang gelesen und verstanden werden können, zwischen denen aber dennoch mancherlei Spannungen bestehen. Auf die Interpretation der Vorgeschichte dieser Kapitel ist viel exegetischer Scharfsinn verwendet worden, ohne daß allseits anerkannte Lösungen erzielt worden wären. Dies gilt vor allem auch für die Gesetzessammlung 34,11-26 (oft »kultischer Dekalog« oder »Privilegrecht Jhwhs« genannt), bei der die Frage ihres Verhältnisses zum Dekalog

und zum »Bundesbuch« ebenso umstritten ist wie die ihrer Beziehung zu ihrem erzählerischen Kontext. In neueren Arbeiten werden verstärkt die jetzigen Zusammenhänge und Querverbindungen herausgearbeitet.
Ein besonderes Problem bildet der Abschnitt Ex 33,7-11. In den vorhergehenden Kapiteln 25-31 hat Gott Mose ausführlich die Einzelheiten des Zeltheiligtums mitgeteilt, das er errichten soll und in dem Gott in Israels Mitte wohnen will; in Kap. 35-40 folgt der Bericht über die Ausführung. In 33,7-11 ist aber von einem ganz anderen Zelt die Rede: Es steht außerhalb des Lagers, ja sogar »entfernt« von ihm (V.7). Mose nennt es »Zelt der Begegnung« (*'ohel môʿēd*), weil man dort Gott »aufsuchen« kann. Vor allem geht aber Mose selbst dorthin, und Gott begegnet ihm, indem er in der Wolkensäule herabkommt.
Man muß diesen Abschnitt (hinter dem vermutlich eine eigene Tradition steht) aus seinem unmittelbaren Kontext heraus erklären: Gott ist nach der Versündigung mit dem »Goldenen Kalb« fern von Israel. Nur Mose ist im Gespräch mit ihm, und Gott begegnet Mose nur außerhalb des Lagers. So ist dies ein wichtiges Element der Mittlerfunktion Moses, die schließlich zu Gottes erneuter Hinwendung zu Israel führt. (Vgl. zu diesem Verständnis des Zeltes der Begegnung auch Num 11,4-12,8; Dtn 31,14f; 34,10 und dazu Childs 1974, 591ff; Gunneweg 1990.)

2.3.5
Ich will in ihrer Mitte wohnen
Schon vor all diesen dramatischen Auseinandersetzungen hat Gott Mose auf dem Berg, sozusagen auf der anderen Erzählebene, das

B.VII Kult

»Modell« (*tabnît*) des »Heiligtums« (*miqdāš*), der »Wohnstätte« (*miškān*) Jhwhs (Ex 25,8f) und ihrer kultischen Einrichtungen gezeigt und ihm den Auftrag zur Herstellung gegeben (Ex 25-31). Nun geht Mose unverzüglich daran, diesen Auftrag in die Tat umzusetzen und damit den Ort für die Gegenwart Gottes bei seinem Volk bereitzustellen (Ex 35-40).

→ 48

Hier tritt ein zweiter, grundlegender Aspekt der Bedeutung des Sinaiaufenthalts Israels hinzu: Israel ist hier »bei Gott« (vgl. Ex 19,4), es hat die Tora empfangen, und dies ist im Bundesschluß bestätigt worden; nun wird mit dem transportablen Heiligtum die Voraussetzung für Gottes ständige Gegenwart bei seinem Volk Israel geschaffen: »Ich werde mitten unter den Israeliten wohnen und ihr Gott sein. Und sie werden erkennen, daß ich der HERR bin, ihr Gott, der sie aus Ägypten geführt hat, um mitten unter ihnen zu wohnen; ich bin der HERR , ihr Gott« (Ex 29,45f).
Dies ist eine erstaunliche Aussage. Hiernach ist es geradezu das Ziel der Herausführung Israels aus Ägypten, daß Gott mitten unter ihnen wohnt (vgl. 1997b, 508). Das bedeutet zugleich, daß er mit ihnen zieht und daß die göttliche »Wohnung« sie begleitet. Die Wolke über dem Heiligtum, in der sich die Gegenwart Gottes manifestiert, übernimmt jetzt Signalfunktionen für Aufbruch und Verharren Israels auf dem Weg (Ex 40,36f; Num 10,11). Dabei wird auch der weitgespannte Zusammenhang erkennbar, in dem der Bau des Heiligtums am Sinai steht. Am siebten Tag ruft Gott Mose zu sich in

die Wolke, die seinen *kābôd* verhüllt, um ihm das Modell des Heiligtums zu zeigen (Ex 24,16). Damit wird gleichsam die Schöpfungsgeschichte fortgesetzt, indem Gottes »Segnen« und »Heiligen« des siebten Schöpfungstages (Gen 2,3) nun im Bau des Heiligtums, der →13 »Wohnung« Gottes, konkrete Gestalt gewinnt. Und als der Bau vollendet ist, betrachtet Mose die abgeschlossene Arbeit und segnet sie (Ex 39,43), wie Gott es am siebten Tag mit seinem Schöpfungswerk tat.

Auch die grundlegende Aussage »Ich will ihr Gott sein«, die schon an Abraham (Gen 17,8) und an Mose in Ägypten (Ex 6,7) ergangen →25.38 ist, wird wiederholt (Ex 29,45b). Sie ist hier, wie schon in Ex 6,7f, verstärkt durch die nachfolgende »Erkenntnisaussage«: »Sie werden erkennen, daß ich der HERR bin, ihr Gott ...« (V.46). In beiden Fällen ist es das grundlegende Kriterium des »Erkennens«, daß Gott Israel aus Ägypten geführt hat. Aber dann zeigt sich eine entscheidende Akzentverschiebung: Nach Ex 6,7f ist die Herausführung geschehen, um Israel in das den Vätern verheißene Land zu führen, nach 29,46 jedoch, »um in ihrer Mitte zu wohnen«. Alles ist hier auf das Wohnen Gottes inmitten seines Volkes ausgerichtet.

Das »Wohnen« ist aber nicht etwas Statisches. Gott »begegnet« den Israeliten in dem Heiligtum (Ex 29,43), das deshalb auch *'ohel mô'ēd* »Zelt der Begegnung« heißt (V.42, vgl. aber oben zu Ex 33,7). Dieses →60 Begegnen wird dadurch ermöglicht, daß Gott selbst seinen *kābôd*, der seine Gegenwart repräsentiert, vom Sinai (24,16f) in das neu errichtete Heiligtum überwechseln läßt (40,34f). Der *kābôd* erfüllt das ganze Heiligtum, so daß Mose nicht hineingehen kann, bis Gott ihn selbst hineinruft (Lev 1,1) wie zuvor schon auf dem Sinai (Ex 24,16b.18). Und nach der Darbringung der ersten Opfer im neu errichteten Heiligtum erscheint der *kābôd* dem ganzen Volk (Lev 9,23).

So ist Israel bei Gott – und Gott wohnt in der Mitte Israels. Israel ist am Ziel – und auch Gott ist am Ziel. Der Midrasch sagt: »Vom Beginn der Erschaffung der Welt an hatte der Heilige, gepriesen sei Er, Verlangen danach, sich Gemeinschaft mit den Unteren (d.h. den Menschen) zu schaffen« (Genesis Rabba 3,9). Dieses Verlangen hat jetzt seine Erfüllung gefunden. (Vgl. dazu Janowski 1987; Köckert 1989; Blum 1990a, 293ff)

2.3.6
Ihr sollt heilig sein, denn ich bin heilig

Das Wohnen Gottes in der Mitte Israels bedeutet zugleich die ständige Präsenz seiner »Heiligkeit«. Seine »Wohnung« (*miškān*) ist das »Heiligtum« (*miqdāš*), das er selbst heiligt (Ex 29,43f). Nun muß Israel alle Sorgfalt darauf verwenden, diese Heiligkeit zu bewahren und sie, nach ihrer immer wieder unvermeidbar geschehenden Verletzung, stets wieder herzustellen. Gott selbst gibt Israel die Regeln an die Hand, nach denen dies geschehen soll.

An dieser Stelle beginnt in der Hebräischen Bibel ein neues Buch. Es wird in der jüdischen Tradition wiederum nach seinem Anfangswort bezeichnet: *wajjiqrā'* »Da rief er«, während der latinisierte griechische Name »Leviticus« auf seinen kultgesetzlichen Inhalt deutet. Dieser Neueinsatz markiert den Übergang von den Anweisungen zum Bau des Heiligtums zu den Regeln für das darin zu vollziehende kultische Leben. Die beiden Bücher sind aber eng miteinander verbunden, indem Gott aus der Wolke heraus, die das gerade errichtete »Zelt der Begegnung« bedeckt, Mose zu sich ruft (Lev 1,1).

B.VII Kult

Im Mittelpunkt des kultischen Geschehens steht der Brandopferaltar, der nach seiner Errichtung »geheiligt« werden muß (Ex 29,36f), damit dann die täglichen Opfer auf ihm dargebracht werden können (V.38-42). Der auf diesem Altar vollzogene Opferkult dient teilweise der »Kommunikation« mit der Gottheit und auch unter den Opfernden: so das »Brandopfer« (*'ôlāh*, Lev 1; 6,1-6), das »Speisopfer« (*minḥāh*, Lev 2; 6,7-11) und das »Gemeinschafts-Schlachtopfer« (*zebaḥ-šᵉlāmîm*, Lev 3; 7,11-21). Besonders wichtig sind aber die Opfer, die der Wiederherstellung der Heiligkeit, der »Sühne« dienen: vor allem das »Sündopfer« (*ḥaṭṭā't*, Lev 4,1-5,13; 6,17-23), daneben auch das »Schuldopfer« (*'āšām*, Lev 5,14-26; 7,1-7). (Im einzelnen vgl. 1967 und 1985ff.)

Der Opferkult wird von »Aaron und seinen Söhnen« vollzogen, die in ausführlichen Zeremonien »geheiligt« und damit zu Priestern eingesetzt werden (Ex 28f; Lev 8), um dann die ersten Opfer zu vollziehen (Lev 9). Sie, und in ihrem Gefolge die späteren Priester, sind in ganz besonderer Weise für die Wahrung der Heiligkeit der göttlichen Wohnung verantwortlich. Wie bedrohlich und gefahrvoll dieses Amt sein kann, macht sogleich eine kurze Szene sichtbar, in der zwei der Söhne Aarons, Nadab und Abihu, wegen eines unerlaubten Räucheropfers von der göttlichen Strafe getroffen werden (Lev 10,1-5).

Eine zentrale Stellung nimmt der jährliche »Versöhnungstag« ein, der *jôm hakkippurîm* (Lev 16; 23,26-32). Hier geschieht in konzentriertester Form, was in begrenzterem Maß schon das einzelne Sündopfer bewirkt: die Beseitigung der »Unreinheiten« (Lev 16,16), durch welche die Reinheit und damit die Heiligkeit des Heiligtums im Verlauf eines Jahres beeinträchtigt worden ist. Um das Wohnen Gottes inmitten Israels möglich zu machen, bedarf es immer wieder der Herstellung der Heiligkeit der göttlichen Wohnung.

Aber die Israeliten müssen auch selbst dazu beitragen, die Heiligkeit zu wahren. Deshalb ist das Gesetz über den Versöhnungstag in Lev 11-15 und 17-26 von Texten umrahmt, die man unter dem Thema »Heiligung des Gottesvolkes« zusammenfassen kann (Blum 1990a, 318). In ihnen kehrt fast refrainartig die Formel wieder: »Ihr sollt heilig sein, denn ich bin heilig« (Lev 11,44.45; 19,2; 20,26; 21,8, vgl. 20,7f; 22,31f u.ö.). Dabei geht es um das Sichfernhalten von »unreinen« Tieren (Kap.11), die Beseitigung körperlicher Unreinheiten (Kap.12-15), Sexual- und Familiengesetze (Kap.18; 20), kultische Vorschriften verschiedener Art (Kap.17; 22; 23), spezielle Vorschriften für die Priester (Kap.21) und anderes mehr. Alles wird vor allem unter dem Gesichtspunkt betrachtet, der besonders eindrücklich in 22,32 formuliert ist: »Ihr sollt meinen heiligen Namen nicht entweihen, damit ich inmitten der Israeliten geheiligt werde; ich bin der HERR , der euch heiligt.« Dabei zeigt sich aber auch, daß viele Vorschriften das Leben Israels im Lande zur Voraussetzung haben, so z.b. Bestimmungen über die Ernte (19,9f.23ff) und damit zusammenhängende Feste (23,10ff.39ff), über Grundstückverkäufe und Sabbatjahr (Kap.25), über Gastfreundschaft für Fremde (19,33f), die Bezeichnung der israelitischen Bürger als »Volk des Landes« (20,2.4) u.a.m.

In diesen Kapiteln sind verschiedenartige Überlieferungen gesammelt. Die Kapitel Lev 17-26 werden häufig als selbständige Gesetzessammlung betrachtet und als »Heiligkeitsgesetz« bezeichnet. Zweifellos zeigen sie bestimmte Charakteristika wie z.b. den paränetischen Stil, der sich sonst in »priesterlichen« Texten in der Regel nicht findet. Allerdings ist in der neueren Diskussion deutlich geworden, daß ihre Ausgrenzung aus dem Kontext nicht stichhaltig ist, u.a. deshalb, weil sich die Formulierung »Ihr sollt heilig sein, denn ich bin heilig« schon in Kap.11 findet, wodurch die zentrale Stellung von Kap.16 innerhalb dieser Sammlung betont wird (vgl. Blum 1990a, 318ff; Crüsemann 1992, 323ff). → 10

Die weit gespannten Kapitel über das Wohnen Gottes bei Israel und über Israels Heiligkeit münden in das Schlußkapitel Lev 26. Es schlägt die Brücke zurück zu der Selbstoffenbarung Gottes an Mose: »Ich bin der HERR , euer Gott« (V.1, vgl. Ex 6,7), und es schärft erneut die grundlegenden Gebote des Dekalogs ein: keine fremden Götter zu verehren und den Sabbat einzuhalten (V.1f). Daran schließt sich ein »Wenn« ('im) an (V.3), das zweierlei deutlich macht: Gott will die Fülle seiner Gaben an Israel austeilen; aber die Zweiseitigkeit des Bundes, wie sie schon gegenüber Abraham (Gen 17,9ff) und dann bei der Ankunft am Sinai ausgesprochen worden ist, muß gewahrt bleiben, indem Israel seinerseits die göttlichen Gebote und Weisungen einhält. Darum hat dieses »Wenn« eine doppelte Fortsetzung: in der Schilderung der Gaben, die Gott »geben« will (V.4ff) – und in dem nachfolgenden »Aber wenn nicht« (V.14ff). Es sind zunächst geradezu paradiesische Zusagen über die Fruchtbarkeit des Landes und den Frieden des Lebens darin (V.4-6), und es klingen Formulierungen der Schöpfungsgeschichte an: »fruchtbar sein und gemehrt werden«, die mit der Erinnerung an den Bund Gottes mit Noah verknüpft sind (V.9, vgl. Gen 9,1). Gott wiederholt die Zusage seines Wohnens bei Israel (V.11) und führt sie in der Formulierung vom »Wandeln« Gottes (hithallēk) inmitten Israels weiter (V.12), gleichsam als Gegenstück zum Wandeln Abrahams vor Gott (Gen 17,1, vgl. auch schon Henoch 5,22.24 und Noah 6,9). Dabei klingt die volle, zweiseitige Aussage der Zugehörigkeit

→ 38

→ 50

→ 25

→ 49

→ 16

Israels zu Gott wieder auf: »Ich will euer Gott sein und ihr sollt mein Volk sein«, die in dieser Form bisher nur in Ex 6,7 zu hören war. Und schließlich erhält das Ganze seinen nachdrücklichen Abschluß durch die Erinnerung an die Herausführung Israels aus Ägypten (V.13), wie Gott sie Mose angekündigt hatte.

So sind durch die Gottesreden in Ex 6 und Lev 26 Exodus und Sinai miteinander verklammert als die beiden großen Taten Gottes am Anfang seiner Geschichte mit seinem Volk Israel (vgl. Blum 1990a, 325ff).

Aber dann folgt die andere Seite, eine immer wieder neu ansetzende Reihe von Sätzen, die mit »Aber wenn nicht« beginnen (V.14.18. 21.23.27) und als Folge der Nichtbeachtung der göttlichen Gebote eine Serie von sich steigernden, immer schrecklicheren Katastrophen ankündigen, die über das Land und seine Bewohner kommen werden. Schließlich werden die Israeliten in die Deportation weggeführt werden und das Land wird verwüstet liegen bleiben (V.33). Dann wird es endlich die Sabbatruhe erhalten, die ihm die Israeliten so lange vorenthalten haben (V.34f), womit sie gegen das unmittelbar zuvor gegebene Gebot Gottes (25,2-7) verstoßen haben. Vieles erinnert hier an prophetische Gerichtsworte, und vieles läßt die Erfahrungen von Not, Verfolgung, Zerstörung und Exil erkennen, die hinter den Formulierungen stehen.

Doch damit endet es nicht. Die Israeliten werden ihre Sünden bekennen (V.40f), und Gott wird seines Bundes gedenken (V.42.45). Hier wird erneut die Brücke nach rückwärts geschlagen, diesmal bis zu den Vätern (V.42), und im »Gedenken« an den Bund noch einmal zu Ex 6,5 und damit zum Exodus (V.45). Darum wird Gott seinen Bund nicht brechen und Israel auch im Exil nicht im Stich lassen (V.44). So endet die Gesetzgebung am Sinai mit einer kraftvollen Bestätigung der Bundestreue Gottes.

B.II Bund

2.4
Israel auf dem Weg: Die zweite Etappe

2.4.1
Da brachen die Israeliten auf

E 156

Bevor die Vorbereitungen zum Aufbruch Israels vom Sinai beginnen, wird in der Hebräischen Bibel wiederum ein neues Buch eröffnet. Seine hebräische Bezeichnung stammt aus dem ersten Satz: *b^{e}midbār* »In der Wüste«. Die aus dem Griechischen übernommene lateinische Bezeichnung »Numeri« (»Zahlen«) bezieht sich auf die im ersten Kapitel berichtete Musterung der Israeliten.

»Am zwanzigsten Tag des zweiten Monats im zweiten Jahr ... brachen die Israeliten auf« (Num 10,11f), fast genau ein Jahr nach ihrer Ankunft am Sinai (Ex 19,1). Aber die Situation ist nun völlig verän-

64 → 48

dert: In der Mitte Israels befindet sich die göttliche »Wohnung«, die hier als »Wohnung des Zeugnisses« bezeichnet wird, d.h. der Gesetzestafeln, die Mose in die Lade gelegt hatte (Ex 40,20f). Und wenn die Israeliten nun aufbrechen, dann erhalten sie das Zeichen dazu von der Wolke, die auf dem Heiligtum liegt und sich dann erhebt (Ex 40,34ff; Num 9,15ff; 10,11f). Hier zeigt sich erneut, daß der Aufenthalt am Sinai nicht von Dauer war, daß er aber gleichwohl nicht nur eine Episode blieb; denn nun lebt Israel mit dem Heiligtum in seiner Mitte, das zugleich die Forderung der Heiligkeit an das Volk und an jeden einzelnen richtet. → 45

In Num 10,13-28 wird beschrieben, wie der Aufbruch vor sich gehen soll, wobei die in Num 2 detailliert dargelegte Lagerordnung vorausgesetzt wird. Dadurch wird der Zusammenhang zwischen den Ausführungen über das kultische Leben Israels um das im Zentrum stehende Heiligtum herum und den Erzählungen über den zweiten Teil der Wüstenwanderung hergestellt. Denn nun entstehen wieder ganz andere Probleme, die teilweise denen der ersten Wanderungsperiode gleichen, vor allem das »Murren« des Volkes → 46 (Num 11; 20,1-13) und die Folgen daraus für Mose und Aaron. (Worin deren Verfehlung am Wasser von Meriba besteht, bleibt unklar.) → 80 Andere Konflikte setzen die besondere Gottesbegegnung mit Mose am Sinai voraus (Num 12), ferner die Regelungen über Heiligkeit und Priestertum, die zu der von der »Rotte Korah« angeführten Rebellion führen (Num 16-18). Dabei treten bestimmte Züge des Mosebildes erst jetzt in ganzer Deutlichkeit hervor, insbesondere Moses Geistbegabung (Num 11,16-30) und seine eindeutige Vor- und → 47 Überordnung gegenüber Aaron und Mirjam und gegenüber allen Propheten (Kap.12).

Die Gefährdungen und Konflikte auf diesem Weg bündeln sich noch einmal in dramatischer Weise, als die Israeliten in die Nähe des Landes kommen, das ihr eigentliches Ziel ist. Mose sendet Boten aus, um die Situation des Landes zu erkunden (Num 13). Sie kehren zurück und berichten einerseits von großer Fruchtbarkeit, andererseits von der Stärke der Landesbewohner, denen die Israeliten nicht gewachsen sein würden. Das Volk weigert sich daraufhin B.XII Israel im weiterzuziehen und will sogar einen anderen Anführer einsetzen, Widerstreit der sie nach Ägypten zurückführt (14,1-4). Der daraus entstehende Konflikt zwischen den Israeliten und Mose (und Aaron) sowie zwischen den Israeliten und Jhwh wirkt wie eine Wiederholung des Konflikts vom Sinai (Ex 32-34) und bringt Mose erneut in die Situa- → 55 tion des Fürbitters. Wieder will Gott das ganze Volk vernichten und mit Mose allein einen neuen Anfang machen (Num 14,12, vgl. Ex 32,10). Und wieder gelingt es Mose, Gott zum Einlenken zu bewegen, indem er ihn an seine seit dem Auszug aus Ägypten immer wieder bewährte Vergebungsbereitschaft erinnert und ihm seine eigenen Worte vom Sinai vorhält (Num 14,17-19, vgl. Ex 34,6f). Got- → 58 tes Strafe für die Widersetzlichkeit der Israeliten besteht schließ-

lich darin, daß Israel vierzig Jahre in der Wüste bleiben muß, bis alle jetzt verantwortlichen Männer gestorben sind.
Von ihrem Schluß her zeigt sich, daß diese Erzählung eine Schlüsselfunktion hat, und zwar in mehrfacher Hinsicht. Zum einen macht sie deutlich, wie mühsam Israels Weg in das verheißene Land gewesen ist. In manchen summarischen Formulierungen erscheint dieser Weg als glatt und problemlos, z.B. Dtn 26,8f: »Der HERR führte uns aus Ägypten heraus mit starker Hand und ausgerecktem Arm ... und brachte uns an diese Stätte und gab uns dieses Land, ein Land, das von Milch und Honig überfließt.« Hier rücken Exodus und Landnahme ganz eng zusammen, während im Buch Numeri nach der Erzählung von Kap.13f vierzig schwere Jahre dazwischen liegen als göttliche Strafe für das ungläubige und widersetzliche Israel. Darin wird hier noch deutlicher als am Sinai, daß Gottes Vergebung und sein Festhalten an den Zusagen an die Väter nicht bedeuten, daß Israel ungestraft bliebe. Zugleich liegt darin die

B.XVIII Zukunft

Botschaft, daß die nächste Generation nicht die Sünden der Väter tragen muß, sondern daß sie in das von Gott verheißene Land kommen wird. Die zentrale Bedeutung dieser Aussage für das Buch Numeri und damit zugleich für die ganze Etappe der Wanderung Israels vom Sinai bis an die Grenzen des verheißenen Landes wird darin sichtbar, daß zweimal von einer großen Volkszählung berichtet wird. Vor dem Aufbruch vom Sinai wird auf göttliche Anordnung die Gesamtzahl aller israelitischen Männer festgestellt, die zwanzig Jahre und älter sind (Num 1,3ff). Die gleiche Formulierung findet sich dann zunächst noch einmal in Num 14,29, wo das Urteil Gottes, daß die für das »Murren« gegen ihn Verantwortlichen in der Wüste sterben sollen, ausdrücklich auf diejenigen bezogen wird, die zwanzig Jahre und älter sind. In Num 26 wird schließlich eine neue Gesamtmusterung der Israeliten von zwanzig Jahren und darüber durchgeführt und danach festgestellt, daß keiner von den beim ersten Mal Gemusterten mehr am Leben war (V.64f). Die vierzig Jahre bedeuten also einen völligen Wechsel der Generationen und damit einen Neuanfang, der für die nächste Generation wieder unter der göttlichen Verheißung steht (vgl. Olson 1985).
Auf dem weiteren Weg in das verheißene Land hat Israel nun eine Reihe von Begegnungen mit anderen Völkern und ihren Repräsentanten. In meist kurzen Erzählungen haben sich hier Erinnerungen und Erfahrungen in den Beziehungen zu den unmittelbaren Nachbarn niedergeschlagen. Die Edomiter verweigern den Israeliten den Durchzug, und diese weichen aus (Num 20,14-21). Beim Zug durch das Gebiet der Moabiter gibt es keine Probleme (21,13-20). Aber dann wird von einer Reihe von kriegerischen Zusammenstößen berichtet, bei denen Israel erfolgreich ist: mit dem »Kanaanäer«, dem König von Arad (21,1-3), mit Sihon, dem König der »Amoriter« (21,21-32), und mit Og, dem König von Baschan (21,33-35). Den beiden letztgenannten Begegnungen hat die Überlieferung über den

Weg Israels in das verheißene Land besondere Bedeutung zugemessen. Ihr Land wird als erstes an israelitische Stämme zugeteilt: an Ruben und Gad sowie den halben Stamm Manasse (32,33). Dann werden sie nicht nur im Geschichtsrückblick des Deuteronomiums ausführlich erwähnt (Dtn 2,26-3,11), sondern auch in anderen Geschichtssummarien als Beginn der göttlichen Übergabe des Landes an Israel genannt (Ps 135,10-12; 136,17-22; Neh 9,22). Israels »Landnahme« beginnt also bereits hier im Ostjordanland vor der Überschreitung des Jordan (vgl. 1995b). → 69 B.XVII Geschichte

Schließlich wird von einem letzten Versuch berichtet, Israel auf seinem Wege aufzuhalten (Num 22-24). Der Moabiterkönig Balak engagiert Bileam, den »Wahrsager« (so sein Titel in Jos 13,22), um Israel zu verfluchen. Aber Jhwh hindert ihn daran und verwandelt seine Worte in Segenssprüche. Diese komplexe Erzählung fügt sich in den Gesamtduktus ein, in dem Israel unter der Führung und dem Schutz Gottes immer näher an das verheißene Ziel herangeführt wird. In den Segensworten, die Gott Bileam in den Mund legt (23,7-10.18-24; 24,3-9.15-19[.20-24]), wird Israel eine große Zukunft vorausgesagt. Um so schroffer ist der Gegensatz, als sich gleich darauf die Israeliten von moabitischen Frauen zur Teilnahme am Kult des Baʿal Peʿor verführen lassen (25,1ff) und damit gegen das ausdrücklich am Sinai gegebene Verbot (Ex 23,32f;34,15f) verstoßen. Diese → 52 Szene erscheint wie eine Wiederholung der Kundschaftergeschichte von Num 13f. Wieder rebelliert das Volk in einem Augenblick, in → 65 dem die Erfüllung der göttlichen Verheißungen in greifbare Nähe rückt. Wieder straft Gott das Volk mit einer Plage (25,8f); und wie damals Kaleb und Josua (14,6-10.24.30), wird jetzt nur ein einziger davon ausgenommen, weil er sich gegen die große Mehrheit gestellt hat: Pinhas (25,7-13, vgl. dazu Olson 1985, 160).

Dieser Abfall der Israeliten zu fremden Göttern und die anschließende Plage, der viele zum Opfer fallen, bedeutet zugleich eine entscheidende Zäsur. Unmittelbar danach findet die zweite Musterung statt, bei der festgestellt wird, daß keiner von denen, die beim ersten Mal gemustert worden waren, mehr dabei war (Num 26,64f). So war diese zweite Abwendung von den göttlichen Geboten die letzte Handlung der alten Generation. Erst die nächste Generation wird den Einzug in das Land vollziehen. Aaron ist schon gestorben (Num 20,22-29), und nun wird auch die Nachfolge für Mose geregelt, denn er darf nicht selbst den Jordan überqueren, um das Volk in das verheißene Land zu führen (vgl. 20,12). Diese Aufgabe fällt Josua zu (27,12-23). → 79

Die vielschichtige Erzählungsabfolge des Buches Numeri wird immer wieder von Abschnitten kultgesetzlichen Inhalts unterbrochen. Der Zusammenhang mit dem erzählerischen Kontext ist oft nicht ohne weiteres erkennbar. (Douglas 1993 sieht in dem Wechsel zwischen erzählenden und gesetzlichen Abschnitten ein Strukturelement des Buches Numeri.) In einigen Fällen ist aber deutlich, daß es sich um Ergänzungen und Präzisierungen von früher gegebenen Bestimmungen handelt, so z.B. 15,1-16 zu Lev 1-3, 15,22-31 zu Lev 4f, 28f zu Lev 23.

Das Buch Numeri scheint also seine endgültige Gestalt erst später als das Buch Leviticus erhalten zu haben, so daß es solche Ergänzungen aufnehmen konnte.

Die Epoche, von der das Buch Numeri berichtet, hat exemplarischen Charakter für die ganze nachfolgende Geschichte des Volkes Israel. Sie ist beherrscht von der Spannung zwischen den göttlichen Geboten, die Israel am Sinai empfangen hat, und Israels immer wieder zutage tretender Unfähigkeit, diesen Geboten zu entsprechen. Die Wüstengeneration wurde der Teilnahme an der großen Gotteserscheinung und Gebotsmitteilung am Sinai gewürdigt, aber sie hat selbst schon darin versagt, diesen Geboten entsprechend zu leben. An ihrem Geschick wird beides exemplarisch deutlich: die Strafe Gottes, die in einer Leidenszeit von vierzig Jahren ihren Ausdruck findet – und die Langmut Gottes, mit der er schließlich an seinem Bund festhält und Israel nicht verwirft. Beides wiederholt sich auf vielfältige Weise in den nachfolgenden Epochen der Geschichte des Volkes Israel.

I.3
Das Deuteronomium

Der Fluß der Erzählung wird noch einmal unterbrochen. Bevor der schon angekündigte Tod Moses und damit der Übergang der Führung des Volkes an Josua berichtet wird, setzt Mose noch einmal zu einer sehr langen Rede an. In ihrem Zentrum steht eine Sammlung von Gesetzen (Dtn 12-26), die von ausführlichen Einleitungs- (Kap.1-11) und Abschlußreden (27-34, ergänzt um einige weitere Texte) gerahmt ist.

Im Unterschied zu den vorhergehenden Büchern des Pentateuch enthält dieses Buch, das Deuteronomium, kaum erzählende Elemente. Dagegen enthalten sowohl die Reden als auch die Gesetze vielerlei Begründungen, Erläuterungen und argumentierende Reflexionen, die man als »theologisch« im engeren Sinne des Wortes bezeichnen kann (vgl. Smend 1982). Insofern ist das Deuteronomium vielleicht das am meisten theologische Buch der Hebräischen Bibel. Zudem hat es durch seine zentrale Stellung das Gesamtverständnis des Pentateuch und damit auch das Gesamtverständnis der Hebräischen Bibel entscheidend mitgeprägt (vgl. Herrmann 1971).

Dieses Buch hat seinen hebräischen Namen d^ebārîm »Worte« wiederum von den Anfangsworten »Dies sind die Worte«. Sein griechisch/lateinischer Name »Deuteronomium« bedeutet »zweites Gesetz« und stammt aus der

griechischen Übersetzung der Septuaginta von Dtn 17,18 (und Jos 8,32), wo der hebräische Text »Abschrift des Gesetzes« lautet. Es kann kein Zweifel daran bestehen, daß das Deuteronomium seine eigenständige Geschichte hat und nicht von vornherein mit den vorhergehenden oder nachfolgenden Büchern verbunden war. Es ist aber ebenfalls deutlich, daß im jetzigen Zusammenhang enge Beziehungen des Deuteronomiums zu den vorhergehenden Büchern bestehen. Dies gilt für die Gesetze ebenso wie für die erzählenden Teile der Einleitungskapitel (vgl. Crüsemann 1992, 235ff und Blum 1990, 176ff).

So ist das Deuteronomium in seiner jetzigen Gestalt, die gewiß im Blick auf seine Entstehung nicht »einheitlich« ist, ein integrierender Bestandteil des Pentateuch.

3.1
Welches Volk hat ein solche gerechte Tora?

Das Deuteronomium ist fast vollständig als Moserede formuliert. Darin kommt die grundlegende Unterscheidung zum Ausdruck, die schon die Gesetzesmitteilung am Sinai gekennzeichnet hat: Nur der Dekalog wurde von Gott selbst zu Israel gesprochen, alle übrigen Gebote und Gesetze werden nur an Mose gegeben und von ihm an das Volk weitergesagt (Ex 20,18-21). Dies wird in Dtn 5 bei der → 50 Wiederholung des Dekalogs noch einmal ausführlich in Erinnerung gerufen (V.23-31).

Zuvor wird aber schon mit großem Nachdruck und in großer Breite die Bedeutung der göttlichen Gebote für Israel entfaltet. Die erste Moserede beginnt mit einer geschichtlichen Einleitung, in der Mose noch einmal die Ereignisse vom Sinai bis an die Grenze des verheißenen Landes »jenseits des Jordan« rekapituliert (Kap.1-3). Dann folgt in Kap.4 eine groß angelegte Predigt, deren erster Abschnitt in dem Satz gipfelt: »Welches große Volk gibt es, das Gesetze und Rechtssätze hat, so gerecht wie diese ganze Tora?« (Dtn 4,8). Hier erscheint (wie schon in der Einleitung 1,5) das Wort »Tora« in seinem prägnanten, unübersetzbaren Sinn. Es bedeutet mehr und → 53 anderes als »Gesetz«. Es ist Ausdruck für das Ganze der göttlichen »Willensoffenbarung« (vRad 1962, 235), es umfaßt »Gesetz« und »Evangelium« (Crüsemann 1992, 8f). B.VI Tora

Zugleich wird hier Israel durch die Tora definiert. Israel ist das Volk, das die Tora hat, und dadurch unterscheidet es sich von allen Völkern (4,6). Und Israel ist durch die Gabe der Tora zugleich das Volk, dem sein Gott nahe ist, so nahe, wie es auch »große Völker« nicht von sich sagen können (V.7). Israel wird dadurch nicht selbst zum »großen Volk« innerhalb einer Umwelt, die von der wechselnden Herrschaft von Großmächten geprägt ist. Aber dem kleinen, politisch noch ungeformten Israel am Jordanufer, das von Mose angesprochen wird, wie auch dem konkreten politischen Israel, an das sich das Deuteronomium richtet, wird dadurch eindringlich ins Bewußtsein gerufen, daß es durch die Nähe dieses Gottes, wo immer Israel ihn anruft, und durch seine Tora Gaben besitzt, die mehr sind als alles, was die »großen Völker« haben.

→ 59

Die Ermahnung zum Halten der Tora konzentriert sich jetzt auf den Dekalog: die Zehn Worte, die Israel selbst gehört hat, als Gott sie wie einen Donner aus dem Feuer heraus sprach (V.12f). In dieser sehr dichten theologischen Rede werden die Zehn Worte mit dem »Bund« gleichgesetzt, den Gott am Horeb/Sinai mit Israel geschlossen hat; genauer: sie werden als Inhalt des Bundes bezeichnet, den Gott zu halten befohlen hat. Als Explikation des ersten Gebots wird dann mit einer überraschenden Argumentation das Bilderverbot begründet: Israel hat am Horeb nur gehört, aber nichts gesehen (V.12.15); darum soll es sich auch kein Bild zur Anbetung machen. Dies betrifft nicht nur die Abbildungen von menschlichen Wesen, männlichen oder weiblichen, und von allen denkbaren Arten von Tieren (V.16-18), sondern schließt auch die Gestirne mit ein (V.19).

Dies ist wiederum überraschend, und zwar in doppelter Weise. Zum einen weitet die Mosepredigt hier die Aussagen des Dekalogs über das Bilderverbot in eine neue Dimension hinein aus. Darin spiegeln sich gewiß neue Erfahrungen mit anderen Religionen wider. Die Formulierungen des Bilderverbots im Dekalog hatten vor allem kanaanäische Kulttraditionen im Blick, während der Gestirnskult ein wichtiges Element der babylonischen Religion war, dem Israel schon vor dem Babylonischen Exil und dann vor allem dort selbst begegnete. Zum andern ist aber höchst überraschend, daß der Gestirnskult nicht einfach verworfen wird, sondern daß es heißt, Jhwh habe die Gestirne anderen Völkern zur Verehrung zugewiesen. Diese Äußerung ist singulär. Sie läßt die Völker nicht nur bei der Verehrung ihrer Götter gewähren (wie z.B. Mi 4,5), sondern weist sie ihnen sogar zu. Darin kommt einerseits die unendliche Überlegenheit Jhwhs zum Ausdruck, der auch über Sonne, Mond und Sterne verfügt. Andererseits wird Israel dadurch noch einmal eindeutig von den anderen Völkern abgehoben. Sein Gottesverhältnis ist ganz anders begründet: durch die Herausführung aus Ägypten, das hier mit einem besonders einprägsamen Ausdruck für die Qual und das Leiden als »Eisenschmelzofen« bezeichnet wird (V.20). In dieser Gegenüberstellung kommt die konsequente Geschichtsbezogenheit der israelitischen Gottesvorstellung eindrucksvoll zur Sprache.

→ 274

B.II Bund

→ 50

Der Bund wird nun ganz in den Mittelpunkt gerückt, und das Bilderverbot erscheint als sein wesentlicher Inhalt. Israel darf den Bund nicht vergessen, denn Gott ist ein »eifersüchtiger« Gott (V.23f). Wenn Israel dagegen verstoßen sollte, wird es in das Exil und in die Zerstreuung vertrieben werden (V.25-28) – bis es schließlich wieder Gott suchen und finden und zu ihm zurückkehren wird (V.29-31). Dann wird sich zeigen, daß Gott nicht nur ein eifersüchtiger, sondern zuletzt ein barmherziger Gott ist und daß er den Bund, den Israel vergessen hatte, selbst nie vergessen wird (V.31).

→ 63

Dieser Abschnitt erinnert an das große Kapitel Lev 26, das auch nach der Vertreibung Israels mit der Versicherung endet, daß Gott seines Bundes gedenken wird. Immer wieder und in ganz verschie-

denen Zusammenhängen wird in der Hebräischen Bibel betont, daß
Gott trotz allem, was Israel tun wird, und trotz aller Strafen, die er
über Israel kommen lassen wird, zu seinem Bund steht, seiner gedenkt und ihn nicht vergißt.

Auch der letzte Abschnitt dieser großen Einleitungsrede (V.32-40)
enthält äußerst gewichtige theologische Aussagen. Er greift noch
einmal das Thema der Sonderstellung Israels aus V.5-8 auf und führt
hin zu dem Satz, daß Israel erkennen soll: »Der HERR, er ist *der*
Gott; es gibt keinen außer ihm« (V.35). Diese »monotheistische« B.XI Wie von
Gott reden?
Aussage wird noch verstärkt: »Der HERR, er ist *der* Gott im Himmel
oben und auf der Erde unten, keiner sonst« (V.39). Daß dieser welt- → 12
beherrschende Gott sich dem kleinen Volk Israel zugewandt hat,
daß er es »erwählt« hat (*bāhar*), hat seinen Grund in der Liebe Got- B.II Erwählung
tes zu den Vätern Israels (V.37, vgl. 1981). Israels Herausführung aus
Ägypten (V.37) hat darin ebenso ihren Grund wie die Forderung,
Gottes Gebote einzuhalten (V.40).

So bietet der Abschnitt Dtn 4,1-40 eine sehr detaillierte und zu-
gleich konzentrierte Entfaltung wichtiger Grundlagen der deutero-
nomischen Theologie (vgl. Lohfink 1965). Er läßt darin schon im
Ansatz die zentrale Funktion des Deuteronomiums und seiner
Theologie nicht nur für den Pentateuch, sondern in bestimmter
Weise für das Ganze des Alten Testaments sichtbar werden.

3.2
Höre, Israel!

Die zweite große Moserede beginnt in Dtn 4,44 mit den Worten:
»Dies ist die Tora.« Die zentrale Bedeutung des Wortes »Tora«, die
schon in 4,8 hervorgetreten war, kommt darin erneut prägnant zum
Ausdruck. Das Wort umspannt hier den ganzen Komplex vom De-
kalog (Kap.5) über die ihm nachfolgenden paränetischen Reden
(Kap.6-11) bis zu der großen Gesetzessammlung (Kap.12-26 mit den
angefügten Kapiteln 27f). Tora im engeren Sinne sind zunächst die
Gebote und Gesetze selbst, wie sie im »Buch der Tora« aufgezeich- B.VI Tora
net sind (30,10, vgl. Jos 1,8); dann aber auch alles, was zu ihrer Begründung und Erläuterung gesagt wird, und schließlich auch die
Ankündigungen der Folgen des Tuns oder Nichttuns der Gebote
(Dtn 29,20.61).

Der Dekalog wird in Kap.5 in einen breit ausladenden erzählerischen Kontext gestellt, der ausführlich die furchtsame Reaktion der
Israeliten auf die göttliche Donnerstimme und ihre Bitte an Mose
schildert, er möge allein die Gebote Gottes entgegennehmen. Nachdrücklicher als schon in Ex 20 wird hier die Sonderstellung des De- → 50
kalogs herausgestellt. Der Dekalog selbst ist in seinem Wortlaut
weitgehend mit dem von Ex 20 identisch. Der wichtigste Unterschied liegt in der Begründung des Sabbatgebots: In Ex 20,11 wird es
mit dem Ruhen Gottes am siebten Schöpfungstag begründet; in Dtn → 19
5,15 wird hingegen der soziale Aspekt des Ruhens betont und an die

Fronarbeit in Ägypten erinnert. Darin zeigt sich schon ein charakteristisches Element der deuteronomischen Theologie.

Am Anfang der auf den Dekalog folgenden weit ausholenden paränetischen Rede steht ein kurzer Satz von großer theologischer und geschichtlicher Bedeutung: »Höre, Israel! Der HERR ist unser Gott. Der HERR ist *einer*« (6,4). Dieses *Sch^ema' Jiśrā'ēl* ist wohl der wichtigste Satz in der Geschichte der jüdischen Religion. Er wird im jüdischen Tagesablauf zweimal täglich gesprochen, zusammen mit dem nachfolgenden Satz: »Du sollst den HERRN, deinen Gott, von ganzem Herzen, von ganzer Seele und mit aller Kraft lieben« (V.5). (Die Begründung für seine liturgische Verwendung wird aus den Versen 6-9 erschlossen.) Schon in neutestamentlicher Zeit galt dieser Satz als das »höchste Gebot« (Mk 12,28-34 und Parallelen). Er steht hier an der Spitze einer langen paränetischen Rede, die insgesamt als Explikation des Dekalogs, insbesondere seiner Einleitungssätze über die Ausschließlichkeit der Jhwhverehrung und das Bilderverbot, verstanden werden kann.

→ 43

Dabei rückt zunächst wieder die Herausführung aus Ägypten als die entscheidende Rettungstat Gottes in den Mittelpunkt. In der Antwort auf die Frage des Sohnes, warum die Israeliten diese Gebote einhalten, wird in einem credoartigen Resümee die Geschichte des Sklavendaseins Israels in Ägypten, der machtvollen göttlichen Herausführung von dort und der (hier noch bevorstehenden) Gabe des verheißenen Landes rekapituliert. Darin liegt die wesentliche Begründung dafür, daß Israel die ihm von Gott gegebenen Gebote einhalten soll. Dies wird Israels »Gerechtigkeit« sein (6,20-25).

Die kultische Abgrenzung gegenüber anderen Völkern, die Israel zur Pflicht gemacht wird (7,1-5), ist in der Erwählung Israels begründet (vgl. schon 4,37). In 7,6 wird dies in einem zentralen Satz entfaltet: »Denn du bist ein heiliges Volk für den HERRN, deinen Gott. Dich hat der HERR, dein Gott, erwählt, daß du ihm zum Eigentumsvolk sein sollst unter allen Völkern, die auf dem Erdboden sind« (7,6). Erwählung bedeutet Auswahl, Aussonderung aus der Gesamtzahl der Völker. Was schon unter dem Aspekt der Gabe der Tora und der Nähe Gottes zu Israel gesagt worden ist (s.o. zu 4,7f)

wird hier nun weiter entfaltet. Die Völker sind mit im Blick, aber Israel wird mit einer Sonderrolle unter ihnen beauftragt. Es ist ein »heiliges Volk«, das heißt wiederum ein ausgesondertes, dem allgemeinen, profanen Umgang entzogenes. Und ein Volk, das in besonderer Weise Gottes Eigentum ist.

Aber nun stellt sich die Frage, wie Israel mit diesem Privileg umgehen wird. In den folgenden Kapiteln wird Israel vor verschiedenen Möglichkeiten der Selbstüberschätzung gewarnt. Die Erwählung Israels hat ihren Grund nicht etwa darin, daß es das größte unter den Völkern wäre. Im Gegenteil: es ist das kleinste (7,7). Die Erwählung Gottes hat ihren Grund in seiner unbegründeten Liebe zu Israel und in dem »Schwur«, den er schon den Vätern gegeben hat. Darum hat er Israel aus dem ägyptischen Sklavenhaus herausgeführt – auch das eine Tat seiner Erwählung (V.8). Und er erweist sich darin zugleich als der »Bewahrer des Bundes«, was aber nur für die gilt, die seine Gebote bewahren (V.9ff.). Diese enge Verknüpfung von Herausführung aus Ägypten, Erwählung und Bund zeigt erneut, in welcher Dichte und Konzentration die verschiedenen theologischen Aspekte in der deuteronomischen Sprache miteinander verbunden sind. → 111.370

Eine andere Selbstüberschätzung könnte darin liegen, daß Israel bei dem Genuß der Gaben des Landes denkt: Mit meiner eigenen Kraft habe ich mir diesen Reichtum erworben. Nein, wiederum ist es Gottes Treue zu seinem Bund, den er den Vätern geschworen hat und nun darin verwirklicht (8,17f). Schließlich könnte Israel gar denken, daß es seine eigene Gerechtigkeit sei, der es die Inbesitznahme des Landes verdanke. Aber im Gegenteil: Israel ist ein halsstarriges Volk, und wiederum ist es der Schwur an die Väter, dessentwegen Gott Israel das Land gegeben hat (9,4-6). Das Wort von der »Halsstarrigkeit« löst dann eine ausführliche Rückerinnerung an die Ereignisse am Sinai/Horeb aus, bei denen dies ein entscheidendes Stichwort war (9,7-10,11, vgl. Ex 32,9; 33,3.5; 34,9). Schließlich mündet die Ermahnung zur Gottesfurcht und zum Halten der Gebote in die Aufforderung, diese Halsstarrigkeit aufzugeben und statt dessen die Herzen zu beschneiden (10,16). → 58

3.3
Dies sind die Gesetze und Rechtsvorschriften

In Dtn 12,1 beginnt dann die große Gesetzessammlung, auf die schon die paränetischen Texte seit der Einleitung in 4,44 hinzielen. Sie endet erst mit Kap.26.

Die Vorschriften und Gesetze dieser Sammlung weisen vielfältige Beziehungen zu den vorhergehenden Gesetzessammlungen auf. Dabei wird mit guten Gründen das »Bundesbuch« (Ex 20,22-23,33) allgemein als älter, die »priesterlichen« Texte einschließlich Lev 17-26 (oft als »Heiligkeitsgesetz« bezeichnet) hingegen als jünger als das Deuteronomium betrachtet. Deshalb stellt sich die Frage, ob das Deuteronomium das »Bundesbuch« ergänzen oder ersetzen sollte. Es ist durchaus denkbar, daß zunächst eine Ersetzung beabsichtigt war. Durch die Zusammenfügung beider Gesetzeskorpora innerhalb des jetzigen Pentateuch erhalten sie aber eine neue Funktion, indem sie zusammen mit den anderen gesetzlichen Überlieferungen des Pentateuch die *eine* von Mose gegebene »Tora vom Sinai« bilden, die in ihrer Vielfalt aufgenommen und »halachisch« weiterinterpretiert werden muß (vgl. Blum 1990a, 200f). Zur Gliederung des Gesetzeskorpus Dtn 12-26 vgl. Crüsemann 1992, 241f. E 163 E 162

Die Gesetzessammlung beginnt, ähnlich wie schon das »Bundesbuch«, mit einem Gesetz über den Altar bzw. den Ort des Gottesdienstes (Dtn 12, vgl. Ex 20,24-26). Aber nun erscheint ein ganz neuer Aspekt: Nachdem Israel das Land in Besitz genommen haben → 52

73

wird, ist der legitime Opferkult nur an *einer* Stelle möglich. Gott
selbst wird den Ort dafür auswählen, genauer: »erwählen« (V.5.
11.14 u.ö., mit dem gleichen Wort das für die Erwählung Israels

→ 71

gebraucht wird, s.o. zu Dtn 4,37), und er wird dort »seinen Namen
wohnen lassen« (V.11, vgl. V.5). Dies ist einer der entscheidenden
Grundsätze des Deuteronomiums: die Zentralisation des Opferkul-
tes an *einem* Ort. Das Bundesbuch sprach schon davon, daß Gott

→ 52

seinen Namen an bestimmten Orten »kundmachen« will (Ex
20,24); aber der Wortlaut läßt dort auf mehrere Orte schließen, an
denen Gott zu Israel kommen und es segnen will. Hier im Deuteronomium ist es nur *ein* Ort, an dem Israel seine Opfer darbringen
darf; alle übrigen Orte werden ausdrücklich ausgeschlossen (V.13f).
Eigentümlicherweise wird der Name dieses Ortes im Deuterononi-
um nie genannt. Es kann kein Zweifel daran bestehen, daß Jerusalem gemeint ist; aber die erzählerische Situation wird aufrechterhalten, nach der Israel jetzt noch nicht wissen kann, welchen Ort
Gott schließlich erwählen wird, wenn es den Jordan überschritten
hat.
Diese Forderung der Zentralisation des Kultes an *einem* Ort ist eine
Konkretisierung des ersten Gebotes, wie es schon im *Sch^{e}maʿ Jiśrā'ēl*

→ 72

expliziert worden ist (s.o. zu Dtn 6,4): *Ein* Gott – *ein* Kultort. Die
Kultzentralisation in Jerusalem gehört zu den am nachhaltigsten
wirksamen Geboten des Deuteronomiums. Sie hat vielerlei Konsequenzen, allen voran die Freigabe der »profanen« Schlachtung. Weil
es unmöglich ist (selbst in einem durch die politischen Entwicklungen kleiner gewordenen Israel), jede Schlachtung am Tempel in Jerusalem zu vollziehen, wird den Israeliten erlaubt, »nach Herzens-
lust« und »an allen Orten« zu schlachten und Fleisch zu essen
(V.15.20ff). Dies konnte unter der idealen Voraussetzung eines Lebens Israels im Lager rund um das Zeltheiligtum verboten werden
(Lev 17,3f). Die Realität des Lebens im Lande läßt dies aber nicht zu.
Die Forderung der Einheit und Einzigkeit des Ortes der Opferdar-
bringung schließt die Freigabe der profanen Schlachtung ein. Dabei
wird aber mehrfach nachdrücklich der Verzehr des Blutes eines ge-
schlachteten Tieres verboten (V.16.23-25). Darin zeigt sich, daß
auch die nichtkultische Schlachtung innerhalb der israelitischen

→ 17

religiösen Tradition bleibt, wie sie nach Gen 9,4 für die Menschheit
nach der Sintflut festgelegt worden ist (vgl. auch Lev 17,10-14).
Weitere kultische Bestimmungen schließen sich an. In ihnen geht
es, teilweise in predigtartiger Form, um die Bewahrung der Alleinverehrung Jhwhs und die Abwehr fremder Kultpraktiken (12,29-
14,2), sowie um die Wahrung der Reinheit und »Heiligkeit« Israels
durch den Verzicht auf das Essen bestimmter Tiere, die als kultisch
unrein gelten (14,3-21, vgl. dazu Lev 11).
Auch darin zeigt sich wieder, daß die Freigabe der profanen Schlachtung im Deuteronomium keineswegs insgesamt in einen profanen

74

Raum führt.

In 14,22-29 folgen Bestimmungen über die Abgabe des Zehnten von der Jahresernte. Sie haben offenbar eine ganz besondere Bedeutung, denn sie werden in 26,12-15 wieder aufgenommen und bilden dort → 78 das letzte der Gebote vor der feierlichen Schlußzeremonie in V.16-19. Dabei zeichnen sich zwei Hauptaspekte ab. Zum einen knüpft das Zehntengebot an die Forderung der Einheit der Kultstätte in Kap.12 an: Der Zehnte oder sein Gegenwert in Geld darf nur am Heiligtum verzehrt werden (14,22-26). Wichtiger erscheint aber die zweite Vorschrift: In jedem dritten Jahr soll der ganze Zehnte in den einzelnen Ortschaften abgeliefert und den Leviten sowie den Fremden, Waisen und Witwen, d.h. also den kein Land besitzenden Gruppen, zur Verfügung gestellt werden (V.27-29). Diese letzte Bestimmung ist es denn auch, die bei der Wiederholung des Zehntengebots am Ende der ganzen Gesetzgebung wieder aufgegriffen wird (26,12f). Man kann sie als »Anfang einer wirklichen Sozialgesetzgebung« bezeichnen. Sie ist eng verbunden mit der Hoffnung und Bitte, daß Gott Israel für dieses soziale Verhalten segnen möge (14,29; 26,15). Solidarität und Segen gehören hier eng zusammen (Crüsemann 1992, 254. 262ff).

Die Bestimmungen über Sabbatjahr, Passa und andere Feste in 15,1-16,17 setzen die Zehntenthematik fort, indem sie von den sozialen Folgen der sakralen Zeiten handeln, vor allem in Gestalt von Schul- B.VI Tora denerlaß (15,1-11) und Sklavenfreilassung (15,12-18) sowie der Teilnahme aller Gruppen an den Opfermahlzeiten (16,11.14, vgl. auch 12,12.18). Bei dieser Thematik ist wieder eine Rahmenfunktion innerhalb der deuteronomischen Gesetzessammlung erkennbar, indem sich auch in deren letztem Teil in 23,16-25,19 Gesetze zum Schutz der sozial Schwächeren finden.

Ein weiterer Block von Gesetzen behandelt die öffentlichen Ämter und Institutionen (16,18-18,22). Dabei steht das Gesetz über die Einsetzung von »Richtern und Schriftführern« (16,18-20) am Anfang. Das Volk soll sich selbst eine Justizorganisation schaffen, welche die Grundlage aller übrigen Institutionen bildet: »Der Gerechtigkeit, nur der Gerechtigkeit (ṣedeq ṣedeq) sollt ihr nachjagen« (V.20). Dazu gehört außer der gerechten Urteilssprechung vor allem auch, daß es kein »Ansehen der Person« und keine Bestechung gibt (V.19); ein Todesurteil darf nur auf Grund der Aussagen von zwei oder drei Zeugen gefällt werden (17,6f). Auch diese Anforderungen an die Rechtsprechung sind wieder mit dem Gebot der Reinheit und Einheit des Kultes verbunden: durch das Verbot von Masseben und Ascheren, d.h. hölzernen und steinernen Kultsymbolen (16,21f), die → 133 Forderung der Fehlerlosigkeit der Opfertiere (17,1) und der Anordnung der gerichtlichen Verfolgung kultischer Verehrung fremder Gottheiten (17,2-5).

Schließlich ist in 17,8-13 von einer übergeordneten Zentralinstanz die Rede, der solche Fälle, die für die örtlichen Gerichte zu schwierig sind, vorgelegt werden sollen. Sie besteht aus Priestern und einem obersten Richter. Ihre Entscheidungen sind bindend, sie gelten als *tôrāh* (V.11). Israel darf von ihnen »weder nach rechts noch nach links abweichen«. Diese Formulierung wird sonst für die von Mose übermittelte göttliche *tôrāh* gebraucht (5,32; 28,14). Auch die Zentralinstanz als solche erinnert an das, was in Ex 18,13-26 über die Stellung Moses gegenüber den von ihm selbst eingesetzten Richtern gesagt wird (V.22.26). So ist hier von einem obersten Gericht in Israel die Rede, das mit der gleichen Autorität entscheiden kann wie Mose (Crüsemann 1992, 120).

B.IX Königtum Erst jetzt ist vom König die Rede (Dtn 17,14-20). Schon an der Stellung des Königsgesetzes im Kontext wird deutlich, daß der König keineswegs über allem steht. Im Gegenteil: Er wird ausdrücklich dazu verpflichtet, das Gesetz ständig »vor Augen« zu haben, indem er sich eine Abschrift »dieser *tôrāh*« anfertigen läßt, und sich genau danach zu richten (V.18f). Auch im übrigen enthalten die Bestimmungen über den König vor allem Einschränkendes. Typische Elemente und Mittel der Machtausübung soll er nicht im Übermaß besitzen: Pferde zur Ausübung der militärischen Macht, Frauen zur Pflege außenpolitischer Beziehungen, Silber und Gold (V.16f). Und sein Herz soll sich nicht über seine Brüder erheben (V.20). Eine eigentümliche Spannung kennzeichnet die Auswahl des Königs. Das Volk setzt ihn ein, und er muß aus der Mitte des Volkes stammen; aber er muß von Gott erwählt sein (V.15). Hier klingen wohl die Ereignisse der späten Königszeit an, in der »das Volk« (der *ʿam- hāʾāreṣ*) den König einsetzte, sich dabei aber an die von Gott erwählte Daviddynastie hielt (2Kön 21,24; 23,30).

Schließlich folgen noch gesetzliche Regelungen für zwei weitere Gruppen: Priester und Propheten. Bei den ersteren handelt es sich hauptsächlich um Regelungen ihrer Anteile an den Opfern, von denen sie ja leben müssen (Dtn 18,1-8). Höchst komplex sind dann die folgenden Bestimmungen (V.9-22). Sie sprechen zunächst ausführlich von dem Verbot aller möglichen Kultpraktiken, vor allem von Beschwörungen und Befragungen außermenschlicher Mächte. Für Israel soll es das alles nicht geben. Gott hat ihm anderes bestimmt:

B.XIII Prophe- »Einen Propheten wie mich«, sagt Mose, »aus deiner Mitte, von deiten nen Brüdern« (V.15). Ihn wird Gott »erstehen lassen«, und zwar (so ist wohl zu verstehen), immer wieder. »Auf ihn sollt ihr hören«, denn er wird in der Nachfolge Moses reden, was Gott ihm in den Mund legen wird (V.18). Hier steht also der Prophet zunächst gegen die Zeichendeuter und Orakelbefrager, die Israel nicht braucht. Es erfährt Gottes Willen durch den Propheten in der Nachfolge Moses. Dann stellt sich aber die Frage, wie Israel erkennen kann, ob ein Prophet wirklich im Namen Gottes redet, oder ob er es sich nur anmaßt oder gar im Namen anderer Götter redet. Die Antwort erscheint äußerst pragmatisch: Ein Prophetenwort, das sich nicht erfüllt, kommt nicht von Gott, auch wenn es im Namen Gottes
76 gesprochen wird (V.22). Diese Antwort verhindert eine vorschnelle

Verurteilung eines Propheten, dessen Worte nicht auf allgemeine Zustimmung stoßen. Erst die Erfüllung kann zeigen, ob es eine wahre oder falsche Prophetie war. Mit diesem Abschnitt wird weitergeführt, was schon früher über Mose gesagt worden war: daß er der einzige wirkliche Prophet ist (Num 12,6-9). Aber nun wird der Blick in die Zukunft gerichtet. Es wird immer wieder einen von Gott eingesetzten Nachfolger Moses geben, der mit dessen Autorität redet; denn Israel wird immer wieder auf diese prophetische Stimme angewiesen sein.

In dem folgenden Komplex von Gesetzen, der im Zentrum der ganzen Gesetzessammlung steht, geht es um die Bewahrung des Lebens (19,1-21,9). Dadurch werden sehr verschiedenartige Themen miteinander verbunden: die Schaffung von Asylstädten (19,1-13), weitere Bestimmungen über Zeugenaussagen (V.15-20), Verfahren im Fall eines unbekannten Mörders (21,1-9). In diesem Kontext finden sich, eigenartig genug, die »Kriegsgesetze« (Kap.20). Sie haben hier ihren sinnvollen Ort, denn sie handeln eigentlich nicht vom Krieg, sondern von Möglichkeiten und Notwendigkeiten eines »menschlichen« Verhaltens im Kriegsfall. Sie beginnen mit einer ausführlichen Liste von möglichen Hinderungsgründen für die Teilnahme am Kriegsdienst: Wer etwas angefangen und noch nicht zum Abschluß gebracht hat, soll dies zuerst tun: sein neu gebautes Haus einweihen (V.5), die erste Lese von seinem neu angelegten Weinberg halten (V.6), seine Verlobte heiraten (V.7). Daß das Leben weitergeht, ist wichtiger als Krieg. Ja, sogar wer Angst hat, soll zu Hause bleiben (V.8), zum Schutz für ihn selbst und für die anderen, die er mit seiner Angst anstecken könnte. Wenn der Kampf beginnt, steht vor der Schlacht der Versuch einer gütlichen Einigung, um Menschenleben zu schonen (V.10f). Und schließlich sollen bei einer längeren Belagerung sogar die Obstbäume geschont werden (V.19f).

Es ist eine eher bunte Mischung von Gesetzen und Regelungen, die sich in den Kapiteln 21-25 finden. Dabei dominieren in 21,10-23,15 Gesetze, die es mit Fragen der Familie und der Sexualität zu tun haben, während in 23,16-25,19 Gesetze zum Schutz der sozial Schwächeren einen wichtigen Anteil bilden. Auch hier zeigt sich immer wieder die Sorge um den Schutz des individuellen Lebens wie auch der Gemeinschaft der Familie und Sippe.

Die Gesetzessammlung kommt zu ihrem Ende. Hier wird deutlich, daß die Gabe des Landes für das Leben Israels das Entscheidende ist. Die als »Du« angeredete Gemeinschaft Israel wird gleichsam individualisiert zum einzelnen Israeliten, der mit den Erstlingsfrüchten des Landes vor den Priester hintreten und bekennen soll: »Heute bestätige ich dem HERRN, deinem Gott, daß ich in das Land gekommen bin, von dem der HERR unseren Vätern geschworen hat, es uns zu geben« (26,3). Und dann folgt ein ausführliches Bekenntnis, das den Weg von der Knechtschaft in Ägypten bis zum Einzug in das Land, »in dem Milch und Honig fließen« rekapituliert (V.5-9). Die

Erstlingsfrüchte des Feldes sind der sichtbare Ausdruck des Segens, für den der Beter mit ihrer Darbringung dankt (V.10). Nach der Vorschrift für die Ablieferung des Zehnten im dritten Jahr (s.o. zu 14,27-29) endet das Ganze mit einem feierlichen Gebet: »Blicke herab von deiner heiligen Wohnung, vom Himmel, und segne dein Volk Israel und das Land, das du uns gegeben hast, wie du es unseren Vätern geschworen hattest, das Land, in dem Milch und Honig fließen« (V.15).

3.4
Heute bist du zum Volk für den HERRN, deinen Gott, geworden

Immer wieder heißt es im Deuteronomium »heute«. Dem angeredeten Israel wird immer erneut eingeprägt, daß alles, was damals am Horeb zwischen Gott und Israel geschehen und zu Israel gesagt worden ist, nicht der Vergangenheit angehört, sondern daß die Angeredeten selbst unmittelbar gemeint sind. So kann es in der Einleitung zum Dekalog geradezu in der Überspitzung heißen: »Der HERR, unser Gott, hat am Horeb einen Bund mit uns geschlossen. Nicht mit unseren Vätern hat der HERR diesen Bund geschlossen, sondern mit uns, die wir heute hier lebendig stehen« (Dtn 5,2f). So entscheidend wichtig die Väter immer wieder sind, jetzt kommt es auf die heute Lebenden an. Mit ihnen hat Gott den Bund geschlossen, ihnen gilt die Tora.

Das dreimalige »Heute« prägt dann am Ende der ganzen Gesetzesverkündigung die Verpflichtungszeremonie, bei der die beiden Teile der »Bundesformel« (s.o. zu Ex 6,7) feierlich ausgesprochen werden (Dtn 26,16-19): von Jhwhs Seite: »dein Gott zu sein« (V.17), und von Israels Seite: »sein Eigentumsvolk zu sein« (V.18). Grundlage für diese wechselseitige Verpflichtung bilden die »Gesetze und Rechtsvorschriften«, die Mose dem Volk bis hierhin vorgetragen hat (V.16). Israel verpflichtet sich jetzt erneut, diese Gesetze und Rechtsvorschriften, also die »Tora« zu halten, und nimmt damit in aller Form die wiederholt gemachte Zusage an, Gottes »Eigentumsvolk« zu sein.

Es spricht manches dafür, daß eine Beziehung zwischen Dtn 26,1-19 und dem Bericht über den feierlichen Bundesschluß des Königs Josia nach der Auffindung des Gesetzbuches im Tempel besteht, von dem in 2Kön 23,1-3 berichtet wird, wenn auch viele Einzelfragen offenbleiben (vgl. Crüsemann 1992, 321).

Diese Verpflichtungszeremonie bildet den Übergang zu dem breit angelegten Schlußteil, der die Gesetzessammlung, in Entsprechung zu den Einleitungskapiteln Dtn 1-11, umrahmt. Auch in diesen Kapiteln klingt das »Heute« immer wieder an, so auch in dem als Überschrift dieses Abschnitts gewählten Zitat in 27,9. Der Stil ist wiederum paränetisch und oft predigtartig. Darin zeigt sich erneut

B.III Väter

→ 38

die Intensität, mit welcher diese Gesetze eingeprägt werden und zu ihrer Einhaltung ermahnt wird. Eines der beherrschenden Themen sind Segen und Fluch als Folgen der Einhaltung oder Nichteinhaltung der Tora. Kapitel 28 erinnert mit seiner weit ausholenden Schilderung der Folgen der Nichteinhaltung der Tora an Leviticus 26; allerdings endet es ohne die Erwähnung der Umkehr Israels und → 63 der erneuten Zuwendung Gottes zu ihm. Sie findet sich erst in dem nachfolgenden Kapitel 30.

In diesem Kapitel begegnen nun auch einige bemerkenswerte Aussagen über die Tora. Nachdem alle angekündigten Strafen für die Nichteinhaltung der Tora über Israel gekommen sind, wird es umkehren, Gott wir sich ihm wieder gnädig zuwenden und es wird ihm besser gehen als zuvor (30,1-10). Darauf folgt eine überraschende Aussage über die Möglichkeit, die Tora zu erfüllen: Sie ist nicht zu B.VI Tora schwer und nicht zu fern, nicht im Himmel und nicht jenseits des Meeres. »Denn das Wort ist dir ganz nahe, in deinem Munde und in deinem Herzen, es zu tun« (V.14). Dies erinnert an die eschatologische Erwartung Jeremias, daß Gott die Tora den Israeliten ins Herz schreiben wird (Jer 31,31-34); aber es erscheint hier fast schon als → 211 Realität. Es ist als ob der Autor dieses Textes nach all den ausführlichen Schilderungen der Folgen des Fluches nicht nur den Segen als Folge der Umkehr schildern, sondern auch dazu ermutigen will, die Tora als erfüllbar, als lebbar zu erkennen und danach zu handeln. »Wähle das Leben«, heißt es einige Verse später (Dtn 30,19), »denn ER, Gott, ist dein Leben« (V.20).

3.5
Kein Prophet wie Mose

Am Schluß ergreift Mose noch einmal das Wort, um über die Zeit nach seinem Tod zu reden (Dtn 31,1ff). Zwei Dinge sind es vor allem, die er noch regeln muß. Das eine ist seine eigene Nachfolge. Für sie steht Josua schon bereit (V.3.7f.14f.23, vgl. Num 27,12-23). → 67 Einen wirklichen Nachfolger kann es aber nicht geben, und es braucht ihn auch nicht zu geben, denn die entscheidende Lebensaufgabe Moses ist ja vollendet: Er hat Israel die göttliche Tora in ihrer ganzen Fülle und in all ihren Einzelheiten vorgelegt. Und darum ist nun das andere, was noch zu tun bleibt, die schriftliche Aufzeichnung der Tora. Mose nimmt sie selbst noch vor (V.9) und schafft damit das »Buch der Tora« (V.26), das später auch »Buch der Tora Moses« genannt werden kann (Jos 8,31 u.ö.). Es soll regelmäßig öffentlich verlesen werden (Dtn 31,10-13), und es soll ständig zur Hand und vor Augen sein (vgl. Jos 1,8; Ps 1,2). → 90.296 In seinen letzten Worten warnt Mose aber noch einmal sehr nachdrücklich vor der Nichtbeachtung der Tora, ja mehr noch, er sagt voraus, daß Israel den Bund brechen wird, den Gott mit ihm geschlossen hat, und daß Gott es dafür strafen wird (Dtn 31,16-18). Dies wird in großer Ausführlichkeit in einem Lied entfaltet, das

Mose wie die Tora aufschreiben und die Israeliten lehren soll (31,19-22; 32,1-44). Das Lied schildert zunächst die Schuld Israels (32,15-21) und die Folgen der göttlichen Strafe (V.22ff), bis es dann in einer plötzlichen Wendung heißt: »Ja, der HERR wird seinem Volk Recht verschaffen, wird Mitleid mit seinen Knechten walten lassen« (V.36). Nun wendet sich Gottes Zorn gegen die fremden Götter, die doch gar keine Götter sind: »Ich, ich bin es, und neben mir gibt es keinen Gott.« Und darum: »Ich bin es, der verwundet und heilt« (V.39). So behält auch in dieser Schilderung der bevorstehenden Unheilsgeschichte Israels die Barmherzigkeit Gottes und die Treue zu seinem Bund das letzte Wort.

Auf das Lied folgt noch ein zweiter poetischer Text, ein »Segen« über die Stämme Israels (33,1-29), vergleichbar den Worten Jakobs über
→ 29
seine Söhne in Gen 49. Im Unterschied zu dem Lied in Kap.32 wird der Stammessegen aber nicht als Wort Gottes, sondern als Moses eigene Worte eingeführt. So bilden sie eine Art Testament, das mit den Worten schließt: »Wohl dir, Israel, wer ist dir gleich, du Volk, das vom HERRN gerettet ist?« (V.29). Damit dominiert am Schluß der Lobpreis über die Sonderstellung Israels als Gottes Volk, wie er
→ 69
schon in der Einleitung des Deuteronomiums, besonders in Kap.4, entfaltet worden ist, wenn auch diesmal in anderer Terminologie.

Mose durfte das Land der Verheißung nicht betreten, zu dem er Israel geführt hatte. In Dtn 3,23-27 wird berichtet, daß er Gott angefleht habe, ihn doch hinüberziehen und das Land sehen zu lassen, aber Gott habe es schroff und kategorisch abgelehnt. Der Grund für dieses eigentümliche Verbot bleibt für den Leser im Unklaren. In
→ 65
Num 20,12 ist das Verbot in einem kurzen Satz ausgesprochen mit der Begründung »weil ihr (Mose und Aaron) mir nicht geglaubt habt, so daß ihr mich vor den Augen der Israeliten als Heiligen erwiesen hättet.« Worin der Unglaube lag, wird nicht ausdrücklich gesagt. Vielleicht darin, daß Mose mit dem Stock gegen den Felsen geschlagen hat, sogar zweimal (V.11), anstatt mit ihm zu »reden«, wie Gott es ihm aufgetragen hatte (V.8)? Jedenfalls wird jetzt noch einmal diese Szene am »Haderwasser« in Erinnerung gerufen (Dtn 32,51). Dann zeigt Gott Mose vom Berg Nebo aus das ganze Land, vom Norden bis zum Süden, das er jetzt Israel geben will als Einlösung seiner Zusage: »Dies ist das Land, das ich Abraham, Isaak und Jakob versprochen habe mit dem Schwur: Deinen Nachkommen
→ 21
werde ich es geben« (34,4, vgl. Gen 12,7 u.ö.). Damit schließt sich der Kreis von der ersten Rede Gottes an Abraham bis zu den letzten Worten an Mose, vom Beginn der Erwählungsgeschichte Israels bis zu ihrer Erfüllung in der Gabe des Landes.

Mose stirbt und Gott begräbt ihn. Sein Grab bleibt den Menschen unbekannt (Dtn 34,5f). Das letzte Wort über ihn lautet: »Es stand kein Prophet in Israel mehr auf wie Mose, den der HERR von Angesicht zu Angesicht kannte« (V.10). Damit wird noch einmal, abschließend und zusammenfassend, die einmalige Sonderstellung

Moses hervorgehoben. Er war schon im Augenblick seiner Berufung in eine ganz einmalige Beziehung zu Gott hineingestellt worden (Ex 3,7-4,17). Gott war ihm »erschienen« und hatte ihm zugesagt »Ich werde mit dir sein« (Ex 3,12) wie den Erzvätern; schon hier hatte er »von Angesicht zu Angesicht« (vgl. Ex 33,11; vgl. Num 12,8: »von Mund zu Mund«) mit ihm geredet, Gott hatte ihn »gesandt« wie einen Propheten (3,10), und Mose leitete seine Reden ein wie ein Prophet: »So spricht der HERR« (4,22; 5,1 u.ö.). Gott hatte ihm seinen Namen *jhwh* kundgetan (3,14f; 6,2f), der dann durch alle Generationen hindurch sein Name sein und bleiben sollte. Es war Mose, zu dem Gott zuerst sagte: »Ich will euch mir zum Volk nehmen und will euer Gott sein« (Ex 6,7) und damit das zweiseitige Bundesverhältnis mit Israel konstituierte. Mose ist in mehrfacher Hinsicht der »Mittler«, der dazwischensteht, der in zwei Richtungen repräsentiert und vermittelt: zwischen Gott und Israel und zwischen Israel und Gott; zwischen Israel und dem Pharao und zwischen Gott und dem Pharao. Vor allem seine Mittlerstellung zwischen Israel und Gott läßt Mose zu einer Gestalt ohne Analogie in der Geschichte des biblischen Israel werden. Er schüttet gleichsam den göttlichen Zorn über Israel aus, wenn er die Gesetzestafeln zerbricht und das »Goldene Kalb« zerstört (Ex 32,19f). Aber zugleich tritt er als Fürbitter für sein Volk vor Gott und kämpft förmlich mit Gott um die Existenz Israels (Ex 32,11-14.30-34; Num 14,10-20). So wird er mit dem Ehrentitel »Knecht Jhwhs« (*'ebed jhwh*) benannt (Dtn 34,5), dem das ganze Hauswesen seines Herrn anvertraut ist (Num 12,7). Und über das alles hinaus hat er Israel die Tora gegeben.

Aber warum wird Mose hier noch einmal mit Nachdruck »Prophet« genannt? Und warum wird er so eindeutig über alle anderen Propheten erhoben? Dieser Satz am Ende des Deuteronomiums wurde zu einer Zeit formuliert, als Israel schon jahrhundertelange Erfahrungen mit Propheten hatte. Jetzt wird Mose zu ihnen in Beziehung gesetzt – genauer: sie werden zu ihm in Beziehung gesetzt. »Kein Prophet wie Mose«, das laßt den Propheten ihre prophetische Dignität, aber es formuliert einen Maßstab, an dem sie zu messen sind. Was dieser Maßstab ist, kann am Ende des Deuteronomiums nicht zweifelhaft sein: die Tora. Der Empfang und die Weitergabe der Tora durch Mose bleiben etwas Einmaliges und Unwiederholbares. Und sie bleiben aller Prophetie vor- und übergeordnet. Diese gewichtige Betonung der Sonderstellung des »Propheten« Mose am Ende des ersten Kanonteils, der »Tora«, bekommt ihren entscheidenden Akzent dadurch, daß unmittelbar darauf der zweite Kanonteil folgt: die »Propheten«. Sie sind jetzt der Tora nachgeordnet und zugleich zu- und untergeordnet. Die Propheten haben selbst keine Tora mitzuteilen wie Mose. Aber Gott wird ihnen »meine Worte in den Mund legen, und sie werden ihnen alles sagen, was ich ihnen auftrage« (Dtn 18,18, vgl. Jer 1,9.7). Die Propheten reden im Namen Gottes, wenn sie von Gott beauftragt sind und das

→ 35

→ 47

→ 36

→ 57

→ 65

B.XIII Propheten

→ 76.189

weitergeben, was er ihnen aufgetragen hat (Dtn 18,20). Aber was sie reden, wird immer der Tora zugeordnet und untergeordnet sein, die nur Mose verkündet hat. Die letzten Sätze des Prophetenkanons spiegeln diese Aussagen über die Zuordnung von »Gesetz und Propheten« wider: »Denkt an die Tora meines Knechtes Mose, die ich

→ 290

ihm am Horeb für ganz Israel aufgetragen habe« (Mal 3,22 vgl. Blenkinsopp 1977, 120ff). Dies bleibt die erste Aufgabe der Propheten. Sie ist aber mit der anderen verknüpft, die sich in der eschatologischen Erwartung ausdrückt und in der Gestalt Elijas ihre Personifikation findet: »Siehe, ich sende euch den Propheten Elija, bevor

der große und furchtbare Tag des HERRN kommt« (V.23).

I.4
Der Pentateuch als Gründungsurkunde Israels

Der Pentateuch, »die Tora«, bildet die Grundlage und den Kern des Kanons der Hebräischen Bibel. Kein anderer Teil des biblischen Kanons enthält zentrale Aussagen des religiösen Selbstverständnisses Israels in solcher Fülle und in solcher Konzentration. Kein anderer Teil ist zudem in einer so intensiven und vielfältigen Weise bearbeitet und geformt worden. Auf Grund dieser Entstehungsgeschichte zeigt der Pentateuch in immer wieder überraschender Weise beides: innere Spannungen und sogar Gegensätze und zugleich eine große Einheit und Geschlossenheit (vgl. Patrick 1995).

Der Pentateuch ist der am frühesten in seiner kanonischen Endgestalt zum Abschluß gekommene Teil der Hebräischen Bibel. Darin zeigt sich die große Bedeutung, die der Sammlung und kompositorischen Gestaltung der in ihm enthaltenen Überlieferungen zugemessen wurde. Zugleich hat der Pentateuch auch grundlegende Bedeutung für die übrigen Teile des Kanons der Hebräischen Bibel. Die meisten anderen Bücher wären nicht voll verständlich ohne die Kenntnis des Pentateuch, auf den sie sich vielfältig direkt oder indirekt beziehen.

Vor allem aber enthält der Pentateuch die Darstellung der entscheidenden Grundlagen der Existenz Israels: die Erwählung Israels durch den *einen* Gott, die Zusage des Landes, die Befreiung aus der ägyptischen Knechtschaft, die Einrichtung des Kultes, und die Gabe der Tora. Der Pentateuch schildert den Weg, auf dem Israel schrittweise bis zu dem Punkt gelangt, an dem das Leben im verheißenen Land auf diesen im Pentateuch gelegten Grundlagen beginnen kann. Dieser Weg Israels wird aber noch in einen größeren, allumfassenden Rahmen gestellt: Der Pentateuch beginnt mit der Erschaffung der Welt und der ganzen Menschheit. Das von Gott erwählte Israel steht zwar im Mittelpunkt der nachfolgenden Texte; aber es ist nicht allein auf der Welt, ja es ist nur »das kleinste unter allen Völkern« (Dtn 7,7). Dies wird in der Urgeschichte eindrucksvoll durch den großen → 72 Rahmen zum Ausdruck gebracht, in dem Israel zunächst gar nicht vorkommt. Zugleich wird damit ein anderer entscheidender Punkt unmißverständlich herausgestellt: Gott ist *einer.* Was auch immer im Lauf der Geschichte Israels an Fragen und Zweifeln und Gegenbehauptungen auftauchen mag: daß Gott *einer* ist und daß es außer ihm keine anderen Götter gibt und daß dieser *eine* die ganze Welt und die Menschheit geschaffen hat, wird im ersten Kapitel, ja im ersten Satz der Hebräischen Bibel als Grundlage und Voraussetzung alles Kommenden unbezweifelbar ausgesprochen: »Am Anfang schuf → 11 Gott Himmel und Erde.« Vor Gott gibt es keinen Anfang, und außer Gott gibt es keinen Schöpfer.

Die dramatischen Ereignisse der Urgeschichte machen noch eine andere entscheidende Voraussetzung des Lebens Israels und der ganzen Menschheit bewußt: Die Menschen leben nicht in einer ungestörten Schöpfung. Schon das erste Menschenpaar hat gegen Gottes Anordnungen verstoßen, und dann wuchs die Sünde an und nahm überhand, so daß Gott beschloß, die Schöpfung wieder zu vernichten. Nur seine eigene »Reue« hielt ihn davon ab, sie ganz zu vernichten, so daß er schließlich mit dem einzigen, der vor ihm Gnade fand, mit Noah einen Bund schloß, in dem er ihm zusagte, daß er trotz der fortbestehenden Sündigkeit der Menschen die Schöpfung nicht noch einmal mit Vernichtung bedrohen wolle (Gen 9). Was sich später in der Geschichte Gottes mit Israel wieder- → 16 holen wird (vgl. Ex 32-34), ist hier schon im Voraus dargestellt: Die → 57 sündige Menschheit lebt, wie auch Israel, nur auf Grund der Barmherzigkeit Gottes, die er in einem Bundesschluß zugesagt hat.

Auf diesem Hintergrund wird Abraham berufen. Mit ihm beginnt die erste Epoche der Geschichte Israels. Der Begriff »Erwählung« wird hier nicht ausdrücklich auf Abraham angewendet (wie in Neh 9,7); aber im Deuteronomium wird die Erwählung Israels mit Got- → 370 tes Liebe zu den Vätern begründet (Dtn 4,37; 7,6-8). So ist diese erste → 71 Epoche geprägt von der Berufung und Erwählung des Ahnherrn Israels aus der gesamten Völkerwelt heraus. In gewisser Weise wiederholt sich hier noch einmal, was nach der Sintflut mit Noah geschehen ist: Gott beginnt einen neuen Abschnitt seiner Geschichte mit der Menschheit mit einem einzelnen. Von jetzt an ist dieser kleine Ausschnitt aus der Menschheitsgeschichte das zentrale Thema der Texte der Hebräischen Bibel. Aber die Völker bleiben dabei immer im Blick, und sie sollen an dem Segen, den Abraham von Gott empfängt, Anteil haben (Gen 12,3). → 20

Für den Leser dieser Anfangsgeschichte Israels ist dabei keinen Augenblick zweifelhaft, daß der Gott, der Abraham beruft und führt, kein anderer ist als der *eine,* von dem allein seit der Erschaffung der Welt die Rede ist. Später im Deuteronomium wird dieser Zusammenhang ausdrücklich formuliert: »Siehe, dem HERRN, deinem

Gott, gehören der Himmel und der Himmel des Himmels, die Erde und alles, was auf ihr ist. Nur deinen Vätern hat sich der HERR liebend zugewandt und hat ihren Samen nach ihnen, euch, aus allen Völkern erwählt, wie es heute ist« (Dtn 10,14f). So ist dieses erste konstituierende Element der Existenz Israels schon mit der ersten Anrede Gottes an Abraham gesetzt: Der eine Gott hat Israel erwählt.

Auch das zweite Element kommt von Beginn an in Blick: die Zusage des Landes. Allerdings erscheint es in einer sehr viel weniger eindeutigen Form als das erste. Gott spricht schon in den ersten Worten, die er an Abraham richtet, von dem »Land, das ich dir zeigen werde« (Gen 12,1). Aber wenig später, als Abraham dieses Land zum ersten Mal durchzieht, lautet die Zusage: »Deinen Nachkommen werde ich dieses Land geben« (V.7). Gelegentlich heißt es zwar auch unmittelbarer: »dir will ich es geben« (13,17), aber in der ganzen Vätergeschichte bleibt eindeutig, daß das Land den Vätern noch nicht gehört. Abraham erwirbt mit der Höhle Machpela bei Hebron gleichsam angeldhaft ein kleines Stück des Landes als eigenen Besitz und als zeichenhafte Grabstätte für seine Frau Sara (Kap.23) und später auch für sich (25,9f), danach auch für andere Glieder der Familie (49,31). Aber die Väter bleiben Fremdlinge in diesem Lande, und schließlich verlassen sie es für eine ungewisse Zukunft.

Doch das Thema des verheißenen Landes bleibt präsent und tritt sofort wieder in den Vordergrund, als Gott erneut einen einzelnen beruft, um seine Geschichte mit Israel fortzuführen: Mose. Zunächst ist nur die Rede von einem »schönen und weiten Land, in dem Milch und Honig fließen«, in das Gott die Israeliten aus der ägyptischen Fronknechtschaft heraus führen will (Ex 3,8). Aber dann wird in feierlicher Gottesrede der Zusammenhang mit den Vätern hergestellt, mit denen Gott »einen Bund geschlossen« hat, »ihnen das Land Kanaan zu geben, das Land ihrer Fremdlingschaft, in dem sie als Fremde gelebt haben« (6,4). Vom Augenblick des Auszugs aus Ägypten an ist das Land dann ständig gegenwärtig als Ziel der schier endlosen Wanderung durch die Wüste. Aber es bleibt ein noch unerreichtes Ziel, und am Schluß der Erzählung des Pentateuch darf Mose es nur von der anderen Seite des Jordan aus sehen, bevor er stirbt (Dtn 34,1-5). So ist die im Pentateuch erzählte Geschichte von Abraham bis Mose eine Geschichte der unerfüllten Verheißung des Landes. Aber kein anderes Thema beherrscht und prägt diese Epoche der Geschichte wie dieses.

Der Weg in das verheißene Land wird unterbrochen durch den Aufenthalt am Sinai. Hier empfängt Israel die wesentliche Ausrüstung für sein religiöses und soziales Leben im Lande. Hier ist Israel »bei Gott« (Ex 19,4), und Gott nimmt inmitten Israels Wohnung; denn – so heißt es hier – er hat Israel eigens deshalb aus Ägypten herausgeführt, »um in seiner Mitte zu wohnen« (Ex 29, 46). Gott wohnt jetzt in einem Zelt in der Mitte des Lagers des wandernden Volkes. Hier werden die Strukturen des späteren Zu-

→ 19

→ 22

→ 39

→ 80

→ 48

sammenlebens im Lande gleichsam auf engstem Raum und in äußerster Konzentration vorgeformt und eingeübt: die Opfer mit ihrem Mittelpunkt im jährlichen »Großen Versöhnungstag« und → 62
vielfache Formen der »Heiligung« und der Abwehr und Beseitigung von Unreinheit, welche die Heiligkeit des um die Wohnung
Gottes gescharten Volkes stören könnte. Es ist eine Idealzeit, wie
sie nie wiederkehren wird, wenn Israel im verheißenen Lande sein
wird. In dieser idealen Gestalt können die Formen des kultischen
Lebens rein und ungetrübt von den Realitäten des alltäglichen Lebens ausgestaltet werden.

Die Anweisungen über die Gestaltung des Kultes und die Bewahrung der Reinheit sind Bestandteil der Tora, die Israel am Sinai
durch den Mund Moses von Gott empfängt. Aber die Tora enthält
noch viel mehr, nämlich eine Fülle von Regelungen für das
menschliche Zusammenleben unter den Realitäten des Lebens
im Lande. Am Sinai empfängt Israel die grundlegenden Zehn Ge- → 49.71
bote, die es selbst aus dem Mund Gottes hört, und dann die weiteren Gebote und Gesetze, die Mose von Gott empfängt und an
Israel weitergibt. Nach dem mühsamen Weg durch die Wüste und
nach dem von Israel selbst verschuldeten Wüstenaufenthalt von
vierzig Jahren gibt Mose den Israeliten weitere Gebote, welche
die Tora vervollständigen, ergänzen und auch neu formulieren. → 73
Diese letzte große Verkündigung der Tora ist es, auf die der Pentateuch letztlich zuläuft. Durch sie wird er selbst als ganzer zur
Tora.

Mit dem Deuteronomium steht auch die Gestalt des Mose beherrschend und prägend am Ende des Pentateuch. Im Rückblick zeigt
sich, daß er überhaupt die beherrschende Gestalt des Pentateuch
ist. Vier von den fünf Büchern des Pentateuch handeln von ihm.
Vor ihm ragen zwei andere Gestalten heraus: Noah und Abraham. → 15.19
Was aber Mose von diesen beiden unterscheidet, ist vor allem, daß
er es nicht nur als einzelner mit Gott zu tun hat, sondern daß er
zwischen Gott und Israel steht. Er leitet das Volk, er belehrt es, er
vertritt es als Fürbitter vor Gott und er gibt ihm die Tora. Aus der → 79
Sicht Israels ist er die erste Führungsfigur – eine Herrschergestalt,
aber ohne institutionalisierte Herrschaftsgewalt. Dies ist eine der
entscheidenden Botschaften der Überlieferung von Mose an die israelitische Nachwelt: daß Israel eigentlich nur von einem Menschen geführt werden kann, der in unmittelbarer Beziehung zu
Gott steht und der daraus die Weisungen für die Leitung dieses
Volkes empfängt, von dessen besonderer Stellung unter den Völkern das Deuteronomium in so hohen Worten geredet hat. Mose
ist mehr als ein Prophet, aber er ist auch mehr als alle, die nach
ihm das Volk führen werden: als Josua, die Richter, Samuel und die
Könige. Er setzt Maßstäbe, an denen die nach ihm Kommenden
sich messen lassen müssen, die aber von keinem von ihnen erreicht werden.

A.II
Die »Früheren Propheten«

Vorüberlegungen
In der jüdischen Tradition werden die auf die Tora folgenden Bücher zusammenfassend als »Propheten« (*neb̂î'îm*) bezeichnet. Dies hat seinen Grund zunächst darin, daß die Autoren der Bücher Josua bis Könige als Propheten betrachtet wurden: Josua, Samuel, der auch als Verfasser des Richterbuches galt, und Jeremia als Verfasser der Königsbücher.

E 174 Diese Bücher werden als die »Früheren Propheten« (*neb̂î'îm ri'šônîm*) von den »Späteren Propheten« (*neb̂î'îm 'ah̄arônîm*) Jesaja bis Maleachi unterschieden. In der Tat enthalten die Bücher der »Früheren Propheten« vielerlei Berichte über das Wirken von Propheten; im Unterschied zu den »Späteren Propheten« erscheinen diese jedoch im Kontext ausführlicher berichtender Texte, während in den »Späteren Propheten« die prophetischen Worte selbst den Hauptgegenstand bilden.

Die Bücher der »Früheren Propheten« werden in der christlichen Tradition in der Nachfolge der Septuaginta zu den »Geschichtsbüchern« gerechnet. Dabei ist das Buch Rut hinter dem Richterbuch eingefügt, während es im hebräischen Kanon im letzten Kanonteil unter den »Schriften« steht. Die Bücher der »Früheren Propheten« sind weithin von einer »deuteronomistischen« Sprache und Theologie geprägt, die besonders in strukturierenden Elementen der Darstellung in Erscheinung tritt. Darin stehen sie in einem deutlichen Zusammenhang mit dem Pentateuch.

E 194 Noth (1943) hat die These von einem »Deuteronomistischen Geschichtswerk«aufgestellt, welches das Deuteronomium mit einschloß und bis zum Ende des 2.Königsbuchs reichte. Dabei betrachtete er das Deuteronomium nicht als Teil des Pentateuch, so daß dieser zu einem »Tetrateuch« schrumpfte. Im Gegensatz dazu betrachtete die ältere, seit Wellhausen weithin herrschende Auffassung das Buch Josua, das erste Buch der »Früheren Propheten«, als zu den vorhergehenden fünf Büchern gehörig und sprach von einem »Hexateuch« (so auch vRad 1938).

Beide Auffassungen spiegeln unterschiedliche Folgerungen aus der Tatsache, daß der Pentateuch in mehrfacher Hinsicht mit den nachfolgenden Büchern verbunden ist, die den Fortgang der im Pentateuch begonnenen Geschichte beschreiben (vgl. Zenger u.a. 1995, 34ff). Bei beiden wurde aber die klar erkennbare kanonische Gestaltung des Pentateuch als Einheit nicht genügend beachtet, die in neueren Arbeiten wieder deutlich herausgearbeitet worden ist (vgl. Blum 1990, Blenkinsopp 1992, Crüsemann 1992).

II.1
Israel ohne Mose

1.1
Von Mose bis Samuel (ein Überblick)

Mit dem Tod Moses endet die erste, grundlegende Epoche der Geschichte Israels. Die letzten Sätze des Deuteronomiums haben die Frage hinterlassen, wer oder was nach Mose kommen wird. Überblickt man die Bücher der »Früheren Propheten« unter diesem Aspekt, so zeichnen sich drei Phasen von unterschiedlicher Länge und höchst unterschiedlichem Charakter ab.

Zunächst erscheint Josua als der unmittelbare Nachfolger Moses (Jos 1,1-9; vgl. Dtn 34,9). Er war dafür schon seit langem eingesetzt (Num 27,15-23). Es wird aber sehr deutlich betont, daß er als Nachfolger nicht auf der gleichen Stufe steht wie Mose. In Jos 1,1 wird Mose mit dem Ehrentitel »Knecht Jhwhs« bezeichnet, Josua dagegen mit dem Titel »Diener des Mose«. (Zu Jos 24,29 s.u.) Gott sagt → 90 Josua zu, daß er mit ihm sein will, wie er mit Mose war (Jos 1,5). Entscheidend ist aber, daß Josua ganz nach der Tora handeln soll, die ihm Mose befohlen hat (V.7), und daß er »dieses Buch der Tora« B.VI Tora ständig vor Augen haben und im Munde führen soll (V.8). Josua ist also ausführendes Organ der von Mose gegebenen Tora.

Gleichwohl ist er in viel höherem Maße ein Nachfolger Moses als irgendeine der nach ihm folgenden Führer- und Herrschergestalten. Er ist, wenn auch in abgeschwächtem Maße, ein charismatischer, d.h. ein unmittelbar von Gott eingesetzter Führer. Dabei ist das Besondere an ihm, daß ihm das Führungscharisma von Mose durch Handauflegung übertragen worden ist (Num 27,18-23; Dtn 34,9). → 87 Häufig ergeht an ihn auch ein unmittelbares Gotteswort (Jos 1,1; 3,7; 4,1 u.ö.). Aber dabei ist dann wieder der Unterschied zu Mose deutlich: Es kommt niemals zu einem Wechselgespräch zwischen Josua und Gott. Josua tritt auch nicht als Fürbitter auf, sondern betet in der Krisensituation mit den Ältesten gemeinsam (7,6-9). Am → 91 markantesten ist der Unterschied im Verhältnis zur Tora: Gott hat sie durch den Mund Moses gegeben und Mose hat sie eigenhändig aufgeschrieben. Josua hat dieses Buch vor sich, und es liegt gänzlich außerhalb seiner Kompetenz, etwas zu ändern oder hinzuzufügen.

So ist diese erste Phase von einer Führungsfigur geprägt, die ausdrücklich in der Nachfolge Moses steht. Es ist Josuas Aufgabe, das zu Ende zu führen, was von den durch Mose gegebenen göttlichen Zusagen noch aussteht: die Einnahme des Landes Kanaan. Josua soll das Land entsprechend den göttlichen Anweisungen einnehmen und an die israelitischen Stämme verteilen. Mit der Erfüllung dieser Aufgabe ist seine Mission beendet. Ihm bleibt nur noch, die Israeliten zum Einhalten der Tora zu ermahnen (Kap.23f). Von einer Nachfolge verlautet nichts. Insbesondere ist nicht erkennbar, daß

Josua (oder der Verfasser des Josuabuches) diese Frage aufgeworfen hätte. Josua stirbt (24,29), und damit ist die erste Etappe nach Mose beendet. Nach rückwärts ist sie eindeutig in der Mosetradition verankert. Nach vorwärts enthält sie keine Perspektive. In der zweiten Phase gibt es demnach nichts, woran angeknüpft werden könnte. Israel ist ohne Führung, »akephal« könnte man sagen (s.u.). Aber zunächst tritt dies nicht als Mangel in Erscheinung, denn Josua hat die Israeliten als Gesamtheit ermahnt, »dem HERRN zu dienen«, und sie haben es feierlich zugesagt (Jos 24,16-24). So endet die Geschichte der Josuazeit mit einem positiven Ton: Die Josuageneration hielt sich an ihre Zusage (24,31). Aber dann folgt die entscheidende Zäsur: Die Generation nach Josua »kannte den HERRN nicht mehr und auch nicht die Taten, die er an Israel getan

→ 92

hatte« (Ri 2,10). Die Folge davon war: Die Israeliten »dienten den Baalen und verließen den HERRN, den Gott ihrer Väter, der sie aus dem Land Ägypten herausgeführt hatte« (V.11f). Damit beginnt eine

B.XVI Götter

Geschichte, die bestimmt ist vom Abfall von Jhwh, von durch den Zorn Jhwhs ausgelösten Bedrückungen der Israeliten durch feindliche Völkerschaften, der Hilfe durch von Gott berufene Rettergestalten (»Richter«), und immer erneutem Abfall.

Dieses Kapitel der Geschichte wird in der Darstellung des Richterbuches ganz unter dem Aspekt des Verhältnisses Israels zu Jhwh betrachtet und ist von großer Instabilität gekennzeichnet. Vor allem hat Israel keine kontinuierliche Führung, denn die von Gott erweckten »Richter« sind nur von Fall zu Fall gesandte »Retter« (Ri 3,9.15). Nach ihrem Tod ist die Situation immer wieder die gleiche wie schon nach dem Tod Josuas: Die Israeliten »tun das Böse in den Augen des HERRN« (3,7.12; 4,1 usw.), d.h. sie »dienen anderen Göttern«.

Die Darstellung des Richterbuchs ist aber weniger rückwärts orientiert als vielmehr vorwärts im Blick auf die nächste Phase. So heißt

→ 94

es am Schluß: »In jenen Tagen gab es noch keinen König; jeder tat, was ihm recht erschien« (21,25; vgl. 17,6). Das Ungeordnete dieser Zeit erscheint im Rückblick geradezu als anarchisch. Es gibt keine Instanz, die sagt, was recht ist, und die für dessen Einhaltung sorgt. Dies könnte aus späterer Sicht nur ein König tun.

Historisch betrachtet spiegelt die »Richterzeit« die früheste erkennbare Epoche der Geschichte Israels. In ihr führten die einzelnen Stämme weitgehend ihr Eigenleben und schlossen sich nur in Zeiten der Bedrohung unter einer ad hoc eingesetzten gemeinsamen Führung zusammen. Man kann dies eine »segmentäre Gesellschaft« nennen, die keine ständige Führung hat, also »akephal« ist (vgl. Crüsemann 1978, 203; Donner 1984/86, 153f, ²176f; ob die Liste der »Kleinen Richter« in Ri 10,1-5; 12,7-15 auf ein kontinuierliches Amt der Rechtspflege oder Rechtsprechung schließen läßt, ist umstritten). Deshalb legte sich für spätere Generationen der Blick von der Königszeit rückwärts nahe. Die Zeit Moses und Josuas gehört hingegen in den Bereich einer weit davor liegenden Idealzeit.

Der Schluß des Richterbuches weist schon auf die folgende Phase voraus: die Epoche des Königtums. Der Übergang zu ihr stellt sich aber als höchst problematisch dar. Zunächst erscheint eine Gestalt, die viel eher an frühere Traditionen anknüpft als etwas Neues ankündigen: Samuel. Er wächst am Heiligtum in Silo auf, wo er »Jhwh dient« (1Sam 2,11.18); allerdings wird er nie als Priester bezeichnet. Statt dessen erscheint der Titel »Prophet« (3,20), und es wird von einer unmittelbaren göttlichen Beauftragung berichtet (3,1-14, vgl. V.21); außerdem heißt es, daß Samuel Israel »richtete« (7,6.15-17). So vereinigen sich in dem von Samuel gezeichneten Bild verschiedene Züge einer ganz ungewöhnlichen religiösen Leitungsfunktion in Israel. An ihn wird von den »Ältesten Israels« der Wunsch herangetragen, einen König einzusetzen, »wie alle Völker« ihn haben (8,5). In der göttlichen Antwort wird die Problematik dieser Forderung scharf auf den Punkt gebracht: Der Wunsch nach einem König bedeutet, daß Gott nicht mehr König über Israel sein soll. Schon früher hatte Gideon, einer der »Richter« Israels, bei einem entsprechenden Antrag an ihn das Problem auf die gleiche Formel gebracht: »Ich will nicht über euch herrschen, und auch mein Sohn soll nicht über euch herrschen; der HERR soll über euch herrschen« (Ri 8,22f).

→ 94

B.XIII Propheten

Dennoch gibt Gott, und in seinem Auftrag Samuel, die Zustimmung zur Einsetzung eines Königs. Damit beginnt die dritte Phase »nach Mose«. Sie zeigt zunächst noch einmal eine Anknüpfung an die vorhergehende Phase, indem Saul wie einer von den »Richtern« in Erscheinung tritt und einen militärischen Sieg für Israel erkämpft (1Sam 11,1-11). Dann aber, nach Sauls Salbung durch Samuel und seiner Einsetzung zum ersten König Israels, kommt es zu tiefgreifenden Konflikten zwischen beiden (vor allem 1Sam 13,7b-14; 15,10-30).

B.IX Königtum

→ 96

Darin spiegeln sich grundlegend verschiedene Konzeptionen von der Herrschaft in Israel, die in diesen Texten ihren Niederschlag gefunden haben (vgl. Crüsemann 1978). Hier behält der Prophet Samuel als Repräsentant der kultisch begründeten Auffassung der Alleinherrschaft Jhwhs die Oberhand. In der nächsten Etappe unter dem Königtum Davids verschieben sich dann die Gewichte. Die Propheten werden zu »Hofpropheten«, die den König zwar im Namen Gottes kritisieren, aber seine Macht nicht mehr in Frage stellen können (z.B. 2Sam 12).

→ 103

So hat Israel erst nach einer viele Generationen währenden Zwischenzeit wieder eine kontinuierliche Führung. Aber sie ist ganz anders als es die Führung durch Mose war. Ihr fehlt die unmittelbare Verbindung des Königs mit Gott, und es fehlt die Autorität der Toramitteilung. Deshalb erscheint es fast als unausweichlich, daß von Anfang des Königtums an eine religiöse Gegenkraft in Erscheinung tritt, gleichsam eine Kontrollinstanz: die Propheten. So beginnt mit dem Anfang des Königtums auch eine Zeit des Prophetentums, welches das Königtum mehr oder weniger kontinuierlich bis zu seinem Ende begleitet.

1.2
Ich werde mit dir sein wie mit Mose

E 175
»Mein Knecht Mose ist gestorben«. Mit diesen Worten beginnt eine neue Epoche in der Geschichte Israels (Jos 1,2). Alles, was jetzt folgt, ist Geschichte »nach Mose«. Niemand kann an Moses Stelle treten, → 80 der ihm gleich wäre (Dtn 34,10). In den ersten Worten des Buches Josua kommt dies sehr pointiert zum Ausdruck: Mose ist der »Knecht« (*'ebed)* Gottes – ein Ehrentitel, der nur wenigen herausra- → 47 genden Personen zugestanden wird (vgl. schon Num 12,7). Josua ist sein »Diener« (*mᵉšārēt*) – auch dies ein Ehrentitel, aber bezogen auf Mose, dessen »Diener« Josua schon lange vorher war (Ex 24,13; → 55 33,11; Num 11,28). Erst in Jos 24,29 (= Ri 2,8) wird Josua sozusagen postum mit dem Titel »Knecht Jhwhs« bezeichnet. Aber er hat nur das Werk Moses fortgeführt und nichts eigenes hinzugefügt.

Seine wichtigste Aufgabe ist es, Israel in das Land zu führen, das Gott ihm versprochen hat. Dabei begleitet ihn die göttliche Zusage: »Wie ich mit Mose gewesen bin, werde ich mit dir sein« (Jos 1,5). → 36 Hier wird die Zusage an Mose »Ich werde mit dir sein« (Ex 3,12) wörtlich wiederholt. Auch sonst ist Mose im Josuabuch fast ›allge-genwärtig‹. Josua soll »ganz nach der Weisung handeln, die mein Knecht Mose dir befohlen hat« (Jos 1,7), heißt es ganz zu Beginn. Und nach der vollzogenen Einnahme des Landes wird dann konsta-tiert: »So wie der HERR es seinem Knecht Mose befohlen hatte, so hatte Mose es Josua befohlen und so hatte Josua es ausgeführt« (11,15). Hier wird das Ganze noch weiter zurück verankert in dem Auftrag Gottes an Mose. Auch die Israeliten sehen und akzeptieren diese Linie von Mose zu Josua: »Genauso wie wir auf Mose gehört haben, wollen wir auch auf dich hören; möge der HERR, dein Gott, nur mit dir sein, wie er mit Mose gewesen ist« (1,17). Durch die er-folgreiche Ausführung der Aufträge Moses wird Josua von Gott »groß gemacht« (4,14a); doch auch dies veranlaßt sofort wieder zum Vergleich mit Mose: »So fürchteten sie ihn, wie sie Mose alle Tage seines Lebens gefürchtet hatten« (V.14b). Hier klingt die Reaktion des Volkes nach der Rettung am Schilfmeer an: »Da fürchtete das Volk den HERRN, und sie glaubten an den HERRN und an seinen → 43 Knecht Mose« (Ex 14,31).

Dieser Anklang ist nicht zufällig. So wie es Gottes Tat war, durch die Israel am Schilfmeer gerettet wurde, so ist es letzten Endes auch immer wieder Gott selbst, der Israel den Sieg verleiht und ihm da-mit das Land gibt, das er ihm zugesagt hat. Manche Ereignisse be-kommen dadurch geradezu den Charakter kultischer Begehungen: so das erste große Ereignis, der Durchzug durch den Jordan unter Vorantritt der von den Priestern getragenen »Bundeslade« (Jos 3f); und dann die Einnahme der Stadt Jericho, bei der in siebenmaliger feierlicher Prozession, wiederum unter Vorantritt der Lade, die Widderhörner geblasen und dadurch schließlich die Mauern zum Einsturz gebracht werden (Kap.6).

Ein Beispiel der vorauseilenden göttlichen Hilfe bietet die Vorgeschichte der Einnahme Jerichos. Die kanaanäische Hure Rahab B.XVI Völker trägt den israelitischen Kundschaftern, die sie in ihrem Haus versteckt hat, in geradezu bekenntnishafter Form ihr Wissen darüber vor, »daß der HERR euch das Land gegeben hat«, wobei sie auch den wunderhaften Auszug der Israeliten aus Ägypten und die Besiegung der Könige Sihon und Og erwähnt und versichert, daß die Bewohner des Landes von großer Furcht befallen sind (Jos 2,9-11). Dieses letztere ist dann auch die entscheidende Botschaft, welche die Kundschafter nach ihrer Rückkehr melden (V.24).

Aber es gibt auch einen Rückschlag. Die Veruntreuung von Gott zu weihenden Teilen der Beute aus der Einnahme von Jericho (vgl. Jos 6,19.24) führt zu einer schweren Niederlage Israels bei dem Versuch, die Stadt Ai einzunehmen (7,1-5). Dieser »Diebstahl Achans« wird als »Bruch des Bundes Jhwhs« gewertet (V.11.15), so daß Gott seine Zusage, mit Israel zu sein, zurückzieht (V.12), bis dieses Vergehen durch den Tod des Verantwortlichen gesühnt ist. Dahinter werden Vorstellungen und Regeln von kultisch-magischen Dimensionen sichtbar, die wir nur noch zum Teil verstehen. Der Ton liegt aber hier auf der Forderung des Gehorsams, des Einhaltens der Regeln, die für den »Bund« zwischen Jhwh und Israel konstitutiv sind. Auch die Erfüllung der von Gott gegebenen Zusage des verheißenen Landes kann gefährdet werden durch einen Bruch des Bundes von seiten Israels.

So enthält der Bericht über diese Episode im Kontext des im übrigen so erfolgreichen Vollzugs der Landnahme zugleich eine Mahnung und Warnung, den Bund nicht zu brechen. Nachdem Israel aber diese »Schandtat« (V.15) aus seiner Mitte ausgerottet hat (V.24-26), kann es die nächsten Schritte zur Einnahme des von Gott zugesagten Landes gehen (8,1-29).

Nachdem Josua das ganze Land eingenommen hat, »genau wie der HERR es zu Mose gesagt hatte«, verteilt er es als Erbbesitz (naḥᵃlāh) an die Stämme (Jos 11,23). Als dies vollendet ist, wird der Bogen noch einmal weiter zurück geschlagen: »So gab der HERR Israel das ganze Land, das er ihren Vätern zu geben geschworen hatte; sie nahmen es in Besitz und wohnten darin« (21,43). Hier wird also die Linie von den Anfängen der Geschichte Gottes mit Israel bis zur Erfüllung der damals schon gegebenen Verheißung (vgl. Gen 12,7) → 20 gezogen. In seiner Abschiedsrede verpflichtet Josua die Israeliten dann noch einmal auf »das Buch der Tora Moses« (23,6) und kehrt damit in die Rolle des Nachfolgers zurück. Aber er hat selbst keinen Nachfolger. Israel ist jetzt als ganzes mit der Verantwortung für die Bewahrung der Tora behaftet (vgl. Schäfer-Lichtenberger 1995, 217f). Im Blick auf die Zukunft kommt dabei auch schon die Gefahr

eines Abweichens von der Tora und dessen Folgen in den Blick
(23,12f.15f).

1.3
Jeder tat, was ihm recht erschien

E 177

Man kann die Texte des Buches der Richter unter sehr verschiedenen Aspekten lesen. Seinen Namen *šopᵉṭîm* »Richter« hat es von
den Einzelgestalten, die seine Darstellung beherrschen. Es sind die
Rettergestalten, die immer wieder von Gott gesandt werden, wenn
Israel in Not ist, und die in dem Einleitungsabschnitt Ri 2,11-19 zusammenfassend als »Richter« bezeichnet werden (V.16-19). An anderen Stellen heißen sie »Retter« (*môšîᵃʿ* 3,9.15, ein Wort, das Luther
mit »Heiland« übersetzt hat), oder es wird gesagt, daß sie Israel »ret-
teten« (3,31; 6,14f u.ö.). So ist das Richterbuch ein Buch der immer
wieder erfahrenen Rettung Israels durch von Gott gesandte Männer
und Frauen.

Die Einleitung berichtet aber auch, warum es jetzt für Israel immer wieder zu Zeiten der Bedrückung kommt. Es ist die Zeit nach
dem Tode Josuas, d.h. nach dem definitiven Ende der Mosezeit, die
durch seinen Nachfolger Josua noch um eine Generation verlän-
gert worden ist. Die Israeliten sind jetzt ohne politische und geist-
liche Führung, und die nächste Generation weiß nichts mehr von
all dem, was Gott für Israel getan hatte; ja, »sie kannten Jhwh
nicht mehr« (2,10).

Hinzu tritt ein neues Problem: Die Israeliten leben jetzt in unmittelbarer Nachbarschaft mit anderen Völkern, die andere Götter verehren. So liegt die Versuchung nahe, den Kult dieser Völker mitzuma-
chen (Ri 2,12). Schon in der Gesetzgebung am Sinai ist diese Gefahr

→ 52

genannt und vor ihr gewarnt worden (Ex 23,23f). Dabei ist vor allem
auch die enge Verbindung mit anderen Völkern in der Form von Bun-
desschlüssen und wechselseitiger Heirat als gefährlich bezeichnet
und darum verboten worden (Ex 23,32; 34,12f). Statt dessen sollen
die Kultstätten der besiegten oder vertriebenen Völker zerstört und
beseitigt werden. Auch in Moses Abschiedsrede, dem Deuteronomi-

→ 72

um, erscheint diese Warnung immer wieder (Dtn 7,1-5 u.ö.), und
schließlich wird sie am Anfang des Richterbuches von einem »Boten
(oder: Engel) Jhwhs« verkündigt (Ri 2,1-5).

Unmittelbar danach heißt es dann: »Die Israeliten taten das Böse in
den Augen des HERRN« (Ri 2,11). Jetzt war es also eingetreten, daß

B.XVI Götter

die Israeliten die Götter der umwohnenden Völker verehrten, allen
voran den Baal, den Hauptgott des kanaanäischen Pantheons. Häufig werden diese Götter zusammenfassend als »Baale« (*bᵉʿālîm* bezeichnet (2,11), oder es werden neben dem Baal auch weibliche
Gottheiten genannt, so Astarte (2,13) und Aschera (3,7), beide ebenfalls im Plural. Es geht hier also weniger um die Verehrung bestimmter einzelner Gottheiten, als vielmehr um das grundsätzliche

Problem der Teilnahme an kanaanäischen Kulten. Unter diesem

Aspekt ist die Richterzeit eine Zeit des permanenten Abfalls von Jhwh.

Diese beiden Aspekte sind miteinander in einer geradezu stereotypen Abfolge verknüpft: Die Israeliten verehren fremde Götter – Jhwh gibt sie in die Hand eines Feindes – die Israeliten »schreien« zu Jhwh – Jhwh läßt einen Retter erstehen, der sie befreit – das Land hat vierzig Jahre Ruhe (so exemplarisch 2,11-19, ferner 3,7-11 als »Beispielerzählung« usw.). Dieses Schema zeigt, daß das Richterbuch die beiden Aspekte gerade in ihrer Verbindung miteinander darstellen will: den Ungehorsam und Abfall Israels und die Hilfe Gottes. Dabei erinnert das »Schreien« Israels um Hilfe an sein früheres Schreien unter der Fronknechtschaft in Ägypten (vgl. Ex 2,23). → 34 Aber jetzt ist die Not Israels selbstverschuldet. Dennoch führt das Schreien um Hilfe immer wieder zu Jhwhs Eingreifen. Das erinnert an Texte im Pentateuch, die vom Abfall Israels von Jhwh, von darauf folgender Not, die oft als von Gott selbst geschickt dargestellt wird, und von schließlicher gnädiger Errettung sprechen (Lev 26; → 63.70.79 Dtn 4; 28ff u.a.). Allerdings folgt im Richterbuch immer wieder der erneute Abfall, so daß das Verhalten Israels während dieser ganzen Epoche in negativem Licht erscheint.

Von den Richtern selbst werden im wesentlichen ihre militärischen Erfolge berichtet. In einigen Fällen heißt es, daß der »Geist ($rû^ah$) Jhwhs« über den Betreffenden gekommen sei und ihn zu seinen Taten befähigt habe (3,10; 6,34; 11,29). Einmal ist es eine Frau, Debora, die als »Prophetin« und als »Richterin« bezeichnet wird und im Namen Jhwhs Barak beauftragt, den Kampf gegen die Kanaanäer zu führen (Ri 4). Sie sagt an, daß Jhwh die Feinde in die Hand Baraks (V.7.14) und damit in ihre eigene Hand (V.9) geben werde, so wie er zuvor die Israeliten in die Hand des Kanaanäerkönigs Jabin gegeben hat (V.2).

Eine Sonderstellung nimmt schließlich Gideon ein. Zunächst wird von seiner Berufung durch einen »Boten (oder: Engel) Jhwhs« berichtet (Ri 6,11-24), wobei die Zusage »ich werde mit dir sein« (V.16) an die Berufung Moses anklingt (Ex 3,12). Sodann zerstört er in ei- → 36 ner nächtlichen Aktion den Baalsaltar seines Vaters sowie die dazugehörige Aschera und bringt mit deren Holz auf einem ad hoc errichteten Altar ein Opfer für Jhwh dar (Ri 6,25-32). Dies ist das einzige Mal, daß im Richterbuch von einem israelitischen Widerstand gegen den Baalskult berichtet wird. Schließlich wird Gideon von den Israeliten aufgefordert, eine erbliche Herrschaft über Israel für sich und seine Nachkommen anzunehmen (8, 22f). Gideon lehnt dies ab mit den Worten: »Ich will nicht über euch herrschen, und auch mein Sohn soll nicht über euch herrschen; der HERR soll über euch herrschen« (Ri 8,22f). Obwohl hier nur von »herrschen« ($m\bar{a}\check{s}al$) und nicht von »König sein« ($m\bar{a}lak$) die Rede ist, kommt darin deutlich eine kritische Einstellung gegenüber dem Königtum zum Ausdruck, das als mit der Herrschaft Jhwhs unvereinbar betrachtet wird (vgl. Crüsemann 1978, 42-54). Diese Einstellung wird dann erneut am Anfang des 1.Samuelbuches sichtbar.

Insgesamt bietet das Richterbuch das Bild einer ungeordneten, ja anarchischen Epoche. Dies wird noch durch die turbulenten Erzählungen von Simson (Ri 13-16) und die Berichte von innerisraelitischen Kämpfen (Kap.19-21) verstärkt. So kennzeichnet die Notiz am Ende des Buches seine Stellung an der Schwelle zur Errichtung des Königtums: »In jenen Tagen gab es noch keinen König; jeder tat, was ihm recht erschien« (21,25; vgl. 17,6).

1.4
Damit betraut, Prophet zu sein

E 180

Die Geburtsgeschichte in 1Sam 1 signalisiert einen Neuanfang. Für den Leser ist dies eine unmittelbare Antwort auf den Schlußsatz des Richterbuches (vgl. 1991c). Die Geburt des Knaben auf Grund einer Gebetserhörung und seine Weihung für das Heiligtum werden in der literarischen Komposition noch wesentlich verstärkt durch das psalmartige Gebet der Hanna (2,1-10), das weit über den Rahmen ihres persönlichen Schicksals hinausgreift. Der Psalm preist die Macht Gottes gegen seine Feinde und seine Hilfe für die Schwachen und endet mit der Bitte, daß Gott seinem König Kraft geben und das »Horn seines Gesalbten erhöhen« möge (V.10). Damit sind die entscheidenden Stichworte gefallen, um die es im folgenden gehen wird. Den König, der nach den letzten Worten des Richterbuches dringend erwartet wird, wird Samuel salben. (Wegen dieser Voraussage wird Hanna in der jüdischen Tradition als eine der sieben Prophetinnen der Hebräischen Bibel betrachtet, vgl. Megilla 14a.)

Zugleich erweist sich der Psalm als wichtiges Element der Komposition der Anfangsgeschichte des Königtums, insbesondere der Geschichte Davids. Denn am Ende dieses Geschichtsabschnitts (und zugleich am Ende des 2.Samuelbuches) werden die in 1Sam 2 angeschlagenen Töne in den beiden psalmartigen Texten in 2Sam 22 und

→ 105

23,1-7 wieder aufgenommen. Hier wie dort wird Gott als »Fels« bezeichnet (1Sam 2,2; 2Sam 22,3 u.ö.; 23,3), seine Epiphanie wird in ähnlicher Weise geschildert (1Sam 2,10; 2Sam 22,8ff), das Motiv vom Erhöhen und Erniedrigen, vom Töten und Lebendigmachen begegnet hier wie dort (1Sam 2,6-8; 2Sam 22,17-20.28), und am Schluß ist jeweils von Gottes Segen und Hilfe für den König und »Gesalb-

B.IX David

ten« (māšîªḥ) die Rede (1Sam 10b; 2Sam 22,51), wobei in 2Sam 22 der Name Davids genannt wird. So wird im Rückblick für den Leser die Bedeutung dieses Anfangs noch einmal ganz deutlich.

Zunächst richtet sich aber das Interesse auf Samuel selbst. Seine Gestalt ist nicht ohne weiteres mit einer der anderen vor ihm und nach ihm vergleichbar. Schon seine Geburts- und Jugendgeschichte stellt in ungewöhnlicher Ausführlichkeit das Besondere seiner Anfänge dar: die detailliert geschilderte Gebetserhörung seiner Mutter

Hanna (1,1-20), seine Weihung zum Dienst am Tempel (2,19-28), der Lobpsalm der Hanna (2,1-10) und der nächtliche Empfang eines Gotteswortes, das ihn zugleich zur Gegenfigur des Priesterhauses Eli macht (3,1-18). In einer zusammenfassenden Notiz heißt es dann, daß alle seine Worte eintrafen (3,19) und daß »ganz Israel von Dan bis Beerscheba erkannte, daß Samuel damit betraut war (neʾᵉmān), Prophet für den HERRN zu sein« (V.20). Diese Formulierung klingt an Num 12,7 an, wo es heißt, daß Mose mit dem ganzen → 47 Haus Jhwhs »betraut« ist. Dabei ist der Unterschied sehr deutlich, denn Mose wird durch diese Aussage gerade von allen übrigen Propheten unterschieden. Gleichwohl wird hier Samuel bewußt in die Nähe des »Propheten« Mose gerückt (vgl. Ps 99,6). Dies wird noch einmal durch die Aussage unterstrichen, daß sich Gott auch weiterhin Samuel durch sein Wort in Schilo offenbarte (V.21). So ist Samuel nicht fern von dem Bild des Propheten, wie es in Dtn 18,18 und – → 76 im Kontrast – 18,22 gezeichnet ist.

Aber Samuel ist »mehr als ein Prophet«. Er wird in einer Leitungs- B.XIII Propheten funktion gezeichnet, die verschiedene Aspekte hat. In der Erzählung vom Verlust der Lade im Kampf gegen die Philister (1Sam 4-6) wird Samuel nicht erwähnt. Dieses Schweigen steht offenbar in einem bewußten Kontrast zu dem folgenden Kapitel, in dem von einem eindrucksvollen Sieg der Israeliten über die Philister unter der Führung Samuels berichtet wird (7,2-14, vgl. ABD V,956). Hier erscheint Samuel in einer Rolle, die insofern mit derjenigen der »Großen Richter« vergleichbar ist, als er einen Sieg mit Gottes Hilfe er- → 93 zielt. Aber zuvor hat Samuel die Israeliten aufgefordert, die fremden Götter aus ihrer Mitte zu entfernen, und die Israeliten haben dies befolgt. Und dann kämpft Samuel nicht, sondern er betet (V.5.9). So ist er auch in der Rolle des Fürbitters mit Mose vergleichbar (vgl. B.VIII Mose Aurelius 1988, 145). Die anschließende Notiz (7,15-17) zeigt ihn dann als einen »Richter«, der an wechselnden Orten Recht spricht – vielleicht vergleichbar mit den »Kleinen Richtern«. Nach 8,1 → 88 setzte Samuel später, als er alt wurde, auch seine Söhne zu »Richtern« ein, wobei V.3 zeigt, daß damit eine Tätigkeit der Rechtsprechung gemeint ist. So umfaßt seine Stellung mehr als eines der sonst in dieser Zeit genannten »Ämter«.

In 1Sam 8 wird Samuel schließlich in einer unbestrittenen Führungsrolle gezeigt. Die »Ältesten Israels« wenden sich in einer Existenzfrage Israels an ihn und tragen ihm eine sehr grundsätzliche Entscheidung an: Er soll einen König einsetzen, »wie alle Völker« ihn haben (8,5). Hier zeigt sich Samuels Sonderstellung noch einmal besonders eindrücklich, als er in ein Gespräch mit Gott eintritt, wie es seit Mose niemand getan hat (8,6-9). Die Antwort Gottes erscheint als höchst widersprüchlich. Einerseits wird der Wunsch nach einem König scharf kritisiert, weil er sich nicht nur gegen die Führungsposition Samuels, sondern gegen diejenige Gottes selbst richtet: »Nicht dich haben sie verworfen, sondern mich haben sie verworfen, daß ich nicht mehr König über sie sein soll«

(V.7). Ja, der Wunsch nach einem König wird sogar als ein Ausdruck dafür bezeichnet, daß die Israeliten seit ihrer Herausführung aus Ägypten immer wieder anderen Göttern gedient haben (V.8). Andererseits gibt Gott die Anweisung an Samuel, dem Wunsch trotzdem zu folgen, dabei aber zugleich die negativen Seiten des Königtums bekanntzumachen (V.9, vgl. V.11-18).

Die gleiche Ambivalenz zeigt sich in den folgenden Kapiteln. In zwei unterschiedlichen erzählerischen Versionen wird positiv über die Entstehung des Königtums berichtet: in der Erzählung von der heimlichen Salbung Sauls durch Samuel (1Sam 9,1-10,16) und in dem Bericht von Sauls Einsetzung zum König nach seinem Sieg über die Ammoniter (Kap.11). In 10,17-27 und Kap.12 dominiert dagegen erneut die kritische Beurteilung des Königtums, wenn auch wieder mit der schließlichen Gewährung des Wunsches nach einem König. Dabei wird Samuel noch einmal als positive Gestalt dem zu erwartenden negativen Erscheinungsbild des Königs gegenübergestellt (12,1-5 im Gegensatz zu 8,11-17). Er ermahnt das Volk, nicht von Jhwh abzuweichen und dem *tōhû* dem »Nichtigen«, d.h. anderen Göttern zu folgen (12,21). Er wird auch in Zukunft, auf ausdrückliche Bitte des Volkes, seine Rolle als Fürbitter wahrnehmen (12,19.23). So hat Israel nun seinen König »wie alle Völker«, und es muß mit ihm leben auf Gedeih und Verderb: »Wenn ihr wieder das Böse tut, werdet ihr mitsamt eurem König dahingerafft« (12,25, vgl. V.15).

1.5
Es reut mich, daß ich Saul zum König gemacht habe

Die kritische Sicht des Königtums findet in seiner ersten Phase ihre Bestätigung. Gleich zu Beginn kommt es zu einem Konflikt zwischen Samuel und Saul, der schon das Ende der Herrschaft Sauls signalisiert. Dieser Konflikt zeigt zugleich in aller Schärfe die Spannungen zwischen den politischen und militärischen Interessen und Notwendigkeiten des Königtums einerseits und der kultisch begründeten Auffassung von der Alleinherrschaft Jhwhs andererseits. Den konkreten Konfliktpunkt bildet die Darbringung eines Opfers, dessen Zeitpunkt und Vollzug sich Samuel vorbehalten hatte (1Sam 13,7b-14, vgl. 10,8), das Saul dann aber selbst darbringt, um seine militärische Mannschaft beieinander zu halten. Darin liegt nach den Worten Samuels ein Ungehorsam gegen die Anordnung (*miṣwāh*) Jhwhs, der weitreichende Konsequenzen hat. Gott wird nun nicht seine ursprüngliche Absicht wahr machen, das Königtum Sauls »für immer zu festigen«, sondern er hat schon einen anderen Mann »nach seinem Herzen« für die Herrschaft über Israel ausersehen (V.13f). Wer dieser Mann ist, wird aber hier noch nicht gesagt.

Der Konflikt spitzt sich weiter zu, als Saul gegen die von Samuel ausgesprochene Anweisung verstößt, alle Beute aus dem Feldzug gegen die Amalekiter zu »bannen«, d.h. zu vernichten (1Sam 15).

Diesmal wird in aller Form von der Verwerfung Sauls gesprochen. An Samuel ergeht ein Gotteswort: »Es reut mich, daß ich Saul zum König gemacht habe« (V.11, vgl. V.35), und später sagt Samuel selbst zu Saul: »Weil du das Wort des HERRN verworfen hast, hat der HERR dich verworfen als König« (V.23b, vgl. V.26). Wiederum ist dabei von dem »anderen« die Rede, »der besser ist als du« und dem Gott »die Herrschaft über Israel geben« wird (V.28). Auch Saul selbst bekennt schließlich, daß er »auf die Stimme des Volkes gehört« und dadurch »das Wort des HERRN übertreten« habe (15,24). Hier wird eine sehr eindeutige Alternative formuliert. Der von Gott erwählte und eingesetzte König darf nicht der Stimme des Volkes mehr gehorchen als dem göttlichen Wort.

In dem Wort Samuels wird noch eine andere Alternative formuliert. Saul hat gesagt – sei es wahrheitsgemäß oder um sich zu rechtfertigen –, daß die nicht im Vollzug des Bannes getöteten Tiere zum Opfer für Jhwh aufbewahrt worden seien. Darauf antwortet Samuel mit einem in prophetisch-poetischer Sprache formulierten Wort, in dessen Zentrum der Satz steht: »Gehorsam ist besser als Schlachtopfer, Hinhören besser als Fett von Widdern« (V.22f). Das klingt an Worte der »Späteren Propheten« an, z.B. Hos 6,6. Hier hat es seine $\rightarrow$ 250 Funktion im Konflikt zwischen Samuel und Saul: Gehorsam gegenüber dem göttlichen Wort steht an erster Stelle; selbst Opfer müssen dahinter zurücktreten.

Sauls Königtum ist gescheitert. Am Anfang seiner Wirksamkeit hieß es, daß der »Geist Gottes« über ihn gekommen sei und ihn zu seinen ersten militärischen Erfolgen befähigt habe (1Sam 11,6). Jetzt heißt es, daß der »Geist Jhwhs« von ihm gewichen sei und ein »böser Geist von Jhwh« ihn befallen habe (16,14). Gott hat seine Hand von Saul abgezogen und sie sogar gegen ihn gewendet; er ist sein Feind geworden (28,16). So wird Saul zu einer »tragischen« Gestalt im geradezu klassischen Sinne (vgl. Exum 1992). Alles folgende ist nur noch der sich lange hinziehende Abwehrkampf Sauls gegen das Ende seiner Königsherrschaft. Dabei legt ihm der Erzähler selbst schon die Einsicht in den Mund, daß David König werden wird (24,21). Auch Jonatan, der potentielle Nachfolger Sauls, muß das bestätigen (23,16-18).

Dies letzte zeigt, daß das Scheitern des Königtums Sauls nicht das B.IX Königtum Scheitern der von Gott gebilligten Errichtung eines Königtums in Israel bedeutet. Gott »bereut« nicht die Errichtung des Königtums, sondern die Einsetzung Sauls als des ersten Repräsentanten. Dabei wird zugleich, wenn auch noch ohne Namensnennung, der Blick auf den Nachfolger gerichtet (13,14; 15,28). So steht dieses Wort von der »Reue« Gottes in genauer Parallele zu dem in der Urgeschichte: So wie es dort Gott gereute, daß er die Menschen geschaffen hatte (Gen 6,6f), er dann aber nach dem Ende der Sintflut den Fortbestand $\rightarrow$ 15 der Schöpfung feierlich garantierte (8,21f; 9,8-17), so gereut es ihn jetzt, Saul zum König eingesetzt zu haben, aber bald danach garan-

→ 104

tiert er dem schon ins Auge gefaßten Nachfolger David den Bestand seiner Dynastie (2Sam 3,9f; 7,12.16 u.ö., vgl. Jeremias 1975/97). Wie die Menschheit nach der Sintflut, so lebt jetzt Israel in dem spannungsreichen Wissen um das Scheitern und die Verwerfung Sauls und zugleich um die göttliche Garantie für den Bestand der Dynastie Davids.

Schließlich macht dieser Konflikt auch deutlich, daß es noch kein unabhängiges Königtum gibt. Samuel bleibt die beherrschende Figur. Er setzt Saul ein, und dieser muß sich ihm gegenüber verantworten. Die Entscheidung über Erwählung und Verwerfung bleibt bei Gott, der sie durch seinen Beauftragten, den »Propheten« Samuel, mitteilen läßt und vollzieht. Dies zeigt erneut die einmalige Sonderstellung Samuels. Vor ihm hat es niemanden gegeben, der mit einer solchen Machtvollkommenheit über die politische Füh-

→ 95

rung Israels entscheiden konnte. Nach 1Sam 8,4f war es auch die Meinung der führenden Vertreter der Stämme Israels, daß allein Samuel diese Entscheidung fällen konnte. Wie auch immer die historischen Zusammenhänge im einzelnen zu rekonstruieren sein mögen (vgl. Donner 1984/86, 169-185, [2]193-210; Edelman 1991), jedenfalls ist deutlich, daß Samuel im Duktus der biblischen Darstellung eine herausragende Stellung einnimmt (vgl. 1997e). Er steht, wie oben gezeigt, in mehr als einer Hinsicht in der Nachfolge Moses. Er wird als Prophet bezeichnet (1Sam 3,20), wobei der Anklang an Num 12,7 deutlich ist; er tritt als Fürbitter für Israel vor Gott (1Sam 7,5.9); er steht in einem unmittelbaren Gespräch mit Gott (8,6-9), und er nimmt auch die Entscheidungen Gottes nicht einfach widerspruchslos hin (15,11.35). Schließlich folgt er dem Befehl Gottes, den Nachfolger Sauls zu salben (16,1ff); aber er tut dies nicht ohne Einrede (V.2), wie es schon bei Mose war (Ex 4) und später bei anderen Propheten sein wird (Jes 6,5; Jer 1,6 u.ö.). Doch mit diesem letzten Schritt leitet Samuel nun eine neue Ära in Israels Geschichte ein.

II.2
Israel zwischen Königen und Propheten. Die erste Epoche

2.1
Auf, salbe ihn! Das ist er!

Der Bericht über die Salbung Davids (1Sam 16,1-13) bildet die Kontrastparallele zu dem Bericht über die Salbung Sauls (9,15-10,8). Er setzt mit der ausdrücklichen Feststellung ein, daß Gott Saul ver-

worfen und sich einen neuen König ausersehen hat (16,1). Das folgende vollzieht sich dann wie bei Saul: Gott beauftragt Samuel, den

von ihm Ausersehenen zu salben, und bezeichnet ihm diesen im entscheidenden Moment: »Das ist er« (9,17; 16,12). Wie einst über Saul (10,10; 11,6) kommt dann der Geist Jhwhs über David (16,13). Aber diesmal erscheint dies als unmittelbare Folge der Salbung und zudem als eine Geistbegabung auf Dauer: »von diesem Tage an und weiterhin«. Im Kontrast dazu heißt es im nächsten Vers: »Der Geist Jhwhs war von Saul gewichen, und es quälte ihn ein böser Geist von Jhwh« (V.14).

Unter genau diesem Vorzeichen steht die erste Begegnung zwischen beiden. David, der begabte junge Leierspieler, wird an Sauls Hof gerufen, um diesem den bösen Geist zu vertreiben, wenn er ihn überfällt (V.15-23). Niemand außer David selbst weiß aber, daß er insgeheim schon zum Nachfolger Sauls designiert worden ist. Allerdings klingt es indirekt und ohne Wissen des Sprechenden in der Bemerkung dessen an, der David empfiehlt: »und der HERR ist mit ihm« (V.18).

Noch ist David aber nicht der Nachfolger Sauls, sondern sein Gegenspieler. Doch die Auseinandersetzung zwischen ihnen ist ein Kampf mit ungleichen Mitteln. Der Leser weiß, daß Sauls Uhr abgelaufen ist und daß die Zukunft David gehört. Auch Sauls Sohn Jonatan, der potentielle »Kronprinz«, weiß es und sagt es ausdrücklich (23,16-18). Schließlich muß Saul es sogar selbst bestätigen (24,21). Dabei bringt er auch den grundsätzlichen Unterschied zwischen seinem eigenen Königtum und demjenigen Davids zum Ausdruck: Davids Königtum wird Bestand haben.

Zunächst spielt sich aber eine sehr wechselvolle Geschichte zwischen Saul und David ab. Die Berichte darüber in 1Sam 17-2Sam 1 sind offenbar aus verschiedenartigem Überlieferungsmaterial zusammengefügt, und sie werden nur hin und wieder durch deutende Hinweise interpretiert (vgl. 1971). Nach dem ersten mißlungenen Versuch Sauls, David mit seinem Speer »an die Wand zu spießen« (1Sam 18,11, vgl. 19,9f), folgen einige Bemerkungen, die den Konflikt aus der Perspektive der göttlichen Bevorzugung Davids interpretieren und zugleich das tragische Moment im Geschick Sauls hervortreten lassen: »Saul fürchtete sich vor David, denn der HERR war mit ihm, von Saul aber war er gewichen« (18,12). In V.14-16 wird dies noch verstärkt: David hatte Erfolg in allem, was er tat, weil Gott mit ihm war; Saul fürchtete sich noch mehr, aber das ganze Volk liebte David als den erfolgreichen Heerführer. Dies ist zugleich der Auftakt zu einer langen Geschichte von Verfolgung und Flucht. Sie erhält noch einen besonderen Aspekt dadurch, daß die Kinder Sauls auf Davids Seite stehen und ihm bei der Flucht behilflich sind: Michal, die Saul dem David zur Frau gegeben hatte (18,17-29; 19,11-17), und Jonatan (19,1-7; 20; 23,16-18), dessen Liebe für David »wunderbarer als Frauenliebe« war (2Sam 1,26).

Noch zweimal taucht Samuel auf: Zunächst in einer letzten Begegnung mit David, der sich zu ihm geflüchtet hat (1Sam 19,18-24). Da erscheint dann auch Saul, der David verfolgt, und gerät, wie vor ihm schon seine Boten, in »prophetische« Raserei. Das ganze läuft auf die Interpretation des Sprichworts »Ist denn auch Saul unter den Propheten?« hinaus und erweist sich damit als eine Parallelüberlieferung zu 10,10-12. Diese kurze anekdotische Erzählung macht aber zugleich bewußt, daß Samuel seit der Salbung Davids als handelnde Figur aus der Erzählung verschwunden ist. Dies wird noch deutlicher bei seinem zweiten Erscheinen, als Saul in einer nächtlichen Aktion den Totengeist Samuels heraufbeschwören läßt (23,3-25). Hier wiederholt dieser noch einmal das göttliche Verwerfungsurteil über Saul (V.16-19), das Samuel zu seinen Lebzeiten schon mehrfach ausgesprochen hatte (vor

→ 97

allem 15,11.23b.26).

Die Geschichte der Flucht Davids enthält ganz unterschiedliche Elemente. Zum einen berichtet sie, wie David aus seiner prekären Situation heraus zielstrebig eine eigene Machtposition als Bandenführer (1Sam 21,1-10; 22,1-4; 25) und zeitweiliger Gefolgsmann des Philisterkönigs Achisch von Gat (21,11-16; 27,1-28,2; 29) aufbaut und dabei auch Feldzüge auf eigene Rechnung unternimmt (23,1-5; 27,8-12; 30). Hier zeigt sich seine überlegte Zukunftsplanung, indem er den Bewohnern der Städte im Gebiet des südlichen Stammes Juda Anteile von seiner Beute schickt (30,26-31) und sie sich dadurch verpflichtet (vgl. 2Sam 2,1-4). Zum andern führt der Konflikt mit Saul immer wieder zu dramatischen Situationen. Dabei schreckt Saul auch nicht davor zurück, die gesamte Priesterschaft des Heiligtums von Nob umbringen zu lassen, weil sie David unterstützt haben (1Sam 22,6-23). Mehrfach entrinnt David nur mit knapper Not (23,6-28). Zweimal wird aber auch berichtet, daß David Saul verschont, obwohl er ihn hätte töten können (24; 26). Hier erscheint David in besonders positivem Licht, weil er Saul nicht nur aus Edelmut verschont, sondern vor allem deshalb, weil er in

B.IX Königtum

ihm als dem König den »Gesalbten (*māšîᵃḥ*) Jhwhs« sieht (24,7.11; 26,9.11.16.23). Ein ganz besonderes Element ist es zudem, daß David immer wieder das göttliche Orakel befragt (22,10.15; 23,2.4.9-12; 30,7f; 2Sam 2,1; 5,18f.23f).

Saul stirbt schließlich im Kampf gegen die Philister und ebenso sein Sohn Jonatan (1Sam 31). So scheint der Weg zur Macht für David frei. Seine Vorsorge macht es ihm leicht, zunächst in Juda Fuß zu fassen. Wiederum vom göttlichen Orakel geleitet (und von seiner »politische(n) Witterung großen Formats« [Donner 1984/86, 191, ²217]), läßt er sich von den »Leuten von Juda« in Hebron zum König über das »Haus Juda« salben (2Sam 2,1-4).

Damit bahnt sich fast beiläufig eine höchst folgenreiche Entwicklung an: die politische Trennung von Nord und Süd. Ob Juda zum

→ 117

Reich Sauls gehört hat, ist umstritten. Aber gewiß hat es vor David keine politisch selbständige Größe »Juda« gegeben. Jetzt entsteht hier durch Davids Initiative ein neues politisches Machtzentrum, das später auch zum religiösen Zentrum für ganz Israel werden

wird.

Nach einem kurzen Zwischenspiel mit dem bald gescheiterten Königtum des Saulsohnes Eschbaal (2Sam 2,8-4,12) wenden sich auch die Nordstämme an David. In dem komplexen Textabschnitt 5,1-3 heißt es zuerst, daß »alle Stämme Israels« zu David nach Hebron kommen und ihre Zusammengehörigkeit mit ihm betonen: »Wir sind dein Fleisch und Bein.« Sie erinnern an die Zeit Davids als Heerführer Sauls und rufen ein Gotteswort in Erinnerung: »der HERR hat zu dir gesagt: Du sollst mein Volk Israel weiden, und du sollst zum *nāgîd* über Israel werden.« Der Titel *nāgîd* war schon Saul bei seiner Salbung durch Samuel beigelegt worden (1Sam 9,16; 10,1). Bei dem ersten Konflikt zwischen Samuel und Saul kündigte Samuel an, daß Gott einen Mann »nach seinem Herzen« zum *nāgîd* über sein Volk eingesetzt habe (13,14), und auch Abigail (die deswegen in der jüdischen Tradition neben Hanna als Prophetin gilt, Megilla 14a) spricht die Erwartung aus, daß Gott David zum *nāgîd* über Israel einsetzen werde (25,30). Diese Tradition wird hier von den Stämmen Israels aufgegriffen und weitergeführt. Schließlich heißt es dann, daß »die Ältesten Israels« zu David nach Hebron kommen. Dort schließt er einen Vertrag mit ihnen, und sie salben ihn zum König über »Israel« (2Sam 5,3).

Die Terminologie ist hier nicht ganz einheitlich. In der Überlieferung von Saul gebraucht Samuel den Titel *nāgîd* bei der geheimen Salbung Sauls (1Sam 9,16; 10,1); danach ist in der Öffentlichkeit regelmäßig vom »König« die Rede (10,24; 11,14f). So scheint hier *nāgîd* einen stärker religiösen Klang zu haben. Bei David steht die Salbungsgeschichte schon unter dem Stichwort »König« (16,1), bei der Salbung selbst wird jedoch kein Titel verwendet (V.12f). Doch auch bei David erscheint der Titel *nāgîd* in den oben genannten Texten (13,14; 25,30) im Sinne der von Gott bereits vollzogenen Designation, obwohl David noch nicht König ist. So wird er auch von den Repräsentanten der Stämme Israels (2Sam 5,2) gebraucht, während anschließend bei der Salbung wieder vom »König« gesprochen wird (V.3). Auch in 6,21 und 7,8 steht der Titel *nāgîd* in einem religiösen Kontext; er wird hingegen nie zur Bezeichnung des Königs im politischen Sinne verwendet. (Vgl. dazu Mettinger 1976; Campbell 1986, 47-61; ThWAT V, 212ff.)

Die Bezeichnung »Israel« hat jetzt eine doppelte Bedeutung. Sie bleibt die Gesamtbezeichnung für das Volk, das sich als ganzes als die Gemeinschaft der Nachkommen Jakob/Israels versteht und darin sowohl seine Gemeinsamkeit als auch seine Unterscheidung gegenüber anderen Völkern findet. Vor allem im Bereich der religiösen Sprache dominiert dieser Aspekt des Namens. Zugleich ist »Israel« jetzt aber zur Bezeichnung eines Königreichs geworden, das deutlich vom Königreich »Juda« unterschieden wird. Diese Unterscheidung bleibt auch im Bewußtsein, solange David und nach ihm Salomo in Personalunion über beide Königreiche regieren (vgl. 2Sam 5,5; 1Kön 1,35 u.ö.). Nach dem Tod Salomos und dem Zerbrechen

B.XVII Geschichte

→ 117

der Personalunion (1 Kön 12) tritt sie dann erneut und verschärft zutage.

2.2
Dein Haus und Königtum soll Bestand haben

B.IX David David ist am Ziel seiner Pläne und Wünsche. Er ist König über Juda und König über Israel und vereinigt damit eine Machtfülle in seiner Person, wie es sie in Israel nie zuvor gegeben hat. Dabei tritt im Vergleich zu den Anfängen des Königtums unter Saul sehr deutlich die politische Unabhängigkeit Davids hervor. Es gibt keine Gestalt wie Samuel, die auf seine politischen Entscheidungen Einfluß nehmen könnte. Seine Salbung zum König von Juda (2 Sam 2,4) wird ohne jeglichen religiösen Akzent berichtet, und auch die Salbung zum König von Israel ist, trotz der vorhergehenden Erinnerung an die frühere Designation zum *nāgîd*, Angelegenheit eines Vertrages, bei dem nichts über die religiöse Funktion des Königs berichtet wird (5,3). Es fehlt auch eine Notiz über damit verbundene Opfer wie etwa in 1 Sam 11,15, wenn man sich auch vorstellen kann, daß sie dazugehörten.

Das erste, was von David berichtet wird, nachdem er auch König über Israel geworden ist, ist die Einnahme der Stadt Jerusalem (2 Sam 5,6-9). Im Rückblick erscheint dies als eine besonders klug durchdachte Aktion. David schuf sich damit eine von den Stämmen Judas und Israels unabhängige Hauptstadt, die zudem in zentraler Lage zwischen den Gebieten seiner beiden Königreiche lag. Bis dahin war die kleine Jebusiterstadt offenbar wegen ihrer geringen Bedeutung und ungünstigen Verkehrslage, aber auch wegen ihrer starken Befestigung von den politischen Entwicklungen weitgehend unberührt geblieben (vgl. Alt 1925). Nun wurde sie zum Zentrum des von David errichteten Großreiches und bald auch zum Mittel-

B.X Zion punkt der israelitischen Religion. David gab der eroberten »Bergfeste Zion« den Namen »Stadt Davids« (V.9, vgl. V.7). Darin kommt zum Ausdruck, daß diese Stadt nur dem König gehörte und deshalb von den israelitischen Stämmen unabhängig war.

Im Duktus der Erzählung wird die Bedeutung dieses Schrittes deutlich markiert durch den kurzen Abschnitt 2 Sam 5,10-12, in dem nun wieder religiöse Töne anklingen: »David wurde größer und größer, und der HERR, der Gott Zebaot, war mit ihm« (V.10). Hier werden frühere Aussagen in Erinnerung gerufen, daß »der HERR mit

→ 99 ihm« war (16,18; 18,12.14). Außerdem klingt schon der mit der Lade verbundene Name Jhwh an (s.u.). Nach der Notiz über die ersten wichtigen internationalen Beziehungen mit dem König von Tyrus und den Bau eines Palastes (V.11) heißt es dann noch einmal abschließend: »Da erkannte David, daß der HERR ihn als König über Israel bestätigt und daß er sein Königtum hoch erhoben hatte um seines Volkes Israel willen« (V.12). Dies korrespondiert wieder mit

102 einer früheren Bemerkung, nach der Saul erkannte, daß Gott mit

David war (1Sam 18,28). Nun erkennt David es selbst, und er bezieht es vor allem auf sein Königtum, das gerade durch die internationale Anerkennung eine Bestätigung erfahren hat. Dieser Schlußsatz betont aber zugleich, daß Gott das Königtum »um seines Volkes Israel willen« erhöht hat. Die Zukunft des Königtums Davids, die dieser Satz schon im Auge hat, ist also eng mit der Zukunft »Israels« verknüpft.

Der nächste, wiederum wohlüberlegte Schritt Davids ist es, die »Lade Gottes« nach Jerusalem zu bringen (2Sam 6,1-19). Sie war im B.VII Kult Kampf gegen die Philister von ihrem früheren Standort in Silo geholt worden und dann an die Philister verlorengegangen. Danach war sie von den Philistern zurückgeschickt worden und hatte schließlich in Kirjat-Jearim einen vorläufigen Aufenthaltsort gefunden (1Sam 4,1-7,1). Sie scheint dann mehr oder weniger in Vergessenheit geraten zu sein; nach 7,2 stand sie dort bereits zwanzig Jahre, bevor Saul von Samuel gesalbt wurde. Der Leser erinnert sich dabei an die göttlichen Drohworte gegen das Haus des Priesters Eli am Ladeheiligtum in Silo (2,27-36; 3,11-14) und an das Geschick Elis und seiner Familie → 95 nach dem Verlust der Lade (4,12-18. 19-22). David holt nun die Lade, mit der so viele wichtige Traditionen verbunden waren, nach Jerusalem. Hier wird auch der zu ihr gehörige feierliche Gottesname genannt: »Jhwh Zebaot, der über den Keruben thront« (2Sam 6,2, vgl. B.XI Wie von Gott reden? 1Sam 4,4). Damit beginnt noch einmal ein neuer Abschnitt der Geschichte Jerusalems, der sich als noch viel folgenreicher als die vorhergehenden erweisen sollte. Jerusalem wird zum Zentrum der Religion Israels und später sogar zu dem einzigen Ort, an dem die kultische Verehrung des Gottes Israels vollzogen werden konnte. Dies alles liegt jetzt noch in weiter Ferne, aber die Einbringung der Lade nach Jerusalem war der erste Schritt, mit dem die Grundlagen für die weitere Entwicklung gelegt wurden.

Die Erzählung markiert den jetzt erreichten Zustand als entscheidenden Punkt: »Der König saß in seinem Hause, und der HERR hatte ihm vor allen seinen Feinden ringsum Ruhe verschafft« (2Sam 7,1). An dieser Stelle tritt der Prophet Natan auf (V.2ff). Die Anwesenheit eines Propheten wird hier nicht besonders hervorgehoben. In 1Sam 22,5 war schon einmal kurz von dem Propheten Gad die Rede, der David die Anweisung gab, im Land Juda zu bleiben – gewiß ein Hinweis auf die spätere Bedeutung Judas für den Beginn der Königsherrschaft Davids. Nun tritt mit Natan ein weiterer Prophet auf, und beide greifen im folgenden noch wiederholt in das Geschehen ein (2Sam 12; 24 u.ö.). Hier besteht also eine Kontinuität mit der Geschichte von Samuel und Saul sowie den Anfängen Davids. Die jetzigen Propheten sind zwar nicht ohne weiteres mit Samuel ver- → 94 gleichbar; aber sie sind zur Stelle, und sie treten mit einer klaren göttlichen Autorität gegenüber dem König auf.

Das Gespräch zwischen David und Natan (2Sam 7,1-17) hat zwei Themen, die miteinander verknüpft sind. Das verbindende Stichwort heißt »Haus«. David deutet den Plan an, für die Lade Gottes, die jetzt noch in einem Zelt wohnt, ein Haus zu bauen, wie er selbst schon eines aus Zedern besitzt (V.2). Natan gibt zunächst eine höfliche Antwort, die mit dem betonten »denn der HERR ist mit dir« abschließt (V.3). Doch dann kehrt er mit einem ausführlichen Gotteswort zurück. Darin wird zuerst Davids Plan, ein Haus für die Lade und damit für Gott selbst zu bauen, scheinbar abgewiesen: Gott hat ja auch bisher niemals von den Israeliten verlangt, daß sie ihm ein Haus bauen sollen (V.5-7). Aber dann wechselt das Thema und damit auch die Bedeutung des Wortes »Haus«. Mit einer ausdrücklichen Anrede an David (V.8) gibt Natan einen Rückblick auf die Berufung und bisherige Führung Davids, der in den Satz ausmündet: »Nun kündigt der HERR dir an, daß der HERR dir ein Haus

B.IX David

bauen will« (V.11b). Jetzt ist das »Haus« die Dynastie Davids, die Gott nunmehr errichten will. Der folgende Abschnitt verbindet dann beide Aspekte des Wortes »Haus«: Der Nachkomme Davids, dessen Königtum Gott Bestand verleihen wird, »er wird meinem Namen ein Haus bauen« (V.13). Erst nachdem Gott das Haus Davids errichtet hat, soll dann der nächste Bewohner dieses Hauses auch

→ 109

ein Haus für Gott (genauer: für seinen Namen, s.u. zu 1Kön 8) errichten. Nachdem auch diesem der Bestand des Königtums und der Beistand Gottes zugesagt worden ist (V.13b-15), kehrt die Rede Natans noch einmal zurück zu einer sehr betonten Zusage für das »Haus« und den Thron Davids, die beide »für immer« (ʿad ʿôlām) bestehenbleiben sollen (V.16).

Diese »Natanweissagung«, wie sie allgemein genannt wird, ist ein Schlüsseltext für die Darstellung der Zeit Davids im jetzigen Kontext wie auch für die »Königsideologie«, die sich in anderen Texten der Hebräischen Bibel zeigt. Die Entstehungsgeschichte dieses Textabschnitts und seine Wechselbeziehung mit Texten wie Ps 89; 132 u.a. sind Gegenstand lebhafter Diskussion (vgl. Mettinger 1976, 48-63; Waschke 1987). Dabei behält dieser Text mit seinen konzentrierten theologischen Aussagen in jedem Fall seine ganz besondere Bedeutung. Er rekapituliert die Geschichte Davids, den Gott »hin-

→ 101

ter der Herde« weggeholt und zum »nagîd über mein Volk, über Israel« gemacht hat; mit dem Gott war (vgl. 1Sam 16,18; 2Sam 5,10 u.ö.), wohin er auch ging; dessen Feinde er vernichtet hat; dem er einen großen Namen machen will unter den Großen der Welt (V.8f). Dies alles geschieht aber nicht nur um Davids, sondern um Israels willen, dem Gott einen Ort zum sicheren Wohnen bereiten will (V.10, vgl. dazu auch schon 5,12). Darum hat er jetzt auch David Ruhe vor all seinen Feinden verschafft (vgl. V.1), und darum wird er ihm ein »Haus« bauen (V.11). Die folgende Geschichte steht unter dem Vorzeichen dieser Gründungsepisode der Dynastie Davids und der daraus resultierenden Zusage für ihren Bestand.

Dabei ist bemerkenswert, daß die Ausgangsfrage nach dem Haus für Gott nur einmal im Blick auf den zu erwartenden Sohn Davids wieder aufgenommen wird (V.13). Demgegenüber kommt das Wort »Haus« in diesem Kapitel nach der Zusage an David (V.11) noch weitere siebenmal mit Bezug auf das »Haus Davids« vor. Dies gilt besonders für das große Gebet Davids in V.18-29, in dem er Gott in demütiger Weise für die Dynastiezusage dankt und diesen Dank in zweifacher Hinsicht ausweitet: in ein Bekenntnis des alleinigen Gottseins Jhwhs (V.22) und in den Lobpreis dafür, daß Gott Israel befreit, ihm einen großen Namen bereitet, es zu seinem Volk gemacht hat und sein Gott geworden ist (V.23f, vgl. 1995, 34). Hier ist die Zusage Gottes an David ganz eng mit den Zusagen Gottes an Israel verknüpft (vgl. auch schon 5,12; 7,10). In 2Sam 23,5 und Ps 89,4 → 94.298 u.ö. wird das Verhältnis Gottes zu David auch mit dem Wort $b^e r \hat{\imath} t$ »Bund« bezeichnet, wodurch es zu einem Aspekt des göttlichen Bundes mit Israel wird (vgl. Waschke 1987, 167f).

2.3
Aus deinem eigenen Haus werde ich Unheil gegen dich erheben

Die »Natanweissagung« in 2Sam 7 markiert den Höhepunkt der Geschichte des Königtums Davids. Zugleich bildet sie den Übergang zu der nun folgenden Periode seines Lebens und seiner Herrschaft, die in wachsendem Maße unter negativen Vorzeichen steht. Man kann geradezu zwei grundlegend verschiedene Perioden unterscheiden: »David unter dem Segen« (2Sam 2-7) und »David unter dem Fluch« (2Sam 9-24) (Carlson 1964). Beide erhalten ihren entscheidenden Akzent durch das Auftreten des Propheten Natan (Kap.7 und 12).

Die zweite Periode beginnt mit der zweifachen Sünde Davids: dem Ehebruch mit Batseba und der heimtückischen Beseitigung ihres Ehemannes Urija (2Sam 11). Die Wende deutet sich schon in der Bemerkung an: »Es war böse in den Augen des HERRN, was David getan hatte« (V.27).

Dann tritt der Prophet Natan auf den Plan. Zunächst hat er sich, darin mit Samuel vergleichbar, als Überbringer der göttlichen Bestätigung des Königtums Davids gezeigt (Kap.7), tritt aber nun als scharfer Kritiker des Königs und als Verkünder der göttlichen Strafe B.XIII Propheten auf: »Du bist der Mann!« (12,7). David bekennt: »Ich habe gegen den HERRN gesündigt« (V.13). Aber nun ist nichts mehr, wie es vorher war. Das Kind, das aus der ehebrecherischen Verbindung hervorgegangen ist, muß sterben (V.14), und Gott wird aus Davids eigenem Hause Unheil gegen ihn erheben (V.11). Gleichwohl werden aber die von Natan zuvor ausgesprochenen Verheißungen für Davids Dynastie nicht widerrufen. Und von Davids Sohn Salomo, den Batseba nach dem Tod des ersten Kindes gebiert, heißt es: »Der HERR liebte ihn« (V.24).

Doch jetzt folgt eine lange Kette von Erzählungen über Skandale und Intrigen in der Familie Davids, die sich sehr bald auf die Frage der Nachfolge zuspitzen: Der Erstgeborene Amnon vergewaltigt seine Schwester (2Sam 13,1-22), sein Bruder Abschalom, wohl schon der nächste Thronanwärter (von dem zweiten Davidssohn Kilab [3,3] verlautet nichts mehr), läßt ihn umbringen (13,23-37); Abschalom muß fliehen, wird begnadigt und inszeniert einen Aufstand, der David zur Flucht aus Jerusalem zwingt, aber mit Abschaloms Tod endet (13,38-19,44). Schließlich versucht der Nächstgeborene, Adonija, sich zum König zu machen; aber es gelingt Natan durch eine gut eingefädelte Hofintrige, David zu veranlassen, Batsebas Sohn Salomo als Nachfolger einzusetzen (1Kön 1,1-40). Anders als bei Saul steht bei diesen Wirren aber niemals in Zweifel, daß es sich um Auseinandersetzungen innerhalb der Familie Davids handelt, daß also der von Natan zugesagte Bestand der Daviddynastie nicht gefährdet ist.

Dies alles wird jedoch in äußerster Profanität erzählt. Nur in einer einzigen kurzen Notiz läßt der Verfasser erkennen, daß bei alledem dennoch Gott seine Hand im Spiel hat: Er läßt den guten Rat Achitofels zur sofortigen Verfolgung Davids durchkreuzen, »um Unheil über Abschalom zu bringen« (17,14) und dadurch David zu retten.

So kann man sagen, daß die »Überlieferung von der Thronnachfolge Davids« (Rost 1926) zugleich »in einem sehr ausgeprägten Sinne theologische Geschichtsschreibung« ist, indem sie »das erste Funktionieren der Nathanweissagung« zeigt (vRad 1962, 329, vgl. vRad 1944, 37f = 183f). Aber sie läßt dabei nur die »profane« Seite dieses Königtums sichtbar werden, und sie zeigt es in einer höchst realistischen Weise in seiner Gefährdung und Erniedrigung. In dem Bild Davids in der nachfolgenden Geschichte der Königszeit und in anderen Textbereichen der Hebräischen Bibel treten dann die Züge des ersten Teils der Geschichte Davids wieder stärker hervor und verbinden sich mit anderen Elementen bis hin zu einer »Königsideologie«, die gelegentlich geradezu »messianische« Aspekte enthält.

Ein eigenartig isoliert stehendes Stück ist die Erzählung von der Errichtung eines Altars durch David auf der Tenne des Jebusiters Arauna in Jerusalem (2Sam 24). Sie ist eingebettet in die Erzählung von einer von David angeordneten Volkszählung, die als Versündigung betrachtet und mit einer Pest bestraft wird, wobei der Prophet Gad eine entscheidende Rolle spielt. Der Skopus der Erzählung ist die Errichtung eines Altars an der Stelle, an der sich der von Jhwh gesandte Pestengel gerade befand, als Jhwh ihm Einhalt gebot (V.16.18ff). Hier wird nicht gesagt, wie sich diese von David installierte kultische Stätte zum späteren Tempel verhält. In 1Chr 22,1 heißt es jedoch ausdrücklich, daß dies der Platz für den Tempel und den Brandopferaltar sein sollte. Dahinter steht wohl eine Überlieferung, nach welcher der israelitische Tempel in Jerusalem an der Stelle eines älteren jebusitischen Tempels errichtet wurde, der von Salomo umgebaut wurde (Rupprecht 1977). In dem Baubericht über den Tempel in 1Kön 6 wird diese Vorgeschichte allerdings nicht erwähnt.

2.4
Gott gab Salomo Weisheit und Einsicht E 185

Bei der Einsetzung des Nachfolgers zeigt sich erneut und verstärkt die unabhängige Stellung, die das Königtum in der Regierungszeit Davids erlangt hat. Jetzt hat sich auch der Gedanke der Dynastie so weit durchgesetzt, daß es nur noch um die Frage geht, welcher der Söhne Davids die Nachfolge antreten soll. Diese Frage wird aber innerhalb der führenden und rivalisierenden politischen Gruppen entschieden; im Unterschied zur Einsetzung Davids zum König, bei der die Repräsentanten der Stämme die entscheidende Rolle spielten (2Sam 2,4; 5,1-3), ist das Volk jetzt daran nicht beteiligt. Es findet aber auch keine göttliche Designation statt wie bei Saul und David. Der Leser kennt zwar die kurze Notiz über den neugeborenen Salomo in 2Sam 12,24: »Der HERR liebte ihn«; aber darauf wird jetzt nicht Bezug genommen. Der Prophet Natan erscheint hier nur als geschickt agierender Parteigänger Salomos. → 100 → 105

Dafür kommt überraschend ein anderes Element ins Spiel. In seiner Abschiedsrede ermahnt David seinen Sohn Salomo, die »Tora Moses« einzuhalten (1Kön 2,1-4). Von ihr war seit den Tagen Josuas in den Texten nicht mehr die Rede. Der (deuteronomistische) Verfasser spannt nun einen Bogen zurück zu den Anfängen Israels »ohne Mose«. Er ruft in Erinnerung, daß die Tora Moses seither Israel als Richtschnur gegeben ist, und daß jede Herrschaftsausübung in Israel in der Nachfolge Moses steht. David kündigt seinen Tod mit den gleichen Worten an wie seinerzeit Josua: »Ich gehe den Weg aller Welt« (1Kön 2,2, vgl. Jos 23,14). Dann fährt er fort mit Worten, die an die erste Gottesrede an Josua erinnern: »Sei stark, werde ein Mann!« mit der anschließenden Aufforderung, die in der Tora Moses enthaltenen Vorschriften und Gebote einzuhalten, »damit du Erfolg hast in allem, was du tust« (vgl. Jos 1,7). In der Aufforderung, sich nach der Tora zu richten, klingen auch die Anweisungen des Deuteronomiums für den König an (Dtn 17,18-20). B.VI Tora → 90 → 76

Schließlich erinnert David an die in der »Natanweissagung« gegebenen Zusagen Gottes für seine Söhne (1Kön 2,4, vgl. 2Sam 7,12-16). Dabei kommt aber ein konditionales Moment hinein, das sich in dieser Form in 2Sam 7 nicht findet: »*Wenn* deine Söhne auf ihren Weg achten ..., dann soll dir niemals einer vom Thron Israels hinweg ausgerottet werden.« Die gleiche Wendung wiederholt Salomo später in seinem »Tempelweihgebet« in leicht geänderter Terminologie (1Kön 8,25, s.u.), und sie erscheint erneut, wiederum variiert und diesmal sehr verschärft, in der zweiten Traumvision Salomos (9,5-9, s.u.). So wird jetzt schon am Anfang der Regierungszeit Salomos die Warnung aufgerichtet, daß seine Herrschaft nur unter der Bedingung der genauen Befolgung der Tora Moses Bestand haben wird. Dabei wird zugleich im Rückblick David in ein neues Licht gerückt. Während seiner eigenen Regierungszeit war von der Tora nicht ausdrücklich die Rede. Nur einmal hieß es in einer kurzen Bemerkung: »Da- → 104 → 111 → 112 vid sorgte für (wörtlich: tat) Recht und Gerechtigkeit für sein ganzes Volk« (2Sam 8,15). Jetzt spricht David gegenüber Salomo wie einer, der sich selbst vollständig an die Tora gehalten hat. Dies kommt auch bald danach in der Traumvision an Salomo zum Ausdruck, wo Salomo sagt, daß sein Vater vor Gott »in Wahrhaftigkeit, Gerechtigkeit und Aufrichtigkeit des Herzens« gewandelt sei (3,6), und wo dann Gott selbst erklärt, daß David Gottes Satzungen und Weisungen befolgt habe (V.14). Dieses Davidbild liegt dann auch den regelmäßigen Beurteilungen der nachfolgenden Könige zugrunde, die alle an David gemessen werden; nur einmal heißt es einschränkend, David sei sein Leben lang von keinem Gebot abgewichen »außer in der Sache mit Urija, dem Hetiter« (1Kön 15,5).

→ 117

Das nun folgende Bild des Anfangs der Regierungszeit Salomos ist höchst ambivalent. Zunächst setzt David seine Rede fort (1Kön 2,5-9), indem er in einem abrupten Übergang Salomo auffordert, in seiner »Weisheit« (V.6.9) dafür zu sorgen, daß die grauen Häupter zweier Männer, mit denen David noch eine Rechnung offen hat, nicht friedlich in die Grube fahren können: Joab und Schimi. Salomo versteht nur zu gut und beseitigt gleich noch zwei eigene Feinde mit: seinen Bruder Adonija und dessen Parteigänger, den Priester Abjatar (V.13-46). So beginnt Salomos Regierung mit einem großen Morden, für das teilweise noch David verantwortlich ist.

Dann wechselt die Szene, und Gott erscheint Salomo im nächtlichen Traum (1Kön 3,4-15). Hier wird die Grundlage gelegt für ein ganz anderes Salomobild. Gott gibt Salomo einen Wunsch frei, und als bescheidener, noch junger und unerfahrener Regent bittet Salomo um ein »hörendes Herz«, um das Volk, das er Gott gegenüber als »dein Volk« bezeichnet (V.8f), regieren zu können. Gott gewährt ihm diese Bitte und dazu noch Reichtum und Ehre, um die Salomo nicht gebeten hatte. Beides soll er in einem Maße erhalten, das ihn über die Könige vor ihm und nach ihm und ebenso über seine Zeitgenossen hinausheben wird (V.12f).

B.XV Weisheit

Damit sind die Stichworte für das Folgende gegeben. Salomo bewährt seine Weisheit zunächst als unkonventionell agierender Richter (1Kön 3,16-28), wodurch ganz Israel erkennt, »daß die Weisheit Gottes in ihm ist« (V.28). Dann wird ein anderer Aspekt der »Weisheit und Einsicht« dargestellt, die Gott Salomo gegeben hat (5,9-14): Salomo verfaßte eine große Anzahl von Liedern und Sprüchen, wobei er vor allem Themen aus verschiedenen Bereichen der Natur behandelte. Diese Art der Weisheit wird mit der Weisheit der »Söhne des Ostens« und Ägyptens, d.h. der beiden großen kulturellen Zentren der damaligen Welt, verglichen und als größer als diese alle bezeichnet. Damit wird auf die »Listenwissenschaft« der großen altorientalischen Kulturen angespielt, die sich um Sammlung und systematische Ordnung aller bekannten Naturphänomene bemühte. Als das Besondere an der Weisheit Salomos wird betont, daß er diese Kenntnisse über die Natur in Form von Sprüchen und Lie-

E 114

dern wiedergegeben habe (vgl. Alt 1951). Diese beiden Texte, die exemplarische Aspekte der Weisheit Salomos behandeln, sind wie ein Rahmen um weitere Texte gelegt, in denen Einzelheiten des Regierungssystems Salomos dargestellt werden und die Größe seines Herrschaftsbereichs beschrieben wird (4,1-5,8). Dabei wird vor allem auch betont, wie friedvoll und glücklich Juda und Israel unter der Herrschaft Salomos lebten (4,20; 5,4b.5). Die sprichwörtliche Wendung, daß jeder in Sicherheit »unter seinem Weinstock und seinem Feigenbaum« sitzen kann, die in prophetischen Texten als eschatologische Verheißung begegnet (Mi 4,4; Sach 3,10), wird hier → 274 zum Ausdruck der gegenwärtigen Situation unter der Herrschaft Salomos gebraucht.

2.5
Ich habe das Haus für den Namen des HERRN gebaut

Nachdem nun Salomos Herrschaft gefestigt ist und Gott ihm »ringsum Ruhe verschafft« hat (1Kön 5,18), kehrt er an den Punkt zurück, an dem einst sein Vater in der gleichen Situation (2Sam 7,1) gewesen war: Er will »ein Haus für den Namen des HERRN, seines B.VII Kult Gottes« bauen (1Kön 5,17.19). Er beruft sich dafür auf die ausdrückliche Erklärung in der »Natanweissagung«, daß Davids Sohn dieses Haus bauen werde (2Sam 7,12f; 1Kön 5,19). Damit beginnt ein weit → 104 ausholender Bericht über den Bau des Tempels und des königlichen Palastes sowie über die Einweihung des Tempels (1Kön 5,15-8,66). Der Autor setzt einen ersten theologischen Akzent, nachdem das äußere Gebäude des Tempels fertiggestellt ist (6,11-13). Gott kündigt seine Bereitschaft an, sein gegenüber David gegebenes Versprechen wahr zu machen: »Und ich werde inmitten der Israeliten wohnen und mein Volk Israel nicht verlassen.« Aber er stellt dem wieder einen konditionalen Satz voran, der diese Zusage daran bindet, daß Salomo Gottes Geboten und Weisungen folgt (s.o. zu 2,4). → 107 Nun folgt ein groß angelegtes Kapitel über die Einweihung des Tempels. Am Anfang und am Schluß steht jeweils ein narrativer Abschnitt: über die Einholung der Lade (1Kön 8,1-13) und über die abschließende Opferzeremonie und das Laubhüttenfest (V.62-66). Einen zweiten, inneren Rahmen bilden zwei Abschnitte, in denen Salomo sich an die Festversammlung wendet und sie »segnet«, worauf mit der Formel »Gepriesen (bārûk) sei der HERR« im ersten eine Art theologischer Kommentar (V.14-21), im zweiten eine Paränese (V.54-61) folgt. Im Zentrum steht ein weit ausholendes Gebet Salomos (V.22-53). Alle Teile dieses Kapitels sind angefüllt mit gewich- → 111 tigen theologischen Aussagen, die deutliche Beziehungen zur Theologie des Deuteronomiums erkennen lassen, daneben aber auch eigenständige Elemente enthalten und untereinander keineswegs spannungsfrei sind. Offenbar kommt diesem Kapitel nicht nur für die Geschichte Salomos, sondern auch darüber hinaus große Bedeutung zu (vgl. Long 1984; Nelson 1987).

Zunächst wird berichtet, daß Salomo die »Bundeslade« aus der Davidstadt, wo sie seit ihrer Einholung nach Jerusalem durch David (2Sam 6) gestanden hatte, in den Tempel bringen und an dem für sie vorgesehenen Platz im Allerheiligsten (dem d^ebîr) aufstellen läßt (1Kön 8,1-9). Dabei wird die Kontinuität mit den Anfängen der Ladegeschichte herausgestellt. Es wird betont, daß sich in der Lade die zwei steinernen Tafeln befanden, die Mose am Horeb/Sinai in sie hineingelegt hatte (vgl. Dtn 10,1-5, vgl. Ex 25,21; 40,20). (Das »nur« in V.9 könnte sich auf anders lautende Traditionen beziehen, wie z.b. die in Hebr 9,4 wiedergegebene, daß sich in der Lade auch ein goldener Krug mit Manna und der grünende Stab Aarons befunden hätten; beide sollten aber nach Ex 16,32-34 bzw. Num 17,23-26 jeweils »vor« der Bundeslade aufbewahrt werden.) Nachdem die Lade im Allerheiligsten aufgestellt worden ist, ereignet sich etwas, was schon am Sinai geschah: Die »Wolke« und in ihr die »Herrlichkeit (kābôd) Jhwhs« erfüllt den Tempel, so daß die Priester, wie weiland Mose, nicht hineingehen können (1Kön 8,10f, vgl. Ex 40,34f). Gott nimmt damit in aller Form Wohnung im Tempel. So steht nicht nur die Lade, sondern der Tempel als ganzer in der Kontinuität der grundlegenden Begegnung Gottes mit Israel am Sinai. Dies klang auch schon in dem Gotteswort nach Abschluß des Tempelgebäudes an, wo es hieß, daß Gott »inmitten der Israeliten wohnen« wolle (1Kön 6,13) – eine wörtliche Aufnahme der göttlichen Zusage vom Sinai (Ex 29,45).

Vom Wohnen Gottes ist auch in 1Kön 8,12f die Rede. Dieses kleine Textstück, das oft als »Tempelweihspruch« bezeichnet wird, bietet besondere Probleme.

Es wirkt gegenüber dem Kontext ganz isoliert. Vor allem bietet aber die Septuaginta eine mehrfach abweichende Lesart. Dort erscheint das Stück an anderer Stelle, nämlich nach 8,53. Die Einleitungsformel, die im MT lautet »Damals sagte Salomo«, ist länger, und es findet sich noch eine Schlußformel: »Das ist ja aufgeschrieben im Buch der Lieder.« Der Inhalt dieses »Liedes« selbst beginnt in der Septuaginta mit einem Satz, der sich im MT nicht findet. Er lautet wörtlich: »Die Sonne hat der HERR am Himmel erkannt.« Wellhausen (1899, 269) hat vorgeschlagen, das griechische ἐγνώρισεν als Wiedergabe eines hebräischen הבין aufzufassen, das aber aus הכין verlesen sei, so daß der Satz lautet: »Die Sonne am Himmel hat er geschaffen, Jahve«. Diese Lesung ist weitgehend akzeptiert worden, wobei meistens übersetzt wird: »Die Sonne hat Jhwh an den Himmel gesetzt« o.ä. Dies ergibt eine antithetische Gegenüberstellung zu dem auch im MT überlieferten Satz: »Jhwh hat gesagt, im Wolkendunkel zu wohnen«, d.h. er wolle im Wolkendunkel wohnen. Aber der masoretische Text enthält diese Gegenüberstellung nicht.

Gott will im »Wolkendunkel« (^arāpel) wohnen. Heißt das: in der abgeschiedenen Dunkelheit des Allerheiligsten im Tempel? Nach dem Kontext würde das einleuchten; aber das Wort begegnet auch für das Wolkendunkel auf dem Sinai, »in dem Gott war« (Ex 20,21; Dtn 4,11; 5,22), und als Begleiterscheinung seiner himmlischen Theophanie (Ps 18,10 = 2Sam 22,10; Ps 97,2, vgl.

→ 103

→ 65

→ 61

→ 60

→ 50.70
110

ThWAT 6,397ff). Die Aussage Salomos im nächsten Vers setzt einen anderen Akzent: »Ich habe wahrhaftig ein Herrschaftshaus für dich gebaut, eine Stätte deines Thrones für alle Zeiten.« Der Tempel ist der Ort des Thronens → 44 Gottes als König (vgl. Ex 15,17f, dazu Mettinger 1982, 26f, 33ff). So stehen hier ganz unterschiedliche Vorstellungen vom Wohnen Gottes nebeneinander (s. auch u. zu V.27).

Nun setzt Salomo zunächst zu einer Rede an die ganze »Gemeinde Israel« an (V.14-21), in der er noch einmal ausführlich die Zusage Gottes durch Natan an David in Erinnerung ruft, die jetzt erfüllt ist. Deshalb konnte Salomo das Haus für den Namen Gottes bauen und darin der Lade ihren zentralen Platz geben. Dies war ja auch der Ausgangspunkt in 2Sam 7: daß David den Gedanken erwog, ein → 103 Haus für die Lade zu schaffen (V.2). Damals war Gottes Antwort zunächst: »Solltest du *mir* ein Haus bauen?« (V.5); von dem Sohn und Nachfolger Davids hieß es dann: »er wird *meinem Namen* ein Haus bauen« (V.13). Das Haus für die Lade ist also ein Haus »für Jhwh«; aber es wird schon dort als Haus »für den Namen Jhwhs« verstanden. Salomo zitiert die Gottesrede von 2Sam7 in einer in diesem Sinne erweiterten Form: »Ich habe … keine Stadt aus irgendeinem der Stämme Israels erwählt, um ein Haus zu bauen und meinen Namen dort wohnen zu lassen« (1Kön 8,16). Hier zeigt sich die Sprache des Deuteronomiums (12,5.11.21 u.ö., vgl. Mettinger 1982, 49f). → 71 Es folgt ein weit ausladendes Gebet Salomos, das oft als »Tempelweihgebet« bezeichnet wird (1Kön 8,22-53). Hier werden in der Einleitung gewichtige theologische Akzente gesetzt mit Aussagen, die auch im Deuteronomium an zentralen Stellen stehen (V.23): Es gibt keinen Gott, der Jhwh gleich wäre »im Himmel oben und auf der Erde unten« (vgl. Dtn 4,39); er ist der »Bewahrer des Bundes und der Huld« gegenüber denen, die mit ganzem Herzen vor ihm wandeln« (vgl. Dtn 7,9). Und dann die Frage: »Wohnt denn Gott wirklich auf → 73 der Erde?« (V.27). Hier werden die schon in V.12f sichtbar gewordenen Unterschiede in der Vorstellung vom Wohnsitz Gottes explizit gemacht. Dabei bekommt die Aussage vom »Namen Gottes« eine ganz präzise Funktion: Alle Himmel fassen Gott nicht, wie viel weniger der Tempel; aber Gott läßt seinen »Namen« dort wohnen, und wenn die Menschen an dieser Stelle beten, wird Gott es in seinem Wohnsitz im Himmel hören (V.28-30). Damit ist auch das Hauptanliegen des Gebets Salomos genannt. Der Tempel ist der Ort, an dem die Menschen zu Gott beten, als einzelne (V.31f), als Volk Israel (V.33-40.44-51), oder sogar als Fremde (V.41-43). Die Anlässe für die Gebete können ganz verschiedener Art sein: persönliche Schuld (V.31f), kriegerische Nöte und Gefahren (V.33f.40f), Naturkatastrophen (V.35f.37-40) und schließlich Gefangenschaft und Exil (V.46-51). Im Exil werden die Israeliten dann beten »in Richtung auf ihr Land, das du ihren Vätern gegeben hast, auf die Stadt, die du erwählt hast, und auf das Haus, das ich für deinen Namen gebaut habe« (V.48, vgl. V.44). Im Zentrum dieses Abschnitts (V.46-48) findet sich ein eindrucksvolles Wechselspiel zwischen den beiden Verben *šābāh* »gefangen wegführen« (viermal) und *šûb* »umkehren« (dreimal), deren Formen teilweise (mit Ausnahme der Betonung) identisch sind: Sie werden weggeführt, und sie werden umkehren in dem Land, in das sie weggeführt worden sind (Levenson 1982, vgl. Long 1984, 103). Dabei ist aber die Rückkehr noch nicht ins Auge gefaßt, denn es wird darum gebetet, daß die Exilierten bei denen, die sie gefangen halten, Erbarmen finden mögen (V.50). In dem ganzen Gebet wird die Bitte um Erhörung mit der regelmäßig wiederkehrenden Wendung »Höre es im Himmel!« eingeleitet (V.30.32.34.36.39.43.45.49). Darin kommt noch einmal zum Ausdruck, daß Gott im Himmel wohnt. So kann er auch die Gebete derer hören, die aus dem Exil in einem fernen Land in Richtung auf den Tempel hin beten.

B.V Exil

2.6
Er handelte nicht wie sein Vater David

Nach der Vollendung des Baus des Tempels und des Palastes »und aller sonstigen Vorhaben, die er geplant hatte« (1Kön 9,1, vgl. V.19), erscheint Gott Salomo »zum zweitenmal, wie er ihm in Gibeon erschienen war« (V.2). Der Rückbezug auf die erste Gotteserscheinung (3,4-15) ist hier das Entscheidende, denn über das Wie der zweiten Erscheinung wird nichts gesagt; der Leser soll wiederum an einen nächtlichen Traum denken. Diese beiden Traumvisionen haben eine strukturierende Funktion für die ganze Salomogeschichte (Noth 1968, 195f). Die erste eröffnet die ganz positiv gezeichnete Etappe der Regierung Salomos, in der seine Weisheit und der Bau des Tempels die entscheidenden Themen bilden. Die göttlichen Zusagen enthalten hier ein konditionales Element, das aber nicht besonders betont wird: »Wenn du auf meinen Wegen gehst ...« (3,14). Jetzt bahnt sich aber etwas Neues an. Die zweite Traumvision (9,3-9) beginnt mit einer Zusage der Erhörung des vorangegangenen Gebets Salomos (V.3-5), die wiederum mit einem »Wenn« eingeleitet ist. Dann folgt aber ein erneutes »Wenn«, das eine ausführliche Unheilsankündigung enthält (V.6-9). Dabei wechselt die Anrede von dem an Salomo gerichteten »du« zum »ihr«, das sich an Israel als ganzes wendet. Wenn Israel sich von Gott abwenden wird, dann wird es aus dem Land vertrieben werden, das Gott ihm gegeben hat, und der Tempel wird zerstört werden, so daß alle es sehen und darüber entsetzt sein werden. Damit wird die zweite Etappe der Regierungszeit Salomos eingeleitet bzw. vorbereitet. Zugleich greift diese Unheilsankündigung aber weit über die Zeit Salomos hinaus und läßt schon die Erfahrungen von Tempelzerstörung und Exil anklingen.

Zunächst werden aber in loser Folge und in unterschiedlicher literarischer Gestalt allerlei Dinge mitgeteilt, die noch an das positiv

→ 108

B.XVII Geschichte

gezeichnete Bild des ersten Teils der Regierungszeit Salomos anknüpfen: über außenpolitische Aktivitäten, verbunden mit Schiff-
fahrt und Handel (9,10-14.26-28; 10,11f.22.28f), und über Salomos
unermeßlichen Reichtum (10,14-21.23-25.26f), dazwischen als Höhepunkt die Erzählung vom Besuch der Königin von Saba (1Kön
10,1-10.13). Diese Königin ist sozusagen die Repräsentantin all der
fernen Länder, in die Salomos Ruhm gedrungen ist, und sie will sich
durch eigenes Hören und eigenen Augenschein davon überzeugen.
Sie bewundert aber nicht nur alles, was sie sieht und hört, als Ausdruck der Weisheit Salomos, sondern sie preist auch Gott dafür, daß
er Salomo »aus ewiger Liebe zu Israel« auf den Thron gesetzt habe,
damit er, wie sie hinzufügt, »Recht und Gerechtigkeit tun« soll
(V.9).
Einige dieser Mitteilungen müssen für den Leser, der die vorhergehenden Texte der Hebräischen Bibel bzw. die in ihnen enthaltenen
Vorstellungen kennt, zumindest ambivalent erscheinen. Die gewaltige Anhäufung von Gold und anderen Reichtümern (10,14ff) steht
in eklatantem Gegensatz zu dem, was in Dtn 17,17b gesagt wird; → 76
ebenso steht die Beschaffung großer Mengen von Pferden (10,26) im
Widerspruch zu Dtn 17,16. Auch die Pracht des Thrones, den Salomo nach 10,18-20 für sich anfertigen läßt, dürfte von den Verfassern
von Dtn 17 kaum gutgeheißen worden sein. So läßt der Verfasser
hier schon einen kritischen Aspekt der salomonischen Herrschaft
sichtbar werden. Dies gilt auch für die Mitteilungen über den Frondienst (9,15-23). In diesem Abschnitt wird zwar im Gegensatz zu
5,27-32 betont, daß keine Israeliten zum Frondienst herangezogen
worden seien. Gleichwohl zeigen die ausführlichen Mitteilungen
über die Einsetzung der Israeliten zu allen möglichen Dienstlei-
stungen deutliche Parallelen zu dem kritischen »Königsgesetz«, das
Samuel vor dem Beginn der Königsherrschaft den Israeliten mitgeteilt hat (1Sam 8,11-17, vgl. Crüsemann 1978a, 70ff). → 96
Die Notiz über die Übersiedelung der Tochter des Pharao, die Salomo geheiratet hatte, in das für sie gebaute Haus (9,24, vgl. 7,8b)
weist schon deutlich auf die negativen Folgen der Beziehungen Salomos zu ausländischen Frauen hin, die später als der Hauptgrund
für seine Abkehr vom rechten Glauben dargestellt werden (11,1ff).
Allerdings wird dies hier durch die Mitteilung über Salomos regelmäßige Opfer (9,25) zunächst noch ausgeglichen.
Doch mit dem Beginn von Kap.11 treten dann die negativen Aspekte im Verhalten Salomos in den Vordergrund. Die Vielzahl der fremden Frauen wird als Hauptgrund dafür bezeichnet, daß Salomo von
dem Weg abwich, den zu gehen ihn schon sein Vater David ermahnt
hatte (2,3) und der dann in den beiden Traumvisionen im Zentrum → 107
gestanden hatte (3,4; 9,4). Bei dem Bericht über Salomos Verhalten → 108.112
(11,1-8) wird ausdrücklich die Zeit in Erinnerung gerufen, als Israel
in das ihm von Gott gegebene Land kam und Gott den Israeliten
enge Beziehungen und vor allem die Heirat mit Angehörigen der

Völker verboten hatte, die im Lande wohnten (Ex 34,15f; Dtn 7,1-5). Genau dies hatte aber Salomo getan, indem er außer der Tochter des Pharao Frauen aus den Nachbarvölkern in seinen Harem aufgenommen hatte. Es werden Frauen aus den unmittelbaren Nachbarvölkern genannt: Moabiterinnen, Ammoniterinnen und Edomiterinnen, außerdem von nördlichen Nachbarn Sidonierinnen (d.h.

Phönikerinnen) und schließlich »Hetiterinnen« (wohl als Repräsentantinnen der vorisraelitischen Bevölkerung Kanaans, vgl. Gen 15,20; Jos 3,10 u.ö., vgl. auch 1Kön 9,20).

Es wird Salomo vorgehalten, daß er »hinter« diesen Göttern »hergegangen« sei (11,5), so wie er hätte hinter Jhwh hergehen sollen. Ja mehr noch: er baute außerhalb der Stadt »Kulthöhen« für die Götter seiner Frauen und legitimierte dadurch die Kulte dieser nichtisrae-

litischen Götter (V.7f). Damit vollzog er als erster eine Art negative Kultreform, der im Lauf der folgenden Geschichte nur ganz wenige positive Kultreformen gegenüberstehen werden (vgl. Hoffmann 1980).

Darin zeigt sich, daß Salomo Gott nicht so vollkommen ergeben war wie sein Vater David (11,4.6). Dies ist eine weitere Schlüsselaussage für die Beurteilung der nachfolgenden Königszeit. Alle folgenden Könige werden an David gemessen. Dieser selbst erscheint vor allem darin als der ideale König nach Gottes Willen, daß »sein Herz ungeteilt mit dem HERRN, seinem Gott« war (11,4) und er »dem HERRN vollständig nachfolgte« (V.6). Dabei ist bemerkenswert, daß diese positive Wertung Davids in der Davidgeschichte selbst in dieser Form nicht erscheint, sondern erst in der Salomoge-

schichte (vgl. schon 2,3, dann 3,3.6; 9,4 u.ö.). Hier wird David als die ideale Orientierungsfigur gezeichnet, an der alle folgenden Könige gemessen werden. Zugleich erscheint Salomo als der erste unter ihnen, der dem Idealbild nicht vollständig entspricht.

Die Folge von Salomos Fehlverhalten wird sein, daß Gott ihm das Königtum entreißen wird (11,11). Aber nun kommt erneut David

ins Spiel, diesmal zugunsten Salomos. »Um deines Vaters David willen« wird Gott sein Urteil noch nicht zu Lebzeiten Salomos vollziehen, sondern erst an seinem Sohn (V.12); und »um meines Knechtes David willen« wird er auch dem Sohn das Königtum nicht ganz entreißen, sondern ihm einen der zwölf Stämme als Herrschaftsbereich belassen (V.13; hier tritt noch »um Jerusalems willen« hinzu). So steht David am Anfang der Geschichte der von ihm begründeten Dynastie in einer doppelten Funktion: als selten erreichtes Ideal, aber zugleich auch als Garant für eine wenn auch eingeschränkte Kontinuität des Bestandes der Dynastie.

Aber für Salomo sind jetzt die Weichen gestellt. Gott läßt ihm einen Widersacher (śāṭān) erstehen in dem Edomiter Hadad (11,14-22) und dann noch einen weiteren in der Person des Reson (V.23-25). Doch die entscheidende Bedrohung seiner Herrschaft kommt von innen:

als Protest gegen sein Frondienstsystem. Einer der besonders befä-

higten Mitarbeiter in diesem System, Jerobeam, erhebt sich gegen
den König (11,26-40). An dieser entscheidenden Stelle kommt nun
ein Prophet ins Spiel. Bei der Designation Salomos zum Nachfolger
Davids war der Prophet Natan aktiv beteiligt gewesen; seither traten in der Salomogeschichte jedoch keine Propheten in Erscheinung. Nun tritt der Prophet Ahija von Schilo auf, diesmal aber als B.XIII Prophe-
Gegenspieler des Königs. Dies markiert eine geradezu dramatische ten
Wende. Die Zeit der »Hofpropheten« ist vorbei. Von jetzt an begegnen Propheten in der Opposition gegen das Königtum oder gegen → 145
einzelne Könige. Ahija ist der erste in dieser langen Reihe der Propheten.
Ahija verheißt Jerobeam in einer Zeichenhandlung und deren Deutung, daß Gott Salomo die Herrschaft entreißen und zehn der Stämme Israels Jerobeam übergeben wird. In der langen Gottesrede
(11,31-39) wiederholt er die Aussagen des Gottesworts an Salomo
(vgl. V.11-13) und fügt noch weitere Zusagen für eine künftige Dy- → 114
nastie Jerobeams hinzu, die derjenigen Davids vergleichbar sein soll
(V.37f, dazu s.u.). Salomo versucht Jerobeam zu töten, doch der
kann nach Ägypten entfliehen. Aber der Leser weiß jetzt, daß es mit
der Herrschaft Davids über die zwölf Stämme Israels zu Ende geht.
Und die Geschichte Salomos endet sozusagen sang- und klanglos.
Es wird nur noch die Dauer seiner Herrschaft über »ganz Israel«
mitgeteilt: runde vierzig Jahre (V.42), wie vor ihm schon David
(2,11).

2.7
David und Salomo (eine Bilanz)
David ist nicht nur der meistgenannte König in der Hebräischen Bi- B.IX David
bel. Sein Name ist überhaupt der am häufigsten begegnende, häufiger selbst als Mose. Der Umfang der Texte, in denen von ihm die
Rede ist, läßt sich wiederum nur mit denen über Mose vergleichen.
(Wenn man die Chronikbücher hinzunimmt, übersteigen die Texte
über David sogar diejenigen über Mose.) Die Erwähnungen Davids
greifen aber weit über die Texte hinaus, die von ihm selbst und seiner Geschichte handeln. Vieles von dem, was in anderen Texten
über ihn gesagt oder mit seinem Namen verbunden wird, hat keinen unmittelbaren Anhalt an den Erzählungen und Berichten über
sein Leben und Wirken. Offenbar waren die mit dem Namen Davids
verbundenen Traditionen vielfältiger und vielschichtiger als diese-
nigen, die in den Samuelbüchern und dem Anfang der Königsbücher
überliefert sind.
Das Bild Davids ist aber auch in den erzählenden Überlieferungen
mehrschichtig, ja ambivalent. Es sind vor allem zwei Aspekte, die
seine Bedeutung ausmachen. Zum einen ist David der von Gott erwählte und von dem Propheten Samuel gesalbte König und damit
zugleich der Begründer der Dynastie, deren Bestand durch den Propheten Natan bestätigt wurde und die vierhundert Jahre lang in Je-

rusalem regiert hat. Zum andern hat er durch große militärische und außenpolitische Erfolge Israel zu einer Großmacht im Vorderen Orient gemacht, wie es sie nach ihm nie wieder gegeben hat. Im übrigen geben aber die Texte wenig Anlaß, seine persönliche Lebensführung als besonders vorbildlich zu betrachten oder ihm ein besonderes Engagement in religiösen Dingen zu attestieren.

Dieses Bild ändert sich mit dem Übergang der Herrschaft an Salomo. In seiner Abschiedsrede ermahnt David seinen Sohn Salomo, die »Tora Moses« einzuhalten (1Kön 2,1-4), während sonst in Davids eigener Regierungszeit von der Tora nie ausdrücklich die Rede war. Von nun an herrscht das Bild, daß David Gottes Satzungen und Weisungen vorbildlich befolgt habe (3,14 u.ö.). Diese Feststellung hat aber jeweils die Funktion, das Verhalten Salomos daran zu messen, sei es in der Mahnung, Davids Vorbild zu folgen, oder in dem Urteil, dies nicht getan zu haben. So wird in den Königsbüchern David erst als Gegenbild Salomos zum vorbildlichen, Jhwh-treuen König stilisiert.

Umgekehrt entsteht für Salomos Regierungszeit durch die Gegenüberstellung mit dem Idealbild Davids ein negatives Gesamturteil. Salomo erscheint vom Ende her geradezu als der »mißratene Nachfolger« (Schäfer-Lichtenberger 1995, 356ff). Dies entspricht aber keineswegs der Darstellung seiner Regierungszeit im einzelnen. Salomo hat den schon von David geplanten Tempel gebaut und damit Jerusalem auch zum kultischen Mittelpunkt Israels gemacht. Seine ganz unkriegerischen außenpolitischen Beziehungen haben ihm, zusammen mit seiner Pflege der »Weisheit«, großes internationales Ansehen eingebracht. Auch für Salomo gilt im übrigen, wenn auch in geringerem Maße als für David, daß außerhalb der Königsbücher noch andere Überlieferungen über ihn im Umlauf sind, die durchweg an diese positiven Seiten seiner Herrschaft anknüpfen. In der Darstellung seiner Regierungszeit selbst wird aber vom Ende her ein religiös begründetes negatives Urteil über ihn gefällt, dessen Voraussetzung der Kontrast zum Idealbild Davids bildet.

Der Grund dafür liegt offen zutage: Die Herrschaft Davids über »ganz Israel«, d.h. über das Gesamtgebiet von »Juda« und »Israel«, war schon mit der Regierungszeit Salomos zu Ende gegangen. Die ideale Herrschaft der Daviddynastie war, so mußte es erscheinen, an dem Versagen des Nachfolgers Salomo gescheitert. Dieses Versagen wurde dann im zusammenfassenden Rückblick aus der vom Deuteronomium geprägten Sicht als Scheitern an der Tora Moses gedeutet. Insbesondere die Pflege der Kulte ausländischer Gottheiten durch die Frauen Salomos mußte als Verstoß gegen das Gebot der Alleinverehrung Jhwhs erscheinen und wurde deshalb als der entscheidende Grund für den Niedergang der von David errichteten Herrschaft über »ganz Israel« verstanden. So erscheint Salomo »einerseits als der große Tempelbauer..., andererseits aber auch als der Götzendiener, auf dem dennoch die bleibende Verheißung von

→ 107

→ 109

→ 108

→ 113

116

2.Sam 7 ruhte« (Donner 1984/86, 229, ²256). Das prophetische Wort
an David, daß »das Schwert auf ewig nicht mehr von deinem Hause
weichen« soll und daß Gott »aus deinem eigenen Hause Unheil gegen dich erheben« wird (2Sam 12,10f), scheint demgegenüber fast
vergessen. (Vgl. jedoch 1Kön 15,5.) David ist mehr und mehr zur in- → 108
tegren Idealfigur geworden. Die Verantwortung für das Ende seines
Großreichs ist ganz auf den Nachfolger übergegangen.
Der zusammenfassende Rückblick auf die Regierungszeit Davids
und Salomos zeigt schließlich auch, daß Anfang und Ende entscheidend durch prophetische Worte geprägt werden, die gleichsam einen Rahmen um diese Epoche bilden. David wird von Samuel zum
König gesalbt (1Sam 16,1-13), und seine Salbung erhält dadurch be- → 98
sonderes Gewicht, daß David die Alternative zu dem von Gott ver-
worfenen Saul darstellt. Später sagt Natan David die Dauerhaftig-
keit seiner Dynastie zu (2Sam 7). Die Möglichkeit des Endes dieser → 103
ersten Epoche des israelitischen Königtums wird zunächst in einer
Salomo zuteil werdenden Traumvision ins Auge gefaßt (1Kön 9,1- → 112
9). Dann aber tritt in Ahija von Schilo wiederum ein Prophet auf,
der das definitive Ende der Herrschaft der Daviddynastie über Israel
und Juda ankündigt (1Kön 11,29-39). So werden Anfang, göttliche → 115
Bestätigung und Ende dieser Epoche durch drei Prophetengestalten
geprägt.

II.3
Israel und Juda zwischen Königen und Propheten. Fortsetzung und Ende

3.1
Israel fiel vom Haus David ab

Das Ende der Herrschaft der Daviddynastie über »ganz Israel« stellt
sich in der Überlieferung als ein höchst komplexer Vorgang dar. Der
Übergang von Salomo auf seinen Sohn Rehabeam erscheint zunächst als unproblematisch. Wie schon beim Wechsel von David zu
Salomo wird die dynastische Erbfolge nicht in Zweifel gezogen, und
es verlautet auch nichts darüber, daß es im Blick auf die Person des
Nachfolgers Probleme gegeben habe. Statt dessen tritt aber der soziale Konflikt in den Vordergrund, der durch die harte Fronarbeit
entstanden war, die Salomo seinen Untergebenen zugemutet hatte.
Der Widerstand dagegen hatte sich schon zu Lebzeiten Salomos for-
miert (s.o. zu 1Kön 11,26-40); nun tritt er unverhüllt zu Tage. In der → 114
Darstellung zeigt sich eine auffallende Ähnlichkeit mit der Situation der Israeliten in der Fronknechtschaft in Ägypten, aus der sie
durch Mose befreit wurden (vgl. Kegler 1983; Albertz 1992, 219).
Dieser Konflikt macht zugleich deutlich, daß die Verbindung der
beiden politischen Größen »Juda« und »Israel«, die David unter sei-

ner Herrschaft vereinigt hatte (vgl. 2Sam 2,4 und 5,1-5), keineswegs stabil war. Im Gegenteil, der soziale Konflikt bekommt seine politische Sprengkraft gerade dadurch, daß jetzt die Nordstämme, also »Israel«, den neuen König aus der Daviddynastie nicht ohne weiteres anerkennen, sondern neue Verhandlungen mit ihm verlangen. Und als Rehabeam nicht bereit ist, die Fronbedingungen zu erleichtern, kommt es zum Bruch. Der Erzähler deutet dies als Erfüllung des durch den Propheten Ahija an Jerobeam ergangenen Gotteswortes (1Kön 12,15). So wird dann auch Jerobeam, der schon den Aufstand gegen Salomo angeführt hatte, zum König über Israel erhoben (1Kön 12,20).

B.XIII Propheten
→ 115

In der Mitwirkung des Propheten Ahija von Schilo zeigt sich ein weiterer wichtiger Aspekt. Nach der Erzählung von 1Kön 11,26-40 hat er Jerobeam durch eine Zeichenhandlung und ein damit verbundenes Gotteswort zum Aufstand gegen Salomo veranlaßt. Die Art seines Auftretens zeigt eine deutliche Veränderung der Rolle des Propheten gegenüber seinen »Vorgängern«. Natan und Gad standen in enger Beziehung zum König und zum Königshof. (Gad wird sogar

→ 106

als ḥozēh dāwid, »der Seher Davids« bezeichnet, 2Sam 24,11). Ahija trifft Jerobeam jedoch »auf dem Weg« außerhalb Jerusalems und verkündet ihm eine gegen das Königshaus gerichtete Botschaft. Dabei wiederholt er die schon durch ein Gotteswort an Salomo ergangene Ankündigung, daß Gott Salomo die Herrschaft »entreißen« wird (V.31-36, vgl. V.11-13), und wendet dies nun auf Jerobeam an: Ihm wird Gott die Herrschaft über zehn der Stämme Israels übertragen (V.31; in V.11 hieß es: »deinem Knecht«). Als Grund wird wieder die Verehrung fremder Götter genannt, wobei noch einmal der Gegensatz zu dem vorbildlichen Verhalten Davids betont wird (V.33b). Auch die zweifache Einschränkung »um Davids willen« wird wiederholt: Die Herrschaft soll Salomo nicht zu seinen Lebzeiten weggenommen werden, und seinem Sohn wird ein Stamm übriggelassen werden (V.34-36). Dies wird damit begründet, daß für David eine »Leuchte« in Jerusalem erhalten bleiben soll (V.36), eine

→ 133.135

Aussage, die später noch mehrfach begegnen wird (vgl. 1Kön 15,4; 2Kön 8,19).

So sind hier drei ganz unterschiedliche Betrachtungsweisen für das Ende der Herrschaft der Daviddynastie über »ganz Israel« miteinander verknüpft: der soziale Aufstand gegen die Fronarbeit, die politische Abspaltung der Nordstämme und die Verehrung fremder Götter. In der durch den Propheten Ahija übermittelten Gottesrede wird der soziale Konflikt nicht erwähnt. Das politische Auseinanderbrechen der Herrschaft Davids und Salomos wird aber als Folge der religiösen Abweichung dargestellt. Dabei wird die nun entstehende Situation als ein grundsätzlicher Neuanfang gewertet, indem Jerobeam die gleichen Zusagen gemacht werden, wie sie früher an David ergangen sind: Gott wird mit ihm sein und ihm ein beständiges (neˀemān) Haus bauen, wie er es für David gebaut hat (vgl. 2Sam

118   → 104

7,16). Allerdings ist diese Zusage mit einem »Wenn« eingeleitet: »Wenn du auf alles hörst, was ich dir gebiete ..., wie mein Knecht David es getan hat« (11,38). Unter diesem Vorbehalt wird Jerobeam im göttlichen Auftrag als Nachfolger Davids über die zehn Stämme Israels eingesetzt. (Zum Text von 1Kön 11,29-40 vgl. H. Weippert 1983.)

Dies alles wurde gesprochen vor dem Tod Salomos. Aber dann verwirklicht es sich in dramatischen Auseinandersetzungen zwischen den Repräsentanten der Nordstämme und Rehabeam, dem Sohn und Nachfolger Salomos (1Kön 12,1-19). »So fiel Israel vom Haus David ab bis auf den heutigen Tag« (V.19). Mit der Einsetzung Jerobeams zum König über »ganz Israel« (hier mit ausdrücklicher Ausnahme des Stammes Juda, V.20) gibt es jetzt zwei Könige in der Nachfolge Davids und Salomos. Dabei erscheint Jerobeam nach 1Kön 11,37f als der eigentliche Nachfolger Davids, der Davidide Rehabeam hingegen nur als Verwalter des »um Davids willen« belassenen Rests. B.IX David Er schickt sich noch einmal an, die Herrschaft über ganz Israel mit Waffengewalt zurückzuerobern; aber das Wort eines »Gottesmannes« namens Schemaja hält ihn davon zurück (12,20-24). So bleibt es bei der Trennung von Nord und Süd, von »Israel« und »Juda«. (Im folgenden verwende ich für »Israel« häufig den Begriff »Nordreich«, um Verwechslungen mit dem nach wie vor gebräuchlichen weiteren Begriff von Israel zu vermeiden.)

Der politischen Verselbständigung der Nordstämme folgt alsbald auch die kultische. Jerobeam gründet zwei Heiligtümer, das eine im B.VII Kult Süden seines Herrschaftsgebiets in Bet-El, das andere im Norden in Dan (1Kön 12,26-33). Bet-El hatte eine alte kultische Tradition, die auf die Väterzeit zurückgeführt wurde (vgl. Gen 28,10-22); die Tra- → 28 dition von Dan war mit der Richterzeit verknüpft (vgl. Ri 18). Diese Heiligtümer werden ausdrücklich als Alternativgründungen zu Jerusalem bezeichnet, das wegen seiner großen Anziehungskraft politisch gefährlich werden könnte (V.26f). Das Heiligtum von Bet-El wird später als »königliches Heiligtum« und »Reichstempel« be- → 265 zeichnet (Am 7,13), worin der politische Anspruch zum Ausdruck kommt. Als religiöse Symbole läßt Jerobeam in den beiden Heiligtümern goldene Stierbilder aufstellen. Sie werden in deutlichem Anklang an Ex 32 als »Kälber« bezeichnet; dieses Wort könnte ab- → 56 wertend gemeint sein, kann aber auch im Sinne von »Jungstiere« verstanden werden. Dabei ist wohl nicht daran zu denken, daß die Stiere selbst die Gottheit darstellen sollten, sondern eher an eine Funktion als Postamente, auf denen die (unsichtbare) Gottheit stehend gedacht wurde (vgl. die Abbildung BRL 102); so bildeten die Stierbilder eine Entsprechung zur Lade im Tempel in Jerusalem, auf der ebenfalls Jhwh als unsichtbar thronend vorgestellt wurde. Darin wird eine entschiedene Abwendung von der in Jerusalem ansässig gewordenen kultischen Tradition sichtbar. Zugleich wird diese neu gebildete Kulttradition aber in der vorausgehenden Geschichte Isra-

els verankert durch den mit Ex 32,8 übereinstimmenden Kultruf:
»Siehe deine Götter, Israel, die dich aus dem Land Ägypten heraufgeführt haben!« (V.28)
Der Bericht über diese Kultgründungen Jerobeams ist aus judäischer
bzw. Jerusalemer Sicht geschrieben. Deshalb stehen die Abweichungen von der dortigen Tradition im Vordergrund. So wird hier
nicht, wie in Ex 32, die Aufstellung der Stierbilder als Verstoß gegen
das Gebot der Alleinverehrung Jhwhs dargestellt, sondern als eigenmächtige Bildung neuer Traditionen. Aber gerade darin bestand die
»Sünde« (V.30), weil nun »das Volk« zu diesen Heiligtümern pilger-

→ 74

te und sich damit von der einzig legitimen israelitischen Kulttradition entfernte. Die Abweichung von der Jerusalemer Tradition demonstriert Jerobeam auch noch dadurch, daß er ein Fest nach
judäischem Vorbild einrichtet, jedoch zu einem anderen Termin
(V.32). Dabei ist wohl an das jährliche Herbstfest, das »Laubhüttenfest«, zu denken, das nach dem Festkalender in Lev 23,34 am 15.
Tag des siebten Monats gefeiert wird, während Jerobeam sein Fest
einen Monat später, am 15.8., stattfinden läßt.
Die kultischen Maßnahmen, die von Jerobeam berichtet werden,
greifen noch weiter. Es heißt, daß er »Höhenhäuser« eingerichtet
habe (1Kön 12,31). Der Begriff der »Kulthöhe« (bāmāh) bezeichnet
die örtlichen Heiligtümer, wie es sie seit eh und je in Israel gab (vgl.

→ 96.108

1Sam 9,12ff; 1Kön 3,4). Ihre negative Beurteilung läßt erkennen,
daß der Bericht über die Kultreformen Jerobeams im Rückblick aus
der Sicht des Deuteronomiums formuliert worden ist, das nur Jerusalem als einzigen legitimen Ort der Jhwhkultes anerkennt (vgl.
Hoffmann 1980, 59ff). Auch daß die Priester dieser örtlichen Heiligtümer nicht aus dem Stamm Levi kamen, ist erst aus dieser späteren Sicht als Vorwurf verständlich. Daß diese nicht-levitischen
Priester dann sogar an dem nach dem Vorbild Jerusalems konzipier-
ten Zentralheiligtum Dienst tun konnten (V.32b), treibt in den Augen des Verfassers die Illegitimität dieses Kultes auf die Spitze.
Dies alles wird berichtet, um schon von den Anfängen des Königtums des Nordreiches her die Entwicklung erkennbar zu machen,

B.XVII Ge-
schichte

die die Geschichte dieses Königtums bestimmt hat und schließlich
zu seinem Ende führte. Schon zu Lebzeiten Jerobeams wird angekündigt, daß seine kultischen Unternehmungen seinem »Haus«
zur Sünde wurden und daß Gott deshalb dieses Haus ausrotten werde (13,34; 14,14). Denn Jerobeam hatte die Bedingung, unter der ihm
Gott ein »Haus« zugesagt hatte (11,38), nicht erfüllt: zu sein wie
David, auf Gottes Wegen zu gehen und die Gebote Gottes zu erfüllen (14,8). So scheitert Jerobeam ebenso wie Salomo, an dessen Stelle er treten sollte, weil er nicht war »wie David«. Die »Sünden Jerobeams« liegen fortan wie ein dunkler Schatten über der Geschichte
des Königtums des Nordreichs (14,16; 15,30; 16,31 u.ö.).
Dabei kommt noch einmal Ahija von Schilo ins Spiel (1Kön 14,1-

18). Als Jerobeams Sohn krank wird, schickt er seine Frau verkleidet zu dem alten, erblindeten Ahija, um ihn wegen des Schicksals des Kindes zu befragen. Aber Ahija hat durch ein Gotteswort erfahren, daß es Jerobeams Frau ist, die zu ihm kommt. So teilt er ihr in einem langen Gotteswort mit, welches Schicksal das Kind, das Haus Jerobeams und schließlich ganz Israel erwartet: Das Kind wird sterben (V.12), das Haus Jerobeams wird ausgerottet werden (V.10f), und schließlich wird ganz Israel ins Exil geführt werden »wegen der Sünden Jerobeams, die er beging und zu denen er Israel verführte« (V.15f). Dabei stehen wieder die kultischen Sünden im Vordergrund, die hier noch präzisiert werden: Jerobeam hat sich »fremde Götter, und zwar Gußbilder« gemacht (V.9, das **B.XVI Götter** Wort *massēkāh* »Gußbild« wird auch für das »Goldene Kalb« am Sinai gebraucht, Ex 32,4.8 u.ö.); hier ist also Jerobeams Sünde aus- → 56 drücklich zu der am Sinai in Parallele gesetzt. Israel hat sich »Ascheren« gemacht, d.h. hölzerne Kultsymbole, welche die Göttin Aschera repräsentieren (V.15, vgl. Ri 3,7; 6,25ff); auch dies wird → 92.93 hier zu den Sünden Jerobeams gerechnet. Diese sind gleichsam der Beginn aller noch folgenden kultischen Vergehen Israels, die hier in dem Ahija in den Mund gelegten Gotteswort schon vorausgesehen werden.

Eine noch deutlichere Vorwegnahme der späteren Entwicklung enthält die Erzählung von dem »Gottesmann«, der eine Weissagung gegen den Altar in Bet-El ausspricht. (1Kön 13,1-10). Er weist darin ausdrücklich auf die spätere Zerstörung des Altars durch Joschija voraus (V.2, vgl. 2Kön 23,14-16). Nicht → 139 leicht verständlich ist die Fortsetzung dieser Szene in der Erzählung von einem zweiten »Propheten« (V.11-32; die Ausdrücke »Gottesmann« und »Prophet« werden in V.18 indirekt gleichgesetzt), der den Gottesmann entgegen einem an ihn ergangenen göttlichen Befehl zum Bleiben veranlaßt, woraufhin der Gottesmann später von einem Löwen getötet wird. Auch darauf wird in 2Kön 23,17f Bezug genommen.

3.2
Nur Juda hielt zum Haus David
Die Geschichte der folgenden Jahrhunderte zeigt Juda in der recht bescheidenen Rolle des Reststaates, der ganz im Schatten des größeren und mächtigeren nördlichen Nachbarn Israel steht. Lange Zeit herrscht Krieg zwischen beiden (1Kön 14,30; 15,7.16.32). Als es später Frieden gibt (22,45), wird Juda in die kriegerischen Aktivitäten Israels mit hineingezogen (22,2-4.29ff), wobei man fast von ei- → 134 nem »verschleierten Vasallenverhältnis Judas gegenüber Israel« sprechen könnte (Donner 1984/86, 250, ²279).
Juda hatte aber zwei wesentliche Elemente auf seiner Seite, die ihm eine Kontinuität sicherten, an der es in Israel fehlte. Das eine war die nie ernsthaft in Frage gestellte Herrschaft der Dynastie Davids. Es gab keinerlei Thronwirren und Usurpationen, wie sie im Nordreich an der Tagesordnung waren. Nur einmal wurde die Abfolge der Könige aus der Daviddynastie unterbrochen, wobei die Bezie-

hung zu Israel der entscheidende Faktor war. Joram von Juda hatte Atalja, eine Tochter Ahabs von Israel, geheiratet (2Kön 8,18). Als deren Sohn Ahasja bei dem Aufstand Jehus gegen Joram von Israel ums Leben kam (9,27), bemächtigte sie sich der Herrschaft in Jerusalem und rottete die judäische Königsfamilie aus. Nur einer, Joasch, damals noch ein Säugling, konnte in Sicherheit gebracht werden und wurde nach einer sechsjährigen Herrschaft Ataljas durch einen gemeinsamen Coup der Jerusalemer Priester und der Oberschicht als König eingesetzt (11,1-16). Damit wurde die dynastische Reihenfolge wiederhergestellt.

Dieser Vorgang läßt zugleich das zweite, noch wichtigere Element in der Tradition Judas erkennen: den Tempel in Jerusalem. Er war offenbar in den Jahrzehnten seit seiner Errichtung durch Salomo zum beherrschenden Zentrum Jerusalems und damit auch Judas geworden. So konnte jetzt von ihm und seiner Priesterschaft der entscheidende Anstoß zur Wiederherstellung der staatlichen Kontinuität ausgehen. Auch die Einsetzung des neuen Königs geschieht im Tempel, wobei der König »an der Säule« steht »entsprechend der Regel« (kammišpāṭ 11,14), d.h. wohl an dem Platz, an dem regelmäßig die Einsetzung eines neuen Königs oder andere wichtige Zeremonien stattfanden. Hier wird dann anschließend vom Priester Jojada – wohl stellvertretend für den noch zu jungen König – ein »Bund« (bᵉrît) geschlossen, dessen Partner Gott, der König und das Volk sind und dessen Inhalt sehr knapp zusammengefaßt wird: »Volk für des HERRN zu sein« (V. 17; die ganze Zeremonie zeigt enge Verwandtschaft mit dem Bundesschluß Joschijas in 2Kön 23,1-3; vgl. dazu 1995a, 35 u. 68).

So besaß Juda trotz seiner politischen Abhängigkeit vom Nordreich Israel dennoch eine sehr ausgeprägte Eigenständigkeit. Im Blick auf den Gesamtverlauf der Geschichte Israels (im weiteren Sinne) verblieben die Grundelemente des von David und Salomo geschaffenen politisch-religiösen Komplexes kontinuierlich in Jerusalem, und das heißt, in Juda: das davidische Königtum und der Tempel von Jerusalem. Sie gewährten Jerusalem und Juda eine Kontinuität, die ungeachtet seiner politischen Geringfügigkeit und Bedeutungslosigkeit alle Wirren und Wechselfälle überdauern sollte und damit die wesentliche Voraussetzung für den Fortbestand des Volkes Israel auch nach dem Verlust seiner politischen Selbständigkeit bildete.

→ 135

B.IX Königtum

→ 109

B.II Bund

→ 138

3.3
Sie taten das Böse in den Augen des HERRN (ein Überblick)
Die Geschichte der beiden getrennten Königreiche wird in einem konsequent durchgeführten Synchronismus dargestellt, indem der Regierungsantritt eines Königs jeweils nach dem Regierungsjahr des im Nachbarreich regierenden Königs datiert wird (1Kön 15,1. 9.25.33 usw.). Mit diesen Notizen ist regelmäßig eine Wertung des

religiösen Verhaltens des betreffenden Königs verbunden. Hier zeigt sich nun die Konsequenz der Beurteilung des Verhaltens Jerobeams: Alle Könige von Israel werden grundsätzlich negativ beurteilt, weil sie an den »Sünden Jerobeams« festhielten. Diese Feststellung ist → 120 oft mit der Aussage verbunden: »Sie taten das Böse in den Augen des HERRN« (1Kön 15,26.34 u.ö.). Es ist die gleiche Aussage, wie sie am Anfang der Richterzeit stand (Ri 2,11, vgl. auch schon Dtn → 92 31,29), jener Zeit, die als die bisher dunkelste und gottloseste in der Geschichte Israels dargestellt wurde. So wird die ganze Epoche des Königtums im Nordreich in das Licht jener Zeit gestellt. (Zu den B.XVII Ge- Wertungen im einzelnen vgl. H. Weippert 1972.) schichte

Diese fast stereotype Beurteilung der Könige von Israel bildet den Rahmen für eine höchst wechselvolle Geschichte. Schon bald erfüllt sich die durch den Propheten Ahija gemachte Voraussage, daß das Haus Jerobeams ausgerottet werden wird, durch den Putsch Ba- → 120 schas gegen Nadab, den Sohn und Nachfolger Jerobeams (1Kön 15,25-30). Aber auch Bascha gelingt es nicht, eine neue Dynastie zu begründen. Während seiner Regierungszeit ergeht an ihn ein Gotteswort durch den Propheten Jehu ben Hanani, das seinem Haus das gleiche Schicksal ankündigt, wie es zuvor Jerobeam durch Ahija vorausgesagt worden war (16,1-4.7, vgl. 14,10f), weil er auf dem »Weg Jerobeams« weitergegangen ist und Israel zur Sünde verführt hat; bei dem Bericht über die Erfüllung dieser Ankündigung unter Baschas Sohn Ela wird noch zusätzlich von »Nichtigkeiten« (h^{a}bālîm), d.h. nichtigen Göttern gesprochen, durch die sie Gott erzürnt hätten (16,13). Auch Omri, der nach längeren Wirren die Herrschaft in Israel an sich bringt (16,21-23), steht unter dem gleichen Verdikt; ja es heißt von ihm, daß er »das Böse in den Augen des HERRN« noch mehr getan habe als alle vor ihm, und auch bei ihm ist wieder von den »Nichtigkeiten« die Rede (V.25f). Dies ist gleichsam das Präludium zur Geschichte Ahabs, des Sohnes Omris, bei dem die Liste der kultischen Vergehen am längsten ist. Er tat »mehr Böses als alle vor ihm«, noch über die »Sünden Jerobeams« hinaus. Er heiratete die phönikische Königstochter Isebel, diente dem Baal, indem er in Samaria einen Baalstempel mit einem Altar für Baal baute, und errichtete eine Aschera. Diese Aufzählung in 1Kön 16,30-33 wird abgeschlossen mit dem Satz, daß Ahab Jhwh noch mehr »gereizt« habe, als alle Könige vor ihm. Das Wort vom »Reizen« Jhwhs durch die Sünden der Könige von Israel wurde schon zuvor mehrfach gebraucht (15,30; 16,2.13.26) und findet jetzt bei Ahab seinen Höhepunkt.

An dieser Stelle erscheint nun der Prophet Elija auf dem Plan. Mit B.XIII Prophe- ihm tritt ein ganz neues Element in den Vordergrund: die Auseinandersetzung zwischen Jhwh und Baal (vor allem 1Kön 18). Von einem Konflikt zwischen der Verehrung dieser beiden Götter war → 126 bisher nur einmal ausdrücklich die Rede: bei Gideons (Jerubbaals) Zerstörung des Baalsaltars seines Vaters (Ri 6,25-32). Hierin zeigt → 93

ten

sich erneut, daß die Zeit der Könige des Nordreichs in Parallele zu der dunklen Geschichte der Richterzeit dargestellt wird, in der zum ersten Mal der Konflikt zwischen Jhwh und Baal in Erscheinung trat.

Elijas dramatische Auseinandersetzungen mit dem König Ahab (1Kön 17-19; 21) enden mit der Ankündigung, daß Ahabs Haus »hinweggefegt« werden wird (21,21f), genauso wie es dem Haus Jerobeams vorhergesagt worden war (14,10). Die Ausführung liegt dann in den Händen Elischas, den Elija auf göttliches Geheiß als seinen Nachfolger einsetzt (19,16.19-21). Das Werkzeug dafür wird Jehu sein (2Kön 9f), der ebenfalls als Ausführender der von Elija begonnenen Linie gesehen wird (1Kön 19,16f). Von Ahabs Sohn und Nachfolger Ahasja, der nur sehr kurze Zeit regiert, heißt es wiederum, daß er Baal gedient und ihn angebetet habe (22,54). Über dessen Bruder und Thronnachfolger Joram, der ihm nach kurzer Zeit auf dem Thron nachfolgte, wird zwar gesagt, daß er »das Böse in den Augen des HERRN« nicht so wie sein Vater und seine Mutter getan, sondern die Massebe Baals beseitigt habe, die sein Vater aufgestellt hatte; aber auch für ihn gilt das Urteil, daß er an den »Sünden Jerobeams« festhielt (2Kön 3,2f), und er ist es schließlich, an dem sich das Geschick des Hauses Ahabs vollzieht.

Jehu ist es dann, von dem gesagt werden kann, daß er im Zuge seiner großen Revolution gegen das Haus Ahab »den Baal aus Israel beseitigt« hat (2Kön 10,28). Er beendet damit eine Epoche in der Geschichte des Nordreichs, in welcher der Baalskult immer stärker in den Vordergrund getreten war. Darum wird ihm eine bis in die vierte Generation andauernde Dynastie zugesagt (V.30). Dennoch bleibt auch bei ihm der Vorwurf bestehen, daß er an den »Sünden Jerobeams« festhielt, die hier ausdrücklich als »die Goldenen Kälber in Bet-El und Dan« identifiziert werden (V.29). Dieses Festhalten wird damit kommentiert, daß er »nicht mit ganzem Herzen in der Tora des HERRN, des Gottes Israels, gewandelt« sei (V.31). Hier erscheint überraschend die Tora als Maßstab, zum ersten Mal seit der Ermahnung Davids beim Regierungsantritt Salomos (1Kön 2,3). Darin wird deutlich, welche großen Erwartungen mit der Reform Jehus verbunden waren. Doch er konnte sie nicht erfüllen, ebensowenig wie es Salomo in seiner Zeit gekonnt hatte. So gelang es auch der einzigen Kultreform im Nordreich nicht, den schweren Schatten zu durchbrechen, der durch die »Sünde Jerobeams« auf diesem Reich lag. Deshalb lautet auch das Urteil über die drei Nachfolger Jehus, denen eine längere Regierungszeit beschieden war, nicht anders als das über die früheren Könige von Israel: sie blieben weiterhin in der »Sünde Jerobeams«: Joahas (2Kön 13,2), Joasch (13,11) und Jerobeam II. (14,24).

Bei Jerobeam II. gibt es ein prophetisches »Zwischenspiel«. Nach 2Kön 14,25 stellte dieser König die Grenzen Israels wieder her gemäß einer göttli-

→ 120

B.VI Tora

→ 107

chen Vorhersage durch den Propheten Jona ben Amittai. Hier erscheint ein → 272 Prophet in sehr ungewöhnlicher Weise nicht als Mahner und Warner, sondern als Ankündiger positiver politischer Ereignisse. Dies wird in V.26f damit konfrontiert, daß Gott nicht gesagt habe, er wolle den Namen Israels unter dem Himmel austilgen. Das klingt wie eine Zurückweisung dessen, was der Prophet Amos zur Zeit Jerobeams II. verkündet hatte: »Das Ende ist gekommen für mein Volk Israel« (Am 8,2). Dahinter könnte eine Auseinan- → 265 dersetzung der (deuteronomistischen) Autoren der Königsgeschichte mit der Gerichtsprophetie des Amos stehen (Crüsemann 1971). Am Ende der Geschichte des Nordreiches ist dann allerdings eine solche Distanzierung von der Verkündigung des Amos nicht mehr zu erkennen (2Kön 17,23).

Mit Jerobeam II. ist die Dynastie Jehus am Ende. Sein Sohn Sacharja regiert nur für wenige Monate und wird dann das Opfer politischer Wirren. Sein Tod wird ausdrücklich mit der Verheißung an Jehu in Verbindung gebracht, wonach die Dynastie Jehus bis in die vierte Generation auf dem Thron Israels sitzen sollte (2Kön 10,30; 15,12). → 124 Für die nächsten zwei Jahrzehnte wechseln die Könige z.T. in rascher Folge, ohne daß sich noch einmal ein Element der Kontinuität abzeichnet. Das negative Urteil bleibt unverändert das gleiche wie bisher (Sacharja 15,9; Menachem 15,18; Pekachja 15,24; Pekach 15,28). Nur bei Hosea, dem letzten der Könige des Nordreichs, heißt es, daß er »das Böse in den Augen des HERRN« nicht so wie die Könige vor ihm getan habe, und es fehlt die Erwähnung der »Sünde Jerobeams« (17,2); aber dies wird nicht näher spezifiziert, und es ändert nichts daran, daß mit diesem König das Nordreich Israel untergeht.

Die im Rückblick formulierten Wertungen der Könige von Israel zeigen, daß es vor allem zwei Dinge sind, die ihnen zur Last gelegt werden: die Beibehaltung der nordisraelitischen Staatsheiligtümer (die »Sünde Jerobeams«) und die Verehrung Baals. In der letzteren tritt B.XVI Götter die Beziehung zur Richterzeit hervor, in der es als eine der Hauptsünden der Israeliten bezeichnet wurde, daß sie dem Baal und anderen Gottheiten dienten (Ri 2,11.13; 3,7 u.ö.). Diese Verehrung fremder → 92 Gottheiten wurde damals als Übernahme von Kultpraktiken der Kanaanäer dargestellt. Dies trifft auch auf den Baalskult Ahabs zu, der auf den Einfluß seiner kanaanäischen Gemahlin Isebel zurückgeführt wird. In beiden Fällen gilt der Baalskult als ein spezifisch kanaanäisches Element, das mit der israelitischen Verehrung Jhwhs in Konflikt tritt (vgl. auch Gideon in Ri 6,25-32). Die geschichtlichen → 93 Voraussetzungen sind ganz verschieden, aber der Konflikt zwischen Jhwh und Baal erscheint in beiden Fällen als ein Konflikt zwischen israelitischer und kanaanäischer religiöser Tradition. Die Übernahme der kanaanäischen Tradition durch die Israeliten ist aber die eindeutigste Form des Abweichens von dem Weg, auf dem Jhwh, der Gott Israels, sein Volk bisher geführt hat.

So wird denn auch in der Reflexion über das Schicksal des Nordreiches in 2Kön 17,7-23 der Kreis der Vorwürfe noch weiter gezogen. → 132

Die Sünden der Israeliten waren im Grunde ein Verstoß gegen den Gott, der sie aus Ägypten in das Land heraufgeführt hatte (V.7). Dort begannen sie dann sogleich, die Bräuche der Völker nachzuahmen, die Gott vor ihnen vertrieben hatte, indem sie deren Kultpraktiken übernahmen und deren Götter und »Götzen« anbeteten (V.8-12). In 2Kön 17 tritt noch ein weiteres Element hinzu: Gott hatte Israel und Juda durch »seine Knechte, die Propheten« gewarnt, sie zur Umkehr gerufen und zur Einhaltung der Tora ermahnt (V.13) und ihnen schließlich die Vertreibung aus dem Lande angedroht (V.23).

B.XIII Prophe-
ten
Hier werden zusammenfassend die Propheten, so unterschiedlich sie auch im einzelnen waren, als »meine (seine) Knechte, die Propheten« bezeichnet, deren Mahnungen und Warnungen Israel immer wieder mißachtet hatte, so daß es schließlich, wie Gott selbst durch die Propheten angekündigt hatte, aus seinem Lande weggeführt wurde nach Assur »bis zum heutigen Tag« (V.23). Im Rückblick auf das Ende des Nordreiches heißt es dann später noch einmal: »Sie hatten nicht auf die Stimme des HERRN, ihres Gottes, gehört, hatten seinen Bund übertreten – alles, was Mose, der Knecht des HERRN, befohlen hatte; sie hatten nicht gehört und getan« (18,12). Die letzten Worte erinnern an die wiederholte Erklärung der Israeliten am Sinai, daß sie nach den von Mose übermittelten
→ 53
Worten Gottes tun und sie hören wollten (Ex 19,8; 24,3.7).

3.4
Jhwh oder Baal
Die knappe Darstellung der geschichtlichen Ereignisse nach der Trennung der beiden Königreiche Israel und Juda weitet sich plötzlich aus mit dem Auftreten Elijas (1Kön 17,1). Es wird ausgelöst durch die Mitteilung über den Baalskult des Königs Ahab in Samaria (16,31-33). Dagegen tritt Elija auf den Plan. Sein Auftreten erin-
→ 115
nert an dasjenige Ahijas von Schilo: Er hat keine erkennbare Beziehung zum königlichen Hof, sondern erscheint als Außenseiter und Einzelgänger. Allerdings ist die letztere Funktion nach Elijas eigenen Worten eine aufgezwungene, da die Königin Isebel alle Jhwh-propheten ausgerottet hatte (18,4) und Elija allein übriggeblieben war (18,22; 19,10). Die Erzählungen zeigen, daß er eine erstaunliche Autorität besitzt, auch gegenüber dem König, den er in schärfster Form kritisiert. Darin setzt er die traditionelle prophetische Königskritik fort (Albertz 1992, 235ff). Doch mit der Auseinandersetzung zwischen Jhwh und Baal tritt nun ein ganz neues Element in den Vordergrund.

Die Geschichte Elijas wird zunächst in dem großen Erzählungskomplex 1Kön 17-19 dargestellt. Den Mittelpunkt bildet die drama-
B.XVI Götter
tische öffentliche Auseinandersetzung zwischen Jhwh und Baal in Kap.18 (vgl. Thiel 1990). Sie wird vorbereitet durch das unvermittelte Auftreten Elijas vor Ahab mit der Ankündigung einer lang an-
haltenden Dürre (17,1). Der Grund dafür liegt in der unmittelbar

vorhergehenden Aufzählung der kultischen Vergehen Ahabs, mit denen er Jhwh »gereizt« hatte (16,30-33). Elijas Ankündigung der Dürre ist als Antwort Jhwhs auf dieses Verhalten Ahabs zu verstehen, wenn dies auch nicht ausdrücklich gesagt wird. Das hat zur Folge, daß Ahab Elija jetzt als seinen Feind betrachtet. So muß sich dieser auf göttliche Weisung vor der Verfolgung durch den König in Sicherheit bringen (17,2ff). Gott versorgt ihn im unbewohnten Lande, wo er aus einem Bach trinkt und Raben ihm Nahrung bringen (V.5f). Dann muß er ins heidnische Nachbarland hinüberwechseln, wo er durch Wundertaten an der Witwe von Sarepta gleichsam vorlaufend zu der bevorstehenden großen Auseinandersetzung den Beweis erbringt, daß Jhwh auch im Lande Baals über die Gaben der Natur, hier Getreide und Öl (V.8-16), und sogar über Leben und Tod (V.17-24) verfügt. Die einzige Zeugin seiner Taten, die Witwe von Sarepta, formuliert bekenntnisartig: »Jetzt weiß ich, daß du ein Gottesmann bist und daß das Wort des HERRN in deinem Munde wahrhaftig ist« (V.24).

Dann kommt es – nach einem Vorspiel mit dem Jhwh-treuen Minister Obadja (18,7-15) – zur Begegnung zwischen Elija und Ahab (V.16-19). »Verderber Israels« nennt Ahab den Propheten. Dieser gibt den Vorwurf zurück und formuliert jetzt ausdrücklich, was schon bisher das unausgesprochene Thema der Erzählung war: Ahabs Verehrung des Baal. Elija ruft zu einem Götterwettstreit auf dem Karmel auf, um die Frage »Jhwh oder Baal« öffentlich zu entscheiden (V.20-24): Der Gott, der auf das für ihn bereitete Opfer Feuer herabsenden wird, beweist damit, daß er »der Gott« (*hā'ᵉlohîm*), d.h. der einzige Gott ist (vgl. 1994, 19). In der nun folgenden dramatischen Auseinandersetzung versuchen die vierhundert Propheten des Baal ihren Gott dazu zu bewegen, Feuer auf das von ihnen bereitete Opfer herabzusenden – ohne Erfolg (V.25-29). Dann baut Elija den zerstörten Jhwh-Altar wieder auf, bereitet einen Stier zum Brandopfer und läßt das Ganze noch mit Wasser übergießen (V.30-35). In der entscheidenden Szene ruft Elija Jhwh an, dem Volk zu zeigen, daß er »der Gott« ist. Jhwh antwortet mit Feuer, das Opfer wird verzehrt, und das Volk erhebt den anbetenden Bekenntnisruf »Jhwh ist (allein) Gott« (V.36-39). Schließlich rundet sich die Erzählung, indem die Dürre durch einen plötzlichen starken Regen beendet wird – eine erneute Demonstration dessen, wer Gott ist (V.41-46). B.XI Wie von Gott reden?

Das Auftreten Elijas geschieht an einem besonders kritischen Punkt der Geschichte des Nordreiches. Die staatliche Förderung des Baalkultes hatte wohl schon unter Omri begonnen; Ahab hatte ihr aber mit dem Bau des Baalstempels in der Hauptstadt Samaria (16,32) einen entscheidenden weiteren Impuls gegeben. Elija stellt sich mit seinem Einschreiten gegen diese Entwicklung in die Reihe seiner prophetischen Vorgänger von Samuel über Natan und Gad bis zu Ahija, die immer wieder die Politik und Religionspolitik der → 123

Könige kritisierten und auch die Richtung der politischen Entwicklung beeinflußten und veränderten.

Die Besonderheit des Auftretens Elijas liegt zum einen in der Auseinandersetzung mit dem Baalskult, die es bisher in dieser Schärfe nicht gegeben hatte. Zum andern begegnet uns in Elija zum ersten Mal ein Prophet, der vom König bedroht und verfolgt wird. Dies war schon am Anfang seiner Wirksamkeit der Fall (Kap.17) und es steigert sich nun nach dem dramatischen Sieg der Jhwhreligion auf dem Karmel.

Die Verfolgung geht von Isebel aus, der phönikischen Frau Ahabs (19,1f). Von ihr heißt es, daß sie die Jhwhpropheten habe umbringen lassen (18.4.13), so daß Elija allein übriggeblieben war (18,22; 19,10). Nun will sie ihr Werk konsequent zu Ende führen. Elija flieht, diesmal in südlicher Richtung. Er ist verzweifelt und bittet Gott, sein Leben von ihm zu nehmen (19,4). Hier zeigt sich eine deutliche Beziehung zu Mose, dem sein Amt zu schwer wurde und der Gott darum bat, sein Leben von ihm zu nehmen (vgl. Num 11,14f, dazu Seybold 1973). Diese Beziehung wird vollends evident, als Elija, von einem Boten Gottes mit Speise gestärkt, schließlich den Berg Horeb erreicht (V.5-8). Hier wird ihm eine Gottesbegegnung zuteil, die in einer auffallenden Parallelität zu der Gottesbegegnung Moses am Sinai/Horeb (Ex 33,18-23; 34,5-8) beschrieben wird. Elija befindet sich in einer Höhle (1Kön 19,9.13) wie Mose in der Felsspalte (Ex 33,22). Gott geht vorüber ('ābar 1Kön 19,11; Ex 33,19.22; 34,6), aber wie Mose (Ex 33,22f) darf Elija ihn nicht sehen (1Kön 19,13). Dann redet Gott, jedoch nicht in Sturm, Erdbeben und Feuer, die vor ihm hergehen (V.11f); in ihnen ist Gott selbst nicht darin, sondern erst in der Stille nach dem Sturm, in der ihnen nachfolgenden »Stimme verschwebenden Schweigens« (Buber).

→ 47

→ 58

→ 306

In Ps 29 repräsentieren die drei Elemente Sturm, Erdbeben und Feuer die Formen der weltweit sichtbaren göttlichen Theophanie (V.5-9). Dieser Psalm enthält wahrscheinlich »kanaanäische« Traditionselemente, in denen einmal von einer Theophanie Baals die Rede war. So könnte im Kontext von 1Kön 17-19 in der Zurückweisung dieser Elemente in der Gottesbegegnung gegenüber Elija ein weiterer Beitrag zum Thema »Jhwh oder Baal« anklingen (vgl. Macholz 1980).

Aus dieser geheimnisvollen Stille heraus erhält Elija einen Auftrag, der einen weiten Rahmen umspannt (1Kön 19,15-17). Er soll drei personelle Veränderungen herbeiführen, welche die künftige Geschichte Israels entscheidend beeinflussen werden: Er soll einen neuen König für das benachbarte Aramäerreich »salben«, d.h. designieren; er soll einen neuen König über Israel designieren; und er soll seinen eigenen Nachfolger designieren. Hier zeigt sich, daß die Überlieferung Elija eine Schlüsselrolle für die folgende Geschichte Israels zuschreibt. Die drei Genannten sollen das Werk fortführen,

das Elija begonnen hat. Ihr Tun wird schlimme Folgen für Israel haben.
Aber bevor die Erzählung fortfährt, folgt noch ein Satz, welcher »der Höhepunkt der Geschichte und zugleich ihr Schlüssel« ist (vRad 1965, 30). Gott sagt: »Ich werde in Israel siebentausend übriglassen, alle Knie, die sich nicht vor Baal gebeugt haben, und jeden Mund, der ihn nicht geküßt hat« (V.18). Das ist die Antwort auf die Klage Elijas, daß er allein übriggeblieben sei. Nun wird ihm verheißen, daß es auch künftig, trotz aller bevorstehenden göttlichen Strafgerichte, einen »Rest« geben wird, den Gott übrigläßt und mit dem die Geschichte weitergehen wird.   B.XVIII Rest

Elija beruft gemäß dem göttlichen Auftrag Elischa als seinen Nachfolger (19,19-21). Aber noch bevor Elischa in seiner prophetischen Funktion wirksam wird, treten weitere Prophetengestalten auf. An keiner anderen Stelle in der Hebräischen Bibel erscheinen so viele Propheten auf so dichtem Raum. Sie haben es alle mit Ahab und seinen unmittelbaren Nachfolgern zu tun, und häufig spielt dabei der Baalskult Ahabs und Isebels direkt oder indirekt eine Rolle. Die Erzählungen vom Auftreten anderer Propheten (1Kön 20; 22; 2Kön 2ff, s.u.) sind mit weiteren Erzählungen über das Wirken Elijas verflochten (1Kön 21; 2Kön 1f).

Die erste dieser Erzählungen zeigt Elija in einem bemerkenswerten Konflikt mit Ahab (1Kön 21). Dieser möchte einen Weinberg kaufen, der an den Palastgarten in seiner zweiten Residenz Jesreel angrenzt; doch dessen Besitzer Nabot weigert sich, den »Erbbesitz (naḥⁱlāh) seiner Väter« zu verkaufen. Dabei beruft er sich auf eine Tradition, nach der die naḥⁱlāh einer Familie nicht verkauft werden darf; dahinter steht die in Lev 25,23 formulierte Auffassung, daß das   → 63
Land Gott gehört und den Menschen nur zu Lehen gegeben ist. B.VI Tora
Ahab ist bereit, sich zu fügen, doch seine Frau Isebel will dieses israelitische Recht, daß das Verfügungsrecht des Königs einschränkt, nicht anerkennen und inszeniert einen Justizmord an Nabot. Als Ahab dann den Weinberg in Besitz nehmen will, tritt ihm Elija mit einem scharfen göttlichen Drohwort entgegen, das ihm den Tod und das Ende seiner Dynastie ankündigt (V.19-24). Doch Ahab vollzieht Bußzeremonien, woraufhin an Elija ein Gotteswort ergeht, daß der Vollzug dieses Urteils erst in der nächsten Generation wirksam werden wird (V.27-29). Dieser Konflikt zeigt das Problem des »kanaanäischen« Einflusses auf Ahab noch einmal von einer anderen, der rechtlichen Seite. Dabei macht diese Erzählung deutlich, daß Ahab bereit gewesen wäre, sich der israelitischen Rechtstradition zu beugen, daß Isebel aber auch vor einem Justizmord nicht zurückschreckte, um ihre Vorstellung von den souveränen Rechten des Königs durchzusetzen.

Das letzte Auftreten Elijas zeigt ihn im Konflikt mit Ahabs Sohn Ahasja (2Kön 1). Hier tritt noch einmal der religiöse Gegensatz in den Blick. Ahasja schickt nach einem Unfall Boten zum Baal Zebub von Ekron, um diesen zu befragen, ob er wieder genesen wird. Die unerbetene Antwort Jhwhs, die Elija den Boten erteilt, lautet: »Gibt es denn keinen Gott in Israel?« (V.3) Die Befragung eines anderen Gottes, eines Baal zumal (der vielleicht als für Krankheiten zuständig betrachtet wurde), ist ein klarer Verstoß gegen die ausschließliche Verehrung Jhwhs, zu der Israel verpflichtet ist. Diese Erzählung macht erneut deutlich: Für Israel kann und darf es nur einen Gott geben. Dies wird in einer dramatischen Erzählung ausgeführt, an deren Ende Elija selbst am Krankenbett des Königs steht und ihm das Urteil Gottes mitteilt, daß er sterben wird, weil er von diesem elementaren Grundsatz abgewichen ist (V.15f). So zeigt diese

→ 131

(vor)letzte der Elijageschichten (s.u. zu 2Kön 2) noch einmal die grundsätzliche Bedeutung des Konflikts, der hier aufgebrochen ist, und der dann unter der Mitwirkung Elischas zum Ende der Dynastie

→ 132

Omri/Ahab führen wird (s.u. zu 2Kön 9f).

B.XIII Propheten

In 1Kön 20 begegnet eine Sammlung von Erzählungen über Propheten, die einen anderen Aspekt des Prophetentums jener Zeit zeigen. Die Propheten bleiben anonym, und es ist erkennbar, daß sie zu einer Gruppe gehören. Sie werden gelegentlich als *benê hannebî'îm* bezeichnet, d.h. als Angehörige einer Prophetengruppe oder »Prophetenjünger« (V.35). Sie treten in einer Kriegssituation als Helfer des Königs auf und kündigen ihm in der Form der Prophetenrede den göttlichen Beistand im Kampf an, »damit du (ihr) erkennst (erkennt), daß ich der HERR bin« (V.13f.22.28). Aber sie kritisieren den König auch, weil er das Banngebot gegenüber dem aramäischen König verletzt hat (V.35-43), ganz ähnlich wie es Samuel gegenüber

→ 97

Saul getan hatte (1Sam 15). In 2Kön 2-9 zeigen sich dann solche Prophetengruppen im Umkreis Elischas (s.u.).

Während hier die Propheten als durchaus unabhängig und selbständig gegenüber dem König erscheinen, begegnet in 1Kön 22 eine große Schar von Propheten, die dem König die gewünschte Antwort auf seine Frage geben, ob er den geplanten Feldzug gegen die Aramäer unternehmen soll (V.6). Ihnen steht ein einzelner Prophet gegenüber, der dem König »nie Gutes, sondern nur Böses« weissagt: Micha ben Jimla (V.8). Hier entwickelt sich ein dramatischer Konflikt zwischen den vierhundert »Hofpropheten« und dem einen Oppositionspropheten. Dabei läßt Micha ben Jimla einige neue Züge des Prophetentums erkennen.

Zum einen begegnet hier zum ersten Mal in der Geschichte der alt-

E 121

testamentlichen Prophetie der Bericht über eine Vision, genauer: über zwei Visionen. Micha »sieht« etwas, was in der gegenwärtigen irdischen Realität (noch) nicht existiert und deshalb menschlichen Augen nicht sichtbar ist – es sei denn, Gott habe dem Propheten die

→ 47

Schau darauf eröffnet (vgl. Num 12,6). Zunächst sieht Micha Israel »zerstreut wie Schafe, die keinen Hirten haben« (V.17), d.h. er sieht das Scheitern des geplanten Feldzuges und das Ende des Königs voraus. Dann steigert sich die Vision in die himmlische Sphäre: In der

Versammlung des himmlischen Hofstaats fragt Gott: »Wer will
Ahab betören, so daß er nach Ramot-Gilead hinaufzieht und dort
fällt?« Hier ist die antikönigliche Intention der Vision noch eindeutiger. Schließlich wird »der Geist« (hārûªh) beauftragt, Ahab zu betören. Er will dies dadurch bewirken, daß er »zum Lügengeist im Mund
aller seiner Propheten« wird (V.19-22). Micha wendet diese Vision
schließlich in aller Form gegen die anderen Propheten und gegen den
König selbst (V.23). Hier tritt die prophetische Kritik am Königtum
und seinen politischen Ambitionen in äußerster Schärfe in Erscheinung. Darin steht Micha ben Jimla in einer Reihe mit Samuel, Ahija
von Schilo und Elija. Zugleich stellt sich hier das Problem von »wah- → 96.118.126
rer« und »falscher« Prophetie in äußerster Schärfe.
Noch ein anderes Thema wird durch Micha ben Jimla aufgeworfen:
die Frage, woran die Wahrheit eines prophetischen Gotteswortes
erkannt werden kann. Als Ahab den Propheten ins Gefängnis wer-
fen läßt, »bis ich wohlbehalten zurückkomme«, erwidert Micha:
»Wenn du wohlbehalten zurückkommst, dann hat der HERR nicht
durch mich geredet« (V.27f). Hier wird der Wahrheitsbeweis des
prophetischen Wortes unmittelbar an das Eintreffen des Vorherge-
sagten gebunden, genauso wie im Deuteronomium (Dtn 18,21f), → 76
wenn auch gleichsam in umgekehrter Blickrichtung. So ist Micha
ben Jimla eine sehr wichtige Gestalt in der Geschichte der Prophetie.
Schließlich findet diese äußerst dichte Phase der Prophetie ihren
Abschluß im Auftreten Elischas. Die Berichte über ihn zeigen Elischa einerseits als sehr profilierte Einzelgestalt, stellen andererseits
ausführlich seine enge, kontinuierliche Beziehung zur einer Gruppe
von »Prophetenjüngern« (bᵉnê hannᵉbîˀîm) dar. Er wird als ihr Vorsteher oder Lehrer gekennzeichnet, und seine Jünger »sitzen vor ihm«
(2Kön 6,1) und wenden sich mit ihren Problemen an ihn (4,1-7.38-
41; 6,1-7). Bei Elischas erstem Auftreten zeigt sich, daß auch Elija
Beziehungen zu dieser Gruppe von Prophetenjüngern hat. Als die
beiden gemeinsam von Gilgal nach Bet-El und dann nach Jericho gehen, kommt ihnen jeweils eine Gruppe von Prophetenjüngern entgegen, die Elischa auf seinen »Herrn« oder »Meister« (ˀādôn) anreden, den sie offenbar ebenfalls kennen. Hier wird deutlich, wie auch
schon zuvor bei Elija (18,22; 19,10, s.o.), daß zwischen den als Einzelne und den in Gruppen auftretenden Propheten kein grundsätzlicher Unterschied gemacht werden kann. (Vgl. auch Samuels Rolle
als »Vorsteher« eines »Prophetenkonvents« in 1Sam 19,18-24.) → 99
Das erste Auftreten Elischas ist zugleich das letzte Elijas (2Kön 2).
Es bildet einen der Höhepunkte der frühen Prophetie. Elija wird im
feurigen Wagen in den Himmel entrückt, und sein »Geist« (rûªh)
geht auf Elischa über (V.9-15). Elija hat noch eine Zukunft (Mal 3,23; B.XVIII Zukunft
in der Mischna heißt es mehrfach »bis Elija kommt«, Scheqalim
II,5; Baba Metsia I,8), aber jetzt ist Elischa der legitimierte und → 290
autorisierte Nachfolger (vgl. Carroll 1969; Schäfer-Lichtenberger

1989). Er hat Elija um den Erbanteil des Erstgeborenen gebeten, und die Bitte ist ihm gewährt worden. Er kann sich jetzt auf »Jhwh, den Gott Elijas« berufen (V.14) – eine ganz ungewöhnliche Verbindung des Gottesnamens mit einer menschlichen Person (nur noch 2Chr 34,3).

Das Bild des prophetischen Wirkens Elischas ist vielfältig. Als Wundertäter gleicht er Elija (vgl. 2Kön 4,1-7.8-37 mit 1Kön 17,8-16.17-24); neben Wundern im privaten Rahmen oder im engeren Kreis der Prophetengruppe (s.o.) gilt er sogar über die Grenzen Israels hinaus als Wunderheiler (2Kön 5). Gerade wegen dieser Fähigkeit wird er als »der *nābî'*, der in Samaria ist« (V.3) und sogar als »der *nābî'* in Israel« (5,8, vgl. 6,12) bezeichnet. Einige seiner Wundertaten haben auch militärische und politische Auswirkungen (2Kön 3,1ff; 6,8-7,20). Dies rückt Elischa in die Nähe der Propheten von 1Kön 20.

→ 130

Dabei zeigt sich aber zugleich ein äußerst kritisches Element gegenüber dem König Joram, dem Sohn Ahabs und Isebels, dem er entgegenhält: »Geh zu den Propheten deines Vaters und deiner Mutter« (2Kön 3,13). In dieser Ablehnung der Religionspolitik Ahabs steht Elischa also ganz in der Tradition Elijas. Dies findet dann schließlich seinen entscheidenden Ausdruck darin, daß Elischa einen von den Prophetenjüngern beauftragt, den Offizier Jehu im Geheimen zum König über Israel zu salben und damit die Revolution gegen Joram in Gang zu setzen, die zugleich das Ende der Dynastie Omri/

→ 128

Ahab bedeutet (9,1ff). Damit vollzieht Elischa den Auftrag, den Elija am Horeb erhalten hatte (1Kön 19,16), so wie er auch schon zuvor den Auftrag erfüllt hatte, Hasaël von Damaskus zum König über Aram zu designieren (2Kön 8,7-15, vgl. 1Kön 19,15).

In dem nun folgenden Jahrhundert, in dem in Israel die Dynastie Jehu regierte und in der es unter der Regierung Jerobeams II. noch einmal eine Blüteperiode erlebte (vgl. Donner 1984/86, 282-284,

→ 250

²312-314), berichten die Königsbücher nichts mehr über das Wirken von Propheten (vgl. aber Hos 8,4a). Nur in der abschließenden Beurteilung der Geschichte des Nordreiches ist zusammenfassend vom

→ 126

Wirken der Propheten, der Knechte Gottes, die Rede (2Kön 17,13.23, s.o.). In der Sammlung der »Späteren Propheten« sind es aber Hosea und Amos, die zur Zeit Jerobeams ihre prophetische Stimme erheben (Hos 1,1; Am 1,1; 7,7ff).

3.5
Juda bis zum Ende des Hauses David

Die Wertungen der Könige von Juda unterscheiden sich grundsätzlich von denen der Könige von Israel. In ihnen fehlt das verbindende negative Element des Rückbezugs auf die »Sünden Jerobeams«. Statt dessen finden sich häufig zwei andere Elemente, durch welche die Kontinuität hergestellt wird: der Vergleich mit dem jeweiligen Vater und Vorgänger und der Vergleich mit David. Zunächst beginnt die Reihe jedoch mit einem sehr negativen Urteil über die Re-

132

gierungszeit Rehabeams, das keinen solchen Rückbezug enthält. Der Text spricht auffallenderweise nicht über das Verhalten des Königs selbst, sondern darüber, was »Juda« tat, nämlich »das Böse in den Augen des HERRN« (1 Kön 14,22). Darauf folgt eine Liste der kultischen Sünden der Judäer, mit denen sie Gott mehr »zur Eifersucht reizten« als all ihre »Väter«. Die unbestimmte Nennung von »Vätern« bringt die Steigerung der Sünde durch die Generationen hin B.III Vater zum Ausdruck, wobei gewiß die Gedanken wiederum bis in die Richterzeit zurückgehen. Dann werden aufgezählt: Kulthöhen (bāmôt), Masseben und Ascheren, die sie »auf jedem hohen Hügel und unter jedem üppigen Baum« errichtet hätten (V.23). Schließlich → 192 werden »Geweihte«, d.h. Kultprostituierte, genannt, und das Ganze wird als Nachahmung der »Greuel der Völker, die der HERR vor den Israeliten vertrieben hatte« zusammengefaßt, womit die Beziehung zur Richterzeit ausdrücklich hergestellt wird. Rehabeam, bzw. die Auswirkung seiner Regierung auf Juda, wird hier also nicht minder negativ dargestellt als Jerobeam. Die Nennung der »Kulthöhen« ist B.XVI Götter dabei für die weitere Geschichte Judas und seiner Könige von besonderer Bedeutung. Ihre Beibehaltung wird auch künftig den meisten der Könige von Juda zum Vorwurf gemacht, weil sie eine Konkurrenz zum Tempel in Jerusalem und damit eine Gefährdung der reinen Jhwhverehrung darstellten.

Bei Rehabeams Sohn und Nachfolger Abija finden sich dann gleich beide Hinweise auf die vorangegangenen Bezugspersonen. Er wandelte in allen Sünden seines Vaters Rehabeam, und sein Herz war nicht ungeteilt (šālēm) Jhwh zugewandt wie das Herz seines »Vaters« David (1 Kön 15,3). Die Rede vom »ungeteilten Herzen« stand zuerst am Ende der Schlußansprache Salomos nach der Tempelweihe als Aufforderung an die ganze versammelte »Gemeinde Israel« (8,61). Aber schon wenig später heißt es von Salomo selbst, daß sein Herz nicht ungeteilt Jhwh zugewandt war wie das Herz seines Vaters David (11,4). Abija steht damit in der Nachfolge Salomos. Zu- → 114 gleich tritt ihm gegenüber aber die Zusage in Kraft, daß Gott für David eine »Leuchte« in Jerusalem bestehen lassen wolle, indem er dort immer einen der Nachkommen Davids auf dem Thron belassen und die Stadt selbst erhalten wolle (15,4, vgl. 11,36). Dies wird → 118 damit begründet, daß David »das Rechte in den Augen des HERRN« getan habe (15,5). Dieser Gegenbegriff zu der häufigeren Rede vom »Bösen in den Augen des HERRN« begegnet hier zum ersten Mal in der Geschichte der Könige. Er wird später noch häufiger zur Charakterisierung judäischer Könige verwendet, die an dem Vorbild Davids → 135.138 gemessen werden.

Mit Abijas Sohn Asa vollzieht sich eine Wende zum Guten. Er ist der erste, von dem es heißt: »Er tat das Rechte in den Augen des HERRN wie sein Vater David« (15,11). Als Grund für dieses positive Urteil werden Maßnahmen genannt, die Asa gleichsam als den ersten Kultreformer erscheinen lassen (Hoffmann 1980, 87ff). Er entfernt die Kultprostituierten aus dem Lande (vgl.14,24) und beseitigt »alle Götzenbilder (*gillulîm*), die seine Väter gemacht hatten« (V.12). Diese letzte Aussage ist wieder sehr unbestimmt und läßt nicht erkennen, welche »Götzenbilder« gemeint sind, zumal der Ausdruck hier zum ersten Mal in der Geschichte der Könige erscheint. Man wird dabei an die Aufzählung im Rahmen der Regierungszeit Rehabeams denken müssen (14,22-24), zumal auch die Aussage von den »Vätern« an 14,22 anknüpft. Sehr viel präziser ist die Mitteilung über die Enthebung der Großmutter des Königs von ihrem Amt als »Gebieterin« (*g^ebîrāh* V.13), womit offenbar eine besondere Funktion der Mutter (in diesem Fall der Großmutter) des Königs am Hof bezeichnet wird (vgl. Donner 1959). Sie hatte auch kultische Aktivitäten wahrgenommen und für die Aschera, womit hier wohl die Göttin dieses Namens gemeint ist, ein »Greuelbild« (*mipleṣet*) errichtet, das Asa umhauen und verbrennen läßt. Die Bedeutung dieses nur hier begegnenden Wortes bleibt zwar unklar, aber diese Maßnahme läßt deutlich erkennen, daß Asa ernsthafte Anstrengungen zur Reinigung des Jhwhkultes unternahm.

Doch fällt auf das positive Bild Asas ein Schatten: Die Höhenheiligtümer verschwanden nicht (V.14). Die Formulierung macht Asa dafür nicht unmittelbar verantwortlich, doch liegt darin eine deutliche Einschränkung seiner positiven Beurteilung. Der Text stellt dem aber sogleich die betonte Aussage entgegen, daß das Herz Asas »ungeteilt« Jhwh zugewandt war. Damit wird ihm bestätigt, was bei seinem Vater vermißt wurde (V.3), und er wird ausdrücklich in die Nachfolge Davids gestellt (vgl. 11,4). So beginnt mit Asa eine Reihe judäischer Könige, die dem Bild Davids entsprechen, wenn auch bei den meisten von ihnen die Einschränkung bestehen bleibt, daß die Höhenheiligtümer nicht beseitigt wurden. Dies gilt auch für Asas Sohn Joschafat, der ganz auf den Wegen seines Vaters Asa wandelte und »das Rechte in den Augen des HERRN« tat (22,43); nur die Kulthöhen verschwanden nicht. Durch den Nachsatz, daß »das Volk« auf den Höhen Opfer darbrachte, wird wiederum sehr betont zwischen dem Verhalten des Königs und dem volkstümlichen Höhenkult unterschieden (V.44). Schließlich wird noch nachgetragen, daß Joschafat die restlichen Kultprostituierten beseitigte, die noch seit den Tagen Asas übriggeblieben waren (V.47). Dies soll wohl kaum eine Kritik an Asa ausdrücken, sondern eher die Kontinuität des kultreformerischen Verhaltens herausstellen.

Dann erfährt aber die Reihe der in der Nachfolge Davids positiv beurteilten Könige Judas eine Unterbrechung durch die engen Beziehungen der nachfolgenden Könige zu den Königen des Nordreichs, insbesondere zu Ahab. Zwar hatte auch Joschafat Beziehungen zum Nordreich unterhalten und sich sogar an kriegerischen Aktivitäten beteiligt (1Kön 22,1-38), doch hat dies seinem Gesamtbild keinen Schaden zugefügt. Sein Sohn Joram heiratet dann eine Tochter (nach V.26 Schwester) Ahabs und geht deshalb »auf dem Weg der

→ 133

B.IX David

→ 121

Könige Israels« und tut »das Böse in den Augen des HERRN« (2Kön
8,18). Hier zeigt sich sehr deutlich, daß die aufs ganze gesehen positiver beurteilte Religionspolitik Judas immer wieder durch den Einfluß des Nordreiches Israel gefährdet wird. Aber dennoch tritt hier
wiederum die Zusage in Kraft, daß Gott Juda nicht vernichten wollte »um Davids willen«, dem er eine ständige »Leuchte« zugesagt
hatte (V.19, vgl. 1Kön 11,36). Bei Jorams Sohn Ahasja, über den das   → 118
gleiche Urteil ausgesprochen wird (V.27), bricht diese Kontinuität
jedoch plötzlich ab. Er wird im Zuge des Aufstands Jehus gegen das
Haus Ahabs getötet (9,27f), wodurch der Weg für die Usurpation seiner Mutter Atalja eröffnet wird (Kap.11, s.o.).   → 122
Die Herrschaft Ataljas bildet die einzige Unterbrechung der kontinuierlichen Thronfolge in der Daviddynastie. Danach beginnt mit
Joasch (2Kön 12,3f) eine neue Reihe von judäischen Königen, die
»das Rechte in den Augen des HERRN« tun. Allerdings heißt es bei
Amazja einschränkend, daß er es »nicht wie sein Vater David« getan habe, sondern wie sein Vater Joasch (14,3f). Das gleiche gilt für
Asarja, dessen Verhalten zu dem seines Vaters Amazja in Beziehung
gesetzt wird (15,3f), sowie entsprechend für dessen Sohn Jotam
(15,34f, hier mit der Namensform Usija statt Asarja). Doch trotz
dieser Einschränkung gibt es für rund ein Jahrhundert ein positive-
res Bild des religiösen Verhaltens der judäischen Könige.
Doch dann ist es Ahas, der wiederum nicht »das Rechte in den Augen des HERRN« tut »wie sein Vater David«, sondern »auf dem Weg
der Könige Israels« geht (16,2f). Von ihm heißt es, daß er selbst auf
den Kulthöhen Opfer dargebracht habe (V.4). Zudem wird ihm eine
besondere Nachahmung der »Greuel der Völker, die der HERR vor
den Israeliten vertrieben hatte« vorgeworfen, indem er seinen Sohn
»durch das Feuer gehen ließ« (V.3). Vor allem ließ er einen Altar
nach assyrischem Vorbild im Tempel in Jerusalem aufstellen und   B.VII Kult
brachte auf ihm Einweihungsopfer dar (V.10-16). Nach dem Kontext
muß man darin einen Akt der Loyalität gegenüber den Assyrern sehen. Aber es verlautet nichts daruber, wem dieser Altar und diese
Opfer galten, so daß sie wohl als mit dem Jhwhkult vereinbar angesehen wurden. Auch unter den kultreformerischen Maßnahmen
Hiskijas (s. sofort) wird der neue Altar nicht erwähnt. Gleichwohl
bleibt das negative Urteil über Ahas bestehen. Darin zeigt sich erneut, daß es ausländische Einflüsse auf die Religionspolitik Judas
sind, die als besonders gefährdend erscheinen.
Aber dann schlägt es wieder um, und es vollzieht sich eine große
Kultreform unter Hiskija (18,1-6). Er wird als der erste Nachfolger
Davids gezeichnet, der dessen Vorbild ganz entspricht: »Er tat das
Rechte in den Augen des HERRN, ganz so wie es sein Vater David getan hatte« (V.3). Vor allem beseitigt er die Höhenheiligtümer (V.4),
so daß nun zum ersten Mal in der Geschichte Judas diese Einschrän-
kung für eine positive Beurteilung des kultischen Verhaltens des   → 133
Königs wegfallen kann. Weiterhin zerstört er die Masseben und

Ascheren, wobei aber nicht näher gesagt wird, wo diese aufgestellt waren. Schließlich beseitigt er die »Eherne Schlange«, die unter dem Namen *nᵉḥuštān* im Tempel in Jerusalem verehrt und deren Herkunft auf Mose zurückgeführt wurde (Num 21,4-9). Diese knappen Notizen über Hiskijas Kultreform werden ergänzt durch ausführliche theologische Aussagen, in denen es heißt, daß es vor und nach Hiskija keinen König wie ihn gegeben und daß er die von Gott durch Mose gegebenen Gebote gehalten habe (V.5f).

B.XIII Propheten

Hier weitet sich die Darstellung aus zu einer breiten Erzählung über die Bedrohung Jerusalems durch die Assyrer und eine Krankheit Hiskijas. Dabei spielt das Wirken des Propheten Jesaja eine zentrale Rolle (18,13-20,19). Zunächst erscheint Jesaja in einer ähnlichen Rolle wie Elischa, indem er dem König in einem Gotteswort mitteilen läßt, daß Jerusalem nicht durch den Assyrerkönig eingenommen werden wird (19,1-7). Dann antwortet er auf ein eindringliches Gebet Hiskijas im Tempel (V.14-19) mit einem ausführlichen Gotteswort (V.20-34), das sich als dreigliedrige Komposition darbietet: ein als Spottlied beginnendes Gerichtswort gegen den Assyrerkönig Sanherib (V.21-28), die Ankündigung einer heilvollen Zeit für den »Rest«, der vom Zion ausgeht (V.29-31) und schließlich die konkrete Ankündigung, daß der König von Assur nicht in die Stadt eindringen wird, weil Gott sie beschützt »um meinetwillen und um meines Knechtes David willen« (V.32-34).

In diesem ausführlichen, poetisch formulierten Text zeigt sich ein Bild vom Propheten, wie es sich sonst in den Büchern der »Früheren Propheten« nicht findet, jedoch häufig in denen der »Späteren Propheten«. Es ist deshalb bemerkenswert, daß sich der Abschnitt 2Kön 18,13-20,19 mit geringen Abweichungen auch im Jesajabuch findet (Kap.36-39, vermehrt um einen Psalm in 38,9-20). Dies ist die einzige Stelle in den Königsbüchern, in denen einer der »Schriftpropheten« zu Wort kommt. (Zu der Notiz über Jona s.o.)

→ 170

Schließlich wird von einer Krankheit Hiskijas berichtet, bei der Jesaja zunächst durch ein Gotteswort ankündigt, daß der König sterben wird, dann aber nach einem flehentlichen Gebet Hiskijas den Auftrag zu einem neuen Gotteswort erhält, nach dem Hiskija genesen und noch weitere fünfzehn Jahre leben wird (20,1-7); dies wird von wunderhaften Zeichen begleitet (V.7-11). Diese Änderung einer göttlichen Ankündigung auf Grund eines Gebets des Betroffenen erinnert an die Worte Natans an David (1Sam 12,7-14) und Elijas an Ahab (1Kön 21,27-29). Jesaja steht damit in der Tradition dieser früheren Propheten. Und ebenso wie diese spricht er dann auch ein göttliches Drohwort gegen den König, indem er ihm ankündigt, daß »Tage kommen« werden, an denen die Schätze des Königshauses, die Hiskija den Gesandten aus Babel gezeigt hatte, zusammen mit Söhnen des Königs nach Babel weggeführt werden (2Kön 20,12-19). Aber Hiskija denkt nur an sich: »Wenn nur zu meinen Lebzeiten

→ 105
→ 129

Friede und Sicherheit herrschen.« So endet auch diese Phase des Königtums in Juda, die mit der großen Kultreform begann, mit einem negativen Ausblick auf eine noch bevorstehende Zukunft.

Daß die Kultreform Hiskijas nicht von Dauer war, zeigt sich sofort bei seinem Sohn und Nachfolger Manasse (2Kön 21,1-18). Dessen Religionspolitik steht in krassem Gegensatz zu der Reform Hiskijas und stellt gleichsam eine Gegenreform dar (vgl. Hoffmann 1980, 146.155ff). Es heißt von Manasse, daß er »das Böse in den Augen des HERRN« tat, und zwar wiederum »wie die Greuel der Völker, die der HERR vor den Israeliten vertrieben hatte« (V.2, vgl. V.6.15.16), wie es schon von Ahas (16,3) und von Juda in der Zeit Rehabeams (1Kön 14,24) gesagt worden war. Dann folgt eine lange Liste von kultischen Maßnahmen, angefangen von der Wiederherstellung der Kulthöhen, die Hiskija zerstört hatte, über die Errichtung von Baalsaltären, Aufstellen eines Bildes der Aschera im Tempel nach dem Vorbild Ahabs, Einrichtung des Kultes für »das ganze Heer des Himmels«, den Sohn durch das Feuer gehen lassen, bis hin zu Zauberei, Wahrsagerei, Bestellung von Totenbeschwörern und Zeichendeutern (V.3-8). Diese Liste zeigt deutliche Anklänge an das Deuteronomium, z.T. bis in den Wortlaut hinein (vgl. V.6 mit Dtn 18,10f). → 135
→ 133
→ 123
→ 76 Manasse wird hier als Gegenbild zu Hiskija stilisiert; durch seine Maßnahmen wird in Juda und Jerusalem all das wieder eingeführt, was endlich durch Hiskija beseitigt worden war, und es wird noch Schlimmeres hinzugefügt.

Damit zeichnet sich schon das Ende der Geschichte Judas und Jerusalems und damit der Geschichte Israels im ganzen ab. Gott hatte Israel das Land gegeben und seinen Namen »auf ewig« auf den Tempel in Jerusalem gelegt. Er hatte Israel das dauerhafte Bleiben im Lande zugesagt, »wenn sie alles befolgen, was ich ihnen geboten habe entsprechend der ganzen Tora, die ihnen mein Knecht Mose gegeben hat« (V.7f). Aber Hiskija war der einzige nach David, von dem gesagt werden konnte, daß er die Tora Moses eingehalten habe. Jetzt lautet das zusammenfassende Urteil: »Aber sie hörten nicht«. Damit wird wiederholt, was schon im Rückblick auf das Ende des Nordreiches gesagt worden war (18,12). Aber unter Manasses Regierung hat dies alles noch eine letzte Steigerung erfahren, indem Israel/Juda nicht nur tat, was die von Gott vor ihm vertriebenen Völker getan hatten, sondern sogar Schlimmeres als das (V.9). B.XVII Geschichte

Wie schon am Ende der Geschichte des Nordreiches (17,7-23) heißt es auch jetzt wieder, daß Gott durch »seine Knechte, die Propheten« zu Juda gesprochen habe (21,10-15). Er kündigt Jerusalem und Juda ein Schicksal an, das dem von Samaria und dem Haus Ahabs gleichen wird (V.13). Darin wird erneut deutlich, daß Juda unter Manasse immer mehr auf die Wege des Nordreichs geraten ist. Aber nun will Gott auch »den Rest meines Erbbesitzes« in die Hand seiner Feinde geben, »weil sie das Böse in meinen Augen getan und mich gereizt haben, seit dem Tag, an dem ihre Väter aus Ägypten → 126

auszogen, bis zum heutigen Tag« (V.14f). Dies klingt wie ein
Schlußpunkt unter die Geschichte Jerusalems und Judas.
Aber noch einmal schlägt das Pendel zurück. Auf Reform und Ge-
genreform folgt eine letzte, große Reform. Joschija, der nach einem
Putsch gegen seinen Vater mit acht Jahren auf den Thron gekom-
mene Enkel Manasses (21,32f; 22,1), ist noch einmal einer der Kö-
nige Judas, die »das Rechte in den Augen des HERRN« taten. Diese
Aussage wird noch verstärkt und zu exemplarischer Bedeutung er-
hoben durch den Nachsatz: »er ging auf den Wegen seines Vaters
David und wich weder nach rechts noch nach links davon ab«

→ 76 (22,2, vgl. Dtn 17,20!). So war bisher noch von keinem König gesprochen worden.
Die Reform wird dadurch ausgelöst, daß bei Arbeiten im Tempel
ein Buch gefunden wird. Der auffindende (Hohe)Priester Hilkija bezeichnet es als »das Gesetzbuch« (sēper hattôrāh, 22,8, vgl. V.11). Es
wird dem (inzwischen erwachsenen) König vorgelesen und übt auf
ihn eine schockartige Wirkung aus. Er »zerreißt seine Kleider« und
beauftragt den Priester und einige Hofbeamte, wegen dieses Buches
Gott zu befragen: »Denn groß ist der Zorn des HERRN, der gegen uns
entbrannt ist, weil unsere Väter nicht auf die Worte dieses Buches
gehört und nicht getan haben, was ›in ihm‹ geschrieben steht«
(V.11-13).
Aus dem weiteren Zusammenhang wird deutlich, daß damit Worte
gemeint sind, wie sie im Deuteronomium zu finden sind. Deshalb
spricht alles dafür, daß mit diesem Gesetzbuch das Deuteronomi-

B.VI Tora um (oder vielleicht eine Vorform desselben) gemeint ist. Zu dessen
Forderungen nach »Kultuseinheit und Kultusreinheit« (Herrmann
1971) steht aber die kultische Realität zur Zeit seiner »Auffindung«
in krassem Gegensatz.
Die Abgesandten des Königs befragen die Prophetin Hulda (22,14-
20). Ihre Antwort ist ambivalent. Zunächst bestätigt sie den schon
gegenüber Manasse ausgesprochenen göttlichen Beschluß, Juda auf
Grund seines ständigen Abweichens von den Geboten Gottes ein
Ende zu bereiten (V.16f). Darauf folgt aber ein positives Wort für Joschija: Weil er sich vor Gott gedemütigt hat, soll er selbst dieses Unheil nicht erfahren (V.18-20). Die weitere Erzählung ist dann ganz
von dem zweiten Teil dieses Wortes geprägt: Joschija beginnt mit
umfassenden Reformen. Erst ganz am Schluß kommt das angekündigte göttliche Gericht über Juda und Jerusalem erneut zur Sprache,
diesmal mit ausdrücklichem Bezug auf Manasse (23,26f).
Die grundlegende Bedeutung der Reformen Joschijas wird schon
durch ihre Eröffnung demonstrativ betont: Der König beruft eine
große Versammlung vor dem Tempel ein, verliest vor ihr das aufge-

B.II Bund fundene »Bundesbuch« und »schließt den Bund vor dem HERRN«.
Inhalt dieses Bundes ist die Verpflichtung, »dem HERRN nachzufol-
gen, seine Gebote, Satzungen und Gesetze von ganzem Herzen und

von ganzer Seele einzuhalten, um die Worte dieses Bundes, die in diesem Buch aufgeschrieben sind, zu verwirklichen«. Weiter heißt es: »Und das ganze Volk trat dem Bund bei« (23,1-3).

Dieser feierliche Bundesschluß hat eine gewisse Parallele in dem Bundesschluß, den der Priester Jojada nach der Beendigung der Herrschaft der Atalja mit dem siebenjährigen König Joasch und dem Volk schloß (2Kön 11,17). → 122 Auch hier schließt sich eine Beseitigung von Kultgegenständen an, die während der Fremdherrschaft eingerichtet worden waren. Im einzelnen bleiben aber wesentliche Unterschiede.

Dann beginnt eine groß angelegte Reform. Sie hat zwei Schwer- B.VII Kult punkte: zum einen die Beseitigung aller Fremdkulte, zum anderen die Konzentration des Kultes auf den Tempel in Jerusalem. Im Aufbau des Reformberichts ist deutlich, daß der zweite Aspekt im Zentrum steht (23,8, vgl. Lohfink 1987, 217). Dabei kommt der Beseitigung der *bāmôt*, der örtlichen Höhenheiligtümer, ganz besondere Bedeutung zu. Ihre fortdauernde Existenz war ja seit der Zeit Rehabeams ein ständiger Stein des Anstoßes für die religiöse Beurteilung der Könige von Juda gewesen (vgl. 1Kön 14,23; 15,14 u.ö.). Hiskija → 133 hatte sie als erste Reformmaßnahme abgeschafft (2Kön 18,4), aber → 135 Manasse hatte sie wiederum als erstes wieder eingerichtet (21,3). → 137 Nun werden sie entweiht und damit kultisch unbrauchbar gemacht. Zudem werden die Priester dieser lokalen Heiligtümer von dort weggeholt, um die Fortsetzung der örtlichen Kulte zu unterbinden. Schließlich wird die Konzentration auf den Tempel noch dadurch vervollständigt, daß die »Torhöhen«, d.h. wohl kultische Einrichtungen im Bereich der Stadttore, beseitigt werden.
Im übrigen werden in einer umfangreichen Aufzählung umfassende Reformmaßnahmen genannt, durch die alles, was sich an nichtisraelitischen oder sonst illegitimen Kulteinrichtungen und -praktiken angesammelt hat, beseitigt wird. Dabei werden als Urheber dieser Einrichtungen mehrfach ausdrücklich die »Könige von Juda« genannt (23,5.11.12), ferner Manasse (V.12) sowie Salomo (V.13), außerdem für den Norden des Landes Jerobeam (V.15) und die »Könige von Israel« (V.19). Eine zentrale Rolle spielen dabei die Kultgegenstände und -einrichtungen für andere Götter: Baal (V.4.5), Aschera (V.4.6.7), das »Heer des Himmels« (V.4.5), die Sonne (V.11) sowie Sonne, Mond und die Tierkreisbilder (V.5), Moloch (V.10), Astarte, Kemosch und Milkom (V.13). Schließlich wird die Reform auch auf das Gebiet des früheren Nordreiches Israel ausgedehnt, wo die Höhenheiligtümer zerstört werden (V.19f), allen voran das in Bet-El, wobei ausdrücklich auf die Erzählungen in 1Kön 13 Bezug genom- → 121 men wird (V.15-18).
Den krönenden Abschluß des Ganzen bildet eine Feier des Passa, »wie es in diesem Bundesbuch vorgeschrieben ist« und wie es »nicht gefeiert worden war seit den Tagen der Richter, die Israel richteten, und während der ganzen Zeit der Könige von Israel und der Könige

von Juda« (V.21-23). In der Schlußnotiz wird Joschija noch einmal über alle Könige vor ihm und nach ihm hinausgehoben: »Wie er war kein König vor ihm, der zu Jhwh umkehrte mit ganzem Herzen, mit ganzer Seele und mit all seiner Kraft gemäß der ganzen Tora Moses, und nach ihm stand keiner auf wie er« (V.25).

Wieder könnte der Leser denken, daß hier ein Schlußpunkt gesetzt wird, wie schon am Ende des Prophetenwortes über Manasse (2Kön 21,14f); aber diesmal scheint es ein positiver Schluß zu sein. Alle kultischen Verfehlungen Israels und Judas sind beseitigt durch einen König, der endlich war wie David, mehr noch als es schon Hiskija gewesen war, indem er »umkehrte« gemäß der Tora Moses. In ihm hat sich erfüllt, was David seinem Sohn und Nachfolger mit auf den Weg gegeben hat: die Tora Moses zu halten und mit ganzem Herzen und ganzer Seele vor Gott zu leben (1Kön 2,1-4). Aber es bleibt nicht bei diesem positiven Schlußwort. Das über Manasse gesprochene göttliche Gerichtswort kann auch durch die vorbildlichen Taten Joschijas nicht außer Kraft gesetzt werden. Es wird wiederholt und bestätigt (V.26f): Gott »kehrt nicht um« von seinem großen Zorn. Das Wort »er kehrte nicht um« (*lo'-šāb*) steht in einem schroffen Gegenüber zu der Aussage im vorhergehenden Vers, daß Joschija derjenige König war, »der umkehrte« (*ªšer-šāb*). Joschijas Umkehr hat nicht ausgereicht, um den Zorn Gottes über Juda und Jerusalem umzukehren.

Nach Joschijas unrühmlichem Tod (2Kön 23,29f) geht Juda in den Kämpfen zwischen Ägypten und Babylonien unter. Die folgenden Könige sind nur noch Spielbälle im Streit der Großen. Sie werden alle mit der knappen, stereotypen Notiz beurteilt, daß sie »das Böse in den Augen des HERRN« taten. Dabei heißt es bei den Söhnen Joschijas, Joahas und Eljakim/Jojakim, daß sie das Böse »ganz wie ihre Väter« getan hätten (23,32.37), ohne daß ihr leiblicher Vater Joschija erwähnt wird; bei Jojachin und Mattanja/Zidkija heißt es dann wieder: »ganz wie sein Vater« (24,9) bzw. »ganz wie (sein Bruder) Jojakim« (24,19). Am Beginn der Bedrohung durch die Babylonier werden noch einmal die Gerichtsworte Gottes über Juda durch »seine Knechte die Propheten« in Erinnerung gerufen und ebenso die »Sünden Manasses« (24,3f). Dann gibt es keine religiösen Wertungen oder Kommentare mehr. Der Untergang Judas und Jerusalems, die Zerstörung und Ausraubung des Tempels, Hinrichtungen und Deportationen, all das geht kommentarlos vor sich.

Nur ganz am Schluß folgt noch eine Notiz, die zwar keinen Kommentar enthält, aber zur Interpretation auffordert: Der babylonische König begnadigt den ins Exil verschleppten Jojachin nach 37 Jahren, entläßt ihn aus dem Gefängnis und weist ihm einen Platz an der königlichen Tafel an, zusammen mit anderen deportierten Königen (2Kön 25,27-30). Dies ist ganz offenbar kein »Abschluß«, sondern es hält die Frage offen, was danach geschehen wird. Nicht ohne Grund wird Jojachin hier zweimal als »König von Juda« bezeichnet

→ 107

(V.27). Wird es noch wieder einen König von Juda geben? Oder wie
wird die Zukunft aussehen?

3.6
Ist Israel gescheitert?

Das offene Ende der Darstellung der Geschichte Israels und Judas
hinterläßt die Frage: Ist diese Geschichte endgültig zu Ende? Ist Israel gescheitert? Diese Frage konnte damals so wenig wie heute
mit einem einfachen Ja oder Nein beantwortet werden. In einem
bestimmten Sinne war die Geschichte Israels an ein Ende gekommen. Die politischen Strukturen, die seit mehr als vier Jahrhunderten in Israel und Juda geherrscht hatten, existierten nicht mehr. Es
gab keinen König mehr und keine nationale Selbständigkeit. Auch
das religiöse und geistige Zentrum, der Tempel in Jerusalem, war
zerstört. Wichtige Teile der Bevölkerung waren in das Exil nach Babylonien weggeführt worden. So herrschte in vieler Hinsicht ein
Vakuum, und es war nicht abzusehen, was die Zukunft bringen
würde.

Aber all das, was den Inhalt des Lebens ausgemacht hatte, das die
Menschen in Israel und Juda in diesen Jahrhunderten gelebt hatten,
konnte dadurch nicht zerstört werden. Die Bücher, an deren Schluß
jetzt diese Frage gestellt werden mußte, waren ja nicht geschrieben
worden und wurden nicht redigiert und weiter überliefert, um im
Rückblick das Ende und das Scheitern all dessen zu betrachten und
zu beklagen, was zuvor so ausführlich und so engagiert dargestellt
worden war. Dies gilt um so mehr, wenn man nicht nur die Bücher
der »Früheren Propheten«, die Geschichtsbücher, betrachtet, sondern auch diejenigen grundlegenden Bücher, die ihnen vorangingen
und mit denen sie vielfältig verknüpft waren: die Bücher des Pentateuch mit ihrer Darstellung der Anfänge der Geschichte der
Menschheit und Israels und der religiösen und in gewissem Sinne
auch der politischen Grundlagen des Lebens Israels als Gemeinschaft wie auch des Lebens des einzelnen als Glied dieser Gemeinschaft.

Wann immer diese Bücher im einzelnen verfaßt und redigiert wurden, die Tatsache, daß sie vorhanden waren oder auch erst jetzt aus
vorhandenen Überlieferungen geformt wurden, zeigt sehr deutlich,
daß das Leben, von dem sie berichten, nicht zu Ende war. Und am
Ende des Pentateuch wird eine Zukunft nach dem Exil ausdrücklich in Blick gefaßt (Dtn 30,1-10). Dazu muß man auch an die Fülle
der übrigen Texte und Schriften denken, die in Israel überliefert
wurden und bestimmte Aspekte seines Lebens zum Ausdruck
brachten: allen voran die Psalmen, aber auch andere Texte aus dem
Bereich der »Schriften«, soweit sie zur Zeit des Endes des Staates
Juda bereits existierten; schließlich setzt auch die Überlieferung
und Fortschreibung der prophetischen Traditionen ein lebendiges
Interesse an einer Zukunft Israels voraus.

Wir wissen im einzelnen wenig über das Leben der Israeliten (oder Judäer) in den Jahrzehnten nach dem Fall Jerusalems. Aber wir haben einige sehr eindrucksvolle Hinweise darauf, wie die jetzt entstandenen Probleme behandelt und bewältigt wurden. So schrieb der Prophet Jeremia einen Brief an die Exulanten in Babylonien, in dem er sie ermahnte und ermunterte, ihr Leben im Exil lebenswert zu gestalten, dabei nicht utopischen Hoffnungen auf eine baldige Rückkehr zu verfallen, aber dennoch der göttlichen Zusage gewiß zu bleiben, daß die Rückkehr eines Tages kommen wird: »Denn ich weiß wohl, was für Gedanken ich über euch habe, Ausspruch des HERRN: Gedanken zum Heil und nicht zum Unheil, euch Zukunft

→ 210

und Hoffnung zu geben« (Jer 29,11). Das Buch des Propheten Ezechiel ist ganz von der Frage nach dem Scheitern *und* nach der Zukunft bestimmt. Der Prophet sieht das künftige Leben Israels in der

→ 237

Vision als Auferstehung der toten Gebeine (Ez 37), und auch der Gedanke an einen neuen David kommt dabei in Blick (34,23f; 37,24f).

→ 172

Im Buch Jesaja kommt vor allem in den Kapiteln 40-55 eine Stimme voller lebendiger und theologisch reflektierter Zukunftshoffnung zu Wort. In diesen und vielen anderen Texten zeigt sich deutlich, daß das politische Ende der Staaten Israel und Juda und selbst die Zerstörung Jerusalems und des Tempels als tiefer Einschnitt, aber keineswegs als definitives Ende verstanden wurden.

Blickt man von hier aus auf die Bücher der »Früheren Propheten« zurück, so zeigt sich, daß in ihnen in der Tat keineswegs nur vom Scheitern die Rede ist. Sie enthalten einige grundlegende Traditionen, die für Israels Leben im ganzen und damit auch für sein Leben nach dem Exil von großer Bedeutung waren und blieben. Schon im Pentateuch wird von zwei grundlegenden Gaben gesprochen, die Israel erhalten hat: die durch Mose gegebene Tora und das den Vätern verheißene und schon angeldhaft gegebene (Gen 23) Land. Die Landverheißung wird am Beginn der »Früheren Propheten« unter Josuas Führung zur Realität. Danach ist dann von zwei weiteren, nicht weniger grundlegenden Gaben die Rede: dem Königtum, das vor allem mit dem Namen Davids verknüpft ist, und dem von Salomo erbauten Tempel in Jerusalem. In der Darstellung dieses Zeitabschnitts in den Samuelbüchern und im Anfang des 1.Königsbuches fehlt jeder Hinweis auf das Grundübel der folgenden Zeit: die Verehrung fremder Gottheiten. Im Gegenteil: schon im Vorfeld der Wahl des Königs hat Samuel die Israeliten aufgefordert, die fremden Götter aus ihrer Mitte zu entfernen, und sie sind seiner Aufforderung gefolgt: Sie »beseitigten die Baale und Astarten und dienten

→ 95

dem HERRN allein« (1Sam 7,3f). Damit war das Hauptproblem der Richterzeit beseitigt, die als eine Zeit des permanenten Abfalls von Jhwh dargestellt wird, und es konnte ein neuer Anfang gemacht

→ 111

werden. So bezeichnet Salomo die erste Phase der Zeit des Königtums und des Tempels im Rückblick als eine Zeit der von Gott ver-

liehenen »Ruhe« (m^{e}nûḥāh, 1Kön 8,56). Damit wird diese Zeit ausdrücklich zur Zeit der Landnahme in Parallele gesetzt, die als die erste Zeit der »Ruhe« für Israel bezeichnet wurde (Jos 21,44, vgl. Albertz 1989, 41ff). Es heißt sogar, daß jeder in Sicherheit »unter seinem Weinstock und seinem Feigenbaum« sitzen konnte (1Kön 5,5), eine Wendung, die in prophetischen Texten als eschatologische Verheißung begegnet (Mi 4,4; Sach 3,10). → 91 → 109 → 274

Erst nach dem Abschluß des Tempelbaus taucht dann das Problem der Verehrung fremder Götter wieder auf. Zunächst wird es in der zweiten Traumvision Salomos, mit der die zweite Phase seiner Regierungszeit eingeleitet wird, als Möglichkeit ins Auge gefaßt: »Wenn ihr beginnt, andere Götter zu verehren und anzubeten ...«, und es werden Konsequenzen dafür angekündigt (1Kön 9,6ff). Dann ist es Salomo selbst, der der Verführung seiner ausländischen Frauen erliegt und damit beginnt, fremde Götter zu verehren. Astarte, Milkom und Kemosch werden mit Namen genannt (11,4-8, vgl. 2Kön 23,13). Daraufhin ergeht an ihn eine Ankündigung des göttlichen Gerichts, die nur um Davids und um Jerusalems willen noch nicht ihn selbst, sondern erst seinen Nachfolger treffen soll (1Kön 11,9-13). Damit sind die Weichen für die Folgezeit gestellt. → 112

Aber die Darstellung der nächsten Jahrhunderte ist keineswegs einseitig auf den negativen Ton des Abweichens vom rechten Weg der Jhwhverehrung gestimmt. Vor allem in der Geschichte des Reiches Juda gibt es längere Etappen, in denen nichts von der Verehrung fremder Götter verlautet. Der Vorwurf konzentriert sich bei der Mehrheit der Könige von Juda auf das Bestehenlassen der örtlichen Höhenheiligtümer. Diese gelten zwar im Rückblick aus der Sicht des Jerusalemer Zentralkults als illegitim, aber es wird in der Regel nicht zum Ausdruck gebracht, daß sie dem Kult fremder Götter gedient hätten. Gegen Ende spitzt sich dann alles auf die wechselvollen Reformen Hiskijas, Manasses und Joschijas zu. Dabei werden die in der langen Regierungszeit Manasses begangenen kultischen Sünden als so schwerwiegend dargestellt, daß sie schließlich gegenüber den höchst positiv bewerteten Reformen Hiskijas und vor allem Joschijas den Ausschlag für das unglückliche Ende Judas geben.

Doch gerade der Vergleich der letzten großen Königsgestalten Judas läßt für die Nachkommen, die diese Geschichten lesen, deutlich werden, welches der richtige Weg gewesen wäre. Darin eröffnet sich zugleich die Möglichkeit, sich an diese Vorbilder zu halten und damit der Geschichte Israels/Judas eine Zukunft zu eröffnen. Es ist gewiß kein Zufall, daß beim Wiederaufbau des sozialen und religiösen Lebens in Jerusalem und Juda offenbar ohne Diskussion die von Joschija eingeführte Konzentration und Beschränkung des Kultes auf den Tempel in Jerusalem vorausgesetzt und praktiziert wurde. Damit tritt diese zentrale Forderung des Deuteronomiums voll in Kraft und bestimmt die weitere religiöse Entwicklung. Auch die in den »priesterlichen« Teilen des Pentateuch niedergelegten kultischen Bestimmungen kommen in diesem Rahmen zur Geltung.

143

Vor allem muß hier aber von den Propheten die Rede sein. Das Königtum wurde von seinem Beginn an stets von Propheten begleitet, und zwar auf sehr unterschiedliche Weise. Samuel hat die problematischen Seiten der neuen Herrschaftsform des Königtums programmatisch dargestellt, dann aber die ersten Könige gesalbt; Gad und Natan haben das Königtum Davids fördernd und zugleich kritisch begleitet; Ahija von Schilo hat das Ende des Königtums Salomos angesagt und zugleich die Herrschaft Jerobeams eingeleitet; Jehu ben Hanani hat dem König Bascha, der die Dynastie Jerobeams beseitigt hatte, das baldige Ende seiner Dynastie angekündigt; Elija, Micha ben Jimla, Elischa und eine Reihe anonymer Propheten haben auf vielfältige Weise in den »Kulturkampf« gegen die kanaanisierenden Tendenzen der Dynastie Omris, insbesondere unter Ahab, eingegriffen, diese Dynastie auch zeitweise unterstützt, ihr aber schließlich ein Ende bereitet; Elischa hat entscheidend an der Entstehung der Dynastie Jehus mitgewirkt, ihr aber auch schon das Ende nach vier Generationen vorausgesagt, was auch die Unterstützung durch Jona ben Amittai nicht aufhalten konnte. (Vgl. zum Ganzen Blenkinsopp 1995, 138-140.)

Das Wirken der Propheten in der Zeit der Königsherrschaft in Israel und Juda wird mehrfach zusammenfassend charakterisiert. So heißt es nach dem Bericht über den Fall Samarias und die Deportation der Bevölkerung des Nordreiches im Anschluß an eine lange Aufzählung der kultischen Abweichungen Israels: »Der HERR hatte Israel (und Juda) gewarnt durch alle seine Propheten und Seher: Kehrt um von euren bösen Wegen und haltet meine Gebote und Satzungen gemäß dem ganzen Gesetz, das ich euren Vätern befohlen habe und das ich euch durch meine Knechte, die Propheten, habe sagen lassen« (2Kön 17,13).

→ 126
Hier wird das Wirken der Propheten in einer – gewiß sehr pauschalen – Zusammenschau vor allem in der Verkündigung der Tora und der Mahnung zu ihrer Einhaltung gesehen. Zweifellos trifft diese Zusammenfassung aber den entscheidenden Punkt. Die prophetische Botschaft war in all ihren unterschiedlichen Ausprägungen immer ausgerichtet an den Grundforderungen der Jhwhverehrung, wie sie die Grundlage und den Kern aller israelitischen Gesetzgebung bildet.

Die Bezeichnung »meine (seine) Knechte, die Propheten« ist wohl ein bewußter Rückbezug auf die häufige Bezeichnung Moses als »Knecht« (ʿebed) Gottes. Mit diesem Titel wird Mose häufig als Übermittler der göttlichen Tora bezeichnet; an einer entscheidenden Stelle hebt ihn aber gerade dieser Titel über die übrigen Prophe-
→ 65
ten hinaus (Num 12,7). In dieser Eigenschaft hat er auch die Erwählung Israels zum Volk Jhwhs und die Gabe der »Ruhe« im Lande vorausgesagt (1Kön 8,53.56). Dieser Titel wird nun häufig auf die Propheten insgesamt angewendet (2Kön 9,7; 17,13.23; 21,10; 24,2), gelegentlich aber auch auf einzelne: Ahija von Schilo (1Kön 14,18;

15,29), Elija (1Kön 18,36 in der Selbstbezeichnung; 2Kön 9,36; 10,10),
Jona ben Amittai (14,25).
Diese bedeutende Rolle, welche die Propheten in der Darstellung
der Geschichte der Königszeit spielen, enthält eine deutliche Antwort auf die Frage, ob Israel gescheitert sei. Das Königtum ist der
Aufgabe nicht gerecht geworden, das Volk so zu führen, wie es die
Jhwhreligion als »Grundgesetz« Israels erfordert hätte. So konnte
und mußte das politische Schicksal Israels und Judas als Scheitern
der politischen Größe »Israel« gedeutet werden. Zugleich wurde
aber durch die Darstellung dieser Geschichte sehr deutlich ins Bewußtsein gehoben, daß es einen anderen Weg gegeben hätte und
noch gab, der in Einklang mit den Forderungen der Tora stand und
Israel das »erwählte Volk«, das »Volk des Eigentums« Gottes sein
ließ. Die Propheten hatten immer wieder diesen Weg gewiesen, und
die Schriften der Propheten, die jetzt im Anschluß an die Darstellung der Geschichte der Königszeit zur Verfügung standen, enthiel-
ten eine Fülle von Worten, die einen neuen Weg weisen konnten,
der nicht wieder ins Verderben führen mußte.

Zwischenüberlegung
Kontinuität und Diskontinuität in der alttestamentlichen Prophetie

Die beiden Teile des Prophetenkanons zeigen ein ganz unterschiedliches Gepräge. In den Büchern der »Früheren Propheten« ist von Propheten im Rahmen erzählender Überlieferungen die Rede. Die Propheten sind in der Regel nicht die »Hauptpersonen«, sondern erscheinen im Kontext der geschichtlichen und politischen Ereignisse, von denen die Texte berichten. In vielen Fällen beeinflussen sie aber diese Ereignisse in mehr oder weniger unmittelbarer Weise. Vor allem geben sie oft mit ihren Worten und ihrem Wirken den Ereignissen die entscheidende theologische Wertung und Interpretation. So trägt dieser erste Teil des Prophetenkanons seine Bezeichnung »Frühere Propheten« mit vollem Recht.

Im zweiten Teil des Prophetenkanons ändert sich das Bild grundlegend. Hier findet sich eine große Anzahl von Büchern, die jeweils den Namen eines Propheten tragen und in denen die Worte dieses Propheten mitgeteilt werden, meist nur durch geringe erzählende Bestandteile ergänzt. Hier stehen die Propheten selbst im Mittelpunkt, während der geschichtliche und politische Kontext ihres Wirkens oft nur ausschnittweise zur Sprache kommt oder nur indirekt aus den Prophetenworten oder aus anderen Texten erschlossen werden kann. Der unterschiedliche Charakter dieser beiden Kanonteile wirft eine Reihe von Fragen auf. Zunächst stellt sich die Frage, warum das Wirken der Propheten in so verschiedenartiger Weise dargestellt worden ist. Damit verbindet sich die andere Frage, ob die Art des Prophetentums in beiden Kanonteilen die gleiche ist oder ob grundlegende Unterschiede oder Veränderungen erkennbar sind. Schließlich wirft der Charakter der Bücher, in denen Prophetenworte überliefert sind, ganz andere Auslegungsprobleme auf, als sie bei den erzählenden Büchern bestehen. (Vgl. zum Ganzen 1997a.)

Beginnen wir mit der zweiten Frage. Betrachtet man die Ausdrücke, mit denen die Propheten innerhalb der Hebräischen Bibel bezeichnet werden, so ergibt sich zweierlei. Zum einen: Es gibt keine eindeutige und ausschließliche Terminologie zur Bezeichnung derjenigen Gestalten, die man als »Propheten« bezeichnen kann oder muß. Der dominierende hebräische Ausdruck *nābî'*, dem das griechische Wort προφήτης entspricht, wird keineswegs immer und überall für die Propheten verwendet. Insbesondere bei den älteren »Schriftpropheten« findet er sich nur selten zur Bezeichnung desjenigen Propheten, der dem jeweiligen Buch seinen Namen gegeben hat. Es tritt aber auch kein anderer Begriff dafür ein. Vielmehr weist ihr Auftreten und ihr Wirken die Propheten als solche aus, unabhängig von der Kennzeichnung durch einen bestimmten Begriff. Damit hängt das andere zusammen: Bei allen Unterschieden im einzelnen lassen sich nicht grundlegend verschiedene Formen der Prophetie innerhalb der Geschichte feststellen, wie sie in der Hebräischen Bibel dargestellt wird. Vor allem gibt es keinen grundsätzlichen Unterschied zwischen den Propheten, von denen im ersten Teil, und denjenigen, von denen im zweiten Teil des Prophetenkanons die Rede ist. Die großen Prophetengestalten wie Elija, Elischa und nicht zuletzt Micha ben Jimla »warnen...vor der Annahme, als hätte das Auftreten des Amos oder Jesaja für Israel etwas ganz Neues gebracht« (vRad 1965, 64). Das bedeutet, daß auf die als erste gestellte Frage nach den Gründen für die unterschiedliche Darstellungsform in den »Früheren« und den »Späteren« Propheten keine eindeutige Antwort möglich ist. »Warum wir ein Buch Amos, aber kein Buch Elija haben, darüber können wir nur Vermutungen anstellen« (Blenkinsopp 1995, 140).

Ein wesentliches Element der Kontinuität liegt darin, daß bei allen »Früheren« und bei vielen der »Späteren« Propheten ihr Auftreten in einer spannungsreichen Beziehung zum Königtum steht. In der Darstellung der biblischen Texte ist der Beginn des Königtums unlösbar mit dem Wirken des Propheten Samuel verbunden. Ohne ihn → 95 gäbe es keinen König, denn er war es, der auf den Wunsch des Volkes hin einen König gesalbt und eingesetzt hat, zuerst Saul und dann David. In der Verwerfung Sauls und der Salbung seines Nachfolgers wird deutlich, daß nach der Sicht dieser Texte das Königtum keine Selbständigkeit besitzt, sondern von der durch einen Propheten bestätigten göttlichen Legitimation abhängt. Diese kann gewährt, kann aber auch entzogen werden.

In der Folgezeit ist das Bild wechselnd. Das Auftreten von Propheten enthält jedoch stets die beiden Elemente der Unterstützung des Königs und der Kritik an seiner Herrschaft bis hin zur Verwerfung. Dies gilt in jeweils verschiedener Weise für die Propheten in der Zeit Davids, Gad und Natan, für Ahija von Schilo, der das Ende der → 103.115 Herrschaft Salomos und damit zugleich die Errichtung eines eigenen Königtums im Nordreich unter Jerobeam I. bewirkte, und dann (nach der kurzen, rein negativen Botschaft des Jehu ben Hanani an Bascha) für die große Zahl der Propheten von Elija über Micha ben Jimla und die anonymen Propheten und Prophetengruppen bis zu Elischa, der mit der Designation Jehus noch einmal das Ende einer Dynastie und den Beginn einer neuen herbeiführt. Während dieser ganzen Zeit stehen Könige und Propheten ständig in einer äußerst spannungsreichen Beziehung zueinander.

Die Dynastie Jehus ist die letzte, die eine prophetische Legitimati- → 124 on erfährt, und zugleich die letzte im Nordreich Israel, der eine längere Regierungszeit vergönnt ist. Für die folgende Zeit bis zum Ende des Nordreiches finden sich in den Königsbüchern keine Berichte mehr über das Auftreten von Propheten. Aber hier zeigt sich nun die Kontinuität der »Früheren« mit den »Späteren« Propheten. Bei Hosea heißt es: »In kurzer Zeit ahnde ich die Blutschuld von Jesreel

→ 247

am Hause Jehu und mache dem Königtum des Hauses Israel ein Ende« (Hos 1,4). Hier erhebt sich eine prophetische Stimme, die in kritischer Fortsetzung die Linie über Elischa hinaus weiterführt. Amos nennt Jerobeam II. bei Namen, den letzten aus der Jehudynastie, der längere Zeit regiert hat, und kündigt ihm den Tod durch das

→ 265

Schwert an (Am 7,9, vgl. V.10f) – eine Ankündigung, die sich allerdings nicht erfüllt hat (vgl. 2Kön 14,29). Hosea und Amos stehen also in der Reihe der Propheten, die sich kritisch mit dem Königtum auseinandersetzen. Was auch immer die Gründe dafür sein mögen, daß sie in den Königsbüchern nicht genannt werden, so kann man darin jedenfalls kein Zeichen für eine grundlegende Veränderung der Beziehungen zwischen Propheten und Königen sehen.

Die Gründe für das »Prophetenschweigen« (Koch 1981) in den Königsbüchern sind oft erörtert worden. Waren es inhaltliche Gründe, etwa weil die Gerichtsverkündigung der Propheten in Widerspruch stand zu der Hoffnung der »deuteronomistischen« Verfasser der Königsbücher auf eine zukünftige Wiederherstellung Israels? (Koch; vgl. Begg 1986). Oder war die Sammlung der Prophetenworte als Ergänzung zu der geschichtlichen Darstellung der Königsbücher gedacht? (Blenkinsopp 1995, 122). Zum letzteren würde sich auch fügen, daß sich in vielen der Prophetenbücher »deuteronomistische« Partien und Bearbeitungen finden; insbesondere zeigen die Überschriften der Prophetenbücher deutlich deuteronomistische Elemente (Tucker 1977, 69). Diese Frage wird sich jedoch nicht eindeutig beantworten lassen.

Auch in Juda erheben sich jetzt die Stimmen von Propheten, die sich öffentlich mit dem Königtum auseinandersetzen. Bei Jesaja

→ 161

steht sein großer Auftritt gegenüber Ahas im Zentrum des ersten Hauptteils des Buches (Jes 7). Seine beratenden und kritischen Be-

→ 136

ziehungen zu Hiskija (Kap.36-39) sind auch in den Königsbüchern überliefert (2Kön 18,13-20,19). Man fühlt sich dabei an Elischa erinnert. Im Jeremiabuch schließlich ist die wechselvolle Beziehung des Propheten zu den Königen ein allgegenwärtiges Thema. Dabei kommt es sogar zu geradezu konspirativen Gesprächen mit Zidkija

→ 207

(Jer 37f).
So stellt die Beziehung zum Königtum als Institution und zu den einzelnen Königen die Propheten ins Zentrum der Geschichte ihres Volkes. Dies gilt für die Propheten der verschiedenen Epochen in grundsätzlich gleicher Weise. Gleichwohl ist deutlich, daß sich bei den Propheten seit dem achten Jahrhundert, deren Worte uns im zweiten Teil des Prophetenkanons überliefert sind, neue Elemente finden. So stellt sich die Frage, was denn »Das Neue in der Prophetie des 8.Jahrhunderts« sei (vRad 1965, 182ff). Von Rad hat sehr nachdrücklich die Kontinuität betont: »man könnte ja fast das Ganze ihrer Verkündigung als ein einziges aktualisierendes Gespräch mit der Überlieferung bezeichnen«. Doch er fährt dann fort: »aber es ist, als läsen sie aus diesen Überlieferungen etwas völlig anderes

heraus« (ebd. 185). Worin ist dieser Eindruck begründet?

Das deutlichste Kennzeichen des »Neuen« ist zweifellos das Hervortreten der Propheten als Individuen in einem sehr prononcierten Sinn. »Sie konnten auf eine Weise, wie es in Israel bisher noch nicht erhört war, Ich sagen« (ebd. 183). Diese Individualität kommt ja auch darin zum Ausdruck, daß jetzt selbständige Schriften entstehen, in denen ein einzelner im Mittelpunkt steht, dessen Namen sie tragen. Auch der große Umfang der Äußerungen jedes einzelnen dieser Propheten ist etwas völlig Neues. Schließlich finden auch die z.t. äußerst kunstvollen Redeformen, in denen sich die Propheten aussprechen, kein Vorbild in der älteren Literatur. Schon diese mehr äußerlichen Kennzeichen heben das Auftreten der »Schriftpropheten« von allem Vorherigen ab. Dazu tritt die außerordentliche Weite und Breite der Themen, die sie behandeln. Sie zeigen nicht nur eine ausgeprägte Kenntnis der Glaubensüberlieferungen Israels, sondern auch eine erstaunliche Informiertheit über historische und weltpolitische Zusammenhänge. Vor allem aber beginnt bei den Propheten ein differenziertes »theologisches« Denken und Reden, im engeren und im weiteren Sinne. Zu dem, was sie über Gott sagen, über sein Verhältnis zu Israel und zu den Völkern, über Recht und Kult und vieles andere mehr, gibt es vor ihnen nichts Vergleichbares.

Dies gilt insbesondere für die heilsgeschichtlichen Traditionen Israels. Ein besonders markantes, oft zitiertes Beispiel dafür ist der Satz des Amos: »Nur euch habe ich erkannt aus allen Geschlechtern der Erde; darum suche ich an euch heim alle eure Sünden« (Am 3,2). → 260 Hier wird die »Erwählungstradition« keineswegs verneint. Aber sie wird nicht einfach und geradlinig als Grundlage für eine fortdauernde heilvolle Geschichte Gottes mit Israel interpretiert, sondern es wird daraus eine besondere Verantwortung abgeleitet gegenüber dem Gott, der Israel aus der Völkerwelt herausgehoben hat. Darum kann aus der Erwählungstradition eine Ankündigung der göttlichen Strafe an Israel gefolgert werden. In dieser Linie liegen viele Worte der Propheten, in denen sie heilsgeschichtliche Traditionen so verstehen, daß sie zur Grundlage einer Kritik des Verhaltens Israels und der Ankündigung eines göttlichen Gerichts werden.

Die Propheten entwickeln damit ein ganz neues, weit gespanntes Verständnis von der Geschichte und insbesondere von deren theologischer Dimension. Darin zeigt sich das Bestreben, »das Verhalten Israels in seiner Ganzheit zu begreifen und das, was bei aller geschichtlichen Bedingtheit als typisch gelten kann, herauszustellen« (vRad, 1965, 186). Dies hängt unmittelbar zusammen mit der Überzeugung von der »völligen Geschichtsmächtigkeit Gottes. Sie ist so souverän, daß neben ihr überhaupt keine andere Aktivität in der Geschichte Raum zu haben scheint ... Das Ich Jahwes ist es, das den Raum der Geschichte bis zum Letzten ausfüllt« (ebd. 189f).

Das Ganze ist in hohem Maße ein intellektuelles Phänomen. Man kann es in Zusammenhang sehen mit dem Entstehen intellektueller

Eliten in verschiedenen Teilen der Welt in der Zeit um die Mitte des ersten Jahrtausends v.Chr., die Karl Jaspers die »Achsenzeit« genannt hat. »Diese Achse der Weltgeschichte scheint nun rund um 500 vor Christus zu liegen, in dem zwischen 800 und 200 stattfindenden geistigen Prozeß. Dort liegt der tiefste Einschnitt der Geschichte. Es entstand der Mensch, mit dem wir bis heute leben...In dieser Zeit drängt sich Außerordentliches zusammen.« Neben den großen Gestalten in China, Indien, im Iran und schließlich in Griechenland traten »in Palästina...die Propheten auf von Elias über Jesaias und Jeremias bis zu Deuterojesaias« (Jaspers 1949/1955, 14f).

Dieses Verständnis der Propheten seit dem achten Jahrhundert kann die eigenartige Spannung zwischen Kontinuität und Diskontinuität in der Geschichte der israelitischen Prophetie zumindest ein Stück weit erklären. Sie hilft auch die Sonderstellung der Propheten zu verstehen, die in ihrer Rolle als »intellektuelle Dissidenten« zugleich eine intellektuelle Führungsposition in der Geschichte der israelitischen Religion gewonnen haben (Blenkinsopp 1995, 144ff). Dies hat sich gewiß in einem längeren Prozeß herausgebildet. Die Texte lassen erkennen, daß die Propheten bei ihrem Auftreten vielfach auf Ablehnung gestoßen sind, wenn auch ihre pauschale Charakterisierung als »Total-Opposition« (Albertz 1992, 255ff) gewiß zu einseitig ist. Vor allem hat es offenbar von Anfang an Kreise gegeben, die ihre Worte gesammelt und überliefert haben. Durch das Eintreten der von den Propheten angekündigten Katastrophen gewannen ihre Worte Glaubwürdigkeit und vermehrtes Gewicht, so daß sie weiterüberliefert und ausgelegt wurden (vgl. Steck 1993). Dies hat einerseits zur Folge, daß der »historische« Wortlaut dessen, was die einzelnen Propheten verkündigt haben, nicht mehr eindeutig erkennbar ist und es nach der Absicht der Tradenten auch nicht sein soll. Andererseits hat gerade diese Weise der fortschreitenden Auslegung die zentrale Bedeutung der prophetischen Botschaft für die biblische Religion entscheidend mitbegründet.

A.III
Die »Späteren Propheten«

III.1
Auslegungsprobleme

Der Leser der Hebräischen Bibel, der vom Ende des Zweiten Königsbuchs zum Anfang des Buches Jesaja fortschreitet, steht vor einer völlig veränderten Situation. Der Schluß der Königsbücher hat ihn mit einer offenen Frage zurückgelassen: Wie wird Israels Geschichte nach dem Fall Jerusalems und der Zerstörung des Tempels weitergehen? Jetzt findet der Leser aber keinen Erzählungsfaden vor, sondern sieht sich vor einer großen Anzahl von Büchern mit einer schwer zu überschauenden Fülle meist kürzerer Abschnitte prophetischer Rede, deren Zusammenhang oft nicht leicht erkennbar ist und die nur gelegentlich durch kurze erzählende Abschnitte oder Notizen unterbrochen werden.

Dem Leser einer deutschen Bibelübersetzung begegnet dieses Problem nicht in der gleichen Weise, weil hier die Prophetenbücher am Ende des Alten Testaments stehen. → 4

Im übrigen gilt aber für die Prophetenbücher grundsätzlich das gleiche wie schon für den Pentateuch und die »Früheren Propheten«: Sie enthalten Material aus verschiedenen Zeiten und von verschiedenen »Autoren«. Ein Grundbestand von Worten des Propheten, dessen Namen das jeweilige Buch trägt, ist im Lauf seiner Weitergabe an kommende Generationen ergänzt und bearbeitet worden. Dabei haben vor allem auch die großen historischen Einschnitte ihre Spuren hinterlassen. Man kann annehmen, daß die Bücher der Propheten aus der Zeit vor dem Fall Jerusalems und dem Babylonischen Exil ihre Endgestalt erst nach dem Ende des Exils und dem Beginn des Wiederaufbaus des politischen, wirtschaftlichen und religiösen Lebens in Jerusalem und Juda erhalten haben. Die veränderte Situation hat in den Texten vielfältigen Niederschlag gefunden. → 10.86
Es ist deshalb bei der Mehrzahl der Prophetenbücher kaum möglich, die ursprünglichen Worte des jeweiligen Propheten herauszuarbeiten. Die Schwierigkeit beginnt schon damit, daß wir nicht wissen, von wem und in welcher Weise die von dem Propheten gesprochenen Worte schriftlich festgehalten worden sind. Bei den meisten Propheten legt sich der Gedanke nicht nahe, daß sie selbst ihre Worte aufgeschrieben hätten. (Eine Ausnahme bildet vielleicht Ezechiel.) Wir erfahren aber auch nur ausnahmsweise etwas über ei- → 215

→ 162
→ 187.209

nen möglichen Schülerkreis oder einen einzelnen, der dies getan haben könnte, wie etwa über die »Schüler« Jesajas (Jes 8,16) oder über den »Sekretär« Jeremias, Baruch (Jer 36). So besteht schon hier ein gewisser Abstand zwischen dem gesprochenen und dem geschriebenen Wort. Das bedeutet aber, daß die Propheten in aller Regel nicht die »Verfasser« der Bücher sind, die ihren Namen tragen.

Gleichwohl kann man damit rechnen, daß in allen Prophetenbüchern viele Worte aufbewahrt und überliefert worden sind, die der betreffende Prophet so gesprochen hat. Dadurch hat jedes der Prophetenbücher sein eigenes, unverwechselbares Profil. Bei der Mehrzahl der Prophetenbücher ist aber anzunehmen, daß sie auch Texte enthalten, die sich erst der weitergebenden Überlieferung verdanken. Solche Texte sind in aller Regel geschrieben worden in der Absicht und mit der Überzeugung, im Namen des betreffenden Propheten zu sprechen. Sie wollen seine Worte interpretieren und damit zugleich auf veränderte Verhältnisse reagieren. Man könnte hier von »Tradentenprophetie« sprechen (vgl. Steck 1991, 270ff). So bieten manche der Prophetenbücher ein vielschichtiges Bild und spiegeln ein ganzes Spektrum unterschiedlicher Situationen wider, sind aber zugleich von einer deutlich erkennbaren Eigenart geprägt, die das Profil des betreffenden Propheten trägt.

Die Prophetenforschung war lange Zeit hindurch (und ist z.T. bis heute) bestimmt von der Suche nach den »ursprünglichen« Worten des jeweiligen Propheten und der möglichst genauen Bestimmung seines historischen Standorts sowie der Situation, in die hinein er gesprochen hat. Die übrigen Worte galten demgegenüber als »sekundär«, was allerdings nicht ausschloß, daß ihnen und den Umständen ihrer Entstehung oft intensives Nachdenken gewidmet wurde. Die Texte in ihrer jetzt vorliegenden Gestalt und die Prophetenbücher als ganze gerieten dabei aber mehr und mehr aus dem Blick.

Dies hängt nicht zuletzt damit zusammen, daß die Prophetenbücher vorwiegend unter historischem Aspekt betrachtet wurden. Darin kam in gewisser Weise, wenn auch oft unbewußt, die zeitliche und inhaltliche Nachbarschaft der Prophetenbücher zu den vorhergehenden geschichtlichen Büchern zum Tragen. Die Auslegung wollte auch bei den Prophetenbüchern in erster Linie feststellen, »wie es wirklich gewesen ist«. Dazu trug die Tatsache bei, daß bei einigen der bedeutendsten Prophetengestalten die historischen Umstände mehr oder weniger deutlich erkennbar sind. Bei Jesaja, Jeremia und Ezechiel, bei Amos und dann wieder bei Haggai und Sacharja lassen die Texte einzelne Phasen ihrer Biographie erkennen und machen deutlich, wie bestimmte prophetische Worte in bestimmte geschichtliche Situationen hinein gesprochen worden sind. Aber dies ist keineswegs bei allen Prophetenbüchern der Fall, und auch bei den meisten der eben genannten trifft es nur für einen Teil der Texte zu.

Das Problem erfährt seine Zuspitzung dort, wo Texte in einem Prophetenbuch beieinander stehen, die offensichtlich verschiedenen Zeitabschnitten der Geschichte Israels entstammen. Am deutlichsten ist dies im Buch Jesaja der Fall. In Kap.7 bildet der sog. syrisch- → 161 ephraimitische Krieg von 734/32 den historischen Kontext, während in 44,28 und 45,1 der Name des Perserkönigs Kyrus genannt → 177 wird, der im Jahre 539 Babylon eroberte. Hier sind also Texte miteinander vereinigt, die zwei Jahrhunderte auseinander liegen. Die wissenschaftliche Auslegung hat sich überwiegend darauf konzentriert und sich auch damit begnügt, die unterschiedlichen »ursprünglichen« Bestandteile des Jesajabuches zu rekonstruieren und je für sich auszulegen.

In jüngster Zeit wird aber mehr und mehr versucht, das Jesajabuch als ganzes in Blick zu bekommen und die Frage in den Vordergrund zu stellen, wie die »Autoren« der Endfassung des Buches dieses verstanden wissen wollten. Unter diesem Gesichtspunkt wird versucht, das Buch Jesaja als eine komplexe, spannungsvolle Einheit zu verstehen (vgl. 1996). Das gleiche gilt auch für andere Prophetenbücher, in denen eine ähnliche Mehrschichtigkeit oder gar Vielschichtigkeit erkennbar ist.

Das bedeutet, daß die Auslegung einerseits bemüht sein wird, die Person des jeweiligen Propheten zu erfassen, daß sie aber dabei nicht stehenbleiben kann, sondern weiterfragen muß nach dem »kanonischen« Jesaja, Amos usw. Sie wird dies sehr sorgfältig tun und sich dabei der spannungsreichen Aufgabe bewußt sein müssen, einen verantwortbaren Weg zwischen der kritischen Zerstückelung eines Prophetenbuches und einer unkritischen Harmonisierung offenkundiger Spannungen zu finden. Diese Aufgabe ist bei den Prophetenbüchern keine grundsätzlich andere als bei den übrigen Kanonteilen. Sie erhält hier aber ihr besonderes Gewicht dadurch, daß die Propheten, im Unterschied zu den Verfassern der Bücher des Pentateuch und der »Früheren Propheten«, als Persönlichkeiten vor uns stehen, so daß sich die Frage, was der einzelne Prophet »tatsächlich« gesagt und getan hat, fast von selber stellt.

Es ist nun entscheidend, mit welcher Einstellung der Ausleger diese Frage stellt und zu beantworten versucht. Bei dem traditionellen »historisch-kritischen« Zugang zu den Texten herrscht häufig das Bestreben, das »historisch« Zutreffende herauszuarbeiten und dabei »kritisch« gegenüber denen zu sein, die dieses historisch »Ursprüngliche« verändert und verdeckt haben. Diese Art exegetischer Arbeit wird häufig, auch von manchen, die sie anwenden, mit der Tätigkeit des Archäologen verglichen. Dieser Vergleich impliziert eine Wertung der einzelnen »Schichten«, die faktisch zu einer Minderbewertung der späteren Schichten gegenüber den früheren führt. Nicht selten wird auch argumentiert, daß Aussagen eines späteren Bearbeiters gegen die Intention des Propheten selbst verstießen, wobei der Exeget in der Regel die vermeintliche Position des Propheten einzunehmen und sie gegen solche Verfälschungen zu verteidigen versucht. Eine »kanonische« Auslegung wird sich derartige Urteile und Wertungen grundsätzlich nicht zu eigen machen. Sie wird vielmehr die verschiedenen Stadien der Textgeschichte mit dem gleichen Respekt behandeln als Bestandteile des kanonischen Prozesses, der schließlich zum kanonischen Text in seiner Endgestalt geführt hat. Das bedeutet zugleich, daß die einzelnen Stadien dieses Prozesses nicht gegeneinander ausgespielt, sondern in ihrem fortschreitenden Dialog miteinander interpretiert werden.

Eine solche Sicht ist auch deshalb von großer Bedeutung für das Verständnis der Botschaft der prophetischen Bücher, weil diese an eine Generation gerichtet ist, die nach den Katastrophen des Untergangs des Nordreichs Israel und des Südreichs Juda und schließlich des Exils lebt. Die Leser der prophetischen Texte wissen, daß die Gerichtsbotschaft der Propheten sich in dramatischer Weise erfüllt hat. Aber sie wissen auch, daß die Geschichte des Volkes Israel noch nicht zu Ende ist, daß es ein Danach gibt, in dem sie selber leben. Deshalb sind für sie nicht nur die Gerichtsankündigungen der Propheten von Bedeutung, sondern mindestens ebenso sehr deren Begründungen. Diese werden für ihre Gegenwart zu Appellen, sich nicht so zu verhalten, wie die Propheten es bei ihren Zeitgenossen kritisieren und verurteilen mußten, sondern auf die Botschaft der Propheten zu hören und ihren Einsichten zu folgen. Darum sind gerade auch die Texte von großer Bedeutung, die immer wieder die prophetische Gerichtsbotschaft durchbrechen, sei es mit dem Ruf zur rechtzeitigen Umkehr, sei es mit der leisen Hoffnung auf eine mögliche Rettung, sei es schließlich auch mit der volltönenden Verkündigung des bevorstehenden Heils. Manche dieser Worte mögen der Botschaft der einzelnen Propheten im Zuge des Vorgangs der Überlieferung und der Ausformung der Prophetenbücher zugewachsen sein. Aber für die Leser in der Situation nach dem Babylonischen Exil sind sie ein ganz unentbehrlicher Bestandteil der prophetischen Botschaft. In ihrem Licht können die Leser sich auch von der Gerichtsbotschaft der Propheten betroffen fühlen. Aber sie wissen, daß auch die härteste Gerichtsbotschaft nicht ohne den Blick auf die Zukunft verkündet werden kann, in der es ein Weiterleben Israels gibt, das von dem Bemühen geprägt sein muß, die Fehler früherer Generationen nicht zu wiederholen, und das sich von den hoffnungs- und verheißungsvollen Tönen in der prophetischen Botschaft leiten läßt.

Eine Bemerkung zur Terminologie: Bisher habe ich für die Prophetenbücher, welche die zweite Hälfte des zweiten Kanonteils der Hebräischen Bibel bilden, regelmäßig den aus dem Hebräischen übernommenen Begriff »Spätere Propheten« verwendet. In der deutschsprachigen Tradition nennt man die Prophetengestalten, nach denen diese Bücher benannt sind, häufig »Schriftpropheten«. Dieser Begriff könnte den Anschein erwecken, als seien die Propheten selbst als »Schriftsteller« zu verstehen. Daß dies in aller Regel nicht der Fall ist, wurde oben ausgeführt. Nachdem jedoch dieses Mißverständnis ausgeräumt ist, kann dieser geläufige Begriff unbefangen zur Bezeichnung der Titelgestalten der jeweiligen Prophetenbücher oder »Prophetenschriften« verwendet werden, wo es sich ergibt.

III.2
Das Buch Jesaja

2.1
Vorüberlegungen

Das Buch Jesaja ist das nach der Kapitelzahl umfangreichste und zugleich das komplexeste Buch unter den »Schriftpropheten«. Die Person des Propheten Jesaja ben Amoz tritt in einer Reihe von Kapiteln, die auch erzählerische Elemente enthalten, deutlich vor die Augen des Lesers. Im sog. syrisch-ephraimitischen Krieg 734/32 tritt er dem König Ahas gegenüber (Kap.7), später bei der Belagerung Jerusalems im Jahre 701 dem König Hiskija (Kap.36-39). Viele der Prophetenworte in der ersten Hälfte des Buches spiegeln die politische und soziale Lage dieser Jahrzehnte wider, die auch in der Überschrift des Buches durch die Nennung der judäischen Könige Usija, Jotam, Ahas und Hiskija umrissen werden. Dann ändert sich die Situation. Ab Kap.40 wird vorausgesetzt, daß sich die angeredeten Israeliten im Babylonischen Exil befinden, und viele Prophetenworte verheißen eine baldige Rückkehr. Hier erscheint auch der Name des Perserkönigs Kyrus, der im Jahre 539 Babylon eroberte. Es tritt aber keine andere prophetische Gestalt in Erscheinung, der die Worte dieser veränderten Zeit zugeschrieben werden könnten. In den Schlußkapiteln ab Kap.56 befinden sich die Angeredeten dann offenbar wieder in Jerusalem und Juda. Hier werden viele Themen aus früheren Abschnitten des Buches wieder aufgegriffen und weiterentwickelt. Gegen Ende zeigen sich verstärkt eschatologische Erwartungen.

Die seit dem Ende des vorigen Jahrhunderts herrschende wissenschaftliche Meinung teilte das Buch in drei selbständige »Bücher« ein: Kap.1-39 (»Jesaja«, gelegentlich »Protojesaja« genannt), Kap.40-55 (»Deuterojesaja«), Kap.56-66 (»Tritojesaja«). Die jüngste Diskussion hat aber Zweifel an dieser Dreiteilung aufkommen lassen. Dabei wird nicht bezweifelt, daß das Buch Jesaja Texte aus mindestens drei zeitlich verschiedenen Perioden enthält. Fraglich erscheint jedoch die literarische Selbständigkeit der einzelnen Teile. Sprachlich und theologisch am deutlichsten profiliert sind die Kapitel 40-55. Jedoch haben sie keinen literarisch erkennbaren Anfang, und zudem enthalten auch frühere Kapitel des Buches deutliche Elemente der gleichen Sprache und Theologie. Dies hängt mit dem anderen Problem zusammen, daß die Kapitel 1-39 keineswegs einheitlich

E 201

→ 161
→ 170

→ 171

→ 177

→ 180

sind, sondern eine große literarische und theologische Vielfalt erkennen lassen. Deshalb ist die selbständige Existenz eines Buches, das nur die Kapitel 1-39 oder wesentliche Teile davon enthalten hat, fraglich geworden (Ackroyd 1978; Seitz 1988). Es zeigt sich vielmehr, daß die Gestaltung dieser Kapitel vielfältig von den späteren Kapiteln her beeinflußt ist. In der herrschenden Terminologie bedeutet dies, daß bei der Gestaltung der Kapitel Jes 1-39 der Einfluß von Elementen aus »Deuterojesaja« deutlich erkennbar ist. Für die Kapitel 56-66 ist dieser Einfluß ohnehin offensichtlich. So ist das jetzt vorliegende Buch Jesaja in viel stärkerem Maße eine Einheit, als meistens angenommen wird. Dabei tritt die Person des Propheten Jesaja aus dem achten Jahrhundert hinter der prophetischen Gesamtbotschaft des Buches zurück. Kanonisch betrachtet fügen sich aber die verschiedenen Stimmen zu der Botschaft des einen »Jesaja« zusammen, und sie erhalten ihr Profil von dem Propheten, der dem Buch seinen Namen gegeben hat und der als einziger in ihm als Person erkennbar wird: Jesaja ben Amoz. (Insgesamt vgl. 1996; Jüngling 1995, bes. 313; ferner Williamson 1994.)

2.2
Schauung über Juda und Jerusalem
»Schauung des Jesaja ben Amoz, die er schaute über Juda und Jerusalem« (Jes 1,1). Der erste Satz des Buches Jesaja bezeichnet eines der grundlegenden Themen dieser großen Sammlung prophetischer Worte: Jerusalem, das auch Zion genannt wird. Das Thema steht in der Überschrift und prägt die erste rhetorisch-literarische Einheit, die mit der Vision von der Völkerwallfahrt zum Zion in 2,1-5 abschließt. Von hier aus zieht es sich unter wechselnden Aspekten durch das ganze Buch bis hin zu der Einbeziehung Jerusalems in die Hoffnung auf die Schaffung eines neuen Himmels und einer neuen Erde (65,17f, vgl. 66,22).

Zunächst kommen Himmel und Erde aber in einer ganz anderen Funktion in Blick: »Hört, ihr Himmel, vernimm es, Erde, denn der HERR spricht: Söhne habe ich großgezogen und emporgebracht, doch sie sind von mir abtrünnig geworden« (1,2). Himmel und Erde werden zu Zeugen angerufen in dem Rechtsstreit, den Gott mit seinen ungeratenen »Söhnen«, d.h. mit Israel (V.3), seinem »Volk« (V.4) hat. So beginnt die Schauung Jesajas über Juda und Jerusalem: mit Gottes Leiden daran, daß sein Volk von dem Weg abgewichen ist, den es nach Seinem Willen gehen sollte.

Hier zeigt sich das Neue in der Prophetie, deren erster Repräsentant Jesaja ist. Ihr Gegenüber ist nicht der König – er kommt bei Jesaja erst viel später in Blick (Kap.7) –, sondern das Volk, »Israel«, wie es in der Sprache der religiösen Tradition heißt, auch wenn die politische Größe »Juda« gemeint ist. Die Themen der Auseinandersetzung sind nicht so sehr einzelne Handlungen oder Konflikte, sondern viel grundsätzlicher: Israel ist ein »sündigendes Volk« (1,4).

E 210

B.X Zion

→ 182

→ 12

→ 161

156

Damit ist zugleich die Situation des Propheten gekennzeichnet: Er steht als Repräsentant und Verkündiger des Willens Gottes allein dem Volk gegenüber. Das Volk könnte den Willen Gottes kennen; der Prophet hat nichts grundsätzlich Neues zu verkündigen. Aber sie sind abtrünnig geworden, haben sich abgewandt und dem »Heiligen Israels« den Rücken gekehrt. B.XII Israel im Widerstreit

An einer anderen Stelle wir dies noch präzisiert: »Sie haben die Tora Jhwh Zebaots zurückgewiesen und das Wort des Heiligen Israels verworfen« (5,24). Es geht also um die Tora, die von Gott gegebene Weisung, die Israel hätte befolgen sollen. Der sie gibt, ist der »Heilige Israels«, der auch den mit der Lade im Tempel verbundenen Namen »Jhwh Zebaot« trägt. Schließlich wird dies noch einmal herausgehoben, als Jesaja für spätere Zeiten eine Botschaft aufschreiben soll. Sie handelt von der Ablehnung der Tora durch das widerspenstige Volk, für das hier die Bezeichnung als »Söhne« wieder aufgenommen wird und deren Widerstand sich wiederum gegen den »Heiligen Israels« richtet (30,8-11). B.VI Tora

→ 103

→ 169

Der Ort, an dem die Tora vor allem verwirklicht werden sollte, ist Jerusalem. Sie war einst eine »verläßliche« Stadt, erfüllt von Recht, und Gerechtigkeit ($ṣedeq$) wohnte in ihr (1,21). Dies alles ist jetzt vorbei, weil die Rechtspflege verkommen ist. Aber Gott wird es wiederherstellen »wie am Anfang«, so daß Zion wieder »Burg der Gerechtigkeit, verläßliche Stadt« genannt werden wird. Programmatisch heißt es dann: »Zion wird durch Recht ($mišpaṭ$) erlöst, seine Umkehrer (oder: Heimkehrer?) durch Gerechtigkeit ($ṣ^edāqāh$)« (1,21-27). Wann das sein wird und wie es geschehen wird, bleibt hier noch offen. → 166.170

Auch der Opferkult im Tempel ist verkommen. Die Hände derer, die ihn darbringen, sind voll Blut. Wichtiger als das Darbringen von Opfern ist es, Recht zu tun, und das heißt insbesondere: den Unterdrückten zu helfen und den Witwen und Waisen Recht zu verschaffen (1,10-17). Dies ist einer der Texte, die allzu oft »protestantisch« mißverstanden werden. Der Prophet ist weit davon entfernt, den Opferkult »an sich« zu verwerfen. Aber ein Opfer, das mit von Gewalttaten »blutigen« Händen dargebracht wird, ist sinnlos. Darum lautet auch die abschließende Aufforderung nicht, künftig keine Opfer mehr zu bringen, sondern zu lernen, Gutes zu tun, und das Recht zu suchen (V.17). B.VII Kult

Dieser erste Abschnitt endet mit einer Wiederaufnahme der Überschrift des Buches. Jesaja »schaut« »ein Wort über Juda und Jerusalem« (2,1). Dabei richtet sich jetzt der Blick von den »Tagen Usijas« und der ihm nachfolgenden Könige (1,1) voraus auf das »Ende der Tage« (2,2). Die Bedeutung Jerusalems, nicht nur für Israel, sondern für die ganze Welt, wird dann offenbar werden, wenn die Völker zum Zion wallfahrten: »Denn vom Zion geht die Tora aus, das Wort des HERRN von Jerusalem« (V.3). Die Tora ist Israel gegeben, aber ihre Bedeutung reicht weit darüber hinaus in die Völkerwelt. Der

Geber der Tora wird Recht schaffen zwischen den Völkern, so daß sie keine Kriege mehr gegeneinander führen werden (V.4). Doch der Blick in die Zukunft soll nicht von der Gegenwart ablenken. Er soll vielmehr zur Ermutigung Israels, des »Hauses Jakobs«, dienen, schon jetzt im »Licht des HERRN« zu wandeln (V.5), wie es eines Tages über Jerusalem erstrahlen wird, wenn die Völker herbeiströmen (60,1-3).

→ 181

In dieser ersten Einheit von Prophetenworten, in denen Jerusalem im Mittelpunkt steht, sind die verschiedensten Zeitaspekte miteinander verknüpft. Es wird davon gesprochen, wie Jerusalem einstmals war (1,21), wie es jetzt ist (V.21-23), wie es wieder werden wird (V.26f) und wie es schließlich »am Ende der Tage« als Mittelpunkt für die Völkerwelt dastehen wird (2,2-4). Dabei zeigen die ersten Verse die beklagenswerte Wirklichkeit der Gegenwart: Das Land ist vom Krieg schwer geschlagen und verwüstet, Zion/Jerusalem ist allein übriggeblieben »wie eine Hütte im Weinberg« (1,5-8). Hier mischt sich in den Wechsel der Stimmen zwischen dem Berichterstatter (V.1), Gott selbst (V.2f) und dem Propheten (V.4-6) auch die Stimme der Betroffenen: »Hätte Jhwh Zebaot uns nicht einen kleinen Rest übriggelassen, dann wären wir wie Sodom und Gomorra geworden« (V.9). Der »Rest« – auch das ist ein Motiv, das im Buch Jesaja immer wiederkehrt (vgl. Webb 1990).

B.XVIII Zu-kunft

In der zweiten Einheit (2,6-4,6) ist der Wechsel der Aspekte noch dramatischer: Anklagen gegen das »Haus Jakob« (2,6), gegen Juda und Jerusalem (3,1ff), gegen Amtsträger (3,12.14) und gegen Frauen (»Töchter Zions« 3,16-24) wechseln mit der Schilderung von Kriegsnöten und anarchischen Zuständen, wenn der »Tag Jhwh Zebaots« über »alles Stolze und Erhabene« kommt (2,12ff). Aber am Schluß ist dann wieder vom Rest die Rede (4,2-6), von dem, was übrigbleibt in Zion und Jerusalem; es »wird heilig genannt«, und Gott wird über dem Zion ein Schutz und Schatten spendendes Schutzdach errichten, ausgedrückt mit dem gleichen Wort, wie die »Hütte« (sukkāh) im Weinberg (1,8), gleichsam als großartiges eschatologisches Widerspiel.

So sind schon in diesen ersten Kapiteln die Grundelemente der prophetischen Verkündigung des Jesajabuches enthalten: Klage und Anklage wegen des Verlassens der Tora und darum Ankündigung des göttlichen Gerichts – und Ankündigung und Zusage der Wiederherstellung und des endzeitlichen Heils. Im Verlauf des Buches verschieben sich die Gewichte. Vor allem in den Kapiteln 40ff, in denen die Situation des Exils vorausgesetzt wird, treten die heilvollen und tröstenden Worte stärker in den Vordergrund. Aber wie sich schon gezeigt hat, fehlen sie auch im ersten Teil des Buches keineswegs, und auch in den späteren Kapiteln treten die kritischen und strafenden Elemente immer wieder in Erscheinung. Beides, Gericht und Heil, gehört in der prophetischen Botschaft des Jesajabuches unlösbar zusammen.

→ 171

Dies zeigt sich erneut in den nun folgenden Kapiteln. In 5,1 ertönt zum ersten Mal das »Ich« des Propheten. Das Lied vom Weinberg drückt die Erfahrungen Gottes mit Israel unter einer neuen Metapher aus. Alle Sorgfalt und Pflege hat nichts genützt, darum gibt Gott den Weinberg der Verwilderung und Verwüstung preis (V.1-6). Die Auflösung der Metapher ist klar: der Weinberg ist Israel (V.7). Wie schon in Kap.1 lautet der Vorwurf, daß Recht (*mišpāṭ*) und Gerechtigkeit (*ṣᵉdāqāh*) nicht getan worden sind. Daran schließt sich ein erstes »Wehe« an (5,8), das sich durch das ganze Kapitel 5 vielfältig fortsetzt und später in Kap.10 wieder aufgenommen wird. → 184 Ebenso wird eine Dichtung mit einem Kehrvers über den nicht verlöschenden Zorn Gottes (5,25) unterbrochen und später fortgesetzt (9,11).

Dies läßt erkennen, daß hier eine weit gespannte Komposition vorliegt. Sie beginnt mit der Verwüstung des Weinbergs in 5,1-7 und endet mit der Rückkehr des »Rests« auf einer Straße, die Gott bereiten wird wie einstmals die Straße durch das Meer beim Auszug aus Ägypten (11,15f; zum »Rest« vgl. auch schon 10,20-22). So zeigt → 165 sich hier erneut die Grundstruktur des Weges von der Anklage und Ankündigung des göttlichen Gerichts bis zur Wiederherstellung des Rests, wie sie schon in 1,2-2,5 und 2,6-4,6 erkennbar war.

2.3
Hier bin ich, sende mich

Dazwischen steht ein zusammenhängender Komplex von Texten mit einer ganz anderen Thematik (6,1-9,6). In Kap.6 kommt die Person Jesajas selbst in Blick: »Ich sah«. Der Prophet schildert eine Vi- E 121 sion, die überraschend genau an die Vision Michas ben Jimla in 1Kön 22,19ff erinnert: »Ich sah den HERRN, sitzend auf einem ho- → 130 hen und erhabenen Thron.« Auch in der weiteren Entfaltung der Vision sind die Parallelen deutlich: Der als König thronende Gott ist von himmlischen Wesen umgeben; er spricht mit ihnen und erteilt Aufträge. Die Parallele macht aber auch den Unterschied sichtbar. Bei Micha ben Jimla ging es um die kritische Auseinandersetzung mit dem gerade regierenden israelitischen König; bei Jesaja ist der Bogen viel weiter gespannt: es geht um die Zukunft Israels. Darin wird die Kontinuität mit der älteren Prophetie ebenso sichtbar wie das Vordringen in neue Themenbereiche.

Jesaja sieht sich hineingestellt in eine himmlische Szene: Der thronende Gott ist umgeben von himmlischen Wesen, die seinen Lob- B.XI Wie von preis singen: Er ist der »Heilige«, von dessen Herrlichkeit (*kābôd*) Gott reden? die ganze Welt erfüllt ist. Jesaja ist zu Tode erschrocken, daß seine Augen den »König Jhwh Zebaot« gesehen haben (V.5). Er weiß, daß kein Mensch, der Gott sieht, am Leben bleiben kann (Ex 33,20). Ja, → 54.58 noch mehr: er weiß, daß er »unreine Lippen« hat wie das ganze Volk, in dem er lebt. Sie haben mit Worten wie mit Taten die Heiligkeit Gottes verletzt. Und auch er selbst, obwohl er mit seiner scharfen Kritik dem Volk gegenübergetreten ist, kann sich davon nicht ausnehmen.

Aber hier wird deutlich, daß eben dies der Grund dafür ist, daß Jesaja diese Vision zuteil wird. Er wird jetzt geradezu handgreiflich in die himmlische Szene einbezogen, indem einer von den »Serafim« ihm mit einer glühenden Kohle vom Altar die »unreinen« Lippen reinigt und entsühnt (V.6f). Dadurch ist Jesaja darauf vorbereitet, als er jetzt die göttliche Frage hört: »Wen soll ich senden? Wer wird für uns gehen?«, zu antworten: »Hier bin ich, sende mich!« (V.8) Die Vision war kein Selbstzweck. Sie sollte Jesaja zu einer besonderen Aufgabe befähigen.

Was jetzt folgt, zeigt aber, daß diese Szene nicht eine »Berufung« zum Propheten war, sondern die Beauftragung mit einer ganz bestimmten Botschaft. Jesaja hat ja auch schon bisher als Prophet gewirkt und im Namen Gottes gesprochen, so daß es gute Gründe haben muß, daß diese Vision nicht am Anfang des Buches steht (wie bei Jeremia und Ezechiel). Um so schockierender ist der Inhalt dessen, was dem Propheten jetzt gesagt wird. Aus der feierlichen Vorbereitung heraus wird ihm aufgetragen »diesem Volk« zu predigen: »Hört, hört – aber versteht nicht! Seht, seht – aber erkennt nicht!« (V.9). Und dann heißt es als Erklärung für ihn selbst, daß er mit seiner Predigt die Herzen, Ohren und Augen der Israeliten verhärten, verstopfen und verkleben soll, damit sie nicht sehen, hören und verstehen – und umkehren und geheilt werden (V.10).

Es ist für den heutigen Ausleger schwer, diese Botschaft von der »Verstockung« zu verstehen. Oft ist der Ausweg in die psychologische Erklärung gesucht worden: dies sei der Niederschlag der deprimierenden Erfahrung Jesajas, daß seine Predigt fruchtlos blieb. Aber der Text läßt eine solche Auslegung nicht zu; der göttliche Auftrag ist eindeutig. Zudem findet sich ja die Vorstellung von einer »Verstockung« auch in anderen Bereichen der Hebräischen Bibel (z.B. beim Pharao, Ex 4,21 u.ö.). Vor allem darf man dieses Wort nicht isolieren, sondern muß es in seinem Zusammenhang lesen, insbesondere im Blick auf das, was noch folgt.

→ 41

Zunächst ist die Rückfrage des Propheten überraschend: »Wie lange, HERR?« (V.11) Die Frage zeigt, daß er den Verstockungsauftrag nicht als Ankündigung des völligen Endes Israels versteht. Die göttliche Antwort spricht von einer Zerstörung der Städte und des Landes, von der Wegführung der Bewohner ins Exil und schließlich von der Vernichtung der letzten Überreste (V.11b-13a) – aber nicht »mit Stumpf und Stiel«, denn: der Stumpf bleibt, und der Stumpf ist »heiliger Same« (V.13b). So läuft die göttliche Antwort trotz der Radikalität ihrer Unheilsankündigung auf einen verheißungsvollen Schluß hinaus, wie verhalten er auch sein mag. Am Ende, wenn schon alles vorbei zu sein scheint, keimt neues Leben, wie ein Schößling, der aus einem Baumstumpf herauswächst (vgl. Seitz 1993, 52ff).

Auch im weiteren Verlauf ist deutlich, daß Jesaja das Wort von der Verstockung nicht als das »letzte Wort« versteht. Schon wenig später spricht er es aus, daß er auf den Gott hofft, der jetzt »sein Antlitz vor dem Haus Jakobs verbirgt« (8,17). Und er schreibt seine Botschaft auf »für künftige Zeiten«, erwartet also, daß es solche geben wird (30,8, vgl. vRad 1965, 158-162). Für den Leser des Jesajabuches spannt sich der Bogen aber noch weiter. Nachdem die Zerstörung des Landes und die Exilierung der Bewohner, von denen die göttliche Antwort spricht, eingetreten sind, wird von Rückkehr und Wiederaufbau gesprochen. Die »Wüsteneien« (6,11) werden zu eng werden für die vielen neuen Bewohner (49,19), und man wird Jerusalem → 179 nicht mehr »Verwüstete« nennen (62,4). Dann wird auch die Verstockung Israels aufgehoben werden, und sie werden wieder »sehen und erkennen« (41,20), was ihnen jetzt unmöglich ist (vgl. dazu 1989).

2.4
Glaubt ihr nicht, so bleibt ihr nicht

Was in Kap.6 berichtet wird, betraf nur Jesaja selbst. Jetzt tritt er in das Licht der Öffentlichkeit (Kap.7). In einer Krisensituation tritt er dem König gegenüber. Das erinnert an das Auftreten Elischas oder → 132 der anonymen Propheten von 1Kön 20. Diesmal geht es um das po- → 130 litische Schicksal des Königs Ahas. Die Koalition der nördlichen Nachbarstaaten will ihn durch einen ihnen genehmen König ersetzen, der bereit ist, sich der Koalition gegen Assyrien anzuschließen (vgl. 2Kön 16). Aber darin geht es zugleich um das »Haus Davids« → 135 (V.2.13). In zwei prägnanten Gottesworten formuliert Jesaja die Alternative: »Das kommt nicht zustande und wird nicht geschehen« (V.7); aber »Glaubt ihr nicht, so bleibt ihr nicht« (V.9b). Wie verhält sich beides zueinander? Ist das »Glauben« die Voraussetzung dafür, daß das drohende Unheil nicht geschieht? Die Frage bleibt offen. Die Szene wächst gleichsam über sich hinaus durch das Zögern des Ahas, ein vom Propheten angebotenes Zeichen von Gott zu erbitten (V.11f). Daraufhin wird ihm ein unerbetenes Zeichen angekündigt: die Geburt eines Kindes namens *ʿimmānû ʾēl* »Gott mit uns« (V.14). Wir wissen nicht, ob die Bedeutung dieses Zeichens für Ahas und seine Zeitgenossen eindeutig war. Für die Ausleger nach ihnen gehören diese Verse zu den großen Rätseln der Bibel. Wer ist die »junge Frau«, die diesen Sohn gebären wird? Die griechische Übersetzung des hebräischen Wortes *ʿalmāh* durch παρθένος »Jungfrau« hat in der christlichen Tradition von der »Jungfrauengeburt« des Messias eine große Rolle gespielt. Aber abgesehen von der Problematik B.IX David dieser (nicht ganz unmöglichen) Übersetzung bleibt die Frage, wer mit dieser Frau gemeint ist, unbeantwortet und wohl auch unbeantwortbar. Ebenso die Frage, wer dieses Kind sein wird; sie findet auch im weiteren Verlauf des Jesajabuches keine Antwort. Und worin besteht das »Zeichen«? In der Geburt des Kindes, oder in seinem weiteren Lebensweg? Oder doch eher in seinem Namen »Immanuel«? Man muß den Namen als einen »Symbolnamen« verstehen wie die Namen der Söhne Jesajas *šeʾār jāšûb* »Ein Rest kehrt um« (oder: »Ein Rest kehrt zurück«? 7,3) und *mahēr šālāl ḥāš baz* »Raubebald – Eilebeute« (8,3).

Nach dem Duktus des Textes wäre jetzt ein Zeichen zu erwarten, das für Ahas Unheil bedeutet, und in den folgenden Texten ist auch vielfältig vom Unheil die Rede. Aber der Name Immanuel bedeutet göttliche Zuwendung und Hilfe. Für wen? Wenn nicht für Ahas, für wen dann? (S.u. zu 8,18.)

Es ist vorgeschlagen worden, bei der Deutung dieses Kindes davon auszugehen, daß Jesaja zu der Begegnung mit Ahas seinen Sohn Schear-Jaschub mitnehmen soll (7,3). Nach der ungläubigen Weigerung des Ahas, ein Zeichen zu erbitten, könnte dann der angekündigte Sohn den glaubenden »Rest« repräsentieren (Rice 1978; Webb 1990, 82).

Die Begegnung Jesajas mit dem König Ahas, die in 7,3 begonnen hat, findet keinen erzählerischen Abschluß. Aber die nachfolgenden Prophetenworte zeigen ein Doppeltes: zunächst das Ende der beiden nördlichen Reiche, die jetzt Jerusalem bedrohen (7,16; 8,4), dann aber die Bedrohung Judas und Jerusalems durch die Assyrer, die von Gott selbst herbeigerufen werden. Hier zeigt sich besonders deutlich Jesajas anschauliche und dramatische Sprache: Gott wird die

B.XVI Völker Feinde Israels wie Fliegen und Bienen herbeipfeifen (7,18), er wird die Assyrer wie ein Schermesser über Israel kommen lassen (V.20), und über diejenigen, die ihre eigenen »sanft rinnenden Wasser des Schiloach« verachten, werden die Fluten des Eufrat kommen (8,5-8). Diese Fluten werden Juda bis zum Hals stehen – und dann heißt es plötzlich: Immanuel (V.8 Ende)! Es ist wie ein Haltsignal. Wie auch immer die Völker toben und was auch immer sie planen: Es kommt nicht zustande (V.9f, vgl. 7,7). Denn eins steht ihm entgegen: Immanuel – »Gott mit uns«! Gott bleibt der Herr des Geschehens, und das bedeutet: er ist mit den Seinen. Das schließt nach dem Kontext nicht aus, daß ihnen das Wasser bis zum Hals stehen kann – aber eben *nur* bis zum Hals.

Noch einmal kommt das »Ich« Jesajas in Blick. Gott hat ihn »handgreiflich« davon abgehalten, den Weg »dieses Volkes« mitzugehen (8,11). Das hat ihn in die Isolierung geführt; aber er will dieses »Zeugnis« in seinen Jüngern »versiegeln« und auf den HERRN hoffen, »der jetzt sein Antlitz vor dem Haus Jakob verbirgt« (V.16f). Er selbst und seine Kinder mit ihren Symbolnamen sind für Israel zum Zeichen geworden »von Jhwh Zebaot, der auf dem Berg Zion wohnt« (V.18). Dies klingt wie ein Schlußwort. Im Kontext bedeutet es die Beendigung des Versuchs Jesajas, in »diesem Volk« für seine Botschaft Gehör zu finden, in der Gefährdung des syrisch-ephraimitischen Krieges nicht den Weg der Koalition mit Assur zu gehen.

Gehören Jesaja und seine Jünger jetzt schon zum »Rest«? Aber zunächst wendet sich der Blick in die Zukunft.

2.5
Ein Kind ist uns geboren

Die Identität des ersten Kindes, dessen Geburt Jesaja ankündigte, blieb im Verborgenen – bis auf seinen Namen »Immanuel«. Jetzt wird die Geburt eines Kindes angekündigt, das weithin sichtbar auf dem Thron Davids herrschen wird (9,1-6). Seine Identität ist also eindeutig: ein Herrscher aus der Dynastie Davids. B.IX David

Wenn von seiner »Geburt« die Rede ist, dann kann damit auch seine Inthronisation gemeint sein – wie in Ps 2,6f, wo der von Gott auf dem Thron eingesetzte König angeredet wird: »Mein Sohn bist → 296 du; heute habe ich dich gezeugt.« Die Geburt (oder Inthronisation) dieses neuen Königs wird »ein großes Licht« sein für »das Volk, das im Finstern wandelt«, d.h. zunächst für die von den Assyrern okkupierten Gebiete im Norden Israels (8,23). Ein eindrucksvoller Sieg über die (nicht näher bezeichneten) Feinde wird ihr vorausgehen, ein wunderhafter Sieg, wie ihn einst Gideon über die Midianiter errang (9,3, vgl. Ri 7). Der König wird mit großen Namen genannt: »Wunder-Rat, Gott-Held, Ewig-Vater, Friede-Fürst.« Man → 93 kann dabei an »Thronnamen« denken, wie sie z.B. in Ägypten einem König bei der Thronbesteigung verliehen wurden (vgl. Wildberger 1960).

Aber was der Prophet hier erwartet, ist nicht einfach ein Nachfolger des bisherigen Königs. Er blickt auf eine Herrschaft voraus, die alles Bisherige übersteigt. Der Friede wird kein Ende haben in dem Reich, das dieser König vom Thron Davids aus regieren wird. Und vor allem: es werden »Recht und Gerechtigkeit« herrschen, »von jetzt an für alle Zeit«. Das, was jetzt fehlt (vgl. 1,21; 5,7) und was Gott für → 157.159 die Zukunft Jerusalems versprochen hat (1,27), wird die Herrschaft dieses Königs ausmachen, und das nicht nur für eine kurze Zeit, sondern solange man vorausdenken kann. An wen denkt Jesaja? Setzt er so hohe Erwartungen in den Nachfolger des Ahas? Oder spricht er im »Hofstil«, der die Realitäten in ein verschönerndes Licht stellt? Oder erwartet er für die Zukunft einen Idealkönig, wie es ihn bisher noch nicht gegeben hat? Ohne Zweifel kommt hier ein »eschatologisches« Element ins Spiel, eine Erwartung, die in eine B.XVIII Zukunft veränderte und erneuerte Zeit jenseits der jetzigen menschlichen Erfahrungen vorausblickt. Aber auch andere Erwartungen Jesajas, z.B. die einer »Völkerwallfahrt« zum Zion (2,1-5), gehen ja weit über das hinaus, was der alltäglichen Erfahrung entspricht. Zukunftserwartungen der Propheten in einer Zeit der Bedrängnis enthalten stets ein Element der Erwartung einer »kommenden« Zeit. Es wird eine Zeit sein, in der das Zusammenleben der Menschen untereinander ganz dem entspricht, was Gottes Wille mit den Menschen war und ist; und auch das Verhältnis zwischen Mensch und

Tier und das der Tiere untereinander wird von allen negativen und feindseligen Belastungen befreit sein.

Wie durch ein Siegel wird diese Ankündigung eines neuen Herrschers nach Gottes Willen abgeschlossen durch den Satz: »Die Eifersucht Jhwh Zebaots wird all dies vollbringen« (9,6b). Das ist eine nachdrückliche Bestätigung dessen, daß Gott diese Verheißung wahr machen wird, und zugleich eine Begründung dafür, warum er dies tun wird. Daß wieder ein König auf dem Thron Davids sitzen wird, daß mit seiner Herrschaft wieder Friede einkehren wird und daß vor allem wieder Recht und Gerechtigkeit herrschen werden, das alles geschieht nicht nur um Israels willen, sondern um Gottes selbst willen. Darum wird er eifersüchtig darüber wachen, daß es geschieht.

→ 159

Noch einmal ist von einem neuen Herrscher aus dem Haus David die Rede. Nachdem sich die in 5,8 begonnene (und dann unterbrochene) Reihe der Weherufe in 10,5 auf Assur konzentriert hat, ist schließlich von der völligen Vernichtung dieses gewaltigen Reiches die Rede. Es wird mit einem riesigen Wald verglichen, der schließlich völlig abgeholzt wird (10,33f). Im Kontrast dazu erscheint erneut das Bild vom »Stumpf«, das am Abschluß der großen Vision Jesajas stand (6,13). Wieder ist von einem Baumstumpf die Rede, aus dem ein Reis hervorwächst (11,1; das Wort ist hier ein anderes als in 6,13, aber die Vorstellung ist die gleiche). Diesmal greift das Bild noch weiter zurück auf den Anfang der Geschichte Davids, in das Haus seines Vaters Isai (1Sam 16). Von dort wird ein neuer Trieb hervorwachsen, gleichsam ein neuer David, nicht nur ein Nachfolger.

→ 160

Im Mittelpunkt der Erwartungen, die sich mit diesem künftigen Herrscher verbinden, stehen wieder Recht und Gerechtigkeit (11,3-5). Doch zuvor heißt es, daß der »Geist des HERRN« auf ihm ruhen wird (V.2), wie es gleich nach der Salbung durch Samuel von David gesagt worden ist (1Sam 16,13, vgl. auch 2Sam 23,2). Die Gaben des Geistes, mit denen der neue Herrscher ausgerüstet wird, werden in drei Begriffspaaren weiter entfaltet: »Geist der Weisheit und Einsicht, Geist des Rates und der Stärke, Geist der Erkenntnis und der Furcht der HERRN.«

→ 99

Hier wird ganz deutlich, daß der erwartete künftige Herrscher mehr und anderes sein soll, als ein politischer und militärischer Herrscher. Er soll viele Eigenschaften in sich vereinigen, die nötig sind, um ein Volk in den verschiedensten Lebensbereichen zu leiten und zu regieren. Und auch seine Rechtsprechung wird nicht nur unbestechlich sein – »nicht nach dem Augenschein und nicht nach dem Hörensagen« (V.3) –, sondern vor allem sozial. Er verschafft denen ihr Recht, die in der Gesellschaft ganz unten stehen, den Armen und Geringen, und verteidigt sie gegen diejenigen, die sich sonst mit gesellschaftlichen Machtmitteln durchzusetzen pflegen (V.4).

Ging schon bis hierhin die ideale Zeichnung des Königs über das bisher Erfahrene hinaus, so wird nun in einem großen Schritt die jetzige Welt mit ihren oft lebensgefährdenden Gegensätzen überschritten hin zu dem Zukunftsbild einer Welt, in der Frieden für alle herrscht, Tiere und Menschen (11,6-8). Dabei klingen die Tiermetaphern aus den vorhergehenden Texten wieder an: Assur war wie ein Löwe (5,29), andere Feinde haben Israel »mit vollem Maul« gefressen (9,11), und auch die Stämme Israels fraßen sich gegenseitig wie Raubtiere (9,19f). Dies alles wird dann ein Ende haben. Aber man wird auch an Darstellungen eines friedlichen Zusammenlebens in der gesamten Schöpfung erinnert, wie sie im Alten Orient im Blick auf die Anfänge der Weltgeschichte überliefert und in Griechenland auch als Zukunftserwartung ausgesprochen wurden, vor allem in der berühmten vierten Ekloge Vergils (vgl. Wildberger 1971, 440f). Doch auch diese eschatologische Schau bleibt bezogen auf das menschliche Zusammenleben, das sich gleichsam wie in einem Prisma auf Gottes »heiligem Berg« konzentriert, um den herum aber »das ganze Land erfüllt ist von der Erkenntnis des HERRN, so wie Wasser das Meer erfüllt« (11,9). Auch hier kann man noch einmal an das Gegenbild der gewaltigen heranflutenden Wasser Assyriens denken (8,7).

→ 162

Daß mit dieser Zukunftsschau der Raum der Geschichte nicht verlassen worden ist, zeigt sich nun sogleich: Der Sproß aus der »Wurzel Isais« wird zum Zeichen für die Völker (nēs 'ammîm) werden (11,10), und dabei klingt noch einmal das Motiv von der Völkerwallfahrt an (vgl. 2,1-5). Vor allem wird Gott aber den »Rest seines Volkes« zurückführen (11,11-16). Dafür wird er nicht nur alle Hindernisse unter den Völkern beseitigen, sondern auch in der Natur, indem er wie einstmals bei der Herausführung Israels aus Ägypten eine Straße durch Meer und Fluß schaffen wird, auf der dieser Rest sicher zurückkehren kann. Dann wird die Geschichte des Volkes Gottes, die jetzt von soviel Irrungen und Wirrungen belastet ist, zu ihrem Ziel kommen.

2.6
An jenem Tage wirst du sagen: Ich danke dir, HERR!
Ein Psalm (Jes 12) schließt dieses erste große Kapitel prophetischer Literatur (Kap. 1-11) ab, das dem Leser den Propheten Jesaja vor Augen stellt. Es ist die »presentation of a prophet« (Ackroyd 1978); aber es ist viel mehr als nur eine biographische »Präsentation« dieses Propheten, von dem gewiß vieles darin enthalten ist (vgl. Blum 1996/97). Es bietet ein ganzes Spektrum prophetischer Visionen und Worte, das in der Zeit der assyrischen Bedrohung Jerusalems und Judas beginnt, dann aber weit darüber hinausgreift in eine Zeit, in der diese Nöte und Leiden ein Ende haben werden.
So ist nun auch dieser psalmartige Text nicht eigentlich ein Abschluß, sondern blickt voraus auf »jenen Tag«, an dem sich Gottes

Zorn wenden und er sein Volk trösten wird (12,1). Damit klingt an, was später an einer entscheidenden Stelle des Jesajabuches zu einem Schlüsselwort wird, wenn es heißt: »Tröstet, tröstet mein

→ 172

Volk!« (40,1) Dort kündigt die göttliche Stimme an, daß die Zeit des Leidens für Jerusalem ein Ende hat und der Heimweg durch die Wüste unmittelbar bevorsteht. Später spricht dann Gott selbst: »Ich,

→ 179

ich bin es, der euch tröstet« (51,12), und noch einmal ganz am Ende des Buches: »Wie einen seine Mutter tröstet, so will ich euch trö-

→ 183

sten« (66,13). Hier zeigt sich, daß der Abschluß des ersten großen Komplexes von Jesajatexten eingebunden ist in ein Geflecht, welches das ganze Buch umspannt. Dabei werden immer wieder an markanten Stellen »Signale« gesetzt, die dem Leser diese Zusammenhänge bewußt machen (vgl. 1984).

Ein solches Signal besteht auch darin, daß in diesem abschließenden und zugleich vorausweisenden Kapitel zum ersten Mal das Wort *j^{e}šû'āh* »Rettung« oder »Heil« erscheint (dreimal in V.2f), in dem der Name Jesaja (*j^{e}ša'jāhû* »Jhwh hat Heil gegeben«) deutlich anklingt. Dieses Wort und das dazugehörige Verbum begegnen dann häufig in der Sprache der späteren Kapitel des Buches, in denen die heilvolle Zukunft und das heilvolle Handeln Gottes im Vordergrund stehen. Daß der Anklang an den Namen jetzt hier erscheint, ruft noch einmal Jesajas Wort an einem entscheidenden Punkt in Erinnerung: »Ich und die Kinder, die mir der HERR gegeben hat, sind

→ 162

zum Zeichen und Mahnmal in Israel geworden« (8,18). Nicht nur die Kinder mit ihren Symbolnamen, sondern auch Jesaja selbst ist ein Zeichen für Israel.

Mit seinem letzten Vers intoniert der Psalm noch einmal eines der zentralen Themen der Verkündigung Jesajas und des gesamten Jesajabuches: »Jauchze und juble, du Bewohnerschaft Zions, denn groß ist in deiner Mitte der Heilige Israels!« (12,6) Vom ersten (1,8) bis zum letzten Kapitel (66,8) ist der Name Zion im Jesajabuch fast allgegenwärtig. Hier bekommt er nun einen ganz besonderen Akzent durch die Verknüpfung mit dem anderen großen Wort der Verkün-

B.XI Wie von Gott reden?

digung Jesajas: der »Heilige Israels«. Daß Gott selbst als der Heilige Israels in Jerusalem gegenwärtig sein will, ist das hoffnungsvolle Schlußwort dieses ersten großen Kapitels der Botschaft des Jesajabuches.

2.7
Wer will die Hand des HERRN zurückbiegen?

Wieder »schaut Jesaja ben Amoz« (13,1, vgl. 1,1; 2,1), diesmal einen »Ausspruch« (*maśśā'*), der auch eine »Last« sein kann (vgl. Jer

→ 205

23,33ff). Das so überschriebene Wort ergeht über Babel, und es folgen noch viele weitere mit *maśśā'* eingeleitete Worte über Städte (Damaskus 17,1, Tyrus 23,1), Länder (Moab 15,1, Ägypten 19,1), Völker (Philister 14,28f) und Landschaften (die Wüste am Meer

21,1, Duma[?] 21,11, »in der Wüste« 21,13, das Tal der Schauung

22,1), dazwischen ein »Wehe« über Kusch (Äthiopien), das »Land des Flügelgeschwirrs« (18,1). Diese »Fremdvölkerworte« bilden eine zusammengehörige Gruppe von Texten; aber sie sind zugleich von sehr unterschiedlicher Art und beziehen sich auf recht unterschiedliche Kontexte.

Die Texte erinnern an die Ankündigung eines göttlichen Strafgerichts gegen Assur in 10,5ff. Überraschenderweise ist jetzt aber → 164 nicht mehr von Assur, sondern von Babel die Rede. Die zeitliche Perspektive hat sich verschoben, denn Babel spielt ja erst in der letzten Phase der Geschichte Judas eine Rolle und ist dann in Jes 40ff der Ort des Exils der Judäer. Diese Verschiebung macht erneut bewußt, daß die Botschaft Jesajas weit über die Assyrerzeit hinausreicht und daß das göttliche Gericht auch andere hochmütige »Großmächte« trifft. Aber nun zeigt sich, daß es hier nicht nur um B.XVI Völker ein Strafgericht über Babylon und über seinen sich gotteslästerlich überhebenden König (14,4ff) geht, sondern daß der Rahmen viel weiter gespannt ist und die ganze Erde einbezogen wird in die umstürzenden Ereignisse, die »Tag Jhwhs« genannt werden (13,6.9). Wie schon in 2,12ff kommt dieser Tag über »den Hochmut der Stol- → 158 zen« (13,11). In dieses Endgericht wird auch Assur mit einbezogen (14,25), und dabei wird aufgenommen, was schon in 5,25; 9,11ff im- → 159 mer wieder aufklang: Gottes Hand bleibt »ausgereckt« (14,26f). Jetzt zeigt sich, daß dies alles die Ausführung des göttlichen Planes ist (14,24.26f), den niemand vereiteln kann. Wer will die ausgereckte Hand Gottes zurückbiegen? (V.27)

Dieser erste große Abschnitt über Babel (Kap.13f) zeigt, worum es in diesen Völkerworten vor allem geht: Gott wendet sich gegen die Überheblichkeit und Hybris jedes Volkes und jeder Nation, die sich gegen ihn auflehnt, so wie er sich auch gegen die Hybris Israels wendet (2,12ff, vgl. Hamborg 1981). Dabei steht sein Handeln gegenüber anderen Völkern keineswegs immer in einem unmittelbaren Zusammenhang mit seinem Handeln an Israel. Insbesondere wird deutlich, daß es eine Fehlinterpretation dieser Texte ist, als wollten sie sagen, daß Gottes Gericht über andere Völker Heil für Israel bedeute. Israel tritt in diesen Texten oft völlig in den Hintergrund. (Dies zeigt sich auch statistisch: Der Name Jerusalem, der in Kap.1-12 ein Dutzend Mal vorkommt, fehlt in Kap.13-23 – mit Ausnahme von Kap.22, das sich nicht an fremde Völker richtet.) Nur einmal tritt Israel kurz in Erscheinung: wenn die Heimkehrer das Spottlied auf den gestürzten König von Babel anstimmen dürfen (14,1-4). Das bedeutet aber zugleich, daß Gottes Stellung zu den Völkern der Welt nicht nur unter dem Aspekt ihrer Beziehungen zu Israel gesehen wird, sondern daß er der Gott aller Völker ist.

Die oft äußerst dramatischen Schilderungen dieser Völkerworte enthalten kaum deutliche Bezüge auf bestimmte zeitgeschichtliche Ereignisse. Dies gilt auch für die unmittelbar folgenden Kapitel 24-27, die man mit ihnen zusammen sehen muß. Hier setzen sich die

Schilderungen des göttlichen Zerstörungshandelns zunächst fort. Die ganze Erde ist davon betroffen; es werden keine konkreten Völker genannt, und auch die »verödete Stadt« (24,10-12) bleibt anonym. Aber dann heißt es plötzlich: »Fürwahr, Jhwh Zebaot herrscht als König auf dem Berg Zion und in Jerusalem« (24,23b). Also wieder dieses zentrale Wort: Zion. Daraus erhebt sich ein Psalm, der die Zerstörung der (feindlichen) befestigten Stadt als Tat Gottes preist (25,1-3). Im Kontrast dazu richtet Gott »auf diesem Berg«, d.h. auf dem Zion, ein Festmahl für alle Völker aus (25,6), und im folgenden Lied wird die Wiederherstellung der Mauern Jerusalems besungen (26,1ff).

B.X Zion

Schließlich klingt noch ein Lied auf, dessen Thema der Leser (oder Hörer) dieser Texte schon kennt: das Lied vom Weinberg (27,2-5.6). Die Metapher ist die gleiche wie in dem ersten Weinberglied (5,1-7): Israel ist der Weinberg und Gott sein Besitzer. Aber die Vorzeichen haben sich grundlegend verändert. Gott ist nicht nur der Besitzer, der auf Früchte wartet, sondern er ist zugleich der Wärter, der den Weinberg Tag und Nacht bewacht und ihn bewässert. Dornen und Disteln würden ihn nicht erzürnen, wenn er sie fände, sondern er würde sie bekämpfen und verbrennen. Dieser Wechsel des Bildes bringt eindrucksvoll die Fürsorge Gottes für sein nach der Katastrophe wiederhergestelltes Volk zum Ausdruck. Und schließlich wird man das große Widderhorn blasen, damit alle aus den Ländern ihres Exils zurückkehren und in Jerusalem auf dem »heiligen Berg« den HERRN anbeten (27,13). Nur einmal war bisher vom »heiligen Berg« die Rede: am Abschluß der Vision vom endzeitlichen Frieden unter der Herrschaft des idealen Davidsprosses (11,9). Von dem endzeitlichen König wird hier nichts gesagt; aber diese betonte Nennung des Zion läßt den ganzen Erwartungshorizont anklingen, der schon mit der Schauung von der Völkerwallfahrt zum Zion begann (2,1-5).

→ 159

→ 165

→ 157

2.8
Wehe! – und dann Jubel auf dem Zion

→ 159
→ 164

Noch einmal ertönt der Ruf »Wehe« (28,1) wie schon in 5,8-24 und 10,1-19. Er zieht sich vom Beginn der neu einsetzenden Texteinheit bis zu Kap.33 und gibt dadurch diesen Kapiteln ihre Strukturierung. Der erste und der letzte Weheruf richten sich nach außen: gegen Efraim, d.h. das Nordreich Israel (28,1) und gegen einen anonym bleibenden »Verwüster« (33,1). Diese Texte stehen den Völkerworten in Kap.13ff nahe, aber jetzt sind Israels unmittelbare Feinde betroffen. (Dies gilt auch für das ohne »Wehe« hinzugefügte Wort gegen Edom Kap.34.). Die anderen Weherufe richten sich gegen Israel selbst: gegen Ariël, d.h. Jerusalem (29,1), und gegen verschiedene Gruppen von Menschen in der Stadt (19,15; 30,1; 31,1). Dabei zeigt sich wie schon in Kap.1-12 ein ständiger Wechsel zwischen der Ankündigung von Unheil und Zerstörung und von Wiederherstellung und Heil. Er wird noch dadurch unterstrichen, daß in 32,1 die Reihe

der »Wehe«-Rufe (hôj) unterbrochen wird durch ein »Siehe« (hēn),
das eine positive Erwartung einleitet: einen König, der in Recht und
Gerechtigkeit regiert (vgl. 9,6; 11,3-5).
Die vielfältigen Anklagen gegen die Bewohner Jerusalems zielen
vor allem in zwei Richtungen. Zum einen suchen die Jerusalemer
ihr Heil in vergeblichen außenpolitischen Aktivitäten, besonders
im Bündnis mit Ägypten (30,2; 31,1). Aber diese Bemühungen sind
nichtig und nutzlos (30,5.7), sie bringen nur Schande und Schmach
(30,5); »denn Ägypten ist Mensch und nicht Gott« (31,3). Hier
klingt wieder die göttliche Verneinung aller menschlichen Hybris
an wie schon früher in den Völkerworten Kap.13ff. Zum andern ver- → 165
trauen die Menschen nicht dem prophetischen Wort, sondern verspotten es (28,7ff) und weisen es zurück (30,9ff). Aber der »Heilige
Israels« läßt sich diese Zurückweisung nicht gefallen (30,11.12ff).
Schon das erste Wort Jesajas hatte die Abwendung vom »Heiligen
Israels« angeprangert (1,4), dessen Tora die Israeliten von sich gewiesen haben (5,24). Und der Psalm, der die einleitende »Präsenta- → 157
tion« des Propheten Jesaja abschließt, endet mit den Worten:
»Jauchze und juble, du Bewohnerschaft Zions, denn groß ist in deiner Mitte der Heilige Israels« (12,6). → 166
Doch hier zeigt der »Heilige Israels« auch die Alternative auf: »In
Umkehr und Ruhe liegt eure Rettung; durch Stillesein und Hoffen
würdet ihr stark sein« (30,15). Die Antwort ist zunächst ein schroffes Nein. Vielmehr: »Auf Pferden wollen wir dahinfliegen« (V.16).
Aber an diesem Punkt vollzieht sich dann der Umschlag – wie
schon in 29,17-24. Gott will Israel gnädig sein, ja er wartet geradezu
darauf, dem »Volk auf dem Berg Zion« zu antworten, wenn er sein
Rufen hören wird (30,18f). Dann wird Israel auch seine silbernen
und goldenen Götzenbilder wegwerfen (30,22; vgl. 31,7) und Gott
wird ihm Regen und Fruchtbarkeit spenden (30,23-26). Schließlich
wird nach dem unheilvollen Wirken des »Verwüsters« (33,1) Zion/
Jerusalem wiederhergestellt werden (V.13ff, bes. V.20), und ihren
Bewohnern ist die Schuld ('āwon) vergeben (V.24). Dies ist ein deutlicher Rückbezug auf die Einleitung des Jesajabuches, wo in 1,4 Is- → 156
rael als sündigendes Volk bezeichnet wird, das mit Schuld ('āwon)
beladen ist.
Auch diese höchst wechselvolle Sammlung prophetischer Worte
endet mit dem Ausblick auf eine heilvolle Zukunft (Kap.35). Wie B.XVIII Zu-
schon beim Abschluß der ersten Gruppe von Prophetenworten in kunft
Kap.12 ist auch hier die Nähe der Sprache zu den Kapiteln 40ff offenkundig. Ja, es zeigen sich ganz unmittelbare Beziehungen zu
dem Einleitungskapitel dieses zweiten Hauptteils des Jesajabuches,
Kap.40. Die Wüste soll grünen, und es soll in ihr einen Weg geben → 172
(35,1f.8; 40,3); dort wird die Herrlichkeit (kābôd) des HERRN in Erscheinung treten (35,2b; 40,5); es ertönt der Ruf: »Fürchtet euch
(fürchte dich) nicht: Siehe da, euer Gott!« (35,4; 40,9) So bildet
Kap.35 die Brücke zu den folgenden Kapiteln, die ganz von der Zu-

→ 163f

kunftserwartung geprägt sind. Und wieder, wie schon in Kap. 12, spricht der letze Vers vom Zion: »Die Befreiten des HERRN werden zurückkehren und voll Jubel zum Zion kommen« (35,10; dies ist ein wörtliches Zitat aus 51,11).

→ 179

Hier zeigt sich, daß die einzelnen Teile des Jesajabuches sehr bewußt miteinander verknüpft, ja man könnte sagen: verwoben worden sind. Das Kapitel 35 ist offenbar gerade zu diesem Zweck formuliert worden (Steck 1985). Aber es hat sich uns ja schon immer wieder gezeigt, daß der erste Teil des Buches vielfältige und sehr grundsätzliche Elemente aus dem zweiten Teil enthält, besonders ausgeprägt in Kap. 12, das die erste Sammlung von Jesajaworten Kap. 1-2 abschließt. Diese Elemente sind gewiß nicht erst »nachträglich« oder »sekundär« eingefügt, sondern sie waren bei der Formulierung der Botschaft »Jesajas« ständig gegenwärtig.

→ 156

2.9
Noch bleibt Jerusalem bewahrt

Auch die folgenden Kapitel 36-39 sind gewiß bewußt an diese Stelle gesetzt worden. Sie haben hier eine veränderte Funktion gegenüber ihrem früheren Erscheinen in 2Kön 18-20. Dort ging es vor allem um den König Hiskija und seine Rolle in der Geschichte Judas. Seine grundlegende Kultreform zeigte sich als ein wesentlicher Grund für die Bewahrung Jerusalems. Jetzt steht dies in dem großen Zusammenhang all der vielfältigen Aussagen über den Zion. Im Zentrum steht das Wort Jesajas: »Denn von Jerusalem wird ein Rest ausziehen und die Schar der Geretteten vom Berg Zion. Die Eifersucht Jhwh Zebaots wird all dies vollbringen« (37,32). Wieder steht der Zion im Mittelpunkt. Zugleich ruft der zweite Teil dieses Wortes noch einen andern Kontext ins Bewußtsein. Von der »Eifersucht Jhwhs« war schon einmal die Rede: bei der Ankündigung der Geburt eines Königs, der all dem entsprechen wird, was Gott von einem König der von ihm eingesetzten Dynastie in Jerusalem erwartet (9,6). Jetzt wird mit dem gleichen Nachdruck eine heilvolle Zukunft für Jerusalem und seine Bewohner verheißen.

→ 136

B.X Zion

→ 164

Damit wird zugleich eine Beziehung hergestellt zu Jes 6,1-9,6, dem einzigen Textkomplex innerhalb des Jesajabuches außer Kap. 36-39, in dem der Prophet in einem größeren Erzählungszusammenhang begegnet. Dort finden sich in 6,1 und 7,1 historische Angaben wie in 36,1. In 7,3ff und 36,2ff spielen die Ereignisse an der gleichen Stelle, der »Wasserleitung des oberen Teiches«, die sonst nirgends erwähnt wird. In beiden Erzählungen spielt auch ein »Zeichen« eine wichtige Rolle (7,10ff; 38,7f); hierbei gibt es einen kaum zufälligen Anklang der Worte »hoch« und »tief« (7,11; 38,8). Es muß offenbleiben, wie weit diese Anklänge reichen und worauf sie den Leser hinweisen wollen – ob z.B. auf einen Zusammenhang Hiskijas mit dem nach 9,5f erwarteten königlichen Kind. (Dazu wäre dann auch noch die knappe Erwähnung eines Königs, der mit Gerechtig-

→ 161

keit und Recht regiert, in 32,1 hinzuzunehmen.) (Zum ganzen vgl. Ackroyd 1982, Conrad 1988.)
Besonders deutlich ist die Funktion des Schlußkapitels 39 in diesem Kontext. Jetzt kommt Babel ins Spiel. Aber es spielt hier eine ganz andere Rolle als in Kap.13f. Zunächst erscheint es als Partner in einer erneuten törichten Allianz eines judäischen Königs. Aber dann sagt Jesaja voraus, daß die Beziehungen Judas zu Babel ganz andere sein werden, als Hiskija sie erhofft. Bevor die Ankündigungen der Vernichtung Babels in den Kapiteln 13f Wirklichkeit werden, wird Juda selbst fallen. Hiskija reagiert ausweichend auf dieses göttliche Gerichtswort, denn Jesaja hat ja angekündigt, daß das Unheil erst seine Söhne treffen wird (V.7), und so erhofft sich Hiskija für sich selbst Ruhe und Sicherheit (V.8). Was danach kommt, bleibt in der Schwebe. Dieser offene Schluß schafft zugleich den Übergang zu den unmittelbar folgenden Worten »Tröstet, tröstet mein Volk!« (40,1) Das Unheil ist eingetroffen, Israel bedarf der Tröstung. Die Verkündigung Jesajas wird von den Prophetenstimmen späterer Generationen aufgegriffen und weitergeführt.

B.XVI Völker

2.10
Nach der Katastrophe
Die Kapitel 40-55 werden in der neueren Bibelwissenschaft als »Deuterojesaja« (der »Zweite Jesaja«) bezeichnet. Sie sind, wie oben erwähnt, der am deutlichsten profilierte von den drei Hauptteilen des Jesajabuches. Sie sprechen in eine Situation hinein, in der sich die angeredeten Israeliten bzw. Judäer in Babylonien im Exil befinden, in der aber schon die Hoffnung auf ein Ende des Exils entsteht, vor allem durch das Auftreten des Perserkönigs Kyrus, der die Macht des babylonischen Reiches bedroht (44,28; 45,1). Die Sprache dieser Kapitel ist sehr charakteristisch in ihrer zugleich poetischen und theologisch hoch reflektierten Art. Sie enthält viele eigene Elemente, stimmt aber in anderen mit dem ersten Teil des Jesajabuches überein.

→ 155

→ 177

Diese Kapitel vermitteln den Eindruck, daß ihr Verfasser eine profilierte Einzelpersönlichkeit war. Gleichwohl wird eine solche Person nirgends erkennbar, so daß manche Ausleger eher an eine Gruppe von Verfassern denken. Man kann auch fragen, ob dieser anonyme Verkündiger im engeren Sinne zu den Propheten zu rechnen ist, wie sie uns in Jesaja und anderen Schriftpropheten begegnen, oder ob die kultisch-liturgischen Elemente seiner Sprache eine engere Beziehung zu kultischen Gruppen, z.B. zu Tempelsängern, vermuten lassen. Hier bleibt vieles offen. Im folgenden wird deshalb einfach vom »Propheten« geredet.
Bei der Gestaltung des Jesajabuches wollten die Autoren die Kapitel 40-55 offenbar nicht als eigenständiges prophetisches Buch in Erscheinung treten lassen, sondern haben sie mit der Verkündigung des Jesaja ben Amoz (und wohl auch schon mit den Kapiteln 56-66)

zu einer Einheit zusammengefügt. Dabei sind in den Kapiteln 1-39 an verschiedenen Stellen Elemente der Sprache und Theologie der Kapitel 40-55 aufgenommen worden, mehrfach sehr betont und ausführlich wie in Kap.12 und 35. Dadurch bekommt das Buch Jesaja bei aller Vielfalt ein Moment der Einheitlichkeit, das nicht zuletzt durch die Sprache »Deuterojesajas« mitgeprägt wird.(Zur rhetorisch-literarischen Struktur von Kap.40-55 vgl. vor allem Melugin 1976.)

→ 165.169

2.10.1
Tröstet mein Volk

E 204
»Tröstet, tröstet mein Volk, spricht euer Gott!« (40,1) Das ist die Wende. Der Trost wurde schon am Ende des ersten Abschnitts des Jesajabuches erhofft (12,1), jetzt wird er ausgerufen. Die tröstende Nähe Gottes kommt in den Formulierungen zum Ausdruck: »mein Volk« und »euer Gott«. Die eigentliche Empfängerin des Trostes ist Jerusalem. Ihr Frondienst ist zu Ende (40,2). Zugleich bestätigt die göttliche Stimme, was sich schon in 33,24 andeutete: die Schuld ($\bar{a}won$), von der in den ersten Worten des Jesajabuches die Rede war (1,4), ist jetzt beglichen. So steht das Schlüsselwort Jerusalem/Zion wiederum am Beginn eines neuen Abschnitts wie schon im ersten Kapitel des Jesajabuches. Auch die beiden an entscheidenden Eckpunkten stehenden Kapitel 12 und 35 enden jeweils mit dem Jubel der Bewohnerschaft Zions (12,6) bzw. der nach Zion Heimkehrenden (35,10). So ist der Leser darauf vorbereitet, aber jetzt wird es zum alles beherrschenden Thema: Die Zeit des Exils ist zu Ende, für Jerusalem beginnt eine neue Zukunft.

→ 165

→ 156

Die Rückkehr aus dem Exil wird wie ein göttlicher Triumphzug beschrieben. Ein Weg durch die Wüste soll gebahnt werden (40,3f) – ein Motiv, das schon in Kap.35 entfaltet wurde. Es ist zunächst die Straße, auf der Gott selbst einherziehen wird, so daß sich seine Herrlichkeit ($k\bar{a}b\hat{o}d$) für alle Welt offenbaren wird (40,3-5). Vor ihm her wird ausgerufen »Siehe da, euer Gott!« (V.9), und wie ein Hirt seine Herde wird er die Heimkehrer mit sich führen (V.10f). Durch das alles wird bestätigt, was der Mund des HERRN gesprochen hat (V.5); denn »das Wort unseres Gottes bleibt für alle Zeit« (V.8).

Diese Eröffnung des neuen Kapitels in der Geschichte Gottes mit Jerusalem zeigt deutliche Parallelen zu der Gotteserscheinung, die Jesaja zuteil wurde. Nach einer Vision (6,1-3) bzw. Audition (40,1f) ist in jedem der beiden Texte zweimal von einer »Stimme« ($q\hat{o}l$) die Rede, die ruft (6,4; 40,3) bzw. spricht (6,8; 40,6). Die Stimme richtet sich direkt oder indirekt an den Propheten: »Wen soll ich senden?« (6,8) und »Rufe!« (40,6). Auf die Rückfrage des Propheten »Was soll ich rufen?« ergeht jetzt die erste gewichtige Aussage über die Überlegenheit und bleibende Zuverlässigkeit des Wortes »unseres Gottes« (40,6-8). Hier zeigt sich deutlich die enge Wechselbeziehung zwischen den einzelnen Hauptteilen des Jesajabuches (vgl. 1989,

→ 159

168ff). Die zweite große Prophetenstimme knüpft an die Erfahrungen der ersten an und verkündet Neues über das hinaus, was sie mit der ersten gemeinsam hat (vgl. 42,9 u.ö.). Vielfach wird der Abschnitt 40,1-8 als ein Berufungsbericht für den Propheten »Deuterojesaja« verstanden. Aber die Person bleibt hier wieder ganz im Hintergrund.

Mit der Aussage von der Überlegenheit des Wortes Gottes ist ein zentrales Thema der Kapitel 40ff formuliert. Immer wieder heißt es in vielerlei Variationen: »Ich bin der HERR – außer mir gibt es keinen Gott« (45,5.6.18.21 u.ö.). In einem ersten, breit angelegten und äußerst bildhaften Abschnitt wird dies jetzt entfaltet: Dieser Gott ist mit niemandem vergleichbar (40,12-31). Das Hauptargument ist hier, daß Gott der Schöpfer der Welt ist: »Weißt du es nicht? Hörst du es nicht? Ewiger Gott ist der HERR, Schöpfer der Enden der Erde« (40,28). Dabei zeigt sich aber auch, daß diese Betonung der Unvergleichlichkeit und Überlegenheit Gottes nicht Selbstzweck ist. Dieser Gott, der selbst nicht müde und matt wird, der wird auch denen Kraft geben, die auf ihn vertrauen (V.29ff). Es ist charakteristisch und grundlegend für die theologische Argumentation der Kapitel 40ff, daß die Größe, Überlegenheit und Einzigkeit Gottes verkündigt wird im unmittelbaren Bezug auf das einmalige Verhältnis Gottes zu Israel, auf Israels derzeitiges Geschick und auf dessen bevorstehende Wende. Diese Verkündigung soll Israel, d.h. die Judäer im Exil in Babylonien, stärken, ihre Zweifel bekämpfen und sie auf die bevorstehende Rückkehr vorbereiten.

Das nächste grundlegende Thema folgt sogleich. In der Stilform einer Gerichtsverhandlung (41,1-5) fordert Gott die »Inseln« und die »Nationen«, d.h. die ganze Völkerwelt, auf, sich der Frage zu stellen: »Wer hat (ihn) vom Osten erweckt?« Es fällt kein Name, aber die folgenden Sätze zeigen, daß von einem kriegerischen Eroberer die Rede ist, auf den sich jetzt alle Blicke richten und der dann später auch mit Namen genannt wird: Kyrus (vgl. 44,28; 45,1). Er kommt nicht aus eigener Macht, es hat ihn aber auch kein anderer gerufen als der Eine: »Ich bin der HERR, der Erste – und noch mit den Letzten bin ich es« (41,4). Hier erscheint zum erstenmal das volltönende und eindeutige *ʾanî jhwh* »Ich bin Jhwh«. Es zieht sich wie ein immer wiederkehrender Refrain durch die Kapitel 40ff des Jesajabuches. Manchmal wirkt es fast formelhaft, aber zugleich erscheint es in vielfältigen Variationen und Abwandlungen. (Eine Variante ist das hier am Ende von V.4 stehende *ʾanî-hûʾ* »Ich bin es«, oder: »Ich bin derselbe«.) Darin macht es in besonders eindrücklicher Weise sichtbar, worum es hier immer wieder geht: Nur einer ist Gott, ja noch eindeutiger: es gibt nur einen Gott, diesen einen. Dies wird immer und immer wieder vor aller Welt verkündet und bekannt. Aber die öffentliche Proklamation ist niemals Selbstzweck, sondern erscheint immer in einem ganz konkreten Zusammenhang. Dabei ist stets beides gegenwärtig: daß dieser Gott alle konkurrie-

B.XI Wie von Gott reden?

→ 177

renden Ansprüche gegen die Ausschließlichkeit seines Gottseins zurückweist – auch mit Spott gegen die Götzenfabrikanten (V.6f), und daß er dies tut um des einen Zieles willen: das Geschick seines Volkes Israel zu wenden und sein Volk auf diese Wende vorzubereiten.

Aufrichtung und Trost sind denn auch Inhalt des jetzt folgenden Wortes an Israel. Die Anrede ist geradezu emphatisch: »Und du (wᵉ'attāh) Israel, mein Knecht, Jakob, den ich erwählt habe, Same Abrahams, meines Geliebten« (41,8). Die Zuwendung Gottes zu seinem Volk Israel kommt ganz emotional zum Ausdruck; zugleich umfaßt diese Anrede mit der Nennung der Namen Jakob und Abra-

B.III Väter

ham und mit dem Wort von der Erwählung die ganze frühe Heilsgeschichte Gottes mit Israel. Dabei wird Israel mit dem Ehrennamen 'ebed bezeichnet. Das Wort kann einen »Knecht« bezeichnen, ist aber auch ein Titel, der eine besondere Vertrauensstellung z.B. gegenüber einem König ausdrückt. Er enthält das Moment der engen Zugehörigkeit und Nähe. Dies steht ganz im Vordergrund, wenn Gott Israel »mein Knecht« nennt; und es bildet hier die Basis für die Botschaft »Fürchte dich nicht!« (V.10). Sie ertönt immer wieder in den folgenden Kapiteln. Der Grund, warum Israel sich nicht zu fürchten braucht, ist ganz einfach und eindeutig: »Ich bin mit dir«. Und noch einmal: »Ich bin dein Gott« – wieder in einer Variante der »Ich bin«-Formel (kî ᵃnî ᵉlohêkā). Gott wird Israel stärken und helfen und wird es halten mit seiner »heilvollen Rechten« (V.10).

Die Themen und Motive wiederholen sich in vielfältigen Variationen. Andere treten hinzu, auch solche, die schon früher im Jesajabuch begegnet sind. So verbindet sich ein erneutes »Fürchte dich

→ 157

nicht« (41,14) mit der Wiederaufnahme des Titels »der Heilige Israels« (vgl. 1,4; 5,24 u.ö.). Aber dieser ist nun ganz ins Positive gewendet: Der Heilige Israels ist der Helfer und Erlöser. Dabei tritt ein weiteres Charakteristikum der theologischen Sprache von Jes 40ff in Blick. Das Wort gā'al »erlösen« begegnet nur in diesem zweiten Teil des Jesajabuches. Dazu kommt die sprachliche Besonderheit, daß es in einem substantivischen Partizip verwendet wird: »dein Erlöser«. Dies gilt auch für andere gewichtige theologische Wörter.

B.I Schöpfung

So heißt es z.B. in 43,1: »So spricht der HERR, dein Schöpfer, Jakob, dein Bildner, Israel«; das partizipiale Wort »Schöpfer« begegnet in der Hebräischen Bibel fast ausschließlich in Jes 40ff. Auch das Wort môšîᵃ' »Retter« oder »Heiland« gehört zu den charakteristischen Elementen dieser Sprache: »Ich, ich bin der HERR – außer mir gibt es keinen Retter« (43,11), und dann gleich wieder »euer Erlöser« (V.14) und »der Schöpfer Israels« (V.15), verbunden mit den Titeln »der Heilige Israels« und »euer König«. Diese dichte, immer wieder das Hymnische streifende Sprache zeigt sich auf Schritt und Tritt als Besonderheit dieses zweiten Teils des Jesajabuches.

Ein neues Element tritt hinzu: In 41,21ff erscheint wieder die Stilform der Gerichtsverhandlung wie schon in 41,1-5. Dabei geht es erneut um den Anspruch der Göttlichkeit, der in der Fähigkeit zum Ausdruck kommt, bevorstehende Ereignisse anzukündigen und dann auch herbeizuführen. Diesmal wird aber die Gegenpartei ausdrücklich genannt, und ihre Repräsentanten werden aufgefordert, etwas vorherzusagen, »damit wir erkennen, daß ihr Götter seid« (V.23). Aber ihr Schweigen zeigt, daß die angeblichen Götter in Wirklichkeit keine sind, daß sie »Nichts« sind (V.24), nur Bilder wie wesenloser Windhauch (V.29). Damit ist eines der großen Themen von Jes 40ff ausdrücklich formuliert: die Konfrontation Jhwhs mit den anderen Göttern. Es war ein wesentlicher Aspekt der Lage der B.XVI Götter judäischen Exulanten in ihrer babylonischen Umwelt, daß dort andere Götter verehrt wurden und daß zudem die militärischen Siege der Babylonier die Überlegenheit ihrer Götter gegenüber dem Gott Israels bewiesen zu haben schienen. Die große Bedeutung von Jes 40ff liegt nicht zuletzt darin, daß der Prophet sich diesem Problem gestellt und den Ansprüchen anderer Götter die Überzeugung von der alleinigen und ausschließlichen Gottheit Jhwhs, des Gottes Israels, entgegengestellt hat. Man kann gewiß mit Recht sagen, daß hier zuerst im strengen Sinne eine »monotheistische« Gottesvor- B.XI Wie von Gott reden? stellung erkennbar wird.

So sind in den Kapiteln 40 und 41 schon fast alle wichtigen Themen der Verkündigung dieses Propheten versammelt. Sie entfalten sich gleichsam eins aus dem andern:

– Die Zeit des Exils ist zu Ende; die Schuld Jerusalems ist beglichen, eine neue Zukunft steht bevor.
– Das Wort Gottes, mit dem er dies ankündigt, ist unverrückbar.
– Die Überlegenheit Gottes zeigt sich schon in seiner Schöpfermacht, in der niemand mit ihm vergleichbar ist.
– Gott beherrscht auch die geschichtlichen Ereignisse, denn nur er hat Kyrus berufen.
– Darin beweist sich, daß nur er, Jhwh, Gott ist. Die anderen Götter sind gar keine Götter; sie sind »Nichts«.
– Weil dies so ist, braucht Israel, der Knecht Gottes, sich nicht zu fürchten.

2.10.2
Jakob/Israel, der Knecht Gottes

Israel, der Knecht Gottes, steht auch im Zentrum der folgenden Kapitel. Immer wieder redet Gott Israel als »mein Knecht« an (42,1.19; 43,10; 44,1.2.21). Er gibt ihm eine Aufgabe: das Recht (*mišpāṭ*) zu den Völkern zu bringen (42,1.3); denn darauf und auf seine Weisung (*tôrāh*) warten die »Inseln« (V.4). Dieser zunächst überraschende Auftrag an das Volk im Exil wird später wiederholt: »Ihr seid meine Zeugen« (43,10.12; 44,8). Hier wird aus dem Kontext deutlich, daß nicht in erster Linie an ein aktives Handeln Israels gegenüber den Völkern gedacht ist, sondern daß die Zeugenfunktion in seiner Existenz liegt und in dem, was Gott jetzt mit ihm tut. Selbst wenn sie zunächst noch blind und taub sind (43,8, vgl. 42,18-20), wird jetzt an ihrem Geschick, das Gott allein vorausgesagt hat, erkennbar: »Ich, ich bin der HERR, und außer mir gibt es keinen Retter (môšîᵃ)« (43,11). So können sie auch zum »Licht für die Heiden« werden (42,6).

B.XVI Völker

Was Gott jetzt schaffen will, ist etwas Neues. Dieses »Neue« überbietet das »Frühere«, das schon eingetroffen ist, so wie Gott es vorhergesagt hat. Daran wird erneut das alleinige Gottsein Jhwhs erkennbar, das er nicht mit den »Götzen« teilen will (42,8f). Später kann er sogar sagen, daß jetzt nicht mehr die Zeit ist, an das Frühere zu denken, weil das Neue, das jetzt aufsproßt, wichtiger ist (43,18f). Gott hat in Babel die Riegel des Gefängnisses zerbrochen und wird sein Volk herausführen wie er einst Israel aus Ägypten herausgeführt hat. So wie er damals einen Weg durchs Meer gebahnt hat (V.16f), so wird er jetzt einen Weg durch die Wüste bahnen (V.19).

B.V Exodus

Und wieder soll das Volk, das Gott sich selbst bereitet hat, seinen Ruhm verkündigen (V.21).

Das göttliche »Fürchte dich nicht!« begleitet die Ankündigungen über die Rückkehr unter Gottes Führung (43,1-7). Es hat aber auch noch eine andere Seite. Gott erinnert Israel daran, daß es sein jetziges Schicksal selbst verschuldet hat und daß dies eine Strafe Gottes für seine Blindheit ist (42,24f). So steht Israels Sünde, die schon auf

B.III Väter

seinen Erzvater zurückgeht (43,27) und die auch durch Israels verfehlten Opferkult nicht beseitigt worden ist (V.23f, vgl. 1,10-17), noch immer zwischen Gott und ihm. Aber nun heißt es ganz unvermittelt: »Ich, ich bin es, der deine Übertretungen abwäscht..., und deiner Sünden will ich nicht mehr gedenken« (V.25). Was zu Beginn durch die göttliche Stimme öffentlich verkündet wurde (40,2), spricht Gott jetzt selbst mit einem betonten, zweimaligen »Ich« Israel zu: daß er seine Sünde »abwäscht« und ihrer nicht mehr gedenkt. In der Mitte dieses Satzes steht ein Wort, das erklärt, warum das geschieht: »um meinetwillen«. Es gibt keinen anderen Grund dafür, als daß Gott um seiner selbst willen sein Verhalten zu Israel nicht an Israels Sünde, sondern an seiner vergebenden Gnade ausrichten will. So steht auch dieser Prophet, den man gern einen »Heilspropheten« nennt, ganz in der Kontinuität mit den vorhergehenden Propheten und insbesondere mit dem Jesaja der früheren Kapitel. Die heilvolle Zuwendung Gottes zu Israel geschieht auf Grund der Vergebung seiner früheren Sünden. Und noch einmal wird Israel, der Knecht Gottes angeredet und die Vergebungszusage wiederholt: die Sünde Israels soll wie eine Wolke verwehen (44,21f).

In Kap.41-45 erscheint die Bezeichnung Israels als Knecht Gottes besonders häufig. In der neueren exegetischen Tradition wird der »Knecht« in 42,1 einer besonderen Gruppe von Texten zugerechnet, die seit dem Jesajakommentar von Bernhard Duhm (1892) als »Gottesknechtlieder« bezeichnet werden (42,1-4[.5-9]; 49,1-6[.7-12]; 50,4-9[.10-11]; 52,13-53,12). Dabei wird vorausgesetzt, daß diese Texte nicht von »Deuterojesaja«, sondern von einem anderen Verfasser stammen. Diese Hypothese wurde seither von der Mehrheit der Ausleger geteilt; jedoch ergab sich kein Konsens in der Frage, wer mit diesem »Gottesknecht« gemeint sei. Vor allem blieb die Frage offen, ob an eine Einzelgestalt gedacht sei, und an wen. In 49,3 wird der Knecht ausdrücklich als »Israel« angeredet. Auch sonst sind die Gemeinsamkeiten mit den übrigen Texten in vieler Hinsicht deutlich. So wird von manchen neueren Auslegern die Hypothese einer von Israel unterschiedenen Gestalt eines »Gottesknechtes« nachdrücklicher bestritten, als es früher schon der Fall war. Dafür ist vor allem auch die Einsicht von Bedeutung, daß diese Texte im Kontext von Kapitel 40-55 fest verankert sind, wobei auch ihre Verbindung mit den an bestimmten Stellen begegnenden Hymnen (42,10-13; 44,23; 45,8; 48,20f; 49,13; 51,3; 52,9f; 54,1-3) eine wichtige Rolle spielt (Mettinger 1983; Matheus 1990).

Nun erscheint Kyrus, diesmal mit ausdrücklicher Namensnennung. Die Verse, die von ihm reden (44,24-45,7, vgl. schon 41,2), werden dadurch besonders herausgehoben, daß sie von zwei hymnischen Stücken gerahmt sind (44,23; 45,8). Die Anrede Gottes an Kyrus selbst steht dann in einem prägnanten Kontext. Sie wird gerahmt von der Aussage, daß Gott der Schöpfer ist (44,24; 45,7) und daß niemand außer ihm die Geschehnisse vorhersagen und herbeiführen kann (44,25; 45,5f). Die bevorstehenden Ereignisse sind ganz auf die Wiederherstellung Israels, insbesondere Jerusalems, gerichtet (44,26) und geschehen um Israels willen (45,4). In diesem göttlichen Plan hat Kyrus seinen Platz. Gott nennt ihn »mein Hirte« (44,28), d.h. er vertraut ihm gleichsam seine eigene Herde an (vgl. 40,11); und er redet ihn als seinen »Gesalbten« (*māšîᵃḥ*) an (45,1) und verleiht ihm damit einen königlichen Hoheitstitel, der sonst nur B.IX David
den Königen Israels zukommt.
Dies alles geschieht, obwohl Kyrus Gott nicht kannte (*jāda'* 45,4.5). Aber er selbst soll dadurch erkennen (*jāda'*), »daß ich der HERR bin, der dich bei deinem Namen ruft, der Gott Israels« (V.3); und durch die Taten des Kyrus soll die ganze Welt »vom Aufgang der Sonne bis zu ihrem Niedergang« erkennen (*jāda'* V.6), daß es außer Jhwh keinen Gott gibt. Viermal erscheint hier auf dichtestem Raum das *ᵃnî jhwh* »Ich bin der HERR« (V.3.5.6.7). Und hier erfährt es seine äußerste Zuspitzung: »Ich bin der HERR und keiner sonst: der das Licht bildet und die Finsternis schafft, der Heil wirkt und Unheil schafft – ich bin der HERR, der dies alles bewirkt« (V.6b.7). Daß Gott den heidnischen König, der ihn selbst nicht kennt, als seinen »Hirten« und seinen »Gesalbten« einsetzt, führt an den äußersten Rand der Aussagen über Gottes Wirken. Wenn es außer Jhwh keinen Gott gibt, dann gibt B.XI Wie von
es auch niemanden, den man für das Dunkle und für das Unheil ver- Gott reden?
antwortlich machen kann, außer diesem Gott selbst.
Der Prophet stellt sich dieser Konsequenz seines strikt monotheistischen Denkens. Er formuliert die Einsicht, die sich daraus ergibt, in einer zugespitzten, fast möchte man sagen: überspitzten Form.

→ 12

Jhwh, der eine und einzige Gott, »bildet« das Licht und »bewirkt« das Heil – aber er »schafft« auch Finsternis und Unheil. Das zentrale Wort des Schöpfungsberichts am Anfang der Bibel, *bārā'* »schaffen«, wird hier auf die negativen Seiten des Wirkens des Schöpfergottes angewendet. Dies geht noch über das hinaus, was im Schöpfungsbericht gesagt wird: daß Gott die Finsternis in die Schöpfung einbezieht, indem er ihr eine Funktion und einen Namen zuweist.

Hier heißt es jetzt, daß er die Finsternis »schafft«, d.h. daß er auch für ihre bedrohliche Existenz verantwortlich ist. Ebenso »schafft« er auch das Unheil. Dabei ist hier wohl vor allem an den politischen Bereich gedacht, in dem das Unheil (*rā'*) dem Heil, d.h. dem Frieden (*šālôm*) gegenübersteht. Darin kommt auch zugleich die Ambivalenz zum Ausdruck: das bevorstehende Unheil über Babel wird für Israel *šālôm* bedeuten. In ihrer grundsätzlichen Formulierung greift diese Aussage aber weit darüber hinaus. Weder andere Götter noch sonstige Mächte können für die Ereignisse in dieser Welt verantwortlich gemacht werden.

Damit ist ein Höhepunkt erreicht. Durch das Auftreten des Kyrus ist die Wende offenkundig geworden. Nun drängt alles auf den Sturz Babels hin, damit der Weg für die Rückkehr Israels frei wird. Zweifler können den Plan Gottes nicht aufhalten (45,9-13), noch viel weniger die »Götzenschmiede« (45,14-17). Vielmehr sollen alle erkennen, daß Jhwh allein der Schöpfer ist (V.18) und die Wahrheit verkündet (V.19). Sie sollen sich alle versammeln und sich davon überzeugen lassen und die Knie vor ihm beugen (V.20-25). Und auch Bel, der Gott Babels, muß sich »beugen« (46,1-4). Damit bahnt sich an, was gleich darauf angesagt wird, nachdem noch einmal die Zweifelnden und Verzagten an das erinnert werden, was Gott von Anfang an verkündet hat, der nun Heil und Rettung für Zion bringen wird (46,3-13): Babel muß herunter in den Staub! (47,1-15). Dieses Spottlied auf die »Tochter Babel« erinnert den Leser an frühere Texte über Babel (Kap.13f). Dort war schon vorweggenommen, was jetzt unmittelbar bevorsteht. Und dort wurde schon in ganz ähnlicher Weise die Überheblichkeit und Hybris angeprangert, mit der Babel sich größer und höher dünkte als alle anderen; um so tiefer muß sie nun herunter.

Noch einmal wendet sich die prophetische Gottesrede an Jakob/Israel. Was schon früher anklang (42,9; 43,19) tritt jetzt in den Mittelpunkt: Gott kündigt »Neues« an (48,1-11). Noch einmal versichert der eine und einzige Gott, der Schöpfer der Erde und des Himmels, daß er selbst den gerufen hat, der jetzt seinen Willen an Babel vollstrecken wird (V.12-19). Und dann erfolgt der entscheidende Ruf: »Zieht aus von Babel!...Der HERR hat seinen Knecht Jakob erlöst.«

Was jetzt bevorsteht, ist eine Wiederholung des Weges, den Israel schon einmal durch die Wüste gegangen ist, ohne Durst zu leiden, weil Gott ihnen Wasser aus dem Felsen sprudeln ließ (V.20f). Dies ist das letzte Mal, daß der Name Babel im Jesajabuch genannt wird. Jetzt richtet sich der Blick nach vorn, nach Jerusalem.

2.10.3
Zion/Jerusalem, die Wiederhergestellte

In 49,14-17 wird gleichsam das Programm formuliert, das im folgenden entfaltet wird. Zion klagt, daß sie von Gott verlassen ist – B.X Zion wie zuvor schon Jakob/Israel (40,27); die Antwort ist wieder eine Gegenfrage (49,15, vgl. 40,28): Kann denn eine Mutter ihr Kind vergessen? Und selbst wenn sie das täte, Gott vergißt Zion nicht. Ihre Mauern sind ständig vor seinen Augen, sie sind in seine Hände eingezeichnet (49,16) wie in einen Lehmziegel, der als Bauplan dient (vgl. Ez 4,1). Darum werden nun Wiederaufbau und Neubesiedelung → 220 der zerstörten und entvölkerten Stadt unter wechselnden Aspekten angekündigt. Dabei klingt das Wort von den »Wüsteneien« aus der Vision Jesajas wieder an, gleichsam als Fortführung der Antwort auf die Frage des Propheten: »Wie lange?« (6,11); sie sollen jetzt zu eng → 160 werden für die vielen Bewohner (49,19), die der bislang Unfruchtbaren und Kinderlosen (V.20f) von ihren früheren Unterdrückern herbeigebracht (V.22f) oder neu geboren werden (54,1-6). Gott selbst wird die Mauern der Stadt aus Edelsteinen herstellen, und er wird die Stadt unangreifbar machen (54,11-17). Im Rückblick wird das schwere Schicksal Jerusalems noch einmal rekapituliert (51,17-23; 52,1-6); aber jetzt tröstet Gott (51,12), wie es der Psalm in Kap.12 er- → 165 hofft (V.1) und die göttliche Stimme in 40,1 angekündigt hatte. → 172 Auch in den hymnischen Stücken klingt die Botschaft vom Trösten an (49,13; 51,3; 52,9).

Was jetzt geschieht, wird in größere Zusammenhänge der Geschichte Gottes mit Israel hineingestellt: Wie Abraham und Sara, die erst allein waren und die Gott dann mit vielen Nachkommen gesegnet hat, soll es jetzt Jerusalem ergehen (51,2). Die Heimkehr der Erlösten nach Zion ist wie der Durchzug durchs Meer beim Auszug aus Ägypten; ja, die Tat Gottes, der den Weg bereitet, ist sogar mit seiner Schöpfungstat vergleichbar (51,9-11). Und wie Gott in den Tagen Noahs geschworen hat, keine Sintflut mehr über die Erde kommen zu lassen, so schwört er jetzt, Jerusalem nicht mehr zu zürnen (54,9).

In diesem Kontext erscheint erneut die Gestalt des »Gottesknechtes« (49,1-6[.7-12]; 50,4-9[.10-11]; 52,13-53,12). Jetzt treten die individuellen Züge stärker hervor: Gott hat den Knecht schon im Mutterleib berufen, wie es ähnlich auch von Jeremia heißt (Jes 49,1.5, vgl. Jer 1,5); er bereitet seinen Mund und seine Zunge für die öffentliche Rede (49,2; 50,4) und sein Ohr zum Hören (50,4f). Und vor allem: der Knecht leidet. Er ist tief verachtet (49,7), er wird geschlagen und mißhandelt (50,6; 53 passim) und findet schließlich den Tod (53,8f.12). In 49,3 wird der Knecht aber ausdrücklich als »Israel« bezeichnet, und zu vielem von dem, was in diesen Texten über den

Gottesknecht gesagt wird, findet sich Vergleichbares in anderen Texten, die von Israel reden. So dominiert auf der Ebene des jetzigen Textes die Gleichsetzung des Knechtes mit Israel, wie sie auch in der jüdischen Tradition durchweg vertreten wird. Gleichwohl entzieht sich die Gestalt des »Gottesknechtes« letzten Endes einer eindeutigen Interpretation und hat sich im Lauf der Geschichte immer wieder den unterschiedlichsten Auslegungen geöffnet.

Noch einmal wird Israels Geschick in den größeren geschichtlichen Zusammenhang gestellt. Gott erinnert an die »verläßliche Huld« (ḥesed), die er David erwiesen hat; in der gleichen Weise will er nun

B.II Bund

einen »ewigen Bund« (bᵉrît ʿôlām) mit Israel schließen (55,3). Wie er David zum »Zeugen für die Völker und zum Fürsten und Gebieter der Nationen« gemacht hat, so wird nun auch Israel die Funktion des Zeugen gegenüber den Völkern übertragen (V.4f), so wie es schon früher angekündigt worden war (43,10.12; 44,8). Die Völker werden zu Israel kommen »um des HERRN, deines Gottes, des Heiligen Israels willen« (55,5); das erinnert an die Wallfahrt der Völker zum »Haus des Gottes Jakobs«, von dem sie Weisung empfangen

→ 157

wollten (2,2-4).

Schließlich endet dieser Teil des Jesajabuches wie er begonnen hat. Was der Prophet verkündigen sollte, war die Botschaft: »Das Wort

→ 172

unseres Gottes bleibt für alle Zeit« (40,8). Jetzt heißt es, daß das Wort, das aus dem Mund Gottes hervorgeht, nicht wirkungslos bleibt, sondern »es bewirkt, was ich will, und ihm gelingt, wozu ich es sende« (55,11). Wurde zu Beginn der Kontrast zwischen den schnell verwelkenden Pflanzen und dem lebenskräftigen Wort herausgestellt (40,6-8), so wird jetzt die Leben spendende Kraft des Wortes mit dem Fruchtbarkeit spendenden Regen und Schnee verglichen (55,10). Daß das Wort »bleibt«, ist nicht statisch gemeint, sondern bringt seine ständige, nicht endende Wirksamkeit zum Ausdruck.

Wenn die Exulanten nun ausziehen, dann wird es nicht sein, wie damals, als sie »in ängstlicher Hast« aus Ägypten auszogen (Jes 52,12,

→ 42

vgl. Ex 12,11; Dtn 16,3), sondern sie werden in Freude und Frieden (šālôm) ausziehen unter dem Jubel der Natur. Das wird geschehen zur Ehre des Namens Gottes als ein immerwährendes Zeichen, das nicht getilgt wird (55,12f).

2.11
Nach der Rückkehr

E 208

Die Exulanten sind zurückgekehrt. Wir wissen nicht wie viele, und wir wissen nichts über die näheren Umstände. Aber es ist auch nicht das Anliegen des Jesajabuches, die Leser darüber zu informieren. Die Texte des letzten Hauptteils des Buches lassen vielmehr erkennen, daß jetzt das Leben in der alt-neuen Heimat seine Anforderungen stellt. Am Anfang steht die Aufforderung: »Wahrt das Recht

und tut Gerechtigkeit« (56,1). Damit tritt das Thema des ersten Kapitels des Jesajabuches wieder in den Blick. Dort hieß es: »Zion wird durch Recht erlöst, seine Heimkehrer durch Gerechtigkeit« (1,27). → 157 Jetzt sind die Heimkehrer da, und jetzt ergeht an sie die Aufforderung, dabei mitzuwirken, daß Recht und Gerechtigkeit in Israel wieder zur Geltung gebracht werden.

Aber diese Aufforderung steht nun in einem neuen Kontext. Das Wort ṣ^{e}dāqāh zeigt sich von zwei verschiedenen Seiten. Zum einen bedeutet es »Gerechtigkeit« und korrespondiert mit dem »Recht« (mišpāṭ). Diese im Zusammenleben zu verwirklichen, ist Aufgabe der Menschen. Zum andern bezeichnet es das, was Gott jetzt zu tun im Begriff ist: Das von ihm gewirkte »Heil« (j^{e}šû'āh) ist nahe, und → 166 seine ṣ^{e}dāqāh, d.h. sein heilvolles Handeln, will sich offenbaren. Die Verbindung von j^{e}šû'āh (oder den wurzelverwandten Ausdrücken je-ša' und t^{e}šû'āh) und ṣ^{e}dāqāh begegnet mehrfach im zweiten Hauptteil des Jesajabuches, z.B. in 51,6.8, wo dieses Begriffspaar als Ausdruck der dauerhaften Festigkeit Gottes erscheint (vgl. auch 45,8; 46,13; 51,5) und wo ṣ^{e}dāqāh auch mit šālôm »Friede, Heil« verbunden werden kann (48,18; 54,13f).

Am Anfang des dritten Teils des Jesajabuches ist nun das von den Menschen erwartete Tun von Recht und Gerechtigkeit, wie es schon von Anfang des Buches an gefordert wurde, gleichsam eingebettet in das nahe bevorstehende heilvolle Tun Gottes, wie es im zweiten Teil verheißen wurde und sich in der Rückkehr aus dem Exil schon angebahnt hat. Das Heil ist noch nicht endgültig verwirklicht, aber die aus dem Exil Zurückgekehrten haben erfahren, daß es schon im Anbruch ist. Auf der Grundlage dieser Erfahrung sollen sie nun ihr Zusammenleben gestalten.

Damit ist ein Grundtenor der abschließenden Kapitel des Jesajabuches gekennzeichnet. Das Thema »Gerechtigkeit« in seinen verschiedenen Aspekten beherrscht auch die weiteren Kapitel. So wird kritisiert, daß ṣ^{e}dāqāh und mišpâṭ fehlen (59,9.14, vgl. V.4), obwohl man behauptet, sie zu tun (58,2). Statt dessen herrschen soziale Mißstände (58,6f) und Ungerechtigkeit (57,1; 59 passim). Aber wenn Gott eingreift, wird er sich mit ṣ^{e}dāqāh und j^{e}šû'āh bekleiden (59,17, vgl. V.16), und Israels eigene ṣ^{e}dāqāh wird im Triumphzug vor ihm herziehen, während Gottes »Herrlichkeit« (kābôd) den Zug beschließt (58,8). Hier wird die heilvolle Seite des Begriffs ṣ^{e}dāqāh auch auf Israel übertragen. Dies ist noch ausgeprägter in dem großen Mittelteil dieser letzten Kapitelgruppe, Kap.60-62, der Fall. In der glanzvollen Zukunft Zions, die Kap.60 ausmalt, wird es sich erweisen, daß Gott der »Retter« und »Erlöser« Israels ist, der »Frieden« und »Gerechtigkeit« als Wächter über Israel einsetzt (60,16f). Israel selbst wird mit »Heil« und »Gerechtigkeit« bekleidet (61,10); Zions »Gerechtigkeit« und »Heil« werden strahlend hervorbrechen, und die Völker werden seine »Gerechtigkeit« und »Herrlichkeit« sehen (62,1f). Dies alles wird auch die Menschen in Jerusalem mit einbeziehen: »Dein Volk besteht aus lauter Gerechten« (60,21).

B.VI Tora

B.XI Wie von Gott reden?

Daß diese Kapitel die Situation der Rückkehrergemeinde voraussetzen, zeigt sich auch darin, daß jetzt vom Tempel und von Problemen des Kultes und der Teilnahme am Kult die Rede ist. Diese Aussagen stehen an herausgehobener Stelle am Anfang (56,2-8) und am Schluß dieses dritten Teils des Buches (66,18-24); in Kap.58 ist zudem vom rechten Fasten und Halten des Sabbat die Rede. Dabei zeigt sich eine bemerkenswerte Offenheit nach außen: »Mein Haus soll ein Bethaus genannt werden für alle Völker« (56,7). Die »Fremden« werden ausdrücklich mit einbezogen (V.3) und werden als »Knechte« Gottes bezeichnet (V.6); ja nach 66,21 soll ihnen sogar der Zugang zum Amt des Priesters und des Leviten offenstehen –

B.XVI Völker

eine in der Hebräischen Bibel ganz einmalige Aussage. Als besondere kultische Verpflichtungen, die auch für die Fremden (und die ebenfalls zugelassenen Eunuchen) gelten, werden die Einhaltung des Sabbat (56,2.4.6) und die Beachtung des »Bundes«, d.h. wohl der Beschneidung (V.4.6) genannt. Wenn sie das tun, dann werden ihre Brandopfer und Schlachtopfer von Gott mit »Wohlgefallen« angenommen (V.7). Hier zeichnet sich der Beginn des Proselytentums ab.

In diesen Kapiteln spiegeln sich aber auch vielfältige Probleme und Spannungen innerhalb der Gemeinschaft. Es ist von Götzendienst die Rede (57,5-13; 65,3-7.11; 66,3.17); doch diesmal sind es nicht die Götter mächtiger Völker, die mit Jhwh um die Macht streiten wie im Babylonischen Exil, sondern es geht um kleine, lokale Kulte, die im eigenen Land praktiziert werden. Vor allem sind aber Spannungen zwischen verschiedenen Gruppen erkennbar (vgl. Hanson 1975). In Kap. 59 richten sich Kritik und Anklage gegen andere, die mit »ihr« angeredet (V.1-3) oder als »sie« bezeichnet (V.4-8) werden und von denen gesagt wird, daß ihre Sünden sie von Gott trennen und ihre Hände voll Blut sind. Dann folgt eine bewegte Klage derer, die von sich selbst in der Form des »Wir« sprechen (V.9-15a). Diese zweite Gruppe fühlt sich unterdrückt, vor allem weil »Recht und Gerechtigkeit« nicht zum Zuge kommen (V.9.11.14); sie hofft aber auf das Eingreifen Gottes, der »Recht und Heil« verwirklichen (V.17, vgl. V.16) und als Erlöser für Zion kommen wird (V.15b-20).

Es ist diese Gruppe, die dann in einem groß angelegten Klagelied

B.XVII Geschichte

(63,7-64,11) Israels Geschichte selbstkritisch reflektiert. Darin wird immer wieder die enge Zugehörigkeit der Betenden zu Gott hervorgehoben: »Sie sind doch mein Volk« (63,8), »Wir alle sind dein Volk« (64,8, vgl. 63,14), »Du bist doch unser Vater« (63,16; 64,7), »um deiner Knechte willen« (63,17). In der göttlichen Antwort in Kap.65 wird dann äußerst scharf zwischen den beiden Gruppen unterschieden und geschieden: Gerichtsansage für die Götzenanbeter (V.1-7) – aber Heilsankündigung für Gottes »Knechte« und »Auserwählte«, für »mein Volk, das mich sucht« (V.8-10); dann wieder: »Ihr aber, die ihr den HERRN verlaßt« (V.11f), und schließlich in schneller Folge: »Meine Knechte« – »Ihr aber« (V.13-15). Die Scheidung zieht sich auch in das letzte Kapitel hinein, wo es sogar heißt: »Eure Brüder, die euch hassen« (66,5, vgl. auch V.14).

Diese internen Spannungen stehen unter dem Aspekt eines künftigen Handelns Gottes: »Denn siehe, ich schaffe einen neuen Himmel und eine neue Erde« (65,17, vgl. 66,22). Dann soll man nicht mehr an »das Frühere« denken (vgl. 43,18f). Leid und Elend und Mangel werden vergessen sein, ja sogar die endzeitlichen Erwartungen vom friedlichen Zusammenleben aller Tiere tauchen wieder auf (65,25, vgl. 11,6-8). Aber es ist ganz deutlich, daß diese Ansage künftigen Heils nicht unterschiedslos für alle gilt. Vielmehr soll dies alles der Gruppe derer zugute kommen, die jetzt in der Minderheit sind, die aber den Wegen Gottes folgen. Das ist die endzeitliche Gottesgemeinde derer, die Gott selbst übriggelassen hat, der »Rest«, von dem schon wiederholt im Jesajabuch die Rede war. Schon ganz am Anfang war ihre Stimme zu vernehmen (1,9), und dann immer wieder (4,2-6; 7,3; 10,20-22; 11,15f; 37,32).

B.XVIII Zukunft

→ 165

→ 157

Die Verbindung der Schlußkapitel mit dem Anfang des Buches zeigt sich auch noch unter anderen Aspekten. Die Hände der Mehrheitsgruppe sind voll Blut (59,3), was an die Anklagen in 1,15 und deren Kontext in 1,10-15 erinnert. Dort ist von Opfern die Rede, die Gott nicht wohlgefällig sind – ebenso in 66,3f, wo auch das Motiv des unschuldig vergossenen Blutes anklingt. Auch die »Gärten«, die im Zusammenhang mit illegitimen Opferpraktiken genannt werden (1,29; 65,3; 66,17) zeigen einen deutlichen Anklang. Und das Wort an die Leute von »Sodom und Gomorra« in 1,10 wird mit der Wendung »Hört das Wort des HERRN« eingeleitet, die auch in 66,5 begegnet (sonst nur noch in 28,14 und 39,5). (Vgl. dazu Conrad 1991, 98f; Steck 1991, 265.)

2.12
Die großen Themen des Jesajabuches

Das Jesajabuch ist eines der größten theologischen Bücher der Hebräischen Bibel. Die Vielfalt und die Bedeutung seiner Themen und der oft dramatische Wechsel der Situationen sind mit keinem anderen Buch vergleichbar. Im kanonischen Zusammenhang eröffnet das Buch die Reihe der Prophetenbücher. Zugleich eröffnet es eine theologische Auseinandersetzung von bisher nicht gekannter Dynamik.

Diese Dynamik hat ihren Grund vor allem darin, daß die Prophetengestalten, von denen die verschiedenen Teile des Buches geprägt sind, in einer höchst spannungsvollen Weise zugleich »drinnen« und »draußen« stehen. Einerseits repräsentieren sie in vielfältiger Hinsicht die Glaubenstraditionen Israels und kämpfen mit aller Kraft für deren Erhaltung und sachgemäße Interpretation und Weiterentwicklung, andererseits stehen sie der Gemeinschaft, deren Traditionen sie repräsentieren, gegenüber, teils mit scharfer Kritik, teils in Auseinandersetzung mit Unglauben und Zweifeln, teils

→ 148

auch mit der Verkündigung eines neuen Gotteshandelns, das weit
über das hinausgeht, was bisher Gegenstand dieser Glaubensüberlieferungen war. Dabei wirken sie oft als Außenseiter und Opposi-
tionelle; zugleich ist aber im Duktus der biblischen Tradition ganz
unzweifelhaft, daß die Propheten die eigentliche Tradition Israels
repräsentieren. Dies galt gewiß schon im Augenblick der Verkündigung ihrer Botschaft, wo man sie aus vielen Gründen bekämpfen
konnte, aber keinesfalls deswegen, weil sie von Israels Glaubenstraditionen abgewichen wären. Dies gilt um so mehr im Zusammenhang der Hebräischen Bibel, in der die Propheten zu den wichtigsten
Repräsentanten des Glaubens Israels gehören. Im jetzigen Gesamtbild sind diejenigen die Abweichler, die die Botschaft der Propheten
und die Propheten selbst bekämpft haben.

Dies alles gilt für die Schriftpropheten insgesamt. Im Buch Jesaja ist
diese Spannung besonders ausgeprägt, weil in den einzelnen Teilen
des Buches ganz unterschiedliche Akzente gesetzt werden, wie
oben ausführlich dargestellt worden ist. Um so eindrucksvoller ist
es, daß eine Reihe von grundlegenden theologischen Themen das
ganze Buch durchzieht und prägt (vgl. 1984). An erster Stelle ist das
Thema »Zion« zu nennen. In keinem anderen Buch der Hebräischen Bibel begegnet dieses Wort so oft wie im Buch Jesaja, und es
bildet in allen drei Teilen ein theologisch äußerst gewichtiges Stichwort. Dabei klingen die großen religiösen Traditionen an, wie sie

→ 162

sich vor allem in den Psalmen niedergeschlagen haben: von »Jhwh
Zebaot, der auf dem Berg Zion wohnt« (8,18) und »als König auf

→ 168
→ 157

dem Berg Zion herrscht« (24,23b), und von der Tora, die vom Zion
ausgeht (2,3). Vor allem ist Zion aber als Stadt, d.h. als Jerusalem,
mit ihren Bewohnern im Blick. Dabei zeigt sich von Anfang an, daß
Zion bedroht ist, verlassen »wie eine Hütte im Weinberg« (Jes 1,8).
Dieser Aspekt prägt das Buch Jesaja weithin. Man könnte es geradezu als das »Buch der Sorge um Zion« bezeichnen.

Die Bedrohung Jerusalems erscheint unter ganz verschiedenen
Aspekten: teils als Bedrohung von außen durch Feinde, teils aber
auch von innen durch das Verhalten der eigenen Bewohner. Hier
verbindet sich das Thema »Zion« mit dem von »Recht und Gerechtigkeit«, dem anderen großen Thema des Jesajabuches. Dabei zeigt

sich, daß die Kritik und Anklage Jesajas gegenüber seinen Mitbe-
wohnern ganz von der Sorge um Zion bestimmt ist. Das wird schon
im ersten Kapitel sehr deutlich. Die vehementen Anklagen laufen
auf die Hoffnung zu, daß Zion durch Recht und Gerechtigkeit gerettet werden und dann wieder »Stadt der Gerechtigkeit« genannt werden wird (1,26f) und daß dann schließlich die Völker zum Zion wallfahrten werden, um dort Tora zu lernen (2,2-4). Aber dem steht
gegenüber, daß jetzt Recht und Gerechtigkeit fehlen. Dies wird neben vielen anderen Texten im Schlüsselgleichnis vom Weinstock

→ 159
184

Israel herausgestellt: Was Gott, der Weingärtner, vergeblich sucht,
sind Recht und Gerechtigkeit (5,1-7). Umgekehrt steht bei den ver-

schiedenen Erwartungen und Verheißungen eines künftigen Königs stets die Erwartung im Mittelpunkt, daß mit seiner Herrschaft Recht und Gerechtigkeit zur Geltung kommen werden (9,6; 11,3-5; → 163 32,1). Das Programm für die Rückkehrer beginnt mit dem Aufruf, Recht und Gerechtigkeit zu verwirklichen (56,1), und schließlich → 180 gipfelt die Schilderung der glanzvollen endzeitlichen Zukunft Zions darin, daß Recht und Gerechtigkeit über ihr aufstrahlen, so daß alle Völker es sehen (62,1f).

Ein weiteres großes Stichwort des Buches Jesaja ist der Ausdruck »der Heilige Israels«. Er begegnet fast ausschließlich im Buch Jesaja, dort aber in allen seinen Teilen. Dabei lassen sich zwei ganz unterschiedliche Gebrauchweisen erkennen. Der erste zeigt sich schon zu Beginn des Buches. In der ersten Anklagerede gegen Israel heißt es: »Sie haben den HERRN verlassen, den Heiligen Israels verworfen« (1,4). Worin dieses Verwerfen besteht, wird später präzisiert: → 157 »Sie haben die Tora Jhwh Zebaots zurückgewiesen und das Wort des Heiligen Israels verworfen« (5,24; ähnlich lauten die Vorwürfe in 5,19; 30,11; 31,1). Die Heiligkeit Gottes gehört eng zusammen mit seiner Gerechtigkeit: »Jhwh Zebaot ist erhaben im Gericht, der heilige Gott erweist sich heilig in Gerechtigkeit« (5,16). So ist dieser Vorwurf Bestandteil der Anklage wegen der Mißachtung von Recht und Gerechtigkeit. Darum kehrt sich das Verhältnis zum Heiligen Israels um, wenn sich das Verhalten Israels ändert. »An jenem Tage« wird sich der »Rest Israels« auf den Heiligen Israels stützen (10,20), die Augen der Menschen werden auf ihn schauen (17,7), die Armen werden über ihn jubeln (29,19) und Jakob/Israel wird ihn heilig halten (29,23).

Die bisher zitierten Texte aus dem ersten Teil des Jesajabuchs sind alle auf das Verhältnis der Menschen zum »Heiligen Israels« bezogen. Ganz anders im zweiten Teil. Hier findet sich die Mehrzahl der Belege in der Ich-Rede Gottes. Dabei ist die Bezeichnung »der Heilige Israels« häufig mit anderen Epitheta verbunden, die Gottes besonderes Verhältnis zu Israel in der charakteristischen Sprache der Kapitel 40ff ausdrücken. Der Heilige Israels ist Israels Erlöser (41,14; 43,14; 47,4; 48,17; 49,7; 54,5), Schöpfer (43,15; 45,11; 54,5), Retter (43,3), König (43,15) und Ehemann (54,5); er schafft (41,20), erwählt (49,7) und verherrlicht (55,5) Israel; und er ist der Gott der ganzen Erde (54,5). Es ist bemerkenswert, daß sich dieser zentrale theologische Ausdruck, der sich sonst in der Hebräischen Bibel kaum findet, innerhalb des Jesajabuches in diesen beiden grundlegend verschiedenen Sichtweisen erhalten hat. Eine Brücke zwischen beiden schlägt wieder Kap.12. Der letzte Vers lautet: »Jauchze und juble, Bewohnerin Zions; ja, groß ist in deiner Mitte der Heilige Israels« (12,6). So steht die Rede vom Heiligen Israels am → 166 Anfang und am Schluß der ersten großen Sammlung von Prophetenworten in Kap.1-12. Hier am Schluß bezieht sie zugleich die Rede vom Zion mit ein.

Schließlich muß noch ein Thema genannt werden, das sich immer wieder nachdrücklich zu Wort meldet, ohne jedoch so breit entfaltet und tief verankert zu sein wie die drei bisher genannten: die Rede vom »Rest«. Die Bedeutung dieses Themas für das Jesajabuch im ganzen wird unüberhörbar deutlich durch sein Auftreten in der ersten Redeeinheit des Buches: »Hätte Jhwh Zebaot uns nicht einen kleinen Rest übriggelassen, dann wären wir wie Sodom und Gomorra geworden« (1,9). Hier spricht ein »kleiner Rest«, d.h. eine kleine Zahl von Überlebenden der Katastrophe, die in den vorhergehenden Versen geschildert wird. Sie sind nicht vollständig vernichtet, wie es einst Sodom und Gomorra erging und wie es Babel ergehen wird (13,19). Aber diese Überlebenden, dieser »Rest«, unterscheidet sich ganz bewußt von den anderen, denen das Schicksal von Sodom und Gomorra bevorsteht (1,10). Sie sind eine Minderheit. Aber sie werden auch der »heilige« Rest sein, wenn Gott Zion wiederherstellen wird (4,2-6), »der Rest, der umkehrt«, auf den der Name des Jesajasohnes Schear-Jaschub vorausgewiesen hat (7,3, vgl. 10,20-22), der zurückkehren wird, wie einst die aus Ägypten Befreiten (11,15f), oder mit einer anderen Wendung des Bildes: der Rest der vom Zion ausgehen wird (37,32). (Vgl. dazu Webb 1990.)

Die Rede vom »Rest« findet sich auch in anderen Texten der Hebräischen Bibel. Sie ist aber nicht auf einen bestimmten hebräischen Begriff beschränkt. Vgl. dazu B.XVIII.

→ 158

→ 167

III.3
Das Buch Jeremia

3.1
Vorüberlegungen

E 212

Kein anderer Prophet tritt uns so deutlich in seiner menschlichen Gestalt gegenüber wie Jeremia. Bei keinem anderen Propheten ist sein persönliches Schicksal so unmittelbar mit den politischen Ereignissen verflochten wie bei ihm. Und von keinem anderen Propheten sind uns so bewegende Zeugnisse vom Leiden an seinem Amt überliefert.

Über die äußeren Daten des Lebens Jeremias sind wir besser unterrichtet als bei anderen Propheten. Die Einleitungsverse des Jeremiabuches (1,1-3) nennen seine Herkunft aus dem kleinen Ort Anatot nordöstlich von Jerusalem, der schon zum Gebiet des Stammes Benjamin gehört. Er stammt aus einer Priesterfamilie, von der wir aber nichts Genaueres erfahren; im Leben und Wirken Jeremias sind keine priesterlichen Züge erkennbar. Weiter heißt es, daß »das Wort des HERRN an ihn erging« im dreizehnten Jahr des Königs Joschija. Damit ist gewiß das Jahr seiner Berufung zum Propheten ge-

meint, von der unmittelbar anschließend gesprochen wird (1,4-10).
Demnach hat seine prophetische Tätigkeit im Jahr 627/6 begonnen
und sich nach den weiteren Angaben der Einleitung bis zur Zerstörung Jerusalems im elften Jahr des Königs Zidkija (587/6) erstreckt.
So ist das Buch Jeremia das Zeugnis eines Prophetenlebens in der
Zeit des Niedergangs und schließlich des Endes des Reiches Juda.
Viele Elemente und Aspekte dieser dramatischen Jahrzehnte spiegeln sich in dem Buch, so daß es zugleich ein wichtiges Dokument
für diese entscheidende historische Phase bildet.

Das Buch bietet als Ganzes ein sehr geschlossenes und eindrucksvolles Bild des Lebens, der Verkündigung und des Leidens des Propheten Jeremia. Zugleich zeigen sich in ihm aber sehr unterschiedliche sprachliche Formen, die auf ein sukzessives Wachstum und
auf die Mitwirkung verschiedener Personen oder Gruppen bei der
Gestaltung des Buches schließen lassen. Es gibt hier jedoch keine
Texte, wie z.B. im Buch Jesaja, die eine andere Zeit widerspiegeln,
und auch keine Hinweise auf andere prophetische Gestalten. Zudem enthält das Buch sehr ausgeprägte individuelle Züge, die man
bei keinem anderen Propheten findet und die auch nicht als bloßes
Ergebnis von Traditionsbildungen verstanden werden können. So
bietet das Buch im ganzen das Zeugnis vom Leben und Wirken des
Propheten Jeremia, wie es aus mehr oder weniger unmittelbarer
Nähe von seinen Zeitgenossen erlebt, erfahren und dargestellt worden ist.

Das schließt nicht aus, daß sich dieser Traditionsprozeß über eine
längere Zeit erstreckt hat. Dabei können insbesondere Texte, die
sich auf die Zeit nach dem Ende des Exils beziehen, ausgeweitet
oder hinzugefügt worden sein. So kann man das Buch nicht im engeren Sinne als Biographie Jeremias lesen. Wenn im folgenden von
»Jeremia« gesprochen wird, dann ist dies deshalb auch nicht in einem strikt historisch-biographischen Sinne gemeint, sondern bezeichnet den Propheten Jeremia, wie ihn uns das Jeremiabuch vor
Augen stellt.

Innerhalb des Buches heben sich zwei Darstellungsformen deutlich
voneinander ab: Worte des Propheten und Berichte über den Propheten. Die ersteren finden sich überwiegend in Kap.1-25, die letzteren
vor allem in Kap.26-45. Innerhalb der Worte des Propheten zeigt
sich ein weiterer Unterschied: Ein Teil der Worte ist in einer poetischen Sprache formuliert, die in der Tradition der Worte früherer
Propheten steht, zugleich aber auch sehr individuelle Züge trägt;
ein anderer Teil stellt in Prosa gehaltene redenartige Stücke dar, die
in ihrer Sprache und Theologie deutliche Beziehungen zum Deuteronomium erkennen lassen. Was von diesen »deuteronomistischen« Texte auf Jeremia selbst zurückgeht und was einer späteren
»Redaktion« zuzuschreiben ist, ist umstritten, ebenso die Frage,
welche Texte Baruch aufgeschrieben haben könnte (Kap.36). Aber → 209
durch die in diesen Fragen zum Ausdruck kommende Mehrschich-

tigkeit und Mehrstimmigkeit wird der in sich geschlossene Gesamteindruck des Buches nicht grundsätzlich in Frage gestellt. Das Buch läßt im ganzen ein chronologisches Gefälle erkennen. Es beginnt mit der Berufung Jeremias (Kap.1) und endet mit letzten Worten zu der Gruppe von Judäern, die ihn nach dem Fall Jerusalems gegen seinen Willen nach Ägypten mitgenommen haben (Kap.44); dort verlieren sich seine Spuren. Innerhalb des Buches sind einige Texte datiert, erscheinen jedoch nicht in chronologischer Ordnung (z.B. ist 25,1 z.Zt. Jojakims früher als 21,1 z.Zt. Zidkijas). Vielfach lassen sich aber inhaltliche Anordnungen und Gruppierungen von Texten erkennen, die möglicherweise schon vor dem jetzigen Endstadium des Jeremiabuches entstanden sind.

→ 208

Ein besonderes Problem stellt die griechische Übersetzung des Jeremiabuches in der Septuaginta dar. Diese Fassung ist um etwa ein Siebtel kürzer als die hebräische. Ferner stehen in ihr die Worte gegen fremde Völker, die in der hebräischen Fassung die Kapitel 46-51 bilden, in der Mitte des Buches (Kap.26-31) und zudem in anderer Reihenfolge. Da sich unter den Texten von Qumran auch hebräische Fragmente gefunden haben, die dem griechischen Text nahestehen, spricht vieles dafür, daß es zwei verschiedene hebräische Versionen gegeben hat, von denen die kürzere die Grundlage für die griechische Übersetzung bildete. Abgesehen von der durchaus bemerkenswerten unterschiedlichen Stellung der Fremdvölkerworte (s.u. zu Kap.25), bietet die Septuagintafassung aber keine nennenswerten inhaltlichen Unterschiede gegenüber der hebräischen. (Vgl. dazu Herrmann 1990, 182ff).

→ 203

3.2
Ich habe dich zum Propheten eingesetzt
Ganz anders als Jesaja tritt Jeremia vom ersten Augenblick an als Person in den Blick. Er ist selbst Gegenstand der ersten Szene des Buches, die in der ersten Person beginnt: »Da geschah das Wort des HERRN zu mir« (wajᵉhî dᵉbar jhwh ʾēlaj 1,4). Dies ist etwas Neues, daß das Wort Gottes »geschieht«, d.h. daß es an einen Menschen »ergeht«. Nur einmal begegnet diese Wendung im Jesajabuch (Jes 38,4), und bei den Propheten im Zwölfprophetenbuch, die früher als Jeremia aufgetreten sind, findet sie sich überhaupt nicht. Jetzt im Buch Jeremia (und dann im Buch Ezechiel) heißt es aber immer wieder: »Da erging das Wort des HERRN an mich« (Jer 1,4.11.13; 2,1 u.ö.) oder »an Jeremia« (14,1; 28,12; 29,30 u.ö.).
Jeremia erfährt in diesem an ihn ergehenden Gotteswort (1,5), daß Gott ihn schon vor seiner Geburt, ja bevor er ihn im Mutterleib »formte« (jāṣar, vgl. Gen 2,7), »kannte« – oder »erkannte«; jādaʿ kann beides bedeuten. Dabei klingt auch das Moment des »Erwählens« mit, das in Am 3,2 (und Gen 18,18f) in jādaʿ enthalten ist. Schon damals hat Gott ihn zum Propheten bestimmt, »geweiht« könnte man sagen (wörtlich »geheiligt« hiqdîš). Hier erscheint jetzt der Begriff nābîʾ für den Propheten, ein Wort, das häufig in den berichtenden Texten der Samuel- und Königsbücher vorkommt, je-

E 123

→ 261.26

doch bei den älteren »Schriftpropheten« kaum begegnet. Jeremia wird damit ausdrücklich in die Tradition der Propheten hineingestellt, die den Weg Israels durch seine Geschichte hindurch seit frühen Tagen begleitet haben.

B.XIII Propheten

Ganz ungewöhnlich ist aber die Formulierung »nābî' für die Völker«. Israel (d.h. jetzt konkret: Juda) wurde in der Zeit des Wirkens Jeremias wie nie zuvor hineingezogen in die Auseinandersetzungen und Wirren in der damaligen Völkerwelt, in denen die bis dahin herrschenden Strukturen ins Wanken gerieten und schließlich zerbrachen. Es ist diese »Weltstunde«, die Jeremia »als ein Handeln Gottes in der Geschichte, Gericht und Erneuerung,« deuten soll (Buber 1942/1984, 208). Er wird von Gott eingesetzt »über die Völker und über die Königreiche, auszureißen und einzureißen, zu zerstören und niederzureißen, zu bauen und zu pflanzen« (1,10). Was dies bedeutet, wird später anschaulich gemacht durch die Tätigkeit des Töpfers, dem Jeremia bei der Arbeit zuschaut (18,1-10). Wie der → 200 Töpfer entscheidet, ob ein Gefäß seinen Anforderungen entspricht oder nicht, so entscheidet Gott, ob ein Volk vor ihm bestehen kann oder nicht und ob er es »ausreißen, einreißen und zerstören« (V.7) oder »bauen und pflanzen« will (V.9). Jeremia wird eingesetzt, um dies zu verkündigen und anzukündigen (V.11f).

Jeremia reagiert erschrocken: »Ach, HERR Jhwh!« (1,6). Der Kontrast zu Jesajas Beauftragung springt ins Auge. Jesaja sagt unaufgefordert: »Hier bin ich, sende mich!« (Jes 6,8). Für Ezechiel wird die → 160 Buchrolle, die er essen muß und die außen und innen mit »Klage, Ach und Wehe« beschrieben ist, in seinem Munde »süß wie Honig« (Ez 3,3). Aber Jeremia versucht, den Auftrag abzuwehren. Das ruft → 218 Moses Reaktion auf seine »Berufung« in Erinnerung (vgl. Zimmerli 1969, 16-21). Jeremia sagt: »Ich kann nicht reden!« (1,6), Mose: »Ich bin kein Mann der Worte…, ich habe eine schwere Zunge« (Ex 4,10). → 39 Und wenn später von Jeremias »Wehe« über den Tag seiner Geburt gesprochen wird (Jer 15,10), so erinnert auch das an Mose, der in Si- → 198 tuationen der Verzweiflung Gott bittet, ihn aus seinem »Buch« zu tilgen (Ex 32,32), ja, ihn zu töten (Num 11,15). → 58

»…denn ich bin ein na'ar, ein Knabe« (1,6b). Ob damit gemeint ist: »ich bin zu jung« (Luther), oder ob es eine untergeordnete oder noch nicht sozial etablierte Stellung ausdrückt, die seinem Wort nicht genügend Gewicht verleihen würde (Herrmann 1986, 61f), in jedem Fall kommt darin ein Gefühl des Ungeeignetseins für diesen Auftrag zum Ausdruck, und es klingt auch Furcht vor den Folgen und den Feinden mit, die ihm daraus erwachsen werden. Aber Gott erkennt diesen Widerspruch nicht an (V.7). Er wird ihn senden (šālaḥ), wie er Mose (Ex 3,12) und Jesaja (Jes 6,8) gesandt hat, und darin wird → 36.160 seine Autorität begründet sein. Und er wird nicht seine eigenen Worte reden, sondern das, was Gott ihm auftragen wird. Damit wird er in die Rolle des Propheten in der Nachfolge Moses eintreten, den Gott immer wieder berufen wird, um zu reden, was Gott ihm aufträgt (Dtn 18,18). Und Gott wird mit ihm sein (V.8), wie er schon mit Mose war (Ex 3,12).

Die Beauftragung wird bestätigt und verstärkt, indem Gottes Hand Jeremia unmittelbar berührt: »Siehe, ich lege meine Worte in deinen Mund« (1,9). Wieder ist die Parallele zu Jesaja offenkundig, dessen »unreine« Lippen durch einen der Gott umstehenden und umschwebenden »Serafim« mit einer glühenden Kohle vom Altar gereinigt und entsühnt werden (Jes 6,6f). Aber dabei wird auch erneut der Unterschied deutlich. Bei Jesaja lautete das Problem: Wie kann ein Mensch mit unreinen Lippen aus einem Volk mit unreinen Lippen Gottes Wort verkündigen? Bei Jeremia heißt die Frage: Wie kann ein Mensch, der sich dazu nicht befähigt fühlt, dennoch Gottes Wort verkündigen? Gottes Antwort auf diese Frage besteht darin, daß er ihm selbst seine Worte in den Mund legt.

Bei keinem anderen Propheten wird die Aufgabe, die Worte Gottes weiterzusagen, so ausdrücklich formuliert und so intensiv reflektiert wie bei Jeremia. Dies zeigt sich schon darin, daß in keinem Buch der Hebräischen Bibel der Ausdruck *dābār* »Wort« so häufig begegnet wie im Jeremiabuch (mehr als 200 mal, meistens für das göttliche Wort, vgl. THAT I, 435). Und nachdem es hieß, daß Gott Jeremia seine Worte in den Mund gelegt hat, kann er später selbst

→ 198

sagen: »Fanden sich Worte von dir, so verschlang ich sie« (15,16). In der Gottesrede heißt es: »Ich will meine Worte in deinem Mund zu Feuer machen« (5,14), und schließlich: »Ist nicht mein Wort wie Feuer und wie ein Hammer, der Felsen zerschmettert?« (23,29). Die Dramatik dieser Aussagen läßt zugleich erkennen, daß dahinter nicht eine zusammenhängende Theorie vom »Wort Gottes« steht; so wird auch kein grundsätzlicher Unterschied zwischen Aussagen über »das Wort« und »die Worte« Gottes gemacht wird.

E 121

In zwei kurzen Visionsszenen werden jetzt die beiden Hauptelemente der Berufungsszene veranschaulicht: das Wort Gottes und Jeremias Einbezogensein in die bevorstehenden geschichtlichen Wirren. Zweimal fragt Gott: »Was siehst du, Jeremia?« Das erste Mal ist es ein Zweig des Mandelbaums, dessen Name *šāqēd* in einer klanglichen Assoziation die göttliche Zusage hervorruft, daß er »wachend« (*šoqēd*) sein wird über seinem Wort, damit es auch geschieht (1,11f). Er wird Jeremia mit dem ihm übertragenen Wort nicht allein lassen. Das zweite Mal ist es ein »kochender Topf«, dessen »Vorderseite von Norden her (geneigt) ist«, so daß er nach Süden hin überlaufen muß (V.13). Darin werden die bevorstehenden geschichtlichen Ereignisse angekündigt: »Von Norden her« wird das Unheil über alle Bewohner des Landes seinen Ausgang nehmen (wörtlich: »eröffnet werden« V.14). Bald wird der »Feind aus dem

→ 193

Norden« zu einem beherrschenden Thema werden (vor allem 4,5-6,26).

Zunächst wird aber Gott von Norden her Könige herbeirufen, die ihre Throne um Jerusalem und die Städte Judas herum aufstellen

werden (V.15). Das erscheint wie eine Gerichtsszene, bei der die
fremden Könige als »Rechtsgemeinde« fungieren (Herrmann 1986, E 94
77): »Dann werde ich mit ihnen ins Gericht gehen«. Damit wird ein
weiteres zentrales Thema des Jeremiabuches angesprochen, das
schon bisher im Hintergrund stand: die Sünde Israels. »Sie haben
mich verlassen und haben anderen Göttern Räucheropfer dargebracht und das Werk ihrer Hände angebetet« (V.16).
Hier zeigt sich schlagartig die veränderte Situation gegenüber der
Zeit Jesajas. Die Verehrung fremder Götter spielte dort keine Rolle.
Sie wird aber jetzt bei Jeremia zu einem beherrschenden Thema. Sie
ist die entscheidende »Übeltat« (rā'āh) Israels (V.16), derentwegen
Gott das »Übel«, das Unheil (rā'āh) über Israel kommen lassen wird B.XV Weisheit
(V.14).
Der Berufungsbericht kehrt zu seinem Anfang zurück, indem Gott
seinen Auftrag wiederholt (V.17, vgl. V.7b). Er wiederholt auch die
Ermutigung, und er wird Jeremia jetzt »panzern«, weit über das hin-
aus, was man über einen Menschen sagen kann: wie eine befestigte
Stadt, eine eiserne Säule, eine eherne Mauer (1,18). Denn nun werden sich diejenigen gegen ihn wenden, auf die schon hingedeutet
wurde (vgl. V.8) und die jetzt konkret benannt werden: die Könige B.XII Israel im
Judas, die Beamten, die Priester und das »Volk des Landes«, d.h. die Widerstreit
Repräsentanten der Bevölkerung Judas. Sie alle werden Jeremia
nichts anhaben können. Gott wiederholt seine Zusage: »Ich bin mit
dir, dich zu retten« (V.19, vgl. V.8).
Am Ende dieses ersten Kapitels steht Jeremia jetzt vor dem Auge
des Lesers: seine Person, seine Berufung zum Propheten, seine Beauftragung mit der Weitergabe des Wortes Gottes, die Grundelemente seiner Botschaft, die zu erwartenden Widerstände und die
Zusage des Schutzes und der Hilfe Gottes. Dabei prägt das Element
des Zögerns, des Zurückschreckens vor dem Auftrag, ja der Angst
vor Feindschaft und Verfolgung den Charakter dieses Berufungsbe-
richts. Diese Züge treten auch später in den Selbstgesprächen, Klagen und Gebeten, den »Konfessionen« Jeremias, immer wieder sehr
deutlich in Erscheinung (s.u. 3.5). → 197

3.3
Liebe der Brautzeit – Abfall zum Baal – der Feind aus dem Norden
Wieder ergeht das Gotteswort an Jeremia (2,1). Es fordert ihn zum
öffentlichen Reden in Jerusalem auf. Diesmal folgt der einleitenden
Formel noch eine zweite: »So spricht der HERR« (koh 'āmar jhwh V.2). E 123
Auch sie gehört zu den grundlegenden Elementen der prophetischen Sprache im Jeremiabuch. Sie ist gleichsam die Folge dessen,
daß Gott dem Propheten seine Worte in den Mund gelegt hat, so daß
sie sich immer wieder als Worte Gottes zu erkennen geben, wenn
er sie ausspricht. Schließlich erscheint noch ein weiteres formelhaf-
tes Element, das die prophetische Rede als Gotteswort ausweist
und zugleich gliedernde Funktion besitzt: nᵉ'um jhwh »Ausspruch

des HERRN«; auch dieses begegnet bei Jeremia besonders häufig (schon 1,8.15.19, dann 2,3.9.12.19 usw., vgl. 1954b).

Die als Gottesrede im Ich-Stil formulierte Prophetenrede, die hier beginnt, entfaltet in immer neuen Ansätzen das Thema, dessen Verkündigung Jeremia in der Einleitung aufgetragen worden ist: den Vorwurf, daß Israel sich anderen Göttern zugewandt hat (1,16). Dies wird jetzt in einen größeren, heilsgeschichtlichen Zusammenhang gestellt. Am Anfang in der Wüste war Israels Verhältnis zu Gott ungetrübt (2,2f); aber als sie in das fruchtbare Land kamen, das Gott ihnen gegeben hatte, fragten sie nicht mehr: »Wo ist der HERR, der uns aus Ägypten herausgeführt hat?«, sondern wandten sich anderen

B.III Väter

Göttern zu (V.4-8). Dieser Vorwurf trifft die »Väter«, d.h. all die Generationen vor den jetzt Angeredeten (V.5). Er trifft aber insbesondere die führenden Schichten, von denen schon die Rede war (1,18): allen voran die Priester, die für die Wahrung der Tora verantwortlich sind, dann die »Hirten« des Volkes und schließlich sogar die Propheten (2,8). Hier fällt jetzt zum ersten Mal der Name des kanaanäischen Gottes, der immer wieder als der entscheidende

B.XVI Götter

Gegenspieler Jhwhs in Erscheinung tritt: Baal. Schon Jahrhunderte zuvor hatte es im Nordreich Israel die dramatischen Auseinandersetzungen um den Baalskult gegeben, in denen vor allem die Pro-

→ 126

pheten Elija und Elischa eine entscheidende Rolle gespielt hatten. Dann war dieses Problem auch in Juda immer stärker hervorgetreten, und nun wird es auch zu einem zentralen Thema der Auseinandersetzung Jeremias mit seinen Zeitgenossen. Darum beginnt Gott jetzt mit Israel einen Rechtsstreit (V.9).

In der lebhaften Sprache der folgenden Abschnitte wechseln die Bilder: Israel tauscht die Götter, was kein anderes Volk je tun würde (2,10f); Israel verläßt die lebendige Quelle und macht sich löcherige Zisternen (V.13); Israel war ein edler Weinstock, der jetzt zu einem »fremden« geworden ist (V.21); Israel zerbricht sein Joch und zerreißt seine Stricke (V.20), gebärdet sich wie eine läufige Kamelstute oder Wildeselin (V.23f). Die in dem letzten Bild enthaltene sexuelle Metapher wird auch auf den kultischen Bereich angewendet: Die

→ 133

»Höhenheiligtümer« sind Orte, an denen Israel »auf jedem hohen Hügel und unter jedem grünen Baum« Hurerei treibt (V.20). Im folgenden Kapitel wird dies weiter entfaltet und zugleich auf die Geschichte des Nordreiches Israel, der »Schwester« Judas, ausgedehnt, das wegen dieser Hurerei von Gott gestraft worden ist; aber Juda hat sich dies nicht zur Warnung dienen lassen (3,6-10).

Dazwischen stehen immer wieder Abschnitte, die von dem Unheil sprechen, das Israel schon betroffen hat oder noch betreffen wird (2,14-19.26-28.35-37). Israel hat sich dies alles selbst zuzuschreiben. Es ist seine eigene »Übeltat« (wieder das Wort $r\bar{a}'\bar{a}h$ wie in 1,14.16!), durch die es gestraft wird (V.19). Aber dann taucht plötzlich die Frage auf, ob diese Unheilsgeschichte denn endgültig und unumkehr-

bar ist. Eine Frau, die von ihrem Mann wegen ehelicher Untreue geschieden wird, kann nicht zu ihm zurückkehren (3,1-5). Gilt das auch für Israel? Hier erscheint das Wort *šûb* »umkehren, zurückkehren«; es gehört wiederum zu den häufigen Ausdrücken im Jeremiabuch und begegnet in keinem anderen Buch der Hebräischen Bibel so oft wie hier. Es wird hier in den verschiedensten Spielarten seiner Bedeutung gebraucht: Darf die geschiedene Frau zu ihrem Mann zurückkehren (3,1)? Wird Israel zu Gott zurückkehren (V.7)? Wird Juda sich zu Gott bekehren (V.10)? Und dann der Ruf Gottes: »Kehre/kehrt zurück! Kehrt um!« (3,12.14.22; 4,1) Das Thema »Umkehr« wird bei Jeremia zum zentralen Thema (Wolff 1951, 131). B.XIII Propheten

So stehen hier die Aussagen über Israels Sünde mit dem Baalskult, über die Strafen, die Israel deswegen zu erleiden hat, und über die mögliche Umkehr scheinbar schroff nebeneinander. Die Spannung erscheint noch größer, wenn dann nicht nur von Gottes Aufforderung zur Umkehr die Rede ist (3,12.14.22; 4,1), sondern auch von der sich schon anbahnenden Umkehr Israels: »Siehe, wir kommen zu dir« (3,22b). Israel legt ein Sündenbekenntnis ab (V.23-25) und zugleich ein Bekenntnis zu seinem Gott, bei dem allein die »Hilfe Israels« ist (V.23b). Und Gott verheißt einen neuen Anfang: »Pflüget ein Neues! Beschneidet eure Herzen!« (4,1-4). Dieses unmittelbare Nebeneinander von Gericht und Heil erinnert an das Buch Jesaja, insbesondere an die Kapitel 1-12. Auch dort stehen Anklage, Ankündigung des Gerichts und Zusage der Wiederherstellung immer wieder unmittelbar nebeneinander. Darin zeigt sich, daß die Verbindung und Zusammengehörigkeit von Gericht und Heil ein Grundelement der kanonischen Prophetenbücher bildet. Dies gilt jetzt für den ersten Abschnitt der Verkündigung Jeremias (2,1-4,4), aber ebenso für das ganze folgende Buch. Das bedeutet, daß auch die schroffste Gerichtspredigt Jeremias niemals gelesen werden kann, ohne daß dieser große Zusammenhang des Heilshandelns Gottes mit Israel mitbedacht wird. → 158

Aber der Ausblick in eine heilvolle Zukunft gewährt nur eine Atempause. Dann ertönt Kriegslärm: Der »Feind aus dem Norden« rückt heran (4,6; 6,1.22, vgl. 1,14). In immer neu ansetzenden dramatischen Schilderungen werden das Herannahen dieses Feindes, seine archaische Grausamkeit und die Folgen für das Land und für Jerusalem beschrieben (4,5-31; 6,1-26). Aber es scheint so, als ob nur Jeremia selbst dies alles sieht und hört und geradezu körperlich darunter leidet (4,19 u.ö.), während die anderen es gar nicht zur Kenntnis nehmen (4,21f u.ö.). Auch für den Leser bleibt die Frage offen, wer mit diesem Feind gemeint ist und ob es sich um real Erlebtes oder im voraus Geschautes handelt. Vielleicht sahen und hörten seine Zeitgenossen tatsächlich nichts, weil sie nicht vorausehen konnten oder wollten, was ihnen bevorstand. Der Konflikt wird noch einmal deutlich bei der Frage, warum dies alles geschieht (5,1-31). Die Antwort lautet wie schon zuvor: Israel hat seinen Gott ver B.XVI Völker lassen und dient fremden Göttern (V.7.11.19 u.ö.). Und zudem ist niemand da, der »Recht tut und nach Wahrhaftigkeit strebt« (V.1.26-28). Dabei sind die »Großen« nicht besser als die »Armen« (V.4f). Es klingt wie ein Schlußwort unter diesen ersten Abschnitt des Jeremiabuches (Kap.2-6), wenn es heißt, daß Gott Jeremia zum »Prüfer« über sein Volk bestellt hat, der, wie ein Metallprüfer das Material, den »Weg«, d.h. den Wandel dieses Volkes prüfen soll. Aber das Ergebnis ist ganz negativ: Die Schlacken lassen sich aus dem Edelmetall nicht ausscheiden (6,27-30).

3.4
Tempelrede und Bundespredigt

Wieder ergeht das Gotteswort an Jeremia und fordert ihn zum öffentlichen Reden auf (7,1). Dabei erscheint die Ankündigung des an ihn ergehenden Gotteswortes noch einmal in einer besonderen Gestalt. Sie lautet nicht: »Da erging das Wort« (mit der verbalen Einleitung *waj^ehî*, s.o. zu 1,4), sondern »Das Wort, das an Jeremia vom HERRN erging« (mit betont vorangestelltem *haddābār* »das Wort«). Diese Formel leitet öffentliche Aktionen Jeremias ein: die Tempelrede (7,1), die Bundespredigt (11,1), den Besuch beim Töpfer, der einen größeren Zusammenhang eröffnet (18,1), die öffentliche Antwort an den Orakel suchenden König Zidkija, mit der die Sammlung der Worte an die Könige eingeleitet wird (21,1), die öffentliche Ankündigung des Sieges des babylonischen Königs Nebukadnezzar, die den ersten Teil des Buches abschließt (25,1), das Aufschreiben der Gottesworte in ein »Buch« (30,1), den Ackerkauf (32,1) u.a., mit leichter Variation auch die Wiederholung der Tempelrede (26,1), den Auftrag, ein Joch zu tragen (27,1) und das Aufschreiben der Worte auf eine Schriftrolle (36,1). Diese Texte bilden offenbar einen bewußt gestalteten Zusammenhang, der wichtige Stationen des öffentlichen Wirkens Jeremias miteinander verbindet.

Jetzt muß Jeremia seine Kritik am zentralen Punkt in Jerusalem vortragen: am Tor des Tempels (7,2). Ein öffentlicher Konflikt erscheint unvermeidbar. Die »Tempelrede«, die jetzt folgt, enthält eine scharfe Kritik des gegenwärtigen Kultbetriebs. In ihrem Mittelpunkt steht die Frage, wie sich der Kult und das Leben der Gemeinschaft zueinander verhalten. Man kann diese Rede eine »Alternativ-Predigt« nennen (vgl. Thiel 1973, 290ff): Entweder die Gemeinschaft lebt nach dem Willen und den Weisungen Gottes, dann »will ich euch wohnen lassen an diesem Ort (V.3) in dem Land, das ich euren Vätern gegeben habe« (V.7); oder sie verlassen sich auf »Lügenworte«, die den Tempeldienst als Sicherheitsgarantie ansehen, unabhängig vom moralischen und rechtlichen Verhalten (V.4.8-10), dann wird Gott diesen Tempel zerstören wie er den Tempel in Silo zerstört hat, und das Volk »verstoßen« wie die Bewohner des Nordreiches (V.12-15). Wie Jesaja (Jes 1,10-17) sieht auch Jeremia in einem Kult, dem nicht ein Zusammenleben der Ge-

→ 188

B.VII Kult

→ 157
194

meinschaft nach dem Willen Gottes entspricht, einen Selbstbetrug und einen Betrug Gottes. Das »Haus, über dem mein Name genannt ist«, wird dadurch zu einer »Räuberhöhle« gemacht (V.11).

In V.3 und 7 hat Luther nach der Vulgata übersetzt: »So will ich bei euch wohnen an diesem Ort« (so auch die Einheitsübersetzung). Dieser Übersetzung liegt der gleiche hebräische Konsonantentext zugrunde wie der oben gegebenen, aber mit einer anderen Vokalisation: *wešākantî 'ittᵉkem* statt *wᵉšikkantî 'etkem* (V.7, entsprechend V.3). Manche neueren Kommentaren sind dem gefolgt mit der Begründung, daß der Ausdruck *māqôm* »Ort« hier den Tempel bezeichne. Im masoretischen Text und in der Septuaginta ist hingegen offenbar das Land gemeint, in dem Gott Israel wohnen lassen und aus dem er es nicht vertreiben wird, wenn es die von ihm geforderten Voraussetzungen erfüllt.

Die dramatischen Folgen dieses Auftritts werden – entsprechend der Komposition des Buches – erst später berichtet (Kap.26); aber die Spannung ist schon hier für den Leser spürbar. Dabei wird jetzt auch schlaglichtartig die Situation Jeremias selbst erhellt: Gott verbietet ihm, für »dieses Volk« Fürbitte zu tun (7,16). Hier stellt sich wieder der Vergleich mit Mose ein. Mose war der große Fürbitter (Aurelius 1988), der immer wieder in kritischen Situationen durch sein persönliches Dazwischentreten Israel vor der angedrohten Vernichtung rettet. → 57.65
Jeremia wird deutlich in der Nachfolge Moses gezeichnet, aber an diesem Punkt wird ihm verwehrt, wie Mose zu handeln (Seitz 1989). Früher hat er es getan, woran er selbst Gott erinnert (18,20). Aber jetzt darf er es nicht. Und es bleibt nicht bei diesem einen Verbot (vgl. 11,14; 14,11). Der Prophet, der unter seiner eigenen Botschaft leidet, der das bevorstehende Unheil von seinem Volk abwenden möchte und dem es schier das Herz zerreißt (4,19), darf nicht für sein Volk eintreten. Dies ist einer der Schlüssel zum Verständnis der Situation Jeremias. → 198
In den folgenden Versen tauchen neue Aspekte von illegitimen Kulten auf. Ganze Familien veranstalten Opferfeiern für die »Himmelskönigin« (7,17f), die babylonisch-assyrische Ischtar, ein Kult, der damals offenbar sehr populär war (vgl. 44,15-19); auch der Sonne, dem Mond und dem ganzen Himmelsheer erweisen sie kultische Verehrung (8,2). Im Tempel haben sie »Greuelbilder« aufgestellt (7,30), und im Hinnomtal veranstalten sie Kinderopfer (V.31). B.XVI Götter
In diesem Kontext wird auch die Kritik am Opferkult noch einmal zugespitzt: Gott hat den Vätern bei der Herausführung aus Ägypten nicht Opfer befohlen, sondern den Gehorsam gegenüber seinem Wort (V.21-23).
Diese erste öffentliche Rede klingt später immer wieder nach. Besonders deutlich ist dies im Zusammenhang der Textkomposition, die sich um das Bild des Töpfers dreht, in der die Themen aus dem Kontext der Tempelrede wieder aufgegriffen werden (Kap.18-20, → 200

s.u.). Der zweite, berichtende Hauptteil des Buches wird in Kap.26 mit einem erneuten Bericht über die Tempelrede eingeleitet, der dann über ihre Folgen berichtet und damit eine ganze Serie von öffentlichen Auftritten und Auseinandersetzungen einleitet.

Zunächst wechseln wieder Worte, die das Geschick Israels ankündigen, mit Klagen des Propheten, die sein Leiden an seiner Botschaft und dem bevorstehenden Unheil zum Ausdruck bringen (8,4-9,25). Es mündet in eine grundsätzliche Konfrontation zwischen den Göttern, die doch nur mit Händen gemacht sind, und dem *einen* Gott, dem niemand gleicht und dessen Name »Jhwh Zebaot« ist (10,1-16). Hier zeigt sich eine deutliche Verwandtschaft

→ 175

mit Texten des Jesajabuchs (z.B. Jes 44,6ff). Und wiederum endet es mit der Klage des Propheten über die bevorstehende Wegführung des Volkes in die Gefangenschaft, zu der es jetzt sein Bündel schnüren muß (10,17ff).

Mit der gleichen Einleitungsformel wie die Tempelrede wird in 11,1 eine neue Predigt eröffnet. Inhalt der Predigt sind die »Worte dieses

B.II Bund

Bundes« (V.2). Die Hörer und Leser des Jeremiabuches wußten, welcher Bund gemeint ist – und die Leser der Hebräischen Bibel wissen es auch, denn sie haben es schon gelesen. In der Schilderung, die Mose im Rückblick auf die Offenbarung der Tora am Sinai/Horeb gibt, heißt es: »Der HERR redete zu euch mitten aus dem Feuer…und er verkündigte euch seinen Bund, den er euch gebot zu halten, nämlich die Zehn Worte, und schrieb sie auf steinerne Tafeln« (Dtn

→ 70

4,12f). In dieser Tradition steht die Predigt Jeremias. Gott hat damals die Worte des Bundes zu Israel gesprochen und hat an den Gehorsam gegenüber diesen Worten die Zusage geknüpft: »Ihr sollt mein Volk sein, und ich will euer Gott sein« (V.4); zudem hat er damit die Erfüllung seiner Verpflichtung gegenüber den Vätern verbunden, ihnen ein fruchtbares Land zu geben (V.5).

B.XII Israel im Widerstreit

Die Worte des Bundes haben aber noch eine andere Seite: Weil Israel der Stimme Gottes nicht gehorcht hat, hat er »alle Worte dieses Bundes« über sie kommen lassen (V.8). Die Worte des Bundes enthalten auch die Ankündigung der Folgen für die Nichteinhaltung der Verpflichtungen des Bundes. Das Haus Israel und das Haus Juda haben den Bund gebrochen, indem sie sich wieder anderen Göttern zugewandt haben (V.10, vgl. V.13). Darum wird Gott Unheil ($r\bar{a}\,{}^{\backprime}\bar{a}h$) über sie kommen lassen (V.11); das ist gleichsam die Kehrseite des Bundes, die wirksam wird, wenn er nicht eingehalten wird.

Wie nach der Tempelrede so verbietet Gott auch jetzt Jeremia, für »dieses Volk« Fürbitte zu tun (11,14). Das Verbot ergeht wieder im unmittelbaren Anschluß an die Ankündigung bevorstehenden Unheils und hindert Jeremia daran, selbst in die Bresche zu treten. Die Gemeinsamkeit dieser beiden Reden Jeremias ist schon in der

→ 194

gleichlautenden Einleitungsformel sichtbar geworden (s.o. zu 7,1).

Jetzt rückt das Verbot der Fürbitte diese beiden öffentlichen Auftritte noch enger zueinander.

3.5
Der klagende Prophet

An dieser Stelle wechselt die Blickrichtung. Nach der großen Bundespredigt und nach dem Verbot der Fürbitte beginnt Jeremia, zu sich selbst zu sprechen (11,18). Er reflektiert seine Lage. Ihm ist bewußt geworden, daß er Feinde hat, die ihn verfolgen und ihm nach dem Leben trachten (V.19.21). Er spricht darüber zu sich selbst und dann auch zu Gott (V.20; 12,1-3), der ihm antwortet (V.21.22f; 12,5f).

Damit beginnt eine ganze Reihe von Texten, deren Gemeinsamkeit darin liegt, daß sie nicht an die Öffentlichkeit gerichtet sind, sondern teils Selbstgespräche Jeremias, teils Gebete und Wechselgespräche mit Gott darstellen. Man bezeichnet diese Texte meistens als »Konfessionen« Jeremias. Viele von ihnen stehen mit ihrer Spannung zwischen ganz persönlichen Aussagen und traditionellen Stilformen in deutlicher Nähe zu den »Klageliedern des einzelnen« im Psalmenbuch, so daß man sie auch als »Klagegedichte« Jeremias bezeichnen kann (Baumgartner 1917). Man rechnet zu dieser Gruppe 11,18-23; 12,1-6; 15,10f.15-21; 17,12-18; 18,18-23; 20,7-18. E 215

Die Konfessionen stehen häufig am Abschluß einer deutlich markierten Texteinheit (Thiel 1973, 161f. 286f). Der oft überraschende Wechsel zwischen der Verkündigung des Gotteswortes und den Selbstgesprächen Jeremias sowie seinen Gesprächen mit Gott über seine Lage führt dem Leser immer wieder die innere Spannung vor Augen, in der Jeremia lebt. Man kann geradezu sagen, daß seine prophetische Existenz in dieser Spannung, ja diesem Zwiespalt besteht, wie er schon in der Berufungsgeschichte zum Ausdruck kam. Darum gehören die Konfessionen »ins Zentrum jeder Jeremia-Interpretation« (vRad 1965, 211). Doch bleibt auch bei diesen Texten die Frage der Biographie Jeremias und der weiteren Traditionsbildung offen, zumal manche der Texte den Eindruck von Kompositionen machen, innerhalb derer unterschiedliche Themen angeschlagen werden (vgl. Carroll 1981, 107-130).

Freunde werden zu Feinden – ein typisches Element der Klagelieder im Psalmenbuch (z.B. Ps 31,12-14; 41,10; 88,9). Jetzt sind es die Leute → 304 von Anatot, die ihrem Mitbürger Jeremia nach dem Leben trachten (Jer 11,18-23). Gott sagt Jeremia zu, daß er seine Feinde zur Rechenschaft ziehen wird (V.22f); aber Jeremia sieht in der Konfrontation mit ihnen noch ein anderes, weiterreichendes Problem: Warum geht es den Frevlern, den »Gottlosen«, so gut (12,1-6)? Auch dieses Problem erscheint immer wieder in den Klagepsalmen. Die »Gottlosen« ($r^e\check{s}\bar{a}\hat{\imath}m$) sind Gegenspieler und Gegenbild zu den Psalmenbetern, den »Frommen« und Gerechten ($\dot{s}add\hat{\imath}q\hat{\imath}m$), z.B. Ps 73. Auch im → 305 Hiobbuch ist dies eines der zentralen Themen (z.B. Hi 21). Jeremia → 320 tritt über diese Frage in einen förmlichen Rechtsstreit mit Gott ein (12,1). Aber Gottes Antwort läßt Jeremias Problem nicht gelten: Wenn er schon bei einem »Fußgängerproblem« Schwierigkeiten bekommt, wie will er erst die Aufgaben seiner prophetischen Berufung bewältigen, die noch vor ihm liegen (V.5)? So tritt schon bei diesem ersten der Klagegedichte Jeremias wieder das persönliche Problem des Propheten in Blick, das der Leser des Buches von den ersten Sätzen her kennt: das Bewußtsein Jeremias, seiner Aufgabe nicht gewachsen zu sein und sich ihr dennoch nicht entziehen zu können.

Die Klage steigert sich: »Weh mir, Mutter, daß du mich geboren hast!« (15,10) Dieser Klageruf folgt unmittelbar auf ein besonders hartes Gerichtswort über Jerusalem, das Jeremia verkünden mußte, und an dessen Ende das traurige Geschick der Mütter beschworen wurde (15,5-9). Seine eigene Klage geht jetzt weit über das hinaus, was die Psalmbeter zu sagen wagen; nur bei Hiob finden sich

→ 316

noch derartige Aussagen (Hi 3 u.ö.). Seine Gerichtspredigt hat ihn wieder in Konflikt mit der Umwelt gebracht, mit »aller Welt«, wie es jetzt heißt (V.10). Gott weiß, daß der Prophet um seinetwillen geschmäht wird (15,15). Ja, es ist gerade die Hingabe an sein prophetisches Amt, die ihn in die Situation des von allen Verfolgten bringt: Er »verschlang« die Worte Gottes, wann immer sie ihm begegneten (V.16). Sie wurden ihm zur Herzensfreude – aber zugleich isolierten sie ihn von den anderen und machten ihn einsam (V.17). Die Klage steigert sich zur Anklage: Gott ist dem Propheten zum »Trugbach« geworden, der plötzlich aufhört, lebendiges und Leben spendendes Wasser zu geben (V.18). Aber wieder wendet die Antwort Gottes die Klage auf den Propheten zurück (V.19). Dabei erscheint erneut das Wort vom »umkehren« (šûb), diesmal in einem kunstvollen Wortspiel: »Wenn du umkehrst (tāšûb), werde ich dich wiederherstellen (waᵘšîbᵉkā)...; sie sollen sich zu dir hinkehren (jāšubû), aber du wirst dich nicht zu ihnen hinkehren (tāšûb).« Jetzt ist es der Prophet selbst, der umkehren soll, und das heißt: zurückkehren zu seiner Aufgabe, indem er »Edles« redet, wie es ihm aufgetragen worden ist, und nicht »Gemeines«, wie es seine Klagen in Gottes Sicht darstellen. Hier wird die Wechselbeziehung zwischen den Klagegedichten Jeremias und seiner Berufung zum Propheten wieder ganz deutlich: Wenn er zu der Anfangssituation zurückkehrt, dann tritt wieder in Kraft, was Gott ihm damals zugesagt hat: daß er ihn zur »ehernen

→ 191

Mauer« machen und mit ihm sein will (V.20f, vgl. 1,18f).

Wieder und wieder erhebt sich in den Klagegedichten das Problem der Anfeindungen, die Jeremia erfährt wegen der Worte Gottes, die er verkündigen muß. Seine Gegner spotten und sagen zu ihm: »Wo ist denn des HERRN Wort? Es soll doch kommen!« (17,15) Sie wollen ihn mit seinen eigenen Worten schlagen (18,18). Jeremia muß diesen Spott erleiden, obwohl er doch selbst niemals das Unglück herbeigewünscht hat (17,16). Ja, er erinnert Gott daran, daß er vor ihm gestanden und für Israel Fürbitte getan hat (18,20). Jetzt aber kann er nur noch, wie auch manche Klageliedbeter, darum bitten, daß Gott seine Feinde vernichten möge (17,18; 18,21-23; 20,11f, vgl. Ps

69,25f; 143,12 u.ö.).

Das letzte der Klagegedichte bringt den Konflikt des Propheten mit Gott zu seiner äußersten Zuspitzung. Zwei dramatische Szenen sind ihm vorangegangen: Jeremia hat in einer öffentlichen Zeichen-handlung durch das Zerbrechen eines Tongefäßes demonstriert, wie Gott mit Israel handeln wird (Kap.19), und daraufhin ist er vom Vor-steher der Tempelaufsicht geschlagen und über Nacht in den Block geschlossen worden (20,1-6). Diese erste öffentliche Mißhandlung Jeremias erscheint im Duktus des Jeremiabuches als vorläufiger Tiefpunkt seiner prophetischen Wirksamkeit. Aus dieser Tiefe her-aus erhebt sich die Klage: »Du hast mich verführt, HERR, und ich habe mich verführen lassen; du bist stärker gewesen als ich und hast mich überwunden« (20,7). Dies überbietet noch einmal alle bisherigen Klagen und Anklagen Jeremias. Gott hat ihn verführt, wie man ein Mädchen verführt (vgl. Ex 22,15), oder wie eine Frau einen Mann überredet (Ri 14,15; 16,5), oder auch wie Gott durch fal-sche Propheten verführt (1Kön 22, 20-22, vgl. Ez 14,9). Er mußte → 131 tun, was er nicht tun wollte, was ihm Hohn und Spott einbrachte, dem er sich aber nicht entziehen konnte, weil es sonst sein Inneres verbrannt hätte: die Gerichtspredigt an sein Volk weiterzugeben (20,8-10).

Noch einmal hofft er, das Ende seiner Feinde zu sehen (V.11f). In ei-nem fast schmerzhaften Kontrast steht daneben der hymnische Lobpreis für die Errettung des Verfolgten aus den Händen seiner Feinde (V.13), wie wir ihn aus den Klagepsalmen kennen (Ps 6,9f; → 303 22,24f).

Aber dann wendet sich die Klage abrupt zur Verfluchung der eige-nen Geburt. Dies war schon einmal angeklungen (15,10), aber nun erscheint es noch viel schroffer: Das »Weh mir« ist zum »Ver-flucht!« geworden, und die Klage endet ohne jeden tröstlichen Aus-gang (20,14-18). Damit endet in der Konzeption des Buches zugleich die Gruppe der Klagegedichte. Es bleibt unausgesprochen, was die-ser Ausdruck tiefster Verzweiflung für das Leben Jeremias bedeutet. Sein prophetisches Wirken geht weiter. Eine neue Phase beginnt, die vor allem vom öffentlichen Konflikt mit den Königen geprägt ist (Kap.21ff).

3.6
Der Prophet als Zeichen
Viele der prophetischen Worte Jeremias sind gesammelt und über-liefert, ohne daß Anlaß und Kontext mitgeteilt werden. Daneben gibt es aber eine große Anzahl von Berichten über Jeremias öffentli-ches Auftreten, und kein anderer Prophet ist mit seinem persönli-chen Leben so sehr in das Geschehen der prophetischen Verkündi-gung einbezogen wie er. Von den beiden großen Predigten, der Tempelrede (Kap.7) und der Bundespredigt (Kap.11), war schon die Rede. Daneben sind vor allem die Handlungen charakteristisch, in denen Jeremia zeichenhaft bestimmte Elemente seiner Verkündi-

gung demonstriert. Viele von ihnen kann man geradezu als »Aktionen« bezeichnen (vgl. Carroll 1981, 130-135).

Hierher sind schon die beiden Visionen im Zusammenhang mit Jeremias Berufung zu rechnen, in denen ein Verkündigungsinhalt anschaulich gemacht wird: Der Mandelzweig (*šāqēd*) veranschaulicht

→ 190 den »wachenden« (*šoqēd*) Gott (1,11f), und der »von Norden her« geneigte Topf mit kochendem Wasser das bevorstehende Unheil aus dem Norden (V.13f). Hier ist Jeremia nur »Zuschauer«, ebenso wie in der Töpferwerkstatt, wo er beobachtet, wie der Töpfer ein mißlungenes Gefäß verwirft und aus dem Ton ein anderes formt, das seine Zustimmung findet (18,2-4). Dies wird für Jeremia zum anschaulichen Zeichen für Gottes Handeln mit Israel: »Wie der Ton in der Hand des Töpfers, so seid ihr in meiner Hand, Haus Israel« (V.6); und genauso gilt es auch für andere Völker (V.7-10). Auf diese Deutung des Gesehenen folgt eine Unheilsankündigung für Israel und die Aufforderung zur Umkehr (*šûb*); aber sie bleibt vergeblich (V.11f).

Der Besuch beim Töpfer wird durch die Einleitungsformel »Das Wort, das an Jeremia erging vom HERRN« (18,1) herausgehoben und in eine Reihe mit den großen öffentlichen Auftritten in der Tempel-

→ 194 rede (Kap.7) und der Bundespredigt (Kap.11) gestellt. Er leitet zugleich einen größeren Zusammenhang ein. Die anschließende Erzählung sieht den Propheten in Aktion. Er konkretisiert das Töpfergleichnis, indem er in Begleitung von führenden Repräsentanten der Bevölkerung Jerusalems und der Priesterschaft ins Hinnomtal hinausgeht und dort ein Tongefäß zerbricht mit den Worten: »So spricht Jhwh Zebaot: So werde ich dieses Volk und diese Stadt zerbrechen...« (19,1f.10f). In der Töpfererzählung blieb noch die Möglichkeit der Umkehr und damit der Abwendung des angekündigten Unheils offen (18,11). Das Zerbrechen des Tongefäßes macht klar, daß diese Möglichkeit jetzt nicht mehr besteht. Das Unheil wird unausweichlich kommen. Diese Zeichenhandlung ist im jetzigen Textzusammenhang mit einer Gerichtspredigt über die Kinderopfer auf den Tofet-Höhen im Hinnomtal verbunden (V.3-9.11b-13), von denen schon im Kontext der Tempelrede in Kapitel 7 (V.31f) die Rede war. Jeremia verkündigt, daß man dieses Tal statt »Tofet« oder »Tal Ben-Hinnom« künftig »Mordtal« nennen wird

B.XVI Götter (7,32; 19,6). Wieder ist von Opfern für »andere Götter« die Rede (19,4.13, vgl. 1,16; 7,6.9 u.ö.), insbesondere für Baal (V.5) und für das »Heer des Himmels« (V.13, vgl. 8,2). So wird das Töpfergleichnis mit seiner Entfaltung zugleich zu einer sichtbaren Konkretisierung der Tempelrede.

Jeremia wiederholt seine Gerichtspredigt im Vorhof des Tempels (19,14f), und diese öffentliche Provokation bringt ihm Mißhandlung und Strafe ein (20,1-6). Damit mündet dieser Zusammenhang von Zeichenhandlungen und öffentlicher Predigt schließlich in der tief-

200 sten von allen Klagen, die von Jeremia überliefert sind (20,7-18).

Hier zeigt sich, daß die Zeichenhandlung mehr ist als bloße »Symbolhandlung«. Sie wird zu einem zentralen Element der Verkündigung Jeremias, bei dem er selbst und sein persönliches Geschick zum Zeichen werden.

Die Verbindung einer Zeichenhandlung mit prophetischer Verkündigung und persönlichem Geschick Jeremias zeigt sich auch in dem Erzählungszusammenhang Kap.27f. Die Einleitung (27,1) stellt diesen Text wieder in eine Reihe mit den anderen großen öffentlichen → 194 Auftritten. Jeremia wird von Gott beauftragt, sich ein Joch zu basteln und auf den Nacken zu legen (27,1f). Wieder ist die Zeichenhandlung Vorbereitung einer prophetischen Predigt, deren Thema aus der Zeichenhandlung erwächst: »Beugt euren Nacken unter das Joch des Königs von Babel« (V.12). Diese Predigt ergeht nicht nur an Zidkija, den König von Juda (V.12-15), und an die Priester und die ganze Bevölkerung (V.16-22), sondern auch an die Könige der Nachbarvölker, deren Abgesandte gerade bei Zidkija sind (V.3-11).

Schon in den Predigten, welche die Zeichenhandlung interpretieren, warnt Jeremia vor den Propheten, die gegen die Unterwerfung unter den König von Babel »prophezeien« (27,14.16-18). Dann aber erwächst aus dieser Zeichenhandlung ein Konflikt, der zugleich zeichenhaft für das Verhältnis Jeremias zu den übrigen Propheten ist (Kap.28). Der Prophet Hananja tritt ihm entgegen mit der entgegengesetzten Botschaft: daß Gott in Kürze das Joch des Königs von Babel zerbrechen, den ins Exil gebrachten König von Juda und alle übrigen Exilierten sowie die Tempelgeräte zurückbringen werde (V.2-4). Jetzt steht Prophet gegen Prophet. Die Erzählung ist voller Dramatik und läßt für mancherlei Interpretationen Raum. Zunächst scheint Jeremia die Botschaft Hananjas zu bestätigen: »Amen! So tue der HERR!« (V.6). Aber meint er das wirklich? Gewiß kann man annehmen, daß auch Jeremia die Rückkehr der Tempelgeräte und der Exilierten gewünscht hätte (vgl. 27,18). Aber jetzt trägt er das Joch auf dem Nacken, dessen Botschaft unmißverständlich ist: Die Unterwerfung unter die Babylonier ist unausweichlich. Damit B.XII Israel im Widerstreit sieht sich Jeremia innerhalb einer Geschichte der Prophetie, die von der Unheilsverkündigung geprägt ist (V.8); darum bedarf ein Prophet, der Unheil ankündigt, keiner zusätzlichen Legitimation. Wenn aber ein Prophet »Heil« (šālôm) weissagt, dann gilt nur die Erfüllung seiner Ankündigung als Erweis dafür, daß dieser Prophet tatsächlich von Gott gesandt ist (V.9). Dies erinnert an Micha ben Jimla, der das Kriterium des Eintreffens des Angekündigten sogar für seine Unheilsbotschaft gelten lassen wollte (1Kön 22,27f). → 131 Zunächst behält Hananja die Oberhand. In einer antithetischen Zeichenhandlung zerbricht er das Joch, das Jeremia auf dem Nacken trägt, und wiederholt seine Heilsbotschaft. Jeremia wehrt sich nicht dagegen und protestiert nicht; er »geht seines Weges« (V.10f). Es scheint, als ob er sich geschlagen gäbe. Erst später (der hebräische Text sagt unbestimmt: »nach« diesem Ereignis) ergeht ein neues

Gotteswort an Jeremia (V.12). Durch diese Zäsur wird deutlich, daß es nicht darum geht, ob Jeremia eine schlagfertige Antwort zur Hand gehabt hätte. Dieser Konflikt zwischen Prophet und Prophet wird erst durch ein neues Gotteswort entschieden. Dabei wird die Metaphorik der Zeichenhandlung wieder aufgegriffen und verstärkt: Statt eines hölzernen Joches wird die Herrschaft der Babylonier ein eisernes Joch darstellen (V.13f). Zudem wird Jeremia nun ermächtigt, klar auszusprechen, daß Hananja mit seiner Heilsbotschaft nicht von Gott gesandt ist. Er kündigt diesem an, daß er bald sterben wird; und so geschieht es (V.15-17).

Neben diesen beiden folgenreichen Zeichenhandlungen stehen solche, die einen ganz anderen Charakter tragen. Im Rahmen einer begrenzten Öffentlichkeit vollzieht sich der Rückkauf eines Ackers in Anatot, für den Jeremia das Recht der Auslösung (*g^e'ullāh*) besitzt (Kap.32). Der Vorgang wäre als solcher kaum bemerkenswert, da es sich um ein ganz »normales« Rechtsgeschäft handelt, allerdings eines, das seine Begründung im religiösen Recht findet (vgl. Lev

→ 63

25,25ff). Aber die Umstände, unter denen dieses Geschäft abgewikkelt wird, machen es zu einer Aktion: Jerusalem ist belagert und Jeremia sitzt im Gefängnis. In dieser Situation muß der Ackerkauf fast absurd erscheinen. Aber es wird mit ihm ein Zeichen gesetzt: »Man wird wieder Häuser, Äcker und Weinberge kaufen in diesem Lande« (32,15). Hier klingt ein ganz anderer Ton an als in den vorherigen Zeichenhandlungen. Gott sagt Jerusalem und dem ganzen Land eine Zukunft zu. Das bedeutet keineswegs eine Rücknahme der Ankündigung der Eroberung und Zerstörung durch die Babylonier. Aber es bedeutet, daß es auch danach für Israel noch »Zukunft

→ 210

und Hoffnung« gibt (vgl. 29,11, s.u.). Jeremia selbst wird hier in einer eigenartig zweifelnden Haltung gezeigt. In einem langen Gebet fragt er Gott nach dem Sinn dieses Tuns in dieser ausweglosen Lage (V.16-25), und Gott antwortet in einem ausführlichen Gotteswort, das die beiden Phasen des Handelns Gottes mit Israel darstellt: die Bestrafung seines sündhaften Verhaltens und die Wiederherstellung (V.26-44). So liegt hier der eigentliche Zeichencharakter darin, daß für die unmittelbar Beteiligten der Blick in die Zukunft offengehalten wird.

Auch bei einigen weiteren Zeichenhandlungen liegt der Öffentlichkeitscharakter eher in der damit verbundenen Predigt oder gar erst in einer späteren Veröffentlichung. Nicht leicht nachvollziehbar ist die Handlung, bei der Jeremia eine neuen, leinenen Gürtel am Eufrat vergraben und »nach langer Zeit« wieder ausgraben soll, wobei sich dann zeigt, daß dieser ganz verdorben ist (13,1-7). Die anschließende Interpretation in einem Gotteswort (V.8-11) vergleicht dies mit dem bevorstehenden Geschick Israels. Bei der Aktion selbst werden keine Zeugen erwähnt, und das nachfolgende Gotteswort enthält keinen Auftrag zur öffentlichen Verkündigung. So bleibt

202

unklar, in welcher Weise das Ganze zur Zeichenhandlung wird. Angesichts der großen Entfernung zwischen Jerusalem und dem Eufrat ist an eine tatsächliche Ausführung dieser Handlung nicht zu denken. Ist es also eine Vision? Oder eine Botschaft in der Form einer erzählten Zeichenhandlung? Oder soll man sich vorstellen, daß für den Vollzug der Handlung eine bestimmte Stelle in der Umgebung Jerusalems symbolisch als »Eufrat« deklariert wurde? Die Erzählung läßt die Frage offen und fügt das berichtete Geschehen in die Reihe der Zeichenhandlungen Jeremias ein.

Deutlicher ist der Zeichencharakter der Handlung, die erst ganz am Schluß des Buches mitgeteilt wird, obwohl sie zu einem früheren Zeitpunkt spielt: Jeremia gibt einer judäischen Gesandtschaft nach Babylon eine Schriftrolle mit, auf der Drohworte gegen Babel aufgeschrieben sind. Diese sollen dort laut gelesen, und dann soll die Rolle im Eufrat versenkt werden (51,59-64). Es bleibt offen, ob und welche Zuhörer und Zuschauer dabei sein sollen. Im Kontext des Jeremiabuches hat dieser Bericht jedoch eine klare Funktion: Jeremia hat auch schon über Babel Unheil angesagt. Auch Ägypten, wo Jeremia unfreiwillig seine letzte Lebenszeit verbringen muß, wird zum Gegenstand einer Zeichenhandlung. Jeremia vergräbt vor den Augen seiner judäischen Landsleute Steine unter dem Tor des Pharaopalastes in Tachpanhes, um damit anzukündigen, daß der babylonische König Nebukadnezzar dort seinen Thron aufrichten wird, wenn er Ägypten besiegt hat (43,8-13).

Die beiden letzten Zeichenhandlungen schließen sich zusammen zu dem großen politischen und geographischen Kreis, den die prophetischen Reden Jeremias umfassen. So sind dann auch die »Völker« Gegenstand der eigenartigsten seiner Zeichenhandlungen. Der Prophet läßt auf Anweisung Gottes »alle Völker« aus dem »Weinbecher des Zorns« trinken, ob sie wollen oder nicht (25,15-29). Die Namen der Völker werden in langer Reihe aufgezählt, und es wird ihnen verkündigt, daß Gottes Gericht in Jerusalem beginnen, dann aber über »alle Bewohner der Erde« kommen wird. Auch hier ist wieder offenkundig, daß es sich nicht um eine tatsächlich vollzogene Aktion handeln kann. So stellt sich erneut die Frage, ob diese Handlung visionär ist, ob sie nur erzählt oder ob sie symbolisch dargestellt wurde. Der Text läßt dies offen, denn es geht in erster Linie um die mit der Zeichenhandlung verbundene Botschaft. (Die Septuaginta fügt diesen Abschnitt erst am Abschluß der Völkerworte ein, die dort nach 25,13 beginnen.) → 188

Wenn vom Propheten als »Zeichen« gesprochen wird, dann muß schließlich auch der allerpersönlichste Aspekt genannt werden. Auf Jeremias Klage über seine Einsamkeit (15,15-21) folgt gleichsam als Gegenbild die Anweisung Gottes, in der dies als unvermeidbarer Bestandteil seines prophetischen Amtes dargestellt wird: Er soll keine Familie gründen (16,2-4), er soll in kein Trauerhaus gehen, weder um zu klagen, noch um zu trösten (V.5-7), aber auch zu keiner Hochzeitsfeier (V.8). Seine Isolierung soll zeichenhaft das bevorstehende Geschick Israels darstellen, das Gott strafen wird wegen der Verehrung anderer Götter, womit schon die Väter begonnen haben (V.9-13). Hier wird der Prophet selbst ganz und gar zum Zeichen dafür, daß noch zu Lebzeiten der jetzigen Generation »der Klang der Freude und der Wonne, die Stimme des Bräutigams und der Braut« aufhören werden (V.9).

So umspannen die Texte, die den Propheten als Zeichen darstellen, die ganze Breite und Tiefe seiner Verkündigung: von der alle Völker umfassenden Weltgeschichte bis in den persönlichsten Lebensbereich des Propheten, von der harten Ankündigung des unausweichlich bevorstehenden Endes Israels bis zur demonstrativen Darstellung der Hoffnung auf eine lebenswerte Zukunft.

3.7
Wen hat der HERR gesandt?

Die Klagegedichte, die Zeichenhandlungen und viele andere Texte zeigen Jeremia im Konflikt mit seiner Umwelt. Bei keinem anderen Propheten nehmen die Auseinandersetzungen vergleichbar heftige Formen an. Schon der Berufungsbericht läßt die Gegnerschaft erkennen, mit der sich Jeremia auseinandersetzen muß: die Könige Judas, die Beamten, die Priester und das »Volk des Landes«, d.h. die

→ 191

Repräsentanten der Bevölkerung Judas (1,18f); oft werden dazu noch »die Propheten« genannt (2,8; 4,9 u.ö.). Könige und Propheten sind es dann, die in besonderer Weise als Gegenspieler und Gegner Jeremias in Erscheinung treten. Daran wird die Grundstruktur der Auseinandersetzung deutlich. Es geht um die doppelte Frage: ob Jeremias Unheilspredigt wirklich das Wort Gottes ist, und ob er mit seinen Ankündigungen der politischen Katastrophe recht behalten wird.

In der Auseinandersetzung mit anderen Propheten nennt Jeremia immer wieder ein entscheidendes Kriterium: ob Gott einen Prophe-

B.XIII Propheten

ten gesandt hat oder nicht. Für ihn selbst – und für die Leser des Jeremiabuches – steht seit seiner Berufung fest, daß Gott ihn gesandt hat (1,7). So kann er denn auch mit großem Nachdruck sagen: »Der HERR hat mich wahrhaftig (be'ᵉmet) gesandt« (26,15). In der Auseinandersetzung mit Hananja betont er, daß er in der Kontinuität der

→ 201

von Gott gesandten Propheten steht (28,8), und immer wieder ist im Jeremiabuch von einer solchen kontinuierlichen Reihe der Propheten die Rede, von der es fast formelhaft heißt, daß Gott »alle meine Knechte, die Propheten« zu Israel gesandt habe (7,25; 25,4 u.ö.). Die Leser der Hebräischen Bibel kennen diese Wendung aus dem Rückblick auf das Ende des Nordreichs, wo als die entscheidende Ursache für das Schicksal Israels genannt wird, daß sie nicht auf die Stimme dieser von Gott gesandten Propheten gehört haben,

→ 126.137

die sie zur Umkehr riefen (2Kön 17,13.23). Auch sonst heißt es im Jeremiabuch mehrfach, daß Israel die Propheten verachtet (5,11-13),

ja verfolgt (2,30); darum wird Gott sein Wort im Munde Jeremias

zum Feuer machen (5,14). In diesen Texten steht Jeremia in einer
Reihe mit anderen Propheten.
Häufig erscheinen aber »die Propheten« unter den Gegnern Jeremias. Sie werden pauschal neben anderen gesellschaftlichen Gruppen
genannt, vor allem neben den Priestern (5,31; 6,13 u.ö.) sowie auch
in längeren Aufzählungen (2,8.26 u.ö.). Aber dann erscheinen immer wieder ganz spezielle Vorwürfe gegen sie. Die Propheten des
Nordreiches prophezeiten »beim Baal« (23,13) wie auch schon die
Generation der Väter (2,7f; 23,26f). Vor allem aber verkündigen die   → 192
Propheten »Frieden« (šālôm), wo doch nicht Friede bevorsteht, sondern Unheil (6,14; 8,11; 14,13; 23,17). Für Jeremia bedeutet dies eine
Konfrontation, weil diese Botschaft anderer Propheten der seinen
diametral entgegensteht.
Darum kommt er zu dem Urteil, daß diese Propheten »Lüge« (šeqer)
reden. Im Gotteswort heißt es: »Lüge prophezeien die Propheten in
meinem Namen; aber ich habe sie nicht gesandt und ihnen nichts
befohlen und nicht zu ihnen geredet« (14,14). Es ist fast eine stereotype Wendung im Jeremiabuch, daß »die Propheten Lüge prophezei-
en« (5,31; 23,25.26; 27,10.14 u.ö.) oder daß sie »Lüge tun« (6,13;
8,10 u.ö., hier gemeinsam mit den Priestern). Dies ist oft mit der
Aussage verbunden, daß Gott sie nicht gesandt hat (14,14; 27,15;
29,9 u.ö.); aber sie verkündigen dennoch ihre Lügen in seinem Namen (14,14f; 23,25; 27,15 u.ö.). Dabei sind es doch nur Träume, die
sie verkünden (23,25-27.32; 27,9; 29,8). Hier wird eine Alternative
formuliert: »Ein Prophet, der Träume hat, der erzähle Träume; wer
aber mein Wort hat, der rede mein Wort wahrhaftig« (23,28). Damit
wird Jeremia wieder ganz in die Nähe Moses gerückt, von dem es
heißt, daß Gott mit Propheten durch Träume redet, mit Mose aber
»von Mund zu Mund« (Num 12,6f).   → 47
Was sich in dem Konflikt Jeremias mit dem Propheten Hananja zeichenhaft abspielt (28,15), wird so immer wieder auf »die Propheten« insgesamt ausgedehnt. Damit haben diese Aussagen aber auch
teil an der Unsicherheit, die in der Erzählung von der Konfrontation
zwischen Jeremia und Hananja zum Ausdruck kommt. Erst am Eintreffen oder Nichteintreffen der prophetischen Ankündigung entscheidet sich, ob das Wort des Propheten wahr ist oder nicht; und
erst daran wird letztlich erkennbar, ob Gott den Propheten gesandt
hat oder nicht. Das Problem der »falschen Propheten« kann nicht
theoretisch und nicht ein für allemal entschieden werden. Darum
kennt die Hebräische Bibel auch kein Wort für »falsche« Propheten;
der Titel nābî' gilt für Jeremia genauso wie für Hananja und andere
(z.B. 29,21-23, s.u.).
Erst die griechische Übersetzung hat das Wort ψευδοπροφήτης geprägt (6,13; 33,7 [=26,7]; 35,1 [=28,1] u.ö.). Aber die Eindeutigkeit der
Unterscheidung, die dadurch herbeigeführt werden soll, fehlt gerade im hebräischen Text, und sie fehlt vor allem Jeremia selbst, wie
die Texte ihn uns vor Augen stellen.

3.8
Babel vor den Toren

Wenn auch die Texte des Jeremiabuches nicht nach chronologischen Gesichtspunkten angeordnet sind, so zeigt sich doch im ganzen ein deutliches Gefälle. Zunächst steht im Mittelpunkt der Anklagen des Propheten die Hinwendung Israels zu anderen Göttern (1,16), insbesondere zum Baal (2,8), und die »Hurerei« an den Höhenheiligtümern (2,20), dazu auch das Fehlen des Tuns von Recht und Gerechtigkeit (5,1.26-28). Auch in den beiden großen »Predigten« in Kap.7 und 11 geht es um das Verhältnis von Gottesdienst und Lebensführung und um das Einhalten des »Bundes«. Hier und in den ersten Zeichenhandlungen in Kap.18 und 19 kündigt Jeremia das göttliche Gericht über Juda und Jerusalem an; aber der Feind bleibt noch ungenannt, der dieses Gericht vollziehen wird. Erst in Kap.20 erscheint dann zum ersten Mal der Name, von dem die große Bedrohung ausgeht und der von da an das ganze Buch gleichsam beherrscht: Babel (20,4-6).

→ 194

→ 200

Die Sammlung von Worten über die Könige (21,1-23,8) vereinigt ganz verschiedenartige Themen und Aspekte. Mehrere Abschnitte werden ausdrücklich an das »Königshaus von Juda« gerichtet (21,11; 22,1.6). Sie enthalten ethische Anweisungen: rechtes Gericht halten, den Bedrückten retten (21,12), den Fremden, Waisen und Witwen zu ihrem Recht verhelfen und nicht unschuldiges Blut vergießen (22,3); dafür war Joschija das Vorbild (V.15f). In einer »Alternativ-Predigt« (V.3-5, vgl. Kap.7) wird an die Einhaltung dieser ethischen Regeln der zukünftige Bestand des Königshauses geknüpft; ja am Ende dieser Sammlung wird sogar eine Verheißung ausgesprochen, daß »Tage kommen werden«, in denen Gott einen »gerechten Sproß« für David erwecken wird, dessen Name sein wird: »Jhwh ist unsere Gerechtigkeit« *jhwh ṣidqēnû*, worin ein unverkennbarer Anklang an den Namen des Königs Zidkija (*ṣidqijjāhû*) liegt (23,5f). Die nachfolgenden Verse (V.7f) zeigen, daß dabei an die Zeit nach der Rückkehr aus dem Exil gedacht ist.

→ 138
→ 194

B.IX Königtum

Die ganze Sammlung wird eingeleitet durch den Bericht über eine Anfrage des Königs Zidkija an Jeremia (21,1f). Im Kontext des Buches bietet dieser Bericht ein schroffes Gegenbild zu dem unmittelbar vorhergehenden letzten Klagegedicht Jeremias (20,7-18): dort die verzweifelte Klage des Propheten über die unausweichliche Nötigung, das Wort Gottes weiterzusagen, obwohl es ihm nur Spott und Feindschaft einträgt – hier die höfliche, geradezu unterwürfige Bitte des Königs an Jeremia, Gott für ihn zu befragen (vgl. Rudolph 1968,123). Zugleich stellt dieser Text den Leser mitten hinein in die bedrängende Situation, die durch die Belagerung Jerusalems durch die Babylonier entstanden war. Der König hofft, daß Gott handeln könne »wie bei all seinen Wundertaten«, so daß Nebukadnezzar abzieht (21,2). Der Leser denkt dabei an die ganz ähnliche Szene, als der König Hiskija während der Belagerung Jerusalems den Prophe-

→ 199

ten Jesaja um Fürbitte ersuchte und Jerusalem dann gerettet wurde (Jes 37). Aber diesmal ist die Antwort Jeremias ein schroffes Nein. → 170.136 Gott selbst wird gegen die Israeliten streiten und wird den König und alle Überlebenden in der Stadt in die Hände der Babylonier geben (21,4-7). Jeremia fügt noch ein Wort an die Bewohner Jerusalems hinzu: Nur wer aus der Stadt hinausgeht und sich den Babyloniern ergibt, wird überleben (V.8-10).

Es ist gewiß kompositorische Absicht, daß dieses zeitlich späte Wort die Sammlung der Worte Jeremias an die Könige einleitet. Es gibt den Tenor dessen wieder, was Jeremia in der letzten geschichtlichen Phase gegenüber den Königen und Propheten verkündigt hat: Der König von Babel wird kommen, Gott selbst schickt ihn; die einzige Möglichkeit des Überlebens liegt darin, sich zu ergeben und sich ihm auszuliefern. Schon von Jojakim heißt es, daß es der entscheidende Punkt seiner Kritik an den Worten Jeremias war, daß Jeremia das Kommen des Königs von Babel mit seinen verheerenden Konsequenzen ankündigte (36,29). In seinen Worten an Zidkija wiederholt Jeremia dann immer erneut die gleiche Botschaft (34,1-7; 37,1-10.17-21; 38,14-28). Dabei sucht der König selbst immer wieder das Gotteswort und den Rat Jeremias, wie schon in 21,1f; aber er tut es heimlich (37,17; 38,16), und er ist zu schwach gegenüber seinen unmittelbaren Untergebenen und Beratern, um diesen Ratschlägen zu folgen und sich den Babyloniern zu ergeben (38,24-28). So ereilt ihn schließlich das von Jeremia angekündigte Geschick (39,1-10).

Auch in Jeremias Auseinandersetzung mit den Propheten wird die Frage des Verhaltens gegenüber den Babyloniern zum entscheidenden Konfliktpunkt. An die Zeichenhandlung mit dem Joch schließen sich Worte Jeremias gegen die Propheten an, in denen er sie gerade deshalb als Lügner bezeichnet, weil sie verkünden, man solle sich nicht dem König von Babel ergeben (27,14-18). Auch unter den → 205 Exilierten in Babylonien gibt es »Lügenpropheten«, die eine baldige Rückkehr verkünden (29,8f.15). Aber schließlich kann Jeremia nur noch zu Zidkija sagen: »Wo sind nun eure Propheten, die euch prophezeiten: Der König von Babel wird nicht über euch und über dieses Land kommen?« (37,19). Dies ist das letzte Mal, daß die Propheten erwähnt werden. Danach haben sie nichts mehr zu sagen.

Für Jeremia selbst bedeutet die Eroberung Jerusalems durch die Babylonier die Befreiung aus der Haft, in der er sich zuletzt befand (37,11-16; 38,1-13; 39,11-14). Sein prophetisches Wort wird noch einmal erbeten, um eine quasi politische Entscheidung herbeizuführen: Soll man in Judäa bleiben oder nach Ägypten auswandern? Und wieder wird sein Rat in den Wind geschlagen. Die Gruppe, die ihn gefragt hat, zieht gegen seinen Rat nach Ägypten und nimmt ihn selbst dorthin mit (42,1-43,7). So ist Jeremia herausgerissen aus dem Zentrum seiner prophetischen Tätigkeit, aus Jerusalem. Aber selbst in der Abgeschiedenheit des ägyptischen Asyls muß er noch wieder als Prophet wirken. In einer Zeichenhandlung kündigt er an, daß Ägypten von den Babyloniern erobert werden wird (43,8-13). Vor allem aber wiederholt er in einer letzten Auseinandersetzung mit den Judäern, die ihn nach Ägypten mitgenommen haben, noch einmal die Hauptelemente seiner prophetischen Kritik und spitzt sie insbesondere auf den Kult der »Himmelskönigin«zu, der hier als zentrales Element des Abfalls von der Jhwhverehrung erscheint. Darum spricht Jeremia auch über diese Flüchtlingsgruppe ein letztes Gerichtswort und kündigt ihr die völlige Vernichtung an (Kap.44). Die Zuverlässigkeit dieser Ankündigung soll durch ein »Zeichen« bestätigt werden, nämlich die schon in der prophetischen Handlung angekündigte Besiegung des Pharao durch die Babylonier (V.29f).

B.XVI Götter

Hier verstummt die Stimme Jeremias. Wir erfahren nichts über sein weiteres Schicksal, und wir hören auch keine Klagen von ihm. Nur von seinem Gefährten Baruch ist noch einmal die Rede in einem kurzen Gotteswort (Kap.45), das er schon zur Zeit der Niederschrift der Worte Jeremias empfangen hatte. Er teilt es erst jetzt als eine Art Schlußwort mit, gleichsam als Beweis dafür, daß die Zusage Gottes eingetroffen ist, daß er in allem Unheil um ihn herum sein Leben wie eine Beute davonbringen konnte.

3.9
Zukunft und Hoffnung

Viele Worte Jeremias sind geprägt von der Einsicht in die Unausweichlichkeit des bevorstehenden Gerichts. Dabei ist aber immer deutlich, daß das Gericht deshalb kommen wird und kommen muß, weil die Israeliten sich weigern, so zu leben und sich so zu verhalten, wie es dem Willen Gottes entspricht. Deshalb ist der Ruf zur »Umkehr« eines der konstitutiven Elemente der Verkündigung Jeremias. Ihm steht jedoch immer wieder die geradezu stereotype und darum oft fast resignierende Feststellung gegenüber: »Aber ihr habt nicht gehört«. Die Möglichkeit zur Umkehr und damit zur Abwendung des Unheils war Israel angeboten, aber es hat sie nicht ergriffen.

→ 193

Die komplexe Gestalt des Jeremiabuches macht es nicht möglich im einzelnen nachzuzeichnen, ob und wann Jeremia die Hoffnung auf Umkehr aufgegeben hat. In den ersten Kapiteln erscheint ein selbständiger Textkomplex, der dieses Thema von verschiedenen Seiten betrachtet (3,1-4,4). Hier ist der Ton hoffnungsvoll. Dabei wird deutlich, daß »umkehren« heißen kann: zurückkehren zu dem ursprünglichen Gottesverhältnis: »Wenn du umkehrst, Israel, kehrst du zu mir zurück« (4,1, vgl. 3,22; 31,18). Auch im Töpfergleichnis spielt der Gedanke der Umkehr eine zentrale Rolle. Hier heißt »umkehren«: sich abkehren von der »Bosheit« (rāʿāh 18,8), vom falschen Weg: »Kehrt euch ab, jeder von seinem bösen Weg und bessert euren Wandel und euer Tun!« (18,11, vgl. 25,5; 26,3

→ 200

u.ö.). Hier wird aber auch schon der Widerstand deutlich: »Sie sagen: Umsonst! Wir wollen nach unseren eigenen Gedanken wandeln« (18,12). Den Propheten wirft Jeremia vor, daß sie geradezu verhindern, daß sich jemand von seiner Bosheit abkehrt (23,14). Sie stehen damit im Gegensatz zu »meinen Knechten, den Propheten«, deren Aufgabe es gerade war, Israel zur Umkehr zu rufen (25,4f; 35,15).

Die Erzählung von der Niederschrift der Worte Jeremias durch Baruch (Kap.36) gibt der Hoffnung auf Umkehr einen hohen Stellenwert. Der Grund für das Aufschreiben ist geradezu die Hoffnung, daß das Haus Juda sich »vielleicht« bekehren möge, »jeder von seinem bösen Weg« (V.3.7), wenn sie all diese Unheilsankündigungen hören.

Ob darin Jeremias eigene Meinung zum Ausdruck kommt oder die einer späteren Redaktion, mag man fragen. Dies impliziert aber zugleich die Frage, ob die Worte Jeremias, von denen hier die Rede ist, nur aufgeschrieben werden, um die Unausweichlichkeit und Endgültigkeit des Gerichts zum Ausdruck zu bringen, oder ob sie ein Element der Offenheit für eine mögliche heilvolle Zukunft enthalten. Ohne ein solches Element ist die Verkündigung Jeremias als Ganze nicht verständlich.

In einer Reihe weiterer Texte stehen Umkehr und Zukunftserwartung im Mittelpunkt. Dabei richtet sich der Blick zunächst auf die Judäer, die bei der ersten Deportation im Jahr 597 nach Babylon weggeführt worden sind. In einer Visionsszene, die an 1,11-14 erinnert, sieht Jeremia zwei Körbe mit Feigen (Kap.24). Die einen sind → 190 sehr gut, die anderen sehr schlecht. Diese Gegenüberstellung symbolisiert die beiden Gruppen von Judäern, die im Exil und die in der Heimat. Auf die im Exil will Gott blicken wie auf die guten Feigen. Ihnen wird eine heilvolle Zukunft und ein neues Gottesverhältnis vorausgesagt. Dies wird gleichsam auf zwei Ebenen entfaltet: Gott wird die Exilierten wieder in ihr Land zurückbringen und sie »aufbauen und nicht einreißen, einpflanzen und nicht ausreißen« (V.6); dabei klingen Formulierungen aus dem Berufungsbericht an (1,10). → 189 Zudem wird Gott ihr Verhältnis zu ihm selbst auf eine neue Grundlage stellen (V.7). Dabei werden geprägte theologische Formulierungen miteinander verbunden: Eine erneuerte Gotteserkenntnis: »Ich will ihnen ein Herz geben, so daß sie mich erkennen, daß ich der HERR bin«; eine Erneuerung des Bundesverhältnisses: »Sie sollen B.II Bund mein Volk sein und ich will ihr Gott sein«; vollständige Umkehr: »Und sie werden mit ganzem Herzen zu mir umkehren.« Es ist geradezu ein theologisches Formelgeflecht, mit dem hier das künftige Gottesverhältnis beschrieben wird (vgl. 1995, 51). Dabei ist bemerkenswert, daß die »Bundesformel« hier zum ersten Mal im Jeremiabuch auf die Zukunft bezogen ist (vgl. dagegen 7,23; 11,4). Darin spricht sich eine starke Hoffnung auf einen Neuanfang nach dem Exil aus, einen Neuanfang nicht nur im sozialen und ökonomischen Sinne, sondern mit einem erneuerten Gottesverhältnis Israels.

Kapitel 29 berichtet von einem Brief, den Jeremia aus Jerusalem an die Gemeinschaft der Exilierten, die *gôlāh* (V.1.4) schickt. Unmittelbar zuvor ist von der Auseinandersetzung Jeremias mit dem Propheten Hananja die Rede (Kap.28). Der Brief führt zu einem neuen Konflikt mit anderen Propheten, diesmal mit denen unter den Exilierten (V.8.15.21ff). Jeremias Botschaft, die zu heftigen Kontroversen führt, lautet: Richtet euch auf eine lange Dauer des Exils ein: siebzig Jahre (V.10, vgl. 25,1-14); dann wird Gott euch in euer Land zurückbringen. »Denn ich weiß wohl, was für Gedanken ich über euch habe, Ausspruch des HERRN: Gedanken zum Heil (*šālôm*) und nicht zum Unheil (*rā'āh*), euch Zukunft und Hoffnung zu geben« (V.11). Dann werden sich die Exilierten Gott wieder zuwenden. Hier fehlt zwar der Begriff *šûb* »Umkehr«, aber es heißt, daß die Menschen Gott anrufen und zu ihm beten, ihn suchen und finden werden (V.12.13a). »Denn wenn ihr mich von ganzem Herzen suchen werdet, so will ich mich von euch finden lassen« (V.13b.14a). Dann wird er ihre »Gefangenschaft wenden« (*šûb š^ebût*) – ein weiterer Aspekt der Vielgestaltigkeit des Wortes *šûb*. Dieser Brief ist ein Schlüsseltext für die Frage, wie das Exil verstanden und aufgearbeitet wurde, sei es von Jeremia selbst oder von anderen, die in seinem Sinne die Tradition ausformuliert haben.

Diese Verheißung künftiger Wiederherstellung schlägt die Brücke zu der nachfolgenden Sammlung von Heilsworten. In 30,2 wird Jeremia von Gott aufgefordert, das Folgende in ein Buch zu schreiben; deshalb nennt man die Kapitel 30 und 31 gern das »Trostbuch«. Auch die nachfolgenden Kapitel 32, die Zeichenhandlung des Akkerkaufs, und 33 enthalten Worte über eine heilvolle Zukunft, so daß sich der ganze Komplex von Kap.29 bis 33 als Heilsverkündigung darstellt.

Am Anfang steht gleichsam das Motto, unter dem all diese Worte zusammengefaßt sind: »Denn siehe, es kommen Tage, Ausspruch des HERRN, da werde ich das Geschick meines Volkes Israel und Juda wenden (*šûb š^ebût*), spricht der HERR. Ich werde sie zurückbringen in das Land, das ich ihren Vätern gegeben habe, und sie werden es in Besitz nehmen« (30,3). Die Zusage der Rückführung aus dem Exil und der Wiederherstellung wird dann in vielerlei Variationen wiederholt (V.8f.10f.17.18-22). Dazwischen stehen Schilderungen des Schreckens (V.5-7.23f) und des Leidens Israels (V.12-15). In Kap.31 beherrschen dann die Heilsankündigungen allein das Feld, wiederum in vielerlei Variationen, die den Eindruck einer Sammlung recht unterschiedlicher Texte machen. Darin ist die Rede von Sammlung, Rückführung und Wiederherstellung der ins Exil Geführten und Zerstreuten, vom Wiederaufbau des Landes, von Trost und großer Freude. Am Abschluß steht wieder eine Art Resümee: »Wie ich über sie gewacht habe, auszureißen und einzureißen, nie-

→ 201

B.XVIII Zukunft

derzureißen, zu zerstören und Unheil zu schaffen, so will ich über
sie wachen, zu bauen und zu pflanzen, Ausspruch des HERRN«
(31,28, vgl. 1,10). → 189
Einen Höhepunkt finden die Zukunftsworte in der Verheißung eines »neuen Bundes« (31,31-34). Er wird sich von dem Bund, den B.II Bund
Gott mit den Vätern geschlossen hat, in einem wesentlichen Element entscheiden: Die Tora wird Israel »in das Herz geschrieben«, → 79
so daß sie den Bund nicht mehr brechen können, wie sie es früher
getan haben. Dieser neue Bund wird auf seiten Israels vollkommene
Gotteserkenntnis und auf seiten Gottes Vergebung aller Sünden bedeuten. Diese Erwartung und Hoffnung klingt wie ein Reflex früherer Aussagen über den Bund. In 22,9 heißt es, daß der entscheidende
Grund für die zu erwartende Zerstörung Jerusalems sein wird, »daß
sie den Bund des HERRN, ihres Gottes, verlassen haben«; und in
14,21 steht die Bitte: »Gedenke deines Bundes mit uns und laß ihn
nicht aufhören!« Der Bruch des Bundes von seiten Israels muß unmöglich werden, damit die Gefahr, Gott selbst könnte den Bund
brechen, ein für allemal gebannt wird. In 32,36-41 wird diese Zukunftshoffnung noch einmal unter einem anderen Aspekt entfaltet.
Gott wird den Heimgekehrten die Gottesfurcht ins Herz geben
(V.39.40b) und einen »ewigen Bund« mit ihnen schließen. Haupt-
merkmal dieses Bundes wird es sein, daß Gott nicht aufhören wird,
ihnen »Gutes zu tun« (V.40a). Auch hier soll also das »Herz« Israels
verwandelt werden, aber Gottes gnädiges Tun steht ganz im Vordergrund.
Schließlich wird die Zusage, daß Gott seinen Bund nicht brechen
wird, in den Bereich der Schöpfung hinein ausgeweitet. So unver-
brüchlich wie Gottes Bund mit Tag und Nacht und mit den Ordnungen von Himmel und Erde (33,20.25) soll auch sein Bund mit → 16
dem Haus David (V.15f, vgl. 23,5f) und dem Haus Levi (V.18) und
vor allem mit dem Haus Israel und dem Haus Juda (V.14) sein, den
beiden Geschlechtern, die er erwählt hat (V.23-26).

3.10
Und die Völker?

Am Ende des Jeremiabuches steht eine Sammlung von Worten ge- E 128
gen fremde Völker (Kap.46-51). Ähnliche Sammlungen finden sich
auch in den beiden anderen großen Prophetenbüchern (Jes 13-23; Ez → 166.232
25-32); allerdings stehen sie dort jeweils innerhalb des Prophetenbuches, hier jedoch ganz am Ende.

In der griechischen Textversion des Jeremiabuches, und damit auch in deren → 188
anzunehmender hebräischer Vorlage, sind die Worte gegen fremde Völker
nach 25,13 eingefügt, und die Zeichenhandlung mit dem »Zornbecher« für
die Völker (hebräisch 25,15-38) bildet den Abschluß (griechisch 32,15-38).
Möglicherweise ist diese Anordnung in Analogie zu den Büchern Jesaja und
Ezechiel vorgenommen worden, bei denen die Worte gegen fremde Völker
ebenfalls nicht am Ende, sondern in der Mitte des Buches stehen.

Am Anfang und am Schluß dieser Sammlung stehen Worte gegen die beiden Großmächte: Ägypten (Kap.46) und besonders ausführlich Babel (Kap.50 und 51); dazwischen dann Worte gegen Nachbarvölker: die Philister (Kap.47), Moab (Kap.48), die Ammoniter (49,1-6), Edom (49,7-22), Damaskus (49,23-27), arabische Stämme (49,28-33), schließlich gegen das ferne Elam (49,34-39). Bei den kleineren Völkern und Gruppen sind es oft nur kurze Skizzen, die zeigen, wie diese in den Strudel der Ereignisse hineingerissen werden. Manches Mal scheinen bestimmte Ereignisse dahinterzustehen, doch bleibt vieles undeutlich.

Das Wort gegen Ägypten (Kap.46) wird ausdrücklich mit dem folgenreichen Sieg Nebukadnezzars über die Ägypter in der Schlacht bei Karkemisch im Jahr 605 eingeleitet (V.2). Dies war gleichsam der Anfang vom Ende der Vorherrschaft Ägyptens. Jeremia hatte bei seiner Zeichenhandlung mit dem Joch schon verkündet, daß Gott »alle diese Länder« in die Hand Nebukadnezzars gegeben habe (27,6), und das letzte Wort, das uns von ihm überliefert ist, kündigt die Besiegung des ägyptischen Pharao an (44,29f). Jetzt werden in mehreren Etappen das Herannahen Nebukadnezzars (46,13ff) und die Besiegung des Pharao, ganz Ägyptens und seiner Götter geschildert. Gott selbst ist es, der dies tun wird (V.25f). Aber für Israel ist dies kein Grund zur Furcht; vielmehr darf es eine friedvolle Heimkehr aus der Gefangenschaft erwarten (V.27f). Dabei werden Worte aus dem Anfang des »Trostbuchs« wiederholt (30,10f). So werden hier die Fremdvölkerworte mit dem Hauptteil des Buches verknüpft.

Das ausführliche Kapitel über Moab (48) hat hingegen keinen Anhalt an früheren Worten Jeremias. Moab wird nur gelegentlich zusammen mit anderen Nachbarvölkern genannt (9,25; 27,3), so auch unter denen, die den »Zornbecher« trinken müssen (25,21). In diesem Kapitel entlädt sich eine jahrhundertealte Feindschaft gegen das stolze und hochmütige Moab (48,7.14.29), das immer über Israel gespottet und gehöhnt hat (V.27, vgl. 2Kön 3,4-27). Auch sein Gott Kemosch (V.7.13.46) war für Israel eine religiöse Bedrohung (1Kön 11,7; 2Kön 23,13). – Auch die Worte gegen Ammon, Edom, Damaskus, die arabischen Stämme und Elam in Kap.49 haben keine erkennbare Beziehung zu früheren Worten Jeremias.

Während in Kap.49 Babel das von Gott gesandte Gericht über Ägypten vollzog, wird nun zum Schluß der Völkerworte in einer großen Zukunftsschau die Vernichtung Babels angekündigt (Kap.50f). Dabei werden Ereignisse geschildert, die jenseits der Lebenszeit Jeremias liegen. Babel ist vernichtet (50,2f und passim) und die Israeliten ziehen heimwärts (V.4f). Diese Kapitel enthalten vielfältige Anklänge an die Worte über Babel im Jesajabuch (Jes 13f). Darin zeigt sich, daß es bestimmte Traditionen gab, die in verschiedenen Zusammenhängen aufgenommen werden konnten. Das Ganze wird abgeschlossen durch die Erzählung von der durch Jeremia veranlaß-

→ 201
→ 208
→ 210
→ 203
→ 139
→ 167

212

ten Zeichenhandlung, bei der eine Schriftrolle mit Drohworten gegen Babel im Eufrat versenkt werden soll (51,59-64). Damit wird im Rückblick zum Ausdruck gebracht, daß Jeremia schon über Babel Unheil angesagt hat, als es noch die ihm von Gott zugewiesene Rolle erfüllte. Die Erfüllung dieser Voraussage hat er nicht mehr erlebt.

3.11
Der Prophet in der Krise

Jeremia ist in mehrfachem Sinne ein »Prophet in der Krise«. Wie kein anderer Prophet vor ihm und nach ihm ist er hineingezogen in die größte Krise der Geschichte Israels und Judas: den politischen Untergang des Restreiches Juda und die Zerstörung Jerusalems und des Tempels. Dabei gerät er durch seinen prophetischen Auftrag in eine sich immer wieder krisenhaft zuspitzende Auseinandersetzung mit seiner Umwelt, sowohl der politischen als auch der religiösen in der Konfrontation mit anderen Propheten. Schließlich führt ihn dies alles in einer geradezu dramatischen Weise in eine persönliche Krise.

Das vielschichtige Bild des Propheten, das uns das Jeremiabuch bietet, könnte den Leser dazu verleiten, sein persönliches Geschick in den Vordergrund zu stellen: die Anfeindungen und Kämpfe, die Einsamkeit und das Leiden. Diese persönliche Seite ist bei keinem anderen Propheten so ausgeprägt und nimmt einen so breiten Raum ein. Mit seinem Leiden an dem prophetischen Auftrag trägt das Leben Jeremias exemplarische Züge. Darum gehören die Konfessionen in der Tat ins Zentrum jeder Jeremia-Interpretation. Aber sie dürfen nicht von der Botschaft abgelöst werden, mit deren Ausrichtung Jeremia von Gott beauftragt worden ist.

In deren Zentrum steht der Auftrag, das Wort – oder: die Worte – Gottes weiterzusagen. Diese Aufgabe wird bei keinem anderen Propheten so ausdrücklich formuliert und so intensiv reflektiert wie bei Jeremia, bis hin zu den machtvollen Metaphern von dem Wort Gottes, das wie Feuer ist und wie ein Hammer, der Felsen zerschmettert. Von der Berufungsvision bis zum Ende seiner Lebenszeit sind es immer wieder Gottesworte, die Jeremia spricht. Auch die Konflikte, in die er gerät, sind immer ausgelöst durch Gottesworte oder die sie unterstreichenden Zeichenhandlungen, und die Einsamkeit und das Leiden, die er erdulden muß, sind Folgen der Gottesworte und der Reaktion seiner Umwelt darauf.

Die Themen seiner Verkündigung sind bestimmt von der Situation, in die hinein er gesandt worden ist. Es sind vor allem zwei Schwerpunkte, die in ihrer Verbindung miteinander das Spezifische dieser Verkündigung ausmachen. Sie sind schon innerhalb der Berufungsvision klar formuliert: Israel hat die »Übeltat« (*rā'āh*) begangen, Gott zu verlassen und anderen Göttern zu dienen (1,16); darum wird Gott das Unheil (*rā'āh*) über Israel kommen lassen (V.14). Die Verehrung fremder Götter war für Jesaja kein Thema; jetzt tritt sie

→ 191

mehr und mehr ins Zentrum der prophetischen Kritik. Und die Ankündigung des bevorstehenden Gerichts gewinnt durch die politischen Entwicklungen immer konkretere Gestalt, bis sie schließlich mit der Eroberung Jerusalems schreckliche Realität wird.

Aber Jeremia nimmt das göttliche Gericht, das er ankündigen muß, nicht einfach hin, sondern versucht immer und immer wieder, die Menschen von ihrem verkehrten und verhängnisvollen Weg abzubringen und ruft sie zur Umkehr auf. So wird das Wort »umkehren«

→ 193

(šûb) zu einem zentralen Element seiner Sprache: der Ruf zur Umkehr, die Feststellung, daß sie nicht umkehren, die Hoffnung auf eine Umkehr in der Zukunft, und schließlich die Ankündigung, daß Gott selbst ihre Gefangenschaft »umkehren« wird (šûb šᵉbût).

→ 206

Aber als die Babylonier immer näher rücken, tritt an die Stelle des Rufs zur Umkehr die Aufforderung, das nun unabwendbar bevorstehende Unheil als Gericht Gottes anzuerkennen und anzunehmen wie ein Joch, das sie tragen müssen. Immer wieder kämpft Jeremia gegen den kurzsichtigen und aussichtslosen Widerstand gegen dieses herannahende Geschick. Nachdem es dann eingetreten ist, mahnt er nachdrücklich dazu, die gegebene Situation, in der ein Teil des Volkes im Exil leben muß, als von Gott gesandt und auferlegt anzunehmen.

Aber hier zeigt sich nun besonders eindrücklich, daß in Jeremias Gerichtsverkündigung niemals der Ausblick auf eine heilvolle Zukunft verlorengeht. Denn letzten Endes hat Gott über Israel nicht

→ 210

Gedanken zum Unheil (rāʿāh), sondern zum Heil (šālôm). Er wird dem Exil ein Ende machen und wird Israel und Juda sammeln und an ihren Ort zurückbringen. Und dann wird er den Bund erneuern, den er mit Israel geschlossen hat, indem er die Tora in ihr Herz schreibt, so daß sie sie nicht mehr brechen können.

Jeremia selbst hat die Erfüllung dieser Hoffnungen nicht mehr erlebt. Er wurde von seinen eigenen Landsleuten aus dem zerstörten und besetzten Jerusalem heraus nach Ägypten verschleppt, wo sich seine Spur verliert. Aber nachdem die Wende der Gefangenschaft eingetreten war, die er vorhergesagt hatte, erinnerte man sich an seine Ankündigung von den »siebzig Jahren« und rief sie ins Ge-

→ 382.362

dächtnis zurück (2Chr 36,21; Esr 1,1).

III.4
Das Buch Ezechiel

4.1
Vorüberlegungen

Der hebräische Name $j^eḥezqē^\gamma l$ wird in der Septuaginta durch die griechische Form Ἰεζεχιήλ wiedergegeben. Daraus ist in der Vulgata die lateinische Form *Ezechiel* geworden. Luther hat die deutsche Form *Hesekiel* gebildet. Im wissenschaftlichen und ökumenischen Sprachgebrauch hat sich die lateinische Form durchgesetzt.

Das Buch Ezechiel ist als ganzes von der Person des Propheten ge- E 219 prägt. Im Vergleich zum Jeremiabuch erscheint seine ständige Präsenz noch eindeutiger, weil das ganze Buch fast wie eine Biographie Ezechiels angelegt ist. Die zahlreichen Datumsangaben (1,1f; 8,1; 20,1 u.ö. bis zu 40,1) zeigen ihn unter den im Jahr 597 mit dem König Jojachin nach Babylonien ins Exil gebrachten Judäern. In 33,21 wird berichtet, wie ihn die Nachricht vom Fall Jerusalems im Jahr 586 erreichte. Seine letzte Vision ist in das fünfundzwanzigste Jahr nach der Wegführung, d.h. 573/2, datiert (40,1). Über Ezechiel selbst wird mitgeteilt, daß er der Sohn eines Priesters war. Dabei heißt es in 1,3, daß das Wort Gottes »an Ezechiel, den Sohn Busis, des Priesters« oder »den Priester« erging. Beide Übersetzungen sind möglich, aber da das Priesteramt erblich war, liegt darin keine wesentliche Differenz. Es bleibt jedoch offen, ob Ezechiel in Jerusalem bereits als Priester amtierte, bevor er ins Exil gebracht wurde, wo er das Priesteramt nicht ausüben konnte.

Das Buch ist als ein fast lückenloser Ich-Bericht formuliert. Dabei tritt aber das eigentlich persönliche Element ganz in den Hintergrund. Der Leser erfährt fast nichts von den eigenen Gedanken und Gefühlen des Propheten. Nur selten ertönt ein klagendes »Ach, HERR Jhwh!« (4,14; 9,8; 11,13; 21,5); aber selbst beim Tod seiner Frau muß Ezechiel auf die üblichen Klagerituale verzichten, und er tut es ohne Widerspruch (24,15-24). Bei den häufigen Visionsschilderungen (s.u.) wird der Prophet immer wieder körperlich mit einbezogen, aber auch dabei fehlen Äußerungen einer persönlichen Betroffenheit.

Statt dessen dominiert das Reden und Handeln Gottes. Es wird regelmäßig in der Form der Ich-Rede eingeführt, z.B. mit der Formel »Da erging das Wort des HERRN an mich« (3,16; 6,1; 7,1 usw.); aber dann tritt die Person des Propheten wieder ganz hinter dem Gotteswort zurück. Auch die häufigen Zeichenhandlungen werden als Anweisung Gottes an den Propheten eingeleitet, z.B. »Du, Menschensohn, nimm dir…« (4,1); die ausführende Aktion des Propheten wird dann aber in der Regel nicht berichtet, obwohl der Kontext sie als geschehen voraussetzt. So ist der Prophet in einer eigenartigen Weise präsent und bleibt doch zugleich im Hintergrund. Nur gelegentlich wird er als Respektsperson erkennbar, die um Auskunft und Belehrung gebeten wird (8,1; 14,1; 20,1).

Die Sprache Ezechiels hebt sich charakteristisch von den anderen Prophetenbüchern ab. Es ist eine breite, eigenwillige Prosasprache, die deutliche Verwandtschaft mit den »priesterlichen« Bestandteilen des Pentateuch erkennen läßt. Dazu gehört auch die konsequente Verwendung von formelhaften Elementen, wie sie teilweise auch schon im Jeremiabuch begegnen: die Wortereignisformel »Da erging das Wort des HERRN an mich« (s.o.), oft gefolgt von der Botenformel »So spricht der HERR Jhwh«, die letztere meistens mit der charakteristischen doppelten Gottesbezeichnung *ʾᵃdonāj jhwh* »HERR Jhwh«, wie sie sich auch in der Gottesspruchformel *nᵉʾum ʾᵃdonāj jhwh* »Ausspruch des HERRN Jhwh« findet, die häufig Sprucheinheiten abschließt; oft bildet auch das betonende »Denn ich (der HERR) habe geredet« den Abschluß einer Einheit. Schließlich gehört zu diesen charakteristischen Elementen die Erkenntnisformel »Sie sollen/ihr sollt erkennen, daß ich Jhwh bin«, die häufig in erweiterter Gestalt erscheint (dazu Zimmerli 1954).

Ein besonders hervorstechendes Element sind die Visionen, die Ezechiel zuteil werden. Vier große Visionen prägen den Gesamtaufbau des Buches: 1,1-3,15; 8-11; 37,1-14; 40-48. Sie zeigen besonders eindrücklich das körperliche Einbezogensein des Propheten: Die »Hand Jhwhs« kommt über ihn (1,3; 3,14[.22]; 8,1; 37,1; 40,1), er stürzt nieder (1,28; [3,23;] 9,8; 43,3; 44,4) und wird vom »Geist« (*rûᵃḥ*) wieder aufgerichtet (2,2; [3,24]), oder er wird an einen anderen Ort versetzt (3.12.14; 8,3; 11,1.24; 37,1; 40,1f; 43,5); er muß eine Schriftrolle essen (3,1f), durch Wasser gehen (47,3f), zu den Totengebeinen reden (37,4ff) u.a. Aber auch hier gilt wieder, daß die Person des Propheten nur Ausdrucksmittel ist für das, was im Gotteswort angesagt wird.

Das entscheidende Gliederungselement des Buches ist die Einnahme Jerusalems, von der in Kap.33 (V.21f) die Rede ist. Unmittelbar davor findet sich eine Sammlung von Worten gegen fremde Völker (Kap.25-32), die offenbar bewußt in die Mitte des Buches gesetzt worden sind. So ergibt sich eine Dreiteilung, bei der in Kap.1-24 die Gerichtsworte über Juda und Jerusalem überwiegen, in Kap.33-48 hingegen die Heilsankündigungen. Die einzelnen Teile sind vielfältig miteinander verknüpft. Besonders deutlich sind die Beziehungen zwischen dem ersten und dem dritten Teil. So wird die ganz am Anfang stehende Ankündigung »Sie werden erkennen, daß ein Prophet mitten unter ihnen war« (2,5) am Beginn des zweiten Teils wiederholt (33,33). Auch die Rede vom Wächteramt des Propheten erscheint am Anfang beider Teile (3,16-21; 33,1-9). Die Stummheit, die dem Propheten nach der Berufungsvision auferlegt worden war (3,25-27), wird mit der Nachricht über den Fall Jerusalems endgültig wieder aufgehoben (33,22, vgl. 24,25-27). Innerhalb verschiedener Texte zeigen sich weitere Verknüpfungen.

Die Einheitlichkeit des Buches ist in neuerer Zeit wiederholt in Frage gestellt worden. In der Tat gibt es Anzeichen dafür, daß das Ezechielbuch, wie die meisten Bücher der Hebräischen Bibel, bis zu seiner jetzigen Endgestalt einen gewissen Prozeß durchlaufen hat. Wie dieser Prozeß zu beurteilen ist und welche exegetischen Folgerungen daraus zu ziehen sind, wird von den Auslegern unterschiedlich beantwortet. Zimmerli (1969, 106ff) denkt an die »Fortschreibung« der Worte Ezechiels in einer »Schule«; dadurch wird einerseits den Beobachtungen der Mehrschichtigkeit des Buches Rechnung getragen, andererseits wird die große Nähe späterer Bearbeitungen zu den eigenen Worten des Propheten betont. Greenberg (1983, 18ff) läßt sich in seiner »holistischen« Interpretation ganz auf den gegebenen Text ein. (Vgl. hierzu Hossfeld 1995, 355f).

4.2
Menschensohn, ich sende dich

Der Himmel öffnet sich und Ezechiel sieht »göttliche Gesichte« (1,1). Damit beginnt die Geschichte dieses Propheten, bei dem die visionären Erfahrungen und der prophetische Auftrag eine unlösbare Einheit bilden. Er sieht etwas, im Sturmwind und flammenumloht (V.3), was er selbst nur annähernd beschreiben kann: es »hat die Gestalt von…«, es »sieht aus wie…« (V.5.10.13.16): vier »Lebewesen« mit jeweils vier Gesichtern wie Mensch, Löwe, Stier und Adler, und vier Flügeln; vier Räder, eigenartig konstruiert, die gemeinsam mit den vier Tieren in jede Richtung gehen oder sich in die Luft erheben können, »wohin der Geist sie treibt« (V.12.20). Das Ganze bildet gleichsam den Unterbau oder das Gefährt für ein »Gewölbe« (rāqî⁽a⁾), unheimlich anzuschauen (V.22), über dem die Gestalt eines Thrones sichtbar wird und darüber etwas, das aussieht wie die Gestalt eines Menschen, das sich aber dem Auge nur darbietet wie Weißgold (? ḥašmal) oberhalb dessen, was aussieht wie die Hüften, und wie Feuer unterhalb (V.26f). Es hat den Glanz eines Regenbogens. »Dies war das Aussehen der Gestalt der ›Herrlichkeit‹ (kābôd) des HERRN« (V.28).

Damit ist ein entscheidendes Stichwort für die ganze visionäre und prophetische Geschichte Ezechiels gegeben: Er wird der Begegnung mit dem göttlichen kābôd gewürdigt. Jesaja hatte bei seiner Vision des thronenden Jhwh Zebaot nur im Lobpreis der Serafim von dessen kābôd vernommen (Jes 6,2f), für Ezechiel wird er nun selbst erfahrbar und »sichtbar«. Ja mehr noch, die Begegnungen des Propheten mit dem kābôd finden an verschiedenen Orten statt, zu denen der Prophet eigens »entführt« wird (8,3f; 40,1f mit 43,1-5) oder sich auf göttliche Anweisung begibt (3,22f). Und diese Begegnungen enthalten jeweils wesentliche Elemente der prophetischen Verkündigung, die Ezechiel aufgetragen wird.

B.XI Wie von Gott reden? → 159

Das Visionsgeschehen bezieht den Propheten mit ein. Er fällt nieder (1,28) und wird wieder aufgerichtet (2,1f). Und er hört aus dieser Vision heraus »die Stimme eines, der redet« (1,28; 2,2). Er redet ihn an: »Menschensohn« (ben-'ādām 2,1), d.h. einfach: Mensch, genauer:

einzelner Mensch, durch das individualisierende *ben* herausgehoben aus dem kollektiven *'ādām*, das auch »Menschheit« bedeuten
kann. Als Anrede ist dieser Ausdruck ganz ungewöhnlich, im Ezechielbuch aber überaus häufig (mehr als 90mal). Im Kontext der Visionen bedeutet er, daß Ezechiel der göttlichen Sphäre gegenüberge-

→ 169.233

stellt wird: Er ist Mensch, nicht Gott (vgl. Jes 31,3; Ez 28,2).
Die göttliche Stimme spricht: »Ich sende dich« (2,3). Ezechiel wird

→ 36.160
→ 189

gesandt (*šālaḥ*) wie vor ihm Mose (Ex 3,12), Jesaja (Jes 6,8) und Jeremia (Jer 1,7). Dabei wird die Schwierigkeit seiner Aufgabe sofort
deutlich. Die Israeliten, zu denen er gesandt wird, sind aufrührerisch und sündig seit der Zeit ihrer Väter, und die Söhne, die heutige
Generation, haben trotzige Gesichter und harte Herzen. Der Pro-

E 123

phet hat nur *eine* Botschaft an sie: »So spricht der HERR Jhwh« (V.4).
Eigentlich ist dies nur eine Einleitungsformel zu einer nachfolgenden prophetischen Rede, aber hier steht es ganz für sich. Jetzt
kommt es nur darauf an, daß die Israeliten erkennen, »daß ein Prophet mitten unter ihnen war« (V.5). Und wenn sie es jetzt nicht erkennen wollen (vgl. 3,11), dann werden sie es erkennen, wenn »es«

→ 235

kommt – und es kommt! (33,33). So wird in dieser Beauftragung des
Propheten die Fruchtlosigkeit seiner Predigt schon vorausgesehen.
Aber wenn die von ihm angekündigten Ereignisse eintreten werden,
dann wird er der Zeuge sein, daß Gott dies alles angekündigt und
herbeigeführt hat.
Ezechiel soll sich nicht fürchten und seiner Berufung nicht wider-
sprechen, obwohl er unter »Dornen« und »Skorpionen« zu einem
»Haus der Widerspenstigkeit« gesandt wird (2,6-8). Anders als bei
Jeremia (Jer 1,6) ergeht diese Anweisung, ohne daß Ezechiel selbst
schon Furcht oder Widerspruch geäußert hätte. Hier zeigt sich wieder das Zurücktreten des persönlichen Elements. Ezechiels Ausrüstung gegenüber den Empfängern seiner Botschaft ist denn auch
eine ganz andere als die Jeremias. Dieser wurde gegen Angriffe »ge-

→ 191

panzert« (Jer 1,18), Ezechiel dagegen wird gleichsam zum Angriff
ausgerüstet mit einem harten Gesicht und einer Stirn hart wie Dia-
mant (3,8f).
Wieder folgt eine Parallele zu Jeremia: Eine Hand nähert sich dem
Propheten, die ihm das göttliche Wort, das er verkündigen soll, körperlich nahebringt (2,9-3,3, vgl. Jer 1,9). Aber bei Ezechiel vollzieht
sich diese Übergabe in einer höchst konkreten und anschaulichen
Form, die zugleich jenseits des Vorstellbaren liegt: Er muß eine
Schriftrolle essen, die beidseitig mit »Klagen, Ach und Weh« beschrieben ist (2,10). Ein möglicher Widerspruch war schon vorher
abgewiesen, und so muß er sie essen – und sie wird in seinem Munde süß wie Honig (3,3). Das soll gewiß nicht nur heißen, daß ihm
das Essen der Rolle dadurch erleichtert wurde, sondern vor allem
auch, daß er sich nun mit der Aufgabe der Verkündigung des Inhalts
der Rolle identifiziert, so schrecklich dieser auch sein mag. Man

218

kann darin auch einen Anklang an Psalmworte hören, daß Gottes

Wort süß wie Honig sei (Ps 19,11; 119,103). Und schließlich hat auch Jeremia vom »Essen« des Gotteswortes gesprochen, wenn auch in einer viel spontaneren Weise; auch ihm ist es zur Herzensfreude geworden (Jer 15,16). → 198
Die Schriftrolle, auf der Gottesworte aufgeschrieben sind, läßt noch einen weiteren Bezug zu Jeremia anklingen. Die einzige Stelle in der Hebräischen Bibel, an der sonst noch von einer Schriftrolle die Rede ist, auf der Prophetenworte aufgeschrieben sind, ist die Erzählung von der Niederschrift der Worte Jeremias durch Baruch (Jer 36). → 209
Auch sie enthielt »Klagen, Ach und Weh«, nämlich das Unheil (rāʿāh), das Gott über das Haus Juda bringen wollte. Ezechiel könnte die Ereignisse des öffentlichen Verlesens dieser Rolle mit seinen Folgen bis hin zur Verbrennung der Rolle durch den König Jojakim in Jerusalem selbst miterlebt haben (Zimmerli 1969,79). Jedenfalls legt es sich für den Bibelleser nahe, an eine solche Schriftrolle zu denken.
Schließlich wird der Sendungsauftrag noch einmal rekapituliert. Dabei zeigt sich eine bemerkenswerte Differenzierung: Ezechiel wird zum »Haus Israel« gesandt (3,4-9) und dann noch einmal besonders zur Gemeinschaft der Exilierten, der gôlāh (V.10f). Darin zeigt sich der doppelte Blickpunkt seiner Sendung. Sie richtet sich an das ganze Israel, dessen Zentrum noch immer Jerusalem ist; aber zugleich hat der Prophet einen ganz besonderen Auftrag gegenüber denen, an denen sich das Geschick Israels schon ein Stück weit vollzogen hat – und die dann die Träger der Geschichte Gottes mit seinem Volk sein werden, wenn die Katastrophe eingetreten ist. B.V Exil
Dies zeichnet sich hier ganz am Beginn schon deutlich ab.
Die Begegnung endet. Der kābôd erhebt sich mit lautem Getöse von seinem Platz, während der Prophet selbst vom »Geist« (rûᵃḥ) ergriffen wird, der ihn an den Wohnort der Gruppe der Exilierten, der gôlāh, zurückbringt (3,12-15). Sieben Tage bleibt er dort unter der Last der »Hand Jhwhs«, verstört und stumm.
Erneut ergeht ein Gotteswort an den Propheten: »Menschensohn, ich setze dich zum Wächter ein für das Haus Israel« (3,17). Damit tut sich eine neue Dimension des Prophetenamtes auf. Der Wächter, der »Späher« (ṣôpeh) auf der Mauer, muß warnen, wenn er eine Gefahr heranziehen sieht (vgl. 33,2ff). Erfüllt er seine Pflicht, so ist → 234
es Sache jedes einzelnen, die Warnung ernst zu nehmen oder nicht; warnt der Wächter aber nicht, so macht er sich schuldig und hat sein Leben verwirkt. Mit diesem Vergleich wird jetzt die Aufgabe des Propheten definiert. Er empfängt aus dem Munde Gottes das Wort, mit dem der Gottlose, der rāšāʿ, gewarnt wird. Wenn er das Wort nicht weitergibt, so macht er sich schuldig (3,18); gibt er es aber weiter, so liegt die Verantwortung bei dem, der es hört (V.19). Das Wort richtet sich an das »Haus Israel«, also an die Gemeinschaft als ganze; zugleich zielt es aber auch auf jeden einzelnen, der dadurch zur Umkehr (šûb) gerufen wird.

219

Die Verantwortung, in die der Prophet damit hineingestellt wird, macht es für ihn unausweichlich, das empfangene Gotteswort weiterzusagen. Dies trat auch schon bei Jeremia zutage. Aber dort war es ein wesentliches Element des Leidens des Propheten an seinem Amt. Bei Ezechiel ist auch dies wieder ganz anders. Die Aufgabe des Propheten wird mit ihren alternativen Aspekten geradezu in rechtlichen Kategorien formuliert (vgl. auch Kap.14; 18; 33,1-20). Darin tritt die eigenartige Ambivalenz in der Persönlichkeit und Verkündigung Ezechiels deutlich zutage: Er erfährt die Gottesbegegnung in Visionen von dramatischer Gestalt – aber er spricht wie ein rechtlich argumentierender Priester.

→ 225.231

4.3
Zeichen und Worte des Gerichts

Diese Ambivalenz wird sogleich erneut sichtbar. Ezechiel erfährt in einer Vision wiederum eine Begegnung mit dem göttlichen *kābôd* (3,22f). Aber statt einer erneuten oder weiterführenden Beauftragung zu öffentlicher Verkündigung des Gotteswortes heißt es jetzt: »Geh, schließ dich in deinem Haus ein!« (V.24). Die Absonderung von der Umwelt läßt wieder an Jeremia denken (Jer 15,17; 16,5-9 u.ö.). Sie wird hier umschrieben mit Ausdrücken der Fesselung und der Stummheit (V.25f). Aber die Stummheit wird immer dann aufgehoben werden, wenn Gott dem Propheten eine Botschaft an das Volk aufträgt (V.27).

→ 198.203

In 33,22 heißt es, daß eine auf Ezechiel liegende Stummheit an dem Tag aufgehoben wird, an dem ihn die Nachricht vom Fall Jerusalems erreicht (vgl. 24,27). Es ist umstritten, ob dabei an eine erst am Vorabend durch die »Hand Jhwhs« verursachte oder an die nach 3,26 mehr als sieben Jahre zuvor über den Propheten verhängte Stummheit zu denken ist. Dies ist aber keine wirkliche Alternative, da 3,27 ausdrücklich von der (jeweiligen) Aufhebung der Stummheit zur Verkündigung der von Gott angeordneten Botschaft spricht. So kann man die Stummheit als Ausdruck für die völlige Absonderung von der Umwelt verstehen, die erst nach dem Fall Jerusalems aufgehoben wird.

Die Aktivitäten Ezechiels beginnen denn auch nicht mit der Verkündigung von Gottesworten, sondern mit einer Reihe von Zeichenhandlungen. Der Prophet belagert Jerusalem symbolisch (4,1-3), muß lange Zeit für die Schuld Israels und Judas auf der linken und rechten Seite liegen (V.4-8), muß unreine »Belagerungsspeise« essen (V.9-17) und mit seinen abgeschnittenen Haaren symbolische Handlungen vollziehen (5,1-4). Dies alles wird gedeutet mit einem langen Gerichtswort, das eingeleitet wird: »Das ist Jerusalem« (5,5-17). Hier wird überraschend deutlich, daß Ezechiel nicht zu unmittelbar anwesenden Hörern spricht, sondern daß sich sein Wort gegen das ferne Jerusalem richtet. (Dieses Wort könnte er auch in sei-

nem Haus gesprochen – oder geschrieben – haben!) Wie für Jeremia
(Jer 2,4ff) beginnt auch in Ezechiels Sicht der Abfall schon ganz am → 192
Anfang der Geschichte in dem Land, in das Gott Israel – hier Jerusalem – »mitten unter die Völker« gesetzt hat. Die Völker werden
jetzt auch zum Maßstab genommen: Jerusalem hat nicht nur gegen
die Rechtsordnungen und Gebote verstoßen, die Gott ihm selbst gegeben hat (V.6), sondern hat sich nicht einmal an die Rechtsordnungen der Völker (der »Heiden«) gehalten (V.7). Darum droht ihm nun
ein furchtbares Gericht, das sich vor den Augen der Völker vollziehen wird (V.8). Ein besonderer Grund dafür ist auch, daß Jerusalem
das Heiligtum Gottes mit seinen »Scheusalen« (*šiqqûṣîm*) und
»Greuln« (*tôʿabôt*) verunreinigt hat (V.11). Der Verstoß gegen die
göttlichen Rechtsordnungen und die Verehrung fremder Gottheiten B.XVI Götter
sind also die entscheidenden Vorwürfe gegen Jerusalem.
Auch im nächsten Kapitel spricht Ezechiel nicht zu den Anwesenden, sondern zu den »Bergen Israels« (Kap.6), d.h. zu der gebirgigen
Landschaft des Landes Israel. Damit wird die Ankündigung des Gerichts über Jerusalem hinaus auf das ganze Land ausgedehnt. Wieder stehen die illegitimen Kulte im Vordergrund: die Kulthöhen
(*bāmôt*), Altäre und Räuchergeräte (V.3-6.13). Dort haben sie den
»Götzen« (*gillûlîm*) Opfer gebracht, die ihnen zum »beruhigenden
Duft« (*rêaḥ nîhoaḥ*) dienen sollen, wie es nur Jhwh gebührt (Lev 1,9 B.VII Kult
u.ö.). Das Gericht soll Erkenntnis bewirken: »Ihr werdet erkennen,
daß ich der HERR bin« (V.7). Aber hier erfährt die Gerichtsankündigung eine wichtige Ergänzung, ja Korrektur: Gott wird einige »übriglassen« (V.8-10). Sie sollen aus ihrem Exil unter den Völkern heraus angesichts des über sie hereingebrochenen Gerichts zur
Einsicht kommen, daß sie dies alles selbst verschuldet haben; und
»sie werden erkennen, daß ich der HERR bin«, und das heißt, »daß
ich nicht umsonst geredet habe, ihnen dieses Unheil anzutun«
(V.10). Noch weitere zwei Mal erscheint die »Erkenntnisformel« in B. Einleitung
diesem Kapitel, jeweils zur Betonung dessen, daß die Angeredeten »Formeln«
an dem eintretenden Unheil erkennen sollen, daß der Gott, der all
dies über sie kommen läßt, kein anderer ist, als Jhwh, der »HERR«
(V.13.14).
Eine dritte große Gerichtsrede (nach Kap.5 und 6) ist an das »Land
Israel« gerichtet (Kap.7). Wieder wird nicht gesagt, ob und wie der
Prophet das Gotteswort ausrichten soll. »Ende! Es kommt das En-
de« (V.2, vgl. V.6); »ein Unglück kommt« (V.5), »die Zeit kommt«
(V.7.12), »der Tag kommt« (V.10.12, vgl. V.7), »Angst kommt«
(V.25) – dramatische Alarmrufe und lange Schilderungen der bevor-
stehenden Katastrophe wechseln miteinander ab. Wieder ist von
»Greuln« die Rede; aber diesmal heißt es, daß Gott ihre eigenen
Greuel auf die Menschen im Land Israel legen will (V.3.4.8.9) – ganz
ähnlich wie es bei Jeremia immer wieder hieß, daß die Übeltat
(*rāʿāh*) der Menschen als Unheil (*rāʿāh*) über sie kommen wird (Jer → 191
1,14.16 u.ö.). Die Greuel bestehen vor allem darin, daß die Men-

schen aus ihrem Silber und Gold Bilder für ihre »greulichen Scheusale« gemacht haben (V.19f). Darum wird ihnen all ihr Reichtum genommen werden. Auch hier setzt die Erkenntnisformel wieder Akzente: am Anfang (V.4) und am Schluß (V.27), dazu einmal in der erweiterten Form: »Ihr werdet erkennen, daß ich, der HERR, schlage« (V.9).

Berufungsvision, Zeichenhandlungen und erste große Gerichtsreden bilden den ersten, deutlich markierten Abschnitt des Ezechielbuches. Eine neue Vision bildet den nächsten Abschnitt. War bisher der Blick vom Babylonischen Exil aus nach Jerusalem, in die Berge und das Land Israels gerichtet, so wird der Prophet nun unmittelbar dorthin versetzt.

4.4
Vision über Jerusalem

Die folgenden vier Kapitel (8-11) bilden eine in sich geschlossene Einheit. Zu Beginn sitzt Ezechiel in seinem Haus, gemeinsam mit den Ältesten Judas (8,1); am Schluß berichtet er der *gôlāh*, d.h. dem von den Ältesten repräsentierten Gremium, von der ihm widerfahrenen Vision (11,25). Dieser Rahmen zeigt Ezechiel als anerkannte Persönlichkeit innerhalb der Exulantenschaft. Die Ältesten kommen in sein Haus und »sitzen vor ihm«. Das erinnert an die Erzählungen von Elischa, vor dem seine Jünger regelmäßig sitzen (2Kön 4,38; 6,1), bei besonderen Gelegenheiten aber auch die Ältesten (6,32). Der Abschluß des Rahmens zeigt, daß diese Vision nicht nur für Ezechiel selbst bestimmt ist, sondern daß er die darin enthaltene Botschaft an die im Exil lebenden Judäer weitergeben soll. Was in Jerusalem geschieht, ist für sie von größter Bedeutung.

→ 131

→ 217

Wieder kommt die »Hand Jhwhs« über Ezechiel (8,1). Er sieht zunächst ein einzelnes Element der ersten großen Vision: die feurige Gestalt (V.2, vgl. 1,27). Sie streckt »etwas wie eine Hand« aus, ergreift ihn bei seinem Haar, und der »Geist« (*rûaḥ*) entführt ihn nach Jerusalem (V.3); dort sieht er dann den göttlichen *kābôd* wie bei den früheren Visionen (V.4). Von diesem wird er an verschiedene Stellen der Stadt und des Tempels geführt, an denen alle möglichen illegitimen Kultsymbole aufgestellt sind und Kultpraktiken ausgeführt werden: ein »Bild des Ärgernisses« mit einem zugeordneten Altar (V.3b.5); abgöttische Tierdarstellungen an den Wänden, vor denen eine Gruppe von den »Ältesten des Hauses Israel« Räucherzeremonien vollzieht (V.10f); Frauen, die den Tammus beweinen (V.14); Männer, die die Sonne anbeten (V.16). Dies alles wird dem Propheten gezeigt als eine sich ständig steigernde Reihe von »Greueln« (V.6.9.13.15.17). Es geschieht, weil viele meinen, daß Gott es nicht sieht, weil er das Land verlassen hat (12).

Aber nicht genug: Sie füllen das ganze Land mit Gewalttaten, um Gott zu reizen (V.17). Beides zusammen führt zu dem mitleidlosen Zorn Gottes, der sich jetzt über der Stadt entladen wird (V.18). Dies

wird später noch einmal ausdrücklich wiederholt: Das Land ist voller Blutschuld und die Stadt voller Rechtsbeugung. Und wieder heißt es, daß sie sagen:»Der HERR hat das Land verlassen, der HERR sieht es nicht« (9,9).
Das Gericht über Jerusalem wird in einer durch göttlichen Befehl angeordneten Weise vollzogen (Kap.9). Männer mit »Vernichtungswerkzeugen« treten auf. Die Bezeichnung dieser Werkzeuge mit dem Wort *mašhēt* (V.1, vgl. auch *mašhît* V.6.8 b) erinnert an die letzte der ägyptischen »Plagen«, bei der vom »Vernichtungsschlag« (*negep l^emašhît* Ex 12,13) oder personifiziert vom »Vernichter« (V.23) gesprochen wird. Dieser Bezug wird darin noch deutlicher, daß einige von der Vernichtung ausgenommen und dafür gesondert gekennzeichnet werden. Sechs Männer sollen die Vernichtung vollziehen (9,2ff), aber der siebte, durch seine Leinenkleidung und die Ausstattung mit einem Schreibwerkzeug besonders hervorgehobene, soll zuvor diejenigen durch ein Zeichen an der Stirn kennzeichnen, die bewahrt werden sollen, weil sie über all die Greuel, die in Jerusalem geschehen, seufzen und stöhnen (V.4). In Ägypten wurden damals die Israeliten durch das Zeichen des Blutes an ihren Türen vor der Vernichtung bewahrt; jetzt ist es nur noch ein »Rest« (V.8), und es sind nur diejenigen, die sich durch ihr eigenes Verhalten von den »Greueln« der großen Mehrheit abgegrenzt haben.
Überraschend sieht sich der Prophet in das visionäre Geschehen einbezogen. Um ihn herum liegt alles tot, aber er selbst ist noch »übrig« (V.8). Ein plötzlicher Aufschrei – nicht eigentlich ein Fürbitte:»Ach HERR Jhwh, willst du denn den ganzen Rest Israels vernichten?« Aber die göttliche Stimme antwortet und wiederholt, daß Blutschuld und Rechtsbeugung so groß geworden sind, daß es kein Mitleid mehr geben kann (V.9f). Und der Mann im Leinengewand meldet den Vollzug des Auftrags (V.11). Das bedeutet das Ende der Bevölkerung Jerusalems. Aber der Leinengekleidete bekommt sogleich noch einen weiteren Auftrag. Dafür wird die Schau des göttlichen *kābôd* noch einmal in ihrer ganzen Fülle entfaltet, wie sie der Leser schon aus dem ersten Kapitel des Buches kennt (10,1ff). Aus diesem verwirrenden Gefüge heraus werden dem Mann die Hände mit glühenden Kohlen gefüllt, die er über die Stadt streuen soll (V.2.6f). (Die Ausführung wird nicht ausdrücklich berichtet, ist aber zweifellos vorausgesetzt.) Damit ist auch das Schicksal der ganzen Stadt besiegelt.
Die Entfaltung der Einzelheiten der Erscheinung bringt dem Leser eine wichtige Einsicht. Bei der Schilderung dieser Vision hat der Prophet schon mehrfach von »Keruben« (*k^erûbîm*) gesprochen (9,3; 10,1 u.ö.); schließlich »erkennt« er, daß die »Lebewesen« der ersten Vision Keruben sind (10,20). Die Vision zeigt also das Innerste des Tempels, das Allerheiligste, wie es seit der Zeit Salomos (1Kön 8,6) nach dem Vorbild des am Sinai gebauten Heiligtums (Ex 25,18-22) in Jerusalem bestand. Und sie zeigt dem Propheten mehr, als je ein

→ 42

B.VII Kult
→ 109

Mensch gesehen hat, wenn sie ihn die glänzende Gestalt sehen läßt, die über den Keruben thront. Dabei wird jetzt diese Gestalt selbst als der göttliche *kābôd* bezeichnet, der sich auch von der Stelle »über dem Kerub« erheben (9,3; 10,4) und dorthin zurückkehren kann (10,18f). Von hier aus wird jetzt noch einmal deutlich, was für ein außergewöhnliches Ereignis es war, daß dem Propheten diese Schau außerhalb des Tempels und außerhalb Jerusalems, ja sogar im heidnischen Land sichtbar geworden war.

Die ganze Erscheinung bewegt sich zum östlichen Tor des Tempels (10,19). Auch der Prophet wird dorthin versetzt (11,1). Hier sieht er eine Gruppe von 25 Männern, Repräsentanten der noch verbliebenen Jerusalemer Bewohnerschaft. Das ist überraschend, nachdem zuvor schon von der Tötung aller Bewohner Jerusalems die Rede war. (Manche Exegeten sehen darin eine selbständige Vision, die später mit der ersten vereinigt wurde, andere denken an eine literarische Ergänzung.)

Dem Propheten wird aufgetragen, ein Gotteswort an beide Gruppen zu richten: die noch in Jerusalem Verbliebenen (V.1-13) und die ins Exil Weggeführten (V.14-21). Die Führer der ersten Gruppe denken an einen Wiederaufbau der Stadt und sehen sich als deren wertvollen Inhalt (V.4). Über die im Exil sagen sie: »Sie sind fern vom

→ 235 HERRN, aber uns ist das Land zum Besitz gegeben« (V.15). Aber die so reden, sind gerade diejenigen, von denen es schon zuvor hieß, daß sie für Blutschuld und Rechtsbeugung in der Stadt verantwortlich sind (V.6, vgl. 8,17; 9,9). Darum wird sie das Schwert treffen, das sie fürchten (V.8-11).

An die im Exil Lebenden ergeht ein Wort, das schon weit in die
B.XVIII Zukunft Zukunft vorausweist. Jetzt hat Gott sie zerstreut in die Länder der Völker; aber er hat sie nicht völlig allein gelassen sondern ist ihnen zu einem »kleinen Heiligtum« geworden (V.16). (Targum Jonathan übersetzt: »Aber ich habe ihnen Synagogen gegeben, zweite [im Rang] gegenüber meinem Heiligtum«, vgl. Greenberg 1983, 190.) Er wird sie wieder zusammenführen, wird ihnen das Land Israel geben, und vor allem wird er ihnen ein neues Herz und einen neuen Geist geben und wird das Bundesverhältnis wiederherstellen: »Sie werden mein Volk sein, und ich werde ihr Gott sein« (V.17-20).

Diese Botschaft an die Exilierten ist das letzte, was Ezechiel bei seiner visionären Anwesenheit in Jerusalem hört und was er ihnen mit zurückbringt (V.25). Zuvor sieht er aber, wie der göttliche *kābôd* aus der Stadt auszieht und sich auf den Berg östlich der Stadt stellt (V.22f). Dies ist ein besonders nachhaltiges Zeichen dafür, daß nun nichts mehr die Zerstörung Jerusalems und des Tempels aufhalten kann. Gott hat seinen Tempel verlassen. Nach altorientalischer Auffassung wurde kein Tempel zerstört, den nicht dessen Gottheit zuvor aufgegeben hatte (vgl. Greenberg 1983, 200f). Aber von dort wird Gott wieder zurückkehren, wenn der Tempel neu errichtet
sein wird (43,1ff).

4.5
Wieder Zeichen und Gerichtsworte

Wieder folgen auf die Vision Zeichenhandlungen (wie in Kap.4f nach Kap.1-3). Ezechiel stellt dramatisch die bevorstehende Exilierung der Jerusalemer und ihres »Fürsten«, d.h. des Königs, dar und erläutert sie (12,1-15). In dem komplexen Text klingen Elemente der mißlungenen Flucht Zidkijas an (2Kön 25,4-7, vgl. Lang 1981, 17ff). Dann muß der Prophet sein Brot und sein Wasser mit Zittern und Beben essen und trinken (12,17-20) und setzt sich mit zweifelnden Argumenten auseinander, die seine Ankündigungen als noch ganz in der Ferne liegend abtun wollen (12,21-25.26-28). Demgegenüber lautet seine Botschaft: Die Zeit ist nahe! (V.23)

B.V Exil

Mit Propheten, die aus sich selbst heraus ohne göttliche Legitimation reden und »Friede« verkündigen, wo doch kein Friede ist (13,1-16, vgl. Jer 6,14; 8,11 u.ö.), und mit Frauen, die mit mantischen Praktiken die Menschen verführen (13,17-23), muß sich Ezechiel auseinandersetzen.

→ 205

Auch unter den Exilierten gibt es immer noch solche, deren Herz an ihren »Götzen« hängt (14,1ff). Ihnen ruft der Prophet zu: »Kehrt um (šûbû), wendet euch ab von euren Götzen!« (V.6) Wer nicht umkehrt, macht sich schuldig; und wenn gar ein Prophet sich betören läßt, ihn darin zu bestärken, wird ihn die Strafe treffen, die schon das Gesetz dafür festgelegt hat (V.9f, vgl. Dtn 13,2-6). Aber dies alles geschieht nicht nur, um Israel zu strafen, sondern um eine neue Zukunft zu eröffnen, in der wieder gilt: »Sie werden mein Volk sein, und ich werde ihr Gott sein« (V.11).

→ 74

Aber jetzt bleibt die Frage: Wer könnte das göttliche Gericht noch abwenden? Die Antwort lautet: Selbst die Gerechtesten unter den Völkern könnten nur sich selbst, aber nicht einmal ihre Söhne und Töchter, geschweige denn die Gemeinschaft als ganze retten (14,12-20). Als herausragende Gerechte werden Noah, Daniel und Hiob genannt. (Hinter der Nennung von Daniel und Hiob stehen gewiß ältere Traditionen, bei Daniel wohl die in einem ugaritischen Text bezeugte Gestalt des Königs Dan'el, von dem es heißt, daß er die Angelegenheiten der Witwen und Waisen gerecht richtete, vgl. ANET S.151, V,5-8; TUAT III,1268.) Sie könnten das Gericht ebensowenig abwenden, wie es nach Jeremias Worten Mose und Samuel gekonnt hätten (Jer 15,1). Dies wird zunächst in einer scheinbar abstrakten Form von (irgend)einem Land gesagt, und es wird wie eine unabwendbare Regel in strenger, gleichsam legalistischer Terminologie in vierfacher Variation wiederholt mit den vier Heimsuchungen durch Hunger, wilde Tiere, Schwert und Pest. Aber dann schlägt es plötzlich um (V.21-23). Wenn dies alles über Jerusalem kommen wird, so soll dennoch eine Flüchtlingsschar (pelēṭāh) übrigbleiben und als Tröstung zu den Exilierten kommen – Tröstung nicht deshalb, weil die Entronnenen etwa Gerechte wären, sondern im Gegenteil: Obwohl ihr Tun und Handeln nicht besser ist als das der anderen in Jerusalem, sollen sie zeigen, daß Gottes Geschichte mit seinem Volk noch nicht am Ende ist.

Auch später tauchen noch wieder Zeichenhandlungen auf, durchsetzt mit Gerichtsworten. »Waldbrand« und »Schwert« sind die Stichworte in Kap.21. Der Prophet soll sein Gesicht gegen Süden

→ 221

richten (V.2) und gegen Jerusalem (V.7, wie schon in 6,2 gegen die Berge), soll seufzen (V.11), schreien und heulen (V.17) und die Hände zusammenschlagen (V.19), denn das Feuer und das Schwert werden über das Land kommen vom Süden bis zum Norden (V.3.9). Gott selbst zieht das Schwert aus der Scheide (V.8-10), es ist geschärft zum Schlachten (V.14-16); alle sind dem Schwert verfallen (V.17f), das zweifach, dreifach wüten wird (V.19), bis Jhwh seinen Grimm gestillt hat (V.22). Zeichenhaft muß der Prophet die Wegscheide darstellen, an der das Schwert des Königs von Babel steht (V.24-26). Es wird über Jerusalem kommen (V.27ff) – und schließlich auch über Ammon (V.33-37).

4.6
Geschichte in Bildern
Ein neues Element der Sprache Ezechiels tritt mit den Bildreden in Erscheinung. Sie begegnen in mancherlei Variationen. Alle dienen zur Charakterisierung Israels oder Jerusalems, seiner Institutionen und seiner Geschichte. Im Unterschied zu der oft äußerst lebhaften

→ 192

Bildfolge bei Jeremia (besonders in Kap.2-6) sind bei Ezechiel die Bilder in der Regel breit ausgemalt und konsequent durchgeführt (vgl. Zimmerli 1969, 45*ff).

Manche Bildreden sind kurz und einfach zu verstehen. Das Holz des Weinstocks ist zu nichts nütze, vollends nicht, wenn es schon halb verbrannt ist; so sind die Bewohner Jerusalems, die bald ganz vom Feuer gefressen werden sollen (Kap.15). Komplexer ist das Bild von der Zeder, dem Weinstock und den zwei Adlern (Kap.17), in dem

B.XV Weisheit

Elemente der weisheitlichen Pflanzen- und Tierfabeln mit allegorischen Zügen ausgestaltet sind. Es wird als »Rätsel und Gleichnis« eingeführt (V.2), und es bedarf ausführlicher Interpretation (V.11-21). Es handelt von der verfehlten Bündnispolitik Zidkijas und ihrem Scheitern. Aber dann folgt noch ein Schluß: Gott selbst wird ein zartes Reis von der Zeder nehmen und es »auf dem hohen Berg Israels« einpflanzen, und es wird wachsen und zu einer prächtigen Zeder werden (V.22-24). Hier verschafft sich die Hoffnung Ausdruck, daß es für das Königtum Judas noch eine Zukunft geben werde. Später nach dem Fall Jerusalems wird Ezechiel diese Hoffnung

→ 235

noch viel deutlicher aussprechen (vor allem Kap.34). Auch Kap.19 handelt von den Königen, die hier als »Fürsten Israels« bezeichnet werden. Es ist ein Klagelied über das Geschick der »Fürsten«, in dem ihre Mutter einmal unter dem Bild der Löwin (V.2-9) und einmal unter dem des Weinstocks (V.10-14) dargestellt wird; dem Lied ist keine Interpretation beigegeben.

Von ganz anderer Art sind die beiden großen Bildreden, die das Verhältnis Gottes zu Jerusalem (Kap.16) und zu den beiden Staaten Israel und Juda (Kap.23) in der metaphorischen Rede von den Beziehungen Jhwhs zu seinen untreuen Frauen darstellen. Kap.16 erzählt eine weit ausholende Geschichte von Jerusalem als einem Findelkind fremder Herkunft (»dein Vater war ein Amoriter, deine Mutter eine Hetiterin«), das ausgesetzt, von dem in der Ich-Form redenden Erzähler aufgenommen, großgezogen und geheiratet wird (V.3-14). Dabei wird in V.8 das Schließen der Ehe mit dem Wort »Bund« (bᵉrît) bezeichnet, das sonst nicht in diesem Zusammenhang gebraucht wird; hier schimmert die der Metapher zugrundeliegende Beziehung Gottes zu Jerusalem/Israel hindurch (Greenberg 1983, 278).

Im weiteren wird dann eine lange Geschichte der »Hurerei« dieser Frau entfaltet (V.15-34). Dabei gehen Aussagen über das hurerische Verhalten (V.15.25 u.ö.) zunächst über in solche über illegitime Kultpraktiken. Sie baut Kulthöhen (bāmôt V.16), macht »männliche (Kult-)Bilder« (V.17) und opfert sogar ihre Kinder (»meine Kinder«!) für diese Gottheiten (V.20f). Dann wechselt die Blickrichtung, und die »Hurerei« wird im politischen Verhalten gesehen: mit Ägyptern (V.26), Assyrern (V.28) und dem »Krämerland« Chaldäa (d.h. Babylonien, V.29) hat Jerusalem »gehurt«. Und das Schlimmste: sie hat dafür nicht nur kein Geld genommen wie eine gewöhnliche Hure, sondern sie hat ihre Liebhaber auch noch bezahlt (V.33f). Darum wird nun ein großes Strafgericht über sie kommen, zu dessen Vollzug Gott alle ihre Liebhaber herbeirufen wird (V.35-43). Und das alles, weil sie nicht mehr an ihre Jugendzeit gedacht hat und an das, was Gott damals für sie getan hat (V.43, vgl. schon V.22).

Noch ein weiterer Aspekt kommt hinzu. Jerusalem hat zwei Schwestern: Samaria und Sodom (V.44-58). Aber sie hat es schlimmer getrieben als diese beiden. Darum soll sie sich schämen und ihre Schande auf sich nehmen (V.52). Aber hier zeichnet sich nun eine Wende ab: Gott will ihr »Geschick wenden« (šûb šᵉbût), zuerst das Geschick Samarias und Sodoms und dann auch das Geschick Jerusalems »in ihrer Mitte« (V.53). Damit ist ihre Sonderstellung gegenüber ihren Schwestern beseitigt, und sie muß sich schämen und ihre Schande tragen »ihnen zum Trost« (V.54); denn sie stehen ja gerechter da als sie selbst (V.51). Doch sie sollen alle drei wiederhergestellt werden, wie sie früher waren (V.55).

Aber dann folgt der entscheidende letzte Schritt zur Wiederherstellung: Die Beschämung Jerusalems wird wie eine Katharsis wirken, durch die Jerusalem wieder bereit gemacht wird, in den Bund zurückzukehren, den Gott mit ihr geschlossen hat (V.59-63). Er wird seines Bundes aus ihrer Jugendzeit gedenken und wird einen »ewigen Bund« mit ihr »aufrichten« (V.60.62). Daran soll sie »erkennen, daß ich der HERR bin.« So mündet diese weit ausholende Geschich-

→ 133

B.XVI Völker

B.XII Israel im Widerstreit

B.II Bund

te der Sünde Jerusalems und ihrer Bestrafung in die Wiederherstellung des ewigen göttlichen Bundes mit Jerusalem/Israel.

Noch ein zweites Mal hat Ezechiel die Metapher der sexuellen Verfehlung einem großen Geschichtsrückblick zugrunde gelegt. In Kap.23 wird das Schicksal Samarias und Jerusalems, d.h. des Nord- und Südreiches, unter den Namen der beiden Schwestern Ohola und Oholiba dargestellt. Die Schilderungen der zügellosen Hurerei sind nicht weniger drastisch. Dabei sind die Vorwürfe hier zunächst ganz auf den politischen Bereich konzentriert: Hurerei mit Ägyptern (V.3.8), Assyrern (V.5-7.12f) und Babyloniern (V.14-17). Die ältere Schwester Ohola wird für ihre Hurerei durch ihre Liebhaber, die Assyrer, bestraft (V.9f); damit ist das Schicksal des Nordreiches besiegelt. Der jüngeren Schwester Oholiba wird das gleiche Geschick von der Hand der Babylonier vorausgesagt (V.22-31). Hier taucht das Bild vom Becher mit Rauschtrank wieder auf (V.32-35), das schon bei Jeremia als Element der Gerichtsverkündigung begeg-

→ 203

net (Jer 25,15-29; 49,12). In einem zweiten Teil (V.36-49) werden dann auch kultische Verfehlungen der beiden Schwestern genannt. Es ist von »Götzen« und von Kinderopfern die Rede (V.37-39.49), von Verunreinigung des Heiligtums und Übertretung des Sabbat (V.38f). Dann wird erneut von Hurerei mit Männern »von fernher« gesprochen (V.40ff) und von der darauf folgenden Strafe , wobei sich viele Anklänge an Kap.16 finden. Insgesamt ist dieses Kapitel viel weniger durchgeformt, und vor allem enthält es keinen Ausblick auf das, was nach dem Vollzug der Strafe in der Zukunft kommen wird.

Ganz ohne Metaphern ist ein dritter großer Geschichtsrückblick formuliert (Kap.20). Wieder einmal versammeln sich die Ältesten bei Ezechiel. Diesmal heißt es ausdrücklich, daß sie gekommen seien, um Jhwh zu befragen (V.1). Aber wie schon in 14,3 weist Gott die Befragung zurück (V.3). Statt dessen läßt er ihnen durch den Propheten eine Lektion in ihrer eigenen Geschichte erteilen. Sie beginnt in Ägypten. Dieser Anfang wird hier in sehr dichten theologischen Formulierungen beschrieben, die an die Berichte von der Selbstkundgabe Gottes in Ägypten anklingen (V.5f). Dort hat Gott die Nachkommen des Hauses Jakob »erwählt« (bāḥar), hat sich ihnen in feierlicher Form als er selbst zu erkennen gegeben (»Ich bin

→ 38

der HERR , euer Gott«, vgl. Ex 6,2-8) und ihnen geschworen, sie aus Ägypten herauszuführen und ihnen ein Land zu geben, das von Milch und Honig überfließt (Ex 3,8). Aber jetzt kommt etwas Neues

B.XVI Götter

hinzu. Gott hat zu ihnen gesagt: »Werft jeder die Scheusale vor euren Augen weg und verunreinigt euch nicht an den Götzen Ägyptens« (V.7). Dies wird noch einmal unterstrichen durch die Wendung: »Ich bin der HERR, euer Gott.« Davon weiß die Pentateuchtradition nichts. Erst Jos 24,14 spricht von den »Göttern, denen eure Väter in Ägypten gedient haben«; aber dort erhebt erst Josua selbst vor dem Einzug in das verheißene Land die Forderung, daß die Israeliten sich von diesen Göttern trennen sollen. Ezechiels Geschichtsbild ist radikaler. Der Götzendienst der Israeliten begann in Ägypten. (Eine Anspielung darauf findet sich auch in 23,3). Schon damals haben sie sich geweigert, davon abzulassen. Und schon damals wollte Gott seinen Zorn über sie kommen lassen – aber er hat es nicht getan (V.8f). Hier beginnt eine Serie von Gottes Zornaufwallungen und seinem Entschluß, sie nicht zur Wirkung kommen zu lassen »um meines Namens willen«. Dreimal wiederholt sich dies: in Ägypten (V.8f), bei der ersten (V.13f) und bei der zweiten Generation in der Wüste (V.21f); denn beide Wüstengenerationen lebten nicht nach den Geboten, die Gott ihnen gegeben hatte, und hielten seine Sabbate nicht. Der ersten Wüstengeneration hat er geschworen, sie nicht in das verheißene Land zu bringen (V.15), der zweiten, sie unter die Völker zu zerstreuen (V.23). Auch davon weiß die Pentateuchtradition nichts, daß Gott schon vor dem Einzug in das Land den Beschluß gefaßt hatte, Israel ins Exil geraten zu lassen. Aber in der Sicht Ezechiels vollzieht sich in dem, was die Exilierten schon miterleben, der Plan Gottes, den er schon seit dem mißlungenen Versuch hegte, Israel von der Verehrung anderer Götter abzubringen.

Und dann heißt es: »Ich gab ihnen Gebote, die nicht gut waren, und Gesetze, durch die sie nicht leben konnten«, nämlich die Hingabe der Erstgeburt (V.25f). Diese schockierende Aussage tritt ganz aus den Bahnen dessen heraus, was uns sonst in der Hebräischen Bibel begegnet. Sie fügt sich aber zu dem Vorhergehenden, weil Gott danach ja gar nicht erwartet hatte, Israel werde im Lande ein Leben nach seinem Willen führen. Wollte er also selbst dazu beitragen, die vorausgesehene Katastrophe herbeizuführen? Hat er darum das Gebot des Erstgeburtsopfers gegeben: »Den Erstgeborenen deiner Söhne sollst du mir geben« (Ex 22,28b)? Hier verknüpfen sich zwei Fragen miteinander: Wie sind die alttestamentlichen Gebote über das Erstgeburtsopfer zu verstehen und wie war die kultische Praxis – und: wie ist Ezechiels Aussage zu verstehen, Gott habe selbst Gebote gegeben, die »nicht gut« waren. Die erste Frage erfordert eine differenzierte Antwort. Die zweite Frage läßt aber nach dem Gefälle des Geschichtsbildes, das Ezechiel hier entwickelt, keine andere Antwort zu, als daß Gott tatsächlich mit diesem Gebot die – ohnehin sündigen – Israeliten an einen Punkt treiben wollte, wo die Grenzen zwischen legitimem Jhwhkult und dem Kult fremder Götter fließend werden (vgl. Levenson 1993, 5ff). Denn die Darbringung der Erstgeburt für Jhwh konnte leicht verwechselt werden mit dem Ritus, die Kinder »durchs Feuer gehen zu lassen« (V.31), was niemals israelitische Praxis war. Und eben dies taten die Israeliten, nachdem Gott sie in das Land gebracht hatte, zusammen mit anderen Kulten für fremde Götter, denen sie auf ihren Kulthöhen Opfer zum »beruhigenden Duft« darbrachten (V.27f, vgl. 6,13). Darum will Gott sich nicht von ihnen befragen lassen (V.31).

→ 95

→ 66

Aber auch der Plan der Israeliten, zu sein »wie die Völker« (V. 32, vgl. 1Sam 8,5.20), wird nicht gelingen. Gott wird sie nicht loslassen. »Mit starker Hand und mit ausgerecktem Arm«, wie er sie einst aus Ägypten herausgeführt hat (Dtn 26,8 u.ö.), wird er sie aus ihrer Zerstreuung ins Exil herausführen und sie wieder in der Wüste sammeln und das Gericht an ihnen vollziehen (V.32-38). Er wird die Abtrünnigen ausscheiden, so daß sie nicht in das Land Israel hineinkommen werden (V.38). Aber danach wird ganz Israel ihm auf seinem heiligen Berge dienen. Der »beruhigende Duft« der Opfer wird nun wieder Jhwh allein gelten. Er wird sich als der Heilige erweisen vor den Augen der Völker, und die Israeliten werden »erkennen, daß ich der HERR bin« (V.39-42). Aber dieser Neubeginn wird für die Israeliten mit einer tiefen Beschämung verbunden sein, wenn sie an ihr bisheriges Tun denken (vgl. auch schon 16,59-63). Und sie werden erkennen, daß Gott um seines Namens willen so handelt (V.43f).

B.XI Wie von
Gott reden?

In den letzten Sätzen bündeln sich noch einmal die wichtigsten Elemente dieses großen Geschichtsentwurfs. Gott handelt »um seines Namens willen«. Dies war von Anfang an das bestimmende Element seines Verhaltens gegenüber Israel, weil sie schon in Ägypten damit begannen, andere Götter zu verehren, und dadurch seinen Namen entweihten. Aber er hielt seinen Zorn immer wieder zurück, um nicht selbst seinen Namen vor den Völkern zu entweihen. Wenn er nun den im Exil Lebenden ankündigt, sie wieder in das Land Israel zurückzuführen, dann wird er auch das um seines Namens willen tun. (Dies wird noch nachdrücklicher in 36,16ff ausgesprochen, vgl. 1986.) Aber für Israel ist dies zugleich eine tiefe Beschämung, weil sie sich dessen bewußt werden müssen, daß Gott um seines Namens willen gnädig mit ihnen gehandelt hat, obwohl sie selbst es nicht verdient haben.

→ 236

Ein weiteres Kapitel der Anklagen gegen Jerusalem und seine Bewohner (Kap.22) verzichtet fast ganz auf Bilder (bis auf eine Bildrede von den Schlacken, die im Feuer geschmolzen werden, V.17-22) und enthält keine explizite geschichtliche Perspektive. In den Anklagen wegen der »Greueltaten« (tô'abot V.2) Jerusalems gehen Vorwürfe wegen Vergehen im rechtlichen und sozialen sowie im kultischen Bereich ineinander über. »Blut(schuld)« ist eines der beherrschenden Worte. Jerusalem ist eine »Blutstadt« (V.2), die das Blut in ihrer Mitte vergießt und sich dadurch schuldig macht (V.3f.13). Es sind die »Fürsten« und Beamten, die ihre Macht dazu ausnutzen, Blut zu vergießen (V.6.25) und sich dadurch zu bereichern (V.27); Verleumder (V.9) und Bestechliche (V.12) arbeiten ihnen zu. Gewalt und Unrecht werden den Schwachen zugefügt, den Fremden, den Witwen und Waisen (V.7.29). Dies geht Hand in Hand mit sexuellen Vergehen (V.10f) und mit kultischen Verstößen: Der Sabbat wird entheiligt (V.8), woran sich auch die Priester beteiligen, die Gottes Tora verletzen, indem sie nicht mehr zwischen heilig und profan und zwischen rein und unrein unterscheiden (V.26). Dazu kommt das kultisch illegitime »Essen auf den Bergen« (V.9, vgl. 18,6 u.ö.), wodurch Gottes Heiligtum verachtet wird (V.8). Ja, insgesamt heißt es schon einleitend, daß Jerusalem sich »Götzen« macht (V.3). Und die Propheten streichen Tünche über das alles (V.28). Wegen all dieser Vergehen wird Gott seinen Grimm über diese Stadt ausschütten (V.31); er wird sie zum Spott unter den Völkern machen (V.4f), ja sie wird unter ihnen als verflucht gelten, wenn sie unter sie zerstreut wird (V.15f).

Die letzte Bildrede dieses Zyklus ist auf den Beginn der Belagerung Jerusalems datiert (24,1-14). Sie nimmt in V.3-5 die Metapher auf, die schon in 11,3 gebraucht war, wo bestimmte Leute in Jerusalem stolz sagen: »Die Stadt ist der Topf, wir sind das Fleisch.« Aber dann verschiebt sich das Bild. Die »Blutstadt« (V.6, vgl. 22,2) ist wie ein Topf, an dem Rost sitzt. Aber auch wenn man alles herausnimmt und den Topf auf dem Feuer zum Glühen bringt, geht doch der Rost nicht ab (V.9-12). So kann auch die Unreinheit Jerusalems nicht mehr beseitigt werden, und ihr Ende ist besiegelt (V.13f).

Zwischen all diesen Bildreden und Geschichtsentwürfen steht in Kap.18 ein Text ganz anderer Art. Ezechiel setzt sich mit Argumenten auseinander, die im »Land Israel« in der Form des Sprichworts umlaufen: »Die Väter essen saure Trauben, und den Kindern werden die Zähne stumpf« (V.2, vgl. Jer 31,29). Dieses Kapitel ist vielleicht an dieser Stelle eingefügt worden, weil das Sprichwort auf die Könige bezogen wurde, von denen in Kap.17 und 19 in der Form von Bildreden gesprochen wird. Aber der Prophet geht das Problem viel grundsätzlicher an, indem er die Wahrheit dieses Sprichworts generell bestreitet. Jeder einzelne Mensch gehört Gott, und nur wer selbst sündigt, soll sterben (V.4.19f). Dies wird in einer breit angelegten Argumentation durch drei Generationen hindurch entfaltet (V.5-9.10-13.14-8). Dabei werden die Kennzeichen des »Gerechten« (ṣaddîq V.5) aufgeführt, gleichsam ein Kompendium der israelitischen Ethik. Es beginnt mit dem sich Fernhalten von illegitimen Kulten (V.6): Essen auf den Bergen (vgl. 22,9) und Verehren von »Götzen«; auch der geschlechtliche Umgang mit der Frau eines anderen und mit einer Frau während ihrer Menstruation gehört hier vornehmlich in den kultischen Bereich (vgl. Lev 18,19f). Dann folgt eine ganze Reihe von Verhaltensweisen gegenüber dem Mitmenschen, insbesondere dem Bedürftigen oder Unterlegenen, bis hin zu einer gerechten Rechtsprechung (V.7f). Und schließlich wird das Ganze zusammengefaßt als Leben und Tun nach Gottes Geboten und Rechtsordnungen. Wer das tut, von dem kann es in einer geprägten Formulierung heißen: »Er ist gerecht« (ṣaddîq hû'), und darum soll er leben (V.9). Noch zweimal wird dies alles mit geringfügigen Variationen wiederholt: Wenn ein solcher Gerechter einen Sohn hat, der das Gegenteil von all dem tut, dann muß dieser dafür sterben (V.10-13); aber wenn dessen Sohn sich wieder an die Lebensregeln des Gerechten hält, dann soll er leben und nicht die Schuld seines Vaters tragen (V.14-18).

Aber nicht nur zwischen den Generationen kann es einen Wechsel geben; auch der einzelne »Gottlose« (*rāšā'*) kann sich bekehren, und dann soll er am Leben bleiben (V.21f). Hier formuliert der Prophet in der Gottesrede einen zentralen Satz der göttlichen »Regeln« im Umgang mit den Menschen: »Meinst du, daß ich Gefallen habe am Tode des Gottlosen, spricht der HERR Jhwh, und nicht vielmehr daran, daß er sich bekehrt von seinen Wegen und am Leben bleibt?« (V.23) Umkehren, Buße tun (*šûb*), das ist es, was Gott von den Menschen erwartet und erhofft. Noch einmal werden die verschiedenen Möglichkeiten der Umkehr zum Schlechten und zum Guten dargelegt und gegenüber Einwänden begründet (V.24-29), bis das Ganze in den Ruf mündet: »Kehrt um! Tut Buße!« (*šûbû* V.30) Durch die Umkehr sollen die Menschen gleichsam sich selbst ein neues Herz und einen neuen Geist schaffen (V.31), wie Gott es schon für die Zeit der

→ 224 Rückkehr angekündigt hat (11,19). Denn noch einmal: Gott hat kein Gefallen am Tod derer, die wegen ihrer Sünden sterben. Darum: »Wendet euch um, so werdet ihr leben!« (V.32).

Den Abschluß des ersten Teils des Ezechielbuches bildet noch einmal eine Zeichenhandlung (24,15-27). Hier ist der Prophet am unmittelbarsten persönlich hineingezogen. Seine Frau, die »Freude seiner Augen«, stirbt, aber er darf keinerlei Äußerungen der Trauer zeigen und auch nicht die üblichen Trauerrituale vollziehen. So wird es dem Haus Israel ergehen, wenn der Tempel in Jerusalem, die »Freude ihrer Augen«, zerstört werden wird und ihre in Jerusalem zurückgelassenen Söhne und Töchter durch das Schwert fallen werden. Dann werden sie nicht klagen und weinen und keine Trauerrituale vollziehen, sondern in ihrer Schuld vergehen (V.20-24).

Aber dann wird schon angekündigt, was später berichtet wird (24,25-27, vgl. 33,21f). Nach dem Fall Jerusalems wird ein Entron-
→ 220 ner zu Ezechiel kommen und es ihm mitteilen. Und dann wird die Stummheit von ihm genommen werden (s. 3,26f). So wird er für sie zum Wahrzeichen werden, »und sie werden erkennen, daß ich der HERR bin.«

4.7
Klagen über das Schicksal der Völker

→ 166
→ 221 Wie schon in den vorhergehenden Prophetenbüchern (Jes 13-23; Jer 46-51) ergehen auch bei Ezechiel Gottesworte gegen andere Völker. Zunächst ist es eine Sammlung von kurzen Worten gegen die unmittelbaren Nachbarn: die Ammoniter (25,2-7), Moab (V.8-11), Edom (V.12-14) und die Philister (V.15-17). Sie alle haben die Niederlage Judas mit Schadenfreude begrüßt, und einige von ihnen, wie Edom und die Philister, haben sich auch selbst durch Ausschreitungen an Juda vergangen (V.12.15). Dafür wird Gott sie nun strafen. Auch Tyrus war schadenfroh, daß der Handelskonkurrent Juda aus-

geschaltet worden war (26,2). Darum droht ihm ein ähnliches Geschick, das sich allerdings in sehr viel konkreteren Formen abzeichnet: Nebukadnezzar, der König von Babel wird kommen, die Stadt belagern, einnehmen, zerstören und ausrauben (V.7-14), so daß alle Nachbarfürsten um sie trauern und ein Klagelied anstimmen werden (V.15-21). Auch der Prophet selber wird von Gott aufgefordert, ein Klagelied (*qînāh*, ein Leichenlied) über Tyrus anzustimmen E 127 (27,1f). Zunächst ist es ein Preislied auf die Pracht der tyrischen Flotte und der weltweiten Handelsbeziehungen. Aber dann ereilt ein Schiffbruch die Flotte (V.26) und das Ganze geht in ein großes Klagen über.

Tyrus zieht noch einmal besondere Aufmerksamkeit auf sich (Kap.28). Sein »Fürst« (V.2, in V.12: König) hat sich für Gott gleich gehalten und für klüger und reicher als alle Menschen (V.2-5). Wegen dieser Selbstüberhebung wird er von Feinden herabgestoßen werden und den Tod finden (V.6-10). Darum soll der Prophet erneut ein Klagelied über ihn anstimmen (V.11-19). Darin wird noch einmal in leuchtenden mythologischen Farben die Herrlichkeit des Königs von Tyrus beschrieben, der in Eden, im Garten Gottes war B.XVI Völker und den Gott selbst auf den »heiligen Berg« gesetzt hatte (V.12-14). Er war untadelig, bis er sich auf Grund seiner großen Handelserfolge versündigte. Da verstieß ihn Gott von seinem Berg, stürzte ihn zu Boden und vernichtete ihn (V.15-19). In diesem geheimnisvollen mythologischen Text sind deutliche Anklänge an die Geschichte vom Garten Eden und von der Vertreibung des ersten Menschenpaares von dort (Gen 2f) erkennbar, wenn auch im einzelnen manches → 13 unklar bleibt.

Mit einem kurzen Drohwort gegen Sidon (28,20-23) endet die erste Sammlung von Worten gegen andere Völker. Das Ganze wird abschließend auf Israel bezogen, indem es heißt, daß nun seine Nachbarn keine bösartigen Dornen und Stacheln mehr darstellen sollen (V.24). Und in einem daran anschließenden Heilswort wird angekündigt, daß Gott Israel aus der Zerstreuung sammeln wird, und daß sie dann in ihrem Lande sicher wohnen werden. Daran wird Gott sich vor den Augen der Völker als heilig erweisen (V.25f). So bilden die Worte gegen die anderen Völker im ganzen ein Element der Heilsverkündigung für Israel.

Der zweite Teil der Völkerworte handelt ausschließlich von Ägypten (Kap.29-32). Dessen bevorstehender Untergang wird auf vielerlei Arten besungen. Ägypten bzw. der Pharao wird als Krokodil (29,1-6a; 32,1-8) dargestellt, als brüchiger Rohrstab (V.6b-9a) oder als gewaltige Zeder im Garten Eden (Kap.31). Die Mächte, die Ägypten vernichten werden, bleiben vielfach anonym. Aber dann erscheint immer wieder der babylonische König als der eigentliche zerstörerische Feind. Der Arm des Pharao wird zerbrochen, aber die Arme des Königs von Babel werden gestärkt, wenn Gott ihm das Schwert in die Hand gibt (30,20-26, vgl. 32,11). Nebukadnezzar wird auch mit Namen genannt (30,10-12); Ägypten wird ihm zur Beute gegeben als Kompensation für die wenig erfolgreiche Aktion gegen Tyrus (29,17-21), die nicht so verlaufen ist, wie sie in 26,7-14 geschildert wird. Am Schluß steht ein großes Klagelied über Ägypten (32,17-32), das herabgestoßen ist in die Unterwelt und dort gemeinsam mit Assur (V.22f), Elam (V.24f), Meschech-Tubal (V.26), Edom (V.29) und den »Fürsten des Nordens« (V.30) liegt. Hier ist kein Bezug zum Kontext des Buches mehr hergestellt wie in 28,24-26.

4.8
Siehe, es kommt!

Die Worte über fremde Völker stehen an der entscheidenden Zäsur innerhalb des Ezechielbuches. Danach hat sich Grundlegendes verändert: Jerusalem ist gefallen. Das bange Warten darauf, was kommen wird, und die heftigen Diskussionen darüber, wie man sich verhalten soll, sind vorbei. Der Blick richtet sich in die Zukunft. Waren es bisher nur einzelne Worte, in denen der Prophet von einer heilvollen Zukunft sprach (6,8-10; 11,16-20; 16,53-63; 20,40-44; 28,25f), so entfaltet sich jetzt diese Sicht in ganzer Breite.

→ 221.224.227. 230

Aber noch bevor die entscheidende Nachricht über den Fall Jerusalems eintrifft (33,21f), wird der Prophet für diesen neuen Abschnitt seiner Wirksamkeit gleichsam noch einmal in sein Amt eingesetzt: in das Amt des Wächters, mit dem er schon ganz am Anfang seiner

→ 219

prophetischen Laufbahn betraut worden war (33,1-9, vgl. 3,16-21). Die Rede vom Wächter über das Haus Israel, der den Gottlosen warnen muß (V.7-9), wird jetzt verbunden mit der Erörterung über die individuelle Verantwortlichkeit jedes einzelnen, wie sie schon frü-

→ 231

her ausführlich geführt worden ist (V.12-20, vgl. Kap.18). Aber das Thema wird nun viel unmittelbarer ad hominem entfaltet. Die Menschen des Hauses Israel klagen: »Unsere Missetaten und Sünden liegen auf uns und wir siechen unter ihnen dahin; wie können wir denn leben?« (V.10). Es geht jetzt also nicht um die formale sakralrechtliche Erörterung von Schuld und Strafe in der Generationenfolge wie in 18,1-20, sondern um die Klage und das Leiden der unmittelbar Betroffenen, die sich dessen bewußt werden, daß sie am Untergang Jerusalems mitschuldig sind. Deshalb steht auch vor der Erörterung über die individuelle Verantwortlichkeit der Ruf zur Buße. Mit einer feierlichen Schwurformel wird die Versicherung eingeführt: »Ich habe kein Gefallen am Tode des Gottlosen, sondern daran, daß der Gottlose umkehre von seinem Wege und lebe. Kehrt um, kehrt um von euren bösen Wegen! Warum wollt ihr sterben, Haus Israel?« (V.11) Dieses »Warum wollt ihr sterben?« leitet die Antwort ein auf die verzweifelnde Frage: »Wie können wir denn leben?« Jeder wird nach seiner eigenen Gerechtigkeit gerichtet, und jeder hat die Möglichkeit zur Umkehr, zum Guten wie zum Bösen. Darum können auch diejenigen, die über ihre Sünden klagen, die schwer auf ihnen lasten, ihr Leben gewinnen, wenn sie umkehren

(V.12-20). Deshalb muß sich keiner von der Zukunft ausgeschlossen wähnen, die sich jetzt eröffnet.

Die Meldung trifft ein:»Die Stadt ist gefallen!« Der Mund des Propheten wird geöffnet und nicht wieder verschlossen (33,21f, vgl. 24,26f). Aber nun stellt sich als erstes die Frage: Wem gehört die Zu- → 220
kunft? Unter den im Lande Zurückgebliebenen gibt es offenbar nicht nur solche, die unter ihren Sünden leiden, sondern auch andere, die nun ihre Ansprüche auf den Besitz des Landes gegen die im Exil Lebenden geltend machen (V.24, vgl. auch schon 11,15). Dabei → 224
berufen sie sich auf Abraham:»Abraham war nur einer, doch er nahm das Land in Besitz; wir aber sind viele, so ist uns das Land B.IV Land
zum Besitz gegeben.« Das klingt traditionsbewußt, ja geradezu fromm. Aber es verkehrt die Abrahamtradition in ihr Gegenteil. Denn diese besagt ja, daß Gott Abraham das Land gegeben habe, obwohl er nur ein einzelner war und es aus eigener Kraft nicht hätte in Besitz nehmen können. Sie aber pochen darauf, daß sie »viele« sind, also auf ihre eigene Macht (vgl. Lohfink 1982, 979). Doch der Prophet führt diese Frage auf den entscheidenden Punkt zurück: Wie können diejenigen, die in ihren alten Sünden verharren, Anspruch auf das Land erheben? Es sind die gleichen Vorwürfe wie früher: illegitime Opfer, »Götzen«anbetung und Gewalttaten (V.25). Darum wird Gott sie strafen und das Land ganz verwüsten (V.27-29).

Aber auch die Exilierten haben die Zeichen der Zeit noch nicht erkannt. Sie versammeln sich zwar gern und hören dem Propheten zu. Aber er ist für sie wie ein Bänkelsänger, der Liebeslieder zum Besten gibt. Sie haben nicht verstanden, daß jetzt die geschichtliche Stunde gekommen ist, von der Ezechiel seit Beginn seiner Wirksamkeit gesprochen hat:»Siehe, es kommt!« Jetzt endlich sollen sie »erkennen, daß ein Prophet unter ihnen gewesen ist« – und noch ist → 218
(33,30-33, vgl. 2,5; 3,11). Und sie sollen deshalb nicht nur zuhören, sondern ernst nehmen, was der Prophet ihnen zu sagen hat.

Denn nun beginnen Worte über die Zukunft, die Israel bevorsteht. B.XVIII Zu-
Gleich das erste dieser Worte macht sehr deutlich, daß die heilvolle kunft
Zukunft nur auf dem Hintergrund des Gerichts entstehen kann, sei es des noch bevorstehenden oder des schon erlittenen, das unlösbar mit der Zukunft verknüpft bleibt. In der Metapher von der Herde und ihren Hirten, die auch schon bei Jeremia begegnet (Jer 2,8; 23,1- → 192
4 u.ö.), wird das Scheitern des Königtums beschrieben (34,1-10). Die »Hirten Israels« waren schlechte Hirten. Sie dachten nur an sich, nahmen das Fleisch und die Wolle der Tiere, aber versäumten ihre Aufgabe als Hirten, indem sie sich nicht um die Schwachen, Kranken, Verwundeten, Verirrten und Verlorenen kümmerten; darum ist die Herde jetzt zerstreut (V.2-6). Aber Gott wird mit diesen Hirten ein Ende machen (V.7-10) und er wird sich selbst um seine Herde kümmern. Er wird all das tun, was die schlechten Hirten versäumt haben (V.11-16). Auch bei den Konflikten innerhalb der

235

Herde wird Gott schlichten und die Schwachen gegenüber den Starken in Schutz nehmen (V.17-22). So wird Gott selbst die Aufgaben wahrnehmen, die eigentlich die Könige hätten erfüllen sollen. Aber schließlich wird er einen neuen David erwecken (V.23f), wie es auch Jeremia schon verheißen hat (Jer 23,5f). Der neue David wird mit dem Ehrentitel als »Knecht« Gottes bezeichnet. Er wird der wahre Hirte und der »Fürst« (nāśî') sein, dessen Position durch sein besonderes Verhältnis zu Gott gekennzeichnet sein wird: »Ich, der HERR , werde euer Gott sein und mein Knecht David wird Fürst sein in eurer Mitte.«

Dies wird der erste Schritt zu einer grundlegenden Erneuerung des Verhältnisses zwischen Gott und Israel sein. Dann wird Gott einen »Friedensbund« (berît šālôm) mit ihnen schließen (V.25). Das bedeutet zunächst Herstellung guter Lebensbedingungen: Ausrottung der wilden Tiere, Segnung der Äcker und Fruchtbäume (V.25-27), dann aber auch Schutz vor Angriffen anderer Völker (V.28f). Daran sollen sie erkennen, daß Gott bei ihnen ist, daß sie sein Volk, seine »Herde« sind und er ihr Gott (V.30f). Der Friedensbund, von dem hier gesprochen wird, ist vor allem ein Schutzbund, mit dem Gott das Leben seines Volkes ermöglichen und sichern will.

Wenn von der Gefährdung durch benachbarte Völker die Rede ist, dann richtet sich in dieser Zeit der Blick vor allem auf Edom (vgl. 25,12-14). So wird der Prophet jetzt aufgefordert, sein Angesicht gegen das Gebirge Seïr, d.h. gegen Edom, zu richten (35,1f, vgl. V.15). Schon einmal mußte er diesen feindseligen Gestus gegen Berge vollziehen, damals aber gegen die Berge Israels (6,1f); aber für diese ist ihm nun eine ganz andere Botschaft aufgetragen wird (36,1ff). Weil Edom sich an Israel vergangen hat, soll es jetzt selbst zur Wüste gemacht werden (Kap.35). Die Berge Israels aber sollen wieder fruchtbar und von vielen Menschen bevölkert und ihre Städte sollen wieder aufgebaut werden (36,1-15).

Der Blick auf die öden Berge Israels führt zugleich zu einem überraschenden Rückblick. Gott hatte immer wieder seine Absicht, »seinen Grimm über sie auszuschütten«, zurückgehalten »um meines Namens willen«, damit dieser nicht »vor den Augen der Völker entheiligt« werde (20,8f.13f.21f). Aber schließlich hat er es doch getan (36,18). Und nun ist es genau das eingetreten, was Gott hatte vermeiden wollen: Sein Name ist entheiligt worden »unter den Völkern« (V.20f). Darum wird er nun Israel wieder sammeln und in ihr Land zurückführen »nicht um euretwillen, sondern um meines heiligen Namens willen« (V.22-24, vgl. 1986). Wieder ist der Blick auf die Völker ein entscheidendes Element: »Die Völker sollen erkennen, daß ich der HERR bin, Ausspruch des HERRN Jhwh, wenn ich mich an euch vor ihren Augen als heilig erweise« (V.23). Hier klingt fast so etwas wie eine Selbstkritik Gottes mit, oder genauer: seine Einsicht, daß er Israel nicht strafen kann, ohne sich selbst und seinen Namen vor den Augen der Völker in Mitleidenschaft zu ziehen.

Wenn Gott Gott bleiben will, dann muß er auch Gott für Israel bleiben.
Darum will Gott jetzt eine neue Grundlage für Israels Leben vor ihm und mit ihm schaffen (36,24-32). Er wird sie heimbringen und sie reinigen von ihrer Unreinheit, und das heißt vor allem: von ihrem früheren Götzendienst. Er wird ihnen ein neues Herz und einen neuen Geist geben, ein fleischernes Herz statt eines steinernen und einen Geist, der im Innern wohnt und sie befähigt, daß sie nach seinen Geboten und Rechtssatzungen leben (V.24-27). Es sind die gleichen Gedanken, wie Jeremia sie ausgesprochen hat. Gott wird die Israeliten selbst dazu befähigen, in seinem Bund nach seinen Geboten zu leben, indem er ihr Inneres, ihr Herz und ihren Geist, erneuert (Jer → 211 31,31-34). Und auch ihr Land wird Gott wieder fruchtbar machen, und dann werden sie voller Beschämung sein in der Erinnerung an ihre bösen Taten und in dem Wissen, daß Gott dies alles nicht um ihretwillen tut (V.28-32.33-38, vgl. 16,61-63; 20,43f).

Noch ist Israel weit von all dem entfernt. Noch sind sie ohne Hoffnung, wie tot (37,11). Aber der Prophet erfährt erneut eine Vision (37,1-14). Wieder kommt die »Hand Jhwhs« über ihn, und der »Geist« führt ihn auf ein großes Totenfeld. Hier muß er selbst innerhalb der Vision aktiv werden und über die Totengebeine »prophezeien« (V.4.7.9f.). Daraufhin fügen sie sich wieder zusammen, es wachsen Sehnen, Fleisch und Haut an ihnen, und schließlich kommt wieder Lebensatem in sie. Das Gotteswort erklärt dem Propheten, daß diese Gebeine das Haus Israel sind, die keine Hoffnung mehr haben (V.11). Darum soll er erneut »prophezeien« und ihnen eine Zukunft in ihrem Lande verheißen (V.12-14). So sind sie jetzt vorbereitet auf das, was Gott mit ihnen zu tun gedenkt.

Nach der Vision folgt noch einmal eine Zeichenhandlung (37,15-28, vgl. Kap.4f; 12,1-20). Sie gibt gleichsam eine politische Konkretisierung der in der Vision vorausgeschauten Zukunft. Zwei Holzstäbe symbolisieren die beiden Königreiche Juda und Israel. Sie sollen künftig wieder eine Einheit bilden unter *einem* König: David (V.24f). Und Gott wird mit ihnen »einen Friedensbund, einen ewi- B.II Bund gen Bund« schließen (V.26). Dabei wird sein Heiligtum (*miqdāš*), seine »Wohnung« (*miškān*), unter ihnen anwesend sein (V.26b.27). Die zweimalige »Bundesformel« (V.23.27) umschließt diesen Abschnitt (vgl. 1995, 40f). Aber es folgt noch einmal die »Erkenntnisformel« in einer sehr ungewöhnlichen Formulierung: »Daran werden die Völker erkennen, daß ich der HERR bin, der Israel heiligt: daß mein Heiligtum für immer in ihrer Mitte ist« (V.28). Hier klingt schon das Thema der großen Schlußvision in Kap.40-48 an.

Aber zuvor erscheint noch die Gestalt eines geheimnisvollen und gefährlichen Feindes: Gog aus dem Lande Magog, der Großfürst von Meschech und Tubal (Kap.38f). Er wird »am Ende der Jahre / der Tage« (38,8.16) gegen das Volk Israel heranziehen, das jetzt sicher wohnt (V.8.11.14) ohne Mauern, Riegel und Tore. Aber Gott wird ihm ein furchtbares Ende bereiten, dessen Ausmaße so gewaltig sein werden, daß die Israeliten sieben Jahre lang kein Brennholz brauchen werden, weil sie statt dessen das Holz der Waffen und Schilde der Krieger Gogs verwenden können (39,9f), und sieben Monate lang die Leichen begraben werden (V.12-15); und die Vögel und die wilden Tiere werden sich von dem Fleisch und dem Blut der Krieger und ihrer Pferde sättigen (V.17-20). Gott wird sich durch diesen endzeitlichen Sieg vor den Augen der Völker als heilig erweisen (38,16.23; 39,7.13.21).

Der Schlußabschnitt 39,23-29 wendet sich wieder Israel zu. In einem resümierenden Rückblick auf die Verkündigung Ezechiels heißt es zunächst, daß die Völker erkennen sollen, daß Gott Israel um seiner Sünden willen gestraft und sein Angesicht vor ihnen verborgen hat (V.23f). Dann aber folgt ein Heilswort (V.25-29): Gott wird das Geschick Jakobs wenden und sich des Hauses Israel erbarmen. Im Rückblick werden sie erkennen, daß Gott selbst es war, der

B.V Exil

sie unter die Völker weggeführt und dann schließlich wieder vollständig zurückgebracht hat. Damit beginnt nun eine neue Zeit der Beziehungen zwischen Gott und Israel: »Ich will mein Angesicht nicht mehr vor ihnen verbergen, denn ich habe meinen Geist über das Haus Israel ausgegossen, Ausspruch des HERRN Jhwh.«

4.9
Hier will ich für immer wohnen unter den Israeliten

Noch einmal wird Ezechiel von der »Hand Jhwhs« ergriffen und in das Land Israel gebracht (40,1). Dort wird er auf einen hohen Berg gestellt, auf dem er etwas wie »den Bau einer Stadt« sieht (V.2). Der weitere Verlauf der Vision macht klar, daß es sich um Jerusalem

→ 157

handelt, genauer um den Tempelbezirk, der ja auch nach Jes 2,2 auf

→ 217

einem alles überragenden Berg liegt. Ein Mann, der »aussieht wie Erz« (was an die »Lebewesen« von 1,7 erinnert) und mit den Meßgeräten eines Architekten oder Baumeisters ausgerüstet ist, fordert Ezechiel auf, ihn zu begleiten und genau auf alles zu achten, was er ihm zeigen wird, um es dann dem Haus Israel zu verkünden (V.3f). Hier wird schon zu Beginn der Vision deutlich, daß sie nicht nur für den Propheten selbst bestimmt ist, sondern daß sie für ganz Israel von großer Bedeutung sein wird.

Auf einem langen Rundgang werden dem Propheten nun die Einrichtungen des Tempels mit ihren genauen Maßen gezeigt (40,5-42,20). Gelegentlich gibt der begleitende Mann kurze Erläuterungen über die Benennung oder Funktion bestimmter Räume (40,45f; 41,4.22; 42,13f). Dann aber zeigt sich, daß diese genaue Vermessung des Tempels die Vorbereitung war für das, was jetzt folgt: die Rückkehr des *kābôd* in den Tempel (43,1-5). Bei seiner früheren Vision hatte Eze-

→ 224

chiel gesehen, wie der *kābôd* aus dem Tempel ausgezogen war. Damals hatte er den Tempel durch das Osttor in östlicher Richtung verlassen (10,19; 11,23); auf demselben Weg kehrt er jetzt wieder zurück und erfüllt den Tempel (V.5, vgl. 44,4). Die Rückkehr ist mit der feierlichen Zusage verbunden: »Dies ist der Ort meines Thrones und die Stätte meiner Fußsohlen; hier will ich für immer wohnen unter den Israeliten« (43,7, vgl. V.9). Der »Götzen«dienst der Israeliten wird der Vergangenheit angehören. Noch einmal heißt es, daß die Israeliten sich dessen schämen sollen, was sie getan haben (V.10f, vgl. 16,52-54.61-63; 20,43f; 36,31f). Aber damit sollen sie dann darauf vorbereitet sein, daß der Prophet ihnen den Plan des Tempels mit all seinen Einzelheiten mitteilt und aufschreibt und die Weisung (tôrāh) des Tempels verkündet (V.10-12).

B.VII Tempel

→ 227.230.237

An diese große Vision mit ihren grundlegenden Folgen für Israels Zukunft sind ganz verschiedene Einzelbestimmungen angefügt, so über den Brandopferaltar und seine Weihe (43,13-27) und über den Dienst von Leviten und Priestern (44,6-31; 46,19-24). Ausführlich werden die Aufgaben des »Fürsten« (nāśî') behandelt. Im Rahmen der Zukunftsschau dieser Vision wird offenbar der Titel »König« vermieden, so daß der »Fürst« die Funktionen des Königs aus dem Davidhaus wahrnimmt; auch der neue David der Heilszeit wurde ja schon mit diesem Titel bezeichnet (34,24; 37,25). Allerdings ist die Aufgabe des Fürsten hier in einer sehr zurückhaltenden Weise beschrieben; vor allem im Tempelkult spielt er eine eher bescheidene Rolle. Er hat zwar das Privileg, sich als einziger von innen her dem äußeren Osttor zu nähern, das verschlossen bleibt, seit Gott selbst in der Gestalt seines kābôd dort eingezogen ist (44,1-3; 46,1f). Beim Vollzug seines Opfers hat der Fürst aber keine Funktion; er kann den Priestern dabei nur zusehen (46,2). Dann darf er das Opfermahl an dieser privilegierten Stelle verzehren (44,3); doch das Tor bleibt verschlossen. Im übrigen werden die Abgaben des Fürstenhauses für den Opferdienst und die Teilnahme des Fürsten an gemeinsamen Kultveranstaltungen ausführlich geregelt (45,8-25; 46,4-15).

→ 236

Schließlich richtet sich der Blick über die Grenzen des Tempels und Jerusalems hinaus. Für den Neuanfang nach der Rückkehr aus dem Exil muß das Land neu verteilt werden. Gott hat den Vätern geschworen, ihnen das Land zu geben, und nun soll es ihnen wieder als Erbbesitz zufallen (47,14). So werden die Grenzen definiert (47,15-20), und das Land wird unter die Stämme aufgeteilt (47,21-48,29; zu 48,30-35 s.u.). Dabei sollen in jedem Stammesgebiet auch den dauerhaft dort lebenden »Fremdlingen« (gērîm) Landanteile gegeben werden (47,22f). Auch einige Sonderregelungen müssen bedacht werden: für das Heiligtum, für Priester und Leviten, für die Stadt Jerusalem und für den Fürsten (45,1-8; 46,16-18).

Dazwischen eröffnet sich aber ein ganz anderes Bild: Im Tempel entspringt eine Quelle (47,1-12). Der Prophet sieht das Wasser unter der Schwelle hervorquellen, der genaue Ort der Quelle bleibt aber im Verborgenen. Der begleitende Mann führt den Propheten nach draußen und folgt mit ihm dem Verlauf des Wassers. Mit seiner Meßschnur mißt er den Wasserlauf, und jeweils nach tausend Ellen muß der Prophet selbst die Tiefe des Wassers prüfen. Erst reicht es ihm bis an die Knöchel, dann bis zu den Knien, dann bis zu den Hüften, und schließlich ist es so tief, daß man nicht mehr hindurchgehen kann (V.3-5). Der Mann erklärt, daß das Wasser weiter hinabfließt bis ins Tote Meer (dessen genaue Bezeichnung in V.8 im hebräischen Text unklar bleibt). Dessen Wasser soll gesund werden, es soll viele Fische darin geben und an seinen Ufern sollen Bäume von paradiesischer Fruchtbarkeit wachsen (V.9f.12. Eine spätere Anmerkung in V.11 soll sicherstellen, daß die seichten Stellen wie bisher zur Salzgewinnung dienen können.).

Mit diesem Bild der heilenden und Frucht spendenden Tempelquelle kehrt die Visionsschilderung aus dem Bereich der eher nüchternen Darlegungen über den künftigen Tempel und das ihn umgebende Land zurück in die Dimension, in der sich die Ankunft des *kābôd* im Tempel vollzog. Denn die wunderbare Quelle ist gewiß eine Folge der Rückkehr Gottes in den Tempel und damit in die Mitte Israels. Die zu einem mächtigen Strom anwachsende Quelle erscheint geradezu als Gegenbild zu den »sanft rinnenden Wassern des Schi-
→ 162
loach«, welche die Judäer verachteten (Jes 8,6). Zugleich ruft diese Schilderung andere Texte der Hebräischen Bibel ins Bewußtsein. Am nächsten steht die Aussage des Psalms: »Eines Stromes Arme
→ 309
erfreuen die Gottesstadt« (Ps 46,5). Das »paradiesische« Element kommt besonders eindrücklich in Gen 2,10-14 zum Ausdruck, wo der Strom, der von Eden ausgeht, sich in vier Arme teilt und mit diesen die ganze Welt bewässert. Hier in Ez 47 ist der entscheidende Akzent, daß Gottes Rückkehr und Heimkehr zum Zion nicht nur für Israel Bedeutung hat, sondern daß sie Wunden heilt, die schon früh in der Menschheitsgeschichte geschlagen wurden, als Gott Sodom und Gomorra durch Feuer und Schwefel zerstörte und dadurch jegliches Leben im Wasser des Toten Meeres unmöglich machte.

B.XVIII Zu-
kunft
Wenn Gott in seinen Tempel zurückkehrt, wird auch dort wieder Leben möglich sein, zeichenhaft für die ganze Schöpfung.

Am Schluß des Ezechielbuches, nach der Verteilung des Landes an die Stämme (47,21-48,29) folgt noch ein Wort über Jerusalem (48,30-35). Zwölf Tore soll sie Stadt haben, entsprechend den zwölf Stämmen Israels. So wird sie erneut zum Mittelpunkt des ganzen Gottesvolkes. Vor allem soll sie aber einen neuen Namen bekommen. »Von nun an ist der Name der Stadt: ›Der HERR ist dort!‹« Die Stadt als ganze ist nun der Ort der Gegenwart Gottes, der bei seiner Rückkehr in den Tempel verkündet hat: »Hier will ich für immer wohnen unter den Israeliten« (43,7).

4.10
Prophet des Umbruchs

Bei keinem anderen Propheten ist eine so deutliche, ja scharfe Zäsur zwischen zwei Phasen seiner Wirksamkeit zu erkennen wie bei
Ezechiel. Sie wird im Buch selbst sehr nachdrücklich herausge-

stellt: »Die Stadt ist gefallen!« (33,21) Dieser tiefe Einschnitt in der Geschichte Israels und Judas kennzeichnet zugleich einen grundlegenden Wechsel in der Verkündigung Ezechiels, verkürzt gesprochen: den Wechsel von der Unheils- zur Heilsprophetie. Diese verkürzte Feststellung bedarf jedoch der genaueren Entfaltung. Dafür bieten sich zunächst die vier großen Visionen an. Zwei von ihnen stehen vor dem Fall Jerusalems (1,1-3,15; 8-11), zwei danach (37,1-14; 40-48). In der ersten, in der Ezechiel zum ersten Mal der Begegnung mit dem *kābôd* (der »Herrlichkeit«) Gottes gewürdigt wird, wird er zu dem Volk gesandt, das aufrührerisch und sündig ist seit der Zeit ihrer Väter (2,3). Die Botschaft, die er zu verkündigen → 218 hat, wird durch die Schriftrolle gekennzeichnet, die mit »Klagen, Ach und Weh« beschrieben ist (2,10). Dazu scheint es hier keine Alternative zu geben. In der zweiten Vision wird Ezechiel Zeuge, wie der göttliche *kābôd* aus dem sündigen Tempel auszieht und damit die Stadt zur Zerstörung freigibt (11,22f). Die dritte Vision ereignet → 224 sich dann nach dem Fall Jerusalems. Hier wird Ezechiel selbst zur aktiven Mitwirkung bei der Wiederbelebung des wie tot daliegenden Hauses Israel herangezogen, dem damit neue Hoffnung gegeben wird (Kap. 37). In der vierten Vision wird der Prophet schließlich → 237 Zeuge der Rückkehr des *kābôd* in den Tempel und hört die göttliche Zusage: »Hier will ich für immer wohnen unter den Israeliten« (43,7). → 240

Damit ist der Rahmen abgesteckt, in dem sich Ezechiels Verkündigung bewegt. Das bedeutet aber keineswegs, daß Unheils- und Heilsverkündigung ausschließlich in dem einen oder anderen Abschnitt seiner Wirksamkeit zu finden wären oder daß sie sich gar gegenseitig ausschlössen. Im Gegenteil: Die Unheilsverkündigung enthält immer ein Grundelement, das auf künftige Wiederherstellung und künftiges Heil ausgerichtet ist, und die Heilsverkündigung ist niemals ohne den Rückblick auf frühere Anklagen und Unheilsansagen. Diese wechselseitige Beziehung wird zwar keineswegs immer ausgesprochen, kommt aber auf vielerlei Weise zum Ausdruck. So enthält schon die erste Beauftragung Ezechiels zur Verkündigung des Wortes »So spricht der Herr Jhwh« den Nachsatz: »Sie hören oder sie lassen es« (2,4f). Sie könnten also hören, und die Verkündigung des Propheten wäre sinnlos, wenn nicht immer die Möglichkeit bestünde, daß sie hören. In Ezechiels Einsetzung zum »Wächter« (3,17-21) wird es als seine Aufgabe bezeich- → 219 net, zu warnen. Darin liegt die Absicht, den Gewarnten zur »Umkehr« (*šûb*) zu bewegen, auch wenn dies nicht gelingt (V.19). In dem verwandten Text 18,21-32 wird das Wort von der »Umkehr« geradezu zum Refrain des Ganzen (V.21.23.27f.30.32). Die zentrale Bedeu- → 232 tung des Rufs zur Umkehr innerhalb der prophetischen Anklage wird hier auf die Formel gebracht: »Meinst du, daß ich Gefallen habe am Tode des Gottlosen, spricht der Herr Jhwh, und nicht vielmehr daran, daß er umkehrt von seinem Weg und am Leben bleibt?« (V.23) Unmittelbar vor dem entscheidenden Einschnitt in der Verkündigung Ezechiels wird dies noch einmal wiederholt, nachdrücklich verstärkt durch die unmittelbare Anrede: »Warum wollt ihr sterben, Haus Israel?« (33,11). Das Werben um Aufmerksamkeit und Verständnis und der Ruf zur Buße gehören zu den Grundelementen der Verkündigung, auch wo sie anklagt und Unheil und Gericht ansagt.

Dies wird auch in der vielfältig variierten Aussage deutlich: »Ihr werdet/sie werden erkennen, daß ich der HERR bin.« Eine der auffälligsten Beobachtungen am Gebrauch dieser »Erkenntnisformel« ist es, daß sie scheinbar unterschiedslos bei positiven und bei negativen Ereignissen gebraucht wird. So heißt es bei ihrem ersten Auftreten: »Erschlagene werden mitten unter euch daliegen, und ihr werdet erkennen, daß ich der HERR bin« (6,7); bei ihrem letzten hingegen: »Sie werden erkennen, daß ich der HERR, ihr Gott bin, nachdem ich sie unter die Völker weggeführt habe und sie nun wieder sammle in ihrem Land und keinen von ihnen dort zurücklasse« (39,28). Was soll Israel erkennen? Was enthält die scheinbar formale Feststellung »daß ich Jhwh bin«? In vielen Fällen gibt der Kontext einen Hinweis darauf. So folgt unmittelbar nach der eben zitierten Stelle (6,7) in 6,8-10 ein Abschnitt, der eine Ausnahme von dem Gericht ankündigt. Gott wird einige übriglassen, und »sie werden erkennen, daß ich der HERR bin: ich habe nicht umsonst geredet, ihnen dieses Unheil anzutun« (V.10). Sie werden also erkennen, daß Gott tut, was er angekündigt hat. Und sie kennen ja seine Ankündigungen durch die Verkündigung der Propheten. Wenige Verse später heißt es: »Ihr werdet erkennen, daß ich der HERR bin, wenn eure Erschlagenen mitten unter ihren Götzen liegen rings um ihre Altäre herum« (V.13). Hier ist der Zusammenhang noch eindeutiger: Die Erschlagenen bezeugen Gottes Zorn über den Götzendienst der Israeliten. Darin ist aber zugleich die Botschaft enthalten, daß dies alles nicht eintreten würde oder eingetreten wäre, wenn die Israeliten von ihrem Götzendienst abgelassen hätten. In 7,4.9 sind es die »Greuel« der Israeliten selbst, die Gott über sie kommen lassen wird, und daran werden sie »erkennen, daß ich der HERR bin« (V.9: »daß ich, der HERR, es bin, der schlägt«). Und in V.27 heißt es: »Wegen ihres Wandels handle ich mit ihnen und nach ihrer Weise zu richten richte ich sie; und sie werden erkennen, daß ich der HERR bin.«

In dem großen Geschichtsrückblick Kap.20 setzt die Erkenntnisformel innerhalb des durchweg negativen Bildes von Israels Geschichte positive Akzente. Gott gab ihnen seine Sabbate als Zeichen, »damit ihr erkennt, daß ich der HERR, euer Gott bin« (V.20; V.12: »daß ich, der HERR, euch heilige«). Dann taucht die Formel gegen Ende des Kapitels wieder auf, wenn bei der Sammlung Israels aus der Zerstreuung die Erkenntnis daran entstehen soll, daß Gott die Abtrünnigen ausscheidet, so daß sie nicht in das Land Israel hineinkom-

→ 221

→ 238

→ 229

men (V.38). Die anderen werden aber »erkennen, daß ich der HERR bin«, wenn Gott sie in das Land zurückbringt, das er ihren Vätern zugeschworen hat (V.42), und wenn ihnen die Erkenntnis zuteil wird, daß Gott dies »um meines Namens willen« tut (V.44). So enthält die Erkenntnisformel auch innerhalb der Gerichts- und Unheilsverkündigung stets das Wissen darum, daß Gott nicht den Tod sondern das Leben seines Volkes will, und daß er sie deshalb immer wieder dahin zu bringen versucht, daß sie seinem Willen und seinen Geboten folgen.

In einer Reihe von Fällen wird aber auch im ersten Teil des Ezechielbuches die Erwartung künftigen Heils ausdrücklich ausgesprochen. Schon die Ankündigung, daß Gott einige »übriglassen« wird (6,8), enthält ein Element des Ausblicks in eine heilvolle Zukunft. → 221 Im Rahmen der zweiten Vision wird den Exilierten die Rückführung und die Erneuerung ihrer Gottesbeziehung in gewichtigen Worten angekündigt: »Sie werden mein Volk sein und ich werde ihr Gott sein« (11,14-21, bes. V.20). Auch die große Bildrede über das → 224 treulose Jerusalem endet mit einer vollen Heilsankündigung: Wende des Geschicks und Wiederherstellung des Bundes (16,53-63); → 227 ebenso der Geschichtsrückblick in Kap.20 (V.40-44). Schließlich → 230 wird auch im Schlußabschnitt der ersten Sammlung der Völkerworte die Rückführung aus der Zerstreuung verheißen (28,25f), wieder- → 233 um abgeschlossen durch die Erkenntnisformel.

Diese Zukunftsausblicke enthalten noch dadurch ein besonderes Moment, daß die Erwartung einer Wende zum Heil mit einer tiefen Beschämung, ja mit Abscheu gegenüber den bisherigen eigenen Taten verbunden ist. Dies ist schon in 6,9 der Fall, dann aber besonders eindrücklich in 16,54 und vor allem V.61 und 63, wo die große Beschämung erst nach der Wiederherstellung des Bundes eintritt. Auch in 20,43 heißt es, daß die Israeliten nach der Heimführung und der Wiederherstellung eines Gott wohlgefälligen Kultes im Rückblick auf ihr früheres Tun Abscheu empfinden werden. Gerade bei diesem Motiv zeigt sich nun noch einmal, daß die Verkündigung vor und nach dem Fall Jerusalems charakteristische Gemeinsamkeiten aufweist; denn das Moment des Abscheus und der Scham gegenüber den eigenen früheren Taten findet sich auch in 36,31f nach der Verheißung eines grundlegenden Neuanfangs (V.25-27). Und so- → 237 gar nach der Wiederkehr des göttlichen *kābôd* in den Tempel ist die Scham über die früheren Taten die Voraussetzung für die Übergabe des Planes für den neuen Tempel (43,10f). Der Neuanfang wird für → 239 Israel also keineswegs triumphal sein, denn das Wissen um die früheren Sünden und die Unverdientheit der Wende wird sie immer begleiten.

All diese Texte sind von einem ausgeprägten Denken in Ge- B.XVII Ge- schichtszusammenhängen und -abläufen bestimmt, wie es sich bei schichte keinem anderen Propheten findet. Besonders ausführlich entfaltet Ezechiel seine Geschichtsschau in den großen Entwürfen in Kap.20

→ 228

und 23. Er greift dabei bis in die Anfänge der Geschichte Israels in Ägypten zurück. In 20,5f spricht er ganz in der Sprache der Pentateuchtradition von der »Erwählung« Israels und der Zusage der Herausführung aus Ägypten in das Land der Verheißung. Aber schon dort beginnt der Abfall zu anderen Göttern (V.7f), der die weitere Geschichte bestimmt. Auch in der Bildrede von den beiden Schwestern Ohola und Oholiba (Kap.23) beginnt die »Hurerei« bereits in Ägypten (V.3). So erscheint hier die ganze Geschichte Israels von ihren Anfängen an unter einem negativen Vorzeichen. In der Bildrede über Jerusalem (Kap.16) beginnt die »Hurerei« auf dem Höhepunkt

→ 227

der Erzählung über die Schönheit der jungen Frau (V.15ff) und beherrscht von da an die weitere Darstellung. Hier stellt sich die Frage nach der Funktion dieser negativen Geschichtsdarstellung im Ganzen der Verkündigung Ezechiels. In Kap.16 und 20 wird die Geschichte weitergeführt zu einer Ankündigung künftiger Wiederherstellung. Viele Exegeten sehen darin »sekundäre« Ergänzungen von anderer Hand. Aber im Ganzen des Ezechielbuches steht ja außer Frage, daß der Prophet nicht eine Geschichte Gottes mit Israel verkündigen will, die im Desaster endet. Die Geschichtsentwürfe sind vielmehr bestimmt von der Frage, wie es dazu kommen konnte, daß Gott Israel so tief demütigen mußte. Die Schroffheit der Gerichtsansagen über Jerusalem ist zudem dadurch bestimmt, daß bis zum Fall der Stadt immer noch allzuviele glaubten, daß das Gericht vorübergehen würde. Aber der Prophet Ezechiel, wie ihn uns das Buch vor Augen stellt, hat gewiß zu keinem Zeitpunkt seine Aufgabe damit als beendet betrachtet, dieses Gericht anzukündigen.

Damit hängt die Frage der Autorschaft von Kap.40-48 zusammen. Lange Zeit herrschte unter den Exegeten die Meinung vor, daß dieser »Verfassungsentwurf« nicht vom Propheten Ezechiel stammen könne. Zimmerli kam dann zu dem Ergebnis, daß die Herleitung jedenfalls der »Grundelemente« dieser Kapitel »vom Propheten Ezechiel nicht zwingend ausgeschlossen werden kann« (1969, 994.1241f). Seither folgen viele Ausleger dieser Vorgabe, sofern sie nicht noch konsequenter von der Einheit des Buches ausgehen. Es kann aber schon vom Beginn des Buches her kein Zweifel an der Zugehörigkeit der abschließenden Vision von der Rückkehr des göttlichen *kābôd* in den Tempel bestehen. Die erste große Erscheinung des *kābôd* (1,1-3,15) beruft den Propheten in sein Amt, die zweite (Kap.8-11) berichtet vom Auszug des *kābôd* aus dem Tempel. Damit kann aber das Buch des Propheten Ezechiel oder die Sammlung seiner Worte niemals geschlossen haben. Ist es wirklich »müßig..., nach dem weiteren Verbleib der göttlichen Herrlichkeit zu fragen« (Zimmerli 1969, 234)? Das Ezechielbuch gibt die eindeutige Antwort: Der *kābôd* wird auf demselben Weg wieder zurückkehren, auf dem er die Stadt verlassen hat, wenn der Tempel wieder aufgebaut wird (43,1-5). Erst damit kommt die Verkündigung Ezechiels zu ihrem Ziel.

III.5
Das Buch der Zwölf Propheten

5.1
Vorüberlegungen

Am Ende der Kanonteils »Propheten« steht das »Buch der Zwölf Propheten«. Seit ihrer frühesten Zitierung in Jesus Sirach 49,12 werden die hier versammelten Prophetenschriften als *ein* Buch gezählt. In der jüdischen Auslegungstradition heißen sie »Die Zwölf« (so im Babylonischen Talmud, Baba bathra 14b/15a), in der Septuaginta Δωδεκαπρόφητον, während die Vulgata sie als »Prophetae Minores« bezeichnet.

Zugleich ist jedoch jedes einzelne der hier versammelten Prophetenbücher deutlich als selbständige Schrift gekennzeichnet. (Im folgenden verwende ich für diese den Ausdruck »Schrift« zur Unterscheidung von dem »Buch« der Zwölf Propheten.) Dies geschieht insbesondere durch die einleitenden Überschriften. Bei einer Anzahl der Schriften enthält die Überschrift eine Angabe über den Zeitraum oder Zeitpunkt des Wirkens des betreffenden Propheten, orientiert an den Regierungszeiten der jeweiligen Könige in Juda und Israel bzw. schließlich des Perserkönigs Darius. Dadurch ergibt sich eine Zeitspanne von der Mitte des achten Jahrhunderts (Hosea, Amos, Micha) über die spätvorexilische Zeit im letzten Drittel des siebten Jahrhunderts (Zefanja) bis in die Zeit der Rückkehr und des Wiederaufbaus am Ende des sechsten Jahrhunderts (Haggai, Sacharja). Damit überspannt diese Sammlung im wesentlichen den gleichen Zeitraum wie das Buch Jesaja.

Die Überschriften weisen charakteristische Unterschiede auf (Tabelle bei Zenger 1995b, 370). Sie sprechen alle vom Offenbarungsempfang des jeweiligen Propheten, jedoch in unterschiedlichen Formulierungen: als »Wort des HERRN«, das »erging« (Hosea, Joël, Jona, Micha, Zefanja, Haggai, Sacharja) oder das der Prophet »schaute« (*ḥāzāh*, Amos) oder das »durch« ihn an Israel erging (Maleachi); als »Schauung« (*ḥāzôn*, Obadja, Nahum) oder als »Ausspruch« (*maśśā'*), den der Prophet »schaute« (Habakuk). Diese Unterschiede lassen auf verschiedene Stadien der Zusammenfügung der jetzigen Sammlung schließen.

Die Hälfte der Schriften enthält die Angabe eines bestimmten Zeitabschnitts oder Zeitpunkts für das Wirken des Propheten. Dadurch werden die Schriften der Propheten Hosea, Amos, Micha und Zefanja als eine zusammengehörige vorexilische Gruppe herausgehoben, noch einmal unterteilt in die drei erstgenannten aus der Zeit der bestehenden Reiche Israel und Juda sowie Zefanja am Ende der Zeit des Reiches Juda; ihnen stehen die nachexilischen Propheten Haggai und Sacharja gegenüber. Daß bei den übrigen Schriften keine Zeitangaben gemacht werden, ist bei dem durchdachten System der Überschriften kaum zufällig. Es ist gut denkbar, daß diese Schriften im Laufe der Entstehung des Zwölfprophetenbuches zu den erstgenannten hinzugefügt und auf sie bezogen worden sind (Nogalski 1993a und b; Schart 1998). Dadurch wurden für die Sammlung als ganze jeweils neue Akzente gesetzt, während der zeitlichen Einordnung dieser Schriften kein eigenständiges Gewicht beigemessen wurde. Doch verdienen diese neuen Akzente ihre eigene Beachtung, denn nach dem Verständnis der Tradenten soll nun das Ganze als einheitliche prophetische Botschaft gelesen werden (vgl. Steck 1996).

Gleichwohl werden die Konturen der einzelnen Prophetenschriften nicht verwischt, sondern durch die Überschriften ausdrücklich festgehalten. Dabei werden jedoch die hinter den einzelnen Schriften stehenden Propheten als Personen kaum sichtbar. Am deutlichsten geschieht dies in dem kurzen narrativen Abschnitt in Am 7,10-17, der Amos in einem dramatischen Konflikt mit dem Priester des Heiligtums in Bet-El zeigt. Für den Leser fällt von hier aus Licht auf die ganze Amosschrift, so daß dieser Prophet am deutlichsten vor Augen steht. Am Beginn der Hoseaschrift wird in dem sehr komplexen Textabschnitt Kap.1-3 am Konflikt in der Ehe Hoseas das Verhältnis Israels zu Jhwh metaphorisch dargestellt. Hier tritt die Person Hoseas unter einem sehr »privaten« Aspekt in Blick, während in den oft sehr spannungsgeladenen Texten der folgenden Kapitel die Situationen, in denen sie gesprochen wurden, nicht berichtet werden, so daß das Bild der Person Hoseas in ihrem zeitgeschichtlichen Kontext undeutlich bleibt. Die Worte Michas lassen ebenfalls vielfältig spannungsvolle Situationen erkennen, ohne daß dabei die Person des Propheten jemals sichtbar wird. Ähnliches gilt für Zefanja. Bei Haggai wird der Kontext seines Auftretens erzählerisch dargestellt, so daß hier noch einmal eine Prophetengestalt deutlichere Konturen erhält; bei Sacharja fehlen wiederum entsprechende Hinweise.

Bei den nicht datierten Prophetenschriften bleiben durchweg die Propheten als Personen ganz im Hintergrund; die einzige Ausnahme bildet die Jonaschrift, die insgesamt eine Prophetenerzählung darstellt. Bei Maleachi zeigen sich zwar wieder sehr lebhafte Diskussionen und Auseinandersetzungen, doch auch hier wird die Person des Propheten nicht erkennbar.

Die Auslegungsprobleme des Zwölfprophetenbuches sind in mancher Hinsicht mit denen des Jesajabuches vergleichbar. Hier wie dort sind sehr unterschiedliche prophetische Stimmen aus ganz verschiedenen Zeiten miteinander verbunden worden und wollen nun in einem bestimmten Sinne als Einheit gelesen werden. Dabei sind jedoch im Zwölfprophetenbuch die Profile der einzelnen Schriften noch deutlich erhalten geblieben, so daß auch die Einzelstimmen gehört werden wollen, in bestimmten Fällen wohl auch in Spannung oder Kontrast zu anderen. Im folgenden wird häufig nur der

→ 265

→ 247

Name des jeweiligen Propheten gebraucht, wenn die in der nach ihm benannten Schrift ertönende Stimme gemeint ist.

Die Auslegung steht in diesen Fragen noch in den Anfängen, so daß vieles unabgeschlossen bleiben muß (vgl.1997c). Interessant ist die unterschiedliche Stellung der Schriften Joël, Obadja und Jona, die in der Septuaginta in dieser Reihenfolge nach Micha erscheinen, während Jona in einer (allerdings fragmentarischen) Handschrift aus Qumran (4QXII^a) ganz am Ende steht (vgl. Jones 1995).

5.2
Am Anfang redete der HERR durch Hosea

»Am Anfang des Redens des HERRN durch Hosea« heißt es zu Beginn der Hoseaschrift (1,2). Damit wird zugleich das Zwölfprophetenbuch eröffnet.

Dieser Anfang markiert ein Thema von weitreichender Bedeutung: Israels Abfall von Jhwh. Dabei wird das verfehlte Gottesverhältnis Israels mit dem Wort »Hurerei« bezeichnet, und die Ehe Hoseas wird zu einem zeichenhaften Geschehen. Er muß eine »hurerische« Frau heiraten und »hurerische« Kinder zeugen. Die Namen der Kinder kennzeichnen die Reaktion Jhwhs auf Israels Abkehr von ihm: »Jesreel« (V.4), der Name der Königsstadt als zusammenfassende Kritik am Königtum, das seit der Zeit Ahabs den Baalskult gefördert und gepflegt hat; *lo' ruḥāmā* »Nicht Begnadete« (V.6); *lo' 'ammî* »Nicht mein Volk« (V.9). Der Leser erinnert sich dabei an die Namensgebung der Kinder Jesajas »Ein Rest kehrt um« und »Raubebald – Eilebeute« (Jes 7,3; 8,3), die auch ein Element der Botschaft → 162 Jesajas ausdrückten.

Ähnlich wie am Anfang des Jesajabuches, das mit einer scharfen Anklage beginnt, die erst im folgenden entfaltet und präzisiert wird, wird auch hier erst allmählich erkennbar, daß Hoseas Frau Gomer stellvertretend für Israel steht, und daß die Liebhaber, denen sie nachläuft (2,7.9), die fremden Götter, die Baale sind (2,10.15.19). B.XVI Götter Zugleich überrascht dieser Anfang der Hoseaschrift durch den plötzlichen Wechsel zwischen den scharfen Anklagen und Ankündigungen des strafenden Handelns Gottes und der Verheißung einer heilvollen Zukunft, in der die unheilvollen Namen der Kinder in ihr Gegenteil verkehrt werden sollen. Statt »Nicht mein Volk« sollen die Israeliten »Mein Volk« (2,3) und »Söhne des lebendigen Gottes« (2,1) heißen, »Begnadete« statt »Nicht Begnadete« (V.3), und der »Tag von Jesreel« wird ein großer, heilvoller Tag sein (V.2). Auch dies erinnert wieder an Jesaja, wo schon am Abschluß der ersten Einheit von Prophetenworten die endzeitliche Wallfahrt der Völker zum Zion angekündigt wird (Jes 2,1-5). Beides steht hier ganz am → 157 Anfang programmatisch unmittelbar nebeneinander: die Aufdeckung der Schuld Israels mit der Ankündigung der Strafe – und die Verheißung einer heilvollen Zukunft.

Auch in den folgenden Kapiteln wechseln diese beiden Aspekte. Der Ehemann Jhwh wird seine untreue Frau daran hindern, ihren Liebhabern nachzulaufen (2,4-9), wird ihr die Gaben entziehen, die er ihr gegeben hat (V.10f.14), wird ihre Festfreude in Schande verkehren (V.12f) und damit ihren Baalskult ahnden (V.15). Aber dann wird er sie geradezu verführen und sie wieder an den Ort der ersten Liebe zurückbringen: in die Wüste, wo alles nach der Herausführung aus Ägypten begann (V.16f). Und wieder eröffnet sich ein weiter Blick in die Zukunft, noch weiter als beim ersten Mal. Gott wird nicht nur »die Namen der Baale aus ihrem Munde reißen« (V.18f) und eine neue, fest begründete eheliche Beziehung aufbauen (V.21f), sondern er wird auch zu ihren Gunsten einen Vertrag mit der Tierwelt schließen (V.20a), aller kriegerischen Bedrohung ein Ende machen (V.20b) und sogar Himmel und Erde und die ganze Natur mit Israel versöhnen (V.23f), so daß schließlich, wie zuvor die Mutter wieder »mein Mann« zu sagen gelernt hat (V.18), auch der Sohn, der nun »Du bist mein Volk« heißt, sagen wird: »Mein Gott« (V.25).

Noch einmal muß Hosea die Ehe mit einer ehebrecherischen Frau eingehen (Kap.3). Es wird nicht gesagt, ob es dieselbe ist wie in Kap.1; offenbar war diese Frage den Tradenten nicht wichtig, denn hier steht nun von Anfang an der zeichenhafte Charakter dieser Handlung im Vordergrund. Die Frau soll lange (»viele Tage«) ohne Beziehungen zu Männern im Hause sitzen (V.3), so wie die Israeliten »viele Tage« ohne ihre politischen und kultischen Institutionen dasitzen werden (V.4). Hier wird ein Exil in einem feindlichen Land angekündigt, wie es den Menschen der damaligen Zeit stets als drohende Möglichkeit vor Augen stand. Israel hat dieses Geschick jetzt verdient. Die Gründe dafür werden in diesem knappen erzählenden Text nicht noch einmal genannt; der Leser kennt sie aus den vorhergehenden Kapiteln. Aber auch hier bleibt es nicht bei der Gerichtsankündigung. »Danach«, d.h. nach diesen »vielen Tagen« werden die Israeliten umkehren (V.5). Hier erscheint das gewichtige Wort *šûb* »umkehren«. Es war schon im Munde der Frau angeklungen als Ausdruck des Wunsches, zu ihrem Mann zurückzukehren (2,9). Jetzt wird es in seinem vollen theologischen Sinn gebraucht: umkehren, zurückkehren zu Gott. Sie werden ihn suchen und sich ihm zitternd wieder nahen. Wann wird das sein? »Am Ende der Tage« –

→ 157

ein Zeitpunkt, der auch schon bei Jesaja eine Rolle spielt (Jes 2,2). Dieser Zeitpunkt bleibt unbestimmt, aber der Blick soll auf diesen zukünftigen Tag gerichtet sein, auch wenn sich inzwischen die Leiden einer langen Exilszeit einstellen werden. Hier fließt auch ein messianisches Element mit ein, wenn es heißt, daß sie Gott »und

B.IX Königtum   ihren König David« suchen werden.

So steht im Zentrum der ersten drei Kapitel der Hoseaschrift die Anklage, daß Israel sich durch die kultische Verehrung anderer Götter von seinem Gott Jhwh abgewendet hat (so schon 1,2), und die

Ankündigung der göttlichen Strafe für diesen Abfall. Dies bleibt auch in den folgenden Kapiteln ein beherrschendes Thema Hoseas. Von hier aus wirft es auch sein Licht auf die nachfolgenden Prophetenschriften, in denen kultische Verfehlungen viel seltener ausdrücklich genannt werden. Dort richten sich die Vorwürfe und Anklagen gegen Israel auf andere Bereiche, vor allem den sozialen (Amos und Micha); aber sie fließen jetzt mit den kultischen Problemen zu einem komplexen Ganzen zusammen. Zugleich bestimmt aber auch die Verheißung der zukünftigen Vergebung und Wiederherstellung die weiteren Schriften des Zwölfprophetenbuches, in denen sich immer wieder das oft spannungsvolle Nebeneinander und geradezu Gegeneinander von Gerichtsankündigungen und Heilsverheißungen findet.

Bei Hosea nimmt Gottes Auseinandersetzung mit Israel jetzt die Form eines Rechtsstreits an (*rîb*, 4,1). Eine lange Reihe von Vergehen und Verbrechen wird aufgeführt (V.2). Sie haben alle ihre Wurzeln in einem grundlegenden Mangel (V.1): Es gibt im Land keine »Treue«, d.h. Zuverlässigkeit (*ᵉmet*), keine »Güte«, d.h. Gemeinschaftssinn, Hingabe (*ḥesed*), und keine »Gotteserkenntnis«, d.h. Wissen um Gott (*daʿat ᵉlohîm*). Dies sind Schlüsselbegriffe, die bei Hosea immer wieder begegnen. An dieser Stelle werden sie aber nicht entfaltet, sondern der Prophet konkretisiert seine Anklage und spitzt sie zu: Nicht »irgendjemand« (*ʾîš*) soll angeklagt und beschuldigt werden, sondern diejenigen, die für das alles verantwortlich sind, allen voran die Priester (4,4ff), dann aber auch das Königshaus (5,1; der in 4,5 neben dem Priester genannte Prophet wird bei Hosea sonst nicht mehr kritisiert, wohl aber in anderen Schriften des Zwölfprophetenbuches, auf die hier gleichsam vorverwiesen wird, so Mi 3,5f.11; Zef 3,4). In einer langen Anklagerede werden die Priester beschuldigt, daß gerade sie es sind, die dem Volk die Erkenntnis, das Wissen um Gott, vorenthalten, weil sie selbst Gottes Tora vergessen haben (4,6). Sie bereichern sich an den Opfern (V.8), und sie sind an der »Hurerei« (V.10ff) und dem Götzenkult des Volkes mit »Holz« und »Stab« selber mitbeteiligt (V.10ff). So ist *Bet-El* (»Haus Gottes«) zu *Bet-Awen* (»Haus des Frevels«) geworden (V.15 – eine deutliche Anspielung an Am 5,5). Das Königshaus wird in die Vorwürfe mit einbezogen, denn ihm ist das Recht anvertraut, das jetzt seine Wirkung nicht entfalten kann (5,1f). Ihre Taten lassen Umkehr zu Gott nicht mehr zu (V.4); auch wenn sie es versuchen sollten, wird sich Gott von ihnen nicht finden lassen (V.6).

Plötzlich ertönt Hörnerblasen (5,8): Es ist Krieg, und zwar Bruderkrieg! Dieses Thema beherrscht die folgenden Kapitel. Der Bruderkrieg zwischen Nord (Efraim) und Süd (Juda), der auch bei Jesaja eine Rolle spielt (vgl. Jes 7), ist in Wirklichkeit von Gott selbst verursacht; er ist der eigentlich »Feind« (5,12.14). Darum kann auch Assur nicht helfen (V.13), das zugleich Kriegsgegner und Bündnispartner ist. Aber jetzt zieht Gott sich zurück und wartet darauf, daß die Israeliten ihre Schuld erkennen und ihn wieder suchen (V.15).

B.XII Israel im Widerstreit

→ 273.280

→ 263

→ 161

Und sie kommen tatsächlich (6,1-3) – aber ist ihre Umkehr echt (V.4)? Noch ist es die Aufgabe des Propheten, »dreinzuschlagen« (V.5) wie schon viele andere vor ihm, in deren Kontinuität er sich sieht: »Samuel, Ahija von Schilo, Elija, Elischa sowie letztlich Mose« (Jeremias 1983, 87). Aber dann ist die entscheidende Frage nicht die nach den Opfern, mit denen die Menschen sich Gott nähern, sondern nach der inneren Einstellung, mit der sie die Opfer bringen. In einer lehrsatzartig formulierten Alternative heißt es: »Hingabe will ich (ḥāpaṣtî), nicht Schlachtopfer, Gotteserkenntnis statt Brandopfer« (V.6). Der Satz klingt an den Ausspruch Samuels gegen-

→ 97

über Saul an (1Sam 15,22f), in dem der Gehorsam gegenüber der göttlichen Weisung den Opfern entgegengestellt wird, die Saul gebracht hat. Opfer sind nicht Selbstzweck, und vor allem können sie nicht ersetzen, was Gott wirklich »will«. Das können durchaus auch richtig dargebrachte Opfer sein (ḥāpaṣ ist ein Ausdruck der

B.VII Kult

Kultsprache, vgl. 1967,285f). Vor allem aber sind es die Dinge, deren Fehlen bei den Israeliten Hosea als das Grundübel benannt hat (4,1): Hingabe (ḥesed) und Gotteserkenntnis (da'at ᵉlohîm). Und auch jetzt ist die Hingabe nur wie ein schnell vergehendes Morgengewölk (6,4). Was sollen da die Opfer? Hier wird sehr deutlich, daß es nicht um eine grundsätzliche Ablehnung des Opfers geht, sondern um die richtige Rangfolge, um das, was Gott vor allem anderen will, woran er »Lust hat« (Luther).

Deshalb nützen jetzt Opfer nichts, denn es ist nichts von einer Umkehr Israels und einer Hinwendung zu Gott zu erkennen. In einem langen Textstück werden die Sünden Israels schonungslos offengelegt: Gewalt im Land und in der Hauptstadt (6,7ff) bis hin zu Königsmorden (7,3-7), wobei sich wieder die Priester besonders hervortun (6,9); eine gottwidrige Außenpolitik (7,8-12), und schließlich ein kultisches Verhalten, in dem offenkundig wird, daß sie sich Gott nicht zuwenden, sondern sich von ihm abwenden (V.13) und immer noch falschen Kultpraktiken nachgehen (V.14f); und wenn sie tatsächlich »umkehren«, dann nicht zu Gott (V.16).

Wieder das Horn (8,1)! Und wieder eine lange Reihe von Vorwürfen. Könige und Kult sind die Themen. Könige werden ohne Gottes Auftrag eingesetzt (V.4a). Nach Jerobeam II., der noch zu der durch Elischa inaugurierten Dynastie Jehus gehörte, waren in rascher Folge wechselnde Könige auf den Thron gekommen, immer durch Mord

→ 132

am Vorgänger und ohne jegliche Mitwirkung von Propheten. Das ist nicht im Auftrage Gottes geschehen. Zudem verschwenden sie kostbares Silber und Gold, um Götterbilder anzufertigen (V.4b).

→ 119

Und schließlich das »Kalb von Samaria« (vgl. 1Kön 12, 26-33), das Staatsheiligtum in Bet-El (V.5f, vgl. 10,5f)! Es ist verworfen, denn es war nie ein legitimer Gegenstand der Verehrung Gottes. Viele Altäre, auch wenn sie nicht fremden Göttern gewidmet sind, führen schließlich zur Sünde (V.11), weil Gott die vielen Opfer nicht »will«

(V.13, rāṣāh im gleichen Sinne wie ḥāpaṣ in 6,6). Denn Efraim (d.h.

Israel) betrachtet ja die Weisungen Gottes, auch wenn noch so viele aufgeschrieben werden, wie etwas Fremdes (V.12); darin sind sie nicht besser als ihre Priester (vgl. 4,6). Und schließlich noch einmal: die verfehlte Bündnispolitik (V.8-10).

Darum: »Sie müssen wieder nach Ägypten« (8,13). Das ist Ankündigung des Exils (9,3), in dem ihnen alles fehlen wird, woran sie sich **B.V Exil** jetzt erfreuen (V.1-7); zugleich klingt darin das »Zurück zu den Anfängen!« mit (V.10ff). Doch die Zeitgenossen können nur sagen: »Ein Narr ist der Prophet, ein Verrückter (*mᵉšuggaʿ*) der Geistesmann« (V.7b). Sie lauern ihm auf, stellen Fallen auf und verfolgen ihn bis ins Gotteshaus hinein (V.8). Ihr Tun wird verglichen mit den »Tagen von Gibea«, jener Schandtat, von der in Ri 19 berichtet wird. Dies alles wird Gott an ihnen heimsuchen (V.9).

Plötzlich ändert sich das Thema. Die Stichworte »Ägypten« und »Gibea« haben den Blick in die Anfänge der Geschichte Israels ge- **B.XVII Ge-** lenkt, von denen Hosea nun unter verschiedenen Aspekten spricht. **schichte** Dabei zeigt sich sofort, daß dies nicht reine Geschichtsbetrachtungen sind, sondern daß sie dazu dienen, die Anfänge und Ursachen des Verhaltens Israels aufzuzeigen, das in der Gegenwart die Anklagen des Propheten und die Ankündigungen des göttlichen Strafhandelns begründet. Wie schon in 2,16f (und bei Jeremia, Kap.2) beginnt → 192 Hoseas Geschichtsrückblick mit der Wüstenzeit als Zeit der ersten, ungetrübten Gottesbeziehung Israels (9,10). In einer eindrucksvollen Metapher spricht Gott von der Erwählung Israels als von einem »Finden«, und zwar einem völlig unerwarteten, weil ganz unrealistischen: Trauben in der Wüste. (Das nachfolgende Bild von den Frühfeigen findet sich auch Jes 28,4.) Aber sofort ändert sich der Ton: Kaum näherten sich die Väter Israels dem verheißenen Land, da begingen sie schon den ersten großen Abfall: den zum Baal Peor (Num 25), mit dem sie sich der »Schande« (*bošet*) hingaben (Hos → 67 9,10b); hier hat der Baal einen konkreten Namen.

Das nächste Stichwort heißt »Gilgal« (V.15). Damit ist wohl der Anfang des Königtums gemeint, insbesondere die Einsetzung Sauls zum König (1Sam 11,14f) und dann sein Opfer gegen die Anweisung → 96 des Propheten Samuel, das zu seiner Verwerfung führte (13,8-14). Es ist gewiß kein Zufall, daß Hoseas Wort darüber, was Gott wirklich »will« (Hos 6,6), deutlich an Samuels Wort gegenüber Saul in 1Sam 15,22f anklingt. Wie einst Saul werden jetzt die Israeliten »verwor- → 97 fen«, weil sie nicht »gehört« haben (Hos 9,17, vgl. 1Sam 15,23.26). Schon in Gilgal begann Gott sie zu »hassen« (9,15, das hebräische Wort *śānēʾ* ist nicht so scharf wie das deutsche »hassen«, vgl. ThWAT VII, 828ff). Hoseas negatives Urteil über das Königtum hat sich gegenüber 8,4 gesteigert, und es wird sich noch weiter steigern (vgl. 13,11). Hier stehen jetzt der Anfang des Baalskults und der verfehlte Beginn des Königtums unmittelbar nebeneinander. Darum wird Gott Efraim alle Herrlichkeit (9,11.13) und Fruchtbarkeit entziehen (V.11-16).

Auch in den folgenden Abschnitten finden sich Geschichtsrück-
blicke aus wechselnden Perspektiven. Israel erscheint als üppiger
Weinstock (10,1). Aber wieder bildet der Rückblick auf den glücklichen Anfang nur den Kontrast zu dem, was danach kam. Wieder
sind es die allzuvielen Altäre (V.1b.2.8), das Königtum (V.3f.7) und
das »Kalbszeug von Bet-Awen« (V.5f, vgl. 4,15; 8,5), mit denen Israel sich gegen Gott aufgelehnt hat und die ihnen Gott jetzt wegnehmen oder vernichten wird. Wie im Kontrast dazu setzt der nächste
Rückblick nicht mit der glücklichen Frühzeit ein, sondern erneut
mit der Schandtat von Gibea (10,9, vgl. 9,9). Das Wort redet vom
Krieg (V.9f), ebenso der später folgende Abschnitt (V.13b-15). Dazwischen wird noch einmal in einem neuen Bild die Frühzeit beschworen, als Efraim ein gelehriges junges Rind war, das zu frucht-
bringender Feldarbeit angelernt werden sollte. »Pflüget ein Neues,
weil es Zeit ist, den HERRN zu suchen.« Doch wieder folgt die Verkehrung: »Aber ihr habt Unrecht gepflügt und Frevel geerntet«
(V.11-13a).
Noch einmal setzt Hosea ganz am Anfang an: bei Gottes Liebe zu
seinem jungen Sohn Israel, als er ihn aus Ägypten herausführte
(11,1). Aber wieder folgt sofort der Umschlag: Sie laufen von ihm
weg, opfern den Baalen und bringen den Götterbildern Räucheropfer dar (V.2). Gleichwohl hat Gott sich liebevoll um sie bemüht,
doch umsonst: Sie müssen zurück nach »Ägypten« (das jetzt »Assur« heißt) (V.3-6). Dies scheint das Ende der Heilsgeschichte zu
sein, die einst mit der Herausführung Israels aus Ägypten begonnen
hat. Aber der Text ist hier noch nicht zu Ende. Die Rückkehr nach
Ägypten bedeutet doch nicht das Ende der Geschichte Gottes mit
Israel. Denn es ist zwar nicht von einer Umkehr Israels die Rede –
B.XI Wie von
Gott reden? statt dessen aber von einer Umkehr Gottes selbst! Er kann sein Volk
nicht aufgeben, kann seinen Zorn nicht vollstrecken: »Mein Herz
hat sich in mir umgewandt, mit Macht ist meine Reue entbrannt«
(V.8). Die Reue Gottes, seine »Selbstbeherrschung«, die ihn dazu
bringt, das Gericht an seinem Volk nicht zu vollziehen, behält die
Oberhand. So bleibt es zwar dabei, daß Israel nach »Ägypten« muß.
Aber das bedeutet nicht das Rückgängigmachen der Heilsgeschich-
te, sondern sie werden von dort »bebend« zurückkehren (vgl. 3,5),
und Gott wird sie heimkehren lassen (11,11). So kann die Heilsge-
schichte gleichsam noch einmal von neuem beginnen.
Dies ist einer der seltenen Texte in der Hebräischen Bibel, die von
der »Reue« Gottes sprechen (vgl. Jeremias 1975/97, 52ff. 137ff).
Hier findet die Besonderheit der Prophetie Hoseas, in der neben der
Gerichtsverkündigung immer wieder die Heilsverkündigung zum
Durchbruch kommt, ihre deutlichste Ausprägung. Es ist gewiß kein
Zufall, daß sich dieser Durchbruch im Zusammenhang mit der Er-
innerung an den Anfang der Geschichte Gottes mit Israel in der
Herausführung aus Ägypten ereignet; denn schon einmal hat Gott
verheißen, Israel wieder an den Ort der ersten Liebe zurückbringen,

in die Wüste, wo alles nach der Herausführung aus Ägypten begann (2,16f).

Der Abschnitt 11,7-11 bildet den Abschluß des großen Textzusammenhangs Kap.4-11, wie schon der heilvolle Ausblick in 3,5 den ersten Teil (Kap.1-3) abgeschlossen hat. Demgegenüber ist der Neueinsatz in Kap.12 überraschend, denn hier steht noch einmal die Schuldgeschichte Israels im Vordergrund. Von besonderer Bedeutung sind dabei wieder die Rückbezüge auf die frühe Geschichte Israels, wobei jetzt Jakob in den Mittelpunkt rückt. Dabei zeigen sich bis in den Wortlaut hinein enge Berührungen mit den Jakobtraditionen der Genesis, wenn auch auch die Intention mancher Anspielungen für den heutigen Ausleger unsicher bleibt. → 248

Viele Ausleger verstehen die Anspielung auf das Festhalten der Ferse Esaus (*'āqab* V.4a, vgl. Gen 25,26) als »Betrug« im Sinne von Gen 27,36 und interpretieren von daher auch die folgende Szene des Kampfes am Jabbok negativ als »Rebellion gegen Gott« (Jeremias 1983, 153), obgleich der Text dasselbe Wort *śārāh* »streiten« verwendet wie Gen 32,29, wo Jakob mit diesem Wort zu »Israel« umbenannt wird. Es liegt näher, den Text so zu verstehen, daß hier wie auch sonst der Abfall Israels ein Abweichen von den heilsgeschichtlichen Anfängen in der Geschichte Gottes mit den Erzvätern darstellt (vgl. vor allem (Ackroyd 1963). → 28 B.III Väter

Neben der Jakobtradition ist wieder von Ägypten die Rede. In einer feierlichen Selbstvorstellungsformel heißt es: »Ich bin der HERR, dein Gott, vom Land Ägypten her« (12,10). Mit dieser Formulierung wird die grundlegende Bedeutung der Herausführung Israels aus Ägypten zum Ausdruck gebracht, nicht nur für die Beziehung Gottes zu Israel, sondern sogar für Gottes eigene Identität. Er definiert sich gleichsam selbst als den, der Israel aus Ägypten herausgeführt hat. Darum »kennt« Israel keinen anderen Gott (13,4). Die theologische Bedeutung des Exodusgeschehens kann kaum nachdrücklicher formuliert werden (vgl. 1997b). Jetzt steht die Nennung dieser grundlegenden Tat Gottes für Israel aber in scharfem Kontrast zu Efraims »kanaanäischer« Händlergesinnung, die rücksichtslos auf den Erwerb von Reichtum aus ist (12,8). Darum wird Gott Israel wieder in die Armut des Zeltlebens zurückführen (V.10b). B.V Exodus

Noch eine weitere Besonderheit des Geschichtsverständnisses Hoseas tritt hier in Blick: die große Bedeutung der prophetischen Vorläufer. Schon in 6,5 erschienen sie als Werkzeuge Gottes in seinem geschichtlichen Handeln an Israel. Jetzt sagt Hosea in seiner kritischen Bewertung der Geschichte Israels, daß Gott doch immer schon – und das heißt auch: immer wieder – zu den Propheten und durch sie geredet habe, so daß Israel seinen Willen und seine Pläne kannte (12,11). Ja mehr noch: Schon die Herausführung aus Ägypten, die für Hosea so zentrale Bedeutung hat, ist durch einen Propheten geschehen, nämlich durch Mose (V.14). Er führte und behü- → 250

tete Israel auf diesem Wege. Hosea nimmt damit »programmatisch
die Traditionen der Frühzeit Israels als ›prophetische‹ in Anspruch«, und »sieht sich selber in der successio mosaica, der Nachfolge des Mose, aber auch in seiner Autorität stehen« (Jeremias
1983, 157). Aus dieser Autorität heraus muß er nun auch verkünden, daß Gott Israel wegen der bitteren Kränkung, die es ihm zugefügt hat, schwer strafen wird.

Schließlich steht auch Kap.13 recht isoliert vom Vorhergehenden.

B.XVI Götter »Baal«, »Gußbilder« und »Kälber« sind wieder die Vorwürfe gegen
Efraim (V.1f) und die Sattheit, die dazu führt, daß sie Gott vergessen
(V.6), der doch ihr »Gott vom Land Ägypten her« ist, der einzige
Gott und Retter, den sie kennen (V.4f). Wenn er sie jetzt anfällt wie
wilde Tiere (V.7f), dann kann ihnen auch ihr König nicht helfen –
der König, den Gott ihnen im Zorn gegeben und im Grimm wieder
genommen hat (V.9-11). Schärfer kann die grundsätzliche Ablehnung des Königtums kaum formuliert werden. Der Tod kommt
jetzt über Efraim in mannigfacher Gestalt (V.12-15), und die Königsstadt Samaria muß fallen, weil sie sich gegen Gott aufgelehnt hat
(14,1).

Doch dies kann nicht das letzte Wort sein. Noch einmal ist von
Umkehr die Rede. Aber diesmal lädt Gott selbst Israel ein, zu ihm

B.XII Israel im umzukehren (nur hier steht in der Hoseaschrift das Wort *šûb* im Im-
Widerstreit perativ, 14,2), seine Schuld vor ihm zu bekennen und seinen verfehlten Bemühungen abzusagen, bei falschen Bündnispartnern oder
falschen Göttern Hilfe zu finden (V. 2-4). Doch noch bevor Israel
dieser Einladung folgen kann, kommt ihm Gott schon entgegen mit
der Zusage, daß er selbst Israels Abtrünnigkeit (*mᵉšûbāh*) heilen will,
daß sein Zorn gewichen ist und daß er Israel seine ganze Liebe und
Zuneigung zuwenden will, so daß es eine fruchtbare und friedvolle
Zukunft haben wird (V.5-8). Die Sinnlosigkeit der Verehrung von
Götterbildern wird noch einmal ganz offenkundig, wenn Gott sagt:
»Was sollen dir noch die Götterbilder? Ich bin es, der es erhört hat
und anblickt« (V.9). So greift dieses letzte Kapitel mit seiner Ankündigung der künftigen Zuwendung Gottes zu seinem Volk noch einmal die Botschaft auf, mit der schon in Kapitel 3 und 11 deutliche
Akzente in der Sammlung der Texte der Hoseaschrift gesetzt worden sind.

Die Worte Hoseas sind zu Ende gekommen. Ein Leser gibt an die folgenden Lesergenerationen die Frage weiter: »Wer ist so weise, daß
er dies versteht?« (V.10) In dieser Frage liegt zugleich die Aufforde-

B.XV Weisheit rung, sich um die Weisheit zu mühen, die nötig ist, um dies alles zu
verstehen. Dabei soll sich der Leser von der Einsicht leiten lassen,
daß die Wege Gottes »gerade« sind und daß es entscheidend ist, als
»Gerechter« auf ihnen zu gehen und nicht als »Abtrünniger« auf ihnen zu stolpern und zu Fall zu kommen. In all ihrer Vielschichtigkeit soll die Hoseaschrift dazu anleiten, dies zu verstehen und zu
befolgen (vgl. Sheppard 1980, 129ff).

Es sind vor allem zwei Themen, welche die Hoseaschrift beherrschen: der Vorwurf des Baalskultes und die Aufforderung zur Umkehr. Beide stehen in einer ausgeprägten Kontrastbeziehung zueinander: Israel muß umkehren von seinem falschen Gottesdienst – und wenn es umkehrt, was sollen ihm dann noch die Götterbilder? Ein weiteres charakteristisches Element in der Verkündigung Hoseas sind die Rückbezüge auf die Frühgeschichte Israels. Wie kein anderer Prophet setzt Hosea immer wieder die gegenwärtige Situation Israels zu den Anfängen seiner Geschichte in Beziehung, und auch sein eigenes Wirken als Prophet sieht er in der Nachfolge Moses. Damit leistet die Hoseaschrift einen wichtigen Beitrag zur Herstellung und Bewahrung der Kontinuität innerhalb des Kanons der Hebräischen Bibel. Zugleich gibt sie für die Sammlung des Zwölfprophetenbuches bestimmte Themen vor, die in unterschiedlicher Akzentuierung in den nachfolgenden Schriften wieder aufgenommen werden.

5.3
Der Tag des HERRN ist Finsternis und Licht (Joël, Amos, Obadja – und Jona)

5.3.1
Der Tag des HERRN ist nahe – nur auf dem Zion ist Rettung (Joël)

Während der Leser noch der weisheitlichen Sentenz von Hos 14,10 nachsinnt, ertönt wieder der Aufruf zum Hören (Joël 1,2). Er ist eingeleitet als »Wort des HERRN« an einen Propheten, von dem wir nur den Namen erfahren: Joël, Sohn des Petuël (V.1). Die Situation ist völlig verändert: Eine furchtbare Heuschreckenplage ist über das Land gekommen, die Anlaß zu einer ausgedehnten Klage bildet (1,2-2,11). Korn, Wein und Öl, die Gott Israel für eine heilvolle Zukunft zugesagt hatte (Hos 2,24), sind vernichtet (Joël 1,10). Darum ruft der → 248 Prophet »noch einmal« zur Umkehr, zur Buße auf (2,12), wie es vor ihm schon Hosea getan hatte (Hos 14,2f), nachdem ein erster Ansatz → 254 Israels zur Umkehr sich als nicht ernsthaft genug erwiesen hatte (6,1-6). Auch der liturgische Rahmen der Buße (Joël 1,13f; 2,12.15- → 250 17) erinnert an Formulierungen bei Hosea (6,1; 14,3), ebenso die Rede vom »Zerreißen des Herzens« (Joël 2,12; Hos 13,8). Aber jetzt vollzieht sich diese Bußfeier in Jerusalem, im Tempel auf dem Zion (Joël 2,15-17). Die Verbindung von Hosea und Joël überspannt die gemeinsame Geschichte Israels und Judas. Dabei steht das Ganze nun bei Joël unter einem neuen, übergreifenden Aspekt. Es ist der »Tag des HERRN«, der herankommt und schon nahe ist (1,15; 2,1f.11; 3,4; 4,14.18). Auch andere Propheten haben schon von diesem Tag gesprochen (Jes 2,12ff; 13,6.9 u.ö.), doch bei Hosea wird → 167 er nicht erwähnt. Hier zeigt sich, daß die Joëlschrift nicht nur nach rückwärts mit Hosea, sondern auch nach vorwärts mit Amos verknüpft ist. Denn dort ist vom Tag Jhwhs die Rede, und es ist offen-

→ 263

kundig, daß der Prophet dabei an etwas anknüpft, das seinen Hörern nicht nur bekannt ist, sondern das für sie auch eine ganz besondere, positive Bedeutung hat: »Weh denen, die den Tag des Herrn herbeiwünschen! Was soll euch der Tag des Herrn?« (Am 5,18). Für den Leser des Zwölfprophetenbuches kommt die plötzliche Erwähnung dieses Tages nicht überraschend, denn er hat zuvor die Kapitel der Joëlschrift gelesen, in der sich alles um diesen Tag dreht. Es ist gut denkbar, daß die Joëlschrift gerade deshalb an diese Stelle gesetzt worden ist, um eine Brücke zwischen Hosea und Amos zu schlagen.

Der Tag Jhwhs ist eine fruchtbare Katastrophe, die alle Lebensgrundlagen vernichtet. Das eigentlich Erschreckende daran ist, daß diese Katastrophe als »der Tag des Herrn« erkannt wird: »Weh über diesen Tag!« (1,15) Das ganze Grauen kommt in einem Wortspiel zum Ausdruck: Der Tag kommt k^ešod miššaddaj »wie Gewalt vom Gewaltigen« (Buber), wie eine Verheerung vom Allmächtigen (vgl. Jes 13,6). Aber Gott selbst ruft sein Volk zur Buße: »Kehrt um zu mir (šubû 'ādaj) mit eurem ganzen Herzen«! (2,12), und der Prophet fügt hinzu: »Vielleicht läßt er sich's noch einmal gereuen« (wörtlich: »Wer weiß, er kehrt um und bereut es«, mîjôdēa' jāšûb w^{e}niham V.14). Hier klingt wieder das Wort von der »Reue« Gottes an, das

→ 252

schon bei Hosea eine so zentrale Rolle gespielt hat (Hos 11,8). Der Prophet hat seinen eigenen Aufruf zur Buße (2,13) mit einem Zitat aus der großen Krisensituation in der Frühgeschichte Israels begründet, als Gott auf dem Sinai vor Mose seinen Namen ausrief: »denn er ist gnädig und barmherzig, langmütig und voll Gnade«

→ 58

(vgl. Ex 34,6); dabei hat der Prophet hinzugefügt »und läßt sich das Unheil gereuen« und hat damit die in seinem »Vielleicht« zum Ausdruck gebrachte Hoffnung mit Gottes grundlegender Vergebungstat begründet, die Israels Existenz vor Gott überhaupt erst ermöglicht hat.

Der Aufruf zur Buße führt zu einer großen Buß- und Klagefeier im Tempel auf dem Zion (2,15-17), die in dem dringenden Gebet gipfelt: »Hab Erbarmen, Herr, mit deinem Volk und gib dein Eigentum nicht der Schande preis!« Die Schande würde auch darin bestehen, daß die Völker sagen könnten: »Wo ist denn ihr Gott?« Und Gott erbarmt sich. Er »ereifert« sich für sein Land, das so schwer gelitten hat (V.18), und will sein Volk nicht der Schande preisgeben unter den Völkern (V.19). Er gibt dem Land wieder Fruchtbarkeit, er ersetzt den Bewohnern gleichsam die verlorenen Erntejahre (V.25), so daß sie essen und satt werden und den Namen des Herrn preisen können (V.26).

Aber es geht nicht nur ums Sattwerden. Vielmehr werden sie daran »erkennen, daß ich inmitten Israels bin; ich bin der Herr, euer

B.XI Wie von Gott reden?

Gott, und keiner sonst« (V.27). Diese erweiterte »Erkenntnisformel« bildet den Abschluß und den Höhepunkt dieses ersten dramatischen Kapitels vom »Tag des Herrn«. Israel hat erkannt, daß sich in der Bedrohung, der es ausgesetzt war, der Tag Jhwhs ankündigte.

Es hat Buße getan, ist umgekehrt, und Gott hat seine Gebete gehört. Und an dieser Erhörung und Rettung soll Israel nun erkennen, daß Jhwh, der einzige Gott, in seiner Mitte ist. Die gleiche Erkenntnisformel wird später einen Schlußakzent in der Joëlschrift setzen (4,17).

Doch zuvor wird noch weiter vom »Tag des HERRN« geredet. Die Joëlschrift ist so etwas wie eine Sammlung von Texten über den »Tag des HERRN«, die dieses Phänomen unter verschiedenen Aspekten betrachten und nicht einfach chronologisch und thematisch hintereinander angeordnet sind. Zweimal wird deutlich ein Neubeginn markiert, ohne daß diese Neueinsätze jedoch erkennbar aufeinander bezogen wären (3,1; 4,1).

»Danach wird es geschehen« (3,1). Diese Formulierung ist in der Hebräischen Bibel ganz ungewöhnlich, und es bleibt offen, was für ein Zeitpunkt damit gemeint ist. Eine eschatologische Auslegung legt sich nahe, wie sie in der neutestamentlichen Aufnahme dieses B.XVIII Zukunft Textes zum Ausdruck kommt: »In den letzten Tagen wird es geschehen« (Apg 2,17). Dabei besteht eine eigenartige Spannung zwischen dem einleitenden »Danach« und dem dann folgenden »bevor der Tag des HERRN kommt« (V.4); es ist gleichsam eine Zwischenzeit, eine Zeit eschatologischer Erwartung. Was jetzt geschehen wird, greift weit über Israel hinaus. Gott wird seinen Geist über »alles Fleisch« ausgießen, d.h. über die ganze Menschheit (vgl. Gen 6,12f.17 u.ö.), über Alte und Junge, Freie und Sklaven (V.1f). Die Wirkung wird sein, daß die Empfänger des göttlichen Geistes sich wie Propheten verhalten werden (*nibbᵉʾû*). Hier wird gleichsam der Wunsch Moses erfüllt: »Wenn doch das ganze Volk des HERRN zu Propheten würde und der HERR seinen Geist auf alle legte!« (Num → 47 11,29) Aber es geschieht viel mehr als das, weil jetzt die Ausgießung des Geistes »alles Fleisch« erfaßt. Doch dann werden gewaltige Veränderungen in der Natur ankündigen, daß der »große und schreckliche Tag des HERRN« im Begriff ist zu kommen (V.3f). Im Unterschied zu der ersten Schilderung des Tages Jhwhs in Kap.1f wird hier nichts von Vorgängen auf der Erde gesagt, weder eine zerstörerische Plage noch feindliche Heere (so andeutungsweise in 2,4-9). Der »Tag des HERRN« ist hier ein geradezu kosmisches Geschehen, das über die ganze Menschheit kommt.

Wer kann diesem eschatologischen Gericht entrinnen? Auf diese Frage läuft das Ganze hinaus, und sie wird beantwortet: »Wer den Namen des HERRN anruft, wird gerettet werden« (3,5). Dabei verengt sich der Blickwinkel wieder ganz auf den Zion: »Denn auf dem B.X Zion Berg Zion und in Jerusalem wird Rettung (*pᵉlêṭāh*, vielleicht besser: eine Schar der Geretteten) sein.« Das heißt, daß die, aber auch nur die gerettet werden, die den Namen des HERRN anrufen. Nach dem Kontext können sie aus allen Völkern, aus »allem Fleisch« kommen; und es werden diejenigen sein, die durch die Ausgießung des Geistes Gottes dazu instandgesetzt worden sind, in dieser Situation höchster Gefahr den Namen Gottes anzurufen. Gott wird auf dieses Rufen antworten, wie es am Schluß heißt: »die der HERR ruft.« Aber es wird nur eine Schar von Geretteten sein, ein Rest.

B.XVI Völker In der Joëlschrift wird der Tag Jhwhs noch einmal von einer anderen Seite gezeigt: als ein Tag des göttlichen Gerichts über Israels/Judas Feinde »wegen meines Volks und meines Eigentums Israel« (4,1-15). Die Völker werden eigens zusammengerufen ins »Tal Joschafat« ($j^e h\hat{o}\check{s}\bar{a}p\bar{a}t$, »Jhwh richtet«, V.2), in dem Gott über sie zu Gericht sitzen (V.12) und das zum »Tal der Entscheidung« (V.14) werden wird, wenn der Tag Jhwhs kommt. Und erst wenn das Gericht vollzogen ist, wenn Jhwh »vom Zion brüllt« (V.16a), kommt Israel in Blick, für das Gott eine Zuflucht und Schutzwehr ist. Hier erscheint noch einmal die erweiterte Erkenntnisformel (V.17, vgl.2,27), die vom Wohnen Gottes auf dem Zion und von der Heiligkeit Jerusalems spricht, und auf die noch ein »paradiesischer« Ausblick folgt (V.18-21).

Dies ist sozusagen die andere Seite des Tages Jhwhs. In Kap.1f wurde dieser Tag als Gerichtstag über Israel beschrieben, dem Israel durch Fasten und Umkehr entgehen konnte. In Kap.4 ist es Gericht über die Feinde Israels, von dem Israel selbst nicht betroffen wird. Zwischen beiden steht, merkwürdig unverbunden, die knappe Schilderung des im engeren Sinne eschatologischen Tages Jhwhs in Kap.3. Alle drei Sichtweisen waren in Israel präsent und sind hier in der Joëlschrift zusammengefügt. Dies ist offenbar die eigentliche Funktion dieser Schrift: den Tag Jhwhs von seinen verschiedenen Seiten vor Augen zu stellen. Dabei ist zugleich die zentrale Rolle des Zion von Bedeutung. In jeder der drei Schilderungen des Tages Jhwhs hat er eine Schlüsselfunktion. In 2,15 wird das Horn auf dem Zion geblasen, um die Fastenversammlung einzuberufen, die schließlich zur Rettung Israels führt; in 4,16 kündigt das »Brüllen« Jhwhs vom Zion an, daß Israel von dem Gericht ausgenommen ist und daß Gott weiterhin »auf dem Zion, meinem heiligen Berge«, wohnt (V.17); und nach 3,5 wird sich die Schar der Geretteten, der eschatologische Rest, auf dem Zion sammeln.

Durch die frühe Stellung der Joëlschrift in der Zwölfprophetensammlung bekommt das Thema vom »Tag des HERRN« großes Gewicht für die ganze Sammlung. Dies gilt zunächst für den engeren Umkreis. Die einzige Stelle, an der Amos den Tag Jhwhs erwähnt

→ 263 (Am 5,18.20), steht jetzt nicht isoliert, sondern erhält Licht von der Joëlschrift; und die auf Amos folgende kleine Obadjaschrift, in welcher der Tag Jhwhs das einzige Thema ist, bildet zusammen mit Joël eine Art Rahmen um Amos (vgl. Schart 1998, Kap.8) und wird dadurch selbst eingebunden in einen Kontext unterschiedlicher Sichtweisen des Tages Jhwhs. Aber auch im weiteren Verlauf des Zwölfprophetenbuches erscheint dieses Thema noch an zwei bedeutsamen Stellen. In der Zefanjaschrift bildet es wiederum eines der Hauptthemen und steht damit am Ende der Teilsammlung der vorexilischen Schriften innerhalb des Buches. Und schließlich bildet es in Maleachi 3 den Abschluß der ganzen Sammlung und wohl auch des ganzen Prophetenkanons in der Hebräischen Bibel. Mit dem Stichwort »Zion« ist durch die Joëlschrift ein weiteres wichtiges Thema im Zwölfprophetenbuch angeschlagen, das bei Hosea noch nicht begegnete. Damit wird zugleich eine Brücke zu Amos geschlagen (vgl. Schart 1998, 163ff).

5.3.2
Gott zieht Israel zur Rechenschaft (Amos)
Der Übergang von Joël zu Amos ist im Zusammenhang des Zwölfprophetenbuches nicht überraschend. Das dramatische Wort »Jhwh brüllt vom Zion, und aus Jerusalem läßt er seine Stimme ertönen« aus Joël 4,16 wird in Am 1,2 wiederholt. Hier leitet es über zu einem Zyklus von Prophetenworten, die zunächst gegen andere Völker, dann aber auch gegen Juda und Israel gerichtet sind. Diese Worte setzen fort, was im letzten Kapitel der Joëlschrift eingeleitet wurde: das göttliche Gericht gegen Völker, die sich an Israel – und B.XVI Völker nun auch an anderen Völkern – vergangen haben. Man kann den Beginn der Amosschrift geradezu als Ausführung der Ankündigung lesen, daß Gott zu Gericht sitzen will »über alle Völker ringsum« (Joël 4,12); denn gerade gegen sie richten sich die ersten Gerichtsworte: gegen die Aramäer von Damaskus (Am 1,3-5), die Philister von Gaza (V.6-8), Tyrus (V.9f), Edom (V.11f), die Ammoniter (V.13-15) und Moab (2,1-3). Ihnen allen wird vorgeworfen, daß sie im Zusammenhang mit Kriegshandlungen »Verbrechen gegen die Menschlichkeit« an Wehrlosen und Frauen begangen hätten. Und wegen dieser Vergehen wird ihnen das göttliche Gericht angekündigt. Dabei heißt es jedesmal »Ich nehme es nicht zurück« (1,3.6.9 usw.). Was ist mit diesem »Es« gemeint? Im Zusammenhang mit der Joëlschrift denkt der Leser an die Ankündigung des »Tages Jhwhs«, der unausweichlich über die Völker kommen wird. Später wird sich der Leser noch einmal an den unerbittlichen Klang dieser Aussage erinnern, wenn in den Visionsschilderungen des Amos das Ende der göttlichen Vergebungsbereitschaft ausgesprochen wird: »Ich gehe nicht noch einmal schonend vorüber« (7,8; 8,2). So bilden → 265 die Völkersprüche in Kap.1f und die Visionen in Kap.7f gleichsam eine Klammer um den Hauptteil der Amosschrift (vgl. Jeremias 1995b, 157ff).

Die Völkersprüche laufen zielstrebig (über die dazwischengefügte Judastrophe 2,4f) auf die Israelstrophe in 2,6-16 zu. Damit bekommt die prophetische Rede nun einen ganz anderen Akzent als bei Joël. Dort war von Sünden Israels nicht die Rede, aber jetzt werden sie B.XII Israel im ausführlich entfaltet. Im Unterschied zu den vorhergehenden Völ- Widerstreit kerworten geht es hier nicht um Sünden gegenüber Angehörigen anderer Völker, sondern gegenüber solchen des eigenen Volkes. Dabei zeigt sich ein ganz anderer Blickwinkel als bei Hosea. Nicht kultische Vergehen stehen im Vordergrund, sondern soziale. Die Anklagen richten sich vor allem auf die Unterdrückung und Ausbeutung der sozial und wirtschaftlich Unterlegenen: Mißbrauch der Regeln der Schuldknechtschaft, Benachteiligung im Rechtsverfahren, sexuelle Ausnutzung Abhängiger, Verprassen des widerrechtlich Angeeigneten (V.6-8). Dabei werden die Unterdrückten mit den verschiedensten Ausdrücken bezeichnet: sie sind »im Recht« (ṣaddîq), arm ('ebjôn), gering (dal), elend ('ānāw). Alle diese Ausdrücke haben außer ihrer sozialen auch eine religiöse Komponente, denn es sind gerade diese Unterdrückten, denen Gott zu ihrem Recht verhelfen will. Das religiöse Element spielt auch dadurch mit hinein, daß dieses Treiben als Entweihung des göttlichen Namens bezeichnet wird (V.7) und daß die Gelage am Heiligtum stattfinden (V.8a und b).

Dieses Verhalten der Israeliten steht in schroffem Gegensatz zu dem, was von ihnen zu erwarten gewesen wäre. Amos konfrontiert sie mit einigen Grundelementen des israelitischen Credo: Gott hat die Voraussetzungen für Israels Leben in seinem Land erst geschaffen, indem er es aus Ägypten herausgeführt, durch eine lange Wüstenzeit hindurch geleitet und ihm schließlich möglich gemacht hat, das Land in Besitz zu nehmen (2,9f). Er hat ihnen Menschen gegeben, die religiöse Wegleiter und Vorbilder hätten sein sollen, Propheten und Nasiräer; aber die Israeliten haben sie daran gehindert zu tun, wozu Gott sie beauftragt hatte (V.11f). Wie bei Hosea, so werden auch bei Amos die entscheidenden Vorwürfe und Anklagen in der Gegenüberstellung zur Anfangsgeschichte Israels formuliert. Darum wird Israel die Strafe Gottes treffen. Anders als gegenüber den anderen Völkern wird es nicht ein Feuer sein, was die Vernichtung bewirkt (vgl. 1,4.7.9 usw.), sondern Gott selbst wird eingreifen: »Seht, ich spalte unter euch den Erdboden« (2,13). Die Schilderung des Erdbebens geht über in die einer furchtbaren militärischen Katastrophe, aus der sich höchstens ein paar nackte Flüchtlinge retten können (V.14-16).

Das Ende Israels scheint gekommen. Aber bevor das Wort vom »Ende« (qēṣ) ausgesprochen wird (8,2), folgt eine vielschichtige und spannungsreiche Sammlung von Prophetenworten, die offenbar zu verschiedenen Zeiten und bei unterschiedlichen Anlässen gesprochen worden sind. Dabei erscheinen zwischen den scharfen Anklagen und Ankündigungen des göttlichen Gerichts immer wieder Texte und einzelne Formulierungen, in denen sich ein, wenn auch meist nur schwacher, Blick in die Zukunft auftut.

Am Anfang dieser Sammlung steht ein knappes Wort von außerordentlichem Gewicht. Die Gottesrede ruft noch einmal die Herausführung aus Ägypten als den Anfang der Geschichte Gottes mit Israel ins Bewußtsein (3,1) und nennt die Folgerung, die sich daraus für das Verhältnis Gottes zu Israel ergibt: »Nur euch habe ich erkannt aus allen Geschlechtern der Erde« (V.2a). Die Herausführung

B.XVII Geschichte

→ 265

aus Ägypten begründet das einmalige Gottesverhältnis Israels. Dies kam schon bei Hosea zum Ausdruck: »Ich bin der HERR, dein Gott, vom Land Ägypten her« (Hos 12,10); darum »kennt« Israel keinen → 253 anderen Gott (*jāda‘* 13,4). Bei Amos heißt es jetzt, daß Gott Israel »erkannt« hat (*jāda‘*), d.h. »erwählt«, wobei das hier gewählte Ver- B.II Erwählung bum die enge, geradezu intime Beziehung zum Ausdruck bringt. Auf diesen grundlegenden Glaubenssatz folgt ein ganz unerwarteter Nachsatz: »darum suche ich an euch heim alle eure Sünden« (Am 3,2b). Die Erwählung Israels ist nicht nur Privileg; sie bedeutet zugleich und in besonderem Maße Verantwortung vor Gott, Verpflichtung zum Leben nach dem Willen Gottes. Israel hat dieser Verantwortung nicht genügt, wie Amos schon nachdrücklich dargelegt hat (2,6-8.11f). Darum zieht Gott Israel jetzt zur Rechenschaft (*pāqad*). Das ist kein Widerruf der Erwählung; im Gegenteil, es wird eine gewichtige, weitreichende Konsequenz der Erwählung bewußt gemacht, allerdings eine andere Konsequenz, als sie gemeinhin gezogen wurde. Man könnte dies die prophetische Konsequenz nennen. Viele Ausleger haben deshalb Am 3,2 als einen so zentralen Satz empfunden, daß er dem ganzen Amosbuch oder gar der ganzen israelitischen Prophetie als Motto hätte dienen können (vgl. Jeremias 1995a, 32f). An dieser Stelle hat er die Funktion, das Folgende einzuleiten.

Vor der nun folgenden Sammlung von Gottes- und Prophetenworten an und gegen Israel, welche die Mitte der Amosschrift bilden (Kap.3-6), steht eine grundsätzliche Aussage über die Unabwendbarkeit des prophetischen Auftrags. Mit ihren bildhaften Aussagen über das Verhältnis von Ursache und Wirkung (V.3-6a) laufen die Verse 3,3-8 zielstrebig auf den letzten Satz zu: »Der Löwe brüllt – wer fürchtet sich nicht? Der HERR Jhwh redet, wer wird nicht zum Propheten?« Wie Jeremia spricht Amos hier von der unausweichli- B.XIII Prophe- chen Notwendigkeit, als Prophet zu reden. Wie bei Jeremia kann ten man hinter dieser Aussage Widerstand und Anfeindungen wegen → 213 seiner Botschaft erkennen, wie es bei der Härte seiner Gerichtsbotschaft und seiner schonungslosen Kritik an seinen Zeitgenossen auch nicht anders zu erwarten ist.

Ursache und Wirkung sind auch bei allem Unheil, das über die Menschen hereinbricht, klar zu erkennen. Es gibt kein Unheil (*rā‘āh*), das nicht Gott gewirkt hätte (V.6b). Ein interpretierender Zwischensatz weitet diese Einsicht aus. Gott tut seinen »Ratschluß« (*sôd*) jeweils zuvor »seinen Knechten, den Propheten« kund (V.7), damit sie es weitersagen. Aber die Israeliten haben ja die Propheten daran gehindert, ihre Botschaft auszurichten (2,12), so daß sie die Warnung nicht gehört haben. Doch Amos läßt sich nicht hindern. Er wirkt als Prophet, weil Gott geredet hat (3,8). Und er kündigt auch das Unheil an, das Gott über Israel bringen wird. Zunächst wird vor allem die Oberschicht in der Hauptstadt Samaria davon betroffen sein, deren Luxusleben drastisch geschildert wird.

In ihren vornehmen, elfenbeingeschmückten Häusern (»Palästen«, 3,10f.15) sitzen und liegen sie auf ihren Betten (V.12). Sie wissen nicht mehr (jāda‛), das Rechte zu tun; statt dessen häufen sie Gewalttat und Bedrückung an (V.10). Auch die Frauen, die Amos als (fette) »Basanskühe« bezeichnet (4,1), beteiligen sich daran, für ihr Wohlleben Arme und Elende zu unterdrücken. Darum wird das Land kriegerischer Zerstörung ausgesetzt werden (3,11.15), aus der niemand lebend entrinnen wird (V.12). Auch die Frauen werden in schmachvollem Deportationszug weggeführt werden (4,2f).

B.VI Tora

Es ist vor allem der Verstoß gegen grundlegende Forderungen der sozialen Gerechtigkeit, den Amos hier anprangert (vgl. schon 2,6-8) und als Grund für das bevorstehende Unheil benennt. Dabei werden aber auch die Altäre von Bet-El zerstört werden (3,14); denn der Kult

→ 249

in Bet-El und Gilgal, gegen den schon Hosea gewettert hat (Hos 4,15), ist in Wirklichkeit eine Sünde, ja ein Verbrechen (Am 4,4; das Verbum pāša‛ erinnert an die Verbrechen der Völker, peša‛, in 1,3ff), und dient nicht dem »Wohlgefallen« Gottes, sondern nur dem der Opfernden selbst (V.5).

Ihre Verstocktheit haben die Israeliten schon allzu oft unter Beweis gestellt. In litaneiartiger Wiederholung heißt es in dem folgenden Rückblick auf die vielerlei Katastrophen, die Gott über Israel hat kommen lassen: »aber ihr seid nicht zu mir umgekehrt« – trotz Hunger (4,6), Dürre (V.7f), Erntekatastrophen (V.9), Pest (V.10) und furchtbaren Zerstörungen, die der von Sodom und Gomorra glichen (V.11).

Nur hier klingt bei Amos das Thema Umkehr (šûb) an, und nur in der negativen Aussage: Ihr seid nicht umgekehrt – und jetzt ist es zu spät! Israel muß sich bereit machen, seinem Gott gegenüberzutreten (V.12). Es bleibt eigenartig in der Schwebe, was dann geschehen wird. Wird es eine Begegnung mit Gott sein gleich der, zu der

→ 48

Israel sich am Sinai bereitmachen mußte (Ex 19,11.15)? Oder das endgültige Gericht?

Der Text läßt dem Leser keine Zeit, allzu lange über diese Frage nachzudenken, sondern stimmt überraschend – gleichsam »an der Schwelle zwischen Leben und Tod« (Jeremias 1995a, 56) – einen Hymnus an, einen Lobpreis auf Gott den Schöpfer und Herrn der Welt und der Geschichte (4,13). Auf den ersten Blick scheint dies eine μετάβασις εἰς ἄλλο γένος zu sein. Bei näherem Betrachten zeigt der Hymnus jedoch gerade solche Seiten des Schöpferhandelns Gottes, die mit der ambivalenten Aussage des vorhergehenden Verses korrespondieren. Gott schafft das Verläßliche (die Berge) und das nicht zu Fassende (den Wind); er kann das Morgenlicht unversehens in Finsternis verwandeln und damit gleichsam den Schöpfungsvor-

→ 12
→ 272

gang von Gen 1,3f umkehren; er schreitet über die Höhen der Welt dahin und zeigt damit seine überlegene Macht (vgl. Mi 1,3f); und er ist nicht nur der ferne Schöpfer, sondern er tut den Menschen kund, was sein Plan ist (vgl. 3,7!).

Der Hymnus bildet zugleich einen dramatischen Abschluß der Sammlung von Prophetenworten, die mit dem Aufruf zum Hören in 3,1 begann. Mit dem gleichen Aufruf (5,1) beginnt eine neue Sammlung von Prophetenworten. Jetzt spricht der Prophet aus einer Sicht nach dem Eintreffen des Unheils. Er stimmt über Israel eine Totenklage an, ein Leichenlied (*qînāh* V.2), so als sei Israel schon durch eine militärische Katastrophe dezimiert worden (V.3). Doch dann wendet er sich sogleich wieder den noch in der Gegenwart Stehenden zu mit einem dringenden Gotteswort: »Suchet mich, so werdet ihr leben!« (V.4) Noch gibt es eine Chance – die einzige, die es überhaupt geben kann: Leben in der Hinwendung zu Gott. Es ist höchst eindrucksvoll, wie Amos hier mitten zwischen den Ankündigungen des unabwendbaren, ja scheinbar schon angebrochenen göttlichen Gerichts noch einmal dazu aufruft, den Weg des Lebens zu wählen, »damit nicht (*pen*) das Haus Josef wie Feuer verbrennt« (V.6). In der Wiederholung dieses Aufrufs in V.14f heißt es dann: »Vielleicht (*'ûlaj*) wird Gott gnädig sein«.

Dieses »Vielleicht« bleibt auch jetzt noch eine Möglichkeit. Aber diese Möglichkeit wird nicht dadurch eröffnet, daß die Menschen Bet-El und Gilgal (und Beerscheba) suchen (5,5). Diese Kultorte hat Amos ja zuvor schon als Stätten gebrandmarkt, an denen nicht Gottesdienst, sondern »Verbrechen« begangen werden (4,4f). Jetzt sagt er in einem makabren Wortspiel, daß *Gilgal* ins Exil gehen muß (*gāloh jigleh*) und daß Bet-El, das »Haus Gottes« zum (*bēt-)'āwen* »(Haus des) Unheil(s)« (oder des Frevels, vgl. Hos 4,15) werden wird. »Gott suchen« heißt vielmehr, »das Gute« suchen und das Böse hassen, konkret: das Recht zur Geltung bringen (5,14f). Nur für dieses Suchen gilt das »Vielleicht«.

Und es gilt auch jetzt nur für einen »Rest« (5,15). Denn dieser zweimalige Ruf, Gott zu suchen, steht im Kontext von ganz und gar negativen Urteilen über die Angeredeten. Wie schon früher bei Amos sind es immer wieder die Vorwürfe der sozialen Vergehen gegenüber den Armen und Hilflosen (V.11f), die jetzt noch betont als Verstöße gegen das »Recht« (*mišpāṭ*) und die »Gerechtigkeit« (*ṣedāqāh*) herausgestellt werden (V.7.10) und mit denen der eigene Luxus scharf kontrastiert (V.11). Aber den werden sie nicht mehr genießen können. Die Spruchsammlung endet, wie sie begann: mit der Totenklage (V.16f). Wenn Gott durch Israels Mitte hindurchschreitet (V.17), wie er einst durch Ägypten hindurchgeschritten ist, als er dort die Erstgeburt schlug (Ex 12,12), dann weiß Israel, was es heißt, seinem Gott zu begegnen (4,12). Aber das »Vielleicht« wird nicht widerrufen.

Hier ist der Punkt erreicht, an dem vom »Tag des HERRN« die Rede sein muß. Das machtvolle, verderbenbringende Einherschreiten Jhwhs erinnert den Leser an die Schilderungen des Tages Jhwhs in der Joëlschrift. Auch die Ambivalenz der Erweise der Macht Jhwhs ist dort vielfältig ausgesprochen. So konnte man wohl hoffen, daß

E 127

B.VII Kult

→ 249

B.XVIII Zukunft

→ 42

→ 255

Jhwh an Seinem Tag die Feinde vernichten würde, wie es am Ende der Joëlschrift dramatisch beschrieben wird. Aber solchen Erwartungen setzt Amos ein eindeutiges Nein entgegen. Wenn der Tag Jhwhs kommt, kann er für Israel nur Unheil bedeuten, nur Finsternis und nicht Licht (5,18.20), unausweichliches Unglück, vor dem keine Flucht mehr retten kann (V.19).

→ 250
→ 157.194

Auch der Kult kann nicht mehr retten. An den Opfern dieser Israeliten hat Gott kein »Wohlgefallen«; er »haßt« sie, er mag sie nicht »riechen«, d.h. sie als »beruhigenden Geruch« (Lev 1,9 u.ö., vgl. auch Gen 8,21) anerkennen, weil »Recht und Gerechtigkeit« verschwunden sind, die sich in Israel wie ein nie versiegender Bach ergießen sollten (5,21-23). Wie Hosea (Hos 6,6) und ebenso auch Jesaja (Jes 1,10-17) und Jeremia (Jer 7, 21-23) weist Amos Opfer zurück, denen nicht das von Israel geforderte soziale und rechtliche Verhalten entspricht. Genauso wenig wie sie lehnt er den Opferkult »an sich« ab. Aber er ist mit der ganzen prophetischen Tradition darin einig, daß Opfer allein nichts nützen und daß vor Gott das Tun von Recht und Gerechtigkeit – oder mit Hosea gesprochen: Hingabe und Gotteserkenntnis – wichtiger und allein lebensrettend sind. Darum erscheint die Kritik am Opferkult gerade an dieser Stelle angesichts des bevorstehenden Tages Jhwhs.

Es folgt noch eine weitere Gruppe von Texten gegen die Sorglosen und Selbstsicheren (auf dem Zion und) in Samaria (6,1). Erneut geißelt Amos ihr Wohlleben im Luxus (V.4-6), das aber bald sein Ende finden wird, wenn sie ins Exil weggeführt werden (V.7) und die ganze Stadt zu einem Leichenhaus wird (V.8-10). Auch kleine, lokale Erfolge wie der von Lo-Dabar (V.13) können die das ganze Land Israel erfassende militärische Katastrophe nicht mehr aufhalten (V.14).

E 121

Noch einmal beginnt jetzt in der Amosschrift etwas ganz Neues: »So ließ mich der HERR Jhwh schauen« (7,1). Amos berichtet von Visionen, die ihm zuteil geworden sind und in die er selbst unmittelbar einbezogen wurde. In vier gleich geformten, paarweise angeordneten Visionsberichten wird die sich steigernde Bedrohung Israels vor Augen geführt, die schließlich auf das unabwendbare Ende hinführt. Zweimal sind es Naturkatastrophen: eine Heuschreckenplage (V.1f) und eine alles vernichtende Dürre (V.4). Sie werden ausdrücklich als von Gott herbeigeführt bezeichnet, so daß ihr Strafcharakter deutlich vor Augen steht. Aber Amos interveniert. Er nimmt das fürbittende Amt des Propheten wahr, wie es schon äußerst intensiv von Mose ausgeübt worden ist und wie es später Jeremia untersagt wurde. »HERR Jhwh, vergib doch!« heißt es beim ersten Mal (V.2b). Aber als dann erneut eine geradezu kosmische Ausmaße annehmende Katastrophe hereinbricht – das Feuer frißt die »große Flut« –, kann er nur noch ausrufen: »HERR Jhwh, halt doch ein!« (V.5) Die Begründung für seine Fürbitte ist beidemal die gleiche: »Wie soll Jakob bestehen? Er ist doch so klein!« Von einer

→ 57
→ 195

erhofften Umkehr Israels ist keine Rede mehr. Amos appelliert nur an Gottes Mitleid mit der Hilflosigkeit des »kleinen« Jakob – und er hat Erfolg. Aber nicht deshalb, weil Gott seine Strafe für unangemessen hält, sondern weil es ihn »gereut« (*niḥam* V.3.6). Wie schon bei Hosea (Hos 11,8) ist auch hier wieder von der »Selbstbeherr- → 252
schung« Gottes die Rede, mit der er sich selbst zurückhält, die Strafe zu vollziehen: »Es soll nicht geschehen.« Aber auch hier ist wieder die Steigerung von der ersten zur zweiten Vision erkennbar. Beim zweiten Mal ist ein zugleich verstärkendes und einschränkendes »auch dies« hinzugefügt. Im Duktus des Ganzen wird deutlich, daß dies bedeutet: nur dies noch; dann ist die Geduld Gottes endgültig erschöpft.

Amos hat es verstanden. In den beiden folgenden Visionen (7,7f; 8,1f) versucht er nicht mehr zu intervenieren. Hier wird er auf andere Weise in das visionäre Geschehen hineingezogen, indem er auf Gottes Frage »Was siehst du, Amos?« das Gesehene mit einem Namen bezeichnen muß (vgl. Jer 1,11.13). Das erste Mal ist es ein Me- → 190
tall (*'anāk*), entweder ein Bleilot (so die bisher herrschende Auslegung) oder Zinn, wie es für Waffen verwendet wird (vgl. Jeremias 1995a, 101f). Gott wird es »mitten in mein Volk Israel hineinlegen«, und das bedeutet, daß die Schonung ein Ende hat: »Ich kann nicht länger (schonend) an ihm vorübergehen.« In diesem »nicht mehr vorübergehen« (*'ābar l^e*) hört der Leser das »Ich schreite durch deine Mitte hindurch« (*'ābar b^e* 5,17) mitklingen. Noch deutlicher ist dies in der vierten Vision (8,1f). Amos sieht einen Korb mit reifem Sommerobst (*qajiṣ*). Seine Bedeutung: »Das Ende (*qēṣ*) ist gekommen für → 221
mein Volk Israel.« Hier wird es in aller Schärfe und Klarheit ausgesprochen: das Ende ist gekommen.

Zwischen der dritten und der vierten Vision steht aber noch ein Abschnitt besonderer Art (7,10-17), dessen Stellung in diesem Kontext bedeutungsvoll ist. Es ist der einzige erzählende Abschnitt innerhalb der Amosschrift. Er berichtet von einem dramatischen Konflikt zwischen Amos und dem Priester Amazja am Heiligtum in Bet-El, bei dem es nicht nur um einen Konflikt zwischen den beteiligten Personen geht, sondern um einen Zusammenstoß zwischen dem im Auftrag Gottes redenden Propheten und dem Repräsentan- B.XIII Propheten
ten des staatlichen Kultes, der im Auftrag des Königs handelt.
Amazja will Amos verbieten, in Bet-El als Prophet aufzutreten (*hinnābē'*). Damit tut er genau das, was Amos schon in seiner ersten Anklagerede den Israeliten vorgeworfen hat: daß sie zu den Propheten sagen: »Redet nicht als Propheten!« (2,12) Gott hat Amos beauf- → 260
tragt, »zu meinem Volk Israel« als Prophet zu reden (7,15). Indem Amazja ihn daran hindern will, im Staatsheiligtum von Israel als Prophet aufzutreten, stellt er sich diesem göttlichen Auftrag entgegen. Darum trifft ihn ein göttliches Gerichtswort, wonach seine Familie und er selbst gleichsam vorab das bevorstehende Geschick Israels erleiden werden (V.17).

So weist hier das offizielle Israel das Angebot der prophetischen Mahnung und Wegweisung zurück und verspielt damit die letzte Möglichkeit, das »Ende« noch aufzuhalten, von dem die vierte Vision (8,1f) spricht. Auch die darauf folgenden Texte entfalten nur noch das schon definitiv angekündigte Ende. Noch einmal werden Vergehen an Bedürftigen und Armen genannt (8,4-6), wobei unter Aufnahme von 2,6f neue Aspekte (unlauterer Handel) hinzutreten (V.5). Dies alles wird Gott niemals vergessen (V.7) – und dann schließt sich eine Schilderung endzeitlicher kosmischer Ereignisse an (V.8). Die folgenden Abschnitte lassen in ihren Einleitungsformeln »An jenem Tage« (V.9f.13f) und »Es kommen Tage« (V.11f) noch einmal das Motiv des »Tages Jhwhs« anklingen.

→ 263

Eine besonders dramatische Schilderung des Endes wird erneut als Vision eingeleitet (9,1-4). Der Prophet sieht Jhwh selbst am Altar stehen und das Säulenkapitell zerschlagen; er löst dadurch ein Beben aus, dem keiner mehr entfliehen kann. Auch extreme Fluchtwege in die Totenwelt oder in den Himmel, auf den Gipfel des Karmel oder auf den Grund des Meeres bieten keine Rettung mehr. Gottes Augen ruhen jetzt nicht mehr »zum Guten« auf Israel, sondern zum »Bösen«. Denn Israel hat nicht »das Gute« gesucht, sondern »das Böse« (5,14). Die Folgen muß es jetzt tragen.

Die Schilderung kosmischer Veränderungen (8,8f) nimmt schließlich die Gestalt eines Hymnus an, der in Aussagen über Gottes Schöpferwalten übergeht (9,5f) und an 4,13 (und 5,8) erinnert. Er schließt, wie 4,13, mit der feierlichen Formel: »Jhwh ist sein Name.« Damit wird in eindrucksvoller Weise herausgestellt, daß die Vernichtung Israels nicht das eigentliche Ziel des Handelns Gottes ist, sondern daß es in dem allen – und auch in dem, was außer dem »Ende« Israels noch in der Welt geschieht – um Gott selbst und um seinen Namen geht.

Dies wirkt wie ein feierlicher Abschluß, und vielleicht war es in einem bestimmten Stadium der Entstehung der Amosschrift auch als Abschluß gemeint. Aber die im Namen des Propheten Amos weitergegebene Botschaft endet hier nicht. Denn den Lesern stellt sich unabweisbar die Frage, wie es weitergeht. Was bedeutet es, daß Israel am Ende ist? Es bedeutet zunächst, daß Israel keine absolute Sonderstellung vor Gott genießt (9,7f). Israel ist vor Gott nicht mehr als alle anderen Völker, z.B. die fernen Kuschiten (Luther: »Mohren«); und Gott hat nicht nur Israel, sondern auch die feindlichen Nachbarn, die Philister und Aramäer (vgl. 1,3-5.6-8), an ihre jetzigen Wohnsitze gebracht. Wenn er jetzt das »sündige Königreich« Israel vernichtet, dann wird er doch bestimmt nicht das »Haus Jakob« vernichten. Die politische Größe »Israel« wird zu Ende gehen, die Nachkommen der erwählten Erzväter aber nicht. Doch es wird eine Sichtung geben, bei der wie bei einem Sieb das »Sündige« zurückgehalten und der Vernichtung übergeben wird und nur das durchkommt, was in den Augen Gottes Bestand hat

→ 259

(V.9f). Hier taucht wieder der Gedanke vom »Rest« auf, der schon in 5,15 ausgesprochen war. Dort war von einem »Vielleicht« die Rede; → 263 hier ist jetzt die Hoffnung zuversichtlicher formuliert, aber wieder nur im Blick auf den Teil des Hauses Israel, der die Sichtung besteht.

Und dann richtet sich der Blick weiter in die Zukunft. Noch einmal heißt es »An jenem Tage« (V.11) und »Es kommen Tage« (V.13), aber diesmal werden damit hoffnungsvolle Perspektiven eingeleitet. Die zerfallene »Hütte Davids« wird wieder errichtet werden »wie in den Tagen der Vorzeit«. Das ideale Königtum Davids soll dem »Haus Jakob« (d.h. Juda) wieder eine staatliche Gestalt geben, und sei es auch nur in einer bescheidenen Form, aber doch so, daß es sich auch gegenüber feindlichen Nachbarn behaupten kann.

Und schließlich geht der Blick über die realen irdischen Verhältnisse hinaus und zeichnet ein Bild paradiesischer Fruchtbarkeit, wo Saat und Ernte unmittelbar aufeinander folgen und die Berge und Hügel von Wein triefen (V.13). Die friedliche Zukunft »meines Volkes Israel«, dessen Geschick Gott wenden wird (šûb šᵉbût), wird gleichsam eingebettet in das Bild einer Welt, in der es keinen Mangel, keine Armut und keine Bedrohung mehr geben wird (V.14f). B.XVIII Zukunft

Dieser Abschluß zeigt deutliche Beziehungen zur Joëlschrift. Das Bild von den vom Wein triefenden Bergen steht auch dort im Schlußabschnitt (Joël 4,18). Dicht daneben steht in beiden Schriften ein Wort über Edom (Joël 4,19; Am 9,12), das in der Hebräischen Bibel immer wieder als besonders »naher« Feind Israels bzw. Judas erscheint. Mit diesem Stichwort ist zugleich auch eine Brücke zu der nachfolgenden Obadjaschrift hergestellt, in der Edom das Hauptthema bildet.

5.3.3
Rettung nur für das Haus Jakob? (Obadja)

»Schauung Obadjas« – mit dieser kürzesten aller Überschriften im Zwolfprophetenbuch wird dessen kürzeste Schrift eingeleitet. Sie ist mit den vorhergehenden Schriften durch zwei Stichworte verknüpft. Zunächst Edom: Dieses Nachbarvolk Israels bzw. Judas erscheint in der Amosschrift unter den Völkern, denen ihre Verbrechen vorgehalten wurden (Am 1,1f). Dort ist vom Vergehen Edoms → 259 gegen seinen »Bruder« die Rede (Edom ist gleichbedeutend mit Esau, vgl. Gen 25,30; 36,1 u.ö.), den es unnachsichtig und mitleidlos mit dem Schwert verfolgt hat. Bei Joël wird von Edoms Gewalttat (ḥāmās) gegen die »Söhne Judas« und vom Vergießen unschuldigen Blutes gesprochen (Joël 4,19). Auch bei Obadja wird jetzt Esau die Gewalttat (ḥāmās) an seinem »Bruder Jakob« (V.10) und seine Schadenfreude bei dessen Unglück (V.12) vorgehalten. Dabei ist wohl an Ereignisse bei der Eroberung Jerusalems durch die Babylonier im Jahr 586 gedacht.) Das Thema Edom nimmt mehr als die Hälfte der Obadjaschrift ein.

→ 258

Es ist verknüpft mit dem zweiten Stichwort, das die Obadjaschrift ebenfalls mit Joël und Amos verbindet: der »Tag des HERRN«. Dieser Tag ist hier ganz nach dem Bild geformt, wie es in Joël 4 entfaltet ist: als Jhwhs Gericht über die Feinde Israels. Erst ist es Edom, dem »getan wird, wie es selbst (anderen) getan hat« (V.15b). Dann wendet sich der Blick zu »allen Völkern«, für die jetzt der Tag Jhwhs nahe ist (V.15a). Sie müssen jetzt »trinken« (V.16), nämlich den »Weinbecher des Zorns«, von dem Jeremia gesprochen hat (Jer

→ 203

25,15-29), und zwar bis zum bitteren Ende. »Aber auf dem Berg Zion wird Rettung sein« (V.17). Dieses Zitat aus Joël 3,5 erhält hier bei Obadja einen grundlegend anderen Sinn. Bei Joël wird sich auf dem Zion die Schar der Geretteten versammeln, »die den Namen des HERRN anrufen«. Bei Obadja ist es aber nur das Haus Jakob, das von dort aus seinen Besitz wieder ausdehnen wird. Ja es wird, wiedervereinigt mit dem Haus Josef (d.h. dem Nordreich), zum Feuer werden und das Haus Esau wie Stroh verzehren, so daß keiner entkommt (V.18). Die Rückkehrer aus dem Exil werden alles rings herum wieder in Besitz nehmen (V.19f) und schließlich vom Zion aus das Bergland von Esau beherrschen (V.21).

Für den Leser, der von Joël und Amos zu Obadja kommt, ist es irritierend, mit welcher Einseitigkeit das bei Joël von den verschiedensten Seiten beleuchtete Thema des Tages Jhwhs jetzt scheinbar auf *einen* Aspekt zugespitzt wird. Zudem kommt hier das »Haus Ja-

→ 264

kob« entgegen der Warnung des Amos (Am 5,18-20), ganz auf die Siegerseite zu stehen. Diese Einseitigkeit wird jedoch durch die Einfügung in den jetzigen Zusammenhang korrigiert oder jedenfalls entschärft. Der Leser hat ja die Warnung des Amos noch im Ohr, und er versteht auch, daß in Ob 15f alle Völker in die Ereignisse des Tages Jhwhs mit einbezogen werden, so daß Edom als Repräsentant

B.XVI Völker

der Mächte erscheint, die sich gegen das Volk Gottes erheben (vgl. Childs 1979, 414f). Zudem klingen die Aussagen über das In-Besitz-Nehmen (*jāraš*, Ob 17.19f) deutlich an den Amosschluß an, wo es heißt: »damit sie den Rest Edoms in Besitz nehmen« (Am 9,12); auch dort ist diese Aussage verbunden mit der Ankündigung eines dauerhaften Wohnens des Volkes Israel in dem Lande, das Gott ihnen gegeben und in das er sie eingepflanzt hat (V.14f). Und auch der Schluß der Joëlschrift stellt das dauerhafte Wohnen Judas in Jerusalem (Joël 4,20) der Verödung Edoms gegenüber (V.19). So ist es vor allem die einseitige Zuspitzung dieses Aspekts, verbunden mit der Attitüde der Herrschaft über den nachbarlichen Erzfeind, was an der Obadjaschrift so irritierend wirkt.

Aber sie steht nun im Kontext mit der Amosschrift, so daß sich der Leser nicht allzu leicht zu einem triumphalistischen nationalistischen Verständnis der prophetischen Botschaft verführen lassen wird. Zudem hat die kleine Schrift noch einen Schlußsatz: »Aber die Königsherrschaft wird dem HERRN gehören.« Herrschen wird

letzten Endes nur Gott selbst, über Jakob/Israel, über Esau/Edom, und, wie es in Ps 22,29 heißt (wonach Obadja hier zitiert), »über die → 303 Völker«.

5.3.4
Rettung auch für die Heiden? (Jona)

Wieder »ergeht« ein »Wort des HERRN«, diesmal an Jona, den Sohn des Amittai. Das Wort enthält einen Auftrag: »Auf, geh!« (1,2), ähnlich wie das erste Wort an Hosea: »Geh, nimm dir...!« (Hos 1,2) Doch → 247 dann ist alles ganz anders. Gott befiehlt Jona, in die »große Stadt« Ninive zu gehen und »gegen sie zu predigen« (qārā' 'al), weil ihre Bosheit zu Gott hinaufgedrungen ist wie einst die Bosheit Sodoms und Gomorras (Gen 18,20f). Aber Jona gehorcht dem göttlichen → 26 Auftrag nicht, sondern flieht. Er bietet gleichsam das Gegenbild zu dem Propheten, wie ihn Amos beschrieben hat: der als Prophet wirken *muß*, wenn Gott redet (Am 3,8). Und dann ist zunächst gar → 261 nicht mehr von göttlichen oder prophetischen Worten die Rede, sondern es wird erzählt, was aus dieser Flucht wird. Der Erzählungscharakter unterscheidet die Jonaschrift von allen übrigen prophetischen Schriften und Büchern. Aber es ist eine höchst reflektierte Art des Erzählens, so daß man die Schrift als »theologische Prophetenerzählung« bezeichnen kann (Simon 1994, 34).
Warum flieht Jona? Die Erzählung nennt keinen Grund. Hat Jona Angst vor der großen Aufgabe, in die fremde, feindliche Metropole zu gehen und ihr das göttliche Gericht anzukündigen? Oder kann man Jona mit Jeremia vergleichen, der unter der Last seines prophetischen Auftrags schier zerbricht und wünscht, er könnte sich ihm entziehen? (Jer 20,9) Die Erzählung sagt es nicht. Der Leser muß → 199 diese Frage offenlassen, so wie der Erzähler es tut. Er muß Jona auf seinem seltsamen Weg begleiten. Zuerst an den Hafen und auf ein Schiff, das ihn »weg von Jhwh« in die entgegengesetzte Richtung führt, nach Tarsis, ans Ende der damals bekannten Welt (1,3). Aber Jhwh läßt Jona nicht so einfach gehen. Er schickt einen großen Sturm, der das Schiff an den Rand des Untergangs bringt.
In ihrer Angst beten die Seeleute, »jeder zu seinem Gott«; aber Jona betet nicht, er schläft (V.5). Dieser Kontrast bringt eines der Themen dieser komplexen Erzählung zum Ausdruck: das Verhältnis zu den »Heiden«. Sie werden hier als fromm und gottesfürchtig gezeichnet. Und als Jona bekannt hat, daß er den »Gott des Himmels« verehrt, »der das Meer und das Festland gemacht hat«, und als die Seeleute ihn schließlich auf seinen eigenen Rat ins Meer geworfen haben und der Sturm daraufhin aufgehört hat, da »fürchten« sie Jhwh und bringen ihm Opfer und Gelübde dar (V.16).
Jonas Flucht ist zu Ende. Aber damit endet der göttliche Auftrag nicht. Gott schickt einen großen Fisch, der Jona verschlingt und ihn schließlich wieder an den Punkt zurückbringt, an dem seine Flucht begann (Kap.2). Und jetzt betet Jona, erst jetzt (V.3). Im ersten Kapitel hat er zwar tapfer eine Bekennerrolle gespielt und seine Schuld

auf sich genommen, aber er hat nicht gebetet. Jetzt betet er einen Psalm. Überraschenderweise ist es kein Klage- oder Bittpsalm, sondern ein Dankgebet. Noch ist Jona in der Tiefe des Meeres (V.3-7), aber er ist sich schon der Erhörung seines Gebets und der Rettung gewiß (V.3.7b). Die Ausleger sind uneinig darüber, ob dieser Psalm »ursprünglich« zur Jonaschrift gehört oder erst später hinzugefügt worden ist. Im Ganzen der Schrift bildet er jedenfalls die entscheidende Brücke zum zweiten Teil. »Die Rettung ist des HERRN« ist das letzte Wort des Psalms (V.10), bevor der Fisch Jona wieder freigibt und ihn auf das Festland hin ausspeit (V.11).

Damit beginnt alles noch einmal. Wörtlich wie am Anfang ergeht das Wort des HERRN an Jona »zum zweitenmal«, wie es ausdrücklich heißt (3,1). Auch der Auftrag ist der gleiche: »Auf, geh nach Ninive, in die große Stadt, und predige!« (V.2). Aber die Reaktion ist jetzt die wahrhaft prophetische: »Da ging er nach Ninive gemäß dem Wort des HERRN.« Von seiner Predigt wird nur ein einziger Satz mitgeteilt: »Noch vierzig Tage und Ninive ist zerstört« (V.4), wörtlich: umgestülpt, das Unterste zuoberst gekehrt, wie bei Sodom und Gomorra (Gen 19,25; Am 4,11). Und nun geschieht das ganz Unerwartete: Die Leute von Ninive glauben dieser Botschaft und tun Buße. Es ist eine eindrucksvolle, ja ergreifende Schilderung wie ganz Ninive in Bußgewändern geht und alle fasten, die Tiere mit eingeschlossen. Der König ruft zur Umkehr (*šûb*) auf, zur »Abkehr von den bösen Wegen und der Gewalttat an ihren Händen«; denn: »Wer weiß, vielleicht läßt Gott sich's noch einmal gereuen« (wörtlich: »Wer weiß, der Gott kehrt um und bereut es«, V.9). Der König »zi-

→ 256

tiert« gleichsam Joël (2,14). Aber diesmal kommt dieser Ausdruck der Hoffnung auf eine gnädige »Reue« Gottes nicht von einem Propheten, sondern von dem heidnischen König der »großen Stadt«, die voll ist von Bosheit und Gewalttat. Und er schließt die Hoffnung ein, daß Gott vielleicht »umkehrt von seinem glühenden Zorn, so daß wir nicht zugrunde gehen«. (Mit fast den gleichen Worten hatte auch schon der Kapitän des Schiffes Jona aufgefordert, zu seinem Gott zu beten, 1,6.) Es ist eine geradezu exemplarische Bußszene, die sich hier entfaltet. Und wirklich: es »reut« Gott, als er dies alles sieht, und er tut nicht, was er angedroht hatte (V.10).

Hier sind wir an dem entscheidenden Punkt der Jonaschrift. Die

Heiden tun Buße, und Gott vollzieht das angekündigte Gericht nicht. Damit ereignet sich gleichsam eine doppelte Umkehr (Ebach 1987, 113). Gerade diese unerwartete Wendung der Dinge ist es aber, die Jona erwartet und befürchtet hatte. Jetzt betet er zum zweitenmal (vgl. 2,2), diesmal aber voller Zorn: Ich wußte es ja – und eben darum wollte ich nach Tarsis fliehen (4,1f). Was er wußte, kleidet auch er in die Worte, die der Leser schon aus der Joëlschrift kennt. Anders als der heidnische König fügt er aber wie Joël die Worte aus der Sinaioffenbarung hinzu: »Ich wußte, daß du ein gnädiger und barmherziger Gott bist, langmütig und voll Gnade, der sich das Unheil gereuen läßt« (V.2, vgl. Ex 34,6f). Aber in einer → 58 merkwürdigen Verkehrung schöpft er aus diesem Wissen nicht Hoffnung, sondern Zorn. Warum? Weil die Gnade Gottes diesmal den Heiden gilt? Aber woher hätte Jona das im voraus wissen können?

Das Problem liegt tiefer. Gott hat Jona gesandt mit einer Botschaft, die *wahr* war: Ninive wird wegen seiner Bosheit vernichtet werden. Aber die Ankündigung des göttlichen Gerichts enthält immer auch die Möglichkeit der Umkehr der Sünder und der daraus folgenden Umkehr Gottes. Dadurch wird die prophetische Botschaft (scheinbar) *unwahr*. Diese Zweideutigkeit ist es, die Jona nicht erträgt. Weil er diese Möglichkeit vor Augen hatte, ist er geflohen; und darum will er auch am Ende lieber sterben, als jetzt als »falscher« Prophet dazustehen. Denn so könnte es nach dem in Dtn 18,22 formu- → 76 lierten Grundsatz scheinen: »Wenn ein Prophet im Namen des HERRN redet, und es trifft nicht ein, so ist es ein Wort, das der HERR B.XIII Prophe- nicht geredet hat. In Anmaßung hat der Prophet es gesprochen.« ten Aber es gibt auch andere Stimmen. So wird in Ez 18 unter immer → 231 neuen Gesichtspunkten entfaltet, was thesenartig zusammengefaßt heißt: »Habe ich etwa Gefallen am Tod des Gottlosen, spricht der HERR Jhwh, und nicht vielmehr daran, daß er von seinem Wege umkehrt und leben bleibt?« (Ez 18,23).

Diese Botschaft ist es, die auch in den letzten Szenen der Jonaschrift (in einer oft als satirisch empfundenen Weise) noch einmal entfaltet wird und in der letzten Frage Gottes mündet: »Sollte es mir nicht leid tun um Ninive, die große Stadt...?« (4,11) Ninive hat Buße getan und darum wird die Stadt gerettet. Daß es Rettung für Ninive gibt, bedeutet zugleich: es gibt Rettung für die Heiden. So enthält die Jonaschrift eine wichtige Ergänzung, ja Korrektur zu Obadja. Dort ist die Rettung für Juda zum alles beherrschenden Thema geworden; hier wird dagegen die andere Seite des rettenden Handelns Gottes nachdrücklich in den Vordergrund gerückt: die Rettung für die Heiden, und das heißt zugleich: die Möglichkeit der Rettung für alle Menschen, wenn sie sich Gott zuwenden und Buße tun.

Der Leser dieser Schrift, der nach dem Ende des assyrischen Reiches lebt, muß sich jedoch fragen, wie sich diese hoffnungsvolle Erwartung des künftigen Geschicks der Hauptstadt Ninive, die in der Jonaschrift erzählerisch gestaltet ist, zu Ninives tatsächlichem Schicksal verhält. Wird Ninive wirklich Buße tun und gerettet werden? Diese Frage wird später in der Nahumschrift wieder aufge- → 276 nommen.

Zunächst aber schließt die Jonaschrift die erste Gruppe von Prophetenschriften ab, in denen ausführlich vom Tag Jhwhs die Rede ist. Diese Vorstellung liegt zwar der Jonaschrift selbst fern; jedoch greift sie eine entscheidende Frage aus den vorhergehenden Schriften auf und fügt einen äußerst wichtigen neuen Aspekt hinzu. Sie berührt sich darin mit der Sicht des Tages Jhwhs, wie sie in Joël 3 entfaltet ist: »Wer den Namen des HERRN anruft, wird gerettet werden« (Joël 3,5). Die Zugehörigkeit zum Volk Israel spielt dabei keine Rolle. Allerdings bleibt ein wesentlicher Unterschied zwischen beiden Texten, weil Joël 3 ganz von eschatologischen Vorstellungen beherrscht ist, die in der Jonaschrift fehlen.

→ 124
Die Frage, wie die Beziehung des Jona ben Amittai der Jonaschrift zu dem Propheten gleichen Namens zu denken ist, der in 2Kön 14,25 erwähnt wird, ist schwer zu beantworten. Dort wird Jona in einer kurzen Notiz als Zeitgenosse des Königs Jerobeam II. von Israel genannt, dem er die Wiedereroberung verlorengegangener Gebiete angekündigt habe. Die meisten Ausleger setzen die Entstehung der Jonaschrift aber wesentlich später an, in der Regel in nachexilischer Zeit. Die Erzählung selbst gibt keinerlei Hinweise auf ihre zeitliche Einordnung; »Ninive« ist hier die große, sündige Stadt schlechthin. Schließlich ist auch die Darstellung Jonas als Gerichtsprophet schwer mit der Notiz in 2Kön 14 in Einklang zu bringen. Die Frage muß offenbleiben.

5.4
Gericht und Heil über Jerusalem (Micha)
Jona wurde in die Völkerwelt hinausgeschickt. Bei Micha wendet sich der Blick wieder nach innen: auf Samaria und Jerusalem (1,1). Gott ruft die Völker zusammen, um als Zeuge gegen die beiden Städte und die durch sie repräsentierten Länder aufzutreten (V.2). Er steigt von seinem himmlischen Wohnsitz herab und schreitet über die Höhen der Welt dahin (V.3) – wie es schon im Hymnus in Am
→ 262
4,13 als Ausdruck seiner überlegenen Macht beschrieben wurde. Die kosmischen Begleiterscheinungen (V.4) zeigen die Bedeutung dessen an, was jetzt bevorsteht: ein Gericht über die »Vergehen Jakobs« und die »Sünden Israels«. Was sind die Sünden der beiden getrennten Reiche? Kurz gesagt: Samaria und Jerusalem, ihre Hauptstädte (V.5).
Als erstes trifft es Samaria. Der Leser bedarf dazu keiner näheren Begründung; er kennt sie in all ihren Aspekten aus den Schriften Hoseas und Amos'. Jetzt wird Samaria zerschlagen mitsamt all seinen Götzenbildern, die doch nur »Hurenlohn« waren und wieder dazu werden sollen (1,6f). Hier klingt unverkennbar die Sprache Ho-
→ 247
seas hindurch (Hos 1,2; 2,14; 9,1). Dann beginnt der Prophet eine lang anhaltende Klage (V.8-16), denn das Unheil wendet sich in Richtung Juda und Jerusalem (V.9) durch die Städte des Landes hindurch. Am Ende bleibt nur noch das Kahlscheren als Zeichen der Trauer über die verschleppten Kinder (V.16).
Dann kommen die eigentlich Schuldigen in Blick: Die Ausbeuter, die Felder und Häuser an sich bringen (2,1f), Menschen ihres Besitzes berauben (V.8), sie aus ihren Häusern vertreiben und wegen Nichtigkeiten schmerzhafte Pfänder nehmen (V.9f). Später werden die Verantwortlichen genannt: die »Häupter« und »Vorsteher«
(3,1.9.11), die nicht für das Recht sorgen, sondern es hassen und ver-

abscheuen (V.1f.9), sich selbst an der Ausbeutung beteiligen (V.3) oder gegen Bestechung Entscheidungen fällen (V.11); auch die Propheten (V.5.11) und Priester (V.11) sind bestechlich. Aber denen, die Böses (*rāʿ*) planen (2,1) steht Unheil (*rāʿāh*) bevor (V.3-5); ihnen wird geschehen, was sie anderen angetan haben (3,2), und um die Propheten wird es finster werden (V.5f). Darum wird Jerusalem das gleiche Schicksal zuteil werden wie Samaria: es wird zum Trümmerhaufen werden und der Tempelberg zur überwucherten Höhe (V.12).

Diese ersten drei Kapitel lassen die grundlegenden Elemente der Verkündigung Michas klar hervortreten: seinen entschlossenen Protest gegen die rechtlichen und sozialen Mißstände, als deren Ursachen er das Verhalten der führenden Schichten in Jerusalem brandmarkt. Die Androhung des Unheils, das über Jerusalem kommen wird, ist in ihrer Schärfe kaum noch zu überbieten. Jerusalem wird als Stadt und als Ort des Tempels gleichsam vom Erdboden verschwinden (3,12). Hier zeigt sich Micha als Judäer, der gegen die Hauptstadt seines Landes mit gleicher Unerbittlichkeit auftritt wie Amos im Nordreich. B.XII Israel im Widerstreit

So deutlich die Botschaft dieses Propheten hörbar ist, seine Person bleibt unsichtbar. Keine Szene läßt den Leser sein Auftreten und dessen Wirkungen miterleben. Dabei hat seine Verkündigung starke Wirkungen hinterlassen, so daß sie noch mehr als ein Jahrhundert später im allgemeinen Bewußtsein war und als gewichtiges Argument in einem Prozeß gegen Jeremia zitiert werden konnte (Jer 26,17-19 zitiert Mi 3,12). Nur einmal tritt das »Ich« dieses Propheten in überraschender Deutlichkeit in Blick. Dem Gotteswort über die Propheten (3,5-7) stellt er sein eigenes prophetisches Selbstbewußtsein entgegen: »Aber ich, ich bin erfüllt mit Vollmacht, dem Geist des HERRN, mit Recht und Tapferkeit, um Jakob seine Vergehen und Israel seine Sünden entgegenzuhalten« (V.8). Hier bietet Micha gleichsam ein Gegenbild zu Jeremia, der angesichts der Aufgabe, Israel seine Sünden vorzuhalten, fast verzweifelt wäre. B.XIII Propheten

Überraschend ist die Unterbrechung der göttlichen Gerichtsworte durch ein Heilswort in 2,12f. Dieses Wort setzt voraus, daß das angekündigte Unheil bereits eingetreten ist, und es verheißt die Sammlung und Rückführung der Exilierten. Es wird nur der »Rest Israels« sein, den Gott sammelt. Aber Gott selbst wird ihnen als König voranziehen. Dieser Wechsel von Gerichts- und Heilsworten prägt die Michaschrift im ganzen. Er setzt sich in Kap.4-5 fort. Besonders schroff ist der Wechsel beim Übergang von Kapitel 3 zu Kapitel 4. Eben noch lag der Zion, der »Berg des Hauses« verwüstet und öde (3,12), da heißt es plötzlich: »Es wird geschehen, am Ende der Tage wird der Berg des Hauses des HERRN fest stehen, an der B.X Zion Spitze der Berge, und wird erhaben sein über alle Hügel« (4,1). Der Kontrast ist deutlich: Zunächst wird sich die Ankündigung des Gerichts über Jerusalem erfüllen; aber »am Ende der Tage« wird der Zion im Mittelpunkt der Völkerwelt stehen. Der Leser kennt diesen Text schon aus dem Anfang des Jesajabuches (Jes 2,1-5). Wer immer sein Autor sein mag, in diesen beiden prophetischen Schriften hat er jeweils eine bedeutende Funktion. Bei Jesaja bildet er die Krönung einer bewegten Reihe von Worten über das Schicksal Jerusalems, das man schließlich wieder »Burg der Gerechtigkeit« (1,26) nennen wird. Von dort aus führt eine gerade Linie zu der zentralen Stellung des Zion, zu dem die Völker wallfahrten, um dort Tora zu lernen (2,3). Bei Micha hingegen führt der Weg durch einen Bruch hindurch. Der Zion, der am Ende der Tage zum Mittelpunkt der Völkerwallfahrt werden wird, wird auf den überwucherten Trümmern des jetzigen errichtet werden.

B.XVIII Zukunft

→ 109

Dieses Wort enthält bei Micha zwei Elemente, die ihm bei Jesaja fehlen. Zum einen ist die Vorstellung vom Frieden, der sich unter den Völkern ausbreiten wird, noch einen Schritt weitergeführt zu dem Bild, daß »jeder unter seinem Weinstock und seinem Feigenbaum sitzen wird«; es wird noch durch die Wendung »denn der Mund Jhwh Zebaots hat gesprochen« verstärkt (Mi 4,4). Damit wird eine endzeitliche Wiederholung dessen ausgedrückt, was als Folge umfassenden Friedens schon über die Zeit Salomos berichtet wird (1Kön 5,5). Zum zweiten ist ein anderer Schlußsatz angefügt als in Jes 2,5. In ihm kommt ein ganz bestimmtes Verständnis der Bedeutung der Religionen für die Völkerwelt zum Ausdruck: »Jedes Volk wandelt im Namen seines Gottes – wir aber wandeln im Namen des HERRN, unseres Gottes, für immer und ewig« (Mi 4,5). Bedeutet dies eine Selbstbeschränkung? Soll dieser Nachsatz klarstellen, daß die Wallfahrt der Völker zum Zion nicht deren Bekehrung zur Jhwhreligion bedeutet?

Jetzt heißt es wieder (wie schon in 2,12), daß Gott sammeln wird, und wieder ist vom »Rest« die Rede (4,6-8). Es sind die Hinkenden, die Lahmen und die Versprengten, die »an jenem Tage« den »Rest« bilden werden. Und Gott wird als König über sie herrschen auf dem wieder erstandenen Burghügel der Tochter Zion. Aber noch stehen schwere Zeiten bevor. Die Tochter Zion muß hinaus aus der Stadt, weg bis nach Babel. Viele Völker wollen sich an ihrem Schicksal weiden – bis Gott die Dinge umkehrt und Zion sie überwinden wird (V.9-13). In einem erneuten Ansatz wird dann von dem künftigen Herrscher gesprochen, dem neuen David (der Name fällt jedoch nicht) aus Betlehem, der aber mehr sein wird als der erste David,

B.IX Königtum

→ 161

denn sein Ursprung liegt in ferner Urzeit (5,1). Mit dieser Gestalt verbinden sich verschiedenartige Vorstellungen: von der Zeit der Gebärenden (vielleicht im Anklang an Jes 7,14), von der Rückkehr des »Restes seiner Brüder«, von seinem Wirken als Hirt, seiner Herrschaft bis ans Ende der Welt und schließlich seiner Frieden schaffenden Macht gegen das erneut andrängende Assur (V.2-5).

Noch einmal ist vom Rest die Rede, diesmal vom »Rest Jakobs« (5,6f). Hier geht es nicht um das Sammeln des Restes (wie in 2,12 und 4,7), sondern um sein unvermitteltes Erscheinen (»wie Tau«)

und sein Zuschlagen (»wie ein Löwe«). Aus der Sicht der Diaspora bedeutet dies, daß mit diesem »Rest«volk noch zu rechnen ist, daß es seine Stellung unter den Völkern wiedererlangen und behaupten wird. Schließlich wird Gott nicht nur seine Feinde vernichten (V.8), sondern auch aus Israel selbst alle militärischen (V.9f) und religiösen (V.11f) Selbstsicherungen beseitigen (Wolff 1982, 130ff). Aber den Völkern, »die nicht gehört haben« trotz der Aufforderung am Anfang (1,2), gilt Gottes Zorn. Damit endet diese komplexe Sammlung von zukunftsgerichteten Worten für Israel in Kapitel 4-5.

Mit dem Aufruf zum Hören wendet sich der Prophet wieder an die gegenwärtigen Hörer (6,1). Gott eröffnet einen Rechtsstreit (rîb) mit B.XII Israel im »seinem Volk« Israel (V.2). Das Moment des Rechtsstreits tauchte Widerstreit schon ganz am Anfang der Michaworte auf, als Gott selbst als Zeuge gegen Samaria und Jerusalem in Erscheinung trat (1,2). Dort wa- → 272 ren es die Völker, die versammelt wurden, um zu »hören«. Aber sie haben nicht gehört (5,14). Jetzt werden die Berge und Hügel zum Hören aufgerufen. Gottes Anklage gegen Israel klingt fast wie eine Selbstverteidigung: »Mein Volk, was habe ich dir getan?« (6,3) Aber die folgenden Argumente enthalten deutlich den (unausgesprochenen) Vorwurf, daß Israel auf Gottes heilvolles Handeln in seiner Frühgeschichte nicht so reagiert hat, wie Gott es hätte erwarten können: die Herausführung aus Ägypten, die ein Freikauf aus dem Sklavenhause war; die Führung durch Mose, Aaron und Mirjam; die Bewahrung vor den Plänen Balaks durch den von Gott beauftragten Bileam; und schließlich die Hineinführung in das verheißene Land über den Jordan »von Schittim (Jos 3,1) nach Gilgal (4,19)«. Wie Hosea nennt Micha die geschichtlichen Heilstaten Gottes in der Früh- → 248.251 zeit als Kontrast zum späteren Verhalten Israels (vgl. Hos 2,16f; 9,10; 11,1f; 12,10.14; 13,4f).

Das angeredete Volk versteht den impliziten Vorwurf. Es versteht, daß es entscheidend versagt hat, und es fragt zurück: »Womit soll ich vor den HERRN treten?« (V.6) Damit beginnt ein Gespräch über die Möglichkeit und Unmöglichkeit, das Versagen gegenüber Gott durch Opfer zu sühnen. Brandopfer werden angeboten in unvorstell- B.VII Kult baren Mengen, ja selbst das Opfer des erstgeborenen Sohnes als die letzte vorstellbare Steigerung des Opfers (V.6f). Aber der Leser erwartet, daß es nicht Opfer sind, was jetzt gefordert ist. Die Frage ist schon von Hosea (Hos 6,6) und Amos (5,21-24), und auch von Jesaja → 250.264 (Jes 1,10-17) und Jeremia (Jer 7,21-23) beantwortet worden: Opfer → 157.194 können niemals Ersatz sein für das richtige Verhalten gegenüber Gott und den Mitmenschen. Doch die Antwort ist überraschend: »Es ist dir gesagt, Mensch« (V.8). Es bedarf gar keiner neuen Informationen, denn die Angeredeten wissen ja schon, worauf es ankommt, oder könnten es jedenfalls wissen, weil es ihnen längst gesagt ist. Was Gott fordert, ist »das Gute« (ṭôb) Micha selbst hat den Verantwortlichen vorgeworfen, daß sie das Gute hassen und statt dessen das Böse lieben (3,2), und auch Amos hat diese Alternative nachdrücklich formuliert (Am 5,14f). Micha entfaltet noch genauer, was damit gemeint ist. »Recht verwirklichen« (ʿāśāh mišpāṭ), wie er es schon von den Verantwortlichen erwartet hat (3,1.9); auch bei Amos spielt der Begriff mišpāṭ eine gewichtige Rolle (Am 5,7.15.24; 6,12). »Gemeinschaftssinn (ḥesed) lieben«, d.h. die zur Verwirklichung des Rechts im Zusammenleben der Gemeinschaft notwendige Gesinnung lieben und hochhalten; auch Hosea stellt diesen Begriff den Opfern gegenüber (Hos 6,6). »Behutsam (haṣnēaʿ) mitgehen mit deinem Gott« (zur Übersetzung vgl. Ebach 1995, 21f), aufmerksam im Leben in der Gemeinschaft vor Gott und mit Gott. Diese Forderungen erscheinen einfach und zugleich schwierig und anspruchsvoll. Sie lassen erkennen, daß es keine einfache Alternative gibt zu einem Opfer, mit dem man alles wieder ins reine bringen möchte, sondern daß das ganze Leben des einzelnen und der Gemeinschaft in Anspruch genommen wird.

Aber Jerusalem ist jetzt fern von der Verwirklichung dieser Forderungen. Noch einmal klagt der Prophet an, was sich jetzt dort ereignet (6,9-12): Bereicherung mit falschen Maßen und Gewichten (V.10f; auch diesen Vorwurf hat Amos schon in Samaria erhoben; Am 8,5), Gewalttat, Lügen und Betrug (V.12). Darum steht der Stadt Unheil bevor, bei dem all das mit Unrecht Angeeignete nichts helfen wird (V.13-15). Dies wird geschehen, weil sich Jerusalem nach dem Vorbild Omris und Ahabs, d.h. wie Samaria verhalten hat (V.16); und das Urteil über Samaria hat Micha ja schon ganz am Anfang kundgetan (1,6f). Angesichts all dessen bleibt nur noch Klage (7,1-6).

Doch dann hebt der Prophet den Blick und hält Ausschau wie ein Wächter auf der Mauer (7,7). Rettung und Hilfe kann jetzt nur noch von Gott kommen, und darauf vertraut er. Noch liegt Zion am Boden und ihre (nicht näher bezeichnete) »Feindin« freut sich über ihre Niederlage (V.8-10) – wie Edom in der Obadjaschrift (Ob 12f). Doch es wird der Tag kommen, an dem Jerusalems Mauern wieder aufgebaut und die ins Exil Geführten aus allen Himmelsrichtungen wieder zurückkehren werden (V.11f). Sie sollen weiden wie in den Tagen der Vorzeit (V.14f), aber die Macht der Völker ist gebrochen (V.16f). Die Michaschrift endet mit einem Gebet zu dem Gott, der sich seinem Volk wieder zuwenden wird, wie er es den Vätern geschworen hat (V.18-20).

5.4.1
Hat Ninive doch nicht Buße getan? (Nahum)
Noch einmal erscheint Ninive. Der Name der Stadt steht schon in der Überschrift der Nahumschrift (1,1) und wird dadurch als deren eigentliches Thema bezeichnet. Für den Leser des Zwölfprophetenbuches ist überraschend, daß Ninive hier ganz negativ dargestellt und daß ihm das göttliche Gericht angekündigt wird. Die Jonaschrift hat berichtet, daß die Leute von Ninive Buße taten und

daß ihre Stadt deshalb vom göttlichen Strafgericht verschont blieb. → 270
Aber nun trifft sie das Gericht. Hatten ihre Bewohner doch nicht
Buße getan? Oder war die Stadt später wieder in ihr sündiges Verhalten zurückgefallen? Liest man die Schriften Jona und Nahum im
Zusammenhang des Zwölfprophetenbuches, so erscheint Ninive in
der Jonaschrift als exemplarische, sündige heidnische Stadt, ohne B.XVI Völker
daß von einer Bedrohung für andere Völker gesprochen wird. Die
Botschaft lautet hier, daß selbst für eine solche Stadt und ihre Bewohner die Möglichkeit der Umkehr und damit der Bewahrung vor
dem göttlichen Zorngericht besteht. Auch »Ninive« hätte Buße tun
können.
In der Nahumschrift wird offenkundig, daß das reale Ninive nicht
Buße getan hat. Schon bei Micha ist in einem kurzen Textstück davon die Rede, daß Assur, dessen Hauptstadt und Repräsentant Ninive ja ist, immer noch als Bedrohung empfunden wird, aus welcher
der künftige David sein Land retten wird (Mi 5,4f). Bei Nahum wird → 274
nun in dramatischen Szenen das Ende Ninives geschildert. Ninive
(oder Assur oder der assyrische König) ist der *belijja'al*, der Nichts-
würdige, der Verderber (1,11; 2,1); die Stadt ist eine »Blutstadt« (3,1)
und eine »Hure« (V.4). Ihr Untergang wird in mehreren Ansätzen geschildert (1,11-14; 2,2-3,19). Er ist für Juda Grund zur Freude und
zum Jubel (2,1).
Das Drama der Vernichtung Ninives wird in der Nahumschrift in
einen weltumspannenden Rahmen gestellt. Der psalmartige Text
am Anfang (1,2-8) schildert Gottes mächtiges Einherschreiten über
die Erde. Gott kommt voller »Eifersucht«, als zorniger Rächer gegen seine Feinde (V.2). In Sturm und Unwetter schreitet er über die
ganze Erde dahin, so daß die Berge beben und die Felsen zersplit-
tern, das Meer austrocknet und die Flüsse versiegen. Dann wieder
ist sein Grimm wie Feuer und wie eine reißende Flut, die seine Gegner vernichtet. Hier zeigen sich vielerlei Anklänge an andere hymnische Stücke im Zwölfprophetenbuch wie Am 1,2; 4,13; 5,8f; 8,8;
9,5f; Mi 1,3f u.a. Immer wieder wird in diesen Texten das geschichtliche Handeln Gottes an Israel und den Völkern in Zusammenhang
mit seiner Schöpfermacht und Weltherrschaft gesehen.
In dieser Schilderung seines machtvollen Erscheinens wird Gott vor
allem als der zornige und rächende gezeichnet. Zugleich ist er aber
eine Zuflucht am »Tag der Not« (1,7). Hier klingt das Motiv vom
»Tag des HERRN« an, zumal auch bei Obadja (Ob 12-15) und Zefanja
(Zef 1,14-16) beide Ausdrücke nebeneinander gebraucht werden → 279
(vgl. auch Hab 3,16). Gott gewährt denen Zuflucht, die sich bei ihm
bergen; denn er kennt sie.

5.4.2
Jetzt kommen die Chaldäer (Habakuk)
Ninive ist von der Bildfläche verschwunden. Aber eine neue Bedrohung taucht auf: die »Chaldäer« (Hab 1,6), d.h. die Babylonier. Ihr

Kommen wird dem Propheten Habakuk angekündigt als Antwort auf seine Klage (V.2-4). Er beklagt leidenschaftlich die Mißstände im eigenen Land: Gewalttat und Unterdrückung, wie sie schon Amos (Am 3,10) und Micha (Mi 6,12) beklagen mußten, Mißachtung und Verkehrung des Rechts, so daß der Ungerechte (*rāšā'*) über den Gerechten (*ṣaddîq*) triumphiert (V.2-4).

→ 262.276 Die Antwort erscheint überraschend. Nicht Hilfe wird dem Beter angekündigt, sondern Unheil. Auf die Mißstände im Innern wird eine Bedrohung von außen antworten. Gott selbst läßt die Chaldäer sich erheben und in einem furiosen Zug das Land überrennen (V.5-11). Sie werden ihr eigenes »Recht« zur Geltung bringen (V.7) und Gewalttaten verüben (V.9); ja, sie machen ihre eigene Kraft zu ihrem Gott (V.11). Der Prophet antwortet mit einer erneuten Klage: Will der heilige Gott mit seinen reinen Augen wirklich zulassen, daß nun wieder der Ungerechte den Gerechten verschlingt? (V.12-17)

→ 276 In Erwartung einer Antwort auf seine Einrede hält Habakuk Ausschau wie ein Wächter auf dem Turm (2,1 vgl. Mi 7,7). Die Antwort wird ihm als »Schauung« (*ḥāzôn*) angekündigt. Er soll sie aufschreiben, weil sie sich erst später verwirklichen wird (vgl. Jes 30,8); aber die Verwirklichung kommt bestimmt (V.2f). Die Schauung enthält eine tröstliche Zusage für den Gerechten: Er wird leben, und zwar »in Beständigkeit« (*ᵉmûnāh*, zur Übersetzung vgl. Sweeney 1991a,76), aber sein Verfolger (d.h. die Chaldäer) wird keinen Bestand haben (V.4). Gegen die Chaldäer richtet sich dann eine Reihe von fünf Weherufen (2,5-19). Sie haben viele Völker ausgeplündert und an Ländern und Städten Gewalttaten verübt (V.8.17), und sie haben sich dabei auf ihre hölzernen oder gegossenen Götter verlassen, die ihnen aber nichts nützen können (V.18f). Ihnen steht »der HERR in seinem heiligen Tempel« souverän gegenüber (V.20), der seine Ankündigungen zur Erfüllung bringen wird.

B.XIV Gebet An diesen Gott richtet sich schließlich ein großes Psalmgebet des Propheten (*tᵉpillāh*, 3,1). Es enthält die Schilderung einer gewaltigen Theophanie, die die Erde erschüttert und den Kampf des Schöpfergottes gegen die Chaosmächte in Erinnerung ruft, verflochten mit Schilderungen des Kampfes Gottes gegen feindliche Völker (V.3-15). Dabei klingen wieder Elemente aus hymnischen Textstücken in anderen Schriften des Zwölfprophetenbuches an (s.o. zu Nah 1,2-8). Der Prophet wird von großem Schrecken ergriffen; doch er erwartet den »Tag der Not«, der über das feindliche Volk kommen wird (V.16), und beendet das Gebet mit dem jubelnden Dank an den »Gott meines Heils« (V.18f).

278 Die Nahumschrift begann mit einem Psalm (Nah 1,2-8), die Habakukschrift endet damit. Dadurch sind die Aussagen über den Kampf Jhwhs gegen die Assyrer und die Babylonier über das rein weltliche Geschehen hinausgehoben. Was hier geschieht oder geschehen wird, hat es mit Gottes endzeitlichem Wirken zu tun. Das Geschick

Israels ist in den großen Zusammenhang des Geschehens zwischen Schöpfung und Endzeit einbezogen.

5.4.3
Der Tag des HERRN … (Zefanja)

Wieder heißt es: »Der Tag des HERRN ist nahe!« (Zef 1,7). Er wird katastrophale Ereignisse über die ganze Welt und Menschheit bringen (V.2f), vor allem aber über Juda (V.4-6). Hier zeigt sich die Rede vom Tag Jhwhs jedoch von einer anderen Seite als in früheren Schriften des Zwölfprophetenbuches: Zum ersten Mal wird ein Grund genannt, warum das Unheil dieses Tages über Juda kommt. Darin steht Zefanja den »Gerichtspropheten« innerhalb des Buches nahe: Hosea, Amos und Micha. Grund für das kommende Unheil ist vor allem der Kult fremder Götter: des Baal, des »Himmelsheers« und B.XVI Götter »ihres Königs« (*malkām*, d.h. vielleicht: des ammonitischen Gottes *Milkom*). Deren Verehrer kehren Jhwh den Rücken und suchen ihn nicht (V.6).

Darum steht der »Tag des HERRN« nahe bevor. Er wird als ein kultisches Fest beschrieben: ein Schlachtopfer, zu dem Jhwh Gäste eingeladen und zur Teilnahme »geweiht« hat (V.7, vgl. z.B. 1Sam 16,5; → 98 der Zusatz »dem Tod« in der Einheitsübersetzung beruht auf einem Mißverständnis des Textes; die Eingeladenen und das Opfer können nicht identisch sein; vielmehr sind die Eingeladenen die Völker). An diesem »Festtag« wird Gott an den Angehörigen der Oberschicht in Jerusalem ihre Taten »heimsuchen« (*pāqad* V.8.9.12), nicht nur ihre kultischen Abwegigkeiten (V.8f), sondern auch ihr ausbeuterisches Verhalten (V.11-13). Darum noch einmal: »Der Tag des HERRN ist nahe« (V.14). Dieser »Tag« wird eindrucksvoll in sei- B.XVIII Zukunft ner ganzen Bedrohlichkeit beschrieben; nicht weniger als zehnmal erscheint in V.14-18 das Wort *jôm* »Tag«: er ist groß, bitter, ein Tag des Zorns, ein Tag der Not und Bedrängnis, des Krachens und Berstens, der Finsternis und des Dunkels, der Wolken und der schwarzen Nacht, und schließlich des Widderhorns und des Kriegsgeschreis. Er wird nicht nur über die Menschen in Juda kommen, die gegen Gott gesündigt haben, sondern dieser »Tag des Zorns« wird allen Bewohnern der Erde ein Ende bereiten (V.14-18).

Diese dramatische Schilderung eines wahrhaft eschatologischen Ereignisses wechselt plötzlich in eine Anrede an das »Volk«, d.h. an die von dem nahenden Tag Jhwhs Bedrohten: »Sammelt euch…, sucht den HERRN!« (2,1-3), tut also das, was ihr bisher verweigert habt (1,6), ehe es zu spät ist. Wieder eine einhämmernde Wiederholung: dreimal »ehe« (*b^eṭerem*): ehe der »Tag des Zornes des HERRN« über euch kommt. Diesem »ehe« korrespondiert ein »vielleicht« (V.3). Wieder dieser zögernde Ausdruck einer leisen Hoffnung, daß es vielleicht doch noch nicht zu spät sein könnte, wie er schon mehrfach im Zwölfprophetenbuch zu hören war (Joël 2,14; Am → 256.263.270 5,14; Jona 3,9). Hier ist er wie bei Amos mit dem Aufruf verbunden,

den HERRN zu suchen (2,3, vgl. Am 5,4-6.14f). Damit wird zugleich ein neues Thema formuliert: »den HERRN suchen« heißt, Recht (mišpāṭ) tun und Gerechtigkeit (ṣedeq) suchen. Auch dies klingt wieder an Amos an (Am 5,15). Aber es kommt ein neues Element hinzu: die »Demut« (ᶜᵃnāwāh). Der Aufruf des Propheten richtet sich insgesamt an die »Demütigen (oder: Armen ᶜᵃnāwîm) des Landes«. Sind hier nur die von den »Reichen« Unterdrückten und Ausgebeuteten gemeint? In diesem Sinne wird der Ausdruck ᶜᵃnāwîm bei Amos gebraucht (Am 2,7; 8,4). Bei Zefanja bezeichnet das Wort später den ganzen »Rest Israels« (3,12f), nachdem die »hochmütigen Prahler« aus seiner Mitte entfernt worden sind (3,11). Dieser Sinn des Wortes bahnt sich hier schon an. Der Prophet spricht zu denen, für die schon jetzt das »Vielleicht« gilt, weil sie schließlich zu dem »Rest« gehören könnten.

→ 260.266

Aber zuvor fegt der Sturm des Tages Jhwhs über die Völker dahin: über Israels Nachbarvölker, die Philister (2,4-7), Moabiter und Ammoniter (V.8-11), dann die Kuschiter (d.h. Äthiopier, V.12) und schließlich Assur, wobei noch einmal die völlige Vernichtung Ninives angekündigt wird (V.13-15). Wie bei Amos (Am 1f) mündet diese Ankündigung des Gerichts über andere Völker in eine Anklage gegen Israel, d.h. hier: Jerusalem. In einem Weheruf über die Stadt (3,1f) werden erneut (vgl. 1,8) die verantwortlichen Amtsträger »in ihrer Mitte« angeklagt (V.3), Propheten und Priester mit eingeschlossen, die »das Heilige entweihen und der Tora Gewalt antun« (V.4) – und dies alles, obwohl Gott selbst »in ihrer Mitte« als Gerechter (ṣaddîq) anwesend ist und das Recht (mišpāṭ) verwirklicht (V.5). Auch das Schicksal anderer Völker und Städte hat Jerusalem nicht als Warnung gedient (V.6f). Darum steht jetzt »der Tag, an dem ich (als Zeuge) auftrete,« bevor; dann wird Gott seinen »glühenden Zorn« ausschütten, und das »Feuer seiner Eifersucht« wird die ganze Erde verzehren (V.8).

Aber dieses Feuer wird wie ein Reinigungsfeuer sein. Danach wird Gott alles verwandeln (hāpak): Die Lippen der Völker wird er verwandeln, so daß sie seinen Namen anrufen und ihm von fernher Gaben darbringen (3,9f). Und auch Jerusalem braucht sich nicht mehr zu schämen, weil Gott »aus seiner Mitte« die »hochmütigen Prahler« entfernen wird (V.11).

So wird »in seiner Mitte« ein neues Israel übrigbleiben: »ein demütiges und armes Volk, das seine Zuflucht sucht beim Namen des HERRN« (V.12). Es wird ein geläuterter »Rest Israels« sein. Sie werden kein Unrecht tun und keine Unwahrheit reden und friedlich leben, weil niemand sie aufschreckt (V.13).

So endet die dramatische Schilderung des »Tages des HERRN« mit all ihren zerstörerischen Begleiterscheinungen mit einem Bild des Friedens – eines Lebens ohne Ambitionen, aber im Frieden mit Gott und von ihm behütet in einer friedlichem Umwelt. Dieses Bild enthält deutliche Anklänge an die Schilderung des endzeitlichen Frie-

dens bei Micha, in dem jeder unter seinem Weinstock und seinem Feigenbaum sitzen wird (Mi 4,4). → 274
Der weit ausholende Schluß fordert die »Tochter Zion« zum Jubeln auf (V.14) und entfaltet das Bild des wiederhergestellten Jerusalem/ B.X Zion Israel noch weiter. Gott hat das Urteil gegen sie aufgehoben und ist jetzt beschützend »in ihrer Mitte«, als König (V.15) und rettender Held (V.17). Sie braucht sich nicht zu fürchten (V.16), ihre Feinde sind vernichtet (V.19), und Gott hilft auch den Hinkenden und sammelt die Zerstreuten. Er wird Israels Geschick wenden (šûb šᵉbût) und die in der Zerstreuung Lebenden wieder heimführen (V.20).
Im Rahmen des Zwölfprophetenbuches ist dies der Abschluß der Sammlung von Schriften aus der Zeit vor der Zerstörung Jerusalems und der Wegführung eines großen Teils der Bevölkerung ins Babylonische Exil. Der Leser ist sich dessen wohl bewußt, denn er weiß aus der einleitenden Datierung, daß Zefanja in der Zeit Joschijas ge- → 138 wirkt hat (1,1), d.h. kurz vor dem gewaltsamen Ende des Reiches Juda. Beim Weiterlesen wird er als erstes auf die Datierung nach der Herrschaft des persischen Königs Darius stoßen (Hag 1,1).

5.5
Beginnt die messianische Endzeit? (Haggai)
Mit dem unmittelbaren Anschluß der Schrift des Propheten Haggai an die des Zefanja überbrückt das Zwölfprophetenbuch den tiefen Einschnitt zwischen dem gewaltsamen Ende des Reiches Juda mit der Zerstörung Jerusalems und des Tempels sowie der Exilierung eines Teils der judäischen Bevölkerung und dem Beginn der Rückkehr B.V Exil von Exulanten. Darin zeigt sich die Kontinuität der Prophetie auch unter den veränderten Umständen.
Aber die Probleme sind jetzt andere. Das wird schon daran erkennbar, daß sich die Anrede des Propheten nicht an den König oder einen der sonst bekannten israelitischen oder judäischen Repräsentanten wendet, sondern an den von den Persern eingesetzten »Statthalter« und an den »Hohenpriester« (hakkohēn haggādôl), ein Amt, das es früher nicht gegeben hatte (1,1). Haggai spricht sie an als die Verantwortlichen für das, was er jetzt als das Wichtigste betrachtet: den Wiederaufbau des Tempels. Er muß sich dabei mit der Auffassung auseinandersetzen, daß die Zeit für den Tempelbau noch nicht gekommen sei, sondern daß die Sorge um das eigene Wohnen Vorrang habe (V.2-4). Haggai macht diese Frage zum status confessionis. Der Tempel ist der Ort, an dem Gott für Israel gegen- B.VII Tempel wärtig ist. Deshalb entscheidet sich an ihm Israels Einstellung zu seinem Gott. Wenn sie der Mahnung des Propheten folgen, dann gilt für sie Gottes Zusage: »Ich bin bei euch« (1,13; 2,4) und »Mein Geist bleibt in eurer Mitte (2,5). Daß aber ihre jetzige Einstellung falsch ist, können die Israeliten selbst feststellen. Weil Gottes Haus in Trümmern liegt (V.4.9), gibt es Mißernten (V.5f.9), die Gott selbst verfügt hat (V.10f).

Haggais prophetische Ermahnungen haben Erfolg, weil Gott »den Geist« des Statthalters und des Hohenpriesters und des übrigen Volkes »erweckt«, so daß sie die Arbeit in Angriff nehmen (1,12-15). Und als sich Enttäuschung über den bescheidenen Neuanfang ausbreiten will (2,1-3), beschreibt der Prophet den großen Zusammenhang, in dem dies alles steht: Mit dem Wiederaufbau des Tempels beginnt eine neue Heilszeit. Gott wird Himmel und Erde erbeben lassen, wie es schon Joël für den »Tag des HERRN« angekündigt hatte (Joël 2,10; 4,16). Eine Folge davon wird sein, daß auch die Völker erzittern und daß ihre Reichtümer herbeiströmen werden und das Haus Gottes damit gefüllt wird (vgl. Jes 60,5-7.13). So wird die »Herrlichkeit« (kābôd) des künftigen Hauses größer sein als die des ersten, und es wird ein Ort des Friedens (oder: des Heils, šālôm) sein (2,4-9).

Noch einmal setzt der Prophet zu einer Begründung dafür an, warum der Bau des Tempels für Israel lebensnotwendig ist. In Form einer prophetischen Zeichenhandlung holt Haggai bei den Priestern eine tôrāh ein, eine Weisung über kultische Fragen (2,10-14). Es geht um die Übertragbarkeit von »Heiligem« und »Unreinem«. Die Antworten sind klar: Heiliges macht durch Berührung nicht anderes heilig, aber Unreines macht anderes unrein. Haggais Fazit: So ist in den Augen Gottes »dieses Volk« (vgl. 1,2 u.ö., dazu Koch 1967); alles, was sie tun, und vor allem was sie opfern, ist unrein. Daraus folgt: Es wird unrein bleiben, bis der Tempel gebaut und eingeweiht ist; denn nur dort können die Sühne- und Reinigungsriten vollzogen werden, die für ein Leben Israels vor Gott notwendig sind (vgl. Lev 4f; 16). Und dann wird Gott auch wieder den Fruchtbarkeitssegen spenden (2,15-19).

Schließlich weitet sich der eschatologische Horizont noch einmal. Das Beben des Himmels und der Erde wird Auswirkungen auf die Völkerwelt haben, die wiederum an die Schilderungen vom »Tag des HERRN« erinnern. Throne werden gestürzt und Königreiche zerschlagen (2,21f). Das aber wird die Stunde des endzeitlichen Herrschers sein, den Gott nun mit Namen anredet: Serubbabel, Sohn des Schealtiël (V.23). Gott nennt ihn seinen »Knecht« ('ebed), ein Titel, der oft für David gebraucht wird (2Sam 7,5.8 u.ö.); er bezeichnet ihn als »Siegelring«, was eine hohe Auszeichnung bedeutet; und er bestätigt ihm, daß er ihn »erwählt« hat (bāḥar), womit wiederum die Davidtradition ins Bewußtsein tritt (1Sam 16, 8-10 u.ö.). Das Wort »König« fällt nicht, ebensowenig ein Wort wie »Messias«, das sich dem Ausleger nahelegen möchte. Aber es ist das einzige Mal in der Hebräischen Bibel, daß in einem solchen eschatologischen Kontext ein potentieller künftiger Herrscher mit Namen genannt wird. Doch die Zukunft wird zeigen, daß es eine unerfüllte Hoffnung geblieben ist.

→ 256

→ 181

→ 62

B.XVIII Zukunft

→ 104

→ 98

5.5.1
Sacharja

Fast zeitgleich mit Haggai tritt noch ein zweiter Prophet auf: Sacharja, der Sohn des Berechja. Auch bei ihm spielt der Wiederaufbau des Tempels eine wichtige Rolle, und auch bei ihm stehen die Ereignisse jener Wochen und Monate im Zusammenhang einer hochgespannten eschatologischen Erwartung. Sie findet ihren Ausdruck in einer Reihe von nächtlichen Visionen des Propheten, in denen bevorstehende Geschehnisse in oft bildhaft verschlüsselter Form dargestellt werden. Im Unterschied zu früheren prophetischen Visionen (z.B. Am 7f; Jer 1,11-14) bedürfen diese Visionen jeweils der Interpretation durch einen Mittlerengel oder Deuteengel (»der Engel, der mit mir redete«, 1,9.13.14 u.ö.). Die Unmittelbarkeit des prophetischen Zugangs zum visionären Geschehen besteht offenbar nicht mehr. → 264.190 E 122

Die Visionen bilden einen Zyklus. Die ersten drei Visionen kündigen die Wiederherstellung Jerusalems an. Himmlische Reiter stehen bereit. Noch sind sie nicht aufgebrochen, um eine grundlegende Änderung der politischen Verhältnisse herbeizuführen; aber Gott läßt durch den Engel wissen, daß er voll großen Eifers und voll Erbarmen für Jerusalem ist, das bald wieder aufgebaut werden wird (1,7-17). Auch die Völker, die Israel und Juda zerstreut haben, werden niedergeworfen (2,1-4). Und schließlich wird Jerusalem vermessen; aber es soll eine offene Stadt bleiben, denn Gott selbst wird eine Feuermauer um sie sein (2,5-9). Die letzten drei Visionen beschreiben dann in verschlüsselter Form die Beseitigung der sozialen Übeltäter (5,1-4) und der widergöttlichen »Bosheit« (rišʿāh, 5,5-11) aus dem Land und schließlich die Aussendung von himmlischen Boten des Geistes Gottes (rûªḥ) in die Völkerwelt (6,1-8).

In der Mitte des Zyklus stehen zwei zusammengehörige Texte (von manchen Auslegern als zwei selbständige Visionen gezählt), in denen es um die Frage geht, wer an der Spitze des künftigen Jerusalem stehen wird. In Kapitel 3 steht der Hohepriester Josua (Jeschua) im Mittelpunkt. In einer himmlischen Szene wird er vom śāṭān (d.h. dem »Widersacher« oder »Ankläger«) angefeindet. Der Grund dafür liegt in seinen unreinen Gewändern. Aber gerade diese sind ein Zeichen dafür, daß Josua wie »ein aus dem Feuer gerissenes Scheit« ist, d.h. ein aus der Katastrophe Entkommener (vgl. Am 4,11), ein Rückkehrer aus dem Exil. Darum wird die Anklage zurückgewiesen, und Josua wird mit neuen, reinen Gewändern bekleidet, womit zugleich seine »Schuld« von ihm weggenommen wird. Er erhält die feierliche göttliche Zusage: »Du wirst mein Haus verwalten und meine Vorhöfe betreuen« (3,7). → 262

Kapitel 4 zeigt ein anderes Bild. Ein goldener Leuchter mit sieben Ölschalen, flankiert von zwei Ölbäumen. Wer sind diese beiden Ölbäume? Erst auf mehrfaches Fragen (V.4.11.12) erhält der Prophet die Antwort: »Das sind die beiden Söhne der Salbung (wörtlich:

›Ölsöhne‹), die vor dem Herrn der ganzen Erde stehen« (V.14). Zwei »gesalbte« Amtsträger also. Jetzt ist es Serubbabel, für den noch ein Wort der Bestätigung und Verheißung hinzugefügt wird: »Die Hände Serubbabels haben dieses Haus gegründet, seine Hände werden es vollenden« (V.9). Auch in dem Wort an Josua ist schon von dem zweiten Amtsträger die Rede, den Gott einsetzen wird: »Denn siehe, ich lasse meinen Knecht ›Sproß‹ kommen« (3,8). Hier klingen Worte Jeremias (Jer 23,5; 33,15) und Ezechiels (Ez 34,23f) an (vgl. Hanhart 1990ff, 194-198). Noch einmal ist dann von einem »Mann, dessen Name ›Sproß‹ ist«, die Rede (6,12f). Er wird den Tempel bauen und auf seinem Thron herrschen. Zugleich wird da auch der Priester auf *seinem* Thron sein, und zwischen ihnen wird Eintracht herrschen (wörtlich: »Rat des Friedens«, *ʿaṣat šālôm*). Dies ist also die Vision vom kommenden Jerusalem: die einträchtige Herrschaft des Königs aus dem Geschlecht Davids, der zugleich der Wiedererbauer des Tempels ist, und des Priesters, der im Tempel waltet und für Israel Sühne schafft (vgl. Kap.3).

→ 206.236

B.IX David

Einiges bleibt für den heutigen Leser verschlüsselt. Was bedeutet der Stein, den Gott vor Josua hinlegt (oder hinstellt), auf dem sieben Augen sind und auf dem »seine Inschrift« eingraviert wird (3,9)? Und warum wird Josua gekrönt und wird gleich darauf von dem künftigen Herrscher namens »Sproß« geredet, ohne daß die Beziehung erläutert wird (6,11-13)? Soll Josua die Krone an den erst im Kommen begriffenen Davididen weitergeben? Offenbar stehen dahinter Traditionen, die den Zeitgenossen verständlich waren, sich uns aber nicht mehr erschließen.

Der Visionszyklus ist von prophetischen Gottesworten gerahmt. Am Anfang steht ein Ruf zur Umkehr, der in eindrucksvoller Weise die Situation der Angeredeten zu der ihrer Väter in Beziehung setzt (1,2-6): »Kehrt um zu mir – seid nicht wie eure Väter!« Den Vätern haben die »früheren Propheten« (d.h. die Propheten vor der Katastrophe des Endes des Reiches Juda) immer wieder gepredigt: »Kehrt um!« Aber die Väter haben nicht gehört. Doch als sich dann die Worte der Propheten erfüllt haben, haben sie dies erkannt und sind umgekehrt (V.6). Eine ungewöhnliche Aussage im Munde eines Propheten: Sie sind umgekehrt. Aber eben dies ist ja die Voraussetzung dafür, daß die Geschichte Gottes mit Israel weitergeht, oder: daß sie neu beginnt. Doch die Menschen haben sich nicht grundlegend gewandelt, so daß ihnen auch jetzt wieder der Prophet als erstes zurufen muß: »Kehrt um zu mir!« Aber nun verbindet sich dieser Aufruf mit einer weiteren erstaunlichen Aussage; die Fortsetzung des Satzes lautet: »Ich kehre um zu euch« (V.3). Nie zuvor hat ein Prophet so von einer »Umkehr« Gottes zu Israel gesprochen. Doch wie verhalten sich die beiden Teile dieses Satzes zueinander? Die knappe Formulierung des hebräischen Doppelsatzes (*šûbû ʾēlaj...wᵉʾāšûb ᵃlêkem*) läßt verschiedene Deutungen zu. Doch

B.III Väter

B.XII Israel im Widerstreit

im Kontext der Sacharjaschrift wie im Kontext der Hebräischen Bibel im ganzen scheidet die Möglichkeit aus, den zweiten Satzteil als vom ersten abhängig zu verstehen im Sinne von: »Wenn ihr zu mir umkehrt, *dann* werde ich (auch) zu euch umkehren.« Die Botschaft der Sacharjaschrift ist es vielmehr, daß Gott beschlossen hat, sich Israel und insbesondere Jerusalem wieder zuzuwenden, ja ganz konkret: nach Jerusalem in sein Heiligtum zurückzukehren (1,16; 8,3.15). Das ist die Voraussetzung für sein künftiges Handeln mit Israel und mit Jerusalem. Aber es macht den Ruf zur Umkehr an Israel keineswegs überflüssig. Im Gegenteil: Israels Umkehr ist die notwendige, immer wieder anzumahnende Reaktion Israels auf die schon beschlossene, vorauslaufende Umkehr Gottes.

Auf die Visionen folgt eine Reihe von prophetischen Gottesworten, die miteinander zusammenhängen. Ausgangspunkt ist eine Anfrage an den Propheten, ob angesichts des voranschreitenden Wiederaufbaus des Tempels die seit siebzig Jahren geübte Fasten- und Klagefeier anläßlich der Zerstörung des Tempels noch aufrechterhalten werden soll (7,1-3). Der Prophet gibt keine unmittelbare Antwort auf diese Frage, sondern stellt sie in einen größeren B.VII Kult Rahmen. Zunächst: Fasten dient im Grunde nur zur Selbstbefriedigung; entscheidend ist demgegenüber das Befolgen dessen, was schon die »früheren Propheten« gepredigt haben und dessen Kern die Verpflichtung zu sozialer Gerechtigkeit gegenüber den Armen und Schwachen ist. Weil sie dies nicht befolgt haben, sind die Israeliten dem göttlichen Zorn verfallen und ins Exil gebracht worden (7,4-14).

Doch nun hat eine neue Zeit begonnen. Gott kehrt nach Jerusalem zurück und nimmt wieder seinen Wohnsitz in der Stadt, die nun »Stadt der Treue« (*'îr-hāᵉmet*) genannt werden wird, und auf dem Zion, der jetzt »Heiliger Berg« (*har haqqodeš*) heißt. Die ganze Stadt wird von friedlich lebenden Alten und Jungen bevölkert sein. Auch wenn dies dem »Rest dieses Volkes«, d.h. den aus dem Exil Zurück- B.V Exil gekehrten, noch zu wunderbar erscheint, »muß es dann auch in meinen Augen zu wunderbar sein? Spruch Jhwh Zebaots« (8,1-6). Gott wird ganz Israel aus dem Exil befreien und heimbringen, »und sie werden mein Volk sein, und ich werde ihr Gott sein in Treue und Gerechtigkeit« (*beᵉmet ûbiṣᵉdāqāh*, V.7f). Wie schon bei Haggai, so wird noch einmal der Tag der Grundsteinlegung des Tempels als die grundlegende Wende beschrieben. Aber nun wird der Kreis viel weiter gezogen. Die »Friedenssaat« (*zeraʿ haššālôm*), die Gott jetzt sät, gilt nicht nur dem Weinstock, dem Acker und dem Tau des Himmels, sondern dem ganzen »Rest des Volkes«. Sie waren ein Fluch unter den Völkern, aber sie sollen jetzt zum Segen werden (V.9-13).

So wie Gott bisher Böses plante, plant er jetzt Gutes für Jerusalem und das Haus Juda. Darum »Fürchtet euch nicht!« (V.9-15). Aber sie sollen sich nun auch an die Botschaft der Propheten halten und gerechte Rechtsprechung üben, die dem Frieden(*šālôm*) dient, und den Nächsten nicht übervorteilen, weil Gott dies alles haßt (V.16f). Und damit erst kehrt der Text zu der Ausgangsfrage zurück: Was ist mit den Fastengottesdiensten? Die Fastentage werden sich in Freudenfeste verwandeln. Denn man muß nun nicht mehr vergangenen Unheils gedenken, sondern des erfahrenen Heils (V.18f).

Noch einmal weitet sich der Horizont: Völker werden herbeikommen, um dem HERRN zu huldigen und ihn zu »suchen«, d.h. zu befragen (V.20-22), wie es schon Micha für das »Ende der Tage« vorausgesagt hat (Mi 4,2 = Jes 2,3, vgl. auch schon Sach 2,15). Wie sehr Jerusalem in den Mittelpunkt gerückt ist, macht die abschließende Szene deutlich: Zehn Männer aus Völkern aller Sprachen werden einen einzigen Judäer (oder: Juden) am Zipfel seines Gewandes fassen (an dem er durch die *Zizit* erkennbar ist, Num 15,38) und ihn bitten, sich ihm und den anderen, die auf dem Weg nach Jerusalem sind, anschließen zu dürfen. »Denn wir haben gehört: Gott ist mit euch« (V.23).

→ 273

B.XVI Völker

Hier beginnt etwas Neues. Die Überschrift *maśśā'* leitet zwei größere Abschnitte innerhalb der Sacharjaschrift ein (Kap.9-11; 12-14). Die gleiche Überschrift steht auch am Beginn von drei selbständigen Schriften innerhalb des Zwölfprophetenbuches (Nahum, Habakuk, Maleachi), dort jedoch jeweils verbunden mit dem Namen des jeweiligen Propheten. (Außerdem findet sie sich gehäuft in den Worten gegen fremde Völker im Jesajabuch, Jes 13,1; 15,1; 17,1 u.ö.). So signalisiert diese Überschrift einen Schritt über die unmittelbare Prophetie Sacharjas hinaus. Ein verändertes Selbstverständnis dieser Kapitel zeigt sich auch darin, daß nur in einem Abschnitt (11,4-17) das »Ich« eines Propheten erscheint; zugleich begegnet nur hier die Gottesspruchformel »So spricht der HERR« (11,4; in Kap.1-8 dagegen fast zwanzigmal). Vor allem liegt diesen Kapiteln aber ein anderes Verhältnis zur »Geschichte« zugrunde. Die hier beschriebenen »Ereignisse« liegen fast durchweg in einer Zukunft, die nur visionär zu erfassen ist, auch wenn sie oft sehr realistisch beschrieben wird. Man kann deshalb die Kapitel Sach 9-14 insgesamt dem Bereich der »Apokalyptik« zuordnen (vgl. Hanson 1975, 280ff). Aber auch in Sach 1-8 finden sich schon Elemente, die in diese Richtung weisen (vgl. Gese 1973), so daß eine Kontinuität innerhalb der Sacharjaschrift besteht.

→ 166

B.XVIII Zukunft

Die beherrschende Thematik bilden auch in diesen Kapiteln die Erwartungen für die Zukunft Jerusalems und Israel/Judas in der bevorstehenden Endzeit. Unter wechselnden Aspekten ist vom endzeitlichen Kampf die Rede, den Jhwh gegen die Völker und für Israel führt. Dabei geht es vor allem immer wieder um das künftige Geschick Jerusalems. Der endzeitliche König wird unter Jubel bei ihr einziehen (9,9); er wird nicht selber kämpfen, denn Gott beseitigt die Kriegsgeräte und ermöglicht damit die weltumspannende Friedensherrschaft des in Jerusalem thronenden Königs (V.10). Mitten

B.XV König

in wechselvollen Kämpfen, die »an jenem Tag« (12,3.4.6 usw.) aus-
gefochten werden, gilt: Jerusalem bleibt an seinem Ort (V.6). An »jenem Tag« wird sich in Jerusalem eine Quelle öffnen für das Haus
Davids und für die Bewohner Jerusalems zur Reinigung von Sünde
und Unreinheit (13,1).

Schließlich »kommt ein Jhwhtag« (*jôm bā' lajhwh* 14,1), an dem es
noch einmal zu einem Endkampf kommt, bei dem Jerusalem und
seine Bewohner schwer leiden müssen. Aber dann erscheint unter
wunderbaren Begleiterscheinungen *ein* Tag, den allein Gott kennt
(V.7); an diesem Tag wird von Jerusalem lebendiges Wasser ausgehen (V.8), und der HERR wird seine Königsherrschaft über die ganze
Erde antreten. »An diesem Tag wird der HERR einzig sein und sein
Name einzig« (V.9). Dann wird sich das ganze Land in eine Ebene
verwandeln, und Jerusalem wird es überragen; und dort wird man
sicher wohnen (V.10f). Schließlich werden dann auch die Übriggebliebenen von den Völkern, die gegen Jerusalem gezogen sind, Jahr
für Jahr hinaufziehen, um den HERRN anzubeten und das Laubhüttenfest zu feiern (V.16). Und ganz Jerusalem wird heilig sein (V.20f).

In diesen Kapiteln bleibt vieles für den heutigen Leser schwer verständlich.
Dies gilt u.a. für die Hirtenallegorie in 11,4-17 (vgl. Gese 1974) und für die
Rede von dem »Durchbohrten«, um den große Klage gehalten wird (12,10-
14). Eigenartig ist auch die Darstellung des »Endes der Prophetie« in 13,2-6.

5.5.2
Maleachi

In einem überraschenden Wechsel kehrt das Zwölfprophetenbuch
an seinem Abschluß von der apokalyptischen Stimmung der Zu-
kunftsvisionen in die Gegenwart zurück. Noch einmal wird ein
neuer Abschnitt mit *maśśā'* eingeleitet (Mal 1,1). Diesmal folgt nach
der Wendung »Das Wort des HERRN« (vgl. Sach 9,1; 12,1) noch ein
Name: *mal'ākî*, »mein Bote« (geläufige deutsche Form: Maleachi).
Der Leser erfährt nichts Näheres über die Person, die hinter diesem
ungewöhnlichen Namen steht. Jedoch zeigen die nachfolgenden
Texte das Bild von lebhaften Diskussionen, die dieser Maleachi mit
seinen Zeitgenossen führt. Dabei ist deutlich, daß es sich um Probleme der nachexilischen Gemeinde handelt. Im Mittelpunkt steht
der wieder aufgebaute Tempel (1,6-29; 3,6-12); ein wichtiges Thema B.VII Kult
bildet auch das Verhältnis zur nichtjüdischen Bevölkerung (2,10-
16), wobei aber keinerlei kriegerische Auseinandersetzungen erkennbar werden.

Das beherrschende Thema ist die Frage, wie ein angemessenes Leben vor Gott aussehen soll. Dabei muß sich Maleachi mit der Gegenfrage auseinandersetzen, ob es sich »lohnt«, nach diesen Regeln
zu leben (2,17; 3,14f u.ö.). Es geht also um das Leben im »Hier und
Jetzt«; die Endzeit scheint zunächst in weite Ferne gerückt. Die Op-
ferpraxis ist lasch geworden (1,6-9). Aber die Frage der Opfer steht

287

jetzt in einem ganz anderen Kontext als in den früheren Schriften des Zwölfprophetenbuches. Der Tempel ist zum zentralen Symbol für die Rückkehr Israels und den Wiederaufbau des Gemeinwesens geworden, und darum bilden die Opfer ein wichtiges Element der Identifikation der Rückkehrergemeinde mit dieser neu geschenkten Situation. Minderwertige Opfertiere sind ein Ausdruck der Nichtachtung Gottes, und so wird in der Gottesrede die im Kult übliche »Anrechnungsformel« für die Opfer ins Negative gewendet: »Ich habe kein Gefallen (ḥepeṣ) an euch,...und Opfergaben nehme ich von eurer Hand nicht wohlgefällig an (lo' 'erṣeh)« (V.10, vgl. 1967, 256).

→ 157
Wie bei den früheren Propheten ist die Gesinnung der Opfernden der entscheidende Grund für ihre Ablehnung, aber sie zeigt sich diesmal vor allem in den Opfergaben selbst.

Maleachi konfrontiert dieses Verhalten der Opfernden mit der ehrfurchtsvollen Haltung anderer Völker: »Vom Aufgang der Sonne bis
B.XVI Völker   zu ihrem Untergang ist meine Name groß unter den Völkern« (V.11, vgl. V.14b). Eine erstaunliche Aussage, die noch dadurch verstärkt wird, daß sogar von Opfern die Rede ist, die andere Völker Jhwh darbringen. Diese Gegenüberstellung der Judäer mit den gottesfürchti-
→ 269
gen »Heiden« erinnert an Jona (Jona 1,14.16; 3,5ff). Im Kontext der Maleachischrift liegt darin eine besondere Zuspitzung der Kritik an den Jerusalemern (vgl. V.14).

Diese Kritik richtet sich vor allem gegen die Priester (2,1-9). Sie sind von dem »Bund« abgewichen, den Gott mit Levi geschlossen hat
→ 80
→ 211
(V.4f). Hier klingt die Tradition an, die im Levispruch des Mosesegens Dtn 33,8-11 ihren Niederschlag gefunden hat (vgl. auch Jer 33,20f). Die Priester, die in dieser Tradition stehen, haben bedeutsame Aufgaben: Wahrhaftige Tora und Erkenntnis geben sie weiter und halten viele von Schuld ab (V.6f); ja ihr Ahnherr Levi kann sogar als »Bote des HERRN« (mal'ak jhwh) bezeichnet werden (V.7), ein Ausdruck, der nur selten auf Menschen angewendet wird (vgl. Hag 1,13). Aber die jetzigen Amtsinhaber sind von diesem Weg abgewichen und werden den wichtigen Aufgaben der Priester für die Gemeinschaft nicht mehr gerecht; deshalb wird Gott sie öffentlich erniedrigen (V.8).

Ein anderes Problem betrifft nicht nur die Priester, sondern die Gemeinschaft als ganze: Ehen mit nichtjüdischen Frauen (2,10-12). Worum es dabei geht, macht die Formulierung deutlich: »Tochter (d.h. Angehörige) eines fremden Gottes« (bat-'ēl nēkār, V.11). Solche Ehen bergen die Gefahr, daß der jüdische Ehemann zur Verehrung anderer Götter verleitet wird, wie die Überlieferung der eigenen Ge-
→ 67.113
→ 72
schichte eindrucksvoll zeigt (Num 25; 1Kön 11,1-13); darum sind sie in der Tora ausdrücklich verboten (Ex 34,12-16; Dtn 7,3f). Der Verstoß dagegen bedeutet Treulosigkeit, ja »Greuel« (tô'ēbāh). Dagegen kann auch das von den Betroffenen vorgebrachte Argument nicht gelten: »Haben wir nicht alle einen Vater? Hat nicht ein Gott
uns erschaffen?« (V.10). Maleachi hat dies schon ganz zu Anfang wi-

derlegt: Gott hat sich in dem Streit zwischen Jakob und Esau für Jakob entschieden und Esau abgelehnt (1,2-5).

Das Problem ist mit einem zweiten verknüpft: der Trennung von den bisherigen Ehefrauen (V.13-16). Überraschenderweise tritt Maleachi grundsätzlich für Monogamie ein. Umstritten ist aber seine Auffassung von der Ehescheidung. Sie hängt am Verständnis der knappen Formulierung: *kî śānē᾽ šallaḥ* »wenn hassend, entlasse!« (V.16) Der masoretische Text und alle antiken Übersetzungen verstehen dies im Sinne von: »Wenn du deine Frau hassest (d.h. nicht mehr liebst), so entlasse sie«, entsprechend Dtn 22,13.16; 24,3 (vgl. ThWAT VII, 836). Viele neuere Kommentatoren wollen aber (unterstützt von BHK und BHS) das Gegenteil herauslesen: »Ich (d.h. Gott) hasse Scheidung.« (Vgl. zum Ganzen Schreiner 1979.)

Aber dann zeigt sich, daß auch Maleachi in der Tradition der Endzeiterwartungen steht. Auf die zynischen Reden derer, die sagen, daß der HERR an denen »Wohlgefallen« (*ḥepeṣ*) hat (vgl. V.10), die Böses (*rāʿ*) tun, oder: »Wo ist der Gott des Gerichts?« (2,17), wird Gott mit einer Theophanie antworten (3,1-5). Dabei erscheint wieder das Stichwort »Tag«: Was jetzt bevorsteht, ist »der Tag seines Kommens« (V.2). Er wird so schrecklich sein, daß der Ausruf früherer Propheten wieder anklingt: »Wer kann ihn ertragen...und wer wird bestehen?« (vgl. Joël 2,11; Nah 1,6). Der Bote Gottes (*malʾākî*) wird dem HERRN vorangehen, wenn er »plötzlich« in seinem Tempel erscheint.

B.XVIII Zukunft

→ 256.277

Diese Erscheinung Gottes wird Gericht bedeuten: ein Reinigungsgericht über die Priester, die »Söhne Levis«, so daß sie dann die richtigen Opfer darbringen werden »wie in den Tagen der Vorzeit« (V.3f); und ein Strafgericht über all diejenigen, die das Recht gegenüber ihren Mitmenschen verachten (V.5). Dieser letzte Aspekt zeigt, daß Maleachi auch in der Kontinuität der ethischen Forderungen der »früheren Propheten« steht.

»Kehrt um zu mir, denn ich kehre um zu euch«, dieser Satz aus Sach 1,3 erscheint jetzt erneut (3,7). Er signalisiert, daß schon jetzt erste Zeichen einer Heilszeit sichtbar werden könnten, wenn die geforderten Abgaben an den Tempel erbracht würden (V.8-11). In Fortführung der Mahnungen und Verheißungen Haggais und Sacharjas (vgl. Hag 2,15-19; Sach 8,9-15) kündigt Maleachi an, daß Gott dann die »Schleusen des Himmels« öffnen und Segen ausschütten wird, so daß es reiche Ernten geben wird. Sogar die Völker werden dann erkennen, daß Israel ein »Land des Wohlgefallens (*ḥepeṣ*)« Gottes sein wird (V.12).

→ 284

Aber noch führen die Leute ihre zynischen Reden: »Es ist nutzlos, Gott zu dienen«, denn die, welche Bosheit (*rišʿāh*, vgl. Sach 5,8) verüben, haben Glück (V.13-15). Doch wieder zeigt sich der endzeitliche Aspekt. Gott wird die in ein Buch schreiben, die ihn fürchten. Sie werden »an dem Tag, den ich mache«, sein Eigentum sein, und man wird wieder den Unterschied sehen zwischen dem Gerechten

→ 283

(ṣaddîq) und dem Übeltäter (rāšāʿ) (V.16-18). Denn »der Tag kommt«, an dem die Übeltäter verbrennen werden wie Spreu; für die aber, die Gottes Namen fürchten, wird die »Sonne der Gerechtigkeit« aufgehen (V.19-21).

Auch der Schlußabschnitt (3,22-24) spricht noch einmal vom »Tag des HERRN«, genauer: von dem, was vor dem Tag des HERRN noch geschehen soll und wird. Zwei Namen werden zueinander in Beziehung gesetzt: Mose und Elija. Mose hat Israel die Tora gegeben. Nach ihr soll Israel leben in der Zeit bis zum Kommen des Tages des HERRN, d.h. jetzt, in der Gegenwart und unmittelbaren Zukunft des Propheten und seiner Zuhörer und Leser. Zugleich wird damit nachdrücklich ins Bewußtsein gerufen, daß auch die Botschaft der Propheten im Licht der Tora zu lesen ist. Nach den letzten Worten der Tora war Mose selbst sogar der erste und größte unter den Propheten (Dtn 34,10).

Aber dann, bevor der »große und furchtbare Tag des HERRN« erscheint, wird Elija kommen – wiederkommen, muß man sagen; denn er ist ja nicht gestorben, sondern zum Himmel aufgefahren (2Kön 2). So hat er an Israel noch einen Auftrag zu erfüllen. (Nach Sir 48,10 steht er bereit für die Endzeit.) Er wird kommen als der »Bote«, der dem HERRN vorangeht, wenn er in seinem Tempel erscheint (3,1). Seine Aufgabe wird es sein, Väter und Söhne wieder miteinander zu versöhnen. Sirach zitiert Mal 3,24 und führt den Satz fort: »und wiederherzustellen die Stämme Jakobs«. Dies rückt die Aufgabe des wiederkommenden Elija in die Nähe dessen, was im Jesajabuch vom »Gottesknecht« gesagt wird (Jes 49,5f, vgl. Blenkinsopp 1977, 121f). Diese Versöhnung muß geschehen, um »das Land« am Tag des HERRN vor der Vernichtung (wörtlich: dem Bann) zu bewahren. Das erinnert an Zefanjas Mahnung: »Sucht den HERRN…, vielleicht bleibt ihr bewahrt am Tag des Zornes des HERRN« (Zef 2,1-3). Der Tag des HERRN ist Gerichtstag; aber es wird einen Unterschied geben zwischen den »Gerechten« (ṣaddîqîm) und denen, die »Böses« tun (den rᵉšāʿîm), d.h. denen, die Gott dienen – mit Joël gesprochen: denen, die »den Namen des HERRN anrufen« (Joël 3,5) –, und denen, die ihm nicht dienen (vgl. Mal 3,18). Die Aufgabe des Propheten Elija wird es sein, Väter und Söhne zusammenzuführen, damit sie nicht dem Gericht verfallen.

5.6
Das Buch der Zwölf Propheten im Kanon der Hebräischen Bibel

Zweieinhalb Jahrhunderte Prophetie hat der Leser des Zwölfprophetenbuches durchschritten, vom »Anfang des Redens des HERRN« zu Hosea bis zum Ausblick auf den bevorstehenden »Tag des HERRN«, der zugleich drohende und hoffnungsvolle Elemente enthält. Die Sammlung der äußerst verschiedenartigen Prophetenschriften in diesem Buch gibt zugleich einen tiefen Einblick in die wechselvolle Geschichte der Prophetie. Einige dieser Propheten ste-

B.VIII Mose

→ 80

→ 131

→ 279

→ 257

hen den »großen« Prophetengestalten nahe: Amos, Micha und dann Zefanja lassen sich in eine Linie mit Jesaja stellen als Gerichtspropheten, bei denen vor allem das »soziale« Element im Vordergrund steht. Aber wie schon Jesaja, so hat auch jeder dieser Propheten sein ganz eigenes Profil und leistet seinen eigenständigen Beitrag zur Entfaltung und theologischen Profilierung der Religion Israels. Hosea setzt seine Akzente vor allem mit dem Vorwurf des Baalskultes und schlägt damit ein Thema an, das später unter veränderten Voraussetzungen bei Jeremia erneut ins Zentrum rückt.

Aber dann treten auch ganz andere Themen ins Blickfeld. Das bedeutendste von ihnen ist der »Tag des HERRN«, von dem auf vielfältige Weise die Rede ist. Dabei werden zugleich die unterschiedlichen Profile der einzelnen Propheten deutlich. Was bedeutet der Tag des HERRN? Bringt er für Israel Heil oder Unheil, Licht oder Finsternis? Und was bedeutet er für die anderen Völker? Gibt es die Möglichkeit, ihm durch Umkehr zu entgehen? Und wem ist diese Möglichkeit gegeben – nur Israel oder auch anderen Völkern? Wie reagieren die anderen Völker auf die Ankündigung des Tages des HERRN – und wie reagiert Gott auf ihr Verhalten? Die Vielfalt der Antworten innerhalb der Sammlung der zwölf Prophetenschriften läßt den Leser einen Einblick in die Vielfalt der Prophetie tun, die wiederum ein Spiegelbild der israelitischen Gemeinschaft durch die Jahrhunderte hindurch bildet.

Am Ende der Sammlung treten die Probleme des Wiederaufbaus und der Konsolidierung der Gemeinde nach dem Exil in den Mittelpunkt. Beginnt jetzt mit der Wiederherstellung des Tempelkults in Jerusalem die Heilszeit? Wie wird sie sich gestalten und wer sind ihre Träger und Repräsentanten? Damit ist aber die Frage verbunden, wie sich das Leben der Gemeinschaft jetzt gestalten soll, bis der »Tag des HERRN« kommt. Die Regeln für das Zusammenleben und für das kultische Verhalten gelten nach wie vor, »bis Elija kommt«. So rücken die letzten Schriften des Zwölfprophetenbuches noch einmal die spannungsvollen Beziehungen zwischen der Erwartung einer endzeitlichen Wende und dem Leben im »Hier und Jetzt« ins Bewußtsein.

A.IV
Die Schriften

IV.1
Einleitung zu den Schriften

E 258

Der dritte Hauptteil des Kanons der Hebräischen Bibel ist viel weniger einheitlich als die beiden vorhergehenden. Die in ihm versammelten Bücher und Schriften gehören ganz verschiedenen Lebensbereichen an.

→ 4

Am Anfang steht das Buch der Psalmen, oft als »der Psalter« bezeichnet. In ihm sind Gebete und Lieder ganz unterschiedlicher
Herkunft vereinigt. Ein Teil von ihnen läßt gottesdienstliche Anlässe erkennen, die wiederum recht unterschiedlicher Art sein können. In manchen überwiegt das liturgische Element, in anderen
steht der hymnische Lobpreis Gottes im Vordergrund, in anderen
wiederum die Klage der Gemeinde. In einer großen Anzahl von
Psalmen spricht jedoch nicht die Gemeinde, sondern ein einzelner.
Auch hier finden sich Klage sowie Lob und Dank; in manchen dieser Psalmen ist eine Beziehung zu Tempel und Kult erkennbar, die
in anderen jedoch fehlt. Schließlich finden sich auch Texte, die
mehr reflektierenden Charakter tragen. Dabei zeigen sich Elemente
»weisheitlichen« Denkens, die auch in Psalmen der zuvor genannten Gruppen begegnen.

Das weisheitliche Element dominiert in mehreren Büchern im dritten Kanonteil. Am ausgeprägtesten ist seine zentrale Bedeutung im
Buch der Sprüche, das man insgesamt der »Weisheitsliteratur« zu-
rechnen kann. In ihm ist eine große Anzahl von weisheitlichen
Sprüchen gesammelt, zudem ausgedehnte »Lehrreden« in Kap.1-9,
in denen die »Weisheit« (*ḥăkmāh*) auch als Person erscheint. Kritische Töne gegenüber dem Konzept weisheitlichen Denkens und
eines davon bestimmten Handelns finden sich hier nicht. Ganz anders in den zwei weiteren Büchern, die im Kontext der weisheitlichen Traditionen stehen: dem Buch Hiob und dem Prediger
(Kohelet). Beide Bücher sind in ihrer Sprache und Thematik ganz
von weisheitlichem Denken bestimmt, aber beide stehen, wenn
auch auf sehr verschiedene Weise, grundlegenden Elementen dieser
Tradition kritisch gegenüber. Das Buch des Predigers (Kohelet) ist
von einer tiefen Skepsis gegenüber den weisheitlichen Traditionen
geprägt, während Hiob die Gültigkeit entscheidender Grundgedanken der weisheitlichen Lehre vehement bestreitet; gleichwohl bleiben diese beiden Schriften innerhalb des gemeinsamen Rahmens
der israelitischen Religion, in dem auch die Weisheitstraditionen
stehen.

Einige weitere Schriften kann man diesen beiden Hauptgruppen zuordnen oder in deren Nähe stellen. So gehören die Klagelieder in die unmittelbare Nähe der Psalmen; das Hohelied kann man in der Nachbarschaft der Weisheitsschriften sehen, was auch in seiner Zuschreibung an Salomo zum Ausdruck kommt. Andere Schriften lassen sich nicht in gleicher Weise zuordnen. So finden sich zwei erzählende Bücher recht verschiedener Art. Das Buch Rut erzählt von einem individuellen Schicksal, das im Land Israel und dem unmittelbaren Nachbarland Moab spielt und durch die Einleitung in die Richterzeit versetzt wird. Das Buch Ester hingegen berichtet von einer glücklich abgewendeten Verfolgung der Juden in der persischen Diaspora, also in einer sehr viel späteren Zeit und außerhalb des Landes Israel. Das Buch Daniel schließlich nimmt eine Sonderstellung ein: Es ist das einzige Buch der Hebräischen Bibel, das der »Apokalyptik« zuzurechnen ist.

Am Ende des dritten Kanonteils folgen zwei Bücher, die in sehr unterschiedlicher Weise die geschichtlichen Darstellungen der »Früheren Propheten« aufnehmen und fortsetzen. Die Bücher Esra/Nehemia (die eigentlich ein Buch bilden) setzen mit ihrer Darstellung der geschichtlichen Ereignisse an dem Punkt ein, an dem die Wiederherstellung Israels bzw. Judas nach dem Babylonischen Exil beginnt: mit dem Erlaß des Perserkönigs Kyrus zum Wiederaufbau des Tempels in Jerusalem; sie führen damit also die Geschichtsdarstellung der Königsbücher fort, wenn auch in anderer Form. Ganz anders die Chronikbücher: Sie beginnen noch einmal ganz von vorne mit der Genealogie der Menschheit von Adam an und wiederholen dann in einer sehr eigenwilligen Interpretation die Geschichte Israels und Judas unter dem Königtum der Daviddynastie. Dieses Buch ist also weniger Darstellung als vielmehr Interpretation der Geschichte aus der Sicht einer späten Generation.

IV.2
Das Buch der Psalmen

2.1
Einleitung

In den Psalmen (hebräisch *tᵉhillîm* »Loblieder«, griechisch ψαλμοί E 258 oder ψαλτήριον) redet »Israel«. Das unterscheidet sie grundlegend von den vorhergehenden Teilen des Kanons. Man kann die Psalmen geradezu als die »Antwort Israels« bezeichnen, in der »Israel vor Jahwe« auf die Heilstaten seines Gottes reagiert (vRad 1962, 366). Es ist eine vielstimmige und vielschichtige Antwort. Oft ist es das »Wir« der Gemeinschaft, die singt oder spricht, oft ist es ein »Ich«, manchmal ein König, dann wieder ein »Armer«. Oft sind kultische Anlässe erkennbar, feierliche gottesdienstliche Versammlungen oder Wallfahrten, dann wieder ertönt die Klage eines einzelnen, der sich verfolgt und verfemt sieht oder unter dem Bewußtsein seiner Sünden leidet, oder die Klage der Gemeinschaft über Bedrohung und Verwüstung Jerusalems oder über das Leben im fernen Exil. Auch Lob und Dank kommen vielfältig zur Sprache, dazu theologische Reflexionen und weisheitliche Belehrungen.

Diese Vielfalt macht es dem Leser zunächst nicht leicht, sich im Buch der Psalmen zu orientieren. Jeder Psalm bildet eine Einheit für sich und entfaltet seine eigene Aussage in einer oft sehr dichten und differenzierten Gestaltung. Es ist aber auch erkennbar, daß der einzelne Psalm nicht isoliert und zusammenhanglos dasteht. So zeigt sich, daß bestimmte Gruppen von Psalmen jeweils thematische und sprachliche Gemeinsamkeiten aufweisen, die auch Einsichten in die Art und den Ort ihrer ursprünglichen

E 104

Verwendung zulassen. Die Bestimmung solcher »Gattungen« ist ein wichtiges Element zum Verständnis der Bedeutung der Psalmen im religiösen Leben Israels (besonders Gunkel 1926; Gunkel-Begrich 1933). So werden z.B. in den »Hymnen«, die ihren »Sitz im Leben« im Tempelgottesdienst hatten, die großen Taten

B.XIV Israel im Gebet

Gottes in der Schöpfung (z.B. Ps 104), in der Geschichte seines Volkes (z.B. Ps 105) oder in seinem vergebenden Handeln (z.B. Ps 103) von der Gemeinde gepriesen. Manche Gruppen von Hymnen haben besondere Themen wie den Preis des Zion (z.B. Ps 46) oder des Königtums Gottes (Ps 47; 93; 95-99). Gleichsam den Gegenpol dazu bilden die Gebete eines einzelnen, vor allem die große Zahl von Klagepsalmen (z.B. Ps 3; 22; 51; 130). Ihnen korrespondieren Psalmen, in denen das Vertrauen auf die göttliche Hilfe im Vordergrund steht (z.B. Ps 4; 16; 23) oder der Dank für erfahrene Rettung (z.B. Ps 30; 32; 34). Vor allem die Klagepsalmen setzen oft eine Situation des Beters fern von der Gemeinde und vom Tempel voraus, ja sogar fern vom Land Israel (z.B. Ps 42; 120). Die Klagepsalmen des Volkes sind hingegen eng mit Bittgottesdiensten und anderen gottesdienstlichen Vorgängen verbunden (z.B. Ps 74; 79). Dazu treten andere kleinere Gattungen verschiedener Art.

Die Bestimmung der Gattungen vermag allerdings die isolierte Betrachtung der Einzelpsalmen nicht zu überwinden. Erst in jüngerer Zeit wird schrittweise erkannt, daß das Psalmenbuch, wie es uns jetzt vorliegt, offenbar das Ergebnis eines sehr bewußten und differenzierten Sammlungsprozesses ist. Dadurch wird der einzelne Psalm in einen größeren Kontext gestellt, wodurch er oft eine zusätzliche Funktion erhält und wodurch auch nicht selten seine Aussage einen neuen Akzent bekommt.

Für den Leser des Psalmenbuches ist dieser Kontext von großer Bedeutung, weil er den einzelnen Psalm als Teil eines größeren Ganzen verstehen lehrt, in das sich seine Aussage einfügt und zu dem er seinen eigenen Beitrag leistet.

2.2
Das Buch der Psalmen als Ganzes

Innerhalb des Psalmenbuches ist eine Reihe von Gliederungsmerkmalen erkennbar. Manche von ihnen gehen wohl auf frühere Teilsammlungen von Psalmen zurück, andere beziehen sich deutlich auf die jetzt vorliegende kanonische Sammlung der 150 Psalmen der Hebräischen Bibel. Das letztere gilt zweifellos für die Einteilung des Psalmenbuches in fünf Abteilungen oder »Bücher«. Am Abschluß der ersten vier Bücher (Ps 1-41; 42-72; 73-89; 90-106) steht jeweils eine kurze Doxologie, ein Lobpreis Gottes, dem ein respondierendes *'āmēn* folgt; das fünfte Buch (Ps 107-150) endet mit einer ganzen Reihe von Halleluja-Psalmen (146-150, eingeleitet durch 145,21). Die Fünfzahl ist wohl als Anlehnung an die Gliederung der Tora, des Pentateuch, zu verstehen. Das genauere Studium der inneren Struktur des Psalmenbuches läßt deutlich erkennen, daß diese Gliederung auch eine inhaltliche Bedeutung hat (s.u.). Zugleich zeigen sich aber noch andere Strukturmerkmale, die nicht ohne E 259 weiteres mit der Einteilung in Bücher ein Einklang zu bringen sind. Einige von ihnen weisen auf Vorstadien der jetzigen Sammlung hin (vgl. Wilson 1985; Millard 1994).

Das deutlichste Kennzeichen zusammengehöriger Psalmen sind die Überschriften. Eine große Anzahl von ihnen enthält Namen. Dabei dominiert ein Name bei weitem: David. Fast die Hälfte aller Psalmen (73 von 150) trägt seinen Namen in der Überschrift. Die Mehrzahl von ihnen ist in Gruppen angeordnet: Ps 3-41 (d.h. das ganze erste Buch ohne die beiden einleitenden Psalmen 1 und 2); 51-71; 108-110; 138-145. Daneben finden sich andere Psalmengruppen, die nach levitischen Sängergilden benannt sind: Korach (42-49; 84-89), Asaf (73-83); außerdem viele Einzelpsalmen mit verschiedenen Namen, darunter neben David auch Mose (90) und Salomo (72; 127). In vielen Überschriften finden sich noch weitere Bezeichnungen, die wir heute nicht mehr genau erklären können; manche kennzeichnen die Art des Textes, z.B. als »Lied« (*šîr*, 65-68; 120-134, oder *mizmôr* [Septuaginta meistens ψαλμός], sehr häufig, davon 35mal mit *le-dāwîd*), andere vielleicht die Aufführungspraxis, was z.B. für den ebenfalls sehr häufigen Ausdruck *lamenaṣṣēaḥ* (oft übersetzt mit »dem Chorleiter« o.ä.) vermutet wird (vgl. zum ganzen Kraus 1978/1989, §4). Schließlich findet sich im fünften Buch die geschlossene Gruppe der »Wallfahrtspsalmen« (120-134), von denen jeder die Überschrift *šîr hammaʿalôt* (mit Varianten) trägt, sowie mehrere Gruppen von Psalmen, die mit *halelû jāh* beginnen oder enden (111-118; 135f; 146-150).

Diese Überschriften und Gruppierungen haben gewiß auch Bedeutung für die Sammlung des Psalmenbuches im ganzen; allerdings ist uns diese bisher erst teilweise erkennbar. Das wichtigste Signal für das Gesamtverständnis des Buches gibt seine Einleitung. Psalm 1 beginnt mit einem Segenswort für denjenigen, der sein Leben ganz auf die Tora ausrichtet. Das erscheint überraschend, weil dabei auf den ersten Blick nicht von den eigentlichen Themen der Psalmen die Rede ist, sondern von der *tôrāh*, deren thematischer Schwerpunkt im Pentateuch liegt. Wenn hier von intensivem Studium der Tora die Rede ist (1,2), dann ist damit gewiß ein schriftlich vorliegender Text gemeint, sei es der Pentateuch oder ein Vorstadium davon, dem höchste Autorität zukommt. Damit wird das Buch der Psalmen in eine Nähe zum Buch der Tora gerückt; es wird ihr zu- und zugleich untergeordnet (vgl. Kratz 1996). Die Psalmen sind Gottes Wort, und erfordern deshalb intensives Studium – wie die Tora; aber die Tora bleibt übergeordnet und richtungweisend.

Dieses Studium der Tora wird nun unter einen ganz bestimmten Aspekt gestellt: das Verhältnis des »Gerechten« (*ṣaddîq*) zum »Ungerechten« oder »Frevler« (*rāšāʿ*). Der Segenswunsch gilt dem, der nicht dem »Rat der Frevler« folgt (1,1), sondern sich intensiv mit der Tora beschäftigt (V.2); er wird blühen und gedeihen (V.3). Das Gegenbild sind die Frevler: Sie welken dahin (V.4), sie können im Gericht nicht bestehen und haben keinen Platz in der »Gemeinde der Gerechten« (V.5). Schließlich werden beide einander gegenübergestellt: »Der HERR kennt den Weg der Gerechten, aber der Weg der Frevler führt ins Verderben« (V.6). Diese Gegenüberstellung ist eines der Grundelemente der »weisheitlichen« Tradition Israels. In ihr werden Lebenserfahrungen und -anweisungen häufig in antithetischen Formulierungen zum Ausdruck gebracht. Dabei ist der Grundgedanke leitend, daß zwischen dem Tun des Menschen und seinem Ergehen ein Zusammenhang besteht: Wer das Richtige tut, dem ergeht es gut – und umgekehrt. Dieser in der Weisheitsliteratur vielfältig ausgesprochene und diskutierte Gedanke findet in Ps 1 seine spezifische Ausprägung in der Verbindung mit der Tora: Der Gerechte, der sich ganz der Tora hingibt, ist auf dem guten, heilvollen Weg; der Weg des Frevlers, der die Tora verachtet, führt ins Verderben.

Das Thema von Ps 1 wird im nächsten Psalm fortgeführt. Daß beide eng zusammengehören, wird schon daran erkennbar, daß Ps 2 nicht durch eine Überschrift vom vorhergehenden Psalm abgetrennt ist. Zunächst hat Ps 2 ein ganz anderes Thema: den Aufruhr der Völker »gegen den HERRN und seinen Gesalbten«. Aber dieses Thema ist hier eng mit dem vorhergehenden verknüpft. Die »Völker«, die sich gegen Gott empören, sind die Frevler. Die Könige der Welt werden gewarnt, nicht deren Weg zu folgen, damit ihr eigener Weg nicht ins Verderben führt (*ʾābad* 2,11) – wie der Weg der Frevler (1,6). Ps 2 schließt mit der gleichen Segensformel, mit der Ps 1 beginnt (*ʾašᵉrê* 2,12); diese Formel umschließt als *inclusio* die beiden Psalmen. Zugleich tritt aber in Ps 2 ein Thema hervor, das in gewissem Sinne das ganze Psalmenbuch beherrscht. Der »Gesalbte« (*māšîᵃḥ*) Gottes (2,2), der König, den Gott auf dem Berg Zion eingesetzt hat (V.6) und der selbst das Wort ergreift (V.7), ist kein anderer als David, der von

Ps 3 an als »Autor« der Psalmen in Erscheinung tritt. So wird David selbst als der Gerechte vorgestellt, der sein Leben nach der Tora einrichtet (vgl. 1Kön 2,1-4; 3,14 u.ö.). In der Präsentation dieses von → 107 Gott eingesetzten »Gesalbten« klingt zugleich das messianische Element an, das vielfach mit der Davidtradition verbunden ist (vgl. Sheppard 1980, 136ff; Miller 1993).

Von hier aus lassen sich verschiedene Linien durch das Buch der Psalmen weiterverfolgen. Die Linie der Torafrömmigkeit findet ihre Wiederaufnahme in dem großen Ps 119. Hier ist das weisheitliche Element noch stärker ausgeprägt und vielfältig variiert. Die Wechselbeziehung zwischen den Psalmen 1 und 119 hat zu der Annahme geführt, daß diese beiden Psalmen einmal Anfang und Schluß einer Sammlung von Psalmen gebildet haben könnten, bevor das Psalmenbuch seine jetzige Gestalt erhielt (Westermann 1962). In der jetzigen Endgestalt korrespondiert Ps 1 mit Ps 150, einem »reinen« hymnischen Lobpreis, bei dem im Unterschied zu den übrigen Hymnen keine Begründung mehr für das vielstimmige *hal^elû jāh* gegeben wird. Der Weg des Gehorsams gegenüber der Tora, zu dem Ps 1 aufgefordert hat, ist zu seinem Ziel gekommen. Dazwischen liegen aber viele Stadien des Zweifels und der Anfechtung. Sie finden einen Höhepunkt in Ps 73. Hier reflektiert der Beter zunächst eine Erfahrung, die den Aussagen von Ps 1 diametral entgegensteht: Den »Frevlern« geht es gut, sie sind angesehen, glücklich und reich (V.3-12), so daß der Beter an der Richtigkeit seiner Toratreue zu zweifeln beginnt (V.2.13). Dann wird ihm (»im Heiligtum«) die Gewißheit zuteil, daß er auf dem richtigen Wege ist (V.17), was ihn mit einem überzeugenden Bekenntnis der Zuversicht zur göttlichen Führung und Hilfe enden läßt (V.23-28). Dieser Psalm kann als eine Art Peripetie auf dem Weg von Ps 1 zu Ps 150 verstanden werden (Brueggemann 1991, 80ff; Wilson 1992).

Ein solches Verständnis von Ps 73 erhält seine Unterstützung und zusätzliche Begründung dadurch, daß der Psalm an einer deutlich markierten Zäsur im Psalmenbuch steht. Unmittelbar zuvor heißt es: »Zu Ende sind die Gebete Davids, des Sohnes Isais« (72,20). Eine solche Markierung findet sich sonst nirgends im Psalmenbuch. Sie ist gewiß nicht nur aus einer früheren Sammlung stehengeblieben, sondern hat hier die Funktion, das Ende des zweiten Buches (Ps 42-72) und zugleich auch der Bücher I (1-41) und II zu markieren. Damit rückt erneut das andere Thema der einleitenden Psalmen 1 und 2 in Blick: das davidische Königtum.

Die »Gebete Davids« enden mit einem Königspsalm (72), der mit dem Namen Salomo überschrieben ist. Darin kommt einerseits zum Ausdruck, daß die göttlichen Zusagen an David auch für seine Nachfolger gelten; zudem enthält der Psalm Anspielungen auf die Geschichte Salomos, wenn von den »Königen von Saba und Seba« (V.10) und vom »Gold von Saba« (V.15) die Rede ist (vgl. 1Kön 10). → 113 Zugleich wird aber auch ins Bewußtsein gerufen, daß mit der Regierung Salomos die große Zeit des davidischen Königtums schon zu Ende ging. Dies wird ganz eindeutig in dem Königspsalm 89 sichtbar, mit dem das dritte Buch (Ps 73-89) endet: Der Psalm wiederholt zunächst ausführlich die göttlichen Zusagen für David und seine Nachfolger (V.2-38), geht dann aber plötzlich in eine bewegte Klage über, daß Gott seinen Gesalbten verstoßen und das Land der Verwüstung preisgegeben habe (V.39-52). Jetzt befindet sich der Leser in der Zeit nach dem Ende des Königtums. Diese Situation steht auch schon in der Klage über die Zerstörung des Tempels in Ps 74 im Mittelpunkt. Zudem herrscht insgesamt in diesem dritten Buch die Klage der betenden Gemeinde vor: außer Ps 74 sind auch Ps 79; 80 und 83 »Klagelieder des Volkes« (nach Gunkel-Begrich 1933, §4), so daß fast alle im Psalmenbuch zu dieser Gattung zu rechnenden Texte hier versammelt sind. So wird deutlich, daß jetzt die Zeit des Königtums zu Ende geht oder schon zu Ende gegangen ist (vgl. Wilson 1992; McCann 1993).

Dem stehen in eindrucksvoller Weise im vierten Buch (Ps 90-106) die Psalmen vom Königtum Gottes gegenüber (93; 95-99). Die Perspektive hat sich gewandelt: vom Königtum Davids und seiner Dynastie zum Königtum Gottes. Noch ein anderer Wandel ist deutlich sichtbar: In den ersten drei Büchern überwiegen die Klagepsalmen; sie treten aber in den letzten beiden Büchern ganz zurück. Statt dessen nehmen jetzt die Hymnen einen breiten Raum ein, sowohl die Hymnen, die vom Königtum Gottes singen, als auch, gegen Ende sich immer mehr steigernd, die Vielzahl der Halleluja-Psalmen (111-118; 135f; 146-150). So wird von hier aus die Benennung der ganzen Sammlung der Psalmen als t*ehillîm* »Loblieder« voll verständlich. Das Buch der Psalmen, das mit der Aufforderung zum Studium der von Gott gegebenen Tora beginnt, endet mit dem Lobpreis dieses Gottes und seiner großen Taten in der Schöpfung und in der Geschichte Israels und der Völker.

An der Wende von der Klage zum Lob steht der einzige Psalm, der Mose zugeschrieben wird (Ps 90). Sein Beginn klingt an den Segen Moses in Dtn 33 an: »HERR, du bist unserer Zuflucht von Geschlecht zu Geschlecht. Ehe die Berge geboren wurden und die Erde und der Weltkreis entstanden, bist du, Gott, von Ewigkeit zu Ewigkeit« (Ps 90,1f; vgl. Dtn 33,27: »Eine Zuflucht ist der Gott der Urzeit«). Zugleich liegt darin ein Anklang an den Schluß des Doppelpsalms am Beginn des Psalmenbuches: »Wohl allen, die bei ihm Zuflucht suchen« (Ps 2,12). Damit wird der Bogen zurückgeschlagen zum Aufruf zu einem Leben nach der Tora, die durch Mose gegeben ist (Ps 1 und 2). Dann fährt der Psalmist fort und betet als Fürbitter, wie Mose es früher getan hat: »Wende dich zu uns, HERR, – wie lange? Erbarme dich deiner Knechte!« (Ps 90,13). In den dann folgenden Psalmen begegnen immer wieder Hinweise auf die Moseerzählungen des Pentateuch (99,6; 103,7; 105,26; 106,16.23.32, vgl. 77,21). Dadurch wird die Beziehung des Buchs der Psalmen zum

B.XI Wie von Gott reden?

B.XIV Gebet

→ 80

Buch der Tora auf mehreren Ebenen in den Blick gerückt (vgl. Sheppard 1990, 78f). Der kanonische Zusammenhang, der schon durch Ps 1 deutlich herausgestellt worden ist, wird hier erneut nachdrücklich betont.

2.3
David als Psalmbeter

In den ersten Büchern des Psalmenbuches dominieren die Klagepsalmen. (Der Begriff ist nicht ganz zutreffend, s.u. 2.4.) Aber wer klagt? Wer ist das »Ich«, das diese Psalmen beherrscht? Im ersten Klagepsalm (Ps 3) gibt die Überschrift einen Hinweis: Es ist David, der klagt. An einer Anzahl von Stellen ordnet die Überschrift einen Psalm einer bestimmten Situation im Leben Davids zu (vgl. Childs B.IX David 1971). In Ps 3 heißt es: »als er vor seinem Sohn Abschalom floh«. Es wird also vorausgesetzt, daß der Leser die Davidgeschichten kennt. Der Psalm enthält eine Reihe von Elementen, die an die in 2Sam → 105 15,14ff geschilderten Ereignisse anklingen. Die »zahlreichen Feinde« des Beters (Ps 3,2) entsprechen der großen Zahl von Männern, die zur Verfolgung Davids aufgeboten werden sollen (2Sam 17,1). Die »Vielen«, die meinen, daß Gott dem Beter nicht mehr helfen werde (Ps 3,3), spiegeln die große Zahl der Überläufer zu Abschalom wider (2Sam 5,12). Das sichere Überstehen der Nacht (Ps 3,6) spielt in 2Sam 17 eine entscheidende Rolle, weil David dadurch die nötige Zeit gewinnt. Das Gebet zu Gott auf seinem »heiligen Berg« (Ps 3,5) fügt sich zu Davids Flucht aus Jerusalem, wo er noch an dem Berg vorbeigekommen war (und vielleicht dort gebetet hatte?), »wo man Gott anbetet« (2Sam 15,32); dorthin wendet er sich nun im Gebet zurück. Die Wendung »Erhebe dich, HERR!« (Ps 3,8) entspricht dem Ruf zum Aufbruch der Lade in Num 10,35 – und die Lade hatte Da- → 65 vid ja nach Jerusalem gebracht (2Sam 6). So kann man Ps 3 geradezu → 103 als einen »Midrasch« (einen Kommentar im Stil rabbinischer Bibelauslegung) zur Davidgeschichte lesen. Auch die Überschrift zu Ps 7, die als Anlaß für die Klage die Überbringung der Nachricht vom Tod Abschaloms durch einen »Kuschiter« nennt (vgl. 2Sam 18,21ff), gehört in diesen Zusammenhang, ebenso wohl auch die schwer verständliche Überschrift zu Ps 9, in der vielleicht zu lesen ist »wegen des Sterbens, in Bezug auf den Sohn«. So ergibt sich hier eine ganze Psalmengruppe, die um die Ereignisse des Aufstands Abschaloms gegen David kreist (vgl. Millard 1994, 128ff).

Ob einzelne von diesen Psalmen unmittelbar zu dem Zweck geschaffen worden sind, die Davidgeschichte widerzuspiegeln und zu kommentieren, muß offenbleiben. Der Leser kann und soll diese Psalmen jedenfalls auf mehreren Ebenen wahrnehmen und nachvollziehen. In erster Linie sind und bleiben sie Gebete eines einzelnen Menschen, der sich in seiner Not an Gott wendet und ihn um Hilfe bittet. Der Leser und Beter, der die Texte in ihrer geprägten Gestalt vor sich hat, wird sich mit seinen eigenen Nöten in diese einbringen und ihren Wortlaut für sich so interpretieren, wie es seinen Bedürfnissen entspricht. Aber er wird dann auch die Erinnerung an David mit einbeziehen, von dessen Leben und Leiden die Berichte über die großen Anfänge der Geschichte, in welcher der Beter selbst darinsteht, so ausführlich und anschaulich Kunde geben. Vielleicht wird es ihn trösten zu bedenken, daß auch David, diese große Idealgestalt der Frühzeit, leiden mußte und Verfolgungen ausgesetzt war. Die Texte, die in den Samuelbüchern von David handeln, sind ja viel ausführlicher in der Darstellung dieser Seite seines Lebens als in den Berichten über seine politischen und militärischen Erfolge. So eignet sich David mehr als irgendeine andere Gestalt der »großen« Geschichte des Volkes Israel zur Identifikationsfigur für den leidenden und klagenden Beter.

Daß die Gestalt Davids auch die Orientierungsfigur für spätere Könige und für die Entwicklung der Vorstellungen vom Königtum bildet, versteht sich fast von selbst. So steht denn auch die nächste Überschrift, die einen Psalm mit der Biographie Davids verbindet, über einem »Königspsalm« (Ps 18). Sie bezieht den Psalm auf den Zeitpunkt, »als der HERR ihn aus der Gewalt aller seiner Feinde und aus der Hand Sauls gerettet hatte«. Die Überschriften sind also

→ 99

nicht chronologisch angeordnet, denn diese Ereignisse liegen vor den in Ps 3 genannten. Aber dies ist der erste Königspsalm (nach Ps 2), so daß der Bezug auf die erste siegreiche Phase des Lebens Davids gut verständlich ist. In dem Psalm betet ein König in der Ich-Form und dankt Gott für Hilfe und Sieg. Dabei werden keine konkreten Einzelheiten genannt; vielmehr wird das Eingreifen Gottes als gewaltiges Naturgeschehen geschildert (V.8-16). Dann wird das Geschick des Königs auf die grundsätzliche Ebene des Verhaltens Gottes zum Gerechten gehoben: Der Beter hat sich gerecht verhalten gegenüber den Geboten Gottes, darum hat Gott ihm geholfen – ganz im Sinne von Ps 1. Dies erinnert daran, daß David in Ps 2 (in Verbindung mit Ps 1) als der Gerechte sichtbar wurde, wie es schon

→ 107

in 1Kön 2,1-4; 3,14 u.ö. vorgezeichnet war. Schließlich wird in Ps 18 das ganze Volk mit einbezogen (V.28), das hier als »arm« oder »bedrückt« ('ānî) bezeichnet wird. Dabei wird erneut die Brücke zu Ps 2 geschlagen: Gott schützt alle, die bei ihm Zuflucht suchen (ḥāsāh 18,31, vgl. 2,12). So enthält dieser Psalm schon in sich selbst mehrere Ebenen: die des Königs, der für den von Gott verliehenen Sieg dankt; die des Beters, der sich seiner Treue zur Tora bewußt ist und daraus die Hilfe Gottes ableitet; und die des armen, bedrückten Volkes, das sich der Hilfe Gottes vergewissert. Im Kontext des Psalmenbuches repräsentiert David all diese verschiedenen Aspekte.

Eine ganz andere Seite des Beters David zeigt Ps 34. Als Anlaß nennt die Überschrift jene Situation, in der David sich vor dem Philisterkönig wahnsinnig stellte, um Verfolgungen zu entgehen (2Sam

→ 100

21,11-16). Der Psalm selbst ist ein kunstvolles akrostichisches (alphabetisches) Gedicht, das Elemente des Hymnus und des Dankliedes miteinander vereinigt und ausgeprägte weisheitliche Züge trägt. Er spricht von der Hilfe und Rettung aus Not und Angst, und wieder werden die gepriesen, die bei Gott Zuflucht suchen (ḥāsāh V.9.23). Hier ist es nicht der klagende Mensch, der durch David repräsentiert wird, wie in Ps 3 und 7, sondern der dankende, wie auch schon in Ps 18.

Die Klage dominiert wieder in einer ganzen Gruppe weiterer Psalmen, die mit Überschriften aus dem Leben Davids versehen sind. Am Anfang dieser Gruppe steht Ps 51, der mit einer der schwersten Stunden im Leben Davids in Verbindung gebracht wird: als der Prophet Natan ihm die Strafe Gottes ankündigte für das Vergehen mit Batseba und die heimtückische Beseitigung Urijas (2Sam 11f). Hier → 105 stehen das Bekenntnis der Sünde und die Bitte um Vergebung und Wiederherstellung im Vordergrund. Die übrigen Psalmen beziehen sich auf frühere Ereignisse, überwiegend aus der Zeit, als David von Saul verfolgt wurde: Ps 52; 54; 56; 57; 59; 60; 63. In ihnen allen dominiert die Klage. Aber sie sind auch darin charakteristisch für diese Psalmengattung, daß neben der Klage immer wieder Elemente des Dankes für früher schon erfahrene göttliche Hilfe stehen.

Noch einmal steht ein Psalm mit einer auf David bezogenen biographischen Überschrift ganz am Ende des Psalmenbuches: Ps 142. Wieder ist es eine Klage, und wieder bekennt der Beter, daß nur Gott seine Zuflucht (maḥseh) ist (V.6). Die Gründe, warum in einer Reihe von Fällen solche biographischen Überschriften hinzugefügt worden sind, in anderen aber nicht, lassen sich nicht genauer erkennen. Aber diese Psalmen zeigen beispielhaft das Verständnis der Bedeutung Davids für die Überlieferung und das Gebet der Psalmen. Denn nicht weniger als 73 von den 150 Psalmen der Hebräischen Bibel tragen den Namen Davids in der Überschrift. Nicht selten besteht die Überschrift überhaupt nur aus dem einen Wort: leᵈāwîd, was wir am treffendsten mit Luther übersetzen »Ein Psalm Davids«.

Bemerkenswert ist die Verteilung der David zugeschriebenen Psalmen innerhalb des Psalmenbuches. Das erste Buch (Ps 1-41) ist fast ganz von ihnen beherrscht. Im zweiten (42-72) und dritten Buch (73-89) wechseln sie gruppenweise mit den Psalmen der levitischen Sängergruppen Korach und Asaf. Das vierte Buch (90-106) enthält nur ganz vereinzelte Davidpsalmen (101 und 103), und im fünften Buch treten sie hinter anderen Gruppen – Wallfahrtspsalmen und Halleluja-Psalmen – zurück. Diese Beobachtung korrespondiert mit der anderen, daß im dritten Buch, besonders durch seine beiden Eckpfeiler Ps 73 und 89, das Ende des Königtums markiert wird (s.o.). So ist David vor allem dort als Psalmenbeter gegenwärtig, wo das Königtum als (noch) bestehend vorausgesetzt wird. Er tritt aber nicht in erster Linie als der siegreiche und triumphierende König in Erscheinung, sondern als der exemplarische Klageliedbeter. Gegen Ende stimmt er dann in den allgemeinen Lobpreis mit ein, indem die Davidpsalmen 138-145 die große Schlußdoxologie einleiten.

2.4
Klage und Bitte, Vertrauen und Dank

Die Klagepsalmen beherrschen die vorderen Teile des Psalmenbuches. Die Leiden der Beter, die darin ausgebreitet werden, erscheinen auf eigenartige Weise zugleich als individuell und allgemein. Sie sind oft als Ausdruck ganz persönlicher Nöte und Leiden formuliert, wirken aber vielfach zugleich fast stereotyp. Dabei ist es ein Charakteristikum der meisten Klagelieder, daß die Not, von der sie sprechen, nicht auf einen eindeutig definierbaren Bereich beschränkt erscheint. Sehr häufig sieht sich der Beter von Feinden verfolgt, und nicht selten ist dies der einzige Aspekt des Leidens, der explizit formuliert wird. Oft schließt dies die Isolierung von der bisherigen Umwelt mit ein. Daneben erscheinen Krankheit bis hin zum Tod, Armut und das Bewußtsein von Schuld als weitere Gründe für die Klagen des Beters. Aber häufig verbinden und vermischen sich mehrere der Gründe miteinander (vgl. Crüsemann 1989).

Auch die »Feinde« des Klageliedbeters erscheinen unter einem doppelten Aspekt. Einerseits sind sie die persönlichen Feinde des Beters, und die Art und Weise, in der sie ihre Feindschaft zum Ausdruck bringen und praktizieren, greift oft tief in das persönliche Leben des Beters ein. Andererseits erscheinen sie geradezu als Repräsentanten einer Gegenwelt, so daß das Gegenüber des Beters und seiner Feinde weit über das Individuelle hinaus den Charakter einer grundsätzlichen Antithese erhält (vgl. Janowski 1995). Dabei steht der Beter als einzelner der Mehrheit der anderen gegenüber, die oft als »viele« bezeichnet werden. Vor allem aber versteht der Beter diesen Konflikt zugleich als Auseinandersetzung über das Verhältnis zu Gott. Er sieht sich selbst zwar nicht einfach auf der Seite Gottes; vielmehr bringt er häufig seine Sündhaftigkeit und Unwürdigkeit zum Ausdruck. Aber er wendet sich an Gott, er rechnet mit der Hilfe Gottes, und er weiß, daß vor Gott die »Gerechtigkeit« gilt, um die er sich nach besten Kräften bemüht. Die Gegner hingegen werden oft als Spötter, ja als Gottesleugner dargestellt, so daß der Konflikt des Beters mit seinen Feinden die Gestalt des Grundsatzkonfliktes zwischen Gerechten und Ungerechten annimmt.

Dies ist im Grunde das Hauptproblem der Klagepsalmen. So wird in ihnen die in Ps 1 formulierte Antithese zwischen den Gerechten (ṣaddîqîm) und den Ungerechten oder Frevlern (rᵉšāʿîm) auf vielfältige Weise konkretisiert. Was in Ps 1 in lehrhafter Form dargelegt wird, ist für den Klageliedbeter zu einem ganz persönlichen Problem geworden. Die Wirklichkeit, wie er sie erlebt, stimmt nicht mit der »Lehre« überein. Den Frevlern geht es gut und sie drangsalieren den Beter, der sich bemüht, ein Gerechter zu sein. Dies führt dazu, daß der Beter sich intensiv mit der Frage auseinandersetzt, wie sich diese ihn bedrängende Realität zu der Überzeugung verhält, die in Ps 1 dargelegt wird und die auch die Tradition bestimmt, in welcher der Beter beheimatet ist.

Der Begriff »Klagepsalmen« oder »Klagelieder« ist eigentlich irreführend. Das »Herzstück der Gattung« ist die Bitte (Gunkel-Begrich 1933, 218). So steht in vielen Psalmen schon am Beginn die Bitte, daß Gott dieses Gebet hören möge (Ps 4,2; 5,2; 17,1 u.ö.), oder die flehentliche Frage, warum oder wie lange Gott sich vor dem Beter verbirgt (10,1; 13,2 u.ö.), auf die dann später die Bitte um Hilfe folgt (10,12; 13,4), oder der Aufruf an Gott, sich zu erheben, um einzuschreiten (3,8; 7,7 u.ö.). Die Klage ist niemals Selbstzweck. Sie ist auch als Klage an Gott gerichtet, von dem der Beter Hilfe erhofft. Und die Bitte um Hilfe wird auch stets ausgesprochen.

Die Bitten sind oft ebenso wenig konkret wie die Schilderung der Not. So läßt z.B. Ps 6 eine schwere Krankheit erkennen, ohne daß jedoch Details sichtbar würden. Die Bitte »Heile mich!« (V.3) ist eingebettet in die Bitten »Sei mir gnädig!« (V.3) und »Errette mich und hilf mir!« (V.5). Dieser Psalm zeigt noch andere charakteristische Elemente. Der Beter bittet, daß Gott ihn nicht strafen möge (V.2). Dahinter steht offenbar das Bewußtsein, daß eigene Sünde zu dieser Krankheit beigetragen haben könnte. Dann bringt der Beter einen Grund vor, der Gott bewegen könnte, ihn zu heilen: »Im Tode gedenkt man deiner nicht« (V.6). Es wäre gleichsam in Gottes eigenem Interesse, einen treuen Verehrer nicht an die Unterwelt (š^e'ôl V.6b) zu verlieren. Schließlich tauchen Feinde auf, hier als »Frevler« (r^{e}šā'îm) bezeichnet (V.9). Sie sollen zurückweichen, denn Gott hört – oder hat schon gehört – das Weinen des Beters (V.9f). Solche Äußerungen des Vertrauens, daß das Gebet erhört wird oder sogar schon erhört worden ist, finden sich immer wieder in Klagepsalmen.

Darin zeigt sich die Wechselbeziehung zwischen Klage, Bitte und Dank. Dies wird in einem der am tiefsten schürfenden Klagepsalmen besonders deutlich: Ps 22, der mit den Worten beginnt: »Mein Gott, mein Gott, warum hast du mich verlassen?« Der Beter durchschreitet mit seiner Klage alle Tiefen der Gottverlassenheit, der Verfolgung und des persönlichen Elends – und dann schlägt es plötzlich um in eine öffentliche Verkündigung der Gewißheit, daß Gott das Gebet erhört hat, die hymnische Formen annimmt (V.22ff). Warum der Beter plötzlich von der Klage und Bitte in den Dank und Lobpreis Gottes übergeht, wird nicht deutlich. Vielleicht kann man vermuten, daß hier einmal eine Erhörungszusage durch einen Priester gesprochen wurde (vgl. 1Sam 1,17). Aber indem die Psalmen → 94 wieder und wieder gebetet wurden, wurde dieser Wechsel zu einem Ausdruck des Vertrauens in die Zuwendung und Hilfe Gottes. Ps 22 enthält auch vorher schon Äußerungen des Vertrauens in Gottes Beistand. So spricht er von Gottes Hilfe und Rettung in der Geschichte Israels (V.4-6) und im persönlichen Leben des Beters von Geburt an (V.10f). Auch in anderen Klagepsalmen finden sich Äußerungen des Vertrauens, die manchmal so dominieren, daß man auch von Vertrauenspsalmen sprechen kann (z.B. Ps 4; 16; 23 u.a.). Ganz generell kann man sagen, daß die Bitte, die in jedem Klagepsalm enthalten ist, das Element des Vertrauens in sich trägt. Darum endet kein Klagepsalm in der Klage und findet vor allem darin nicht sein Ziel.

Eine Reihe von Psalmen spricht aus einer Situation heraus, in der die Not schon überwunden ist. Hier steht der Dank im Vordergrund. Während der Klageliedbeter mit seiner Klage meistens im engen Bereich seines eigenen Hauses bleibt, trägt der Beter des Dankliedes seinen Dank in die Öffentlichkeit der gottesdienstlichen Gemeinde: »Verherrlicht mit mir den HERRN und laßt uns gemeinsam seinen Namen rühmen« (34,4, vgl. 30,5; 32,11 u.ö.). Die enge Verbindung von Klage und Dank zeigt sich darin, daß der Dankliedbeter oft noch einmal seine frühere Situation vorüberziehen läßt, seine Not und auch seine Bitten zu Gott.

Dabei kann der Beter im Rückblick so von seinen Nöten sprechen, als sei er bereits in der Gewalt des Todes gewesen: »Die Stricke der Unterwelt (šᵉ'ôl) hatten mich umfangen, die Schlingen des Todes (māwet) waren über mich gefallen« (Ps 18,6). Noch eindeutiger klingt es in Ps 30: » HERR, du hast mich aus der šᵉ'ôl heraufgeholt; aus dem Kreis derer, die in die Grube hinabfahren, hast du mich wieder zum Leben erweckt« (V.4). Der Beter war schon in der Gewalt der šᵉ'ôl. Die Totenwelt ist ein Machtbereich, der denjenigen an sich zieht, der in seiner Stellung in der Welt der Lebenden gefährdet ist. Besonders deutlich kommt dies in Ps 88 zum Ausdruck. »Meine Seele ist gesättigt mit Leid, und mein Leben kommt der šᵉ'ôl nahe. Schon zähle ich zu denen, die zur Grube hinabfahren… Ich bin zu den Toten hinweggerafft, wie Erschlagene, die im Grabe liegen« (V.4-6a). Der Beter ist am Rande der Totenwelt, ist schon »wie« die Toten. Damit gerät er aber zugleich aus dem Blick und aus den Gedanken Gottes; denn an die Toten denkt Gott nicht mehr (V.6b). An ihnen tut er keine Wunder, und sie gedenken auch nicht mehr seiner früheren Taten und Wunder (V.11-13). Sie sind von Gott und seiner Geschichte mit den Menschen abgeschnitten. Der Gipfel des Leidens ist für den Beter, daß Gott selbst ihn in seinem Grimm in diese Lage hineingebracht hat (V.7f). Darum kann auch nur Gott ihn daraus befreien. (Vgl. Barth 1947.)

Dieser Psalm macht noch etwas anderes deutlich: Das Leiden hat auch Entfremdung und Isolierung von der Umwelt zur Folge. Hier heißt es, daß Gott durch die Krankheit dem Beter seine Freunde und Gefährten entfremdet hat (Ps 88,9.19). An anderen Stelle ist sogar davon die Rede, daß seine Freunde und Verwandten zu seinen Feinden geworden sind (41,10; 55,13-15). Sie gesellen sich damit zu der großen Zahl der Feinde, von denen sich viele der Beter umringt sehen.

Von den »Feinden« kann auf sehr unterschiedliche Weise die Rede sein. Oft sind es Menschen aus der Umgebung des Beters, die sich von ihm abwenden (31,12; 38,12 u.ö.), über ihn spotten (22,8;

35,15f; 102,9 u.ö.) oder ihn verfolgen und angreifen (31,14; 35,4; 40,15 u.ö.). Auch von feindlichen Kriegern und ganzen Heeren ist die Rede (3,7; 27,3; 62,4 u.ö.), die den Beter mit dem Schwert und mit anderen Waffen bekämpfen (7,13; 11,2; 37,14 u.ö.). Hierbei ist gewiß schon der Rahmen der tatsächlichen Anfeindungen in der bildlichen Sprache überschritten. Dies ist noch deutlicher der Fall, wenn die Nachstellungen der Feinde in Bildern der Jagd ausgedrückt werden (7,16; 9,16; 31,5 u.ö.) oder wenn schließlich von den Feinden als von wilden Tieren gesprochen wird (7,3; 10,9; 22,13f u.ö.). All dies macht die außerordentliche, Angst einflößende Bedrohung und Gefährdung des Beters deutlich, aus der er aus eigener Kraft keinen Ausweg mehr sieht.

Vor allem sind es aber immer wieder die Worte seiner Feinde, die den Beter beunruhigen und die er oft im Gebet Gott gegenüber ausdrücklich zitiert. »Aus ihrem Munde kommt kein wahres Wort...; ihre Kehle ist ein offenes Grab, ihre Zunge machen sie aalglatt« (5,10). Dabei wird immer wieder deutlich, daß es in diesen Konflikten letzten Endes um das Verhältnis zu Gott geht. Der Beter wird von seinen Feinden als ein auf Gott Vertrauender betrachtet, der mit seinem Vertrauen scheitert. Sie sagen: »Er wälze es auf den HERRN, der soll ihn befreien« (22,9); »Er findet keine Hilfe bei Gott« (3,3); »Gott hat ihn verlassen« (71,11); »Wo ist nun dein Gott?« (42,4.11). Für sich selbst aber sagen sie: »Wer sieht uns schon?« (64,6); »Gott wird es niemals sehen« (10,11); »Gott straft nicht. Es gibt keinen Gott« (10,4, vgl. V.13). Mit verschiedenen Ausdrücken heißt es, daß die Feinde Gott verachten (5,11; 10,13). Und darum werden sie immer wieder als die $r^e\check{s}\bar{a}'\hat{\imath}m$, die Frevler, die Ungerechten, die Gottlosen bezeichnet (7,10; 10,2-4.13.15 u.ö.), oder auch als »Übeltäter« ($po^{\alpha}l\hat{e}$ '$\bar{a}wen$), als Leute, die Unheil anrichten (6,9; 14,4; 59,3 u.ö.).

In Ps 1 war davon die Rede, wie Gott sich gegenüber den $r^e\check{s}\bar{a}'\hat{\imath}m$ verhält. In den Klagepsalmen steht aber zunächst deren eigenes Verhalten im Vordergrund. Es ist vor allem gegen den jeweiligen Beter gerichtet. Der Gegensatz kommt in der Terminologie klar zum Ausdruck. Der Beter wird oft als der Gerechte ($\mathit{saddîq}$) bezeichnet, nicht selten in unmittelbarer Gegenüberstellung zu den $r^e\check{s}\bar{a}'\hat{\imath}m$ (Ps 7,10; 11,2f; 31,18f u.ö.). Oder er wird im gleichen Sinne der »Fromme« ($\mathit{hāsîd}$) genannt (12,2; 16,10; 37,28). Dann zeigt sich aber oft noch ein anderer Aspekt des Gegenübers. Die Frevler sind die Starken und Reichen, der Beter aber gehört zu den Armen, die mit den Begriffen '$ebjôn$ sowie '$\bar{a}n\hat{\imath}$ und '$\bar{a}n\bar{a}w$ bezeichnet werden. Auch diese Begriffe erscheinen oft im ausdrücklichen Gegensatz zu den Frevlern und Übeltätern (9,18f; 10,2ff; 37,10f.14 u.ö.). Hier zeigt sich nun noch einmal sehr deutlich, daß es der Konflikt des Beters mit seinen Gegnern vor allem mit dem Verhältnis zu Gott und zur Tora zu tun hat. Die Antithese von Ps 1 kommt in den Klagepsalmen voll zur Entfaltung.

2.5
Hymnischer Lobpreis

Die Klage- und Dankpsalmen beherrschen die ersten Bücher des Psalmenbuches nicht allein. Zwischen ihnen erklingen immer wieder hymnische Töne, die in ganz anderer Weise von Israels Erfahrungen mit Gott reden. Die Hymnen erscheinen hier nicht unvermittelt. So klingt die Klage von Ps 7 in eine Selbstaufforderung zum Lobpreis Gottes aus: »Ich will dem HERRN danken, denn er ist gerecht, ich will lobsingen dem Namen des HERRN, des Höchsten« (7,18). Dieser Vers leitet über zu dem folgenden Hymnus (Ps 8), dem ersten Psalm dieser Art im Psalmenbuch. Er beginnt, entsprechend der Ankündigung in 7,18, mit dem Preis des Namens Gottes (V.2)

B.I Schöpfung

und entfaltet dann die bewundernde Betrachtung von Gottes Schöpferhandeln. Es wird dem Wirken der Feinde gegenübergestellt, die angesichts dieser Überlegenheit Gottes verstummen müssen (V.3). Es ist ein einzelner Beter, der hier spricht (V.4) und Gott dafür preist, daß er dem Menschen, der oft so verfolgt und erniedrigt wird, in seiner Schöpfung eine beherrschende Stellung zugewiesen hat (V.5-7),

→ 12

wie es schon im Schöpfungsbericht am Anfang der Hebräischen Bibel geschildert wird (Gen 1,26f).

Der nächste Hymnus, Ps 19, bildet das Zentrum einer Gruppe von Psalmen, an deren Anfang und Schluß zwei Texte stehen, die vom Eintritt in das Heiligtum auf dem »heiligen Berg« (15,1), dem »Berg

B.XIV Zion

des HERRN« (24,3) sprechen – dem Zion, wie 14,7 präludiert. Hier zeigt sich, daß auch die Klage- und Dankpsalmen, in denen durchweg einzelne Beter sprechen, nicht völlig losgelöst vom Gottesdienst im Tempel in Jerusalem sind, auch wenn sie an anderen Orten gesprochen und gebetet werden, vielleicht sogar außerhalb des Landes im Exil (»an den Wassern von Babylon« 137,1). Das besondere Charakteristikum dieses Hymnus ist es, daß er zwei Themen miteinander verbindet: den Lobpreis des Schöpfers und der Schöpfung mit der Sonne als ihrem zentralen Element (19,2-7) und den Preis der Tora (V.8-15). Zuerst preisen »die Himmel« Gottes Wirken in der himmlischen Welt (V.2f), das in seiner Größe dem Menschen teilweise verborgen bleibt (V.4). Der zweite Teil hat es dann ganz

B.VI Tora

mit dem Menschen zu tun, dem Gott mit seiner Tora verläßliche Wegweisung gibt. Damit greift der Psalm das Thema von Ps 1 wieder auf und fügt ihm durch die Verknüpfung mit dem hymnischen Lobpreis der Schöpfung ein neues Element hinzu.

Von der Schöpfung spricht auch der nächste Hymnus (Ps 29), genauer: von Gott dem Schöpfer, der seine Schöpfermacht eindrücklich vor Augen führt. Hier werden ganz andere Töne hörbar als in Ps 19. Die machtvolle Demonstration der Schöpfermacht Gottes entlädt sich im Gewitter, in dessen Donner seine Stimme ertönt. Diese Macht, die auch zerstörerisch wirken kann, ist auf der Erde hörbar und sichtbar (V.5-9a); aber sie ist zugleich Anlaß zum Lobpreis der

Himmelsbewohner, der »Göttersöhne« (b^{e}nê 'ēlîm, V.1f), die Gott in seinem himmlischen Palast verehren (V.9b), in dem er »über der Flut«, d.h. über dem Himmelsozean (vgl. Gen 1,7) als König thront → 12 (V.10). Aber diese Herrschaft Gottes ist nicht weltabgewandt. Darum endet der Psalm mit der Bitte um Kraft und Frieden für Gottes Volk (V.11).

War es in Ps 8 ein einzelner Beter und waren es in Ps 19 und 29 der Himmel und seine Bewohner, die den Hymnus´ anstimmen, so sind es in Ps 33 die »Gerechten«. Ihr hymnischer Lobpreis knüpft unmittelbar an den Dank derer an, die erfahren haben, daß ihre Sünden vergeben und »bedeckt« sind, nachdem sie sie vor Gott bekannt haben (Ps 32). Die Gerechten, die diese Vergebung erfahren haben, werden zur »Freude im HERRN« aufgerufen (32,11). Ps 33 greift dies unmittelbar auf, indem er die Gerechten auffordert, ein »neues Lied« anzustimmen (V.1-3). Leitthema dieses neuen Liedes ist das »Wort des HERRN«. Es ist wahrhaftig, so wie sein ganzes Tun verläßlich ist (V.4). Dies wird in mehrfacher Hinsicht entfaltet: Gottes Wort ist die Garantie für Recht und Gerechtigkeit, wie es die Gerechten schon erfahren haben (V.5). Zugleich ist es sein machtvolles Schöpferwort: »Durch das Wort des HERRN wurden die Himmel geschaffen, durch den Hauch seines Mundes ihr ganzes Heer…Er sprach – und es geschah; er befahl – und es stand da« (V.6.9). Diese Aussage steht ganz nahe bei Gen 1,3ff: »Gott sprach – und es geschah.« Das Wirken des Wortes Gottes greift aber auch tief in die Geschichte der Menschen ein. Die Worte und Pläne der Völker und Nationen müssen scheitern, wenn sie Gottes Plänen entgegenstehen (V.10f). Darum ist das Volk besonders ausgezeichnet, das Gott sich zum Erbteil erwählt hat (V.12). Der Psalm entfaltet das Walten Gottes über dem Tun der Menschen und Völker weiter und endet mit einem Bekenntnis der betenden Gemeinde, daß sie auf diesen Gott hofft, vertraut und wartet (V.20-22).

Während diese Hymnen im ersten Buch des Psalmenbuches einzeln begegnen in einem Umfeld, das von Klagepsalmen beherrscht ist, treten sie in den beiden letzten Büchern beherrschend in den Vordergrund. In dem großen Hymnus Ps 104 ist wieder die Schöpfung das Thema. Der Psalm entwirft ein Gesamtbild der Schöpfung vom Schaffen und Wirken Gottes in seiner himmlischen Welt (V.1-4) über die Zurückdrängung des Chaoswassers (V.5-9) schrittweise hinein in die Lebenswelten der Tiere und der Menschen (V.10-23) und schließlich hinaus in die Weite und Vielfalt der Schöpfung und des Umgangs Gottes mit ihr (V.24-32). Dieser Psalm steht in enger Verbindung mit anderen Hymnen, die ihm vorausgehen und nachfolgen. Vor ihm steht mit Ps 103 ein Hymnus, der die Vergebungsbereitschaft Gottes ausführlich entfaltet. Beide Psalmen sind durch die gleiche Segensformel am Anfang und am Schluß miteinander verbunden: »Preise, meine Seele, den HERRN!« Ps 103 beginnt mit der Selbstaufforderung des Beters (nach der Überschrift: Davids!), den »heiligen Namen« Gottes zu preisen, und zitiert dann die Wor-

B.XI Wie von Gott reden?

B.II Erwählung

te, mit denen Gott am Sinai bei der Wiedereinsetzung des Bundes vor Mose seinen Namen ausgerufen hat: »Barmherzig und gnädig ist der HERR, langmütig und voll Gnade« (V.7f, vgl. Ex 34,6). Dort am Sinai hat Gott seine Vergebungsbereitschaft bekundet. Sie ist in ihrer schier unermeßlichen Größe ein entscheidendes Element seines Wesens (Ps 103,10-13), und die Menschen in ihrer Hinfälligkeit und Vergänglichkeit sind ganz darauf angewiesen (V.14-16). Hier klingt noch einmal das Stichwort »Bund« an (V.17f). Am Schluß erscheint Gott als der im Himmel thronende König, umgeben von seinem himmlischen Hofstaat (V.19-22), seinen Dienern (V.21), was wiederum an Ps 104,1-4 (bes. V.4) anklingt (vgl. Zenger 1991). Diese beiden Hymnen umspannen den ganzen Bereich von Gottes Thronen im Himmel und seinem Wirken in der Schöpfung bis hin zu seiner Gnade für sein Bundesvolk und für den Menschen, der wie Staub und wie Gras ist.

Der dann folgende Hymnus (Ps 105) berichtet in großer Ausführlichkeit von der Anfangsgeschichte Israels, die er ganz als Bundesgeschichte Gottes mit seinem Volk darstellt. Die »Wunder«, die Gott tut (V.2.5), beginnen mit Abraham, mit dem und dessen Nachkommen Isaak und Jakob Gott einen Bund schließt, der ein ewiger Bund für Israel ist (V.8-10). Inhalt des Bundes ist: »Dir will ich das Land Kanaan geben als euren Erbbesitzanteil« (V.11, vgl. Gen 15,18). Dann wird die ganze Geschichte ausführlich erzählt in enger Anlehnung an die Bücher der Tora: von den Wanderungen Abrahams über Josefs Verkauf nach Ägypten, Israels Schicksal in Ägypten über die Plagen bis zur Herausführung und schließlich in Kürze der Weg durch die Wüste bis hin zur Einlösung der Zusage des Landes, mit der er »seines heiligen Wortes gedachte«, das er Abraham gegeben hatte (V.42-44). Das Ganze wird erzählt als reine Führungsgeschichte, die ausschließlich auf die wunderbaren Taten Gottes blickt. Am Ende schließt sich der Bogen, wenn es als Ziel der Gabe des Landes heißt: »damit sie seine Satzungen bewahrten und seine Weisungen befolgten« (V.45). Das ist die andere Seite des Bundes, den Gott mit den Vätern geschlossen hat (V.8-10), daß Israel die Bundessatzungen bewahrt.

Ps 106 ist gleichsam ein »Zwilling« zu Ps 105, denn er spricht noch einmal von derselben Geschichte Gottes mit Israel. Auch er beginnt mit einem Lobpreis der großen Taten Gottes (V.2), und er knüpft an das Ende von Ps 105 an, indem er die selig preist, die Recht und Gerechtigkeit bewahren (V.3). Aber noch bevor das Erzählen der Geschichte beginnt, heißt es: »Wir haben gesündigt zusammen mit unseren Vätern« (V.6). Und dann wird die Geschichte noch einmal erzählt, beginnend mit der Herausführung aus Ägypten, aber diesmal unter dem entgegengesetzten Vorzeichen: als Sündengeschichte Israels. Sie achteten schon in Ägypten nicht auf Gottes Wunder (V.7); als Gott sie dann am Schilfmeer gerettet hatte, glaubten sie zwar an sein Wort und sangen sein Lob (V.12, vgl. Ex

14,31; 15,1), aber sie vergaßen es schnell wieder (V.13). Und nun → 43
folgt die Geschichte der Wüstenzeit und des Aufenthalts am Horeb,
wo Gott sie vernichtet hätte, wenn Mose nicht in die Bresche ge-
sprungen wäre (V.23); die Weigerung, in das Land hineinzuziehen,
mit der Folge des langen Wüstenaufenthalts (V.24-27, vgl. Num → 65
13f); die Sünde mit dem Ba'al Pe'or (V.28-31) und – nachtragsartig –
an den Wassern von Meriba (V.32f, vgl. Ex 17; Num 20); und dann
das Sich-Einlassen mit den Landesbewohnern und ihrem Kult, womit sie unrein wurden und von Gott abfielen (V.34-39).»Da ent-
brannte der Zorn des HERRN gegen sein Volk, und er verabscheute
seinen Erbbesitz« (V.40). Das ist der absolute Tiefpunkt. Hier wäre
die Geschichte zu Ende – wenn nicht Gott noch einmal seines Bundes »gedacht« hätte (V.45). Es bewahrheitet sich, was am Anfang
dieser beiden Psalmen stand: »Gott gedenkt seines Bundes für immer« (105,8). Das ist eine der tröstlichsten Aussage der Hebräi- B.II Bund
schen Bibel: daß Gott trotzdem immer wieder seines Bundes gedenkt.
Die Geschichte Gottes mit Israel bildet auch das Thema eines anderen »Paares« von Hymnen: Ps 135 und 136. Sie stehen nicht im
Kontrast zueinander, sondern betrachten beide die Anfangsgeschichte Israels als eine Geschichte der machtvollen göttlichen
Führung. Beide stellen diese Geschichte in den großen Rahmen des
Handelns Gottes. Ps 136 beginnt mit der Schöpfung (V.5ff) in deutlicher Anlehnung an Gen 1, geht dann in einem geradezu schroffen
Übergang von der Erschaffung der Gestirne (V.7-9) über zur Tötung
der ägyptischen Erstgeburt (V.10) und zeichnet von da aus den Weg
der Führung Israels bis zur Hineinführung in das verheißene Land
nach. Schöpfung und Führung Israels sind also die beiden großen
Themen, die hier im Hymnus miteinander verbunden werden. Ps
135 setzt die Akzente anders. Der gleiche Ausschnitt der Geschichte Israels von der Tötung der ägyptischen Erstgeburt bis zur Gabe
des Landes wird in geraffter Kürze dargestellt (V.8-12). Die beherrschende Botschaft des Psalms heißt aber: Unser Gott ist größer als
alle Götter (V.5); die anderen Götter sind nur Gebilde von Men-
schenhand (V.15-18). Gott, der einzige, zeigt seine Größe und Macht
auch in gewaltigen Naturereignissen (V.6f); entscheidend ist aber,
daß auf Grund seines Handelns an Israel sein Name für alle Zeiten
feststeht und daß seines Namens »gedacht« wird (V.13), wie Gott es
einst zu Mose gesagt hat (Ex 3,15). → 37
Die Hymnen kreisen um die beiden großen Themen Schöpfung und
Geschichte. Dabei ist immer wieder von Gott als dem König die Rede, der auf dem Zion thront, dem Berg, zu dem hin er Israel von Anfang an geführt (Ex 15,17) und auf dem er nun inmitten Israels seine → 44
Wohnung aufgeschlagen hat. In einigen Hymnen ist der Zion selbst
das zentrale Thema. Er heißt dort »Gottesstadt« (Ps 46,5; 48,2.9;
87,3), Stadt des großen Königs« (48,3), »heiliger Berg« (48,2f),»Wohnung des Höchsten« (46,5; vgl. 76,2; 84,2). In Ps 46 und 48 ist von

einem Ansturm von Völkern und Königen gegen den Zion die Rede, den Gott siegreich abgewehrt hat (vgl. auch Ps 76). Hier verbinden sich geschichtliche Erfahrungen der Bewahrung Jerusalems und hymnischer Lobpreis der göttlichen Macht miteinander. Jerusalem ist zugleich Wohnsitz Gottes und von Gott geschützte Hauptstadt Israels (bzw. Judas).

B.X Zion

Zwischen den beiden Zionspsalmen 46 und 48 steht ein dritter Psalm (47), in dem der als König auf dem Zion thronende Gott selbst das Hauptthema bildet. Auch hier versammeln sich Völker, aber ihre Aufgabe ist es vor allem, mit zu bestätigen, daß Gott »König über die ganze Erde« (V.2.8) und »König über die Völker« (V.9) ist. Dieses Thema wird dann im vierten Buch wieder aufgegriffen, wo eine ganze Gruppe von »Jhwh-Königs-Hymnen« versammelt ist (93; 95-99). In ihnen erklingt immer wieder der Ruf »Jhwh ist König« (93,1; 96,10; 97,1; 99,1, vgl. 47,9). Vieles in diesen Psalmen läßt an gottesdienstliche Vorgänge denken, wie sie auch in anderen Psalmen erkennbar sind: Festjubel und Hörnerschall (47,6; 98,6), anbetendes Niederfallen (95,6) wie überhaupt das Singen und Jubeln der versammelten Gemeinde. Das »Hinaufsteigen« Gottes (ʿālāh 47,6) erinnert an das »Hinaufbringen« der Lade nach Jerusalem durch David (ʿālāh hi.), das sich ebenfalls »unter Festjubel und Hörnerschall«

→ 103

(2Sam 6,15) vollzog. Auch andere Psalmen lassen ähnliche Vorgänge erkennen wie z.B. Ps 24,7-10, wo der Einzug der Ladeprozession mit dem »König der Herrlichkeit, Jhwh Zebaot« in den Tempel beschrieben wird.

Das Königtum Gottes wird in diesen Psalmen unter ganz verschiedenen Aspekten beschrieben und besungen: Gottes Herrschaft über die Welt, die er geschaffen hat (Ps 24,1f; 47,3.8; 93; 95,4f; 96,10, ferner 29,10); in der geschichtlichen Führung seines Volkes (47,5; 95,7-11; 98,3; 99,6-8); in der Setzung und Wahrung von Recht und Gerechtigkeit (93,5; 97,2.6.8; 98,9; 99,4); vor den Augen der Völker (47,2.4.9f; 96,3.7-10; 98,2f; 99,1-3); und vor allem: sein Königtum über die Götter (95,3; 96,4f; 97,7.9). Hier wird das Bekenntnis zu Gott als König zu einem wichtigen Element des Kampfes um die Reinerhaltung des Glaubens Israels an den *einen* Gott von der Ver-

B.XIII Götter

ehrung anderer Götter.

Gott ist König der Welt, König über die Götter, König über alle Völker, und in dem allen ist er der König Israels. So wird er in den Jhwh-Königs-Psalmen »Gott..., unser König« genannt (Ps 47,7), im Zionslied »mein König und mein Gott« (84,4, vgl. 68,25). Entsprechend heißt es im Hymnus, daß die Bewohner Zions sich »ihres Königs« freuen, der zugleich »ihr Schöpfer« genannt wird (149,2). Die Anrede Gottes als »mein König und mein Gott« findet sich sogar in Klagepsalmen (5,3; 44,5; vgl. 74,12: »Gott ist mein König von Urzeit her«). So ist diese Bezeichnung Gottes und das mit ihr verbundene Gottesverständnis zu einem integrierenden Element der israelitischen Frömmigkeit geworden.

Die Psalmen beginnen mit Klageliedern, sie enden mit Hymnen. Eine nicht enden wollende Reihe von Halleluja-Psalmen (Ps 146-150) bildet den Abschluß. Das Psalmensingen und -beten Israels geht durch alle Tiefen der Klage hindurch, aber es endet mit dem Lobpreis Gottes, der seine Macht nicht nur als Schöpfer und König, sondern immer wieder auch als Helfer der Armen und Schwachen bewährt hat (145,14; 146,7-9; 147,6; 149,4).

IV.3
Das Buch Hiob

3.1
Wer ist Hiob?

Das nach Hiob (in der lateinischen Version: Ijob) benannte Buch be- E 263 ginnt: »Es war ein Mann« – wörtlich: »Ein Mann war (da)« (*îš hājāh*) – ein ganz ungewöhnlicher Beginn, einmalig in der Hebräischen Bibel. Er macht deutlich, daß es im folgenden nur um diesen einen Menschen geht in seinem Gegenüber zu Gott. Dieser Mann lebt im Lande Uz (*ûṣ*). Die genaue Lage dieses Landes bleibt ungewiß und soll es wohl auch bleiben; es liegt irgendwo im Osten, denn Hiob gehört zu den »Bewohnern des Ostens« (*benê qedem*, 1,3). Der Name *ûṣ* erscheint in der Hebräischen Bibel auch als Personenname im Umkreis der »Aramäer« (Gen 10,23) und als Sohn Nahors, des Bruders Abrahams (Gen 22,20f). So kann man in Hiob einen entfernten Verwandten Abrahams sehen. Ist er ein Israelit? Die Frage bleibt offen, genauer: sie wird nicht gestellt. Aber es ist eindeutig, daß Hiob Gott kennt, und zwar den Gott, von dem die ganze Hebräische Bibel redet: den Gott Israels. Er kennt ihn nicht nur, er spricht, betet und schreit zu ihm – und auch gegen ihn wie sonst keiner in der Hebräischen Bibel. Ob Israelit oder Nichtisraelit – Hiob ist ein exemplarischer Einzelner, ein Mensch im Gegenüber zu Gott.

Zur Sonderstellung Hiobs gehört auch, daß kaum etwas von seiner »Umwelt« erkennbar wird. Außer seiner Familie – und den raubenden und mordenden »Sabäern« und »Chaldäern« (Hi 1,15.17) – wird nur von den drei »Freunden« berichtet, die ihn besuchen (2,11-13) und ihn dann durch das ganze Buch hindurch als Gesprächspartner begleiten. Auch sie sind Einzelne, die aus ganz verschiedenen Gegenden kommen und deren Herkunft undeutlich bleibt. (Das gleiche gilt für den erst in Kap.32 auftretenden Elihu.) Ganz am Schluß tauchen dann neben der großen Familie noch seine »Bekannten von früher« auf (42,11); aber auch damit wird der engste Kreis seiner Umgebung nicht überschritten.

Schließlich ist Hiob vor allem darin »exemplarisch«, daß sich vieles, was von ihm gesagt wird, an den äußersten Grenzen menschlicher Möglichkeiten und Erfahrungen bewegt. In ihm kommt gleichsam das »Menschliche« zu seiner äußersten Zuspitzung. Über keinen anderen Menschen werden in der Hebräischen Bibel so hochklingende Aussagen gemacht wie über Hiob, noch dazu im Munde Gottes: Er war »untadelig und aufrecht, gottesfürchtig und dem Bösen abhold« (1,1.8; 2,3). Von keinem anderen wird berichtet, daß sein Verhalten und sein Geschick zum Gegenstand himmlischer Beratungen gemacht werden (1,6-12; 2,1-6). Das Unglück, das ihn trifft, und die Plagen, die ihm auferlegt werden, stellen in ihrer Schwere und ihrer Häufung das Äußerste dar, was man sich als einem Menschen widerfahrend vorstellen kann. Seine Reden an Gott überschreiten in der Schärfe ihrer Anklagen alles, was sich sonst in der Hebräischen Bibel findet. Und niemand sonst wird einer göttlichen Antwort gewürdigt, die mit den großen Gottesreden in den Kapiteln 38 bis 41 vergleichbar wäre.

So tritt Hiob vor die Augen des Lesers als ein Mensch, der alle nur vorstellbaren Höhen und Tiefen der menschlichen Existenz durchschreitet, zuerst gehorsam leidend, dann wild aufbegehrend, und schließlich Gottes alles umgreifenden Plan erkennend.

3.2
»Rahmenerzählung« und »Dialoge«

Das Buch Hiob beginnt und endet in Prosa (1,1-2,13; 42,7-17), der weitaus umfangreichere Mittelteil ist hingegen in unterschiedlichen poetischen Stilformen abgefaßt. Diesem äußeren Unterschied scheint ein innerer zu entsprechen. In der erzählenden Einleitung erscheint Hiob als der geduldig Leidende, im übrigen Buch als der aufbegehrende Rebell. Viele Ausleger betrachten deshalb diese beiden Teile als ursprünglich nicht zueinander gehörig (so auch noch 1983, 263). Das Hauptinteresse richtet sich dann auf den poetischen Mittelteil mit seinen oft brisanten theologischen Problemen, während die »Rahmenerzählung« als ein eher schlichtes »Volksbuch« betrachtet wird. Wenn sich die Auslegung jedoch dem Buch in seiner vorliegenden Gestalt zuwendet, wird alsbald deutlich, daß diese Unterscheidung den Texten keineswegs gerecht wird. In neuerer Zeit finden sich denn auch mehr und mehr Ausleger, die das Buch in seiner ganzen Komplexität als theologische Einheit verstehen (z.B. Greenberg 1980 und 1987; Clines 1989; zur Auslegung vgl. vor allem Ebach 1996a und b). Das schließt keineswegs die Erkenntnis aus, daß einzelne Teile des Buches eine eigene Vorgeschichte haben; das Buch in seiner Jetztgestalt stellt aber eine durchdacht gefügte Komposition dar.

B.XII Wie von Gott reden?

Auffallend sind die unterschiedlichen Bezeichnungen, die für Gott gebraucht werden. In den erzählenden Stücken wird er regelmäßig mit seinem Eigennamen Jhwh benannt, in den Dialogen zwischen Hiob und den vier Freunden hingegen (mit einer Ausnahme: 12,9) nicht; hier stehen statt dessen verschiedene Gottesbezeichnungen, neben dem geläufigen Wort *'el* auch

die seltenere Form *lo^ah und das ebenfalls ungewöhnliche Wort *šaddaj* (vgl.
Gen 17,1). In den Gottesreden steht hingegen wieder der Gottesname Jhwh, → 25
so daß sich dessen Gebrauch oder Nichtgebrauch nicht auf Rahmenerzäh-
lungen und Redenteil verteilen lassen.

Die einleitende Erzählung wird von vielen Auslegern als »Idylle«
bezeichnet: Hiob ist fromm, und es geht ihm gut. Aber die Kennzeichnung seiner Frömmigkeit geht weit über das hinaus, was sonst
in der Hebräischen Bibel über Menschen gesagt wird. Daß ein
Mensch »untadelig, vollkommen« (*tām*, *tāmîm*) sei, wird nur noch
von Noah gesagt (Gen 6,9), dem einen, um dessentwillen Gott sei- → 15
nen Vernichtungsbeschluß über die Schöpfung zurückgenommen
hat. Über Hiob sagt es aber nicht nur der Erzähler (1,1), sondern
Gott selbst (1,8; 2,3). Und Gott hebt Hiob ausdrücklich aus allen übrigen Menschen heraus: »Es gibt keinen wie ihn auf der Erde«. Damit wird schon im ersten Satz des Buches deutlich, daß es nicht nur
um einen frommen Menschen geht, auch nicht um einen ganz besonders frommen, sondern daß Hiob exemplarisch für den Menschen steht, der so ist, wie Gott den Menschen haben möchte.
Die scheinbare Idylle ist aber nicht ungefährdet. Die sieben Söhne
Hiobs erscheinen zwar als geradezu ideale Verkörperung des göttlichen Segens. Was von ihnen berichtet wird, steht jedoch eher im
Kontrast dazu. Sie feiern rundum, und sie tun es in einer Weise, die
bei Hiob die Sorge hervorruft, daß sie dabei »sündigen« könnten.
Als exemplarische Sünde wird genannt, daß sie Gott in ihrem Herzen »gesegnet«, d.h. gelästert haben könnten. Und Hiob baut gegen
die möglichen Folgen solchen Tuns und Denkens vor und vollzieht
Opferriten, um seine Kinder zu »heiligen«, d.h. zu entsühnen (1,4f). B.VII Kult
Man kann darin einen besonders ausgeprägten Zug seiner Frömmigkeit und Fürsorge sehen. Zugleich wird aber deutlich, daß sich die
Intaktheit der Gottesbeziehung Hiobs keineswegs von selbst versteht, und daß er glaubt, gegen ihre mögliche Gefährdung Vorsorge
treffen zu müssen.
Daß es sich hier nicht um eine menschliche Idylle handelt, wird
durch den abrupten Szenenwechsel vollends deutlich. Hiob und seine Gottwohlgefälligkeit werden zum Gegenstand der Betrachtung
und Beratung in einer himmlische Versammlung (1,6-12). Der moderne Leser muß sich dabei von den vielerlei volkstümlichen Überlieferungen über Vorgänge »im Himmel« freimachen. Was hier geschieht, ist wiederum ganz einmalig in der Hebräischen Bibel. Daß
sich die himmlischen Wesen vor Gott versammeln, ist zwar offenbar eine geläufige Vorstellung, wenn sie auch nur selten erwähnt → 307
wird. Daß dabei Vorgänge auf der Erde erörtert werden, wird auch in
1Kön 22,19-22 im Rahmen einer prophetischen Vision berichtet; → 130
aber dort geht es um grundsätzliche politische Fragen, während hier
nur das Verhalten Hiobs zur Diskussion steht. Und dabei zeigt sich
die Gefährdung seines vorbildlichen Verhaltens wie in einem grel-

len Schlaglicht: Der *šāṭān*, d.h. der »Widersacher« oder »Ankläger«, stellt die Lauterkeit des Verhaltens Hiobs in Frage: »Ist Hiob denn ›umsonst‹ gottesfürchtig«, d.h. »ohne Lohn«? Gott beschützt und segnet ihn doch. Aber was wird geschehen, wenn Gott ihm das alles nimmt? Wird Hiob dann nicht Gott ins Angesicht »segnen«, d.h. fluchen? (V.9-11).

Hier wird das zentrale Thema des Hiobbuches formuliert: Wie wird Hiob, der exemplarische Fromme, sich verhalten, wenn es ihm schlecht ergeht? Dies ist wieder ein Problem, das nicht nur Hiob als einzelnen Frommen betrifft, sondern in dem zugleich die Gültigkeit eines Grund-Satzes der weisheitlichen Tradition, die hinter dem Hiobbuch steht, zur Diskussion gestellt wird: das Entsprechungsverhältnis von Tat und Folge, von Tun und Ergehen. Geht es Hiob gut, *weil* er fromm und gottesfürchtig ist? Oder ist Hiob fromm und gottesfürchtig, *weil* es ihm gut ergeht? Gibt es einen Zusammenhang zwischen beidem und wie ist er zu bestimmen? Es wird sich zeigen, daß dies einer der Hauptstreitpunkte zwischen Hiob und seinen Freunden in den nachfolgenden Dialogen ist.

B.XI Weisheit

Das Problem wird noch dadurch wesentlich verschärft, daß es zugleich die andere Frage enthält: Wie kann Gott es wissentlich zulassen, daß Hiob die Voraussetzungen seines Gott wohlgefälligen Lebens entzogen werden? Will Gott selbst die Gültigkeit dieses Grund-Satzes gleichsam »testen« lassen? Hält Gott selbst diesen Zusammenhang für gültig oder nicht? Und was folgt daraus für sein Verhalten zu Hiob? Die Spannung, die in dieser doppelten Frage liegt, beherrscht das ganze Buch. Dabei wird dem Leser ein Informationsvorsprung gegenüber den Personen des Hiobbuches eingeräumt, weil er den Hintergrund des Leidens Hiobs kennt – ganz ähnlich wie in der Erzählung von der »Bindung« Isaaks durch Abraham (der *Akeda*), in der dem Leser zu Beginn gesagt wird, daß Gott Abra

→ 26

ham »versuchte« (Gen 22,1).
Der Widersacher beraubt zuerst mit ausdrücklicher Billigung Gottes (V.12) Hiob seines ganzen Besitzes und schließlich auch seiner Kinder (V.13-19). Hiob besteht diese Probe. Er vollzieht die Trauerbräuche und wirft sich zum Gebet auf die Erde nieder (V.20). Dann spricht er Worte von großer theologischer Tiefe und poetischer Schönheit (die durch den häufigen Gebrauch leicht zu bloßen Formeln zu werden drohen): »Nackt bin ich aus dem Schoß meiner Mutter gekommen, und nackt kehre ich wieder dorthin. Der HERR hat es gegeben, der HERR hat es genommen, gesegnet sei der Name des HERRN« (V.21). Dies ist der erste Satz, den Hiob überhaupt spricht. Er wird dem Leser im Bewußtsein bleiben bei allem, was im folgenden noch geschieht und gesprochen wird.
Bei der nächsten Begegnung zieht Gott gleichsam Bilanz (2,1-3): Hiob hat die Prüfung bestanden. Und darum wirft Gott dem Widersacher vor, daß er ihn dazu aufgereizt habe, Hiob »umsonst« zu ver

derben. Dies ist ein theologisch höchst brisanter Satz. Der Babylo-

nische Talmud sagt dazu: »Wenn dies kein geschriebener Schrift-vers wäre, dürfte man es nicht sagen: gleich einem Menschen, den man verleitet und der sich verleiten läßt« (Baba bathra 16a). Gott übt gleichsam Selbstkritik und erkennt an, daß die Schuld auf ihn selbst zurückfällt. Und es hat sich als »umsonst« erwiesen, was der Widersacher mit Gottes Zustimmung getan hat. Das Wort »um-sonst« bekommt hier einen veränderten Sinn gegenüber der provo-katorischen Frage des Widersachers, ob Hiob »umsonst« gottes-fürchtig sei (1,9). Hieß es dort »ohne Lohn«, so heißt es jetzt »ohne Sinn, sinnlos«; denn Hiob ist ja bei seiner Haltung geblieben und hat sie sogar noch eindrucksvoll bestätigt. (Vgl. Ebach 1990.)
Und trotzdem läßt Gott sich erneut auf die Provokation des Wider-sachers ein. Was wird sein, wenn Gott – durch den Widersacher – seine Hand gegen Hiobs »Gebein und Fleisch« ausstrecken wird? Auch dafür gibt Gott dem Widersacher freie Hand (2,4-6). Der schlägt ihn mit bösem Geschwür »von der Sohle bis zum Schei-tel«. Hiob bleibt am Leben, aber seine Lebenskraft ist ihm genom-men. Er sitzt wie ein Aussätziger auf einer Abfallhalde außerhalb der menschlichen Gesellschaft (V.7f). Aber wieder scheint er die Probe zu bestehen. Der Text sagt zwar zunächst nichts über seine Reaktion gegenüber Gott; aber als seine Frau zu ihm spricht und dabei die Worte des Widersachers aufgreift: »Segne (d.h. fluche) Gott und stirb!«, weist er ihre Worte als töricht zurück und fügt selbst ein weiteres gewichtiges Wort hinzu: »Das Gute nehmen wir von Gott an; sollten wir dann nicht auch das Böse anneh-men?«(V.9f).
Hat Hiob also auch diese Probe bestanden? Der Text beantwortet diese Frage nicht. Es findet auch keine Fortsetzung des Gesprächs zwischen Gott und dem Widersacher statt; der letztere taucht über-haupt im ganzen Hiobbuch nicht wieder auf. So muß die Antwort in der Fortsetzung des Textes liegen. Der Abschnitt über die zweite Heimsuchung Hiobs endet mit den Worten: »Mit all dem versün-digte Hiob sich nicht mit seinen Lippen« (2,10). Der Talmud (an der schon zitierten Stelle) sieht hierin einen Vorbehalt: »Mit seinen Lippen sündigte er nicht, im Herzen aber sündigte er.« So läge darin schon eine Vorwegnahme der nachfolgenden Reden Hiobs, die sich mehrfach an der Grenze dessen bewegen, was man als »sündigen« bezeichnen könnte.
Die Überleitung zu den Reden bildet eine kleine, eindrucksvolle Szene. Die drei Freunde Hiobs kommen, vollziehen Klageriten und setzen sich schweigend zu Hiob auf die Erde – sieben Tage und sie-ben Nächte lang (2,11-13). Dann beginnt Hiob zu reden. Durch das Schweigen der Freunde und ihren Verzicht auf tröstende Worte ist die Wirkung dieses Redebeginns um so nachhaltiger. Im Einlei-tungssatz steht jetzt das Wort, das bisher euphemistisch umschrie-ben wurde: Hiob flucht (3,1). Damit beginnt eine lange Reihe von wechselnden Reden. In ihnen wird eine Fülle von Themen ange-

schlagen, die vielerlei Aspekte der weisheitlichen Tradition zur Sprache bringen, teilweise in sehr eigenwilliger Ausprägung. Manche Kapitel oder Abschnitte haben wohl auch ihre eigene Vorgeschichte. Sie stehen aber jetzt bei aller Vielfalt der Szenarien und Themen ganz im Kontext des in der Einleitungserzählung Entfalteten: der Grundsatzfragen, die in den Gesprächen zwischen Gott und dem Widersacher aufgeworfen worden sind, ebenso wie des Geschicks Hiobs und seines bisherigen Verhaltens. Weder die Erzählung noch die Reden sind – unbeschadet mancher Probleme im einzelnen – ohne ihre wechselseitige Beziehung verständlich und sinnvoll.

3.3
Hiob und seine »Freunde«

Hiob hält einen Monolog. Er verflucht »seinen Tag«, d.h. den Tag seiner Geburt (3,1). Er tut aber nicht, was der Widersacher vorausgesagt hat: Er flucht nicht Gott, weder jetzt noch irgendwann in den folgenden Reden. Der Monolog hat überhaupt keinen Adressaten; er ist eine einzige Klage, ein einziges »Warum?« Hiob beklagt, daß er überhaupt geboren wurde (V.3), oder daß er nicht wenigstens gleich nach seiner Geburt gestorben ist (V.11-13); denn dann hätte er seine Ruhe. Aber gerade die Ruhe, nach der er sich sehnt, findet er jetzt nicht wegen seines unaufhörlichen Stöhnens (V.24-26).

Schon in dieser ersten Rede Hiobs wird erkennbar, daß es nicht nur um sein individuelles Schicksal geht, sondern daß er sein Geschick und sein Leiden in einem großen Zusammenhang sieht. Der Tag seiner Geburt steht stellvertretend für den Tag überhaupt. Es wäre besser, wenn es gar keinen Tag gegeben hätte (V.4-9), wenn das Licht nicht über der Finsternis aufgestrahlt wäre, wie es am Anfang der Weltschöpfung geschehen ist (Gen 1,3f). Die Ruhe des Grabes, die Hiob sich wünscht, wird schließlich allen Menschen zuteil, den Großen und Reichen (V.14f) ebenso wie den Frevlern, den Gefangenen, den Knechten und den Herren (V.17-19). Dazu noch einmal das »Warum?« »Warum gibt er Licht den Mühseligen?« (V.20-23). Das Wort »Gott« steht nicht da; die Klage erscheint fast anonym.

→ 12

Dieser großartige Monolog läßt den Leser – und ebenso die Freunde Hiobs – ratlos. Er beklagt das Leiden, Hiobs eigenes und das der Welt und der Menschheit, aber er gibt keinen Hinweis darauf, wie sich dies alles zu dem verhält, was der Prolog geschildert hat. Er tut dies auch nicht in der Form der Frage. Noch viel weniger versucht er, eine Antwort auf die Frage zu geben, die sich notwendigerweise den weisheitlich geschulten Freunden Hiobs stellt – und von der sie erwarten, daß sie sich auch für Hiob selbst stellt: wie sich Hiobs Leiden zu seinem Tun verhält.

So beginnt denn der erste der Freunde, Elifas, eher zögernd, indem er Hiobs früheres hilfreiches Verhalten andern gegenüber in Erinnerung ruft (4,1-4). Aber dann formuliert er einen der Grundsätze der weisheitlichen Lehre: »Bedenk doch: Wer ging je schuldlos zugrunde, und wo kamen Aufrechte um?« (V.7) Hier ist das Stichwort »Schuld« angesprochen. Es ist ja die Voraussetzung, von der die Freunde ausgehen – und die auch Hiob im Grundsatz nicht bestreitet –, daß eine Wechselbeziehung zwischen dem Tun und dem Er- gehen besteht, eine Wechselbeziehung, die aber nicht »automatisch« wirkt, sondern die von Gott in Kraft gesetzt wird (vgl. Koch 1955).

Ein Leben, das Gott »gefällt«, wird von ihm gesegnet; aber Schuld hat Leiden zur Folge. Elifas trägt seine Argumente nicht einfach in lehrhafter Form vor, sondern begründet sie mit der Erfahrung: »Ich habe gesehen« (4,8; 5,3). Einen gewichtigen Satz stellt er sogar als Ergebnis einer nächtlichen visionären Erfahrung dar: »Ist denn ein Mensch gegenüber Gott gerecht, ist ein Mann gegenüber seinem Schöpfer rein?« (V.12-17)

Elifas sagt jetzt noch nicht ausdrücklich, daß Hiob Schuld auf sich geladen haben muß, wenn es ihm so schlecht ergeht (was später die Freunde sehr deutlich sagen werden). Er gibt ihm vielmehr den Ratschlag: »Ich an deiner Stelle würde mich an Gott wenden, würde meine Sache vor die Gottheit bringen« (5,8). Er sieht in Hiobs Leiden eine »Züchtigung des Allmächtigen« und ermahnt ihn, diese nicht zu verschmähen (V.17). Er malt ihm aus, wie gut es ihm schließlich gehen wird, wenn er diesen Rat befolgt. Bei allem Eingehen auf Hiobs Lage läßt Elifas' Rede aber keinen Zweifel an der Richtigkeit seiner Argumente zu und läßt auch keine Bereitschaft erkennen, diese zur Diskussion zu stellen. Vielmehr erscheint ihm das »Sich-Ereifern« Hiobs als bedenklich, weil darin schon die Auflehnung gegen Gott angelegt ist: »Den Toren mordet der Unmut, und die Ereiferung bringt den Narren um« (5,2). Das unbeirrte Festhalten der Freunde an ihren Positionen ist auch durch die Sorge bedingt, daß deren Infragestellung grundlegende Elemente des Glaubens an Gott gefährden könnte (vgl. vRad 1970, 272). So beendet Elifas seine Rede mit der definitiven Erklärung und Anweisung: »Das haben wir erforscht: So ist es. Höre es und mache es dir bewußt« (V.27).

Dieser erste Gesprächsbeitrag eines der Freunde hinterläßt beim Leser einen zwiespältigen Eindruck. Einerseits ist das Bemühen zu trösten und aufzurichten unverkennbar. Der Leser, vor allem der moderne, sollte sich nicht zu schnell auf die Seite Hiobs schlagen und die Bemühungen der Freunde zu einseitig abwerten. Andererseits ist aber deutlich, daß Elifas' Worte Hiob in seiner Lage nicht wirklich erreichen. Elifas spricht nicht eigentlich zu Hiob, sondern er entfaltet seine Sicht des Problems menschlichen Leidens. Und bei aller Anschaulichkeit seiner Beispiele haben sie alle den einen gemeinsamen Grundgedanken: daß das Leiden eine Folge von Schuld ist, daß es aber dem Unschuldigen oder Bereuenden schließlich wieder gut ergehen wird.

Dieser Eindruck verstärkt sich bei den folgenden Reden der Freunde. Zudem beginnen sie jetzt, Hiob ausdrücklich und teilweise schroff zu kritisieren, so Bildad in 8,2 und Zofar in 11,2f. Der seelsorgerliche Ton der ersten Rede des Elifas tritt mehr und mehr zurück, das Belehrende und Zurechtweisende dominiert. Bildad unterstellt, daß Hiobs Söhne ihren Tod durch ihre eigene Sünde verdient haben (8,4). Was Hiob selbst betrifft, so soll er Gott »suchen«; der wird ihn wiederherstellen, »wenn du lauter und aufrecht bist« (V.5f). Bildad weiß nicht, was der Leser weiß: daß Gott selbst eben dieses positive Urteil über Hiob schon ausgesprochen hat. Aber dadurch, daß der Leser dieses Wissen voraushat, wird ihm auch deutlich, wie sehr Bildad an Hiobs tatsächlicher Situation vorbeiredet. Zofar spricht sogar ausdrücklich von einer Schuld Hiobs (11,6), was dann Elifas in seiner zweiten Rede noch verschärft und expliziert (15,5f). Bildad redet beim zweiten Mal nur noch vom Geschick des Frevlers (Kap.18), was Zofar wort- und bilderreich fortführt (Kap.20). Schließlich erreicht diese Kritik der Freunde an Hiob ihren Höhepunkt in der dritten Rede des Elifas (Kap.22), in der er Hiob geradezu ein langes Sündenregister vorhält: »Ist nicht deine Bosheit vielfach, sind nicht deine Sünden ohne Grenzen?« (V.5ff)

3.4
Hiobs Streit mit Gott

Inzwischen ist längst deutlich geworden, daß Hiob in seinen Reden immer weniger auf die Worte der Freunde eingeht, daß vielmehr Gott selbst sein Gegenüber ist. Zunächst schien Hiob sich noch auf die Argumentation der Freunde einzulassen, wenn er sie aufforderte, ihm zu sagen, worin seine Verfehlung besteht (6,24). Aber schon in der ersten Antwort an die Freunde (Kap.6f) ändert sich die Blickrichtung hin zur Klage über das Verhalten Gottes ihm gegenüber, die sich bald zur Anklage steigert (7,12ff). Dabei nimmt Hiob Elemente der Klagelieder in den Psalmen auf, aber er wendet sie in ihr Gegenteil. Der Klageliedbeter bittet Gott, daß er sich ihm zuwenden möge; Hiob sagt: »Laß ab von mir!« (V.16). Und er fährt geradezu mit einer Parodie eines Psalmenmotivs fort: »Was ist der → 306 Mensch, daß du ihn groß achtest« (vgl. Ps 8,5). Hiob fühlt sich von der ständigen Beachtung durch Gott bedrängt und wünscht sich erneut, daß Gott sich von ihm wegwenden möge (V.17-19).

Noch einmal nimmt Hiob ein Argument der Freunde auf, um es dann wieder in einer ganz anderen Richtung weiterzudenken. »Ich weiß wahrhaftig, daß es so ist: Wie kann ein Mensch gegenüber Gott im Recht sein? Wenn er mit ihm zu streiten hätte, nicht eins auf tausend könnte er ihm entgegnen« (9,2f). Der Unterschied zwischen Gott und dem Menschen ist »weltweit« im buchstäblichen Sinne des Wortes. Denn Gott ist der Schöpfer der Welt, nicht nur der Erde, sondern des ganzen Kosmos in seiner staunenswerten Großartigkeit (V.5-10). Wieder fühlt man sich an den Psalmbeter erinnert, der die Weite des Himmels und die Kleinheit des Menschen einander gegenüberstellt: »Wenn ich sehe den Himmel, deiner Finger Werk...- Was ist der Mensch, daß du seiner gedenkst...?« (Ps 8,4f) Aber für Hiob hat dieser Gegensatz ganz andere, furchterregende Aspekte. Der Mensch kann gegenüber diesem Gott gar nicht im Recht sein, weil er sich gar kein Gehör verschaffen kann. Und schließlich: »Es ist doch alles eins! Deshalb sage ich: Untadelig oder Frevler – er macht ein Ende« (V.22). Gott ist nicht nur kein gerechter Richter, er ist selbst ein Frevler, ein Schuldiger (rāšāʿ), in dessen Hand die Erde gegeben ist (V.24). Hiob weiß, daß Gott ihn auf jeden Fall als Schuldigen betrachten wird (9,28f), obwohl Gott doch weiß, daß er unschuldig ist (10,7). Aber ob schuldig oder unschuldig, er hat vor Gott keine Chance (V.15). Darum erhebt er noch einmal die Klage: »Warum hast du mich denn aus dem Mutterschoß gezogen?« (V.18) »Laß ab von mir, daß ich ein wenig aufatmen kann, bevor ich gehe, ohne wiederzukehren« (V.20f).

Diese Anklage Gottes als eines ungerechten Richters, den das Recht gar nicht schert, ist einmalig in der Hebräischen Bibel. Sie ist für den Leser des Hiobbuches um so überraschender, als sie Hiob jetzt von einer ganz anderen Seite zeigt, als er in der einleitenden Erzählung dargestellt worden war. Der Leser wartet deshalb mit Spannung darauf, wie sich diese Konfrontation weiterentwickeln wird. Denn dies kann ja nicht das letzte Wort des Hiob sein, von dem Gott gesagt hat, daß er »untadelig« sei wie kein anderer Mensch auf der Erde.

Doch das Bild Hiobs ist komplex. Nach der gewaltigen Anklage gegen Gott erklingen in seiner nächsten Rede ganz andere Töne. Es geht zunächst um die Weisheit, und zwar die Weisheit der Freunde Hiobs, über die er spottet, die Weisheit Gottes und schließlich auch Hiobs eigene Weisheit, die nicht geringer ist als die der Freunde (12,1-13,2). Dann wirft Hiob den Freunden lügnerisches Verkleistern vor und fordert sie auf zu schweigen, damit er selbst seine Sache vor Gott bringen kann (13,3-13). Er beginnt dies mit Formulierungen eines Rechtsverfahrens und betont, daß er im Recht ist (V.18); aber schließlich kommt auch hier die Klage über die gewaltsame Unterdrückung durch Gott zur Sprache (V.21.24-27), wenn auch viel weniger massiv als in Kap.9f. Und dann folgt eine Elegie über das menschliche Leben und seine Vergänglichkeit (Kap.14). Auch in der nächsten Rede dominiert der Ton der Klage Hiobs über seine Lage, wobei er sich wieder von Gott verfolgt sieht (16,7-19), aber auch von Menschen, denen Gott ihn ausgeliefert hat (V.10f), und von seinen Freunden (V.20). Das Ganze endet in tiefer Resignation, die nur noch die »Grube«, das Grab vor sich sieht (Kap.17). Dann werden die Töne der Anklage gegen Gott wieder schärfer. Hiob erklärt jetzt ganz ungeschminkt, daß Gott ihm zum Feind geworden ist. Gott hat ihn in seinem Fangnetz gefangen, seinen Weg vermauert, seine Ehre geschunden; er reißt ihn aus wie einen Baum und betrachtet ihn als seinen Gegner (19,6-11). Er bietet feindliche Rotten gegen ihn auf, und Hiob wird auch seinen Nächsten und Allernächsten verabscheuenswert (V.12-19). Es ist Gottes Hand, die ihn getroffen hat (V.21). Aber anders als in früheren Äußerungen wünscht Hiob jetzt nicht, daß seine Klagen mit ihm zusammen untergehen, sondern daß sie aufgeschrieben werden »mit eisernem Griffel und Blei, auf Dauer in Felsen eingehauen« (V.23f). Warum das? Weil Hiob weiß, daß seine Sache nicht spurlos untergehen wird, sondern daß sein »Löser« lebt (V.25).

Dies ist eine der meistinterpretierten Stellen des Hiobbuches, die gleichwohl immer noch unterschiedliche Auslegungen offenläßt. »Ich weiß, daß mein Löser lebt«, d.h. nach alttestamentlichem Sprachgebrauch: der *go'ēl*, der nächste Verwandte, der einen in Schuldknechtschaft geratenen Israeliten oder dessen Bodenanteil auszulösen berechtigt und verpflichtet ist (vgl.

→ 304

→ 48

Rut 4; Lev 25,25ff). Im Jesajabuch (Jes 41,14; 43,14; 44,6 u.ö.) und in den Psalmen (Ps 19,15; 78,35; 103,4) wird Gott als *go'ēl* bezeichnet, und es heißt auch, daß Gott Israel aus der ägyptischen Knechtschaft »ausgelöst« hat (*gā'al*, Ex 6,6 u.ö.). So kann auch hier nur Gott gemeint sein. Hiob weiß, daß der Gott »lebt«, der ihn auslösen kann und schließlich auslösen wird, und daß dieser das letzte Wort haben wird (daß er sich »zuletzt aus dem Staub erheben wird«). An diesen Gott, den Auslöser aus der Knechtschaft, appelliert Hiob – gleichsam gegen den Gott, der ihm jetzt zum Feind geworden zu sein scheint. Und er ist gewiß, daß er diesen rettenden Gott mit seinen eigenen Augen sehen wird (V.26f).

Angesichts der Tiefe dieser Klage Hiobs erscheint die Fortsetzung des »Dialogs« besonders unangemessen; denn noch einmal betont jetzt Zofar in einer geradezu schulmeisterlichen Weise das eindeutige und unausweichliche Geschick des Gottlosen, ohne auf Hiobs Klage überhaupt einzugehen (Kap.20). Dennoch antwortet Hiob darauf noch einmal (Kap.21), aber nur um den lehrmäßigen Reden der Freunde die ihn selbst erschreckenden Erfahrungen der Realität gegenüberzustellen: »Warum bleiben die Frevler am Leben, werden alt und stark an Vermögen?« (V.7) Die Wirklichkeit sieht ganz anders aus, als es die weisheitliche Lehre der Freunde darstellt, und im Tod sind alle gleich (V.23-26). Darum sind die Reden der Freunde Nichtigkeiten und Trug (V.34).

Der dritte Redegang (Kap.22ff) scheint »gestört«, d.h. genauer: er folgt nicht dem Rhythmus von regelmäßiger Rede und Gegenrede, wie ihn die beiden ersten Redegänge zeigen. Der zweite der Freunde, Bildad, kommt nur noch ganz kurz zu Wort (Kap.25), der dritte überhaupt nicht mehr. Dafür werden Hiobs Reden immer länger, und in ihnen ist ein weites Spektrum von Themen und Redeformen versammelt. Was auch immer die Gründe für diese Veränderung der Strukturen sein mögen (vgl. dazu Ebach 1996b, 12f, 26-30), der Leser wird jetzt noch einmal in das vielfältige und vielschichtige Feld der Gedanken und Erfahrungen Hiobs hineingeführt.

Hiob hat den dringenden Wunsch, vor Gottes Thron zu gelangen und ihm selbst seinen Rechtsfall vorzutragen (23,3f). Er möchte wenigstens von Gott beachtet werden (V.6). Aber er weiß, daß er ihn nicht finden kann (V.8f), und daß Gott allein souverän entscheidet, wie er will (V.13). Diese Einsicht erfüllt Hiob mit Schrecken (V.16f). Aber wenn Gott allein Herr des Geschehens ist, wie kann er dann zulassen, daß die Welt so ist, wie sie ist? Elend und Ausbeutung beherrschen die Welt. Es bleibt nur die Hoffnung, daß Gott die Ausbeuter und Gewalttäter heimsuchen wird (Kap.24). Den kurzen Zwischenruf Bildads »Wie kann ein Mensch gerecht sein vor Gott?« (25,4) greift Hiob auf und entfaltet ein Bild von der Größe und Ferne Gottes, der auch über die Unterwelt herrscht (Kap.26). Diese Einsicht in die Macht Gottes hat aber nichts Tröstliches, denn »Wer könnte das Donnern seiner Macht verstehen?« (V.14) Wie schon in Kap.9 verbindet sich jetzt die Rede von Gottes Herrschaft über die Schöpfung (Kap.26) mit Hiobs Anklage, daß Gott ihm sein Recht vorenthält (27,2-6). Auf keinen Fall will er den Freunden mit ihren Beschuldigungen Recht geben (V.5). Und wenn er auch im folgenden über das Schicksal des Frevlers, den Gott strafen wird, in ähnlichen Worten wie die Freunde redet, indem er sie nun seinerseits belehrt (V.11-23), so unterscheidet er selbst sich doch darin von den Frevlern – und auch von den Freunden –, daß er nicht aufhören wird, Gott anzurufen (V.9f).

Das Gespräch mit den drei Freunden ist beendet (vgl. 32,1). Sie tauchen erst in dem erzählenden Schlußkapitel wieder auf (42,7-9), → 328 kommen aber nicht mehr zu Wort. Statt dessen erscheint nun an dieser Stelle wie ein retardierendes Moment eine poetisch gestaltete Reflexion über die Weisheit (Kap.28). Die Weisheit ist das Wert- B.XV Weisheit vollste, was es gibt. Der Mensch kann zwar mit großen Mühen und technischen Mitteln alles erlangen, was er sonst für wertvoll hält (V.1-11) – »aber die Weisheit, wo ist sie zu finden, und wo ist der Ort der Einsicht?« (V.12). Der Mensch weiß es nicht (jāda' V.13), die Urflut (tᵉhôm) und das Meer wissen es nicht (V.14), und auch der Abgrund und der Tod haben nur ein Gerücht von ihr gehört (V.22). Die Weisheit bleibt verborgen vor den Augen alles Lebendigen (V.21), und man kann sie auch nicht mit den größten Kostbarkeiten erkaufen (V.15-19). Nur Gott kennt ihren Weg und weiß (jāda') ihren Ort (V.23). Sie war auch gleichsam als Ordnungskategorie dabei, als Gott den Kosmos schuf (V.24-27).

Und der Mensch? Für ihn hat die Weisheit noch einen ganz anderen Aspekt, der am Schluß sentenzartig ausgesprochen wird: »Die Furcht des HERRN – das ist Weisheit, sich fernhalten vom Bösen – das ist Einsicht« (V.28). Der Wechsel der Blickrichtung ist überraschend. Aber damit wird die Beziehung zum Kontext des Hiobbuches sichtbar. »Weisheit« hat für den Menschen immer zugleich die Bedeutung seiner Beziehung zu Gott und zum Nächsten. Ja, sie realisiert sich geradezu darin: das *ist* Weisheit.

Dieses »Lied von der Weisheit« ist im Zusammenhang des Buches Bestandteil einer Rede Hiobs. Es steht am Übergang von der letzten Hiobrede, die sich noch an die drei Freunde richtete (Kap.26f), zu einer weiteren, ausführlichen Rede Hiobs, die insgesamt seine letzte ist (Kap.29-31) – abgesehen von den kurzen Entgegnungen auf die Gottesreden (40,3-5; 42,1-6). Diese letzte Hiobrede leitet aber zugleich einen neuen (insgesamt also vierten) Redegang ein, in dem auf Hiobs eigene Reden zunächst die Reden Elihus (Kap.32-37) und dann die großen Gottesreden (Kap.38.ff) folgen.

Die drei Kapitel dieser Hiobrede greifen noch einmal drei Themenbereiche der bisherigen Diskussionen des Buches auf. Zunächst ist von Hiobs früherem Wohlstand und vor allem von seiner angesehenen Stellung in der Gesellschaft die Rede (Kap.29). Dabei ist ein städtisches Milieu vorausgesetzt, wie es in der einleitenden Erzählung nicht in Blick kam. Darin zeigt sich wiederum die Komplexität der Hiobgestalt des Buches, deren exemplarischer Charakter auch darin erkennbar wird, daß sie menschliche Schicksale unter ganz unterschiedlichen sozialen Bedingungen sichtbar macht. Das folgende Kapitel stellt dann gleichsam kontrapunktisch Hiobs gegenwärtige elende Lage dar. Jetzt wird er sogar von denen verlacht, die auf der untersten Stufe der Gesellschaft leben (30,1-10), von anderen wird er verfolgt und angegriffen (V.11-14). In der Schilderung seines Elends und seines Leidens verschwimmen die Konturen (V.15-19.24-31), und Gott hört ihn nicht, ja er ist ihm zum Feind geworden (V.20-23).

Damit ist das dritte Thema angeschlagen, das sich früher schon als das alles beherrschende angedeutet hatte: Hiobs Streit mit Gott. Im folgenden Kapitel, dem letzten des Zyklus der Hiobreden (Kap.31), erfährt es noch einmal eine besondere Zuspitzung. Hiob stellt seinen »Fall« in aller Form als Rechtsfall dar und beteuert in der Form eines Eides (man kann ihn einen »Reinigungseid« nennen) oder einer Art Selbstverfluchung (»Wenn ich das und das getan haben sollte, dann mögen mich die Folgen treffen«, vgl. besonders V.7f.9f) seine Unschuld (vgl. dazu Ex 22,7.9f; 1Kön 8,31f). Es ist eine lange Liste von möglichen Vergehen, die Hiob versichert, nicht begangen zu haben. Bei manchen von ihnen handelt es sich um Vergehen, die sich nur in Gedanken oder Absichten niederschlagen, z.B. das Begehren einer jungen Frau (V.1), der Gedanke an einen Ehebruch (V.9), Haß- und Triumphgefühl gegenüber Feinden (V.29-30), aber auch das falsche Vertrauen auf Reichtum (V.24f), heimliche Gestirnsverehrung (V.26-28) und Heuchelei (V.33-34); andere spielen im sozialen Bereich wie die Mißachtung des Rechts von Sklaven und Sklavinnen (V.13-15), Verweigerung von Nahrung (V.16-18) und Kleidung (V.19-20) für die Armen und Beistand für die Waisen (V.21-23) sowie Verstoß gegen das Gastrecht (V.31-32); schließlich Betrug (V.5f), unrechtmäßige Aneignung (V.7f) und Gewalt gegen das Akkerland (V.38-40).

Dies alles gipfelt in dem inständigen Wunsch, der mit der gleichen Formulierung wie 19,23 beginnt: »Ach, gäbe es doch einen (*mî jittēn*), der mir Gehör schenkte« (Buber: »Wer gäbe mir den, der auf mich hörte« 31,35). Die Wendung »ein Hörender« (*šomēaʿ*) klingt geradezu wie der Ruf nach einer forensischen Instanz. Hiob würde ihm seine Worte vorlegen, beglaubigt mit seinem »Zeichen« (dem *Taw*, dem letzten Buchstaben des Alphabets im Sinne der Unterschrift). Und er fordert, gleichsam im Gegenzug, eine Anklageschrift. Dann würde er aufrecht als Unschuldiger einherschreiten (V.36f). Diese Worte sind nicht nur der Abschluß des letzten Kapitels, sondern der letzten drei, in denen noch einmal Hiobs Lebensweg und Geschick dargestellt und dann seine Unschuld nachdrücklich beteuert wurde. Man kann Kap.29-31 als »Herausforderungsreden« Hiobs bezeichnen. Für den Leser enden sie mit der Frage: Wird Gott antworten?

3.5
Noch ein Versuch der Weisheitslehrer: Elihu
Zunächst tritt aber überraschend ein neuer Gesprächspartner auf: Elihu. Er wird eingeführt als einer, der die bisherigen Gespräche zwischen Hiob und den drei Freunden mitgehört hat und nun darauf reagiert (32,1-5). Er gehört also nicht zu jener Gruppe der drei Freunde, die am Anfang des Buches erzählerisch eingeführt wurde (2,11-13). Seine kompositorische Funktion liegt offenbar darin, daß er neue, »bessere« Argumente zu denen der drei Freunde hinzuzufügen hat. Denn er »schnaubt vor Wut«: über Hiob, weil dieser »sich für gerecht hielt im Verhältnis zu Gott« (mögliche Übersetzung: »sich für gerechter hielt als Gott« *mēʾᵉlohîm*, V.2); über seine drei Freunde, weil sie »nicht die richtige Antwort fanden und Hiob ins Unrecht setzten« (V.3).

Die masoretische Überlieferung verzeichnet hier ein *tiqqûn sopᵉrîm*, eine → 26 »Änderung der Schriftgelehrten«. Der hebräische Text lautete ursprünglich: »und Gott ins Unrecht setzten«, was offenbar als unangemessen empfunden wurde, so daß statt »Gott« der Name »Hiob« eingesetzt wurde.

Elihus Reden sind zunächst in der Form zurückhaltender und konzilianter als die der drei Freunde (vgl. vRad 1970, 402[30]). Er bezeichnet sich selbst als den Jüngeren, weshalb er bisher geschwiegen habe (32,6f). Dann begründet er in höflicher Ausführlichkeit (V.7-22), warum er sich nun vom »Geist« getrieben fühlt (V.18) zu reden. Er greift Hiobs Klage auf, daß Gott ihm nicht antworte (33,13), und stellt dem gegenüber, daß Gott auch durch Träume zum Menschen redet, besonders durch angstvolle Träume, die den Menschen von einem falschen Weg abbringen sollen (V.14-18). Auch Leiden können als Warnung Gottes verstanden werden (V.19-22). Das Neue an den Argumenten Elihus ist vor allem, daß er nicht nach den Ursachen des Leidens fragt, sondern nach dem Ziel, das Gott damit verfolgt. Die Leiden können zu einer grundlegenden Wende im Leben des Menschen führen. Dabei kann ein *mal'āk*, ein Gottesbote (oder »Engel«) als Fürsprecher eintreten (V.23f). (Was mit dem »Lösegeld« gemeint ist, das der Engel »gefunden« hat [V.24], bleibt unklar.) Und schließlich werden dann die körperlichen Kräfte wiederkehren (V.25), und auch das Verhältnis zu Gott wird erneuert (V.26-28); denn Gott will den Sünder ins Leben zurückholen (V.29f).

Trotz der drängenden Aufforderung Elihus (33,31-33) antwortet Hiob nicht, weder jetzt noch später. So bleiben die Reden Elihus innerhalb des Buches trotz wiederholter Anreden an Hiob letzten Endes ein Monolog. Worauf sollte Hiob auch antworten? Elihus Reden bewegen sich, trotz neuer, verfeinerter Argumente, ganz im Bereich der Weisheitslehre und können deshalb Hiob in seiner wirklichen Lage nicht erreichen. Dabei wird sein Ton gegenüber Hiob jetzt schärfer. In einer weit ausholenden Rede vor einem fiktiven Publikum von »Weisen« (34,2) kritisiert er Hiobs Haltung als die eines Spötters (V.7) und stellt dem die Größe und Gerechtigkeit Gottes gegenüber. Aus dem allen geht nach Elihus Meinung hervor, daß Hiob kein Wissen (*da'at*) und kein Begreifen (*haśkêl*) besitzt und mit seinen Reden gegen Gott seine Sünden nur noch vergrößert (V.35-37). Damit ist er an dem gleichen Punkt der pauschalen Verurteilung Hiobs angekommen, den auch schon die drei Freunde vor ihm erreicht hatten.

Gleichwohl folgt noch einmal ein langer Zyklus von Reden Elihus (Kap.35-37). An seinem Anfang heißt es: »Da antwortete Elihu« (35,1), was sich nach V.4 an Hiob und seine Freunde richtet, so daß hier die Elihureden auf den vorhergehenden Dialog bezogen werden. Elihu weitet jetzt seine Argumentation in den Bereich der Schöpfungstheologie aus, die ja auch in früheren Dialogreden schon immer wieder anklang. Er konfrontiert die Sünde gegenüber dem Mitmenschen (V.8f) mit der Ferne Gottes (V.5-7.10-13). Aber gleichwohl liegt Hiobs Fall jetzt Gott zum Urteil vor und steht noch zur Entscheidung an (V.14).

Noch einmal setzt Elihu an, Worte »für Gott« zu sagen. In dieser Formulierung wird sehr deutlich, wo der Weisheitslehrer Elihu seinen Standort bezieht. Er steht – trotz aller immer wieder betonten Demut – auf der Seite Gottes, über den er durch die »Weisheit« belehrt ist und nun andere belehren kann. Vgl. schon 33,33: »Hör mir zu, schweig, ich will dich Weisheit lehren!« Nun lehrt er: Gott ist mächtig und gerecht (36,5ff); er schickt den Menschen Leiden, um sie zur Umkehr zu bewegen (V.8-10), aber sie haben dann die Entscheidung, zu hören und gerettet zu werden (V.11) oder nicht zu hören und ins Verderben zu laufen (V.12-14). Dies alles gilt auch für Hiob (V.16ff), aber die Rede verliert sich in Reflexionen über die Ferne und Unerforschlichkeit Gottes. Sie nimmt die Gestalt eines Hymnus an, der Gott als den Schöpfer und Erhalter der Welt und all ihrer Geschöpfe besingt (36,27-37,13). Am Schluß fordert Elihu Hiob auf, dies alles auch für sich selbst zu bedenken (37,14-24). Die Elihureden haben ein Stück weit aus der polemischen Auseinandersetzung zwischen Hiob und den drei Freunden herausgeführt. Sie haben einige Themen der weisheitlichen Lehre deutlicher akzentuiert und entfaltet, haben aber die Diskussion nicht wirklich weitergeführt. Im Ganzen des Hiobbuches haben sie jedoch schon das Thema deutlicher anklingen lassen, das die folgenden Kapitel beherrschen wird: die Schöpfermacht Gottes. Aber darin zeigt sich auch der elementare Unterschied: ob ein Weisheitslehrer von der Schöpfermacht Gottes redet oder Gott selbst.

3.6
Gott antwortet

Wird Gott antworten? Die Frage hat sich dem Leser immer wieder B.XI Wie von gestellt. Und vor allem hat sie sich Hiob gestellt. Würde Gott ihm Gott reden? antworten? Von seiner ersten Klage an hat er Gott immer und immer wieder angeredet, direkt und indirekt; er hat geklagt und angeklagt, ihn angefleht und provoziert, hat Gott als seinen Richter angerufen und zu seinem Feind erklärt und ihn schließlich zum Rechtsstreit herausgefordert. Die Freunde, Elihu eingeschlossen, haben immer nur *über* Gott geredet; sie erwarteten keine Antwort, sie wußten ja schon alles. Aber für Hiob ist die Antwort lebensnotwendig im wahrsten Sinne des Wortes. An diesem Punkt des Hiobbuches zeigt sich, wie unlösbar die beiden Teile, die erzählende Einleitung und die langen Rededuelle, zusammengehören. Beide müßten nicht nur unvollständig, sondern unverständlich bleiben, würde Gott nicht antworten. Aber wie würde er antworten?

»Da antwortete der HERR dem Hiob aus dem Wettersturm« (38,1). Gott antwortet, und hier, wo er selbst spricht wie in der einleitenden Erzählung, wird er mit seinem Namen genannt: Jhwh, der eine und einzige Gott. Der »Wettersturm« (s^e'ārāh) ist ein Medium seines Redens und Handelns. Er leitet die große Vision ein, mit der Ezechiel zum Propheten berufen wird, und dort heißt es zuvor, daß »das Wort des HERRN« an Ezechiel erging (Ez 1,3f); ebenso wird in → 217 dem großen hymnischen Abschluß des Psalters gesagt, daß der Wettersturm das Wort Gottes ausrichtet (Ps 148,8). Dieser Sturm ist es aber auch, der gleichsam in umgekehrter Richtung Elija zum Himmel entführt (2Kön 2,1.11) → 131

Gott antwortet ganz anders, als Hiob es nach all seinen Klagen und Anklagen erwartet hätte. Seine Antwort beginnt mit einer gewaltigen Wettererscheinung, und dann folgen Worte, die nicht Antworten sind, sondern Fragen: »Wer ist es…?« Die erste Frage trifft Hiob im Kern seines Selbstverständnisses: Wer ist es, der da redet »mit Worten ohne Einsicht«? (38,2) Wissen, Einsicht (*da'at*) war es doch gerade, worum es in den Diskussionen mit den drei Freunden und ebenso in den Reden Elihus ging. Hiob hat gegenüber den Freunden

325

darauf insistiert, daß seine Einsicht nicht geringer sei als die ihre (13,2, vgl. 12,2), weil sie ihn mit Argumenten aus der weisheitlichen Tradition widerlegen wollten. Darin war er allemal besser als sie. Und nun heißt es in der Gottesrede: »mit Worten ohne Einsicht«! Damit werden die Einsichten der Weisheit als grundlegende Deutungskategorien in Frage gestellt. Gemessen an dem, was wirklich von Bedeutung ist, müssen sie versagen.

Mit seinen »Worten ohne Einsicht« hat Hiob »den Plan (*ʿēṣāh*) verdunkelt«. Er hat schon in seiner einleitenden Klage (Kap.3) so geredet, als zeige sein eigenes Unglück die Sinnlosigkeit alles Geschehens und als gäbe es in der Welt überhaupt keinen sinnvollen Plan. Er hat sein eigenes Geschick zum Maßstab gemacht und hat damit den Plan, der das Ganze durchwaltet und zusammenhält, verdunkelt. Jetzt wird Gott seinen Plan darlegen. Er wird damit in aller Form die Herausforderung Hiobs annehmen und sich mit ihm auf einen Streit der Worte einlassen, wie Hiob ihn ausdrücklich gefordert hat (z.B. 13,22): »Ich will dich fragen, du belehre mich!« (38,3).

Und er fragt ihn: »Wo warst du, als ich die Erde gründete?« (38,4). Mit einem Schlag ändert sich die Situation. Diese einleitende Frage macht schon ganz deutlich, daß Hiobs Versuch, von seinem eigenen Geschick aus den Plan des Weltgeschehens zu deuten oder gar die Existenz eines Planes zu bestreiten, im Ansatz verfehlt, ja unsinnig, »ohne Einsicht« ist. Und eigentlich weiß Hiob ja all das, was Gott jetzt entfalten wird; er hat es ja selbst schon gesagt: »Wie kann ein Mensch Recht haben vor Gott? Wenn er mit ihm rechten wollte, er könnte ihm nicht eins auf tausend antworten..., der den Himmel ausspannt ganz allein und auf den Höhen des Meeres einherschreitet, der den Bären gemacht hat und den Orion, das Siebengestirn

→ 318

und die Kammern des Südens« (9,2f.8f). Hiob wußte, daß man mit Gott nicht rechten kann, und vor allem, daß man die Maßstäbe des Handelns Gottes anlegen muß, wenn man die Zusammenhänge verstehen will. Aber er hat diese Einsicht schon damals beiseite geschoben und sie »verdunkelt« durch den ausschließlichen Blick auf sein eigenes Unglück und auf die Unmöglichkeit, von Gott sein »Recht« zu verlangen (V.14ff). Jetzt werden die Maßstäbe wieder zurechtgerückt. (Vgl. dazu 1987, 46ff [103ff].)

Nun folgt eine weit ausholende Schilderung der Schöpfung in all ihren vielfältigen Aspekten: von Himmel und Erde, Morgenröte und Finsternis, Schnee, Hagel, Wind und Regen, Sternbildern und Gewittern, dann auch von Tieren aller Art und ihrem Leben (38,5-39,41). Manches kann der Mensch verstehen, vieles nicht. Aber in dem allen waltet Gottes Ordnung, sein Plan, der weit über menschliche Einsicht hinausreicht. Diese Schilderung ist eingekleidet in die Form der Fragen an Hiob, die häufig wiederholt werden, oft ironisch variiert: »Hast du dem Morgen geboten?« (38,12), »Haben sich dir aufgetan die Tore des Todes?« (V.17), »Knüpfst du die Bande des Siebengestirns?« (V.31) »Erjagst du für die Löwin Beute?« (V.39),

»Gibst du dem Pferd Kraft?« (39,19), und auch: »Du weißt es ja; du wurdest ja damals geboren und die Zahl deiner Tage ist groß« (38,21). Schließlich kehrt die Rede zu ihrem Anfang zurück, zu der Aufforderung an Hiob, Gott zu belehren, nachdem er ihm seine Fragen vorgelegt hat (38,3). Jetzt heißt es: »Will der Tadler mit dem Allmächtigen rechten? Wer Gott zurechtweisen will, soll antworten!« (40,2). Gott hat Hiob also nicht einfach »überrollt« mit der Fülle der Aspekte seiner Schöpfung, sondern er hat ihm Gehör gewährt, wie Hiob es gefordert hatte; aber er hat damit zugleich die Unangemessenheit der Anklagen Hiobs aufgedeckt. Dem entspricht Hiobs Antwort: »Ich bin zu leicht. Was kann ich erwidern?« Und mit dem Gestus »Ich lege meine Hand auf meinen Mund« verspricht er, nichts mehr zu sagen (V.3-5). Es ist eine Art Kapitulation. Hiob erkennt die Überlegenheit seines Prozeßgegners an. Über den Inhalt dessen, was hier zur Diskussion steht, sagt er aber nichts.

Darum folgt eine zweite Gottesrede. Ging die erste auf die Frage ein, ob Hiob denn die Welt lenken könne, so wendet die zweite sich Hiobs Anklagen zu, daß Gott die Frevler in der Welt herrschen lasse und daß er selbst im Unrecht, ja ein Frevler sei (vor allem in Kap.9). »Willst du wirklich mein Recht zerbrechen, mich zum Frevler machen, damit du im Recht bist?« (40,8) Hiob soll doch zeigen, daß er mit einem »Arm wie Gott« die Frevler in der Welt die Starken und Mächtigen und Frevler bezwingen kann; dann will Gott ihm einen Lobpreis, einen »Psalm« singen (V.9-14). Hier kommt wieder das ironische Element zum Vorschein.

Gott selbst hat es aber mit ganz anderen Starken und Mächtigen zu tun. Während die Tiere, von denen in der ersten Gottesrede gesprochen wurde, in den Bereich der Schöpfung gehören, erscheinen jetzt zwei Tiere, die nicht nur die gefährlichsten und am schwersten zu besiegenden Lebewesen sind, sondern die zugleich auch als mythische Wesen gelten: Behemot (40,15-24) und Leviatan (40,25-41,26). Die mythische Bedeutung des Behemot, des Nilpferds, geht vor allem aus ägyptischen Texten und Bildern hervor (vgl. Keel 1978, 127ff); der Leviatan, das Krokodil, begegnet in dieser Funktion auch in der Hebräischen Bibel (Ps 74,14 u.ö.). Es sind Gestalten, die das schöpfungsfeindliche Chaos verkörpern. Die Gottesrede schildert diese Tiere in ihrer Mächtigkeit und Gefährlichkeit, in der sie für den Menschen in Erscheinung treten. Die Botschaft an Hiob ist deutlich: Kein Mensch kann diese Tiere besiegen oder beherrschen, nur Gott kann es. Darin kommt noch stärker als in der ersten Gottesrede die Unangemessenheit der Auflehnung Hiobs gegen Gott zum Ausdruck, der die Maßstäbe völlig verkannt und verkehrt hat. Darum bedürfen diese Schilderungen keiner zusätzlichen Interpretation.

Hiob versteht die Botschaft. Seine zweite Antwort (42,1-6) ist nicht mehr nur Kapitulation. Hiob »erkennt« (*jādaʿ*), daß Gott alles vermag, daß er selbst aber über Dinge geredet hat, die zu wunderbar für ihn waren, ohne sie zu verstehen (*jāda'*). Was ihm jetzt widerfahren ist, bedeutet eine qualitative Veränderung: Bisher hatte er nur »vom Hörensagen« von Gott gehört, jetzt aber hat »mein Auge dich geschaut« (V.5). Was er gehört hat, hat er gleichsam auch gesehen; die unmittelbare Begegnung mit Gott hat ihm die Augen geöffnet. Darum verwirft Hiob seine bisherige Einstellung, weil er durch die Gottesbegegnung gelernt hat, daß und warum sie falsch war. Er tut dies, obwohl sich seine Lage nicht geändert hat; denn noch sitzt er in der

→ 315 Asche (V.6, vgl. 2,8).

3.7
Hiob starb alt und lebenssatt

Das letzte Wort Hiobs (42,6) ruft dem Leser die Situation in Erinnerung, in der sich Hiob befindet. Der Leser hat dies vielleicht längst aus den Augen verloren und sich ganz auf die Worte konzentriert, die zwischen Hiob, den Freunden und schließlich Gott selbst hin und her gegangen sind. Aber jetzt wird ihm wieder ins Bewußtsein gerufen, was eigentlich der Anlaß dieser langen Redeperioden war und wie es dazu kam. Die drei Freunde saßen ja zunächst als stumme, mitfühlende Besucher bei Hiob, bevor sie zu reden begannen. Ihre Reden müssen deshalb auf dem unmittelbaren Hintergrund der Situation des leidenden Hiob gesehen werden. Und nun entbrennt Gottes Zorn über sie, weil sie »nicht richtig von mir geredet« haben (42,7). Sie haben so geredet, als wüßten sie Bescheid über Gottes Denken und Handeln, und haben Hiobs Lage nach ihren Theorien zu erklären versucht. Darin war aber die Möglichkeit des Leidens eines Unschuldigen nicht vorgesehen, und deshalb mußten sie Hiob, gleichsam »um Gottes willen«, für schuldig erklären. Darauf richtet sich Gottes Zorn. (Elihu wird nicht erwähnt.)

Ganz anders Hiob. Er wird ausdrücklich in Gegensatz dazu gesetzt (42,7). Er hat, bei aller Maßlosigkeit seiner Ausbrüche, niemals versucht, Gottes Handeln in eine Theorie zu pressen. Im Gegenteil, er hat immer wieder eine Antwort von Gott gesucht und gefordert, die ihm sein Leiden erklären könnte. Und er hat schließlich, als ihm Gottes Antwort zuteil wurde, die Verkehrtheit seiner Haltung eingesehen und sie in aller Form verworfen. Damit hat er zugleich die Voraussage des *śāṭān*, des Widersachers, widerlegt, daß Hiob Gott ins Angesicht »segnen«, d.h. fluchen würde, wenn es ihm »an die Haut« ginge (2,4f). Daß der Widersacher im erzählerischen Schlußteil nicht mehr erscheint, ist deshalb kein Zufall. Er hat sein Spiel verloren.

Gott fordert die Freunde auf, ein Brandopfer darzubringen, bei dem Hiob als Fürbitter mitwirken soll (42,8). Damit kehrt die Erzählung zum Anfang zurück, wo von den regelmäßigen Brandopfern Hiobs

→ 313
für seine Kinder berichtet wurde (1,5). Jetzt bringt Hiob nicht selbst das Opfer, sondern Gott weist ihm die Rolle des Fürbitters bei dem

Opfer seiner Freunde zu. Voraussetzung dafür ist Hiobs »Umkehr«
(V.6), die ihn – ohne daß dies ausdrücklich gesagt wird – in dem
Stand bestätigt, den Gott zu Beginn des Buches festgestellt hatte:
daß Hiob »untadelig« ist und daß es »keinen wie ihn auf der Erde
gibt« (1,8;2,3). (Der ebenfalls »untadelige« Noah erscheint in Ez
14,14.20 neben Hiob als potentieller Fürbitter.)
Gott nimmt die Fürbitte an (V.9), und dann wendet er das Geschick
des Fürbitters Hiob (V.10). Er wendet es im wörtlichen Sinne, zurück
auf seinen früheren Stand, ja er verdoppelt diesen sogar (vgl. V.12).
Nur die Zahl der Kinder bleibt die gleiche. Aber etwas hat sich geändert: Hiob braucht keine Sorgen mehr um sie zu haben wie um die
früheren (1,4f). Und seine Töchter sind nicht nur die schönsten im
ganzen Land, sondern Hiob gibt ihnen auch gleichberechtigt Erbbesitz wie ihren Brüdern (V.15) – ein ganz ungewöhnliches Verhalten,
das aber nicht weiter begründet oder kommentiert wird. Tat er es nur
aus Großzügigkeit oder weil er so reich war – oder ist es ein früher,
biblischer Beleg für die völlige Gleichberechtigung der Geschlechter? Auch Hiobs Verwandte und seine »Bekannten von früher« kommen, trösten ihn »wegen all des Bösen, das der HERR über ihn hatte
kommen lassen« und bringen ihm Geschenke (V.11).

→ 325

Hiob lebt noch einmal doppelt so lange, wie nach Ps 90,10 »unser
Leben währt«, nämlich 140 Jahre. Er sieht vier Generationen um
sich, wie es auch von Josef berichtet wird (Gen 50,23). Dann stirbt
er »alt und lebenssatt« (42,16f). Diese sprichwörtlich gewordene
Wendung wird in der Hebräischen Bibel nur selten gebraucht. Sie
rückt Hiob noch einmal in die Nähe Abrahams (Gen 25,8) und
Isaaks (35,29). (Vgl. außerdem 1Chr 29,28; 2Chr 24,15.) Auch deren
Leben war alles andere als friedlich und konfliktfrei, aber es kam zu
einem »guten« Ende.
Das Beruhigende dieses Schlusses ist zugleich das Beunruhigende
für den Leser. Was ist die Botschaft des Hiobbuches? Es enthält keine Leseanweisung und auch keine Antwort auf die Frage der An-
wendbarkeit dessen, was im Hiobbuch gesagt wird, auf bestimmte
Situationen und Probleme. Doch einige Grundstrukturen sind
deutlich.
Zunächst: Die Verlierer sind eindeutig markiert. Zuerst der *śāṭān*,
der Widersacher Gottes und der Menschen. Sein Zynismus scheitert an der Frömmigkeit Hiobs, die trotz allem Aufbegehren gegen
Gott das tragende Fundament bleibt. Sodann die Freunde, alle vier.
Sie bauen ganz auf die »Lehre« und ihre Unfehlbarkeit. Aber das Hiobbuch zeigt, daß die Lehre der Weisheitstradition, die sich gewiß
in vielen Situationen menschlichen Lebens bewährt, in Extremsi-
tuationen keine Antworten mehr bieten kann und scheitern muß.
Die Freunde versagen vor allem deshalb, weil sie nicht die Möglichkeit in Rechnung stellen, daß die Deutungskategorien ihrer Lehre
an Grenzen stoßen könnten. Mit ihrem ständig wiederholten Versuch, Hiobs Lage gegen den Augenschein entsprechend ihrer Lehre

umzuinterpretieren, führen sie vor Augen, daß der Versuch, menschliches Geschick nach feststehenden Regeln zu deuten, zutiefst unmenschlich werden kann. Und weil Gott ein wesentliches Element in ihren Argumentationen bildet, haben sie auch »nicht richtig« von Gott geredet und müssen dafür Sühne erbringen und sind sogar auf die Fürbitte Hiobs angewiesen. So kann man hier von einer »Krise der Weisheit« reden.

Die eigentliche Bedeutung und Größe des Hiobbuches liegt jedoch in der Gestalt Hiobs selbst, seinem Geschick und seinen oft verzweifelten Versuchen, damit fertig zu werden. Hier versagen einlinige und eindeutige Erklärungsmuster. Der Leser, der sich auf das Buch eingelassen hat, gewinnt den Eindruck, daß eben dies die Absicht des Buches ist: keine einfachen Deutungen zuzulassen. Hiob durchschreitet alle Tiefen des Leidens. In den Schilderungen seiner

→ 302

Wege wird man immer wieder an die Klagepsalmen erinnert. Aber er überschreitet die Grenzen dessen, was in den Psalmen denkbar ist, indem er Gott zur Rechenschaft zieht, ja ihn anklagt. Dabei ist seine Ausgangsposition durchaus derjenigen seiner Gesprächspartner vergleichbar. Aber seine eigene Leidenserfahrung führt ihn zum Zweifeln und schließlich zum Verzweifeln an der Richtigkeit der traditionellen Lehre, daß es eine erkennbare Entsprechung von Tun und Ergehen gäbe, daß also ein Leben nach den gottgegebenen Ordnungen ein gutes Geschick zur Folge haben müsse. Er weiß, daß er nach diesen Regeln gelebt hat, und muß erfahren, daß er trotzdem in schweres Leiden gerät. In dieser persönlichen Betroffenheit versucht er nicht, anders als seine Freunde, die Wirklichkeit der Lehre anzupassen, sondern er stellt die Lehre in Frage. Weil aber die Lehre sagt, daß die Regeln der Entsprechung von Tun und Ergehen von Gott selbst aufgestellt sind und von ihm garantiert werden, wäre der einzige, an den er seine Fragen richten könnte, Gott selbst.

Der Weg dorthin führt Hiob durch Höhen und Tiefen. Immer wieder versinkt er in tiefes Klagen bis hin zu dem Wunsch, daß er nie geboren wäre (Kap.3; 10,18ff; 14; 17 u.ö.). Oft richtet sich die Klage an Gott und steigert sich bis zu dem Vorwurf, daß Gott selbst ihn verfolgt (7,12ff; 16,7ff; 19,6ff u.ö.), ja, daß er gar nicht nach Recht und Gerechtigkeit handelt, sondern ein ungerechter Richter ist (9f). Dabei taucht dann immer wieder der Wunsch auf, mit Gott einen Rechtsstreit zu führen (13,3ff; 23,3ff), bis Hiob schließlich in aller Form Gott zum Rechtsstreit herausfordert (29-31, besonders 31,35-37). Damit hat er die Grenzen der weisheitlichen Lehrtradition endgültig überschritten. Die Regeln gelten nicht mehr, nun soll Gott selber sagen, was gilt.

→ 316.319

→ 318.319

→ 323

Gottes Antwort ist keine Antwort auf die Fragen, die Hiob gestellt hat. Sie ist mehr: Sie macht offenbar, daß die Fragen, die Hiob stellt, von falschen Voraussetzungen ausgehen, als könnten die Menschen das Tun Gottes in begreifbare und handhabbare Regeln fassen. Hiob hat selbst erkannt, daß die für gültig gehaltenen Regeln die Wirklichkeit nicht erfassen können, und er hat darum aufgehört, wie seine Freunde diese Regeln für Gott selbst zu halten. Aber er hat nach neuen, besseren Regeln verlangt, mit denen er seine eigene Lebens- und Leidenswirklichkeit deuten könnte. Die Antwort Gottes macht ihm bewußt, daß die von Gott gesetzte und beherrschte Ordnung der Schöpfung viel mehr umfaßt, als das einzelne menschliche Geschick. Damit rückt Gott die Maßstäbe zurecht. Hiobs Frage bleibt offen und muß offenbleiben.

IV.4
Das Buch der Sprüche

4.1
Einleitung

»Die Sprüche Salomos, des Sohnes Davids, des Königs von Israel«. E 268
So beginnt das Buch der Sprüche, auch »Sprüche Salomos« oder »Sprichwörter« genannt – oder nach seinem Titel in der Vulgata, der lateinischen Bibelübersetzung: Proverbia. Der Leser wird damit an die Schilderung der Regierungszeit Salomos erinnert, in der die »Weisheit« Salomos als besonderes Charakteristikum herausgestellt und auch berichtet wird, daß Salomo eine große Anzahl von Liedern und Sprüchen »geredet« habe (1Kön 5,9-14). In Spr 10,1 → 108 steht noch einmal die Überschrift »Sprüche Salomos«, und in 25,1 wird eine weitere Sammlung von Sprüchen überschrieben: »Auch dies sind Sprüche Salomos, welche die Männer Hiskijas, des Königs von Juda, weitergegeben haben«. Danach handelt es sich also nicht nur um Sprüche von Salomo selbst oder aus seiner Zeit, sondern um eine fortlaufende Sammlung und Traditionsbildung am königlichen Hof.

Die Sprüche zeigen eine große Vielfalt von Themen und Formen. Manche spiegeln Verhältnisse im Umkreis des königlichen Hofes und des mit ihm eng verbundenen städtischen Lebens wider; andere lassen jedoch eher dörflich-bäuerliche Verhältnisse und Lebensbeziehungen erkennen. Hier sind also Weisheitssprüche aus ganz ver- E 115 schiedenen Bereichen und gewiß auch aus verschiedenen Zeiten gesammelt. Der Ausdruck »Worte von Weisen« (*dibrê hakāmîm* 1,6; 22,17, vgl. 24,23) läßt zudem erkennen, daß dahinter auch die »Weisen« stehen als die Träger der besonderen intellektuellen Tradition, die mit dem Begriff »Weisheit« (und auch mit anderen Ausdrücken, B.XIV Weisheit s.u.) gekennzeichnet wird.

Das Buch enthält aber keineswegs nur »Sprüche«. Auch andere wichtige Elemente der weisheitlichen Tradition sind hier überliefert. So finden sich ausgedehnte Lehrreden, in denen die weisheitlichen Themen in mehr grundsätzlicher und allgemeiner Form behandelt werden (z.B. Spr 1,8ff). In den einleitenden Kapiteln 1 bis 9

erscheint zudem die Weisheit als Person, zunächst als Frau (1,22-33
u.ö.), dann aber auch als das erste der göttlichen Geschöpfe, das »am
→ 12 Anfang« der Schöpfung (8,22, vgl. Gen 1,1) bei Gott war. So wird
hier ein weit gespannter Bereich der Tradition der »Weisheit« erkennbar, der gewiß längere Zeiträume in der Geschichte Israels umspannt.

Die sehr vielfältigen, durchweg kurzen Sprüche sind in mehreren
Teilsammlungen zusammengefaßt: 10,1-22,16 mit der Überschrift
»Sprüche Salomos«; 22,17-24,22 und 24,23-34 in zwei Teilsammlungen, die jeweils im ersten Vers als Worte von »Weisen« gekennzeichnet sind; Kap.25-29 »Sprüche Salomos« aus der Zeit Hiskijas;
Kap.30 sowie 31,1-9 tragen als einzige Texte des Buches Namen von
Verfassern: Agur (30,1) und Lemuël (31,1), von denen aber sonst
nichts bekannt ist. Diese Spruchsammlungen sind von den stärker
reflektierenden Texten eingerahmt: am Anfang von der umfangreichen Einleitung Kap.1-9 mit ihren Lehrreden und den Texten über
→ 341 die weibliche Gestalt der Weisheit und am Ende von dem »Lob der
tüchtigen Frau« (31,10-31), das damit in einer bestimmten Weise
korrespondiert.

4.2
Weisheit lernen – und was ihr Anfang ist
In der Einleitung des Buches (1,2-7) wird entfaltet, wie die hier ge-
sammelten Texte in ihrer Gesamtheit verstanden werden sollen.
Sie sollen gehört und gelesen werden, »um zu lernen« (jāda'). Die
Sammlung und Weitergabe der Sprüche dient einem pädagogischen
Zweck. Was der Leser oder Hörer lernen soll, ist in erster Linie
»Weisheit« (ḥăkmāh). Dies ist der Schlüsselbegriff, der im Zentrum
der gesamten Bemühungen steht, aus denen diese Sammlung her-
vorgegangen ist. Aber es ist deutlich, daß dieses Wort nicht in einem einzigen, eingegrenzten Sinne verstanden werden kann. Was es
umfaßt, wird in diesem Buch in großer Vielfalt ausgebreitet.

Die ersten Sätze des Buches schreiten die Bereiche ab, in denen sich
Weisheit entfaltet und bewährt. Unmittelbar neben der Weisheit
steht mit mûsār ein Wort der pädagogischen Sprache (1,2f), das die
erzieherische Weisung und Belehrung bezeichnet (1,8; 5,12; 8,33
u.ö.) bis hin zur körperlichen Züchtigung als notwendiges Mittel
der Erziehung (13,24). Dabei geht es vor allem darum, die verständi-
gen Worte der Erklärung und Erziehung zu verstehen (hābîn 1,2b),
die zur Einsicht führen (haskēl, V.3a). Diese Einsicht soll aber nicht
nur der persönlichen Lebensführung dienen, sondern sie zielt auf
die Gesellschaft, in der Gerechtigkeit (ṣedeq), Recht (mišpāṭ) und Geradheit (mêšārîm) eine wichtige Rolle spielen (V.3b). Diese Klugheit,
Einsicht und Umsicht soll an die Unerfahrenen weitergegeben werden (V.4); aber auch der Weise und der Einsichtige sollen darauf hören und ihre Einsicht erweitern, indem sie die Sprüche, Bildreden
und Rätsel der Weisen verstehen (V.5f).

So wenden sich die hier gesammelten Weisheitssprüche und -reden an alle Schichten und Gruppen der Gesellschaft, so unterschiedlich auch das Maß ihrer Einsicht in die Weisheit sein mag. Das Wichtigste ist aber, daß die Weisheit ihren Grund nicht in sich selbst hat. Die »Furcht des HERRN« ist es, die den Anfang der Erkenntnis, der Weisheit und der Belehrung bildet (1,7). Dieser Satz hat nicht nur im Sprüchebuch, sondern auch darüber hinaus großes Gewicht. Im Sprüchebuch selbst begegnet er, mit gewissen sprachlichen Varianten, zunächst noch einmal im Abschluß des ersten Hauptteils des Buches (9,10), so daß er zusammen mit dem einleitenden Vers 1,7 → 336 diese erste Sammlung umschließt und thematisch prägt. In 15,33 leitet er eine Gruppe von Texten ein, in denen in besonders konzentrierter Weise von Gott die Rede ist (15,33-16,9). Im Buch Hiob hat ein entsprechender Satz eine entscheidende Funktion als Schlußsatz im »Lied von der Weisheit« (Hi 28,28), durch den die Weisheit → 321 für den Menschen als Beziehung zu Gott und zum Nächsten (»sich fernhalten vom Bösen, das ist Einsicht«) interpretiert wird (vgl. vRad 1970,91ff).

4.3
Mein Sohn, höre die Belehrung
Der belehrende Charakter des Buches tritt nach dieser Einleitung sogleich nachdrücklich in Erscheinung. Ein Weisheitslehrer beginnt zu reden: »Mein Sohn...« (1,8.10.15 u.ö.). Diese Anrede des Lehrers richtet sich an den jungen Mann (vgl.V.4), dem in erster Linie die weisheitliche Belehrung (mûsār, vgl. V.2.3.7) gilt. Er soll auf die »Belehrung des Vaters« und auf die »Weisung (tôrāh) der Mutter« hören (V.8, vgl. 6,20). Das Wort tôrāh hat hier seinen ganz elementaren Sinn: »Weisung«. Es kann die Weisung der Mutter bezeichnen (1,8; 6,20) oder die Weisung des Weisheitslehrers (»meine tôrāh« 3,1; 4,2; 7,2).
In immer neuen Ansätzen entfaltet der Weisheitslehrer seine Belehrung. Dabei geht es um einige sehr konkrete Mahnungen und Warnungen an den unerfahrenen jungen Mann (s. sofort). Im Mittelpunkt steht aber die Weisheit selbst und ihre Bedeutung für das Leben dessen, der sich ihr öffnet. Wie schon in den Einleitungsversen des Buches wird der Begriff der Weisheit durch vielerlei verwandte Ausdrücke entfaltet, die auch immer wieder neue Aspekte dessen hinzufügen, worum es geht: neben Weisheit und Belehrung stehen Einsicht (bînāh 1,2; 2,3 u.ö. und tᵉbûnāh 2,2.3.6 u.ö.), Klugheit (ʿărmāh 1,4; 8,5.12), Erkenntnis (daʿat 1,4; 2,6.10 u.ö.) und Besonnenheit (mᵉzimmāh 1,4; 2,11; 3,21 u.ö.), neben der Weisung (tôrāh) die Gebote (miṣwōt 2,1; 3,1; 4,4 u.ö.).
Wer sich der Weisheit öffnet, ja sie »sucht wie Silber« (2,4), der wird zur Gotteserkenntnis (daʿat ᵉlōhîm) und zur Furcht des HERRN (jirʾat jhwh) geführt; »denn der HERR gibt Weisheit, und aus seinem Mund kommen Erkenntnis und Einsicht« (2,5f). Hier ist die Weisheit wie-

derum eng mit der Gottesfurcht und vor allem auch mit der Gotteserkenntnis verknüpft.
Wer so die Weisheit angenommen hat, kann denn auch als »fromm«
bezeichnet werden (ḥāsîd 2,8), als »gerade« (jāšār 2,7.21), d.h. als einer, der den geraden Weg geht, als vollkommen, untadelig (tāmîm
2,21, vgl. V.7b). Und er wird Gerechtigkeit, Recht und Geradheit verstehen (2,9, vgl. 1,3).
Die Weisheit bewährt sich vor allem darin, daß sie lehrt, auf dem
richtigen Weg zu gehen. So lautet die erste konkrete Mahnung des
Weisheitslehrers (in der sprichwörtlich gewordenen Übersetzung
Luthers): »Wenn dich die bösen Buben locken, so folge nicht« (1,10).
Hier begegnet wieder die Rede von den zwei Wegen, die der Leser
schon aus Psalm 1 kennt. Die Wege der »Sünder« (Luthers »böse
Buben«) führen ins Verderben (1,10-19, vgl. 2,12-15); die Sünder
werden aus dem Lande vertilgt (2,22), aber die »Geraden« und Un-
tadeligen werden im Lande wohnen bleiben (V.21). Dieser klassi-
→ 296 sche weisheitliche Gedanke ist hier, wie in Psalm 1, ganz in den
theologischen Kontext gestellt, in dem die Weisheit eng mit Gottesfurcht und Gotteserkenntnis verknüpft ist.
Dabei ist immer wieder vom Weg und den Wegen die Rede. Die
Wege der Weisheit sind lieblich (3,17), sicher (3,23) und gerade
(4,11.26). »Eine Leuchte ist das Gebot und die Weisung ein Licht,
der Weg des Lebens ist die mahnende Belehrung« (6,23). Aber die
Pfade der Frevler und die Wege der Bösen (4,14) bilden eine Versuchung für den Weisheitsschüler. Besonders eindringlich ist die Warnung vor dem Weg zur fremden Frau (2,16-19; 5,1-14; 6,20-35; 7,1-
27). Alle, die zu ihr gehen, kehren nicht zurück und gelangen nicht
auf den Weg des Lebens (2,19; 5,6), sondern auf die Wege in die Unterwelt und in die Todeskammern (7,27).

4.4
Die Weisheit ruft

Neben der Stimme des Weisheitslehrers ertönt noch eine andere:
die der Weisheit selbst. Sie ruft auf Straßen und Plätzen, mitten im
lärmenden Getümmel, um die Unverständigen zu ermahnen und
zu warnen (1,20-33). Hier, ganz am Anfang des Buches, erklingt diese Stimme mit einer auffallenden Schroffheit und präsentiert eine
Alternative: Entweder die Angerufenen wenden sich zu der mahnenden Belehrung der Weisheit, dann wird sie ihren Geist über sie
ausströmen lassen und ihnen ihre Worte kundtun (V.23) – oder sie
weigern sich zu hören und die ausgestreckte Hand zu ergreifen,
»dann werden sie nach mir rufen, aber ich werde nicht antworten;
sie werden mich suchen und nicht finden« (V.24-28). Diese Sprache
erinnert an prophetische Gerichtsworte (vgl. Kayatz 1966, 119ff);
sie kehrt dann aber wieder zu einem ganz weisheitlichen Satz zurück: »Wer auf mich hört, wird sicher wohnen« (V.33). Wichtig ist
334 hier vor allem, daß die Weisheit nicht beliebig zur Verfügung steht,

sondern daß sie sich dem Menschen entziehen kann, wenn er sich ihr verschließt. Der Verlust dieser ordnenden Stimme kann katastrophale Folgen haben (vRad 1970, 209f). Die Stimme der Weisheit kann aber auch ganz anders klingen. Wieder heißt es, daß sie öffentlich auf den Straßen und an den Stadttoren ruft (8,1ff). Dann wird aber vor allem die positive Seite der weisheitlichen Belehrung hervorgehoben, die wertvoller ist als Silber und Gold und besser als Perlen (V.10f.19). »Durch mich regieren die Könige«, die Ratsherren und Richter (V.15f). »Ich liebe, die mich lieben, und die mich suchen, finden mich« (V.17). Und wer die Weisheit liebt, dem wird sie die Schatzkammern füllen (V.21). Erst ganz am Schluß dieses großen Gedichts folgen auch warnende Töne: »Wer mich verfehlt, tut sich selbst Gewalt an; alle die mich hassen, lieben den Tod« (V.36).

Das eigentliche Kernstück dieses Gedichts ist aber sein Mittelteil (8,22-31). Hier spricht die Weisheit von ihrem eigenen Anfang, der allem anderen in der Schöpfung Gottes vorausgeht: »Der HERR hat mich geschaffen als Anfang seiner Wege, vor langer Zeit als erstes seiner Werke. Seit Urzeit bin ich eingesetzt, seit Anbeginn, seit dem Ursprung der Erde« (V.22f). Eine erstaunliche Aussage, zu der es in der Hebräischen Bibel nichts Vergleichbares gibt. In einer langen Reihe von Sätzen schildert die Weisheit, wie sie vor den ersten Schöpfungsakten und dann bei der Erschaffung von Himmel und Erde dabei war (V.24-29). Dies erinnert an die frühere Aussage: »Der HERR hat in Weisheit die Erde gegründet, den Himmel in Einsicht festgemacht. Durch seine Erkenntnis spaltete sich die Urflut, und die Wolken triefen von Tau« (3,19f). Aber es geht doch einen entscheidenden Schritt darüber hinaus, wenn es heißt, daß die Weisheit selbst in personhafter Weise schon beim Schöpfungsgeschehen zugegen war. Darin kommt zum Ausdruck, daß es nichts auf der Welt gibt, was der Weisheit vorgeordnet werden könnte. Dabei spielen ägyptische Traditionen mit hinein, insbesondere in der Vorstellung, daß die Weisheit als Liebling Gottes vor ihm spielte (V.30f, vgl. Kayatz 1966, 93ff; vRad 1970, 195ff).

Im Kontext des Sprüchebuches ist vor allem bedeutsam, daß die Weisheit mit dieser hohen Herkunft sich gleichwohl den Menschen zuwendet (8,1-21.32-36). Sie wird als Gastgeberin dargestellt, die alle einlädt, die der Belehrung bedürftig sind, und ihnen ein langes und gutes Leben verheißt, wenn sie die Lehre annehmen (9,1-12). Hier tritt noch einmal ein grundlegender Kontrast in Blick, der diesen ersten Teil des Buches beherrscht: zwischen der als Frau gezeichneten Weisheit und der »fremden Frau« (2,16-19; 5,1-14; 6,20-35; 7,1-27), die hier als »Frau Torheit« erscheint und eine Gegeneinladung veranstaltet (9,13-18). Hinter den Verführungsversuchen dieser Frauengestalt kann man die Widerspiegelung fremder Kultpraktiken erkennen, die mit sexuellen Fruchtbarkeitsriten verbunden waren.

Der letzte Abschnitt über die Weisheit wiederholt noch einmal, leicht variiert, den grundlegenden Satz aus der Einleitung (1,7): »Anfang der Weisheit ist die Furcht des HERRN, und die Erkenntnis des Heiligen ist Einsicht« (9,10). Damit wird der erste prägende Teil des Sprüchebuches abgerundet. Mit diesem zweimal wiederholten Satz wird gleichsam die theologische Leseanweisung für die folgenden Spruchsammlungen gegeben, in denen sehr viel weniger und viel weniger ausdrücklich von der Verankerung der weisheitlichen Gedanken und Belehrungen in der Gottesfurcht und Gotteserkenntnis die Rede ist.

4.5
Der Weise und der Tor, der Gerechte und der Frevler
Nun beginnen die »Sprüche«. Das Wort *māšāl* begegnet fast nur in den Überschriften, und zwar in der Zusammensetzung »Sprüche Salomos«: 1,1; 10,1; 25,1. Das verweist den Leser auf die Schilderung der Weisheit des Königs Salomo, die sich vor allem darin ausdrückte, daß er Sprüche und »Lieder« (*šîr*) in schier unermeßlicher

→ 108

Zahl (3000 und 1005) »redete« (1Kön 5,12). Allerdings zeigt sich bei einem genaueren Vergleich, daß bei den Sprüchen und Liedern Salomos andere Themen im Vordergrund stehen als bei der Mehrzahl der Texte des Sprüchebuches. Es heißt, daß er über alle Bereiche der Natur, über Pflanzen und Tiere geredet habe (V.13). Derartige Themen finden sich aber im Sprüchebuch kaum; vielmehr handeln die hier gesammelten Sprüche vom Menschen, sowohl vom einzelnen Menschen als Individuum als auch vor allem vom Menschen in seinen sozialen Bezügen. Doch auch die Überlieferung von Salomo läßt neben der Naturweisheit noch andere Züge seiner Weisheit hervortreten. Ganz am Anfang seiner Regierungszeit steht die Traumvision, in der Gott zusagt, ihm ein »weises und verständiges Herz« zu geben (1Kön 3,12). Dies bewährt sich dann in dem ungewöhnlichen Urteil, das Salomo fällt (dem »salomonischen Urteil« V.16-27) und das von »ganz Israel« als Ausdruck der »Weisheit Gottes« verstanden wird, die Salomo gegeben war (V.28). Später bewundert die Königin von Saba Salomos Weisheit, die auch in seinem Reichtum und in seinen Regierungserfolgen zum Ausdruck kommt

→ 113

(10,1-10). Die große Zahl der Sprüche, die Salomo in 1Kön 5,12 zugeschrieben werden, lassen an die »Listenwissenschaft« des Alten Orients denken, in der in enzyklopädischer Ausführlichkeit alle bekannten Phänomene der natürlichen Welt gesammelt wurden. Aber gerade gegenüber dieser Art von sammelnder Wissenschaft weist die Erwähnung von Sprüchen und Liedern darauf hin, daß in der mit Salomo verbundenen Tradition etwas Neues in Erscheinung trat: Hier wurde nicht nur gesammelt, sondern auch gedichtet. Man kann dabei besonders an solche Texte denken, in denen Beobachtungen in der Natur, vor allem in der Tierwelt, in Form von kunstvollen Sprü-

chen ausgedrückt werden (Spr 30,15f.18-20.24-28.29-31, vgl. Alt 1951). Doch steht diese kleine Gruppe von Sprüchen relativ isoliert am Ende der Sammlung.
So bietet das Sprüchebuch einen Ausschnitt dessen, was in der Weisheitstradition Israels überliefert und mit dem Namen Salomos verbunden wurde. Die Sammlung und Weitergabe dieser Texte geschah offenbar im höfischen Bereich und seinem Umfeld, wie die Überschriften über die beiden Hauptteile des Buches in 10,1 und 25,1 erkennen lassen. Hier war auch der Ort, an dem ausländische Weisheitstraditionen bekannt waren und dann auch in die eigenen Sammlungen eingefügt werden konnten (vgl. Meinhold 1991, 26-37). So enthält die Sammlung von »Worten von Weisen« in 22,17-24,22 Texte, die vielfach wörtlich mit solchen in der ägyptischen Lehre des Amenemope übereinstimmen (vgl. Greßmann 1924; Text in AOT 38-64; RTAT 75-88; TUAT III, 222-250). Im übrigen umspannen die Themen der Sprüche aber einen weiten Rahmen der verschiedenen Lebensbereiche. Sie sind zudem überwiegend auf das individuelle Verhalten des einzelnen Menschen bezogen, so daß nur hier und da bestimmte soziale Strukturen sichtbar werden.
Einige Grundelemente der Sprücheüberlieferung werden sogleich in den ersten Versen der Sammlung erkennbar. »Ein weiser Sohn erfreut den Vater, aber ein törichter Sohn ist seiner Mutter Kummer« (10,1). Hier zeigt sich das Denken in Antithesen, wie es für diese Tradition charakteristisch ist. Ein großer Teil der Sprüche, vor allem in den Kapiteln 10-15, besteht aus solchen kurzen, im antithetischen Parallelismus formulierten Sätzen (vgl. die Tabellen bei E 109 Skladny 1961, 67-71). Eine typische Antithese stellt den, der »weise« ist ($ḥākām$), d.h. schon weisheitliche Belehrung angenommen hat (vgl. 1,2-6; 2,1-6 u.ö.), dem »Törichten« gegenüber. Unter diesem Blickwinkel entfaltet sich im Sprüchebuch ein weites Feld von Beobachtungen und Erfahrungen über das Verhalten und Ergehen von weisen und törichten Menschen (vgl. Westermann 1990a, 64-72). Unmittelbar daneben steht die häufige Gegenüberstellung des Gerechten ($ṣaddîq$) und des Frevlers ($rāšā'$, vgl. Westermann 1990a, 91-101): »Der HERR läßt den Gerechten nicht Hunger leiden, aber die Gier des Frevlers stößt er zurück« (10,3). Diese beiden antithetischen Paare prägen große Teile des Sprüchebuches. In vielen Sprüchen erscheint jedoch keine ausdrückliche Kennzeichnung der Handelnden im einen oder anderen Sinne, sondern es werden unterschiedliche Weisen des Verhaltens und Ergehens einander gegenübergestellt: »Lässige Hand macht arm, aber die Hand der Fleißigen macht reich. Wer im Sommer sammelt, ist klug (wörtlich: ein kluger Sohn), wer zur Erntezeit schläft, handelt schandbar (wörtlich: ein schandbarer Sohn)« (10,4.5).
Die beiden zuerst genannten Beispiele lassen ganz unterschiedliche Blickrichtungen dieser antithetisch formulierten Sprüche erkennen. Zum einen beschäftigen sie sich mit sehr konkreten, lebensprakti-

schen Themen: Hunger (10,3), Fleiß (10,4f), Besitz (10,15f), Ehrlich-
keit (11,1) und vielem anderen. Zum andern machen sie allgemeinere
und grundsätzlichere Aussagen. So steht zwischen den beiden oben
genannten Beispielen ein Satz über den Wert und die Folgen gerechten und ungerechten Handelns: »Frevelhafte Schätze (wörtlich:
Schätze des Frevels [rešaʿ]) nützen nicht, aber Gerechtigkeit (ṣᵉdāqāh)
rettet vom Tode« (10,2). Dies ist einer der zahlreichen Sätze im Sprüchebuch, in denen die Alternative zwischen Gerechtigkeit und Fre-
velhaftigkeit als lebensentscheidend, d.h. als helfend und rettend
oder als bedrohend und tötend dargestellt wird. Wenige Verse später
heißt es: »Das Andenken des Gerechten bleibt zum Segen, aber der
Name der Frevler wird verwesen« (10,7, vgl. auch V.6).
So ist die oft geäußerte Auffassung, das Sprüchebuch biete im wesentlichen ein »profanes« Weisheitsverständnis, kaum zutreffend.
Gewiß gibt es zahlreiche Einzelsprüche, die Erfahrungen aus dem
Alltagsleben, Anweisungen zu klugem Verhalten und vieles andere
aussprechen, ohne daß dabei eine religiöse Dimension erkennbar
wäre. Andererseits begegnet der Gottesname mehr als achtzigmal,
verteilt über das ganze Buch. Vor allem kommt aber das Wort »gerecht« (ṣaddîq) in keinem Buch der Hebräischen Bibel so häufig vor
wie im Sprüchebuch (sechsundsechzigmal), und auch im Blick auf
das Wort »Gerechtigkeit« (ṣedāqāh) steht das Buch an vierter Stelle
(vgl. die Tabelle in THAT II, 511). Im Sprüchebuch wird nicht erklärt oder entfaltet, was Gerechtigkeit oder wer ein Gerechter sei.
Darin steht das Buch in einer Tradition, die große Teile der Hebräischen Bibel umfaßt und in der diese Begriffe, bei allen Unterschie-
B.VI Tora   den im einzelnen, gleichsam als Chiffren für das positiv gewertete
B.XI Weisheit Verhalten gegenüber Gott und den Menschen gebraucht werden.

4.6
Der HERR hat sie alle geschaffen
Die religiöse Bewertung menschlichen Handelns kommt auch in
der häufigen Feststellung zum Ausdruck, daß etwas »ein Greuel
(tôʿēbāh) für den HERRN« sei. In 6,16 wird eine ganze Reihe von zwi-
schenmenschlichen Verhaltensweisen aufgeführt, für die dieses
Urteil zutrifft. Falsche Waagschalen, Gewichte und Maße werden
besonders hervorgehoben (11,1; 20,10.23). Auch falsche Gerichtsur-
teile, in denen die Gerechtigkeit ins Gegenteil verkehrt wird, sind
Gott ein Greuel (17,15). Vor allem ist es aber die hinter den Handlungen stehende Haltung und Gesinnung, auf die diese Urteile zu-
treffen. Dabei wird wiederum häufig in Antithesen formuliert:
»Lügnerische Lippen sind dem HERRN ein Greuel, die aber verläßlich handeln, haben sein Wohlgefallen« (12,22). »Ein Greuel ist dem
HERRN der Weg des Frevlers, wer aber der Gerechtigkeit nachjagt,
den liebt er« (15,9, vgl. auch 3,32; 11,20; 15,26; 16,5).
Interessant ist die Gegenüberstellung in 15,8: »Das Schlachtopfer
der Frevler ist dem HERRN ein Greuel, aber das Gebet der Recht-

schaffenen findet sein Wohlgefallen« (vgl. 21,27). Dies erinnert an prophetische Kultkritik, etwa an zentrale Stellen wie Jes 1,10-17; → 157 Jer 6,20 u.a. Auch der Spruch »Recht und Gerechtigkeit tun ist dem HERRN lieber als Schlachtopfer« (21,3) klingt an 1 Sam 15,22f; Hos → 97.250 6,6 und andere prophetische Texte an. Das ist um so bemerkenswerter, als der ganze Bereich des Kultes im Sprüchebuch sonst kaum erwähnt wird. Entscheidend ist auch hier wieder die Haltung gegenüber Gott, die hinter dem Opfer steht oder sich dahinter zu verbergen sucht. Dies wird deutlich in 28,9: »Wenn einer sein Ohr abwendet vom Hören der Lehre (tôrāh), dann ist sogar sein Gebet ein Greuel.« Es geht also nicht nur um die Opfer, sondern um jede Form der Frömmigkeitsäußerung, die nichts wert ist, wenn die Haltung, aus der sie geschieht, nicht Gottes Zustimmung findet. So betrachtet ist das Opfer eine Lebensäußerung unter anderen.

In dem letztgenannten Zitat wird das Wort »Greuel« ohne die Nennung Gottes gebraucht (vgl. auch 21,27). Darin zeigt sich, daß in vielen Fällen Urteile über menschliches Handeln auch dann eine religiöse Begründung haben, wenn diese nicht ausdrücklich formuliert wird. Das führt uns noch einmal auf den Begriff des Gerechten. In vielen Fällen ist der Gerechte einfach derjenige, der das Richtige tut – und das heißt zugleich: das Richtige in den Augen Gottes. »Der Gerechte kennt die Bedürfnisse (nepeš) seines Viehs, aber das Innere der Frevler ist grausam« (12,10). »Lügenworte haßt der Gerechte, aber der Frevler macht sich selbst verhaßt und schimpflich« (13,5). »Das Herz des Gerechten wägt ab, was zu antworten ist, aber der Mund der Frevler sprudelt Böses hervor« (15,28). Das Sprüchebuch ist voll von vergleichbaren Worten, sei es im antithetischen Parallelismus oder ohne diesen. In vielen von ihnen wird aber der positiv Dargestellte nicht ausdrücklich als der Gerechte bezeichnet, sondern es werden seine Verhaltensweisen gezeigt. Nach dem Gesamtkontext des Sprüchebuches kann man jedoch keinen grundsätzlichen Unterschied machen zwischen denen, die richtig oder vorbildlich handeln, und denen, die ausdrücklich als »Gerechte« bezeichnet werden. Der Gerechte ist in diesem Bereich von Sprüchen der vorbildliche Israelit, oder einfach der vorbildlich denkende und handelnde Mensch.

Die bisher angeführten Beispiele sprechen vornehmlich vom Denken und Handeln der Gerechten; in einer Anzahl von Texten ist aber auch von ihrem Ergehen die Rede. »Der Gerechte wird niemals wanken, aber die Frevler werden nicht im Lande wohnen bleiben« (10,30). »Wenn der Sturm daherbraust, ist der Frevler nicht mehr, aber der Gerechte hat ewigen Grund« (10,25). »Ein fester Turm ist der Name des HERRN, dorthin eilt der Gerechte und ist geborgen« (18,10). Diese Sprüche, denen zahlreiche vergleichbare hinzugefügt werden können, betrachten das, was den Gerechten ausmacht, viel grundsätzlicher als die vorher genannten. Wer gerecht *ist*, dem wird

Schutz und Hilfe von Gott zuteil. Dieses Gerecht-Sein ist gewiß nicht unabhängig vom Denken und Handeln im Sinne der vorher zitierten Sprüche. Aber es ist auch nichts Okkasionelles, auf einzelne Handlungen Bezogenes, sondern etwas gleichsam Habituelles. Wer gerecht ist, dessen Leben und Denken ist von dieser Gesinnung geprägt, so daß die einzelnen Handlungen ihr entsprechen. Diese Entsprechung ist etwas, auf das man sich verlassen kann, so daß das Handeln des Gerechten in bestimmten Bahnen und nach bestimmten vorhersehbaren Verhaltensformen verläuft. Darum kann aber derjenige, der in diesem Sinne gerecht ist, sich auch darauf verlassen, daß ihm der göttliche Schutz und die Hilfe zuteil werden, die er nach dem hier zugrundeliegenden Lebens- und Weltverständnis erwarten darf.

Man nennt dieses Weltverständnis häufig den »Tun-Ergehen-Zusammenhang« (Koch 1955). Dabei ist deutlich, daß »Tun« nicht nur die einzelne Tat bezeichnet, so wie auch »Ergehen« mehr und anderes ist als die unmittelbare Folge einer einzelnen Tat. Das Ganze ist eingebettet in einen großen Zusammenhang, der das Leben des Menschen in seiner Welt zu umfassen sucht, einer Welt, die von Gott geschaffen ist und von ihm in ihrem Bestand erhalten wird. Dieses Gottesverständnis wird nur gelegentlich ausgesprochen. Dabei zeigt aber gerade die fast beiläufige Selbstverständlichkeit, mit welcher dies geschieht, daß dieses Verständnis allem zugrunde liegt. »Wer den Geringen bedrückt, schmäht dessen Schöpfer, aber ihn ehrt, wer Erbarmen hat mit dem Bedürftigen« (14,31, vgl. 17,5). »Ein hörendes Ohr und ein sehendes Auge, der HERR hat sie beide gemacht« (20,12). »Der Reiche und der Arme begegnen einander, geschaffen hat sie alle der HERR« (22,2, vgl. 29,13). In den einleitenden Kapiteln des Buches stellt die Schilderung der Weisheit als des allerersten Geschöpfes Gottes das Ganze in den Rahmen einer entfalteten Schöpfungstheologie (8,22-31). Das bedeutet zwar eine Akzentverschiebung gegenüber den Sammlungen der Sprüche, aber keineswegs einen Übergang in ein anderes Grundverständnis der Stellung des Menschen in der Schöpfung Gottes. Auch das Denken und Handeln all derer, von denen in den Sprüchen die Rede ist, steht unter den gleichen Voraussetzungen.

→ 335

→ 156

Eine gewisse Sonderstellung nehmen einige Sprüche in Kap.28f ein, in denen das Wort *tôrāh* in einem Sinn erscheint, der über den Bereich der Weisheit hinausgeht. Am deutlichsten ist dies in 29,18, wo *tôrāh* im Parallelismus zu »Schauung« (*ḥāzôn*) erscheint, einem ausschließlich für prophetischen Offenbarungsempfang gebrauchten Wort (z.B. 1Sam 3,1; Jes 1,1). In 28,4-9 begegnet das Wort *tôrāh* gehäuft. In V.4 werden solche, die die *tôrāh* verlassen, denen gegenübergestellt, die sie bewahren. Dann heißt es weiter: »Böse Menschen verstehen das Recht (*mišpāṭ*) nicht, die aber den HERRN suchen, verstehen alles« (V.5). Hier findet sich ein Sprachgebrauch, der an das Deuteronomium und von ihm beeinflußte Texte denken läßt (z.B. Jer 9,12; Ps 89 31; 119,44). V.7 erinnert wieder an den weisheitlichen Gebrauch von *tôrāh* (vgl. 3,1 u.ö.). Schließlich heißt es in dem schon oben genannten Vers 9, daß das Gebet dessen, der sein Ohr vom Hören der *tôrāh* abwendet, ein Greuel ist. Auch hier ist an die göttliche *tôrāh* zu denken.

4.7
Eine tüchtige Frau – edler als Perlen

Am Schluß des Sprüchebuches werden dem Leser zwei Frauengestalten vorgestellt. Die eine ist die Mutter des Königs Lemuël, der ihre mahnenden Belehrungen weitergibt (31,1-9). Neben der Warnung vor Frauen und vor dem Alkohol hat sie ihn vor allem ermahnt, seinen Mund für die Sache derer zu öffnen, die sich nicht selbst zu ihrem Recht verhelfen können (V.8f). Er soll gerecht richten, so wie es nach den Worten der Weisheit die damit betrauten Amtsträger tun (vgl.8,16), und er soll sich dabei vor allem für die Armen und Bedürftigen einsetzen, von denen es zuvor hieß, daß sie unter dem besonderen Schutz ihres Schöpfers stehen (14,31). So nimmt hier die Stimme dieser Frau aus königlichem Haus einige zentrale Aussagen der vorhergehenden Sprüchesammlungen auf.
Eine ganz besondere Rolle spielt dann das abschließende Gedicht von der »tüchtigen Frau« (*'ēšet ḥajil* 31,10-31). Diese Charakterisierung der Frau findet sich auch in 12,4, wo es heißt, daß eine solche Frau »die Krone ihres Mannes« sei. (Vgl. auch Rut 3,11.) In diesem → 344 Gedicht wird aber ganz auf die eigenständige Tätigkeit und Lebensführung der Frau abgestellt. Zugleich finden sich durchgehende Beziehungen zu den Texten über die als Frau dargestellte Weisheit in Kap.1-9. Die Weisheit ist wertvoller als Perlen (oder Korallen, 3,15; → 334 8,11) – so auch die »tüchtige Frau«. Es heißt: »Wohl dem Menschen, der Weisheit findet« (3,13), und die Weisheit selbst sagt: »Wer mich findet, der findet das Leben und erlangt Wohlgefallen vom HERRN« (8,35) – so ist auch der zu preisen, der eine tüchtige Frau findet (31,1). »Die Weisheit hat ihr Haus gebaut« und lädt dorthin ihre Gäste ein (9,1ff) – so ist auch die Sorge der Frau um »ihr Haus« ihr wichtigstes Anliegen (31,15.21.27). Die Frau »öffnet ihren Mund in Weisheit, und gütige Weisung (*tôrat-ḥesed*) ist auf ihrer Zunge« (31,26). Und schließlich heißt es ganz am Schluß: »eine Frau, die den HERRN fürchtet, ist zu preisen« (31,30), womit deutlich auf die an entscheidenden Stellen stehenden Aussagen über die Furcht des HERRN als Anfang der Weisheit (1,7; 9,10; 15,33) Bezug genommen wird. (Vgl. Schwienhorst-Schönberger 1995, 258.)
So rundet sich das Sprüchebuch auf überraschende und eindrucksvolle Weise. Der als Frau auftretenden Weisheit, die das Buch von seinem Anfang her bestimmt, tritt korrespondierend eine menschliche Frau gegenüber, die in ungewöhnlicher Selbständigkeit ihr Haus und ihre Geschäfte führt, die dabei nicht nur um das Wohl der Angehörigen ihres Hausstandes besorgt ist (31,21), sondern auch um das der Armen und Bedürftigen (V.20). Aber sie ist ganz einbezogen in die Lehren der Weisheit, die sie selbst weitergibt (V.26).

Und dies alles wird umfaßt von der »Furcht des HERRN« (V.30). (Vgl. Crüsemann 1978b, 34-42.)

IV.5
Die fünf Megillot

Vorbemerkung

E 271

Die fünf kleineren Bücher der »Schriften« werden in der jüdischen Überlieferung als zusammengehörige Gruppe behandelt unter dem Namen m^{e}gillôt »Rollen«. Sie werden bei bestimmten Festen im liturgischen Jahr als Festlesungen vorgetragen: das Hohelied am Passafest, das Buch Rut am Wochenfest, die Klagelieder am 9. des Monats Av, dem Gedenktag der Zerstörung des Tempels, Kohelet am Laubhüttenfest, Ester am Purimfest. In vielen jüdischen Handschriften werden sie auch in dieser Reihenfolge aufgeführt, in anderen in der im wissenschaftlichen Gebrauch üblich gewordenen, wie sie hier verwendet wird. Der Name m^{e}gillôt rührt daher, daß sie noch lange, ebenso wie die Tora, aus Schriftrollen gelesen wurden, was bis heute noch beim Buch Ester Brauch ist.

5.1
Das Buch Rut

»Zu der Zeit, als die Richter richteten« – mit dieser in der Hebräischen Bibel einmaligen Wendung versetzt das Buch Rut seine Leser in die Frühzeit des Volkes Israel, als es noch keinen König gab. Die Leser wissen, daß dies eine Zeit war, in der das Volk vielfältigen Bedrohungen ausgesetzt war als Folge seiner immer wiederholten Abkehr von Jhwh. Die Geschichte, die dieses kleine Buch erzählt, spannt aber zugleich einen Bogen zur nachfolgenden Königszeit; denn das Kind, das am Ende der Erzählung geboren wird, ist der Vatersvater des Königs David (4,17). In der abschließenden Genealogie (V.18-22) wird ihm der bevorzugte siebente Platz in der Zehnerreihe eingeräumt, die in der Zeit der Erzväter mit dem von Juda gezeugten Sohn der Tamar, Perez (Gen 38), beginnt (vgl. 4,12).

→ 92

Dies ist aber nicht die einzige und auch nicht die wichtigste Absicht der Erzählung. In ihrer scheinbar schlichten, dabei aber höchst kunstvollen Darstellung enthält sie vielerlei Aspekte, so daß sie unter ganz verschiedenen Blickwinkeln gelesen werden kann und immer wieder gelesen worden ist. Das Auffallendste an dieser Erzählung ist, daß sie im wesentlichen eine Geschichte von Frauen ist. In keinem anderen Buch der Hebräischen Bibel werden Frauen in ähnlicher Weise als selbständig Handelnde dargestellt, die ihr Schicksal in die eigenen Hände nehmen (vgl. Trible 1993, 190-226). Sie tun es nicht aus eigenem Antrieb, sondern erst nachdem die Männer gestorben sind; aber die Erzählung braucht nur fünf Verse (1,1-5), um an den Punkt zu gelangen, an dem die Frauen allein dastehen und zu handeln beginnen.

»Es entstand eine Hungersnot im Lande« (1,1). Mit denselben Worten beginnt die Erzählung von Abrahams Zug nach Ägypten (Gen → 21 12,10). Die gewiß beabsichtigte Parallele macht aber auch sofort den Unterschied deutlich. Abraham bleibt der Handelnde, während Sara keine eigenen Aktivitäten entfalten kann; im Buch Rut hingegen ist Noomi die Planende und Handelnde. Ihr Handeln steht jedoch in einem größeren Zusammenhang. Es beginnt, als sie im Lande Moab hört, »daß der HERR sich seines Volkes angenommen und ihnen Brot gegeben hat« (1,6). Damit ist ein weiterer Grundton der Erzählung angeschlagen: Sie ist auch eine »Führungsgeschichte«. Das Handeln der Menschen, hier insbesondere das der Frauen, geschieht selbständig und planvoll; aber die göttliche Führung schafft die Voraussetzungen und Bedingungen dafür, so wie Gott auch zuvor Noomi ihr schweres Schicksal durch den Verlust des Ehemannes und der beiden herangewachsenen Söhne auferlegt hatte. Die Menschen sind sich dieses Zusammenhangs bewußt und sprechen dies auch immer wieder aus.

Noomi beschließt zurückzukehren (*šûb* V.6f). Ihre beiden jung verwitweten moabitischen Schwiegertöchter gehen mit ihr, aber Noomi fordert sie auf, ihrerseits zu ihren Familien zurückzukehren (*šûb*), wo Gott ihnen die gleiche Güte (*ḥesed*) erweisen möge, wie sie selbst sie ihren fremdländischen Ehemännern und deren Mutter erwiesen haben, indem er sie in einer neuen Ehe Ruhe (*menûḥāh*) finden läßt (V.8f). Das Thema »Rückkehr« wird zum kritischen Entscheidungspunkt: mit der israelitischen Schwiegermutter in deren Land (V.10) oder in die eigene heimatliche Umgebung zurückzukehren (V.11f). Noomi beschwört die jungen Frauen, sich nicht an sie zu binden, nachdem die »Hand des HERRN« sie getroffen und ihr ein bitteres Schicksal bereitet hat (V.13). Auch dies kommt aus Gottes Hand, die Menschen können es nur interpretieren (Trible 1993, 195).

Orpa tut das Nächstliegende und Vernünftige: Sie kehrt »zu ihrem Volk und zu ihrem Gott« zurück (V.14f). Aber Rut weigert sich, dem Drängen ihrer Schwiegermutter nachzugeben und ebenfalls umzukehren. »Wohin du gehst, gehe ich auch... Dein Volk ist mein Volk, und dein Gott ist mein Gott...« (V.16f). Die Frage der Rückkehr ist also zugleich eine Frage der Zugehörigkeit zum Volk und zur Religion.

Rut entscheidet sich gegen alle Vernunft dafür, einer alten Frau in eine fremde Welt zu folgen. Im Kontext des Buches erweist sich darin ihre Qualifikation, zur Stammutter der Dynastie Davids zu werden. Boas hebt dies später nachdrücklich hervor: »Du hast deinen Vater und deine Mutter und das Land deiner Geburt verlassen und bist zu einem Volk gezogen, das du vorher noch nicht kanntest« (2,11). Er fügt einen ausführlichen Segenswunsch für Ruts weitere

Zukunft hinzu, wobei er den »Gott Israels« als Segens- und Schutz-
spender nennt (V.12). Unter diesem Segenswunsch wird Rut gleichsam zur »Stammutter durch Adoption« (Alter 1981, 59).
Die Erzählung hat sich zielstrebig auf diesen Punkt hin bewegt. Bei
Noomis und Ruts Ankunft in Betlehem sind es zunächst die Frauen
des Orts, die Noomi voller Überraschung wiedererkennen. Diese
stellt dem das bittere Geschick entgegen, das ihr Gott bereitet hat,

→ 312

den sie hier *Šaddaj* nennt (1,20f, im Wechsel mit Jhwh V.21) – wie
Hiob (passim). Doch dann rückt Rut mit ihrer aktiven Lebenspla-
nung in den Vordergrund. Sie sorgt mit Ährenlesen für den Lebens-
unterhalt der beiden Frauen und begegnet dabei dem Mann, der ihrer beider Schicksal wenden wird. Als sie Noomi von der Begegnung
erzählt, antwortet diese mit einem doppelten »Er sei gesegnet«
(*bārûk*), zunächst für Boas' Freundlichkeit gegenüber der Ähren le-
senden Landfremden (2,19), dann aber vor allem, weil Gott in dieser
Begegnung gezeigt hat, daß seine Güte (*ḥesed*) die Lebenden und die
Toten nicht verlassen hat (V.20); denn Boas ist einer von denen, die
als »Löser« (*goʾēl*) für das Familienerbe in Betracht kommen. Er

→ 63

könnte das der Familie noch gehörende Stück Land »auslösen« (vgl.
Lev 25,25ff) und – nach der Sicht des Buches Rut – damit zugleich
auch die kinderlose Frau aus dieser Familie. So hat sich Noomis
Sicht ihres Geschicks seit ihrem Eintreffen in Betlehem deutlich
gewandelt. Sie spricht nun nicht mehr von der Bitternis ihres
Schicksals (vgl. 1,19f), sondern von der Kontinuität der Gnade
Gottes.
Noomi sieht jetzt eine Möglichkeit, Rut einen »Ruheplatz«
(*mānôᵃḥ*) zu verschaffen (3,1), so wie sie zuvor für ihre beiden
Schwiegertöchter Ruhe (*mᵉnûḥāh*) im Hause eines neuen Ehemanns
erhofft hatte (1,9). Sie ersinnt einen Plan, den Rut in die Tat um-
setzt. Nach der Feier zum Abschluß der Ernte, wenn Boas gegessen
und getrunken hat und sich auf der Tenne zum Schlafen legt, soll
sie sich heimlich an das Fußende seiner Lagerstatt legen, schön ge-
kleidet, gebadet und gesalbt. »Er wird dir dann sagen, was du tun
sollst« (3,2-4). So geschieht es – mit einem kleinen, aber entscheidenden Unterschied: Nicht er sagt ihr, was sie tun soll, sondern sie
sagt ihm, was er tun soll: »Breite den Saum deines Gewandes über
mich, denn du bist der Löser« (V.9). Und er antwortet darauf, wie zuvor Rut auf die Anweisungen Noomis geantwortet hat: »Alles, was
du gesagt hast, will ich tun« (V.11). Die Initiative liegt jetzt also
ganz bei Rut. Eine Fremde hat einen Israeliten aufgefordert, zu seiner Verantwortung zu stehen (Trible 1993, 212). Zuvor hat Boas
aber schon ein Segenswort gesprochen, mit dem er an seine Worte
bei der ersten Begegnung anknüpft: »Gesegnet seist du vom HERRN,
meine Tochter. Du hast deine letzte Treue (*ḥesed*) noch schöner erwiesen als die erste, indem du nicht den jungen Männern nachgelaufen bist, ob arm oder reich« (V.10). Hier verbinden sich zwei re-

ligiöse Zentralbegriffe des Buches miteinander: Segen und *ḥesed*, was Güte, Gnade und Treue meinen kann (vgl. Miller 1994, 290-293).

Boas hat damit voll akzeptiert und sich zu eigen gemacht, worum es Noomi und Rut geht. Aber es gibt noch ein Hindernis: Boas ist nicht der erste »Löser«, sondern es ist noch ein anderer da, der in einem näheren Verwandtschaftsverhältnis zu der Familie steht, in die Noomi eingeheiratet hat und die sie nun als einzige Überlebende repräsentiert (3,12). Dadurch wird die nächste Phase der Erzählung bestimmt. Die Initiative liegt jetzt bei Boas. Die Frauen können nur abwarten; aber sie vertrauen ihm (V.18). In einer ausführlich und anschaulich dargestellten Szene im Tor wird der Rechtsfall des »Lösens« verhandelt, erst über das Grundstück (4,1-4), und dann, mit einer Steigerung der Spannung, über die »Leviratsehe« mit Rut, »um den Namen des Verstorbenen auf seinem Erbbesitz neu erstehen zu lassen« (V.5).

Boas erwirbt das Landstück der Familie des Elimelech, und er erwirbt Rut zur Frau und damit die Verpflichtung, den Namen der Familie weiterleben zu lassen (V.9f). Die ganze Versammlung ist dessen Zeuge, und wieder wird der Name Gottes angerufen: »Der HERR mache die Frau, die in dein Haus kommt, wie Rahel und wie Lea, die beide das Haus Israel gebaut haben« (V.11).

Hier wird der Bogen bis ganz an den Anfang der Geschichte des Volkes Israel geschlagen und dann noch einmal der engere Bogen bis an den Anfang der Genealogie Davids zu »Perez, den Tamar dem Juda gebar« (V.12). Damit klingt eine andere Erzählung an, in der es um eine Leviratsehe und schließlich um die von einer Frau erzwungene, genauer: erlistete Erhaltung des Namens eines Verstorbenen ging (Gen 38).

Zum Schluß zeigt sich erneut, daß die Erzählung von Rut eine Führungsgeschichte ist. Nach der ehelichen Vereinigung schenkt Gott Rut die Schwangerschaft, so daß sie einen Sohn gebiert (4,13). Und dann beherrschen wieder die Frauen das Feld und Noomi steht im Mittelpunkt. Die Frauen preisen Gott, daß er Noomi den »Löser« nicht versagt hat. Und auch der israelitische Aspekt klingt wieder an: »Sein Name werde gerühmt in Israel« (V.14). Die Schwiegertochter, die das Kind geboren hat, ist Noomi mehr wert als sieben Söhne (V.15), aber Noomi selbst bleibt im Mittelpunkt. Ja schließlich sagen die Frauen: »Der Noomi ist ein Sohn geboren« (V.17). Letztlich ist es ihr Name, der wiederhergestellt worden ist. Sie ist die tragende Gestalt der Erzählung.

Die abschließende Genealogie (4,18-22) stellt das ganze Geschehen noch einmal ausdrücklich in den Zusammenhang der Daviddynastie. Zugleich wird durch die Formel »Dies sind die Geschlechter« (ʾēlleh tôlᵉdôt V.18) noch einmal die Geschichte der Erzväter ins Bewußtsein gerufen, wo diese Formel regelmäßig erscheint (Gen 11,10.27; 25,19; 37,2), während sie sonst in der Hebräischen Bibel kaum begegnet.

So ist das Buch Rut eine Führungsgeschichte, eine Frauengeschichte, und eine Erzählung, die von einer ganz selbstverständlichen Frömmigkeit geprägt ist (vgl. auch Sasson 1987). Die Menschen müssen selber handeln, und sie tun es mit großer Tapferkeit, mit Überlegung und auch mit List. Aber Gott setzt die Bedingungen. Er sendet Hungersnot und er läßt sie enden, er schickt Tod und er ermöglicht neues Leben. Die Menschen wissen das und sie sagen es. Sie preisen Gott und segnen sich gegenseitig. Und in dem allen geschieht ein Stück Geschichte des Volkes Israel, von dessen fernen, frühen Anfängen hier im Rückblick erzählt wird.

5.2
Das Hohelied

Wie kommt das Hohelied in den Kanon der Hebräischen Bibel? Diese oft gestellte Frage drängt sich auf, wenn man dieses Buch im Kontext der übrigen Schriften betrachtet. Es enthält Liebeslieder von E 274 großer Schönheit und sprachlicher Kunst. Aber es spricht nicht von Gott oder vom Verhältnis des Menschen zu Gott, auch nicht indirekt oder verschlüsselt. Es spricht vom Menschen, von Frau und Mann und ihren Beziehungen zueinander.

Die Tradition hat das Buch unter dem Titel »Lied der Lieder« (*šîr haššîrîm*) Salomo zugeschrieben (1,1). Dies hat gewiß zu seiner Kanonisierung beigetragen, wenn diese auch immer wieder umstritten war. Später wurde das Buch in allegorischer Interpretation auf die Liebe zwischen Gott und Israel oder zwischen Christus und der Kirche gedeutet. Inzwischen hat sich aber allgemein die Auffassung durchgesetzt, daß hier von realer, menschlicher Liebe die Rede ist. Kann es gleichwohl eine Auslegung des Liedes im theologischen Kontext der Hebräischen Bibel geben?

Am überzeugendsten geschieht dies, wenn man das Hohelied als Entfaltung dessen liest, was am Anfang der Bibel über das Verhältnis von Mann und Frau zueinander gesagt wird: »Darum wird ein Mann seinen Vater und seine Mutter verlassen und seiner Frau an→ 13hängen, und sie werden zu einem Fleisch werden« (Gen 2,24). Die geschlechtliche Liebe zwischen Mann und Frau wird hier sehr deutlich ausgesprochen, aber nicht näher entfaltet. Man kann das Hohelied als Entfaltung dessen lesen, was hier nur angedeutet wird. Eine solche Auslegung gibt den Texten des Hohenliedes keinen unmittelbaren theologischen Sinn. Aber sie stellt die in ihnen entfaltete freie und vielfältige Weise, die Liebe zwischen Frau und Mann zu erfahren, in den Zusammenhang der biblischen Sicht der Schöpfung, in der von Anfang an die Menschen in ihrer geschlechtlichen Differenzierung und in ihrer Beziehung zueinander gesehen und dargestellt werden (vgl. Trible 1993, 169-190; Crüsemann 1978b, 81-91).

Im unmittelbaren kanonischen Kontext ist noch ein weiterer Zug bemerkenswert. Das Buch Rut zeigt, wie Frauen in einer Welt, deren Strukturen von Männern beherrscht sind, eigene Initiativen ergreifen und die Dinge nach ihren Vorstellungen und Wünschen gestalten. Auch im Hohenlied dominiert die liebende Frau gegenüber dem Mann, und auch hier ist sie umgeben von anderen Frauen, den »Töchtern Jerusalems«, die an ihrem Ergehen ständigen Anteil nehmen (2,7; 3,5.10; 5,8-16 u.ö.). Die Selbständigkeit und relative Unabhängigkeit dieser Frauen erinnert auch an die »tüchtige Frau« am Ende des Buchs der Sprüche (Spr 31,10-31). So begegnen hier in den → 341 »Schriften«, gleichsam am Rande des breiten Stroms der biblischen Überlieferungen, verschiedene Texte, die zeigen, daß es auch in der patriarchalischen Welt des Alten Israel erfolgreiche Bemühungen von Frauen gegeben hat, ihre eigene Identität zu entfalten und an der Gestaltung ihres Schicksals selbständig mitzuarbeiten.

5.3
Der Prediger (Kohelet)

5.3.1
Wer ist Kohelet?

»Worte Kohelets, des Sohnes Davids, König in Israel«. Dieser An- E 278 fang des Buches erinnert an den Anfang des Buches der Sprüche. → 331 Aber der Unterschied ist sofort deutlich: der Name des Davidsohnes wird nicht genannt, weder hier noch sonst innerhalb des Buches. Statt dessen erscheint das Wort *qohelet*, das sonst nirgendwo in der Hebräischen Bibel begegnet. Es hängt mit dem Wort *qāhāl* »Versammlung, Gemeinde« zusammen und ist als eine Art Amts- oder Funktionsbezeichnung zu verstehen. Aber auf was für eine Versammlung kann es sich hier beziehen? Mehrfach heißt es, daß Kohelet »spricht« (1,2; 7,27; 12,8). Vielleicht ist er als ein Lehrer vorzustellen, wie es auch die abschließende Bemerkung in 12,9 andeutet. Manchmal wird das Wort fast wie ein Eigenname behandelt, z.B. »Ich, Kohelet« (1,12). Von sich selbst sagt er: »Ich war König über Israel in Jerusalem, und ich richtete mein Sinnen darauf, durch Weisheit (*ḥŏkmāh*) alles zu erforschen, was unter dem Himmel geschieht« (1,12f). Hier wird deutlich, daß Kohelet sich nach dem Bild Salomos stilisiert (vgl. besonders 1Kön 5,9-14). Allerdings gilt dies → 108 nicht für das ganze Buch; so wird z.B. in 5,7 erkennbar, daß der Redende nicht zu den »Mächtigen« gehört. Hier hat er den Königsmantel wieder abgelegt.

In den Schlußversen des Buches wird Kohelet als ein Weiser (*ḥākām*) bezeichnet, der das Volk Erkenntnis (*da'at*) lehrte (12,9). Aber was für eine Erkenntnis! »Es ist alles ganz eitel…« (1,2). Das Wort *hebel*, das Luther mit »eitel« übersetzt hat, begegnet mehr als dreißigmal in diesem Buch, davon allein fünfmal im Eröffnungsvers. Es bedeutet »Windhauch« (Jes 57,13), »Nichtigkeit, Vergänglichkeit, Flüchtigkeit« (Ps 144,4; 39,6.7.12 u.ö.). So auch bei Kohelet: »Es ist alles nichtig und Haschen nach Wind (oder: Luftgespinst)« (1,14 u.ö.).

Was bedeutet das im Kontext der Weisheit, mit der Kohelet alles erforschen wollte? Man muß genauer hinschauen, um zu verstehen, was dieses »Alles ist eitel« zum Ausdruck bringt. (Zum folgenden vgl. Lohfink 1993 und Michel 1988 und 1989, passim.)

5.3.2
Es gibt keinen Gewinn unter der Sonne

Nach dem mottoartigen Einleitungssatz, der am Schluß wiederholt wird (12,8), beginnt das Buch mit einer Frage: »Was hat der Mensch für Gewinn von all seiner Arbeit, mit der er sich abmüht unter der Sonne?« (1,3). Das Wort *jitrôn*, das sich nur bei Kohelet findet, bedeutet den Gewinn oder Ertrag der Arbeit. Diese wird als mühevoll gekennzeichnet, oft mit der fast formelhaften Wendung »die Mühe (*'āmāl*), mit der einer sich abmüht« (vgl. 2,11.19.20 u.ö., dazu Otzen 1989, 217ff). Wie grundsätzlich diese Frage gemeint ist, zeigt der Zusatz »unter der Sonne«, Kohelets eigene, ständig wiederholte Variante zu dem sonst üblichen »unter dem Himmel« (das er auch benutzt), mit der er die ganze dem Menschen zugängliche Welt einbezieht.

Statt einer Antwort folgt eine Art kurzgefaßter Kosmologie, genauer: eine Reflexion über den Menschen innerhalb des Kosmos (1,4-11). »Eine Generation geht, eine Generation kommt – die Erde steht in Ewigkeit (*le'ôlām*)« (V.4). Dem ständigen, fließenden Wechsel in der Menschengeschichte steht die immer gleichbleibende Identität der Erde gegenüber, auf der sich diese Geschichte abspielt. Die Erde ändert sich nicht, was auch immer in den wechselnden Generationen der Menschen geschehen mag. Ebenso ist es mit der Sonne: Sie läuft zielstrebig von ihrem Aufgang zu ihrem Untergang, aber dann kehrt sie ohne Pause wieder an ihren Ausgangspunkt zurück und geht von neuem auf (V.5, vgl. Ps 19,7). Auch der Wind, so vielfältig die Richtungen seines Wehens auch sein mögen, kehrt immer wieder dahin zurück, woher er gekommen ist (V.6). Schließlich die Wasserläufe: sie fließen ins Meer, aber wenn sie dort angekommen sind, ist ihre Tätigkeit nicht beendet, denn das Meer wird nicht voll, das Wasser kehrt an seinen Ausgangspunkt zurück, und die Bäche und Flüsse entspringen immer von neuem (V.7). Alle Dinge sind rastlos tätig; kein Mensch kann alles ausdrücken, das Auge sieht sich nicht satt und das Ohr wird nicht voll vom Hören (V.8). So steht der Mensch inmitten der Schöpfung. Er kann sie betrachten und erforschen, vielleicht auch bewundern (vgl. Ps 8), aber niemals völlig begreifen.

Gleichsam als Summarium heißt es dann: »Was geschehen ist, das wird wieder geschehen, und was getan worden ist, wird wieder getan werden. Es gibt nichts Neues unter der Sonne« (V.9). Ist dies schon eine Antwort auf die Ausgangsfrage? Jedenfalls eine Teilantwort: Der »Gewinn« kann nicht darin bestehen, daß der Mensch etwas Neues schafft. Es gibt nichts »Neues«, weil alles schon einmal

→ 306

dagewesen ist (V.10). Aber es gibt auch nichts Bleibendes. Was auch immer ein Mensch bewirkt und geschaffen haben mag, es gibt bei den nachfolgenden Generationen keine Erinnerung an die früheren, und auch die nachfolgenden selbst werden wieder in Vergessenheit geraten (V.11). Alles vergeht wie Windhauch.

Diese allgemeinen Erkenntnisse werden nun in der Rolle des Königs (1,12, vgl. V.1) in einer quasibiographischen Erzählung weitergeführt. Jetzt erscheint auch das Wort »Weisheit«. Mit ihr hat sich der König darangemacht, alles zu untersuchen und zu erforschen, was unter dem Himmel ist (V.13). Er hat alles genau betrachtet. Immer wieder heißt es durch das ganze Buch hindurch: »Ich sah (rā'îtî)«. Damit ist kein kontemplatives Betrachten gemeint, sondern ein genaues Beobachten, aus dem Folgerungen gezogen werden. Hier lautet das Ergebnis aus dem Betrachten »aller Taten, die unter der Sonne getan werden: Alles nichtig und Haschen nach Wind« (V.14). Das ist ein »schlimmes Geschäft« ('injan rā'), das dem Menschen von Gott aufgegeben ist (V.13b), daß er sich der Mühe des weisheitlichen Betrachtens und Untersuchens nicht entziehen kann, daß es ihn aber zu einem solchen Ergebnis führt.

Die Beobachtungen werden ausgeweitet: Ausdehnung der Weisheit B.XV Weisheit und der Versuch, herauszufinden, was Weisheit wirklich ist: Haschen nach Wind (1,16f); sich der Freude (2,1f) und dem Wein hingeben (V.3); Häuser und Weinberge, Gärten und Parks anlegen (V.4-6), Sklaven und Vieh kaufen, Gold und Silber horten, Sänger und Sängerinnen und einen großen Harem anschaffen (V.7f), mit Hilfe seiner Weisheit immer größer und reicher werden (V.9) – ja, das alles läßt sich genießen. Diese Freude ist der »Anteil«, den sich der Mensch selbst erwerben kann (V.10). Aber dann, bei weiterem Nachdenken, muß das Ergebnis wieder lauten: Alles nichtig und Haschen nach Wind – denn: »Es gibt keinen Gewinn unter der Sonne« (V.11). Den Gewinn, auf den sich die Eingangsfrage richtete (1,3), gibt es nicht. Der Mensch kann seinen »Anteil« an Freude genießen, wenn ihm die Möglichkeit dazu gegeben wird. Aber das ist nichts Bleibendes. Einen bleibenden Gewinn kann es nicht geben »unter der Sonne«. Dafür ist Salomo ein Beispiel: Was er erworben und gewonnen hat, Weisheit, Reichtum und Macht, ist nicht geblieben. Im Rückblick ist es nichts als Windhauch und Luftgespinst.

Aber ist nicht die Weisheit selbst ein Gewinn, ein Vorteil? Sind nicht Weisheit und Torheit wie Licht und Finsternis, weil der Weise Augen im Kopf hat, aber der Tor im Dunkeln tappt? (2,13.14a) Die Erkenntnis sagt, daß auch dies kein bleibender Gewinn ist, weil beiden das gleiche Geschick bevorsteht (V.14b). Beide werden sterben, und es wird keine Erinnerung an sie geben. Darum ist alles, was unter der Sonne geschieht, nichtig und Haschen nach Wind (V.15-17). Und aller Besitz, den ein Mensch erworben hat, geht an einen anderen über, und man weiß nicht, ob es ein Weiser oder ein

Tor sein wird (V.18-23). Darum klingt es wie ein Refrain: »Alles ist nichtig« (V.15.17.19.21.23).

5.3.3
Alles kommt aus Gottes Hand

Plötzlich ändert sich die Sichtweise. Was für den Menschen »gut« (*ṭôb*) ist, das »Glück« (Lohfink 1993), liegt nicht in seiner Verfügungsgewalt, sondern kommt aus der Hand Gottes (2,24). Die Rede schlägt um ins Theologische. Damit wird aber das zuvor Gesagte nicht zurückgenommen. Das Gute, von dem hier gesprochen wird, sind die Dinge des jetzigen irdischen Lebens: »daß er ißt und trinkt und seine Seele Gutes sehen läßt bei seiner Mühsal«. Aber Gott verteilt auch die Lebenschancen: dem einen, »der gut ist in seinen Augen«, gibt er Weisheit, Einsicht und Freude, aber dem anderen, dem »Sich-Verfehlenden«, wird das »Geschäft (*'injān*, vgl. 1,13)« zugewiesen, zu sammeln und zu horten und es dann denen zu geben, »die gut sind in seinen Augen« (V.26). Aber wer ist gut in Gottes Augen? Mit dieser Wendung, die sonst nirgends in der Hebräischen Bibel begegnet, will Kohelet offenbar zum Ausdruck bringen, daß sich dies dem menschlichen Einblick entzieht und der Mensch darauf keinen Einfluß hat. Es ist Gottes eigene Entscheidung, der Mensch kann nur die Folgen erkennen. Das gleiche gilt auch für den, der »sich verfehlt«: der Blick des Menschen sieht nur das Ergehen und weiß nicht, worin die Verfehlung besteht. Diese Unzugänglichkeit der Geschicke für die menschliche Einsicht führt Kohelet wieder zu seinem »Alles ist nichtig und ein Haschen nach Wind«.

Wieder ein neuer Ton: ein Gedicht über das Thema »Ein jegliches hat seine Zeit« (3,1-8). In einer streng formulierten Reihe von vierzehn Gegensatzpaaren führt Kohelet durch ein weites Spektrum menschlichen Lebens und zeigt, daß alles seine feste Zeit (*'ēt*), seinen καιρός hat. Die antithetischen Wortpaare führen vor Augen, daß immer nur eins von beiden möglich ist: Geborenwerden oder Sterben (V.2), aber auch Pflanzen oder Abernten, Töten oder Heilen, Abreißen oder Bauen, Weinen oder Lachen – bis hin zu Lieben oder Hassen, Krieg oder Frieden (V.8). Das ruft erneut die Frage hervor: Wenn das so ist, wenn der Mensch gar nicht selbst entscheiden kann, was er tun und lassen will, »was für einen Gewinn hat dann derjenige, der etwas tut, bei dem, womit er sich abmüht?« (V.9) Wieder beobachtet Kohelet dieses »Geschäft«, das Gott den Menschen auferlegt hat (V.10). Aber diesmal nennt er es nicht »schlimm« (vgl. 1,13), denn er hat erkannt, daß Gott selbst es so geordnet hat, daß alles zu seiner Zeit »schön«, d.h. richtig ist (V.11a). Aber Gott hat noch mehr getan: Er hat den Menschen die »Ewigkeit« (*'ōlām*) in ihr Herz gegeben, d.h. den Drang, über die »Zeit« hinaus zu denken. Aber hier stößt der Mensch wieder an die Grenze, die Kohelet so oft beklagt: Er kann das Werk, das Gott tut, nicht in seiner Gesamtheit »herausfinden« (V.11b). Doch diesmal bleibt Kohelet nicht bei dieser negativen Feststellung stehen. Er stellt mit einem zweimaligen »Ich habe erkannt« (*jādaʿtî*) zwei Dinge einander gegenüber: Für den Menschen ist es gut (ist es »das Glück«), sich zu freuen, es sich gut gehen zu lassen, zu essen und zu trinken, denn das ist eine Gabe Gottes (V.12f). Aber alles, was Gott gemacht hat, das hat er »für die Ewigkeit« gemacht. Man kann nichts hinzufügen und nichts wegnehmen (V.14a). Und Gott hat es so gemacht, damit man ihn fürchte (V.14b).

Kohelet nimmt hier früher Gesagtes über das, was für den Menschen gut ist, was sein »Anteil« ist (2,10), wieder auf. Aber er stellt es nun in einen großen Rahmen, in dem das, was Gott tut, mit im Blick ist. Dabei fehlt hier der resignative Unterton. Gewiß, die Unterscheidung und auch Scheidung zwischen dem Bereich, der der menschlichen Erkenntnis zugänglich ist, und dem Bereich, der Gott vorbehalten bleibt, ist eindeutig. Aber das sonst so häufig wiederkehrende Wort von der »Nichtigkeit« findet sich in diesem Abschnitt nicht. Statt dessen erscheint hier zum ersten Mal bei Kohelet das Wort von der »Gottesfurcht« (3,14b), das im Sprüchebuch → 333.341 häufig begegnet.

Damit stellt sich Kohelet, bei aller Distanzierung, in den Kontext des weisheitlichen Verständnisses der Beziehung des Menschen zu Gott. Zum Abschluß greift er das Wort wieder auf, daß es nichts Neues gibt (3,15, vgl. 1,9f). Aber es hat hier einen anderen Akzent, weil es sozusagen aus der Sicht Gottes formuliert wird, der alles »für die Ewigkeit« gemacht hat.

5.3.4
Unrecht und Sinnlosigkeit überall – aber du fürchte Gott!

Jetzt wendet Kohelet den Blick in die ihn umgebende menschliche Gesellschaft. Wieder beobachtet er, und er sieht Unrecht (3,16). Hier tritt der Unterschied zwischen Kohelet und den Weisheitslehrern des Sprüchebuches sehr deutlich in Erscheinung. Dort wird immer wieder lehrhaft der Sieg der Gerechtigkeit über die Ungerechtigkeit betont und damit auch die Überlegenheit des Gerechten gegenüber dem, der nicht gerecht ist, dem Frevler. Kohelet aber sieht, daß die Realität damit nicht übereinstimmt. Natürlich weiß auch der Weisheitslehrer, daß es ungerechte Urteile gibt; aber er sagt dazu nur, daß sie Gott ein Greuel sind (Spr 17,15). Kohelet zieht daraus resignie- → 338 rende Folgerungen – über das Schicksal des Menschen, das sich von dem des Tieres nicht grundsätzlich unterscheidet (3,17-21), und daß es dem Menschen besser wäre, er wäre tot oder überhaupt nie geboren worden (4,2f). Dann folgen verschiedene weisheitliche Sentenzen, meistens länger als die im Sprüchebuch, vor allem aber reflektierend: über den Umgang der Menschen miteinander (4,1.4), über den Nutzen, nicht allein zu sein (4,7-12) und über die wankelmütige Volksgunst (4,13-16). Das Ganze steht immer wieder unter dem negativen Aspekt, der oft in das »Alles ist nichtig« ausmündet (3,19; 4,4.7.8.16). Aber dazwischen heißt es auch wieder, daß es nichts Besseres (kein anderes »Glück«) für den Menschen gibt, als die Freude zu genießen, die sein Anteil ist (3,22).

Zwischen diesen Reflexionen erscheint überraschend ein Abschnitt über das religiöse Verhalten (4,17-5,6). Er fällt auch darin aus dem Rahmen des Bisherigen, daß er im »Du« der weisheitlichen Mahnrede formuliert ist. »Bewahre deinen Fuß (oder: zügle deinen Schritt), wenn du zum Hause Gottes gehst.« Das besonnene Eintreten in den Tempel soll insbesondere dem Hören dienen: »Tritt näher, um zu hören, und nicht, wie die Toren, Schlachtopfer zu veranstalten« (4,17). Hier steht Kohelet wieder ganz bei den Weisheitslehrern. Im Sprüchebuch werden Schlachtopfer und Gebete einander gegenübergestellt (Spr 15,8), und auch das Sich-Abwenden vom

→ 338

Hören der Lehre wird getadelt (28,9). Schlachtopfer sind freiwillige Opfer und sind mit Opfermahlzeiten verbunden; die »Toren«, die das Gegenbild zum Weisen darstellen (vgl. 2,14), mögen deshalb solche Opferveranstaltungen lieben. Der Weisheitsschüler, der hier angeredet wird, soll aber vor allem hören, und zwar die Weisung

→ 340

(tôrāh, vgl. Spr.28,9). Er soll auch nicht allzu eilfertig und wortreich beten (5,1). »Denn Gott ist im Himmel und du bist auf der Erde, darum seien deiner Worte wenige.« Das klingt an Worte des Psalmisten an: »Unser Gott ist im Himmel«…»Der Himmel ist der Himmel des Herrn, aber die Erde hat er den Menschen gegeben« (Ps 115,3.16). So kann man Kohelet hier geradezu als den »Wächter an der Schwelle zu jedem rechten Gebet« bezeichnen (Zimmerli 1980, 184).

Ein dritter Aspekt kultischen Verhaltens ist das Gelübde. Der angeredete Schüler soll darauf achten, ein Gott gegebenes Gelübde unverzüglich zu erfüllen (5,3). Dazu zitiert Kohelet die entsprechende Anweisung in Dtn 23,22a im Wortlaut. Aber dann zeigt sich wieder der weisheitliche Aspekt, wenn er nicht mit dem Zitat fortfährt, das ein göttliches »Einfordern« des Gelübdes ankündigt (V.22b), sondern den »Toren« gegenüberstellt, der seine Gelübde nicht erfüllt und deshalb kein »Gefallen« findet (bei Gott, aber das wird nicht ausdrücklich gesagt). Aus dem im Deuteronomium folgenden Satz, daß keine Schuld auf sich lädt, wer nichts gelobt (Dtn 23,24), macht Kohelet eine weisheitliche Sentenz mit »besser – als« (tôb – min 5,4). Schließlich soll man es nicht erst so weit kommen lassen, daß man

→ 288

vor dem »Boten«, d.h. dem Priester (vgl. Mal 2,7) eine unabsichtliche Sünde (šegāgāh) eingestehen muß (5,5). Dabei geht es Kohelet

→ 68

nicht darum, daß man für eine solche Sünde durch das vorgeschriebene Sündopfer Vergebung erlangen kann (vgl. Num 15,27-29), sondern um das davorliegende Erzürnen Gottes und dessen mögliche Folgen (V.5b). Statt sich auf kultische Wiedergutmachung zu verlassen, soll der Weisheitsschüler darauf bedacht sein, durch kluges

352

und verantwortungsbewußtes Leben darauf nicht angewiesen zu

sein. Darum lautet die abschließende, knappe Mahnung: »Fürchte Gott!« (V.6b).
Diesen theologischen Abschnitt (4,17-5,6) kann man als das zentrale Mittelstück des Buches Kohelet betrachten, wenn man von einem planmäßigen Gesamtaufbau ausgeht (Lohfink 1993, 10). Hier zeigt sich ein sehr distanziertes, aber keineswegs ablehnendes Verhältnis zu einigen Grundfragen der kultischen Tradition, die in ihrer Beziehung zu einem besonnenen, weisheitlich bestimmten Leben betrachtet werden. Wie schon beim Sprüchebuch kann man auch hier deutliche Parallelen zur prophetischen Opferkritik erkennen, wenn auch der religiöse Grundton ein anderer ist. Die Aufforderung zur »Gottesfurcht« klingt zudem an das Deuteronomium an, wo dieser Begriff eine zentrale Rolle spielt (Dtn 4,10; 6,2.13 u.ö.). → 72

5.3.5
»Gut« leben – im Wissen, daß wir sterben werden

Zu Beginn der zweiten Hälfte des Buches, mitten in einer Reflexion über die ambivalenten Aspekte des Reichtums (5,9-6,10), thematisiert Kohelet noch einmal die Frage nach dem Guten, dem »Glück« (5,17-19). Das Gute, das »schön« (*jāpeh*) ist, so wie Gott alles schön gemacht hat zu seiner Zeit (3,11), also »das vollkommene Glück« (Lohfink 1993), besteht darin, daß der Mensch die Früchte des ihm von Gott gegebenen Wohlstands genießen darf, ohne dabei ständig daran denken zu müssen, wie kurz seine Lebenstage sind.
Hier wird deutlich, zusammen mit dem Kontext in 5,12-16; 6,1f und anderen Texten, daß für Kohelet die eigentliche Bedrohung des menschlichen Glücks das Wissen um die zeitliche Begrenztheit des Lebens ist. Dieser Bedrohung kann er immer nur auf Zeit entfliehen, wenn Gott es ihm gewährt (5,19; aber die Übersetzung bleibt unsicher).
Dann geht Kohelet dazu über, sich mit »vielen Worten, die den Windhauch vermehren« (6,11), auseinanderzusetzen. Die so charakterisierten Worte sind Sätze aus der weisheitlichen Überlieferung, die Kohelet zitiert und kritisiert, wobei nicht immer klar erkennbar ist, was Zitat und was Kohelets eigene Formulierung ist. Man kann den ganzen Abschnitt 6,11-9,6 als Ideologiekritik bezeichnen (Lohfink 1993, 10). Dabei ist alles mehrbödig; schöne, beherzigenswerte Sprichwörter werden ad absurdum geführt. Auch die »Weisen«, die Gebildeten, bleiben nicht verschont, denn auch ihre Reden sind Windhauch (7,5f), und auch die wertvolle Weisheit steht unter dem Vorbehalt, daß niemand gerade biegen kann, was Gott gekrümmt hat (V.11-13). Auch Gerechtigkeit und Weisheit allein sind keine Garantie für gutes und langes Leben, und es kommt darauf an, den richtigen Weg zwischen den Extremen zu finden; dazu verhilft die Gottesfurcht (V.14-18). Aber die Weisheit selbst bleibt fern und tief, sehr tief (V.23), und auch die Gottesfurcht läßt sich nicht als Erfolgsgarantie verrechnen (8,12b-14).

Der groß angelegte Schlußpassus dieses Abschnitts (8,16-9,6) betont noch einmal, daß der Mensch auch mit seinem angestrengtesten Forschen das Tun Gottes in seiner Gesamtheit nicht »herausfinden« kann – auch wenn die Weisen behaupten, sie könnten es (8,16f). Auch die Gerechten und die Weisen sind in Gottes Hand (9,1), auch sie sind einbezogen in das Geschick, das allen bevorsteht (V.3). Aber: Leben ist auf jeden Fall besser als Gestorbensein (»Ein lebendiger Hund ist besser als ein toter Löwe«, V.4), denn »die Lebenden wissen, daß sie sterben werden, aber die Toten wissen gar nichts mehr« (V.5); die Erinnerung an sie ist erloschen, und sie haben nie mehr Anteil an dem, was unter der Sonne geschieht (V.6). Wissen, daß man sterben wird – das ist das Äußerste, was das Forschen der menschlichen Weisheit erreichen kann. Aber es ist mehr, viel mehr, als einem Gestorbenen zuteil werden kann. Mit diesem Wissen angemessen zu leben, darauf kommt es an.

5.3.6
... bis der Staub zur Erde zurückkehrt

Der letzte Hauptteil des Buches beginnt wieder mit einer Anrede in der zweiten Person: »Auf, iß mit Freuden dein Brot und trink vergnügt deinen Wein!« (9,7) Der angeredete Weisheitsschüler (vgl. 4,17) wird später einmal als »junger Mann« bezeichnet (11,9). Er wird nachdrücklich dazu aufgerufen, die Freuden des Lebens zu genießen. Aber ebenso nachdrücklich wird die zweifache Qualifikation dieser Freuden genannt: daß sie von Gott als Anteil gegeben ist (9,7.9) – und daß dieses Leben ein »Windhauch« ist (V.9) und letzten Endes zur Unterwelt führt (V.10). In diesem von Kohelet immer wieder umrissenen Rahmen soll sich aber eine aktive und verantwortungsbewußte Lebensfreude entfalten.

Gleichsam zur Absicherung der Grenzen, in denen dies alles nur geschehen kann, folgt in poetischer Form eine Reflexion über Zeit und Zufall (9,11f, vgl. 3,1-8), danach zahlreiche, manchmal sehr kurze Texte zu verschiedenen Aspekten des menschlichen Verhaltens: über Wissen und Macht (9,13-18), Dummheit (10,1-3), Verhalten vor dem Herrscher (V.4-7), Weisheit (V.8-11) und Torheit (V.12-20); schließlich noch zwei längere, reflektierende Stücke: über die Unberechenbarkeit der Zukunft, verbunden mit der Aufforderung zu tatkräftigem Handeln (11,1-8), und eine Aufforderung, sich der Jugend zu freuen, ehe die Mühen des Alters kommen und schließlich »der Staub auf die Erde zurückfällt als das, was er war, und der Atem zu Gott zurückkehrt, der ihn gegeben hat« (11,9-12,7). In diesem letzten Satz sind die Anklänge an den biblischen Schöpfungsbericht (Gen 2,7) unüberhörbar. Bei aller Skepsis bewegt sich Kohelets Denken innerhalb des Rahmens, der durch die grundlegenden Texte der Hebräischen Bibel umrissen ist.

So steht auch der Schlußsatz (12,8), der zum letzten Mal das einleitende »Alles ist eitel« (1,2) anklingen läßt, nicht außerhalb dieses

→ 13

Rahmens. Kohelet hat es immer wieder gesagt: Eitel, nichtig, Windhauch ist es, nach Erkenntnissen zu streben, die dem Menschen verschlossen bleiben, vor allem nach Erkenntnissen über einen Ertrag des Lebens, der über die dem Menschen gesetzte Begrenzung seiner Lebenszeit hinausreicht. Aber diese Begrenzung ist von Gott gesetzt, und Gott gewährt auch dem Menschen seinen Anteil an den Gütern und der Freude dieses Lebens, bis schließlich der Atem, den Gott dem Menschen gegeben hat, zu Gott zurückkehrt (12,7). Gewiß steht Kohelet mit dieser Sicht am Rande der Glaubenstraditionen der Hebräischen Bibel.' Aber der Leser weiß ja, wie vielschichtig diese Traditionen sind. In manchen Schriften stehen Themen im Mittelpunkt, die in anderen völlig fehlen. Auch die Weise, in der von Gott geredet wird, ist vielfältig. So ist auch die Tatsache, daß Kohelet den Gottesnamen Jhwh nicht gebraucht und statt dessen von »Gott« (ᵃlohîm, meistens mit Artikel) redet, nicht ganz ungewöhnlich, da z.B. auch im Buch Hiob außerhalb der Rahmenerzählung der Gottesname fast völlig fehlt und statt dessen das viel seltenere Wort šaddaj (vgl. Gen 17,1) erscheint.

→ 25

Die Schlußbemerkungen reden wieder, wie schon die Eingangsworte, in dritter Person von Kohelet. Er wird als ein Weiser bezeichnet, der Erkenntnis lehrte und, wie Salomo, viele Sprüche verfaßte (12,9f). Der Verfasser der Schlußverse fügt noch eigene Ermahnungen hinzu. Dabei greift er Kohelets wiederholte Aufforderung zur Gottesfurcht auf und stellt sie in einen größeren alttestamentlichen Rahmen, indem er in der Terminologie des Deuteronomiums das Halten der Gebote zur Gottesfurcht hinzufügt (vgl. Dtn 5,29; 6,2 u.ö.). Der Schlußsatz, der vom Gericht Gottes spricht, hat allerdings keinen Anhalt im übrigen Buch Kohelet.

→ 71

5.4
Die Klagelieder

'êkāh »Wie...!« lautet der Titel dieses Buches in der jüdischen Tradition nach seinem ersten Wort. Oft wird das Buch nach der lateinischen Tradition der Vulgata als Threni oder Lamentationes bezeichnet, im Deutschen seit Luther als Klagelieder. In der jüdischen Tradition gilt der Prophet Jeremia seit früher Zeit als sein Verfasser. Das Buch enthält Klagen, lang anhaltende, untröstlich erscheinende Klagen, die alle um ein Thema kreisen: die Zerstörung Jerusalems und des Tempels im Jahr 586.

E 280

Es ist ein vielstimmiges Klagen. Die Klage über das zerstörte und verlassene Jerusalem/Zion, das wie eine Witwe in seinem Elend sitzt (1,1ff; 2,1ff u.ö.), wechselt mit der Klage der schwer geschlagenen »Tochter Zion« selbst (1,12ff) und mit der Wir-Klage ihrer bitter leidenden Bewohner (4,17ff; 5,1ff). Dazwischen erhebt sich die Stimme eines einzelnen (Kap.3), der sich selbst mit den Worten »Ich bin der Mann, der Elend sah« einführt (3,1), dessen Identität aber nicht enthüllt wird; seine Klagen erinnern an Hiob und vor allem

B.XIV Israel im Gebet

an die Konfessionen Jeremias, was der vermuteten Beziehung des Buches zu Jeremia einen Anhalt bietet.

Die Klagen sind von Anfang an begleitet von dem Bekenntnis, daß diese Katastrophe die Folge der eigenen Sünden ist (1,5.8.14 u.ö.). »Schwer hat sich Jerusalem versündigt, darum wurde sie zum Abscheu« (1,8); das »Joch« ihrer Sünden liegt schwer auf ihrem Hals (1,14), ja, ihre Schuld ist größer als die Sünde Sodoms (4,6). »Wir, wir haben gesündigt und sind ungehorsam gewesen, und du hast nicht vergeben« (3,42). »Wegen der Sünden ihrer Propheten und der Verschuldungen ihrer Priester« ist es geschehen, daß die Feinde durch die Tore Jerusalems einzogen (4,12f). Dies alles geschah am »Tag seines Zorns«, als Gott ohne Erbarmen getötet und auch seines »Fußschemels«, d.h. seines Altars und Tempels (2,7), nicht mehr gedacht hat (1,12; 2,1.21).

Nirgends findet sich eine Stimme, die diese Sicht der Katastrophe in Frage stellt. Im Gegenteil, das schwer geschlagene Zion bekennt: »Der HERR ist gerecht, denn ich habe mich seinem Wort widersetzt« (1,18). Das ganze Buch verharrt fast vollständig in der Klage. Aber aus der Klage heraus rufen Zion und seine Bewohner immer wieder Gott an: »Sieh doch, HERR!« (1,9.11.20 u.ö.), »Gedenke, HERR!« (5,1). Nur einmal erheben sich trostvolle und ermutigende Worte (3,21-33): »Die Güte des HERRN ist's, daß wir nicht gar aus sind, seine Barmherzigkeit hat noch kein Ende, sondern sie ist alle Morgen neu, und deine Treue ist groß« (V.22f); »Gut ist es, schweigend zu harren auf die Hilfe des HERRN« (V.26). Erst ganz am Ende steht dann die Bitte: »Bringe uns, HERR, zu dir zurück, so wollen wir umkehren. Erneuere unsere Tage wie vormals« (5,21). Doch darauf folgt die zweifelnde Frage: »Oder hast du uns ganz verworfen, zürnst du uns allzusehr?« (V.22)

→ 303

Die Klagelieder haben vieles mit den Klagepsalmen gemeinsam. Aber sie unterscheiden sich von ihnen an diesem entscheidenden Punkt: daß die Äußerungen des Vertrauens und der Gewißheit der Erhörung fehlen, die sich bei jedem der Klagepsalmen am Schluß finden. Die Klagelieder sind das unmittelbare Zeugnis der Reaktion auf die schwerste Katastrophe, die Israel in biblischer Zeit betroffen hat. Und sie stehen diesem Ereignis so nahe, daß noch keine Hoffnung auf eine neue Zukunft in ihnen Ausdruck gefunden hat. (Vgl. zum Ganzen Westermann 1990b.)

Zu dieser unmittelbaren Betroffenheit und der Nähe zu den Ereignissen scheint die Tatsache in Widerspruch zu stehen, daß die Lieder alle nach einem kunstvollen akrostichischen System aufgebaut sind. In Kap.1, 2 und 4 beginnt jeder Vers mit einem Buchstaben des Alphabets, in Kap.3 sogar jede der drei Zeilen in jedem Vers; Kap.5 enthält die gleiche Anzahl von 22 Versen bzw. Zeilen entsprechend der Zahl der Buchstaben des Alphabets. Viele Ausleger nehmen an, daß die Lieder diese kunstvolle Gestaltung erst im Zuge der Überlieferung erhalten haben. Man kann aber auch vermuten, daß diese Stilform, die sich ja auch vielfach in den Psalmen findet, in den Kreisen der Verfasser so geläufig war, daß sie auch bei einem solchen Anlaß ohne weiteres angewendet werden konnte.

5.5
Das Buch Ester

Das Buch Ester erzählt die dramatische Geschichte der ersten gro- E 283 ßen Judenverfolgung und ihrer glücklichen Abwendung. Sie spielt in der Zeit des Perserreiches unter dem König Ahasveros (d.h. Xerxes I.). Die Juden leben dort als religiöse und ethnische Minderheit. Aus jüdischer Sicht ist es also eine Erzählung aus der Diaspora. Das jüdische Mutterland wird nur einmal erwähnt in einer Bemerkung über die Zugehörigkeit Mordechais, der männlichen Hauptfigur der Erzählung, zu der Exulantengruppe, die von Nebukadnezzar von Jerusalem nach Babylonien gebracht worden war (2,6); in der Erzäh- → 140 lung selbst spielt es jedoch keine Rolle.

Ein weiterer auffallender Zug ist das völlige Fehlen einer Erwähnung Gottes, sei es mit dem alttestamentlichen Gottesnamen Jhwh oder irgendeiner anderen Gottesbezeichnung. Nur an einer Stelle könnte sich ein Hinweis auf eine göttliche Macht finden, wenn Mordechai in einer Botschaft an Ester sagt, daß den Juden womöglich »von einem andern Ort« Hilfe zuteil werden könnte (4,14); doch der ganze Satz bleibt in der Schwebe mit einem »Wer weiß?«.

Gleichwohl kann man die Erzählung nicht einfach als »profan« bezeichnen. Im jüdischen Kontext der späten alttestamentlichen Zeit kann es von vornherein als stillschweigende Voraussetzung gelten, daß wichtige Ereignisse nicht ohne Gott geschehen. Und da die ganze Erzählung bei allen dramatischen und gefährlichen Wendungen für die Juden ein glückliches Ende nimmt, kann man sie gar nicht anders lesen denn als eine Geschichte der göttlichen Fügung und Führung, auch wenn diese verborgen bleibt, und auch und gerade weil die menschlichen Akteure, vor allem Mordechai und Ester, überlegt und tapfer handeln. Denn für den Erzähler dieser Geschichte »ist das göttlich-menschliche Zusammenwirken die natürlichste Sache von der Welt« (Clines 1984, 157; vgl. auch Loader, 1992, 220, der von der »Beziehung zwischen ›Gottes verborgener Lenkung‹ und ›menschlicher Selbstbehauptung‹« spricht).

So finden sich im Buch Ester zwar keine expliziten theologischen Aussagen, doch es fügt sich in das alttestamentliche Denken ein. Dies wird noch dadurch verstärkt, daß sich in dem Buch deutliche Anklänge an andere alttestamentliche Überlieferungen finden. Besonders wichtig sind die Beziehungen zur Josefsgeschichte in Gen → 28 37-50. In beiden Erzählungen steigt ein Israelit bzw. Jude an einem fremden Königshof zu einem hohen Amt auf und rettet sein Volk vor dem Untergang. Im Buch Ester ist die Gestalt Josefs gleichsam verdoppelt in der Person Mordechais, des aufsteigenden Hofbeamten, und Esters, die zur Königin des Perserreiches wird und in der

die weisheitlichen Elemente, die im Esterbuch deutlich hervortreten (vgl. Talmon 1963), Gestalt gewonnen haben. Sie repräsentiert
gleichsam die weise Frau, die in der Weisheitsliteratur eine wichtige Rolle spielt. (Vgl. auch Meinhold 1975/76 und 1983.)
Das Buch Ester bildet die Festlegende für das Purimfest, das auf die
darin beschriebenen Ereignisse zurückgeführt wird (Kap.9).

Schlußbetrachtung

Die in den Megillot versammelten Texte sind von sehr unterschiedlicher Art und Herkunft. Sie haben jedoch eine gewisse Gemeinsamkeit darin, daß sie jeweils Stimmen von »Außenseitern« wie-
dergeben.
Zwei von ihnen, das Hohelied und das Buch Ester, sind dadurch
charakterisiert, daß in ihnen nicht, jedenfalls nicht ausdrücklich,
von Gott geredet wird. Gleichwohl stehen sie keineswegs außerhalb des Gesamtzusammenhangs der Hebräischen Bibel. Ein Vergleich des Buches Ester mit dem Buch Rut läßt erkennen, daß in
beiden die Menschen die Handelnden sind, ohne daß von einem
Eingreifen Gottes die Rede ist, daß es jedoch die ausgesprochene
oder unausgesprochene Voraussetzung alles menschlichen Handelns ist, daß es letztlich von Gott gelenkt wird. Im Buch Rut wird
dies immer wieder ausgesprochen, im Buch Ester stillschweigend
vorausgesetzt. Der Unterschied liegt also vor allem in der Art und
Weise, wie diese Form der Frömmigkeit artikuliert wird.
Das Hohelied zeigt eine Art des Umgangs mit der körperlichen Liebe, die durchaus in Übereinstimmung mit den Aussagen des Schöpfungsberichts steht (vor allem Gen 2,21-25). Hier tritt einerseits das
Fehlen der Nennung Gottes noch deutlicher hervor, andererseits
»fehlt« eigentlich nichts, weil das Reden von der Liebe, wenn sie im
Rahmen der Schöpfungsvorstellungen verstanden wird, der ausdrücklichen Nennung Gottes nicht bedarf. Die Sonderstellung des
Hohenliedes liegt darin, daß hier dieses Thema ausführlich entfaltet wird; jedoch kommt darin keine vom Ganzen der Hebräischen
Bibel abweichende religiöse Position zum Ausdruck.
Das Buch Kohelet nimmt sehr betont eine kritische Stellung zum
breiten Strom der alttestamentlichen Weisheitsliteratur ein. Aber
gerade in dieser Randstellung entfaltet es ganz spezifische Vorstellungen von der Beziehung des Menschen zu Gott, die keineswegs
den theologischen Rahmen der Hebräischen Bibel verlassen. Auch
die Klagelieder nehmen eine Sonderstellung ein, weil bei ihnen die
Klage in einer so elementaren Tiefe zum Ausdruck kommt, daß kein
Raum für Worte der Hoffnung bleibt, wie sie sich durchweg in den
Klageliedern des Psalters finden. Aber es ist deutlich, daß diese Klage, vor allem in Verbindung mit dem immer wiederholten Schuldbe-
kenntnis, ihren Ort im Zentrum der Religion Israels hat.
So bilden gerade diese »kleinen Schriften« eine wichtige Ergänzung
zu den übrigen Büchern der Hebräischen Bibel, indem sie die Breite

des Spektrums der Theologie und Frömmigkeit zeigen, wie sie in dieser Zeit lebendig war.

IV.6
Das Buch Daniel

Das Buch Daniel nimmt in mehrfacher Hinsicht eine Sonderstellung ein. In E 286 der Hebräischen Bibel steht es im dritten Teil des Kanons, den »Schriften«. In der Septuaginta und den ihr folgenden Übersetzungen wird Daniel hingegen unter die Propheten eingereiht als vierter der »Großen Propheten«. Die Stellung des Buches im Hebräischen Kanon weist jedoch auf seine späte, nachprophetische Entstehung hin. Es kann als das einzige »apokalyptische« Buch im Hebräischen Kanon gelten. Die späte Abfassungszeit zeigt sich auch darin, daß ein großer Teil des Buches (2,4b-7,28) in aramäischer Sprache vorliegt. In der Septuaginta finden sich im übrigen umfangreiche Erweiterungen, die Luther in seiner Bibelübersetzung unter die »Apokryphen« aufgenommen hat.

Das Buch Daniel führt den Leser an das äußerste Ende der Geschichte Israels in der biblischen Zeit und eröffnet zugleich einen Blick auf das bevorstehende Ende der Weltzeit. Seine Handlung spielt ausschließlich in der Diaspora. Darin ist es dem Buch Ester vergleichbar. Aber der Vergleich macht sofort grundlegende Unterschiede deutlich. Anders als im Buch Ester bildet im Danielbuch die Diasporasituation ein konstituierendes Element. Die handelnden Gestalten, Daniel und seine drei Gefährten, werden ausdrücklich als Angehörige der *gālût*, der »Wegführung« aus Juda, bezeichnet (2,25; 5,13 u.ö.). Daniel selbst hat offene Fenster in Richtung auf Jerusalem, wo er regelmäßig betet (6,11).

Dies zeigt einen weiteren grundlegenden Unterschied: Das religiöse Element steht ständig und ausdrücklich im Vordergrund. Gott gibt Jojakim in die Hand des Königs von Babel (1,2); er schafft die Voraussetzungen dafür, daß die jungen exilierten Judäer am babylonischen Königshof nach den jüdischen Speisegesetzen leben können (1,8-16); und er stattet sie mit großer Einsicht und Verstand aus (1,17-20). Vor allem werden dann aber die Konflikte mit der heidnischen Umwelt von dieser religiös begründet: mit der Ablehnung der Anbetung eines Standbilds des Königs (Kap.3) und mit dem Gebet B.XVI Götter Daniels an »seinen Gott« (6,11.13); im Buch Ester hingegen erscheint dieser Aspekt nur indirekt in der Feststellung Hamans, die Juden sonderten sich von den anderen Völkern ab, und ihre Gesetze seien anders als die aller anderen Völker (Est 3,8). Dies läßt zugleich noch einen Unterschied erkennen: Im Esterbuch werden die Juden als »Volk« ihrer nichtjüdischen Umwelt gegenübergestellt, während im Danielbuch die Juden als einzelne auftreten und sich behaupten müssen. Dabei ist wiederum das religiöse Element von entscheidender Bedeutung, indem die Hilfe jeweils durch ein unmittelbares Eingreifen Gottes bewirkt wird. So werden Daniel und seine Gefährten durch wunderhafte Bewahrung aus großer Lebensgefahr gerettet: aus dem Feuerofen (Kap.3) und der Löwengrube (Kap.6).

B.XI Wie von Gott reden? Diese Berichte von individuellen Rettungswundern bringen die Überlegenheit und Einzigartigkeit des Gottes Israels zum Ausdruck. In anderen Erzählungen des Buches wird diese noch betonter herausgestellt im unmittelbaren Gegenüber zu den heidnischen Königen. Über Nebukadnezzar (Kap.4) wie über Belschazzar (Kap.5) ergeht ein göttliches Gericht. Nebukadnezzar hat zuvor die Warnung durch einen Traum, den ihm Daniel deuten mußte, unbeachtet gelassen und sich prahlerisch überhoben (4,26f); Belschazzar hat mit den aus dem Tempel in Jerusalem weggeholten Gefäßen ein widergöttliches Gelage veranstaltet, bei dem ihm durch eine Schrift an der Wand (5,5), die nur Daniel deuten konnte (5,25-28), das Gericht angekündigt wurde. Die Botschaft dieser beiden Kapitel ist, »daß der Höchste über das Königtum der Menschen herrscht und es gibt, wem er will« (4,14.22.29, vgl. 4,32; 5,22f).

Diese weltgeschichtliche Schau der Herrschaft Gottes, des »Höchsten«, beherrscht weite Teile des Danielbuches (vgl. Koch 1980, 199ff). Daniel bekennt: Gott »verändert Epochen und Zeiten, er setzt Könige ab und Könige ein« (2,21). Dies wird besonders eindrucksvoll in den beiden großen Kapiteln entfaltet, welche den aramäischen Teil des Buches rahmen: dem Traum Nebukadnezzars, den Daniel deutet (Kap.2), und der Vision, die Daniel selbst zuteil wird (Kap.7). Hier wird jeweils, mit unterschiedlichen Bildern, eine Abfolge von vier Weltreichen dargestellt (vom neubabylonischen Reich bis zum hellenistischen Diadochenreich, vgl. Koch 1980, 187), an deren Ende Gott selbst ein Reich aufrichten wird, das niemals zerstört wird (2,44, vgl. 7,27b).

Dabei erscheinen geheimnisvolle Gestalten: Ein »Hochbetagter« hält auf einem feurigen Thron Gericht über die Tiere, welche die Weltreiche verkörpern (7,9-12); mit den Wolken des Himmels kommt einer »wie ein Mensch(ensohn)« vor den Hochbetagten, und es werden ihm Herrschaft, Würde und Königtum übergeben (7,13f); das Königtum wird (auch?) den »Heiligen des Höchsten« übergeben (7,18.22.27). Dem heutigen Exegeten bleibt hier vieles verschlossen (vgl. Koch 1980, 214ff). Zugleich zeigt sich, daß dabei auf eine endzeitliche Zukunft vorausgeblickt wird, die jenseits der jetzigen, erfahrbaren Zeit liegt.

B.XVIII Zukunft Auch weitere Visionen Daniels weisen auf die »Zeit des Endes« hin (8,17; 11,35 u.ö.). Wieder bleibt vieles geheimnisvoll und muß auch Daniel selbst durch den Engel Gabriel gedeutet werden (8,15ff ; 9,21ff). Dabei spielen verschlüsselte Zahlen eine Rolle: »eine Zeit, zwei Zeiten und eine halbe Zeit« (7,25, vgl. 12,7), eine halbe (Jahr)woche (9,27), zweitausenddreihundert Abendmorgen (8,14),

aber auch der viel längere Zeitraum von siebzig (Jahr)wochen
(9,24f). Wieder bleibt uns vieles ganz oder teilweise unverständlich
(vgl. Koch 1980, 145ff). In den letzten beiden Kapiteln werden dann
aber die zeitgeschichtlichen Bezüge auf die Ereignisse der Makkabä-
erzeit ganz deutlich. Der »Verächtliche« (11,21) ist offenbar Antio-
chus Epiphanes, dessen frevelhaftes Tun im *vaticinium ex eventu*
ausführlich dargestellt wird. Höhepunkt ist die Entweihung des
Heiligtums, Abschaffung des täglichen Tamidopfers und Errichtung
des »Greuels der Verwüstung« (11,31; 12,11, vgl. 8,13; 9,27).
In dies alles wird Daniel eingeweiht; aber er muß es geheimhalten
(8,26; 12,4.9), weil die Zeit des Endes noch nicht gekommen ist.
Dann aber werden »viele« Verstorbene »aufwachen, die einen zum
ewigen Leben, die anderen zur ewigen Schmach und Schande«
(12,2). Hier klingt im letzten Kapitel des spätesten Buches der Hebräischen Bibel die Erwartung einer Auferstehung der Toten an.

IV.7
Die Bücher Esra und Nehemia

Die ältere jüdische Überlieferung kennt Esra und Nehemia als *ein* Buch, als   E 291
dessen Verfasser Esra gilt. Später wurde mit Neh 1,1 ein neues Buch begonnen, wohl auf Grund der dortigen Überschrift über die »Chronik Nehemias«. In hebräischen Bibelausgaben werden die beiden Bücher jedoch weiterhin als Einheit behandelt.
Umstritten ist die Frage der Beziehungen zwischen den Büchern Esra/Nehe-
mia und den Büchern der Chronik. Ihre enge Verwandtschaft ist offenkundig; ob sie denselben »Verfasser« haben, ist schwer zu entscheiden, nicht
zuletzt deshalb, weil in beiden in großem Umfang ältere Quellen aufgenommen und zitiert werden. Zudem behandeln sie verschiedene Zeitabschnitte:
das Buch Esra beginnt dort, wo das Zweite Chronikbuch endet. (Vgl. dazu
Blenkinsopp 1989, 47-54.) Überraschend ist demgegenüber, daß den hebräischen Bibelhandschriften die Bücher Esra/Nehemia *vor* den Chronikbü-
chern stehen. Dies hängt wohl mit dem besonderen Verständnis der »kanonischen« Bedeutung der Chronikbücher zusammen. (Zum ganzen Eskenazi
1988.)

7.1
Vom Kyrusedikt zur Tempeleinweihung
Die Darstellung der Geschichte Israels und Judas endete im Zweiten Königsbuch mit der Katastrophe der Zerstörung Jerusalems und
der Exilierung großer Teile der Bevölkerung. Der Anfang des Esrabuches kündigt jetzt den Beginn von etwas Neuem an: Gott erweckt den Geist des Perserkönigs Kyrus, so daß dieser den Wiederaufbau des Tempels in Jerusalem anordnet (Esr 1,1-4). Damit wird
eine neue Epoche in der Geschichte Israels eingeleitet, in der beides
eindrucksvoll nebeneinander und ineinander sichtbar wird: Konti-

nuität und Diskontinuität, Anknüpfung an das Vorhergehende und Neugestaltung unter grundlegend veränderten Voraussetzungen. Der Neuanfang wird als göttliche Fügung erfahren: Gott »erweckt den Geist« des Perserkönigs. Das Neue, das dadurch eröffnet wird, ist zugleich Wiederherstellung dessen, was vorher war: des Tempels in Jerusalem als Zentrum der jüdischen Religion und als Wahrzeichen der Identität Israels. Die Wende kommt jedoch nicht völlig unerwartet, denn sie war durch prophetische Gottesworte angekündigt worden: durch Jeremia, der die Rückkehr verheißen hat (Esr

→ 210

1,1, vgl. vor allem Jer 29-31), und durch den exilischen Jesaja, dessen Worte deutlich in der Aussage anklingen, daß Gott Kyrus »er-

→ 177

weckt« hat (vgl. Jes 41,2.25; 45,13). Hier zeigt sich, daß die Bücher Esra/Nehemia sehr bewußt in den früheren Traditionen darinstehen, sie aufnehmen und weiterführen.

Kyrus erläßt (im Jahr 538) ein Dekret. Der Wortlaut ist zweimal überliefert: zum einen in der »offiziellen« Version in aramäischer Sprache (Esr 6,3-5), zum andern in der Formulierung, mit welcher der Verfasser des Esrabuches dieses neue Kapitel der Geschichte Israels eröffnet (1,2-4). Hier ist es Kyrus selbst, der diesen Neuanfang auf einen göttlichen Befehl zurückführt. Ja mehr noch: »Jhwh, der Gott des Himmels« hat Kyrus die Weltherrschaft übertragen und ihm damit zugleich den Auftrag gegeben, für diesen Gott in Jerusalem ein Haus zu bauen. »Ein Haus bauen« für Gott, so hieß es beim

→ 109

ersten Bau des Tempels unter Salomo (1Kön 5,17.19; 6,1 u.ö.) und so wird es nun wieder aufgenommen (Esr 1,2f.5; 5,2.11 u.ö.): Alle die zum Volk dieses Gottes gehören, sollen hinaufziehen (ʿālāh) nach Jerusalem und »das Haus des HERRN, des Gottes Israels« bauen. Der Wiederaufbau des Tempels in Jerusalem ist das entscheidende Ziel der Rückkehr aus dem Exil.

Noch ein anderer Zusammenhang wird sichtbar: Die zurückkehrenden Judäer werden von den Bewohnern der Orte, in denen sie jetzt leben, mit Geschenken unterstützt, mit Silber und Gold, mit beweglicher Habe und Vieh, ja sogar mit »freiwilliger Opfergabe« (nᵉdābāh Esr 1,4.6). Hier steht die Erinnerung an den Auszug aus Ägypten im Hintergrund, bei dem die Israeliten nicht »leer« auszogen, sondern wertvolle »Gaben« von ihren ägyptischen Nachbarn erhielten. Allerdings zeigt dieser Anklang zugleich einen bemerkenswerten Unterschied. In den Berichten über den Auszug aus Ägypten werden diese Gaben eher als erzwungen, ja geradezu als

→ 42

»Ausplünderung« dargestellt (Ex 3,21f; 12,35f), jetzt jedoch steht die freiwillige Bereitschaft zur Hilfe im Vordergrund. Dies wirft auch ein Licht auf die ganz andersartige, ja gegenteilige Charakterisierung des jeweiligen fremden Herrschers: Pharao wird nicht nur

→ 40

als Gegner Israels, sondern geradezu als Gegenspieler Jhwhs dargestellt (vgl. vor allem Ex 5,1-5), Kyrus hingegen preist Jhwh, den Gott des Himmels, der ihm die Weltherrschaft verliehen hat, und wendet

sich darum den Angehörigen des Volkes Israel freundlich zu.

Kyrus ordnet auch die Rückgabe der Tempelgeräte an, die Nebukadnezzar hatte wegnehmen und nach Babel bringen lassen (Esr 1,7; 6,5, vgl. 2Kön 24,13; 25,13-17). Ihre Rückführung war schon immer ein besonderer Gegenstand der Hoffnung auf eine Schicksalswende (vgl. Jer 27,16; 28,3.6), während ihr legendärer Mißbrauch durch den → 201 babylonischen König (genauer: Kronprinzen) Belschazzar (Dan 5) als besonders frevelhaft dargestellt wird. Die Rückgabe und Rückführung der Geräte wird detailliert beschrieben (Esr 1,8-11) und erscheint als ein wichtiges Element der Wiederherstellung der früheren kultischen Verhältnisse.

So stellt der Auszug aus dem Exil einerseits eine Wiederholung des B.V Exodus Exodus aus Ägypten dar. Andererseits ist er unmittelbar auf das entscheidende Ziel ausgerichtet: die Wiederherstellung des Tempels in Jerusalem. Gott erweckt den Geist der Exulanten, wie er den Geist des Kyrus erweckt hat, so daß sie sich aufmachen, »um hinaufzuziehen und das Haus des HERRN zu bauen« (1,6). Damit ist das zentrale Thema des ersten Teils des Esrabuches formuliert. Die aus dem Exil unter der Führung des Davididen Serubbabel und des Priesters Josua (Jeschua) Zurückgekehrten (2,2ff) richten als erstes den Brandopferaltar des zerstörten Tempels wieder auf und setzen den B.VII Kult regelmäßigen Opferkult, einschließlich des Laubhüttenfestes, wieder in Kraft (3,1-5). Der nächste Schritt ist dann das Legen der Fundamente des Tempels (3,6ff). Es wird mit kultischem Zeremoniell begangen (V.10-13), wobei sich die Tränen der Alten, die noch den ersten Tempel gesehen hatten, mit dem Jubelgeschrei der anderen vermischen. Dieser Einzelzug bringt wiederum die beiden Aspekte zum Ausdruck: die Anknüpfung an das Frühere und den Beginn des Neuen.

Aber bald kommt die Arbeit ins Stocken. Jetzt zeigt sich die prekäre Lage der zurückgekehrten Judäer in ihrem Verhältnis zu anderen Bewohnern der Region. Die Zurückgekehrten werden als »die *gôlāh*« bezeichnet, d.h. als die Gruppe der Exulanten, die aber jetzt das eigentliche, legitime »Israel« bilden (4,1; 6,19 u.ö.). Ihre »Feinde« (4,1) werden »das Volk des Landes« (4,4) oder »die Völker des Landes« (3,3) genannt. Deren Verhältnis zu dem beginnenden Tempelbau ist ambivalent. Zunächst erklären sie, sie wollten sich daran beteiligen, »denn wir verehren euren Gott wie ihr«. Sie bezeichnen sich als solche, die von den Assyrern hierher gebracht worden seien (vgl. 2Kön 17,24-41). Hier tritt das Problem der Reinheit der israelitischen Religion in Blick. Genügt es, diesen Gott kultisch zu verehren (*dāraš*), oder gehört mehr dazu? Die Angehörigen der Golah bestehen darauf, daß nur sie allein »für den HERRN, den Gott Israels«, bauen können, wie es ihnen der König Kyrus von Persien aufgetragen hat (4,3).

Als Reaktion auf diese Ablehnung versucht das »Volk des Landes« mit allen Mitteln, den Bau des Tempels zu verhindern (4,4f), und zwar durch die ganze Regierungszeit des Kyrus hindurch (d.h. bis

530) bis zu seinem übernächsten Nachfolger Darius (ab 522). (Das Zwischenstück 4,6-23 bezieht sich auf spätere Widerstände gegen den Mauerbau in Jerusalem in der Zeit Xerxes' I. und Artaxerxes' I., der Nachfolger des Darius.) Schließlich bringt das Eingreifen der Propheten Haggai und Sacharja die Arbeiten wieder in Gang (5,1f), indem Gott wiederum »den Geist Serubbabels..., Josuas...und des ganzen übrigen Volkes erweckt« (Hag 1,14). Eine erneute Intervention, diesmal von seiten des persischen Statthalters (5,3ff), führt zu einem überraschenden Ergebnis: Am persischen Hof wird das Original des Dekrets des Königs Kyrus gefunden, das den Bau des Tempels in Jerusalem anordnet (6,1-5). Damit ist der Weg frei, so daß die Bauarbeiten weitergeführt werden können und schließlich der Tempel (im Jahr 515) feierlich eingeweiht wird (6,14-18).

→ 282

Den Abschluß bildet eine große Passafeier (6,19-22). Es ist nicht das erste Mal, daß ein Passa an einem entscheidenden Wendepunkt der Geschichte Israels begangen wird. Josua feierte das erste Passa auf dem Boden des verheißenen Landes, nachdem ganz Israel den Jordan durchzogen hatte (Jos 5,10f); Joschija feierte nach der Durchführung seiner Kultreform das Passa nach den Vorschriften des kürzlich aufgefundenen »Bundesbuches« wie es »nicht gefeiert worden war seit den Tagen der Richter« (2Kön 23,21-23); und nun feiern die Angehörigen der Golah das Passa nach der Wiederherstellung des Tempels. Damit ist die jetzt beginnende neue Epoche in den großen Zusammenhang der Geschichte Israels hineingestellt.

→ 139

Die Abschlußbemerkung in Esr 6,22b wirft ein bezeichnendes Licht auf die politische Situation, in der sich dies alles ereignete, und auf das klare Bewußtsein dieser Situation bei den Judäern. Gott hatte das Herz des persischen Königs (der hier anachronistisch als »König von Assur« bezeichnet wird) den Judäern zugewandt. Dessen Wohlwollen hatte dies alles ermöglicht, und nur seines und seiner Nachfolger Wohlwollen kann die ungestörte Fortsetzung sichern. Damit wird zugleich der Bogen geschlagen zum Beginn des ganzen Berichts, in dem es hieß, daß Gott den Geist des Perserkönigs Kyrus erweckt habe, so daß er das Dekret zum Wiederaufbau des Tempels in Jerusalem erließ (1,1). So umspannt die göttliche Führung durch den Geist und das Herz der Perserkönige diesen ganzen, bedeutenden Abschnitt der Geschichte des Volkes Israel.

7.2
Esra in Jerusalem

In den Büchern Esra/Nehemia wird vom Wirken Esras und Nehemias in Jerusalem berichtet. Zuerst kam Esra im siebten Regierungsjahr des Perserkönigs Artaxerxes nach Jerusalem (Esr 7,8), später dann Nehemia im zwanzigsten Jahr des Artaxerxes (Neh 2,1). Danach handelt es sich in beiden Fällen um Artaxerxes I. (465-424), so daß Esras Ankunft in das Jahr 458/7 fällt, Nehemias in das Jahr 445/4. Diese Daten sind in der Forschung umstritten;

die Reihenfolge wird häufig umgekehrt und Esras Ankunft in die Zeit des Artaxerxes II. (404-359) datiert, d.h. in das Jahr 398/7. Diese Umkehrung ist aber nicht zwingend, so daß der Reihenfolge des kanonischen Textes der Vorrang gebührt. (Vgl. dazu Blenkinsopp 1988, 139-144.)

Für die nachexilische Epoche der Geschichte Israels ist uns keine zusammenhängende Darstellung überliefert. Aus den Büchern Esra/Nehemia erfahren wir jedoch wichtige Details über die Beziehungen zwischen der Diaspora und der neu etablierten jüdischen Gemeinschaft im Land Israel. Zweimal wird berichtet, daß Mitglieder der jüdischen Diaspora, die am persischen Hof einflußreiche Stellungen erlangt haben, nach Jerusalem kommen, um dort bestimmte Dinge in Ordnung zu bringen: Esra und Nehemia. Nehemia berichtet, daß ihn beunruhigende Nachrichten über die Lage in Jerusalem dazu veranlaßt hätten, den persischen König um Beurlaubung zu bitten, damit er die Stadt wieder aufbauen könnte (Neh 1f). → 368
Hier geht die Initiative von dem Diasporajuden Nehemia selbst aus und wird durch einen Kontakt zwischen den beiden weit voneinander entfernt liegenden Wohngebieten ausgelöst.
Anders bei Esra. Er kommt nach Jerusalem mit dem ausdrücklichen Auftrag des persischen Königs Artaxerxes, »eine Untersuchung anzustellen über Juda und Jerusalem auf Grund des Gesetzes deines Gottes, das in deiner Hand ist« (Esr 7,14). Ob es einen besonderen Anlaß für diesen Auftrag gab, erfahren wir nicht. Deutlich ist aber, daß es vor allem um die Herstellung und Sicherstellung geordneter Rechtsverhältnisse in diesem Teil des persischen Reiches geht, d.h. in den Gebieten »jenseits des Stroms«, in denen Juden leben (V.25f). Hier soll das »Gesetz deines Gottes« zugleich als »Gesetz des Königs« gelten. Das jüdische »Gesetz« erhält damit staatliche Sanktionierung und wird für die persischen Untertanen jüdischen Glaubens für verbindlich erklärt. Zu seiner Durchsetzung sollen »Richter und Rechtskundige« eingesetzt werden; zudem soll es auch denen gelehrt werden, die es nicht kennen.
Die Mission Esras enthält aber noch einen anderen Aspekt: Esra soll das Silber und Gold nach Jerusalem bringen, »das der König und seine Räte gestiftet haben für den Gott Israels, der in Jerusalem seine Wohnstätte hat« (V.15). Dazu soll er auch weitere Spenden einsammeln und das Ganze für Opfer »auf dem Altar des Hauses eures Gottes in Jerusalem« verwenden (V.16f). Diese Reverenz gegenüber einem fremden Kult entspricht der persischen Politik gegenüber unterworfenen Völkern. Vor allem tritt damit aber die religiöse und kultische Seite der Sendung Esras in den Blick.
Esra wird einleitend mit verschiedenen Titeln bezeichnet. Zunächst wird er als Angehöriger einer Priesterfamilie dargestellt, deren Stammbaum in den ersten Versen bis auf Aaron zurückverfolgt wird (1,1-5). Wenn auch Esra niemals in einer priesterlichen Funktion erscheint, so ist die Herkunft aus einer Priesterfamilie dem

Verfasser offenbar wichtig. Er verwendet wiederholt die Bezeichnung »Esra, der Priester« (Esr 7,11.12.21; 10,10.16; Neh 8,2.9; 12,16). Daneben steht der Titel *sopēr* (aramäisch *sāpar*) »Schreiber« oder »Schriftgelehrter« (Esr 7,6; Neh 8,1.4.13; beide Titel nebeneinander Esr 7,11.12.21; Neh 8,9). Nach einer verbreiteten Ansicht war dies ein offizieller persischer Beamtentitel, den Esra trug; in Esr 7,6 wird der Ausdruck allerdings erläutert als »ein Schreiber, kundig in der Tora Moses, die der HERR, der Gott Israels, gegeben hat«, wodurch er eng mit der religiösen Überlieferung Israels verbunden wird und schon in die Richtung des »Schriftgelehrten«, d.h. des sachkundigen Auslegers und Interpreten der Tora weist (vgl. Willi 1995, 106ff).

→ 362

Der Aufbruch Esras erscheint fast wie eine Wiederholung der ersten Rückwanderung zur Zeit des Kyrus. Wieder schließen sich zahlreiche rückkehrbereite Judäer an (7,28; 8,1ff), und auch die Mitführung und Übergabe der Gaben für den Tempel wird ausführlich beschrieben (8,24-30.33f). Dabei wird immer wieder betont, daß die »Hand Gottes« mit Esra war, so daß ihm der König alles gewährte, was er wünschte, und auch die gefahrvolle Reise ohne Zwischenfälle verlief (7,6.9; 8,18.22.31).

Bei ihrem ersten großen Opfergottesdienst werden die Rückwanderer als »Angehörige der *Golah*« bezeichnet, »die aus der Gefangenschaft (*šeʿbî*) kamen« (8,35). Sie werden damit denen gleichgestellt, die schon mit Serubbabel und Josua gekommen waren (2,1), werden aber zugleich als *beˀnê haggôlāh* bezeichnet (vgl. 4,1; 6,19 u.ö.) und damit in den Kreis der wiederhergestellten Gemeinschaft aufgenommen men

Über Esras Tätigkeit in Jerusalem wird an zwei verschiedenen Stellen der Bücher Esra/Nehemia berichtet. Während im Esrabuch Esras Auseinandersetzung mit dem Mischehenproblem im Vordergrund steht (Esr 9f), berichtet Neh 8 von einer großen gottesdienstlichen Versammlung mit einer ausgedehnten Tora-Verlesung durch Esra. Im Rahmen der kompositorischen Einheit der Bücher Esra/Nehemia folgt dieser Gottesdienst unmittelbar auf den Bericht von der Fertigstellung der Stadtmauer unter Nehemias Leitung (Neh 6) und bildet damit einen Höhepunkt in der Gesamtdarstellung des zweiteiligen Buches. Dabei wird eine chronologische Diskrepanz in Kauf genommen, indem das Auftreten Esras in die spätere Wirksamkeit Nehemias eingezeichnet wird.

Esra wird jetzt mit einem Problem konfrontiert: Viele Mitglieder der wieder entstandenen Gemeinschaft sind Ehen mit Frauen von den »Völkern des Landes« eingegangen und haben so den »heiligen Samen« mit diesen Völkern vermischt und einen Treubruch (*maˁal*) gegenüber ihrem Gott begangen (Esr 9,1f). Diese Mitteilung wird in einen großen, geradezu dramatischen Zusammenhang gestellt, indem die fremden Völker mit der »klassischen«, z.T. ganz anachronistischen Reihe von Namen bezeichnet werden, die der Leser aus

dem Pentateuch kennt (Gen 15,19f; Ex 3,8 u.ö.). Vor allem im Deu- → 44
teronomium wird ausdrücklich die Eheschließung mit Angehörigen dieser Völker verboten, weil dadurch ein »Bund« (berît) mit ihnen geschlossen würde (Dtn 7,1-5) und weil sie die Israeliten lehren → 72
könnten, die »Greuel« nachzuahmen, die sie mit ihren Göttern
treiben (Dtn 20,17f). Israel hat jetzt also das getan, was schon Mose → 77
verboten hatte! Darin liegt die Dramatik, die in der Reaktion Esras
zum Ausdruck kommt. Er vollzieht Trauerriten, fastet und spricht
ein langes Gebet (Esr 9,6-15).
Dieses Gebet stellt die gegenwärtige Situation »Israels« (vgl. 9,1) in
den großen Rahmen der Geschichte des Volkes. Sie ist seit den Tagen der Väter eine einzige Sündengeschichte. Darum ist schließlich
das große Unheil über Israel gekommen (V.6f). Jetzt hat Gott dem
übriggebliebenen Rest (pelêṭāh) einen Augenblick der Ruhe und des
Wiederaufbaus gewährt (V.8f), aber sie haben erneut gegen das Gebot der Propheten verstoßen und sich mit den Völkern des Landes
eingelassen (V.10-12). Was soll nun aus dem von Gott gnädig übrig-
gelassenen Rest (šeʾerît ûpelêṭāh) werden? (V.13f) Das Gebet schließt B.XVIII Zu-
mit dem betonten »HERR, Gott Israels, du bist gerecht!«, dem das kunft
Bekenntnis gegenübergestellt wird: »Wir können vor dir nicht bestehen« (V.15).
Das dramatische Verhalten Esras führt zu einer Versammlung der
»Gemeinde« (qāhāl 10,1). Die Versammelten versprechen, auf Esras
Vorhaltungen einzugehen und mit Gott einen »Bund« (berît) zu
schließen, daß sie die Ehen mit fremden Frauen auflösen wollen
(V.3). Das Ganze wird in feierlicher Form bekräftigt (V.5.10-12), es
werden Untersuchungen angestellt (V.16f) und Listen der Betroffe-
nen angefertigt (V.18-43). Ein knapper Schlußsatz meldet den Vollzug (V.44).
Das unvermittelte Ende dieses Berichts über einen entscheidenden
Abschnitt der Tätigkeit Esras wird dadurch verständlich, daß von
Esra noch einmal in einer anderen wichtigen Funktion die Rede ist:
bei der Verlesung der Tora in Neh 8, die in der Gesamtdarstellung → 369
der Bücher Esra/Nehemia den Höhepunkt und Abschluß seiner
Wirksamkeit bildet.
Gleichwohl vermißt der Leser hier eine abschließende Notiz, die erkennen läßt, wie diese sehr einschneidende Aktion Esras eingeordnet und bewertet werden soll. Insbesondere bleibt die Frage offen,
welche längerfristige Wirksamkeit die Beschlüsse und Maßnahmen
gegen Ehen mit nichtjüdischen Frauen gehabt haben. Einige Zeit
später wird Nehemia erneut mit diesem Problem konfrontiert (Neh → 371
13,23-27), was sichtbar werden läßt, daß Esras Wirken in dieser Frage keine abschließende Lösung gebracht hat. (Die gleichen Probleme zeigen sich auch in der Maleachischrift, Mal 2,10-12; allerdings → 288
wissen wir nicht, wie sich diese zeitlich zu den Büchern Esra/Nehe-
mia verhält.)

7.3
Mauerbau, festliche Tora-Verlesung und kultische Verpflichtungen
Mit Nehemia 1 beginnt etwas Neues: »Die Worte Nehemias«. Der
hebräische Ausdruck d\(^e\)bārîm kann auch »Ereignisse« bezeichnen
(vgl. 1Chr 29,29; 2Chr 9,29), so daß die Überschrift verstanden werden kann als »Chronik Nehemias«. Die Texte des Nehemiabuches
sind zum großen Teil im Ich-Stil verfaßt, und das Ganze liest sich
wie ein Rechenschaftsbericht oder eine »Denkschrift«. Ein besonderes Charakteristikum ist die wiederholte Anrufung Gottes: »Gedenke mir dies, mein Gott, zum Guten« oder ähnlich (Neh 3,36f; 5,19;
6,14; 13,14.22.29.31). Sie zeigt, daß es sich hier nicht einfach um einen Bericht handelt, sondern daß Nehemia dies alles niederschreibt,
um vor Gott und Menschen darzulegen, wie er seinen Auftrag, den
Gott ihm »ins Herz gegeben« hat (2,12, vgl. 7,5), ausgeführt hat und
was ihm dabei widerfahren ist. (Vgl. dazu vRad 1964).
Der erste große Abschnitt dieses Auftrags ist die Wiederherstellung
der Mauer in Jerusalem. Nehemia berichtet, daß er auf Grund von
Nachrichten über die schlechte Lage in Jerusalem und insbesondere
über den Zustand der Stadtmauer vom persischen König, in dessen
Dienst er an hervorgehobener Stelle stand, die Erlaubnis erbeten
und erhalten hat, nach Jerusalem zu reisen und die Mauer wieder
aufzubauen (Neh 1,1-2,8). Dieser Bericht ist begleitet von einem
langen Bußgebet, in dem Nehemia, ähnlich wie zuvor schon Esra
(Esr 9), vor Gott bekennt, daß die Lage, in der sich Israel jetzt befindet, ihren Grund in den Sünden der Israeliten hat, insbesondere im
Verstoß gegen die Gebote, die Gott ihnen durch Mose gegeben hat
(Neh 1,5-11). Er erinnert Gott aber auch daran, daß er dem Volk die
Sammlung und Rückführung versprochen hat, wenn sie zu ihm
umkehren (šûb V.9), und bittet um Erhörung des Gebets und um Erfolg bei seinem Anliegen gegenüber dem König (V.11). So sieht er
das Folgende als von der gütigen Hand Gottes bewirkt und begleitet
(2,8.18).
Dann berichtet Nehemia ausführlich und detailliert über seine Reise nach Jerusalem (2,9-11), seine erfolgreichen Bemühungen, die Bewohner Jerusalems und der umliegenden Orte zur Mitarbeit am
Wiederaufbau der Mauer zu gewinnen (2,12-18; 3,1-32), und von den
Bauarbeiten selbst bis zu ihrem Abschluß (6,15). Diese Schilderung
ist immer wieder unterbrochen durch Berichte über Versuche der
Gouverneure der Nachbarprovinzen, Sanballat von Samaria und To-
bija aus dem ostjordanischen Ammon, die Arbeiten zu behindern
(2,10.19f; 3,33-35), bis hin zur Planung von kriegerischen Attacken
(4,1-17) und von Mordanschlägen gegen Nehemia selbst (6,1-14, vgl.
6,16-19). Als die Arbeit aber erfolgreich vollendet ist, müssen die
Feinde erkennen, daß es Gott selbst war, der die Fertigstellung dieses Werkes möglich gemacht hat (6,16).
Bevor dieses Ereignis jedoch angemessen begangen werden kann,
wird Nehemia mit anderen Problemen konfrontiert. »Das Volk«,

d.h. nach dem Kontext: die ärmeren Bevölkerungsgruppen, erheben Klagen über ihre »jüdischen Brüder«, d.h. hier: die Besitzenden (nach V.7 die »Vornehmen« und die »Amtsträger«). Diese nutzen die legalen Möglichkeiten zur Abgabenerhebung und sogar zur Versklavung von Ärmeren aus, die nun geltend machen, daß sie doch vom gleichen »Fleisch und Blut« seien (5,1-5). Nehemia plädiert in einer großen Volksversammlung an Gottesfurcht und Solidarität der Juden angesichts der Feinde ringsum und hat damit auch Erfolg. Er läßt die Besitzenden feierlich vor Priestern schwören, ihre Ansprüche gegen andere Juden aufzugeben (V.6-13). Damit hat er in seiner amtlichen Eigenschaft als persischer Statthalter neue Verhaltensnormen innerhalb der jüdischen Gemeinschaft aufgestellt (vgl. Kippenberg 1978, 54-77). Er geht dabei selbst mit gutem Beispiel voran, indem er nicht nur seine eigenen Ansprüche gegenüber anderen Juden aufgibt (V.10), sondern auch auf die ihm zustehenden Bezüge aus seinem Amt verzichtet und die vielfältigen Verpflichtungen selbst bestreitet (V.14-18).

Die Arbeiten an der Stadtmauer sind zum Abschluß gekommen (6,15f; 7,1-3), und die angemessene Besiedlung der wiederhergestellten Stadt wird vorbereitet (7,4-72a unter Wiederaufnahme einer Heimkehrerliste aus Esr 2; die Ausführung wird in 11,1f berichtet). Zunächst wird aber der erste Tag des siebten Monats (Neh 7,72b) als Beginn des Neuen Jahres feierlich begangen, wie es schon bei der ersten Rückwanderung der Fall war (Esr 3,1). Während dort jedoch die ersten Opfer auf dem wiederhergestellten Altar im Vordergrund standen, ist jetzt das Interesse ganz auf die Verlesung der Tora gerichtet. Dabei rückt Esra wieder in den Mittelpunkt. Das »ganze Volk« versammelt sich »wie ein Mann« auf dem freien Platz vor dem Wassertor, offenbar aus eigener Initiative, ohne daß von einer Einberufung die Rede ist. Die Versammelten bitten Esra, »das Buch der Tora Moses, die der HERR Israel befohlen hat«, herbeizubringen (8,1). Es ist also kein neues, unbekanntes Buch, das Esra jetzt auf Initiative der Versammlung herbeibringt, sondern die Tora, die schon durch Mose gegeben worden ist und die seither die konstituierende Grundlage Israels als religiöser, sozialer und Rechtsgemeinschaft bildet.

Gleichwohl geschieht jetzt mit der öffentlichen Verlesung der Tora etwas Neues: Die Tora wird in das Zentrum des wiederaufgebauten Jerusalem gerückt. Dazu hat sich das ganze Volk, Männer, Frauen und heranwachsende Kinder, versammelt (8,2), und Esra ist auf seinem Podest von Repräsentanten des Volkes umgeben (V.4). Eine gottesdienstliche Veranstaltung beginnt: Beim Öffnen der Torarolle erheben sich alle, Esra spricht einen Segensspruch, eine *berākāh*, das Volk antwortet mit »Amen, amen« und verneigt sich anbetend (8,5f). Dann folgt die abschnittsweise Verlesung der Tora, wobei der »Priester Esra« (V.2) von Leviten unterstützt wird, welche das Gelesene jeweils ausführlich erläutern, so daß die Leute es verstehen

(V.7f). In dieser Darstellung klingen Elemente des späteren synagogalen Gottesdienstes an.

Nehemia (der hier unvermittelt auftaucht), Esra und die Leviten ermuntern das Volk, sich über das Gehörte und Verstandene zu freuen und zu feiern (8,9-12), »denn die Freude am HERRN ist eure Stärke« (V.10). Am nächsten Tag finden sie bei weiterem Studium der Tora die längst vergessene Bestimmung, am Laubhüttenfest in »Laubhütten« zu wohnen (Lev 23, 39-43); der variationsreiche Vollzug dieser Bestimmung ist ein weiterer Anlaß zu ausgedehnter Festfreude, begleitet von täglicher Tora-Verlesung (V.13-18).

Das Lesen der Tora hat aber auch noch eine ganz andere Seite: Es veranlaßt zum Bekenntnis der Sünden und zur Buße. So folgt jetzt in Kap.9 ein großer Sühnegottesdienst. (Das Nacheinander von Laubhüttenfest und Sühnegottesdienst erinnert an den Festkalender, wo jedoch der *jôm hakkippurîm* dem Laubhüttenfest vorausgeht,

→ 62

Lev 23,26-32.33-36+39-43.) Tora-Verlesung und Sündenbekenntnis folgen aufeinander (V.3), wobei jetzt die Leviten den Gottesdienst leiten. Schließlich entfaltet sich ein langes Bußgebet (V.6-37). Es ruft zunächst die heilvolle Geschichte Gottes mit der Welt und mit Israel in Erinnerung (V.6- 15), schlägt dann aber um in das Bekenntnis der Widerständigkeit und Sündhaftigkeit Israels in all seinen vielfältigen Wiederholungen, auf das Gott mit seinen Strafen, aber immer wieder auch mit seinem Erbarmen geantwortet hat, bis hin zur Vertreibung Israels aus seinem Land (V.16-30); doch immer noch kann Israel darauf vertrauen, daß Gott es nicht verlassen wird,

→ 73

»denn du bist ein gnädiger und barmherziger Gott« (V.31) und der »Bewahrer des Bundes« (V.32). Dies gilt auch jetzt noch, obwohl die Beter bekennen müssen: »Siehe, wir sind heute Knechte... und wir sind in großer Not« (V.36f). (Vgl. dazu 1997d).

»Und darum« – so schließt das nächste Kapitel unmittelbar an (10,1). Wegen der schweren Sündengeschichte, die in dem Gebet entfaltet worden ist, und wegen deren Folgen will die versammelte Gemeinschaft, die jetzt als »wir« spricht, die durch Schwur bekräftigte Verpflichtung eingehen, »in der Tora Gottes zu wandeln, die durch Mose, den Knecht Gottes, gegeben ist« (V.30). Diese Selbstverpflichtung soll verbrieft und versiegelt werden (V.1). Es folgt eine lange Liste von Verpflichtungen (V.31ff): Absage an Ehen mit Angehörigen der »Völker des Landes«, Verpflichtung zur Einhaltung des Sabbats beim Handel, Einhaltung des siebten Jahres als Brachjahr und zum Schuldenerlaß, und dann vor allem Verpflichtungen, bei denen das »Haus Gottes«, der Tempel, im Mittelpunkt steht: eine Tempelsteuer, Holzlieferungen, Erstlingsdarbringungen verschiedener Art, und schließlich Abgabe des Zehnten für die Leviten. In diesen Sätzen finden sich vielfältige Bezüge zu Bestimmungen des Pentateuch, des »Buches der Tora Moses«. Man kann sie geradezu als »das älteste erhaltene Dokument einer detaillierten Tora-Ausle

gung« bezeichnen (Crüsemann 1992, 395).

Mit dieser feierlichen Selbstverpflichtung werden das Hören der Tora und das Bekennen der Sünden zu einem eindrucksvollen Abschluß gebracht. Israel hat sich in dem wiederhergestellten Jerusalem versammelt, in dessen Mitte der Tempel steht, und hat sich als Ganzes zum Leben nach der Tora verpflichtet. So bilden die Kapitel Neh 8-10 das zentrale Kernstück der Bücher Esra/Nehemia. Die Einweihung der Stadtmauer bildet schließlich den letzten Höhepunkt (12,27-43). Sie wird als große, feierliche Zeremonie beschrieben, für die zunächst die Priester und die Leviten sich selbst (vgl. Esr 6,20) und sodann auch das Volk, die Tore und die Mauer reinigen. So wird das ganze Volk »heilig«. Dann umschreiten die Repräsentanten der jüdischen Gemeinschaft, voran die levitischen Sänger, in zwei Festchören unter Führung Esras und Nehemias die Mauer und finden sich schließlich »im Haus Gottes« zu einer großen Opferfeier zusammen, die in ein allgemeines Volksfest ausmündet; »denn Gott hatte sie mit großer Freude erfüllt« (V.43). So ist nicht nur die Mauer eingeweiht worden, sondern auch der Tempel und mit ihm die ganze Stadt, deren Tore und Mauer ja zuvor »gereinigt« worden waren. Was mit dem Edikt des Perserkönigs Kyrus begann (Esr 1,1-3), ist nun zu einem glücklichen Ende gekommen. Die Grundlagen für das Leben »Israels« (vgl. 11,3.20 u.ö.) sind neu gelegt und befestigt.

Die folgenden Abschnitte Neh 12,44-13,31 wirken wie Nachträge. Einige ergänzen die Selbstverpflichtung der Gemeinschaft von Kap.10, wobei jetzt Nehemia gleichsam als Ausführender wieder in Erscheinung tritt und damit auch der Ich-Bericht Nehemias zum Abschluß gebracht wird (13,4-31, vgl. Eskenazi 1988, 122ff).

7.4
Israel und die Tora

Jerusalem, die »heilige Stadt« (Neh 11,1) ist wieder aufgebaut und B.X Zion von einem schützenden Wall umgeben. In ihrer Mitte steht der Tempel, in dem der regelmäßige Kult nach den Regeln der Tora vollzogen wird. Was zerstört und vernichtet war, ist wiederhergestellt, so daß Israel an all das wieder anknüpfen kann, was frühere Generationen geschaffen und geschrieben haben.

Aber vieles ist anders geworden. Die politischen Strukturen haben sich verändert: Israel – genauer: Juda – ist jetzt Teil des persischen Großreiches ohne politische Selbständigkeit. Eigene politische Strukturen, wie z.B. das spätere Hohepriestertum, sind noch nicht zu erkennen. Vor allem aber lebt Israel nicht mehr nur in seinem eigenen Land, sondern zugleich auch in dem, was man jetzt »Diaspora« nennen kann. Aus dem als vorübergehend verstandenen Exil ist eine eigene, dauerhafte Lebensform für einen Teil des Volkes geworden. Aber dieses »Diasporajudentum«, wie man es jetzt nennen kann, ist sich jedenfalls in seinen besten Vertretern der Beziehungen zum Land Israel, ja der Verwurzelung in ihm, voll bewußt.

Diese tief verwurzelte Beziehung kommt besonders deutlich darin zum Ausdruck, daß sich führende Persönlichkeiten der jüdischen Gemeinschaft in der Diaspora, die zugleich auch einflußreiche Positionen im persischen Reich innehaben, für die Geschicke des Landes Israel und insbesondere der Stadt Jerusalem, verantwortlich fühlen. Davon berichten die Bücher Esra/Nehemia. Sie berichten aber nicht isoliert und nicht einmal in erster Linie von Einzelpersonen, sondern sie lassen den Leser daran teilhaben, wie die Gemeinschaft in und um Jerusalem ihr Selbstverständnis innerhalb des neu konsolidierten Lebensraums gewinnt und ausdrückt. Vor allem in dem zentralen Abschnitt Neh 8-10 ist es die Gemeinschaft selbst, das »Volk« (hā'ām), das die Initiative zur öffentlichen Tora-Verlesung und zur darauf antwortenden Selbstverpflichtung ergreift.

Dabei treten »die Tora« und »das Gesetz« in den Büchern Esra/ Nehemia in zwei ganz unterschiedlichen Funktionen und auch in unterschiedlicher Terminologie in Erscheinung. Im aramäischen Text des Auftrags, den Esra vom persischen König erhält (Esr 7,12- 26) ist vom »Gesetz« (dāt) die Rede, das auch als »das Gesetz deines Gottes« (V.14.26, 25 im Plur.) oder »Gesetz des Himmelsgottes« (V.12.21) bezeichnet wird. »Himmelsgott« ist hier die Bezeichnung des Gottes Israels in der Sicht von Außenstehenden. Dieses Gesetz soll zugleich als »Gesetz des Königs« gelten und in der ganzen Provinz, in der Juden wohnen, in Geltung gesetzt und in seiner Durchführung überwacht werden (V.25f). Die Ausführung dieses Auftrags wird in 8,36 kurz angedeutet.

In Neh 8 ist dann von der »Tora« die Rede. Sie wird eingeführt als »das Buch der Tora Moses, die der HERR Israel befohlen hat« (V.1) und heißt weiterhin einfach »die Tora« (V.2.7.9. u.ö.) oder »das Buch der Tora« (V.3.8.18). Ihre öffentliche Verlesung durch Esra wird als ein bedeutsames Ereignis gefeiert. Sie hat auch Auswirkungen auf die Gestaltung des Lebens der Gemeinschaft, die danach das Laubhüttenfest feiert (8,13-18), öffentlich gemeinsam ihre Sünden bekennt (Kap.9) und eine feierliche Selbstverpflichtung zur Einhaltung der Tora, insbesondere mit Blick auf den Tempelgottesdienst, beschließt.

So stellen die Bücher Esra/Nehemia das Zeugnis der Konsolidierung Israels in der Zeit der persischen Herrschaft dar. Jerusalem mit dem Tempel bildet den Mittelpunkt, wie es schon früher Jahrhunderte hindurch gewesen war. Aber nun ist ein neues Element hinzugetreten, das von jetzt an zur wesentlichen Grundlage des Selbstverständnisses Israels wird: die Tora. Dabei kommt der Wirksamkeit Esras grundlegende Bedeutung zu. Gleichwohl hat er dies alles nicht »geschaffen«, und die Darstellung zeigt sehr eindrucksvoll, wie nun die neu konsolidierte Gemeinschaft selbst ihr Leben und ihre Zukunft in die Hand nimmt und gestaltet.

B.XI Wie von Gott reden?

IV.8
Die Chronikbücher

Der hebräische Name dieses Buches lautet *dibrê hajjāmîm*, »Begebenheiten E 297
der Tage«,»Zeitereignisse«. Dieser Titel enthält nichts Spezifisches, denn in
den Königsbüchern wird oft auf Bücher mit einer solchen Bezeichnung ver-
wiesen (1 Kön 14,19.29 u.ö.). Die Septuaginta teilt das Buch in zwei Teile und
bezeichnet sie als παραλειπομένων »Übergangenes«, d.h. in den Samuel- und
Königsbüchern nicht Erwähntes. Die Vulgata hat diesen Titel als »Paralipo-
menon« übernommen. Luther hat dann von Hieronymus die Bezeichnung
Χρονικόν übernommen und mit »Chronica« wiedergegeben.

Im Kanon der Hebräischen Bibel gehört das Buch zum dritten Teil, den
»Schriften«. In einigen Handschriften steht es am Anfang der »Schriften«,
in anderen und dann auch in allen gedruckten Ausgaben der Hebräischen Bibel jedoch ganz am Ende. Die Septuaginta hat es weiter nach vorne gerückt
und hinter die Königsbücher eingeordnet; dem folgen auch die Vulgata und
die meisten deutschen Übersetzungen.

Im folgenden werden die Chronikbücher als *ein* Buch betrachtet und als
»Chronik« bezeichnet, ihr Verfasser – unbeschadet der Frage, ob es einer
oder mehrere waren – als »Chronist«.

8.1
Was will dieses Buch?
Im letzten Buch des Kanons beginnt alles noch einmal ganz von vorne: mit Adam, dem ersten Menschen (1 Chr 1,1). Was ist der Zweck
dieses Buches? Wie soll man es lesen nach allem, was zuvor geschrieben worden ist? Das Auffallendste an diesem Buch ist, daß es
vieles von dem wiederholt, was schon zuvor, vor allem in den Sa-
muel- und Königsbüchern berichtet wird, wobei aber zugleich
grundlegende Unterschiede in die Augen springen. Die Stellung des
Buches im Hebräischen Kanon zeigt, daß es nicht als eine weitere
Geschichtsdarstellung verstanden werden will, die etwa mit den
Samuel- und Königsbüchern in Konkurrenz treten wollte; vielmehr
weist seine Einordnung im dritten Kanonteil von vornherein in eine
andere Richtung. Das Buch will nicht berichten, sondern auslegen
und interpretieren.
Was ist der eigentliche Gegenstand dieses Buches? Eine erste Antwort auf diese Frage gibt der Aufriß des Buches. Nach einem weit
ausholenden genealogischen Einleitungsteil beginnt die Erzählung
mit Davids Einsetzung zum König über »ganz Israel« (1 Chr 11,1-3).
Das davidische Königtum ist damit das erste und beherrschende
Thema des ganzen Buches. Dadurch ist auch die Auswahl dessen
bestimmt, was berichtet wird. Die gesamte Geschichte des Nordreiches, das sich nach Salomos Tod vom davidischen Königtum ge- → 117
trennt und ein eigenes Königtum errichtet hatte, bleibt unerwähnt;

nur hier und da taucht das Königtum des Nordreichs als Gegenspieler des davidischen Königtums auf.

Sehr bald wird dann ein zweites großes Thema angeschlagen. Nach dem gescheiterten Versuch Davids, die Lade nach Jerusalem zu bringen (1Chr 13), ordnet er an, daß nur die Leviten die Lade tragen dürfen, weil der HERR sie dazu erwählt hat (15,2). Von jetzt an spielen die Leviten eine wichtige und vielfältige Rolle bei der Ausübung des Kultes, wobei ihre Einsetzung durch David immer im Bewußtsein bleibt. Das eigentliche Zentrum des Kultes muß jedoch erst noch geschaffen werden. Nach der abgewendeten Plage wegen der Volkszählung erklärt David, daß die Tenne Araunas, auf der er einen Altar gebaut und Opfer dargebracht hat, der Ort für das »Haus des HERRN« sein soll (22,1). Dann beginnt er sofort mit den Vorbereitungen für den Tempelbau, mit dessen Ausführung er seinen Sohn und Nachfolger Salomo beauftragt (Kap.22). Hier zeigt sich die enge Verflechtung des davidischen Königtums mit dem Tempel und dem Kult sowie die herausgehobene Rolle Davids selbst, der alles geplant und vorbereitet hat.

Aber der Kult ist nicht Selbstzweck. David verknüpft seine Anweisung zum Bau des Tempels an Salomo mit der Ermahnung zum Halten der Tora (1Chr 22,11-13); die Repräsentanten Israels, die Salomo dabei unterstützen sollen, fordert er auf, Gott zu suchen (dāraš, V.19). Beide Forderungen ziehen sich durch das ganze Buch. Immer wieder ist auch von Verstößen dagegen die Rede (2Chr 12,14 u.ö.), aber ebenso auch davon, daß Könige und Volk sich demütigen (kāna' ni., 2Chr 12,6 u.ö.). Hier wird eine weitere Besonderheit der Chronik deutlich: Sie rechnet mit einem verläßlichen Zusammenhang zwischen dem richtigen Gottesverhältnis und dem Ergehen und Geschick des Volkes. Gott suchen und sich demütigen hat Wohlergehen und »Ruhe« zur Folge (z.B. 2Chr 14,6), Abfall von Gott führt in den Niedergang.

Von hier aus wird die Funktion der makellosen Darstellung Davids und Salomos am Anfang dieser Geschichte verständlich. Sie repräsentieren in idealer Form die Verbindung von Königtum, Kult und Toratreue, die allen folgenden Generation zum Vorbild dienen soll – nie wieder erreicht, aber immer wieder angestrebt. Das ist nicht Geschichtsschreibung, sondern Deutung der von Gott gesetzten Grundregeln für das Leben des Volkes, das sich als »Volk Jhwhs« versteht (2Chr 23,16).

Der Schluß des Buches weist in die Zukunft. Nachdem das Land eine Sabbatruhe erfahren hat, geschieht noch einmal ein Neuanfang. Gott erweckt den Geist des Königs von Persien, so daß dieser anordnet, daß der Tempel in Jerusalem wieder aufgebaut werden soll und daß jeder, der zum Volk Jhwhs gehört, dorthin zurückkehren darf (2Chr 36,22f). Die Chronik ist geschrieben für diejenigen, welche die hier berichtete Geschichte hinter sich haben und nun zu denen gehören, die die Verantwortung für die Zukunft Israels tragen.

→ 103

→ 106

8.2
Israel in der Völkerwelt

Der Anfang der Chronik bereitet dem Leser eine Überraschung. Viele Kapitel lang werden Reihen und Listen von Namen aufgezählt, deren Zusammenhänge und Strukturen sich erst bei genauerem Lesen erschließen. Von den Anfängen der mit Adam beginnenden Menschheitsgeschichte (1Chr 1,1) führt die Namenreihe zunächst zielstrebig auf Abraham zu (1,27) und dann auf die Söhne »Israels«, d.h. Jakobs (2,1f, vgl. 1,34). Das Israel der zwölf Stämme bildet den Ausgangspunkt für alles Kommende. Von den Söhnen Jakob/Israels wird zunächst die Linie Judas weiterverfolgt (2,3ff), in der auch David erscheint (2,15); Davids eigene Nachkommenschaft wird dann in Kap.3 weitergeführt bis weit in die nachexilische Zeit hinein. In den folgenden Kapiteln werden die Genealogien der übrigen Jakobsöhne in unterschiedlicher Ausführlichkeit behandelt. Ein besonderes Gewicht liegt dabei auf dem Stamm Levi (5,27-6,66). Hier werden auch die Tempelsänger behandelt (6,16-32) und besonders ausführlich die Wohnsitze der Leviten (6,39-66). Schließlich wird die Genealogie des Stammes Benjamin (Kap.8) auf die Familie Sauls hingeführt (V.29ff). Dieser letzte Abschnitt wird in 9,35ff noch einmal wiederholt und bildet dort die Überleitung zu dem Bericht über den Tod Sauls (Kap.10). (Vgl. zum Ganzen Oeming 1990).

Die Vielfalt des in diesen Kapiteln versammelten Materials zeigt mit großer Deutlichkeit, daß dem Chronisten ausgedehntes »biblisches« Material zur Verfügung stand. In vielen Fällen sind Textabschnitte wörtlich oder mit geringfügigen Änderungen aus Vorlagen übernommen, die wir in anderen Büchern der Bibel finden; so sind z.B. in 1Chr 1,1-2,2 aufgenommen: Gen 5,1-32; 10,2-4.6-8.13-18.22-29; 11,10-26; 25,13-16.1-4.19-26; 36,4-5.9-14.20-28.31-43; 35,22-26; Ex 1,1-5. Die Chronik erinnert damit ihre Leser an Bekanntes und vielfach auch Vertrautes, um ihre eigene Darstellung in den großen Zusammenhang der Geschichte der Menschheit und des Volkes Israel zu stellen.

Dabei will die Chronik aber ganz offensichtlich keine Konkurrenz oder Alternative zu den großen biblischen Konzeptionen sein, die sie vor sich hat. Adam und Noah (1,1.4), Abraham (1,27f), Jakob/Israel (1,34; 2,1), Mose (5,29) und Josua (7,27) werden genannt ohne die leiseste Andeutung der großen Ereignisse, die mit ihren Namen verbunden sind. So findet sich auch kein Hinweis darauf, daß Israel jemals woanders als in diesem seinem Lande gewesen sei. Dieser Aspekt wird noch dadurch unterstrichen, daß die Genealogien vielfältig mit geographischen Angaben über die Wohnsitze der Stämme verbunden sind. Israel und sein Land gehören unlösbar zueinander (vgl. Willi 1995, 124ff).

B.IV Land

Hier wird ein wesentlicher Aspekt der Botschaft der Chronik für die Leser ihrer Zeit sichtbar. Israels Geschichte war von Anfang an Geschichte in seinem Land. Nach der großen Katastrophe der Trennung von diesem Land hat Gott seinem Volk die Rückkehr gewährt. Nun kommt alles darauf an, daß Israel in seinem Land so lebt, wie Gott es von ihm erwartet und wie es beispielhaft von den beiden großen Königen am Anfang seiner Geschichte, David und Salomo, vorgelebt worden ist.

8.3
Die Idealzeit: David und Salomo

Was der Chronist mitteilen will, beginnt mit David. Hier wird schon ein Grundprinzip der ganzen folgenden Darstellung erkennbar: der Chronist trifft eine bestimmte Auswahl aus seinen Quellen und ändert sie auch immer wieder ab, manchmal durch geringfügige Veränderung des Wortlauts, manchmal durch stärkere Eingriffe in den Text der Vorlage. So läßt er die ganze Vorgeschichte des Königtums Davids über Israel unerwähnt: seine Salbung durch Samuel, seine Zeit im Dienst Sauls, Flucht vor Saul und Aufenthalt bei den Philistern, und schließlich die Rückkehr und die Salbung zum König von Juda. Worauf es dem Chronisten ankommt, ist Davids Königtum über Israel.

→ 98

→ 101

Hier zeigen sich die ersten Änderungen im Text. Nach 2Sam 5 »kamen alle Stämme Israels« zu David, d.h. also die Vertreter der Nordstämme, über die er noch nicht König war. In 1Chr 11,1 heißt es jedoch: »Da versammelte sich ganz Israel«. Die Unterscheidung zwischen Juda und den übrigen Stämmen bleibt unerwähnt, und es ist »ganz Israel«, das David nach dem Tod Sauls (Kap.10) zum König machen will. Der Text der Vorlage wird dann weitgehend wörtlich wiedergegeben, wobei auch die Vorgeschichte erwähnt wird, als David Heerführer unter dem König Saul war (V.2). Bei der Salbung Davids wird dann auch Samuel erwähnt durch die hinzugefügte Bemerkung »nach dem Wort des HERRN durch Samuel« (V.3). Offenbar setzt der Chronist voraus, daß seine Leser die Geschichten kennen, so daß er auch die wichtige Tradition von der Salbung Davids durch Samuel im göttlichen Auftrag unerwähnt läßt.

Auch in 1Chr 11,4 ist es wieder »ganz Israel«, das anstelle der »Männer Davids« (2Sam 5,6) aufbricht, um Jerusalem zu erobern. Vor der Einholung der Lade berät sich David mit der »ganzen Gemeinde (qāhāl) Israel« (13,1), und für die endgültige Einbringung der Lade ruft er erneut »ganz Israel« zusammen (15,3). Hier treten nun zum ersten Mal die Leviten in Aktion. David erklärt feierlich, daß niemand außer den Leviten die Lade tragen darf, »denn der HERR hat sie dazu erwählt, die Lade des HERRN zu tragen und ihm für alle

→ 76

Zeit zu dienen« (V.2). Darin klingen Aussagen aus Dtn 10,8 und 18,5 an. Sie zeigen wiederum, wie sehr das Denken des Chronisten in den Überlieferungen Israels verwurzelt ist. Zugleich entfaltet sich nun ein ganz neues, weiträumiges Bild der Aktivitäten der Leviten, die in gewaltigen Zahlen aufgeboten werden, nicht nur um die Lade zu tragen (V.15), sondern auch um die kultische Musik auszuüben (V.16ff). In Jerusalem angekommen, bestellt David Leviten zum Dienst an der Lade, wobei wiederum der Musik ein wichtiger Platz eingeräumt wird (16,4-6). Und dann ertönt zum ersten Mal der Psalmengesang Asafs und seiner Brüder (V.7-36). Sie singen hymnische Lob- und Danklieder, die wir aus dem Psalmenbuch kennen. Sie preisen die wunderbaren Taten (niplā'ôt), die Gott an den Erzvätern tat, mit denen er seinen Bund geschlossen hat (Ps 105,1-15), → 308 und seine wunderbare Herrschaft über alle Völker, deren Götter »Nichtse« sind, während Jhwh die Welt geschaffen hat, die ihn jetzt rühmt (Ps 96). Die Gemeinde antwortet mit »Amen« und »Halleluja« (Ps 106,47f). → 310

Dieses neue Davidbild findet seine Fortsetzung nach der Entscheidung, das »Haus Gottes« an dem Ort der Tenne Araunas zu errichten (1Chr 22,1). Von jetzt an sind Davids Aktivitäten ganz den Vorbereitungen des Tempelbaus und dem Aufbau der Organisation des Tempelkultes gewidmet. Die Vielfalt der dramatischen Ereignisse in Davids persönlichem und politischen Leben, von denen im 2.Samuelbuch die Rede ist, bleiben unerwähnt. Der David der Chronik muß nicht bekennen »Ich habe gesündigt«, und er muß auch nicht → 105 vor seinem eigenen aufständischen Sohn fliehen. Davids Familie kommt außer Salomo gar nicht in Blick. (Nur die Bemerkung über Michal ist in 1Chr 15,29 eigenartig isoliert stehengeblieben, vgl. Japhet 1993, 307f.) In einer Abschiedsrede, mit der er seinen Sohn Salomo zum Nachfolger und zum Tempelbauer einsetzt (28,1-10), wiederholt David öffentlich die Begründung dafür, daß er selbst den Tempel nicht bauen konnte, wie er sie zuvor schon gegenüber Salomo gegeben hat: Gott habe ihm dics verwehrt, weil er von seinen Kriegszügen Blut an den Händen hatte (V.3, vgl. 22,8). Seinem Nachfolger Salomo gibt er dann noch einmal die Quintessenz der chronistischen Theologie mit auf den Weg: »Wenn du den HERRN suchst, läßt er sich von dir finden; wenn du ihn aber verläßt, verwirft er dich für immer« (28,9).

Dann überreicht David Salomo den Bauplan (tabnît) des Tempels und alle übrigen Entwürfe für die Gestaltung und Ausstattung des Tempels und des Tempelkults (V.11-21), die er mit Gottes Hilfe erstellt hat (V.19). Er fügt noch reiche Spenden an Gold und Silber für den Tempel hinzu, die entsprechende freudig gegebene Spenden der Repräsentanten des Volkes und des Volkes selbst nach sich ziehen (29,1-10). Dann beendet David seine Regierungszeit mit einem letzten, großen Gebet (V.10-19). Darin wird ein wichtiges Element des chronistischen Verständnisses des Königtums sichtbar: Gott ist der eigentliche Herrscher, Majestät und Macht gehören ihm; er allein kann groß machen und erhöhen (V.11f). David und sein Volk sind nur Gäste und Fremdlinge wie es schon die Väter waren (V.14f). Von hier aus fällt Licht auf die wiederholte Formulierung, daß Gott den Nachfolger Davids in seine eigene Königsherrschaft (malkûtî 17,14) und auf den »Thron der Königsherrschaft Jhwhs« (28,5, vgl. 29,23) einsetzen will. Dies erscheint wie eine Überhöhung der menschlichen Herrschaft; zugleich ist es aber eine Einschränkung, denn die Herrschaft bleibt Gottes und der menschliche Inhaber des Thrones kann jederzeit fallen. So gilt Davids Zusage der göttlichen Hilfe für Salomo »bis die ganze Arbeit für den Dienst des Hauses des HERRN vollendet ist«. Das bedeutet in erster Linie eine Zielsetzung: Das Königtum hat die Aufgabe, den Tempel und den Tempeldienst zu vollenden. Doch zugleich liegt darin auch eine Einschränkung für die Zeit danach beschlossen (vgl. Riley 1993, 74f).

→ 109
Zunächst aber sitzt Salomo auf seinem Thron und vollzieht den Auftrag, den er von David übernommen hat. Sein Bild als Tempelbauer war ja in der Vorlage des 1.Königsbuches schon vorgegeben. Der Chronist konzentriert seine Darstellung wiederum ganz auf sein eigentliches Thema: die Daviddynastie und den Tempel mit

→ 107
seinem Kult. Dabei kann er alles übergehen, was über die Hintergründe des Herrschaftsantritts Salomos überliefert wurde (1Kön 1f), weil ja nach seiner Darstellung die Nachfolgefrage von David ohne Diskussion und ohne Widerspruch geregelt worden ist. Es fällt auch kein Schatten auf die Regierungszeit Salomos; es ist weder von seiner Verführung zu fremden Kulten durch ausländische Frauen noch von der äußeren und inneren Bedrohung seiner Herrschaft die Rede

→ 113
(vgl. 1Kön 11). So bilden die Regierungszeiten Davids und Salomos insgesamt das Idealbild der von Gott eingesetzten Dynastie, die sich ganz der Erbauung des Tempels und der Pflege des Kultes widmet und dafür von Gott reichlich belohnt wird.

Nur an einer Stelle hat der Chronist einen Text übernommen, der die Möglichkeit andeutet, daß es auch anders gehen könnte. In der zweiten Gotteserscheinung, die Salomo zuteil wird, ist von dem Geschick die Rede, das Israel ereilen würde, wenn es sich von Gott

→ 112
und seinen Geboten abwendete (2Chr 7,19-22, vgl. 1Kön 9,6-9). Im 1.Königsbuch wird die damit ins Auge gefaßte Wende schon zu Lebzeiten Salomos eingeleitet. Der Chronist läßt die Warnung bestehen, die ja auch schon früher angeklungen ist (1Chr 28,9), aber sie verwirklicht sich nicht während der Herrschaft Salomos. So bleibt das Bild der Ära David-Salomo ungetrübt.

Das Wichtigste an dieser idealen ersten Phase des Königtums ist die
B.VII Kult
zentrale Rolle des Tempels. Dies wird besonders deutlich, wenn man sich bewußt macht, daß die Chronik für Leser in einer Zeit geschrieben worden ist, in der es keinen König, wohl aber einen mit großen Mühen wieder aufgebauten Tempel in Jerusalem gab. Die Konzentration auf den Tempel ist auch für die folgende Geschichte des geteilten »Israel« von zentraler Bedeutung.

8.4
Israel zwischen Gott suchen und Gott verlassen

Der Abfall der Nordstämme von der Dynastie Davids ist für den
Chronisten kein Anlaß, nun über die Geschichte zweier Staaten, Is-

rael und Juda, parallel zueinander zu berichten, wie es seine Vorlage tut. Der Satz »So fiel Israel vom Haus Davids ab bis auf den heutigen Tag« (2Chr 10,19, vgl. 1Kön 12,19) bedeutet für ihn vielmehr, → 117 daß es jetzt nur noch *eine* legitime Geschichte »Israels« gibt, nämlich die unter der Herrschaft der Könige aus der Dynastie Davids, die ihren Sitz in Jerusalem hat, dem Ort des Tempels des HERRN. Allerdings bedeutet dies keineswegs, daß nun die Stämme, die sich dem nördlichen Königtum angeschlossen haben, einfach abgeschrieben würden. Im Gegenteil: immer wieder wird um sie geworben. So hält Abija, als Nachfolger Rehabeams der zweite König des verbliebenen Südreiches Juda, eine Rede an das Heer des Nordreiches, die als »ein kleines Kompendium der chronistischen Theologie« (vRad 1962, 365) gelten kann. Er beginnt: »Wißt ihr denn nicht, daß der HERR, der Gott Israels, das Königtum über Israel David und seinen Söhnen gegeben hat für immer?« Er tadelt sie, daß sie Jerobeam nachgelaufen sind und zudem die Priester und Leviten vertrieben haben, und stellt dem den regelmäßigen Kult am Tempel in Jerusalem gegenüber. »Denn wir halten die Anordnungen des HERRN, unseres Gottes; ihr aber habt ihn verlassen.« Darum: »Israeliten, kämpft nicht gegen den HERRN, den Gott eurer Väter, denn ihr werdet keinen Erfolg haben« (2Chr 13,4-12).

Daß es eigentlich nur *ein* Israel gibt, kommt auch darin zum Ausdruck, daß der Chronist neben der Verwendung der Namen Israel und Juda für die beiden Teilreiche die Bezeichnung »Israel« immer wieder auch für Juda verwendet, insbesondere in Titeln und im Zusammenhang mit dem Kult. So sind die »Vorsteher Israels« (*śārê jiśrā'ēl*) in 2Chr 12,6 und 21,4 Amtsträger in Juda, wie auch die Familienhäupter (*rā'šê hā'ābôt l°jiśrā'ēl*) in 19,8 und 23,2 judäische Familien oder Sippen repräsentieren. »Ganz Israel« verläßt mit Rehabeam »die Tora des HERRN«, obwohl Rehabeam nur noch König über Juda ist (12,1). Joasch ließ »in allen Städten Judas« von »ganz Israel« Geld zur Ausbesserung des Tempels sammeln (24,5) und wurde wegen seiner guten Taten »an Israel, für Gott und sein Haus« in der Stadt Davids beigesetzt. Schließlich erkennen die anderen Völker nach dem siegreichen Krieg Joaschafats gegen die Ammoniter und Moabiter, den »ganz Juda« ausfechten mußte (20,3f u.ö.), »daß der HERR gegen die Feinde Israels gekämpft hatte« (V.29). Mit dieser Verwendung das Namens Israel für Juda will der Chronist das Nordreich nicht ausschließen; er bringt vielmehr seine Überzeugung zum Ausdruck, daß es in Juda eine ungebrochene Kontinuität mit dem ursprünglichen *einen* Israel gibt (vgl. Williamson 1977, 102-110).

Die bewegte Geschichte Judas von der Abtrennung des Nordreichs bis zur Zerstörung Jerusalems zeichnet der Chronist auf seine eigene Weise nach. Für den Gesamtablauf läßt er seine Vorlage zu Wort kommen, oft sehr ausführlich. Aber er gibt dem Ganzen sein eigenes Gepräge, teils durch Weglassen, teils durch Hinzufügen von Ereignissen, vor allem aber durch deren theologische Interpretation. So wird in der Regierungszeit Rehabeams der Feldzug des Pharao Schischak (Schoschenk) mit einem theologischen Rahmen versehen: Rehabeam »verläßt das Gesetz des HERRN« (2Chr 12,1); als der Pharao vor Jerusalem steht, überbringt der Prophet Schemaja Rehabeam und den versammelten Militärführern ein Gotteswort: »Ihr habt mich verlassen, darum habe ich euch auch verlassen«; da demütigen sie sich und sprechen: »Der HERR ist gerecht!«; daraufhin beschließt Gott, Rehabeam nicht ganz zu verderben (V.5-8.12). Hier steht das »Sich-Demütigen« im Mittelpunkt (12,6.7.12). Es bildet das Gegenstück zum vorhergehenden »verlassen« ('āzab) Gottes und seiner Tora (V.1.5).

Am Schluß der Lebenszeit Rehabeams wird dann noch ein anderer Vorwurf gegen Rehabeam laut: Er hat Gott nicht »gesucht« (dāraš V.14). Gott verlassen und Gott suchen, diese beiden Begriffe in ihrer Wechselbeziehung ziehen sich durch die Chronik hindurch: Davids Ermahnung gegenüber Salomo (1Chr 28,9) wird vom Propheten Asarja gegenüber Asa wieder aufgenommen (2Chr 15,2, vgl. V.12f); am Schluß seines Lebens sucht Asa Gott aber trotz seiner Krankheit nicht mehr (16,12). Joschafat hingegen sucht nicht die Baale, sondern den Gott seines Vaters (17,3f), was ihm auch trotz seiner Beziehungen zu dem »gottlosen« König Ahab angerechnet bleibt (19,2f), zumal er bei einer kriegerischen Bedrohung erneut den HERRN sucht (20,3).

Die Wende im Leben Joaschs, der zunächst für die Ausbesserung des Tempels Sorge trägt, dann aber von den Aramäern bedroht wird und schließlich einer Verschwörung zum Opfer fällt, ist darin begründet, daß er Gott verlassen hat (24,18.20.24); das Gleiche gilt für Ahas (28,6). Aber dann ist es Hiskija, der bekennt, daß die Väter Gott verlassen haben (29,6), und zur Kultreform aufruft. Selbst Angehörige der Nordstämme demütigen sich und kommen nach Jerusalem (30,11). Beim großen Passafest betet Hiskija für Festteilnehmer, die sich nicht gereinigt haben; denn »den HERRN, den Gott ihrer Väter« zu suchen, erscheint ihm wichtiger als die ordnungsgemäße Reinigung (V.19). Schließlich muß sich auch Hiskija selbst demütigen, weil sich sein Herz überhoben hatte; da ließ der Zorn des HERRN von ihm und von Juda und Jerusalem ab (32,25f).

In der vom Chronisten frei formulierten Episode der Bekehrung Manasses ist wiederum das Schlüsselwort, daß er sich demütigte (33,12.19), während von seinem Nachfolger Amon ausdrücklich betont wird, daß er seinem Vater darin nicht folgte (V.23). Dann ist es aber Joschija, der schon in jungen Jahren anfängt, den »Gott seines Vaters David« zu suchen (34,3). In dem Gotteswort durch die Prophetin Hulda wird Unheil über die Bewohner Jerusalems angekündigt, weil sie Gott verlassen haben (V.25); Joschija selbst aber soll dieses Unheil noch nicht erleben müssen, weil er sich vor Gott gedemütigt hat (V.27). Doch dann ist das Letzte, was über den letzten

König von Juda zu sagen ist, daß er sich nicht gedemütigt hat (36,12). Oft sind es Propheten oder vom Geist Gottes ergriffene Männer, welche die Ereignisse mit ihren Worten begleiten oder interpretieren. Dabei handelt es sich häufig um Vorgänge, die der Chronist nicht aus seinen Vorlagen entnommen, sondern selbst formuliert hat. So wird der König Asa vom Propheten Asarja zu einer großen Kultreform veranlaßt (15,1-15, der Titel *nābî'* in V.8). Später kündigt ihm der »Seher« (*ro'eh*) Hanani eine Zeit des Krieges an (16,7-10); Asas negative Reaktion darauf führt mit zu der Feststellung, daß er am Ende seines Lebens den HERRN nicht gesucht habe (V.12). Joram erhält sogar einen Brief des Propheten Elija, der ihm wegen seiner Abgötterei Unheil ansagt (21,12-15). Auch bei einigen weiteren Propheten wird von Konflikten mit den Königen berichtet (24,19-22; 25,15f), während andere Gehör finden (25,7-13; 28,9-15). Der Vorwurf gegen Zidkija, den letzten König von Juda, lautet, daß er sich nicht vor dem Propheten Jeremia gedemütigt habe (36,12). Schließlich verspotten alle Amtsträger Judas, die Priester und das ganze Volk die Propheten, die der »Gott ihrer Väter« als Boten zu ihnen gesandt hat (V.14-16).

Ein besonders eindrucksvolles Beispiel chronistischer Theologie bietet das Kapitel 2Chr 20. Joschafat sieht sich einer kriegerischen Bedrohung gegenüber. Daraufhin »richtet er sein Angesicht darauf, den HERRN zu suchen«, und ruft ein Fasten aus (V.3). In einem langen Gebet ruft er den »Gott unserer Väter« an, den »Gott im Himmel, der über alle Königreiche der Völker herrscht.« Er hält ihm die heilvolle Geschichte vor Augen, in der er Israel das Land gegeben hat, in dem sie jetzt wohnen und seinem Namen ein Heiligtum gebaut haben. Aber ausgerechnet die Völker, die Israel bei seiner Einnahme des Landes auf Gottes Weisung verschont hat (vgl. Dtn 2,4f.9.19), wenden sich jetzt zum Vernichtungskrieg gegen sie. Das Gebet endet mit den Worten: »Wir wissen nicht, was wir tun sollen. Unsere Augen sind auf dich gerichtet« (V.12). Da kommt der Geist des HERRN über den Leviten Jahasiël aus der Tempelsängerfamilie der Söhne Asafs (V.14), und er ruft der versammelten Gemeinde zu: »Fürchtet euch nicht!« Er kündigt ihnen an, daß nicht sie selbst kämpfen werden, sondern: »Stellt euch nur hin und seht die Hilfe des HERRN« (V.17). Das sind die gleichen Worte, die Mose am Schilfmeer zu den Israeliten sprach (Ex 14,13)! Am nächsten Morgen hält → 43 der König noch eine Kriegspredigt, in der er Jesajas Wort (Jes 7,9) ins → 161 Positive kehrt: »Glaubt an den HERRN, so werdet ihr bestehen!« (V.20) Dann stellen sich die Leviten auf, um in ihrem Ornat vor der Schlachtreihe her zu ziehen und Psalmen zu singen (V.21). In diesem Augenblick schickt Gott (überirdische?) »Auflauerer« mit der Folge, daß die Feinde sich gegenseitig umbringen. Diese Erzählung stellt einen »Heiligen Krieg« dar, wie ihn auch frühere Texte kennen → 93.95 nen (z.B. Ri 4,14-16; 1Sam 7 u.ö.). Aber hier wird gar nicht mehr gekämpft, sondern alles hängt an der göttlichen Hilfe, deren Herbeiführung kultischer Formen bedarf. Dabei spielen die von David eingesetzten Leviten eine wichtige Rolle, sowohl in ihrer »prophetischen« Funktion als auch in der liturgischen Einleitung und Begleitung des »Kampfes«. So ist alles »vergeistlicht« und »levitisiert« (vgl. vRad 1951, bes. 80f).

Die besondere Wertschätzung der Propheten durch den Chronisten kommt auch dadurch zum Ausdruck, daß er sie in den abschließenden Notizen über die einzelnen Könige als Gewährsleute zitiert. Für David enthielt die Vorlage keine Schlußnotiz. Der Chronist verweist auf die Aufzeichnungen des Sehers (ro'eh) Samuel, des Propheten (nābî') Natan und des Schauenden (ḥozēh) Gad (1Chr 29,29). Hier sind die drei Bezeichnungen für prophetische Gestalten zusammengeführt, die sich sonst in der Hebräischen Bibel nie gemeinsam finden. Die ganze Fülle der Prophetie wird zum Zeugen angerufen. Später finden sich Gad und Natan noch einmal mit den gleichen Titeln bei der Begründung einer von David gegebenen Anordnung im Blick auf die Leviten (2Chr 29,25). In der Schlußnotiz für Salomo werden der Prophet Natan, die Prophezeiung Ahijas von Schilo und der Schauende Jedo angeführt (2Chr 9,29), bei Rehabeam der Prophet Schemaja und der Schauende Iddo (12,15), bei Abija der Prophet Iddo (13,22), bei Usija der Prophet Jesaja, Sohn des Amoz (26,22), ebenso auch bei Hiskija (32,32).

→ 96
→ 103.106

→ 201

→ 210

Das letzte Wort in der Geschichte Israel/Judas, wie sie in der Chronik nacherzählt wird, hat der Prophet Jeremia, genauer: »das Wort des HERRN durch den Mund Jeremias« (36,21). Dabei tritt insbesondere die große Predigt ins Bewußtsein, die Jeremia mit dem Joch auf dem Nacken an Zidkija und die Könige der Nachbarvölker gehalten hat, daß sie sich Nebukadnezzar unterwerfen sollten, weil sie sonst aus ihren Ländern ins Exil weggeführt würden (Jer 27). Dies ist nun geschehen, und es wird lange dauern, wie Jeremia angekündigt hat: siebzig Jahre (Jer 29,10). Noch ein anderes Schriftwort zieht der Chronist heran: »Das Land wird seine Sabbate nachholen, solange es wüste liegt« heißt es in dem großen Schlußkapitel der Sinaigesetzgebung (Lev 26,34f).

Aber das Wort Jeremias wird ganz erfüllt: »Wenn für Babel siebzig Jahre voll sind, werde ich euch heimsuchen und mein gutes Wort an euch erfüllen, euch wieder an diesen Ort zurückzubringen.« Um dies Wirklichkeit werden zu lassen, »erweckt der HERR den Geist des Kyrus, des Königs von Persien«, so daß er überall in seinem Reich verkündigen läßt, daß »der HERR, der Gott des Himmels«, ihm befohlen habe, »für ihn in Jerusalem ein Haus zu bauen«; das heißt nichts anderes als: den Tempel Davids und Salomos wieder aufzubauen. Und wer vom Volk dieses Gottes dazu bereit ist, »mit dem sei der HERR, sein Gott, und er ziehe hinauf« (2Chr 36,22f). Die Geschichte Gottes mit seinem Volk geht weiter. Die Sabbatjahre sind vorbei, das Zerstörte kann wieder aufgebaut werden. Und dabei wird all das, was in der Chronik über die Planungen und Anweisungen für den Tempel und seinen Kult niedergelegt ist, zu neuem Leben erwachen.

Rückblick und Ausblick

Der Kanon der Hebräischen Bibel ist eine gewachsene und zugleich eine gestaltete Größe. In ihm haben Tradenten, Sammler und Gestalter die Texte zusammengetragen und zusammengefügt, die ihnen wichtig waren, um die Traditionen Israels in ihrer Gesamtheit aufzubewahren und an die kommenden Generationen weiterzugeben. Viele haben daran mitgewirkt, und so ist es ein vielschichtiges Ganzes geworden. Es umspannt einen weiten Rahmen. Die Geschichte Israels ist hineingestellt in die Geschichte der von Gott geschaffenen Welt und Menschheit. Aus dieser wächst sie heraus durch die Erwählung Abrahams, dem Gott einen besonderen Auftrag im Rahmen der Völkerwelt zuteil werden läßt. Die wechselvolle Geschichte der Nachkommen Abrahams und seines Enkels Jakob, der »Israel« genannt wurde, wird in vielfältig wechselnden literarischen Formen entfaltet - bis hin zu den dramatischen Ereignissen der Zerstörung Jerusalems und des Tempels. Auch die Zeit danach, die Zeit des Wiederaufbaus und der Neuorientierung in dem spannungsvollen Verhältnis von Kontinuität und Diskontinuität, wird ansatz- und ausschnittweise dokumentiert.

Neben der Darstellung und Deutung dieser wechselvollen Geschichte enthält der Kanon der Hebräischen Bibel aber noch vielfältige Texte ganz anderer Art. Die Worte von Propheten, welche die Geschichte Israels über weite Strecken kritisch begleitet haben, sind in eigenen umfangreichen Schriften gesammelt worden. Sie fügen nicht nur dem Bild dieser Geschichte neue Akzente hinzu und lassen neue Konturen sichtbar werden, sondern sie entfalten eigene Themen und Aspekte der religiösen und »theologischen« Traditionen Israels. In den Psalmen und verwandten Texten wird die Stimme des betenden Israel hörbar, in den Weisheitsschriften die Überlieferungen eines reflektierenden Umgangs mit den Realitäten des menschlichen Lebens wie auch deren kritische Infragestellung.

Eine Theologie des Alten Testaments soll all diese Stimmen zu Gehör kommen lassen. Dieser erste Band hat sich darum bemüht, in einem Durchgang durch den Kanon von seinem ersten bis zu seinem letzten Vers die Texte selbst in ihrer vorliegenden Gestalt sprechen zu lassen. Dabei ist in der Darstellung selbst und in den Randverweisen schon vielfältig auf Zusammenhänge zwischen verschiedenen Büchern und Kanonteilen aufmerksam gemacht worden. Diese Zusammenhänge deutlicher herauszuarbeiten, wird Aufgabe des zweiten Bandes sein. Er wird dies in ständigem Rückbezug auf den ersten Band in thematisch orientierten Kapiteln entfalten. So soll ein möglichst umfassendes und differenziertes Bild der theologischen Aussagen des Alten Testaments in seiner Ganzheit entstehen.

In einem abschließenden Teil werden die methodischen Grundsatzfragen einer kanonisch orientierten Theologie des Alten Testa-

B

C
384

ments im Kontext der gegenwärtigen wissenschaftlichen Diskussion behandelt. Dabei wird dann auch auf das Verhältnis zwischen dem jüdischen und dem christlichen Verständnis des Alten Testaments eingegangen. Aus christlicher Sicht ergibt sich dabei insbesondere die Frage des Verhältnisses von Altem und Neuem Testament und der Möglichkeit und Notwendigkeit einer »Biblischen Theologie«.

Verzeichnis der zitierten Literatur

Vorbemerkung:
Die Veröffentlichungen werden im Text jeweils mit Namen und Jahreszahl zitiert, meine eigenen nur mit Jahreszahl. »Luther« und »Buber« ohne nähere Angaben beziehen sich auf die Bibelübersetzungen. Artikel in Wörterbüchern werden in der Regel im Literaturverzeichnis nicht gesondert aufgeführt.

Ackroyd, P.R., Hosea und Jakob, in: VT 13, 245-259
–, 1978
Isaiah I-XII: Presentation of a Prophet, in: VT.S 29, 16-48 (= Studies in the Religious Traditions of the Old Testament, 1987, 79-104)
–, 1982
Isaiah 36-39: Structure and Function, in: Von Kanaan bis Kerala, FS J.P.M. van der Ploeg, AOAT 211, 3-21 (= Studies [vgl. 1987], 103-120)
Albertz, R., 1989
Die Intentionen und die Träger des Deuteronomistischen Geschichtswerks, in: R.Albertz u.a. (Hrsg.), Schöpfung und Befreiung, FS C.Westermann, Stuttgart, 37-53
–, 1992
Religionsgeschichte Israels in alttestamentlicher Zeit, 2 Bde., GAT 8/1 und 2
Alt, A., 1925
Jerusalems Aufstieg, ZDMG 79, 1-19 (= Kleine Schriften zur Geschichte des Volkes Israel, Bd.3, 1959, 243-257)
–, 1951
Die Weisheit Salomos, in: ThLZ 76, 139-144 (= Kleine Schriften, Bd.2, 1953, 90-99)
Alter, R. ,1981
The Art of Biblical Narrative, New York
Alter, R. und F.Kermode, 1987
The Literary Guide to the Bible, Cambridge, Mass.
Anderson, B.W., 1967
Creation versus Chaos: The Reinterpretation of Mythical Symbolism in the Bible, New York (reprinted Philadelphia 1987)
–, 1984
Creation in the Old Testament, Philadelphia/London
Auld, A.G., 1983
Prophets Through the Looking Glass. Between Writings and Moses, in: JSOT 27, 3-23
–, 1984
Prophets and Prophecy in Jeremiah and Kings, in: ZAW 96, 66-82
Aurelius, E. ,1988
Der Fürbitter Israels. Eine Studie zum Mosebild im Alten Testament, Lund
Barth, C., 1947
Die Errettung vom Tode in den individuellen Klage- und Dankliedern des Alten Testaments, Zürich (mit zwei Anhängen, einer Bibliographie und Registern neu hrsg. von B.Janowski, 1997)

Barton, J., 1986
–, Oracles of God. Perceptions of Ancient Prophecy in Israel after the Exile, London

Baumgartner, W., 1917
Die Klagegedichte des Jeremia, BZAW 32

Begg, C., 1986
The Non-mention of Amos, Hosea and Micah in the Deuteronomistic History, in: BN 32, 41-53

Blenkinsopp, J., 1977
Prophecy and Canon. A Contribution to the Study of Jewish Origins, Notre Dame

–, 1983a
A History of Prophecy in Israel. From the Settlement in the Land to the Hellenistic Period, Philadelphia

–, 1983b
Wisdom and Law in the Old Testament. The ordering of life in Israel and early Judaism, Oxford

–, 1988
Ezra-Nehemiah. A Commentary, OTL

–, 1992
The Pentateuch. An Introduction to the First Five Books of the Bible, New York

–, 1995
Sage, Priest, Prophet. Religious and Intellectual Leadership in Ancient Israel, Louisville, Kentucky

Blum, E., 1984
Die Komposition der Vätergeschichte, WMANT 57

–, 1990a
Studien zur Komposition des Pentateuch, BZAW 189

–, 1990b
E.Blum u.a. (Hrsg.), Die Hebräische Bibel und ihre zweifache Nachgeschichte (FS R.Rendtorff), Neukirchen-Vluyn

–, 1996/97
Jesajas prophetisches Testament. Beobachtungen zu Jes 1-11, in: ZAW 108, 547-568; 109, 12-29

Blum, R. und E., 1990c
Zippora und ihr חתן דמים, in: E.Blum 1990b, 41-54

Brueggemann, W., 1991
Bounded by Obedience and Praise: The Psalms as Canon, in: JSOT 50, 63-92

–, 1997
Theology of the Old Testament. Testimony, Dispute, Advocacy, Minneapolis

Buber, M., o.J.
Die Schrift. Verdeutscht von Martin Buber, gemeinsam mit Franz Rosenzweig

–, 1942/1984
Der Glaube der Propheten (hebräisch 1942; deutsch 1950, 2.Aufl. Darmstadt 1984)

Campbell, A.F., 1986
Of Prophets and Kings. A Late Ninth-Century Document (1 Samuel 1 – 2 Kings 10), CBQMS 17

Carlson, R.A., 1964
David, the Chosen King. A Traditio-Historical Approach to the Second Book of Samuel, Stockholm

Carroll, R.P., 1969
The Elijah-Elisha Sagas: Some Remarks on Prophetic Succession in Ancient Israel, in: VT 19, 400-415

–, 1979
When Prophecy Failed. Reactions and Responses to Failure in the Old Testament Prophetic Traditions, London

–, 1981
From Chaos to Covenant. Uses of Prophecy in the Book of Jeremiah, London

Cassuto, U., 1961/1964
A Commentary on the Book of Genesis, Part I: From Adam to Noah, Genesis I-VI 8 (hebr. 1944); Part II: From Noah to Abraham, Genesis VI 9 – XI 32 (hebr. 1949), Jerusalem

–, 1967
A Commentary on the Book of Exodus (hebr. 1951), Jerusalem

Childs, B. S., 1971
Psalm Titles and Midrashic Exegesis, in: JSS 16, 137-150

–, 1974
Exodus. A Commentary , OTL

–, 1979
Introduction to the Old Testament as Scripture, London

–, 1986
Old Testament Theology in a Canonical Context, Philadelphia

–, 1992
Biblical Theology of the Old and New Testaments. Theological Reflection on the Christian Bible, Minneapolis (deutsch: Die Theologie der einen Bibel, Bd.1: Grundstrukturen, 1994, Bd.2: Hauptthemen, 1994, Freiburg u.a.)

Clements, R.E., 1977
Patterns in the Prophetic Canon, in: G.W.Coats/B.O.Long (Hrsg.), Canon and Authority. Essays in Old Testament Religion and Theology, Philadelphia, 42-55

Clines, D.J.A., 1978
The Theme of the Pentateuch, JSOT.S 10

–, 1984
The Esther Scroll. The Story of the Story, JSOT.S 30

–, 1989
Job 1-20. Word Biblical Commentary, Vol.17, Dallas

Coats, G.W., 1988
Moses. Heroic Man, Man of God, JSOT.S 57

Collins, T.
The Mantle of Elijah. The Redaction Criticism of the Prophetical Books, BibSem 20

Conrad, E.W., 1988
The Royal Narratives and the Structure of the Book of Isaiah, in: JSOT 41, 67-81

–, 1991
Reading Isaiah, Minneapolis
–, 1997
The End of Prophecy and the Appearance of Angels/Messengers in the Book of the Twelve, in: JSOT 73, 65-79
Cross, F.M., 1973
Canaanite Myth and Hebrew Epic, Harvard
Crüsemann, F., 1971
Kritik an Amos im deuteronomistischen Geschichtswerk. Erwägungen zu 2.Könige 14,27, in: H.W.Wolff (Hrsg.), Probleme biblischer Theologie, FS G.v.Rad, München, 57-63
–, 1978a
Der Widerstand gegen das Königtum. Die antiköniglichen Texte des Alten Testaments und der Kampf um den frühen israelitischen Staat, WMANT 49
–, 1978b
»...er aber soll dein Herr sein« (Genesis 3,16). Die Frau in der patriarchalischen Welt des Alten Testaments, in: F.Crüsemann/H.Thyen, Als Mann und Frau geschaffen. Exegetische Studien zur Rolle der Frau, Gelnhausen, 13-106
–, 1981
Die Eigenständigkeit der Urgeschichte, in: J.Jeremias/L. Perlitt (Hrsg.), Die Botschaft und die Boten, FS H.W.Wolff, Neukirchen-Vluyn, 11-29
–, 1985
Israel in der Perserzeit. Eine Skizze in Auseinandersetzung mit Max Weber, in: W.Schluchter (Hrsg.), Max Webers Sicht des antiken Christentums, stw 548, 205-232
–, 1989
Im Netz. Zur Frage nach der »eigentlichen« Not in den Klagen der Einzelnen, in: FS Westermann (vgl. Albertz 1989), 139-148
–, 1992
Die Tora. Theologie und Sozialgeschichte des alttestamentlichen Gesetzes, München
Dietrich, W. / Link, C., 1995
Die dunklen Seiten Gottes. Willkür und Gewalt, Neukirchen-Vluyn
Dohmen, C., 1993
Der Sinaibund als Neuer Bund nach Ex 19-34, in: E.Zenger (Hrsg.), Der Neue Bund im Alten. Zur Bundestheologie der beiden Testamente, QD 146, 51-83
Donner, H., 1959
Art und Herkunft des Amtes der Königinmutter im Alten Testament, FS J.Friedrich, 105-145 (= Aufsätze zum Alten Testament, BZAW 224, 1994,1-24)
–, 1984/86
Geschichte des Volkes Israel und seiner Nachbarn in Grundzügen, 2 Bde., GAT 4/1 und 2 (2. Aufl. 1995)
Douglas, M., 1993,
In the Wilderness. The Doctrine of Defilement in the Book of Numbers, JSOT.S 158
Dozeman, Th.B., 1989
God on the Mountain, SBL.MS 37

Ebach, J., 1984
Leviathan und Behemoth, Paderborn
–, 1986
Bild Gottes und Schrecken der Tiere. Zur Anthropologie der priesterlichen Urgeschichte, in: Ursprung und Ziel. Erinnerte Zukunft und erhoffte Vergangenheit, 16-47
–, 1987
Kassandra und Jona. Gegen die Macht des Schicksals, Frankfurt a.M.
–, 1990
»Ist es ›umsonst‹, daß Hiob gottesfürchtig ist?«, in: FS R.Rendtorff (vgl. Blum 1990b), 319-335
–, 1995a
Hiobs Post, Neukirchen-Vluyn
–, 1995b
»...und behutsam mitgehen mit deinem Gott«. Theologische Reden 3, Bochum
–, 1996a
Streiten mit Gott. Hiob, Teil 1, Hiob 1-20, Neukirchen-Vluyn
–, 1996b
Streiten mit Gott. Hiob, Teil 2, Hiob 21-42, Neukirchen-Vluyn
Edelman, D.V., 1991
King Saul in the Historiography of Judah, JSOT.S 121
Elliger, K., 1951
Der Jakobskampf am Jabbok. Gen 32,23ff als hermeneutisches Problem, ZThK 48, 1-31 (= Kleine Schriften zum Alten Testament, 1966, 141-173)
Eskenazi, T.C., 1988
In an Age of Prose: A Literary Approach to Ezra-Nehemiah, SBL.MS 36,
Eslinger, L., 1989
Into the Hands of the Living God, JSOT.S 84
Exum, C., 1983
»You Shall Let Every Daughter Live«: A Study of Exodus 1:8-2:10, in: Semeia 28, 63-82
–, 1992
Tragedy and Biblical Narrative. Arrows of the Almighty, Cambridge
Fishbane, M., 1979
Text and Texture. Close Readings of Selected Biblical Texts, New York
–, 1985
Biblical Interpretation in Ancient Israel, Oxford
Galling, K., 1928
Die Erwählungstraditionen Israels, BZAW 48
Gaston, L., Abraham and the Righteousness of God, HBT 2, 1980, 39-68 (= Paul and the Tora, Vancouver 1987, 45-63)
Gerstenberger, E.S., 1988
Psalms. Part I with an Introduction to Cultic Poetry. FOTL 14, Grand Rapids
Gese, H., 1973
Anfang und Ende der Apokalyptik, dargestellt am Sacharjabuch, in: ZThK 70, 20-49 (= Vom Sinai zum Zion. Alttestamentliche Beiträge zur biblischen Theologie, BEvTh 64, 1974, 202-230)

–, 1974
Nachtrag: Die Deutung der Hirtenallegorie Sach 11,4ff, in: Vom Sinai zum Zion, 231-238

Greenberg, M., 1973
1970
Mankind, Israel and the Nations in the Hebraic Heritage, in: J.R.Nelson (Hrsg.), No Man is Alien. Essays in the Unity of Mankind, Leiden, 15-40 (= Studies in the Bible and Jewish Thought, Philadelphia 1995; deutsch: Die Menschheit, Israel und die Nationen in hebräischer Überlieferung, in: J.R.Nelson/W.Pannenberg, Um Einheit und Heil der Menschheit, Frankfurt a.m., 1973, 23-48)

–, 1980
Reflections on Job's Theology, in: The Book of Job. A New Translation According to the Traditional Hebrew Text, Philadelphia, xvii-xxiii (= Studies, 327-333)

–, 1983
Ezekiel 1-20. The Anchor Bible, Bd.22, Garden City

–, 1987
Job, in: R.Alter/F.Kermode (Hrsg.), The Literary Guide to the Bible, Cambridge, MA, 283-304 (= Studies, 335-357)

Greßmann, H., 1924
Die neugefundene Lehre des Amen-em-ope und die vorexilische Spruchdichtung Israels, in: ZAW 42, 272-296

Gunkel, H., 1895
Schöpfung und Chaos in Urzeit und Endzeit, Göttingen

–, 1910
Genesis, HK I/1, 3. Aufl. (⁹1977)

–, 1926
Psalmen, HK II/2 (⁶1986)

Gunkel-Begrich, 1933
H.Gunkel, Einleitung in die Psalmen. Die Gattungen der religiösen Literatur Israels, zu Ende geführt von J.Begrich, Göttingen 1933 (⁴1985)

Gunneweg, A.H.J., 1985
Esra, KAT XIX/1

–, 1987
Nehemia, KAT XIX/2

–, 1990
Das Gesetz und die Propheten. Eine Auslegung von Ex 33,7-11; Num 11,4-12,8; Dtn 31,14f.; 34,10, in: ZAW 102, 169-180.

Hamborg, G.R., 1981
Reasons for Judgement in the Oracles Against the Nations of the Prophet Isaiah, in: VT 31, 145-159

Hanhart, R., 1990ff
Sacharja, BK XIV/7

Hanson, P.D., 1975
The Dawn of Apocalyptic. The Historical and Sociological Roots of Jewish Apocalyptic Eschatology, Philadelphia (revised edition 1979)

Herrmann, S., 1971
Die konstruktive Restauration. Das Deuteronomium als Mitte biblischer Theologie, in: FS G.v.Rad, München, 155-170 (= Gesammelte Studien zur

Geschichte und Theologie des Alten Testaments, München 1986, 163-178)

–, 1986ff
Jeremia, BK XII

–, 1990
Jeremia. Der Prophet und das Buch, EdF 271

Hoffmann, H.-D., 1980
Reform und Reformen. Untersuchungen zu einem Grundthema der deuteronomistischen Geschichtsschreibung, AThANT 66

Hossfeld, F.-L., 1995
Das Buch Ezechiel, in: Zenger, E. u.a., 1995, 345-359

Hossfeld, F.-L. / Zenger, E., 1993
Die Psalmen. Psalm 1-50, NEB

Jacob, B., 1934
Das erste Buch der Tora. Genesis, übersetzt und erklärt, Berlin (Nachdruck New York, o.J.)

Janowski, B., 1982
Sühne als Heilsgeschehen. Studien zur Sühnetheologie der Priesterschrift und zur Wurzel KPR im Alten Orient und im Alten Testament, WMANT 55

–, 1987
»Ich will in eurer Mitte wohnen«. Struktur und Genese der exilischen *Schekina*-Theologie, in: JBTh 2, 165-193

–, 1989
Das Königtum Gottes in den Psalmen. Bemerkungen zu einem neuen Gesamtentwurf, in: ZThK 86, 389-454 (= Gottes Gegenwart in Israel. Beiträge zu Theologie des Alten Testaments, Neukirchen-Vluyn 1993, 148-213)

–, 1990
Tempel und Schöpfung. Schöpfungstheologische Aspekte der priesterschriftlichen Heiligtumskonzeption, in: JBTh 5, 37-69 (= Gottes Gegenwart in Israel, 214-246)

– (Hrsg.), 1993
Gefährten und Feinde des Menschen. Das Tier in der Lebenswelt des alten Israel (mit U.Neumann-Gorsolke und Uwe Gleßmer), Neukirchen-Vluyn

–, 1995
Dem Löwen gleich, gierig nach Raub. Zum Feindbild in den Psalmen, in: EvTh 55, 155-173

Japhet, S., 1977/1989
The Ideology of the Book of Chronicles and Its Place in Biblical Thought (hebr. 1977, engl. 1989, Zitate aus 1989)

–, 1993
I & II Chronicles, OTL

Jaspers, K., 1949
Vom Ursprung und Ziel der Geschichte, München. (Ungekürzte Ausgabe Fischer Bücherei, Frankfurt 1955.)

Jeremias, J., 1975/97
Die Reue Gottes. Aspekte alttestamentlicher Gottesvorstellung, BSt 65 (2., erweiterte Auflage BThSt 31, 1997)

–, 1983
Der Prophet Hosea, ATD 24/1

–, 1987
Das Königtum Gottes in den Psalmen. Israels Begegnung mit dem kanaanäischen Mythos in den Jahwe-Königs-Psalmen, FRLANT 141
–, 1990
Schöpfung in Poesie und Prosa des Alten Testaments. Gen 1-3 im Vergleich mit anderen Schöpfungstexten des Alten Testaments, in: JBTh 5, 11-36, bes. 35f.
–, 1995a
Der Prophet Amos, ATD 24/2
–, 1995b
Hosea und Amos. Studien zu den Anfängen des Dodekapropheton, FAT 13
Jones, B.A., 1995
The Formation of the Book of the Twelve. A Study in Text and Canon, SBL.DS 149
Jüngling, H.-W., 1985
Der Heilige Israels. Der erste Jesaja zum Thema »Gott«, in: E.Haag (Hrsg.), Gott, der einzige. Zur Entstehung des Monotheismus in Israel, QD 104, 91-114
–, 1995
Das Buch Jesaja, in: E.Zenger u.a. 1995, 303-318
Kayatz, C., 1966
Studien zu Proverbien 1-9. Eine form- und motivgeschichtliche Untersuchung unter Einbeziehung ägyptischen Vergleichsmaterials, WMANT 22
Keel, O., 1978
Jahwes Entgegnung an Ijob. Eine Deutung von Ijob 38-41 vor dem Hintergrund der zeitgenössischen Bildkunst, FRLANT 121
Kegler, J., 1983
Arbeitsorganisation und Arbeitskampfformen im Alten Testament, in: L. und W.Schottroff (Hrsg.), Mitarbeiter der Schöpfung. Bibel und Arbeitswelt, München, 51-71
–, 1990
Zur Komposition und Theologie der Plagenerzählungen, in: FS R.Rendtorff (s. Blum 1990b), 55-74.
Kippenberg, H.G., 1978
Religion und Klassenbildung im antiken Judäa. Eine religionssoziologische Studie zum Verhältnis von Tradition und gesellschaftlicher Entwicklung, StUNT 14
Köckert, M., 1989
Leben in Gottes Gegenwart. Zum Verständnis des Gesetzes in der priesterschriftlichen Literatur, in: JBTh 4 (1989), 29-61.
Koch, K., 1955
Gibt es ein Vergeltungsdogma im Alten Testament?, in: ZThK 52, 1-42 (= Spuren des hebräischen Denkens. Beiträge zur alttestamentlichen Theologie, Gesammelte Aufsätze, Bd.1, Neukirchen-Vluyn 1991, 65-103)
–, 1967
Haggais unreines Volk, in: ZAW 79, 52-66 (= Ges. Aufs. 1, 206-219)
–, 1978/80
Die Profeten I. Assyrische Zeit (³1995), II. Babylonisch-persische Zeit, UT 280/281
–, 1980
Das Buch Daniel (unter Mitarbeit von T.Niewisch und J.Tubach), EdF 144

–, 1981
Das Profetenschweigen des deuteronomistischen Geschichtswerks, in: J.Jeremias/L.Perlitt (Hrsg.), Die Botschaft und die Boten, FS H.W.Wolff, Neukirchen-Vluyn, 115-128

Kratz, R.G., 1996
Die Tora Davids. Psalm 1 und die doxologische Fünfteilung des Psalters, in: ZThK 93, 1-34

Kraus, H.-J., 1978
Psalmen, BK XV/1 und 2, 5.Aufl. (⁶1989)

–, 1979,
Theologie der Psalmen, BK XV/3 (²1989)

Kutsch, E., 1973
Verheißung und Gesetz. Untersuchungen zum sogenannten »Bund« im Alten Testament, BZAW 131

Lang, B., 1981
Kein Aufstand in Jerusalem. Die Politik des Propheten Ezechiel, 2.Aufl., Stuttgart

Levenson, J.D., 1982
The Paronomasia of Solomon's Seventh Petition, in: HAR 6, 135-138

–, 1985
Sinai and Zion. An Entry into the Jewish Bible, New York

–, 1988
Creation and the Persistence of Evil. The Jewish Drama of Omnipotence, San Francisco

–, 1993
The Death and Resurrection of the Beloved Son. The Transformation of Child Sacrifice in Judaism and Christianity, New Heaven

Loader, J.A., 1992
Das Buch Ester, ATD 16/2, 199-280

Lohfink, N., 1965
Verkündigung des Hauptgebots in der jüngsten Schicht des Deuteronomiums (Dt 4,1-40), in: Höre Israel! Auslegung von Texten aus dem Buch Deuteronomium (Die Welt der Bibel 18), Düsseldorf, 87-120 (= Studien zum Deuteronomium und zur deuteronomistischen Literatur I, SBA 8, Stuttgart, 167-191)

–, 1967
Die Landverheißung als Eid, SBS 28

–, 1972
»Israel« in Jes 49,3, in: J.Schreiner (Hrsg.), Wort, Lied und Gottesspruch, FS J.Ziegler, Würzburg, Bd.II, 217-229

–, 1977
Unsere großen Wörter. Das Alte Testament zu Themen dieser Jahre, Freiburg

–, 1982
יָרַשׁ, jāraš, ThWAT III, 953-985

–, 1985
Zur Geschichte der Diskussion über den Monotheismus im Alten Israel, in: E.Haag (Hrsg.), Gott, der einzige. Zur Entstehung des Monotheismus in Israel, QD 104, 9-25

–, 1987
Die Kultreform Joschijas von Juda. 2 Kön 22-23 als religionsgeschichtliche

Quelle. Englisch in: P.D.Miller u.a. (Hrsg.), Ancient Israelite Religion, FS F.M.Cross, Philadelphia, 459-475; deutsch in: Studien (s.1965) II, SBA 12, Stuttgart 1991, 209-227 (zitiert nach der deutschen Fassung)
–, 1993
Kohelet, NEB, 4.Aufl.
Long, B.O., 1984
1 Kings, with an Introduction to Historical Literature, FOTL 9
McCann, J.C., 1992
The Psalms as Instruction, in: Int 46, 117-128
–, 1993
Books I-III and the Editorial Purpose of the Hebrew Psalter, in: J.C. McCann (Hrsg.), The Shape and Shaping of the Psalter, JSOT.S 159, 72-92
Macholz, C., 1980
Psalm 29 und 1.Könige 19. Jahwes und Baals Theophanie, in: R.Albertz u.a. (Hrsg.), Werden und Wirken des Alten Testaments, FS C.Westermann, Göttingen/Neukirchen-Vluyn, 325-333
Matheus, F., 1990
Singt dem Herrn ein neues Lied. Die Hymnen Deuterojesajas, SBS 141
Meinhold, A., 1975/76
Die Gattung der Josephsgeschichte und des Estherbuches: Diasporanovelle I und II, in: ZAW 87, 306-324; 88, 72-93
–, 1983
Das Buch Esther, ZBK 13
–, 1991
Die Sprüche, Teil 1: Sprüche 1-15, Teil 2: Sprüche 16-31, ZBK 16/1 und 2
Melugin, R., 1976
The Formation of Isaiah 40-55, BZAW 141
Mettinger, T.N.D., 1976
King and Messiah. The Civil and Sacral Legitimation of the Israelite King, CB.OT 8
–, 1982
The Dethronement of Sabaoth. Studies in the Shem and Kabod Theologies, CB.OT 18
–, 1983
A Farewell to the Servant Songs. A Critical Examination of an Exegetical Axiom, Lund
–, 1988
In Search of God. The Meaning and Message of the Everlasting Names, Philadelphia
–, 1990
The Elusive Essence. YHWH, El and Baal and the Distinctiveness of Israelite Faith, in: FS R.Rendtorff (s. Blum 1990b), 393-417
–, 1995
No Graven Image? Israelite Aniconism in Its Ancient Near Eastern Context, CB.OT 42
Michel, D., 1988
Qohelet, EdF 258
–, 1989
Untersuchungen zur Eigenart des Buches Qohelet, BZAW 183
Millard, M., 1994
Die Komposition des Psalters. Ein formgeschichtlicher Ansatz, FAT 9

Miller, P.D., 1993
The Beginning of the Psalter, in: J.C.McCann (Hrsg.) 1993, 83-92
–, 1994
They Cried to the Lord. The Form and Theology of Biblical Prayer, Minneapolis
Moberly, R.W.L., 1983
At the Mountain of God. Story and Theology in Exodus 32-34, JSOT.S 22
–, 1992
The Old Testament of the Old Testament. Patriarchal Narratives and Mosaic Yahwism, Minneapolis
Mosis, R. 1989
»Glauben« und »Gerechtigkeit« – zu Gen 15,6, in: M.Görg (Hrsg.), Die Väter Israels, FS J.Scharbert, Stuttgart , 225-257
Mowinckel, S., 1914
Zur Komposition des Buches Jeremia, Kristiania
Müller, H.-P., 1968
Wie sprach Qohälät von Gott?, in: VT 18, 507-521
–, 1986
נָבִיא, nabî', ThWAT V, 140-163
Nelson, R., 1987
First and Second Kings, IBC
Nicholson, E.W., 1986
God and His People. Covenant and Theology in the Old Testament, Oxford
Nogalski, J., 1993a
Literary precursors to the Book of the Twelve, BZAW 217
–, 1993b
Redactional Processes in the Book of the Twelve, BZAW 218
Noth, M., 1943
Überlieferungsgeschichtliche Studien I. Die sammelnden und bearbeitenden Geschichtswerke im Alten Testament, SKG.G 18/2, Halle ([3]1967 Tübingen)
–, 1948
Überlieferungsgeschichte des Pentateuch, Stuttgart (= [3]1966)
–, 1966
Das vierte Buch Mose. Numeri, ATD 7 ([4]1982)
–, 1968
Könige (1Kön 1-16), BK IX/1 ([2]1983)
Oeming, M., 1983
Ist Genesis 15,6 ein Beleg für die Anrechnung des Glaubens zur Gerechtigkeit?, in: ZAW 95, 182-197
–, 1990
Das wahre Israel. Die »genealogische Vorhalle« 1 Chronik 1-9, BWANT 128
Olson, D.T., 1985
The Death of the Old and the Birth of the New: The Framework of the Book of Numbers and the Pentateuch, Chico, BJST 71
Otzen, B., 1989
עָמָל, 'āmāl in: ThWAT VI, 213-220

Patrick, D., 1995
The First Commandment in the Structure of the Pentateuch, in: VT 45, 107-118
Perlitt, L., 1969
Bundestheologie im Alten Testament, WMANT 36
–, 1971
Mose als Prophet, in: EvTh 31, 588-608
–, 1977
Sinai und Horeb, in: H.Donner u.a. (Hrsg.) Beiträge zur Alttestamentlichen Theologie, FS W.Zimmerli, Göttingen, 302-322
Podella, T., 1993
Der »Chaoskampfmythos« im Alten Testament. Eine Problemanzeige, in: M.Dietrich/O.Loretz (Hrsg.), Mesopotamica – Ugaritica – Biblica, FS K.Bergerhof, AOAT 232, 283-329
Preuß, H.D., 1982
Deuteronomium, EdF 164, Darmstadt
–, 1991
Theologie des Alten Testaments, Bd.1: JHWHs erwählendes und verpflichtendes Handeln, Stuttgart u.a.
–, 1992
Theologie des Alten Testaments, Bd.2: Israels Weg mit JHWH, Stuttgart u.a.
de Pury, A. (Hrsg.) 1989
Le Pentateuque en question. Les origines et la composition des cinq premiers livres de la Bible à la lumière des recherches récentes, Le Monde de la Bible 19, Genf (2.Aufl. 1991)
v.Rad, G., 1930
Das Geschichtsbild des chronistischen Werkes, BWANT 54
–, 1938
Das formgeschichtliche Problem des Hexateuchs, BWANT 78 (= Ges. Stud. I, TB 8, 1958, 9-86)
–, 1944
Der Anfang der Geschichtsschreibung im alten Israel, in: AKuG 32, 1-42 (= Ges.Stud.I, 148-188)
–, 1951
Der Heilige Krieg im alten Israel, AThANT 20
–, 1962/1965
Theologie des Alten Testaments, Bd.I und II, 4.Auflage, München (folgende Auflagen unverändert)
–, 1964
Die Nehemia-Denkschrift, in: ZAW 76, 176-187
–, 1970
Weisheit in Israel, Neukirchen-Vluyn (= Gütersloh 1990)
–, 1972
Das erste Buch Mose. Genesis, ATD 2-4, 9.Aufl. (folgende Auflagen unverändert)
Rendtorff, R., 1954a
Die theologische Stellung des Schöpfungsglaubens bei Deuterojesaja, ZThK 51, 3-13 (= Gesammelte Studien zum Alten Testament, München 1975, 209-219)

–, 1954b
Zum Gebrauch der Formel n^e'um jahwe im Jeremiabuch, in: ZAW 66, 27-37 (= Gesammelte Studien 256-266)
–, 1960
Προφήτης κτλ. B. אִיבָנ im Alten Testament, in: ThWNT 6, 796-813
–, 1961
Die Offenbarungsvorstellungen im Alten Israel, in: W.Pannenberg u.a., Offenbarung als Geschichte (KuD.B 1, ⁵1982), 21-41 (= Gesammelte Studien [s. 1954], 39-59)
–, 1962
Erwägungen zur Frühgeschichte des Prophetentums in Israel, in: ZThK 59, 145-167 (= Gesammelte Studien [s. 1954a], 220-242
–, 1967
Studien zur Geschichte des Opfers im Alten Israel, WMANT 24
–, 1971
Beobachtungen zur altisraelitischen Geschichtsschreibung anhand der Geschichte vom Aufstieg Davids, in: FS v.Rad (vgl. Crüsemann 1971), 428-439
–, 1977
Das überlieferungsgeschichtliche Problem des Pentateuch, BZAW 147
–, 1981
Die Erwählung Israels als Thema der deuteronomischen Theologie, in: FS H.W.Wolff (vgl. Crüsemann 1981), 75-86
–, 1983
Das Alte Testament. Eine Einführung, Neukirchen-Vluyn (⁵1995)
–, 1984
Zur Komposition des Buches Jesaja, in: VT 34, 295-320 (= Kanon und Theologie [s.1991a], 141-161)
–, 1985ff
Leviticus, BK III/1ff
–, 1986
Ez 20 und 36,16ff im Rahmen der Komposition des Buches Ezechiel, in: J.Lust (Hrsg.), Ezekiel and His Book. Textual and Literary Criticism and their Interrelation, BEThL 74, 260-265 (= Kanon und Theologie [s.1991a], 180-184)
–, 1987
»Wo warst du, als ich die Erde gründete?« Schöpfung und Heilsgeschichte, in: G.Rau u.a., Frieden in der Schöpfung, Gütersloh, 35-57 (= Kanon und Theologie [s. 1991a], 94-112)
–, 1989
Jesaja 6 im Rahmen der Komposition des Jesajabuches, in: J.Vermeylen (Hrsg.), The Book of Isaiah. Le livre d'Isaïe: Les oracles et leurs relectures. Unité et complexité de l'ouvrage, BEThL 81, 73-82 (= Kanon und Theologie [s. 1991a], 162-171)
–, 1991a
Theologie des Alten Testaments. Überlegungen zu einem Neuansatz, in: Kanon und Theologie. Vorarbeiten zu einer Theologie des Alten Testaments, Neukirchen-Vluyn, 1-14
–, 1991b
»Bund« als Strukturkonzept in Genesis und Exodus, in: Kanon und Theologie (s. 1991a), 122-131

–, 1991c
Die Geburt des Retters. Beobachtungen zur Jugendgeschichte Samuels im Rahmen der literarischen Komposition, in: Storia e tradizioni di Israele. Scritti in onore di J.Alberto Soggin, Brescia, 205-216; zugleich in: Kanon und Theologie (s. 1991a), 132-140;

–, 1991d
Der Text in seiner Endgestalt. Überlegungen zu Exodus 19, in: D.R.Daniels u.a. (Hrsg.), Ernten, was man sät, FS Klaus Koch, Neukirchen-Vluyn, 459-470

–, 1992
Some Reflections on Creation as a Topic of Old Testament Theology, in: E.Ulrich u.a. (Hrsg.), Priests, Prophets and Scribes, FS J.Blenkinsopp, JSOTS 149, 204-212

–, 1994
'El als israelitische Gottesbezeichnung. Mit einem Appendix: Beobachtungen zum Gebrauch von הָאֱלֹהִים, ZAW 106, 4-21

–, 1995a
Die »Bundesformel«. Eine exegetisch-theologische Untersuchung, SBS 160

–, 1995b
Sihon, Og und das israelitische »Credo«, in: S.Timm u.a. (Hrsg.), Meilenstein, FS H.Donner, ÄAT 30, 198-203

–, 1996
The Book of Isaiah: A Complex Unity. Synchronic and Diachronic Reading, in: R.F.Melugin/M.A.Sweeney (Hrsg.), New Visions of Isaiah, JSOT.S 214, 32-49 (geringfügig überarbeitete Fassung in: Y.Gitay (Hrsg.), Prophecy and Prophets. The Diversity of Contemporary Issues in Scholarship, Atlanta 1997, 107-128)

–, 1997a
Kontinuität und Diskontinuität in der alttestamentlichen Prophetie, in: ZAW 109, 169-187

–, 1997b
Die Herausführungsformel in ihrem literarischen und theologischen Kontext, in: M.Vervenne/J.Lust (Hrsg.), Deuteronomy and Deuteronomic Literature, FS C.H.W.Brekelmans, BEThL 133, 501-527

–, 1997c
How to Read the Book of the Twelve as a Theological Unity, in SBL.SP 420-432

–, 1997d
Nehemiah 9: An Important Witness of Theological Reflection, in: M. Cogan u.a. (Hrsg.), Tehillah le-Moshe: Biblical and Judaic Studies in Honor of Moshe Greenberg, Winona Lake, Indiana, 111-117

–, 1997e
Samuel the Prophet: A Link between Moses and the Kings, in: C.A. Evans/ S. Talmon (Hrsg.), The Quest for Context and Meaning, FS J.A. Sanders, BibInt. Series 28, 27-36

Rice, G., 1978
A Neglected Interpretation of the Immanuel Prophecy, in: ZAW 90, 220-227

Riley, W., 1993
King and Cultus in Chronicles. Worship and the Reinterpretation of History, JSOTS 160
Rost, L., 1926
Die Überlieferung von der Thronnachfolge Davids, BWANT 42
Rudolph, W., 1968
Jeremia, HAT I,12, 3. Auflage
Rupprecht, K., 1977
Der Tempel von Jerusalem. Gründung Salomos oder jebusitisches Erbe?, BZAW 144
Ruprecht, E., 1980
Exodus 24,9-11 als Beispiel lebendiger Erzähltradition aus der Zeit des babylonischen Exils, in: FS C.Westermann (vgl. Macholz 1980), 138-173.
Sasson, J.M., 1987
Ruth, in: Alter/Kermode, 320-328
Schäfer-Lichtenberger, 1989
»Josua« und »Elischa« – eine biblische Argumentation zur Begründung der Autorität und Legitimität des Nachfolgers, in: ZAW 101, 198-222
–, 1995
Josua und Salomo. Eine Studie zur Autorität und Legitimität des Nachfolgers im Alten Testament, VT.S 57
Schart, A., 1998
Die Entstehung des Zwölfprophetenbuchs. Neubarbeitungen von Amos im Rahmen schriftenübergreifender Redaktionsprozesse, BZAW 260
Schmid, H., 1986
Die Gestalt des Mose. Probleme alttestamentlicher Forschung unter Berücksichtigung der Pentateuchkrise, EdF 237, Darmstadt
Schmid, H.H., 1966
Wesen und Geschichte der Weisheit. Eine Untersuchung zur altorientalischen und israelitischen Weisheitsliteratur, BZAW 101
Schmidt, W.H., 1983
Exodus, Sinai und Mose, EdF 191, Darmstadt (^{2}1990)
–, 1988
Exodus, BK II/1, Neukirchen-Vluyn
–, 1996
Alttestamentlicher Glaube, 8.Aufl., Neukirchen-Vluyn (frühere Auflagen unter dem Titel »Alttestamentlicher Glaube in seiner Geschichte«)
Schottroff, W., 1967
»Gedenken« im Alten Orient und im Alten Testament. Die Wurzel *zākar* im semitischen Sprachkreis, WMANT 15 (2.Aufl.)
Schreiner, S., 1979
Mischehen – Ehebruch – Ehescheidung. Betrachtungen zu Mal 2,10-16, in: ZAW 91, 207-228
Schwienhorst-Schönberger, L., 1995
Das Buch der Sprichwörter, in: E.Zenger u.a., 1995, 255-262
Seitz, C.R., 1988
Introduction: The One Isaiah // The Three Isaiahs, and: Isaiah 1-66: Making Sense of the Whole, in: ders. (Hrsg.), Reading and Preaching the Book of Isaiah, Philadelphia, 13-22 und 105-126
–, 1989
The Prophet Moses and the Canonical Shape of Jeremiah, ZAW 101, 3-27

–, 1993
Isaiah 1-39, IBC
Seybold, K. 1973
Elia am Gottesberg. Vorstellungen prophetischen Wirkens nach 1.Könige
19, EvTh 33, 3-18
–, 1986
Die Psalmen. Eine Einführung, UT 382
–, 1993
Der Prophet Jeremia. Leben und Werk, UT 416
Sheppard, G.T., 1980
Wisdom as a Hermeneutical Construct. A Study in the Sapientialization
of the Old Testament, BZAW 151
–, 1990
The Future of the Bible: Beyond Liberalism and Literalism, The United
Church of Canada
Simon, U., 1994
Jona. Ein jüdischer Kommentar, SBS 157
Ska, J.-L., 1982
La place d'Ex 6,2-8 dans la narration de l'exode, in: ZAW 94, 530-548
–, 1989
Quelques remarques sur Pg et la dernière rédaction du Pentateuque, in: de
Pury, Pentateuque, 95-125
Skladny, U., 1961
Die ältesten Spruchsammlungen in Israel, Berlin
Smend, R., 1982
Theologie im Alten Testament, in: E.Jüngel u.a. (Hrsg.), Verifikationen, FS
G.Ebeling, Tübingen, 11-26 (= Die Mitte des Alten Testaments. Gesam-
melte Studien 1, 1986, 104-117)
Smith, M., 1971
Palestinian Parties and Politics that Shaped the Old Testament, London
(²1987)
Spieckermann, H., 1990
»Barmherzig und gnädig ist der Herr...«, in: ZAW 102, 1-18
Steck, O.H., 1975
Der Schöpfungsbericht der Priesterschrift, FRLANT 115 (²1981)
–, 1985
Bereitete Heimkehr. Jesaja 35 als redaktionelle Brücke zwischen dem Er-
sten und dem Zweiten Jesaja, SBS 121
–, 1991a
Der Abschluß der Prophetie im Alten Testament. Ein Versuch zur Frage
der Vorgeschichte des Kanons, BThSt 17
–, 1991b
Studien zu Tritojesaja, BZAW 203
–, 1993
Prophetische Prophetenauslegung, in: H.Geißer u.a. (Hrsg.), Wahrheit der
Schrift – Wahrheit der Auslegung. Eine Zürcher Vorlesungsreihe zu Gerhard Ebelings 80. Geburtstag, Zürich, 198-244 (in erweiterter Form auch
in Steck 1996, 127-204)
–, 1996
Die Prophetenbücher und ihr theologisches Zeugnis. Wege der Nachfrage
und Fährten zur Antwort, Tübingen

Stolz, F., 1970
Strukturen und Figuren im Kult von Jerusalem. Studien zur altorientalischen, vor- und frühisraelitischen Religion, BZAW 118

Strauß, H. 1985
Das Meerlied des Mose – ein »Siegeslied« Israels? Bemerkungen zur theologischen Exegese von Ex 15,1-19.20f, in: ZAW 97, 103-109

Sweeney, M.A., 1991a
Structure, Genre, and Intent in the Book of Habakkuk, in: VT 41, 63-83

–, 1991b
A Form-Critical Reassessment of the Book of Zephaniah, in: CBQ 53, 388-408

Talmon, S., 1963
›Wisdom‹ in the Book of Esther, in: VT 13, 419-455 (deutsch: »Weisheit« im Buch Ester, in: Israels Gedankenwelt in der Hebräischen Bibel, Gesammelte Aufsätze, Bd.3, Neukirchen-Vluyn 1995, 177-217)

Terrien, S., 1978
The Elusive Presence. The Heart of Biblical Theology, San Francisco

Thiel, W., 1973
Die deuteronomistische Redaktion von Jeremia 1-15, WMANT 41

–, 1981
Die deuteronomistische Redaktion von Jeremia 26-45, WMANT 52

–, 1990
Zur Komposition von 1 Könige 18. Versuch einer kontextuellen Auslegung, in: FS R.Rendtorff (s. Blum 1990b), 215-223

Trible, Ph., 1993
Gott und Sexualität im Alten Testament, Gütersloh (Übers. von: God and the Rhetoric of Sexuality [Overtures to Biblical Theology] 1978)

Tucker, G.M., 1977
Prophetic Superscriptions and the Growth of a Canon, in: G.W.Coats/ B.O.Long (Hrsg.), Canon and Authority, Philadelphia, 56-70

Uehlinger, C., 1990
Weltreich und »eine Rede«. Eine neue Deutung der sogenanten Turmbauerzählung (Gen 11,1-9), OBO 101

Utzschneider, H., 1988
Das Heiligtum und das Gesetz. Studien zur Bedeutung der sinaitischen Heiligtumstexte (Ex 25-40; Lev 8-9), OBO 77

Van Winkle, D.W., 1996
1 Kings xii 25-xiii 34: Jeroboam's Cultic Innovations and the Man of God from Judah, in: VT 46, 101-114

Vriezen, Th.C., 1950
'Ehjeh 'ašer 'ehjeh, in: W.Baumgartner u.a. (Hrsg.), FS A.Bertholet,Tübingen, 498-512

Waschke, E.-J., 1987
Das Verhältnis alttestamentlicher Überlieferungen im Schnittpunkt der Dynastiezusage und die Dynastiezusage im Spiegel alttestamentlicher Überlieferungen, in: ZAW 99, 157-179

Webb, B.G., 1990
Zion in Transformation. A Literary Approach to Isaiah, in: D.J.A.Clines u.a. (Hrsg.), The Bible in Three Dimensions, JSOT.S 87, 65-84

Weippert, H., 1972
Die »deuteronomistischen« Beurteilungen der Könige von Israel und Juda und das Problem der Redaktion der Königsbücher, Bib 53, 301-339
–, 1983
Die Ätiologie des Nordreiches und seines Königshauses (I Reg 11,29-40), in: ZAW 95, 344-375
Wellhausen, J., 1899
Die Composition des Hexateuchs und der historischen Bücher des Alten Testaments, 3.Aufl., Berlin ([4]1963)
–, 1905
Prolegomena zur Geschichte Israels, 6.Aufl., Berlin (= 1927)
Westermann, C., 1962
Zur Sammlung des Psalters, in: ThViat VIII, 1961/62, 278-284 (= Forschung am Alten Testament, München 1964, 336-343)
–, 1974
Genesis 1-11, BK I/1
–, 1975
Genesis 12-50, EdF 48, Darmstadt ([2]1987)
–, 1990a
Wurzeln der Weisheit. Die ältesten Sprüche Israels und anderer Völker, Göttingen
–, 1990b
Die Klagelieder. Forschungsgeschichte und Auslegung, Neukirchen-Vluyn
Wildberger, H., 1960
Die Thronnamen des Messias, in: ThZ 16, 314-332
–, 1971
Jesaja 1-2, BK X/1 ([2]1980)
Willi, T., 1972
Die Chronik als Auslegung, FRLANT 106
–, 1991
Chronik, BK I/1
–, 1995
Juda – Jehud – Israel. Studien zum Selbstverständnis des Judentums in persischer Zeit, FAT 12
Williamson, H.G.M., 1977
Israel in the Book of Chronicles, Cambridge
–,1994
The Book Called Isaiah. Deutero-Isaiah's Role in Composition and Redaction, Oxford
Wilson, G.H., 1985
The Editing of the Hebrew Psalter, SBL.DS 76
–, 1992
The Shape of the Book of Psalms, in: Int 46, 127-142
–, 1993
Shaping the Psalter: A Consideration of Editorial Linkage in the Book of Psalms, in: J.C.McCann 1993, 72-92
Wolff, H.W., 1951
Das Thema »Umkehr« in der alttestamentlichen Prophetie, in: ZThK 48, 129-148 (= Gesammelte Studien zum Alten Testament, 1964 [[2]1973], 130-150)

–, 1973

Anthropologie des Alten Testaments, München ([3]1977)

–, 1982

Dodekapropheton 4. Micha, BK XIV/4

Zenger, E., 1983

Gottes Bogen in den Wolken. Untersuchungen zur Komposition und Theologie der priesterschriftlichen Urgeschichte, SBS 112 ([2]1987)

–, 1986

Das Buch Ruth, ZBK 8

–, 1991

Israel und Kirche im gemeinsamen Gottesbund. Beobachtungen zum theologischen Programm des 4. Psalmbuches (Ps 90-106), in: M.Marcus u.a. (Hrsg.), Israel und Kirche heute, FS E.L.Ehrlich, Freiburg u.a., 236-254

–, 1995a

Heilige Schrift der Juden und der Christen, in: E.Zenger u.a., 1995, 12-33

–, 1995b

Das Zwölfprophetenbuch, in: E.Zenger u.a., 1995, 369-436

–, 1995c

Das Buch Ester, in: E.Zenger u.a., 1995, 201-210

Zenger, E. u.a., 1995

Einleitung in das Alte Testament, Stuttgart

Zimmerli, W., 1954

Erkenntnis Gottes nach dem Buche Ezechiel. Eine theologische Studie, AThANT 27 (= Gottes Offenbarung. Gesammelte Aufsätze zum Alten Testament, München 1963, 41-119)

–, 1969

Ezechiel, BK XIII ([2]1979)

–, 1980

Das Buch des Predigers Salomo, ATD 16/1, 121-249

–, 1983

»Unveränderbare Welt« oder »Gott ist Gott«? Ein Plädoyer für die Unaufgebbarkeit des Predigerbuches in der Bibel, in: H.-G.Geyer u.a. (Hrsg.), »Wenn nicht jetzt, wann dann...?«, FS H.-J.Kraus, Neukirchen-Vluyn, 103-114

Abkürzungen zum Literaturverzeichnis

ÄAT   Ägypten und Altes Testament
ABD   The Anchor Bible Dictionary
AKuG   Archiv für Kulturgeschichte
AOAT   Alter Orient und Altes Testament
ATD   Das Alte Testament Deutsch
AThANT   Abhandlungen zur Theologie des Alten und Neuen Testaments
B(E)ATAJ Beiträge zur Erforschung des Alten Testaments und des Antiken
          Judentums
BEThL   Bibliotheca ephemeridum theologicarum Lovaniensium
Bib   Biblica
BibInt   Biblical Interpretation
BibSem   The Biblical Seminar
BJSt   Brown Judaic Studies
BK   Biblischer Kommentar
BN   Biblische Notizen
BSt   Biblische Studien
BThSt   Biblisch-theologische Studien
BZAW   Beihefte zur Zeitschrift für die alttestamentliche Wissenschaft
CB.OTS   Coniectanea Biblica, Old Testament Series
CBQMS   Catholic Biblical Quarterly, Monograph Series
EdF   Erträge der Forschung
EvTh   Evangelische Theologie
FAT   Forschungen zum Alten Testament
FOTL   The Forms of the Old Testament Literature
FRLANT   Forschungen zur Religion und Literatur des Alten und Neuen Te-
          staments
FS   Festschrift
GAT   Grundrisse zum Alten Testament (= ATD Ergänzungsreihe)
HAR   Hebrew Annual Review
HAT   Handbuch zum Alten Testament
HBT   Horizons in Biblical Theology
HK   Göttinger Handkommentar zum Alten Testament
IBC   Interpretation: A Bible Commentary for Teaching and Preaching
Int   Interpretation
JBTh   Jahrbuch für Biblische Theologie
JSOT   Journal for the Study of the Old Testament
JSOT.S   Journal for the Study of the Old Testament, Supplement Series
JSS   Journal of Semitic Studies
KAT   Kommentar zum Alten Testament
KuG.B   Kerygma und Dogma, Beihefte
NEB   Die Neue Echter Bibel
OBO   Orbis Biblicus et Orientalis
OTL   Old Testament Library
QD   Quaestiones disputatae
RTAT   Religionsgeschichtliches Textbuch zum Alten Testament
SBA   Stuttgarter Biblische Aufsatzbände
SBL   Society of Biblical Literature
SBL.DS   Society of Biblical Literature, Dissertation Series
SBL.SP   Society of Biblical Literature, Seminar Papers

405

SBS   Stuttgarter Bibelstudien
SKG.G   Schriften der Königsberger Gelehrten Gesellschaft. Geisteswis-
            senschaftliche Klasse
StUNT   Studien zur Umwelt des Neuen Testaments
stw   suhrkamp taschenbuch wissenschaft
TB   Theologische Bücherei
THAT   Theologisches Handwörterbuch zum Alten Testament
ThLZ   Theologische Literaturzeitung
ThViat   Theologia Viatorum
ThWAT   Theologisches Wörterbuch zum Alten Testament
ThZ   Theologische Zeitschrift
TUAT   Texte aus der Umwelt des Alten Testaments
UT   Urban Taschenbücher
VT   Vetus Testamentum
VT.S   Vetus Testamentum Supplements
WMANT   Wissenschaftliche Monographien zum Alten und Neuen Testa-
            ment
ZAW   Zeitschrift für die alttestamentliche Wissenschaft
ZBK   Zürcher Bibelkommentare
ZDMG   Zeitschrift der deutschen morgenländischen Gesellschaft
ZThK   Zeitschrift für Theologie und Kirche (Neue Folge)